자본

세계를 뒤흔드는 위대한 책

I-하

자본

세계를 뒤흔든 위대한 책

I-하

독일어판 직역

–

Karl Marx 지음
황선길 옮김

라움

[상권 차례]

4편 상대적 잉여가치의 생산

청년이 읽은《자본》|《자본》, 모두의 더 나은 삶을 위한 방법

1절
기계장치의 발달

존 스튜어트 밀은 자신의 《정치경제학 원리》에서 다음과 같이 말하고 있다.

"지금까지 만들어진 모든 기계식 발명품이 과연 그 누구의 일상적인 노고를 덜어주었는지 의심스럽다."[1]

그러나 그 누구의 일상적인 노고를 덜어주는 것은 자본주의적으로 사용되는 기계장치의 목적이 결코 아니다. 기계장치는 다른 모든 노동 생

---

1) "It is questionable, if all the mechanical inventions yet made have lightened the day's toil of any human being." 밀은 '다른 사람의 노동으로 먹고 살지 않는 그 누구의(of any human being not fed by other people's labour)'라고 말해야 했다. 기계장치가 확실하게 팔자 좋은 게으름뱅이의 수를 많이 늘려놓았기 때문이다.

산력의 발전과 마찬가지로 상품의 가격을 낮추어야 하며, 노동일 가운데 노동자가 자기 자신을 위해 필요로 하는 부분을 단축해야 하며, 그가 자본가를 위해 공짜로 제공하는 부분을 연장해야 한다. 결국 기계장치는 잉여가치를 생산하기 위한 수단이다.

생산방식의 변혁은 매뉴팩처에는 노동력을 출발점으로 삼고 대공업에서는 노동수단을 출발점으로 삼는다. 따라서 무엇보다도 먼저 조사해야할 것은 어떻게 노동수단이 도구에서 기계로 변하는가, 그리고 어떤 점에서 기계가 수공업 도구와 구분되는가에 관한 것이다. 여기에서 문제가 되는 것은 오직 일반적이면서 중대한 특징들이다. 사회사의 시대는 지질학의 시대와 같이 개념적으로는 엄밀한 경계선에 따라 구분이 되지 않기 때문이다.

수학자와 기계학자는 -잉글랜드 경제학자들도 여기저기서 그런 말을 되풀이하고 있지만- 도구는 단순한 기계이고 기계는 복잡한 도구라고 설명한다. 그들은 여기에서 본질적 차이를 보지 못하고 지렛대, 경사판, 나사, 쐐기 등과 같은 단순한 역학적 수단조차도 기계라고 부른다.[2] 사실 아무리 그 모습을 바꾸어 결합되어 있다 하더라도 어떤 기계든 몇 가지 간단한 기계력으로 구성되어 있다. 그러나 경제학의 관점에서 보면 이러한 설명은 아무런 소용이 없다. 역사적 요인이 빠져있기 때문이다. 다른 한편으로, 도구는 인간의 힘으로 작동하는 반면, 기계는 인간이 아닌 동물, 물, 바람 등과 같은 자연의 힘으로 작동한다는 점에서 도구와 기계를 구분하기도 한다.[3] 이러한 구분에 따르면 매우 상이한 생산 시대에 속했던 소가 끄는 쟁

---

2) 예를 들어 허튼의 《수학강의》를 보라.

3) "이런 관점에서 본다면, 도구와 기계 사이에 명확한 경계선을 그을 수 있다. 삽, 망치, 끌 등이나 또는 지레장치나 나사장치 등은 아무리 정교하더라도 인간이 동력이다. 이것들 모두는 도구라는 개념에 포함된다. 반면에 동물의 힘으로 작동하는 쟁기와 바람의 힘으로 돌아가는 풍차는 기계로 분류되어야 한다."(빌헬름 슐츠, 《생산의 운동》, 취리히, 1843, 38

기는 기계이며, 단 한 명의 노동자의 손으로 분당 96,000개의 코를 짜내는 클라우센Claussen의 원형 직기는 단지 도구에 불과할 뿐이다. 그렇다. 동일한 직기도 손으로 작동되면 도구가 되고, 증기기관으로 작동되면 기계가 된다. 동물의 힘을 이용하는 것은 인류의 가장 오래된 발명 가운데 하나이기 때문에, 기계제 생산이 수공업 생산보다 실제로 앞섰다. 1735년 존 와이엇 John Wyatt이 18세기의 산업혁명을 예고한 그의 방적기계를 세상에 내놓았을 때, 그는 인간 대신에 나귀가 이 기계를 돌린다는 것에 대해 한마디도 하지 않았지만, 기계를 돌리는 역할은 나귀의 몫이 되었다. '손가락 하나 사용하지 않고 실을 잣는' 기계가 그의 계획이었다.[4]

완전히 발전된 기계장치는 어느 것이나 본질적으로 서로 다른 세 부분들, 즉 동력기, 전동장치, 마지막으로 공작기계, 즉 작업기계(맑스는 공작

쪽) 많은 점에서 칭찬할 만한 저서이다.

4) 매우 불완전하기는 했지만 와이엇 이전에 방적기가 이탈리아에서 처음으로 사용된 것 같다고 한다. 비판기술사(批判技術史)는 18세기의 그 어떤 발명도 한 개인에 의해 이루어진 것이 거의 없다는 사실을 증명할 것이다. 지금까지 그러한 저작은 존재하지 않는다. 다윈은 자연의 기술사, 즉 동식물의 삶을 위한 생산도구로서 그들의 기관들이 어떻게 형성되었는지에 관심을 기울였다. 사회적 인간의 생산기관들의 형성사나 각 특별한 생산조직의 물적 토대의 형성사에도 그와 동일한 주의를 기울일 가치가 있지 않은가? 그리고 이 형성사가 쓰기가 더 쉽지 않을까? 비코가 말했듯이 인간의 역사는 우리가 만들었지만 자연사는 그렇지 않다는 점에서 서로 구별되기 때문이다. 기술학은 자연에 대한 인간의 효율적인 태도와 인간의 삶을 위한 직접적인 생산과정을 밝혀줌으로써, 인간생활의 사회적 관계들과 이로부터 발생하는 정신적 관념들의 직접적인 생산과정까지도 밝혀준다. 이러한 물적 토대를 무시하고 있는 모든 종교사는 무비판적이다. 분석을 통해 종교적 환상의 현세적인 본질을 찾아내는 것은, 그 반대로 매번 발생하는 현실적인 생활관계에서 그것의 종교적인 형태들을 설명해내는 것보다 사실상 훨씬 쉬운 일이다. 후자만이 유일하게 유물론적이며 따라서 과학적인 방법이다. 역사적 과정을 배제하는 추상적인 자연과학적 유물론의 결함은 이미 그 대변자들이 자신들의 전문 영역을 벗어나자마자 보여주는 추상적이고 이데올로기적인 견해에서 분명하게 드러난다.

기계와 작업기계를 번갈아가면서 사용하는데 이하에서는 작업기계로 통일함 -옮긴이)로 이루어진다. 동력기는 전체 기계장치의 동력원으로 작용한다. 동력기는 증기기관, 열기관, 전자기관처럼 직접 동력을 만드는 경우도 있고, 물레방아나 풍차처럼 물의 낙차나 바람, 즉 그것들의 외부에 이미 준비되어 있는 자연력에서 원동력을 얻는 경우도 있다. 전동장치는 속도조절바퀴, 원회전축, 톱니바퀴, 날개바퀴, 강, 연결벨트, 작은 톱니바퀴 및 다양한 종류의 중간축으로 구성되는데, 운동을 조절하고, 필요한 경우에는 운동의 형태를, 예컨대 왕복형태에서 회전형태로 변화시켜, 운동을 작업기계에 분배하고 전달한다. 이 기계장치의 두 부분은 오로지 작업기계에 운동을 전달하여, 작업기계가 노동대상을 처리하여 목적에 맞게 변화시키기 위해 존재한다. 기계장치의 이 부분, 즉 작업기계는 18세기 산업혁명의 출발점이다. 이 작업기계는 오늘날까지도 수공업생산이나 매뉴팩처 생산이 기계제 생산으로 넘어갈 때에는 언제나 새로운 출발점이 된다.

이제 공작기계 또는 원래의 작업기계를 좀 더 자세하게 들여다보면, 흔히 상당히 변형된 형태이기는 하지만, 작업기계는 대체로 수공업자나 매뉴팩처 노동자가 가지고 일하는 장치나 도구가 재현된 것인데, 이제는 인간의 도구가 아니라 하나의 기계장치의 도구, 즉 기계적 도구로서 재현된 것이다. 역직기(동력을 받아 작동하는 직기 -옮긴이)[5]의 경우에서와 같이, 기계라는 것은 모두가 과거의 수공업 도구에 어느 정도의 변화를 가한 기계화된 도구이거나, 방적기의 방추, 양말 짜는 기계의 바늘, 기계톱의 톱날 및 절단기의 칼 등과 같이 작업기계의 본체에 부착되어 작동하는 오래 전

---

5) 특히 최초형태의 역직기는 그것이 구식 직기임을 첫 눈에 알아볼 수 있다. 기계직기는 그 근대적인 형태에서 근본적으로 변화된 모습을 보인다.

부터 알려진 도구들이다. 이 도구들과 기계 본체 사이의 구별은 그것들의 출생 당시로까지 거슬러 올라간다. 즉 원래 이 도구들 대부분은 수공업이나 매뉴팩처 방식으로 생산되다가 나중에야 비로소 기계적 방식으로 생산된 작업기계의 본체에 부착되었다.[6] 따라서 작업기계는 이전에 노동자가 유사한 도구를 가지고 수행하던 동일한 작업을 적당한 동력을 전달받은 후에 자신의 도구로 수행하는 기계장치이다. 그 원동력이 사람에게서 나온 것이든 어떤 기계로부터 나온 것이든 사태의 본질에는 아무런 변화도 주지 못한다. 원래의 도구가 인간에게서 기계장치로 옮겨지면 기계는 단순한 도구의 자리를 차지한다. 인간 자신이 여전히 동력원이라 할지라도 그 차이는 곧바로 눈에 들어온다. 인간이 동시에 사용할 수 있는 작업도구들의 수는 그가 가지고 태어난 생산도구들, 즉 인간 자신의 신체기관의 수에 의해 제한된다. 독일에서는 처음에 두 손과 두 발을 동시에 사용함으로써 한 명의 방적공에게 2대의 물레를 돌리게 하려 했었다. 그러나 그것은 너무 힘들었다. 그 후에 두 개의 방추를 가진 발로 밟는 물레를 발명했으나, 두 올의 실을 동시에 자을 수 있는 완벽한 숙련공은 머리를 두 개 가진 사람보다도 드물었다. 그러나 제니Jenny 방적기(방적업자 제임스 하그리브스가 1764년경 발명한 복식수동방적기로 딸 제니의 이름을 붙임. 1770년 특허권을 획득했으며, 1788년경까지 약 2만 대의 기계가 보급되어 산업혁명에 큰 영향을 주었다. -옮긴이)는 처음부터 12-18개의 방추를 가지고 실을 자으며, 양말 짜는 기계는 한꺼번에 수천 개의 바늘로 양말을 짠다. 하나의 작업기계가 동시에 움직

---

6) 잉글랜드에서는 약 150년 후에야 비로소 작업기계의 도구 가운데 점점 더 많은 부분이, 기계 자체를 만드는 동일한 공장주에 의해서가 아닐지라도, 기계적인 방식으로 제조되었다. 이러한 기계적인 도구를 제작하기 위한 기계로는 예를 들어 자동 실패제작기, 양털 다듬는 빗날 세우는 기계, 베틀 북 제작기, 물 방추와 트로슬(Throstle) 방추 제작기 등이 있다.

이는 도구의 수는 처음부터 한 노동자의 수공업 도구를 제한하는 신체기관이 주는 한계로부터 해방되어 있다. (이런 까닭에 일자리를 잃을 것을 두려워한 노동자들의 습격으로 하그리브스는 집과 기계를 파괴당했다. -옮긴이)

많은 수공업 도구를 다루는 단순한 동력원으로서의 인간과 진정한 작업 수행자로서의 노동자는 구체적으로 서로 구별되는 다른 존재이다. 예를 들어 물레에서 발은 동력원으로만 작용하는 반면, 방추에서 작업하는 손은 실을 뽑아내어 감는 원래의 실 잣는 작업을 수행한다. 산업혁명은 우선 수공업도구 가운데 바로 이 마지막 부분인 방추를 장악했으며, 눈으로 기계를 감시하고 기계의 오류를 개선하는 새로운 일과 더불어, 동력원이라는 순수한 기계적인 역할을 일단은 인간에게 남겨놓았다. 그와 반대로 인간이 처음부터 단순한 동력원으로만 작용하는 도구들, 예를 들어 연자방아를 돌린다든지[7], 펌프질은 한다든지, 풀무질을 한다든지, 절구질을 한다든지 하는 경우에서의 도구는 먼저 동력으로 동물, 물 또는 바람[8]을 사용하도록 했다. 이러한 도구들은 부분적으로는 매뉴팩처 시대에, 드물게는 그보다 훨씬 이전에 기계로 발전했지만, 생산방식을 혁명적으로 변화시키지는

---

7) 이집트의 모세는 '타작하는 소의 주둥이에 마개를 씌워서는 안 된다'고 말했다. 이와 반대로 그리스도교 신자인 독일 박애주의자들은 밀을 빻는 동력원으로 사용한 농노의 목둘레에 커다란 원형 나무판을 씌워서, 농노가 손으로 밀가루를 입으로 가져갈 수 없게 했다.

8) 한편으로 낙차가 큰 물길의 부족으로, 다른 한편으로는 이전부터 흘러넘치는 물과의 투쟁으로 홀란드 사람들은 동력원으로 바람을 사용할 수밖에 없었다. 풍차 자체도 독일에서 들여온 것인데, 이 발명품 때문에 독일에서는 귀족과 성직자 그리고 황제 사이에 도대체 바람은 이 세 사람 가운데 누구에게 '속하는'가를 놓고 앙증맞은 싸움이 벌어졌다. 독일에서는 공기가 소유물을 만든다는 말이 있지만, 홀란드에서는 바람이 홀란드를 자유롭게 만들었다. 바람이 홀란드에서 소유물로 만든 것은 홀란드 사람들이 아니라, 그들을 위한 토지였다. 1836년에도 홀란드에서는 국토의 2/3가 다시 습지로 바뀌는 것을 방지하기 위해 여전히 6,000마력의 12,000개의 풍차들이 사용되고 있었다.

못했다. 이 도구들이 그 수공업적 형태에서 이미 기계였다는 사실은 대공업 시대에 와서야 명백해진다. 예를 들어 1836-1837년에 홀란드 사람들이 할렘호의 물을 퍼내기 위해 사용하던 펌프는 보통 펌프의 원리를 이용해 만든 것인데, 인간의 손 대신에 거대한 증기기관이 그 피스톤을 작동시켰을 뿐이다. 잉글랜드에서는 대장장이의 매우 불완전한 보통 풀무를 때때로 그 손잡이를 증기기관과 연결만 함으로써 기계식 공기펌프로 바꾸었다. 매뉴팩처 시대인 17세기 말에 발명되어 1780년대 초반까지 존속했던 증기기관[9]은 어떠한 산업혁명도 불러일으키지 못했다. 오히려 그 반대로 작업기계의 발명이 혁명적으로 개량된 증기기관을 필요하게 만들었다. 인간이 도구를 가지고 노동대상에 작용하는 대신에 단지 동력원으로써 작업기계를 작동시키자마자, 인간의 근육으로 포장된 동력원은 거의 사라지고 바람, 물, 증기 등이 그것을 대신하게 되었다. 물론 이러한 동력원의 교체가 원래 인간의 동력에만 맞추어 제작된 기계장치에 자주 커다란 기술적 변화를 가져올 수도 있음을 배제하지는 않는다. 오늘날의 재봉틀과 제빵기 등과 같이 이제부터 새로운 길을 개척해야 하는 모든 기계들은, 그 특성상 원래부터 소규모로 사용될 수 있는 것이 아니라면, 인간의 동력과 동시에 순전히 기계적인 동력에 사용될 수 있도록 제작된다.

산업혁명의 출발점인 기계는 단 한 개의 도구만을 취급하는 노동자를, 같거나 같은 종류의 수많은 도구들을 가지고 한꺼번에 작업하며 그 형태가 무엇이든 간에 단 하나의 동력원에 의해 작동하는 기계장치로 대체했다.[10] 이제 우리는 기계를 보유하게 되었지만, 기계는 기계제 생산에의 하

---

9) 증기기관은 이른바 한쪽 방향으로만 움직이는 와트의 최초의 단동식 증기기관에 의해 매우 개선되었지만, 여전히 물과 소금물을 퍼 올리는 단순한 양수기에 지나지 않았다.

10) "단 하나의 동력원에 의해 작동하는 이 모든 단순한 도구들의 결합체가 한 대의 기계이

나의 단순한 요소에 지나지 않는다.

작업기계의 규모가 커지고 그것에서 동시에 작동되는 도구들의 수가
늘어나면 더 큰 규모의 운동장치가 필요하다. 이 장치는 인간이 같은 형태
의 연속적인 운동을 수행하기에 매우 불완전한 생산도구라는 사실을 무시
하더라도, 그 자체의 저항력을 극복하기 위해 인간이라는 동력원보다 더 강
력한 동력원을 필요로 한다. 인간이 단순한 동력원으로만 작용하여 작업기
계가 그의 도구를 대신한다고 가정하면, 이제 자연력이 동력원으로써 인간
을 대체할 수 있다. 매뉴팩처 시대부터 전해오는 모든 중요한 동력들 가운
데 마력이 가장 동력으로 적합하지 않은데, 말은 다루기 힘들고 비용이 많
이 들며 공장이라는 매우 제한된 범위에서만 사용 가능하기 때문이다.[11] 그
럼에도 말은 대공업의 유년기에는 자주 사용되었는데, 그 시대의 농업경영

다."(배비지, 앞의 책, 136쪽)

11) 존 모튼은 1859년 12월 《기술협회》에서 《농업에 사용되는 동력》에 관한 논문을 발표
했는데, 거기에는 특히 다음과 같은 구절이 있다. "토지의 균일화를 촉진하는 모든 개량은
증기기관을 오로지 기계적인 힘을 생산하는 데 더 많이 사용하게 만든다. … 꾸불꾸불한
울타리와 다른 장애물들이 균일한 동작을 방해하는 곳에서는 말의 힘이 필요하다. 이러한
장애물은 나날이 사라지고 있다. 힘 그 자체보다는 더 많은 계획에 따른 실행이 요구되는
작업에서는 매 순간마다 인간의 정신에 의해 조종되는 힘, 즉 인력만이 사용 가능하다." 이
렇게 주장한 다음 모튼 씨는 증기력, 마력 그리고 인력을 증기기관에서 보통 사용되는 단
위, 즉 33,000파운드의 무게를 1분에 1피트 들어 올리는 힘으로 환산하여, 시간당 1증기 마
력의 비용을 증기기관의 경우 3펜스로, 말의 경우에는 5½펜스로 계산하고 있다. 게다가
말의 건강을 완벽하게 유지하기 위해 말은 하루에 겨우 8시간만 부릴 수 있다. 증기력을
사용함으로써 경작지에서 1년 동안 7마리마다 적어도 3마리의 말을 절약할 수 있는데, 이
에 들어가는 비용은 말이 실제로 이용되는 3달이나 4달 동안 절약된 3마리의 말에 들어가
는 비용보다 크지 않다. 마지막으로 증기력이 사용될 수 있는 농사일에서는 증기력이 마력
보다 더 작물의 품질을 개선한다. 증기기관이 일을 하기 위해서는 시간당 합계 15실링으로
66명의 노동자를 사용해야 하며, 말이 하는 일을 하기 위해서는 시간당 합계 8실링으로 32
명의 노동자들을 사용해야 할 것이다.

자들의 불평 외에도 오늘날까지 전해 내려오는 표현, 즉 기계력을 마력으로 표현한다는 사실이 이를 입증한다. 바람은 변화무쌍하고 통제불가능하다. 그 밖에도 대공업의 발생지인 잉글랜드에서는 수력의 사용이 이미 매뉴팩처 시대에도 압도적이었다. 잉글랜드에서는 이미 17세기에 두 개의 회전석回轉石인 맷돌을 한 개의 수차로 작동시키려 했었다. 그러나 용량이 거대해진 전동장치는 이제 용량이 한참 모자라게 된 수력과 마찰을 일으켰다. 이것이 마찰의 법칙을 더욱 정교하게 연구하게 만든 상황 가운데 하나이다. 마찬가지로 손잡이를 밀고 당겨 작동되던 방아에서 동력이 불규칙하게 작용한 것이 이후에 대공업에서 매우 중요한 역할을 한 속도조절바퀴[12] 이론과 그 응용의 동기가 되었다. 이러한 방식으로 매뉴팩처 시대는 대공업의 우수한 과학적, 기술적 요소들을 발전시켰다. 아크라이트의 트로슬Throstles 방적기는 처음부터 물로 작동되었다. 그러나 수력을 주된 동력원으로 사용하는 것은 여러 가지 어려운 사정들과 결부되어 있었다. 수력은 마음대로 증가시킬 수도, 그 부족분을 채울 수도 없으며, 때때로 제대로 작동하지 않으며, 무엇보다도 그야말로 국지적인 성격을 띠고 있었다.[13] 와트의 두 번째 증기기관인 소위 복동식 증기기관의 출현과 더불어 비로소 제대로 된 원동기가 나타났다. 이 원동기는 물과 석탄을 먹어치우면서 스스로 동력을 만들어내고, 그것이 어느 정도의 동력을 만들어낼 것인가를 인간이 완벽하게 통제하며, 이동수단으로 운반 가능하며, 수차와 같이 농촌뿐이 아니라 도시에도 설치 가능하기 때문에, 수차처럼 생산을 농촌에 분산시키지 않

---

12) 독일의 발명가인 요하네스 파울하버는 그의 자동제어바퀴를 1625년에, 드 쿠는 1688년에 발명했다.

13) 새로운 방식의 터빈이 발명됨으로써 수력의 공업적 이용은 이전의 수많은 제약으로부터 해방되었다.

고 도시에 집중시킬 수 있었다.[14] 그것은 기술적으로도 다방면에 걸쳐 응용되었으며 설치 장소도 비교적 지역 사정에 의해 거의 제약 받지 않았다. 와트의 위대한 천재성은 그가 1784년 4월 획득한 특허의 명세서에 나타나 있다. 거기에는 그의 증기기관은 어떤 특정한 목적을 위한 발명품이 아닌 대공업의 보편적인 동력원으로 서술되어 있다. 그가 명세서에서 암시한 응용방법들 가운데 상당수는, 예컨대 증기망치 같은 것은 반세기가 지나서야 비로소 도입되었다. 그러나 와트는 증기기관이 항해에 적절한지에 대해서는 의심을 품고 있었다. 그러나 그의 후계자인 볼턴-와트사는 1851년 런던 산업박람회에 대양증기선에 사용할 거대한 증기기관을 출품했다.

도구가 인간유기체의 도구에서 한 기계장치, 즉 작업기계의 도구로 변한 후에야 비로소 동력장치도 인력의 한계에서 완전히 해방된 독립적인 형태를 취하게 되었다. 그렇게 되자마자 우리가 지금까지 살펴본 개개의 작업기계는 기계제 생산에서 하나의 단순한 요소로 그 지위가 전락했다. 이제는 하나의 동력기가 수많은 작업기계들을 동시에 움직일 수 있게 되었다. 동시에 작동하는 작업기계들의 수가 증가함에 따라서 동력기도 커지며, 전동장치도 하나의 거대한 장치로 커져간다.

이제는 수많은 같은 종류의 기계들의 협업과 기계체제라는 두 가지

---

14) "섬유 매뉴팩처 초기에 공장의 위치는 물레방아를 돌리기에 충분한 낙차를 가진 개울이 있는가에 달려있었다. 그리고 물레방아의 설치가 가내공업제도의 해체의 시작을 의미하기는 했지만, 물레방아는 어쩔 수 없이 개울가에 설치되어야 했으며 그 대부분이 서로 상당한 거리를 두고 자리를 잡고 있었기 때문에, 섬유공장은 도시 기구의 한 부분이라기보다는 오히려 농촌 기구의 한 부분을 이루고 있었다. 개울을 대체하는 증기력이 도입되자 비로소 공장들은 증기의 생산에 필요한 석탄과 물이 충분히 있는 도시나 지방으로 집결되었다. 증기기관은 공업도시의 어머니이다."(《공장감독관 보고서》, 1860년 4월 30일, 36쪽의 레드그레이브의 글)

를 구별해야 한다.

전자의 경우 제품은 전적으로 동일한 작업기계로 완성된다. 이 작업기계는 다양한 작업들을 모두 수행하는데, 이 작업들은 수공업자가 자신의 도구를 가지고, 예를 들어 직공이 베틀을 가지고 수행했거나 여러 수공업자들이 독립적이든 매뉴팩처의 성원이든 간에 다양한 도구들을 가지고 순차적으로 수행했던 것이다.[15] 예를 들어 최근의 편지봉투 매뉴팩처에서 한 노동자는 접지주걱을 가지고 종이를 접고, 다른 노동자는 풀을 붙이고, 3번째 노동자는 표어가 찍힐 봉투의 뚜껑을 접고, 4번째 노동자는 표어를 새기는 작업 등을 한다. 그리고 각 부분작업이 수행될 때마다 모든 봉투들은 일손을 바꾸어야 했다. 단 한 대의 봉투 제작기는 이 모든 작업들을 한꺼번에 해치워 시간당 3,000장 이상을 봉투를 만든다. 1862년 런던 산업박람회에 출품된 아메리카산 종이봉지 제조기는 종이를 자르고 풀을 칠하고 접어서 1분에 300개를 완성했다. 매뉴팩처에서는 분할되어 순서에 따라 수행되던 전체 과정이 이 경우에는 여러 도구들이 결합되어 작동하는 한 대의 작업기계에 의해 완수된다. 이러한 작업기계가 복잡한 수공업 도구를 기계로 다시 만든 것이든, 매뉴팩처에 맞게 세분화된 다양한 종류의 단순한 도구들을 결합한 것이든 간에, 기계제 생산에 토대를 둔 공장에서는 언제나 단순협업이 재현되는데, 그것도 일단은 (여기에서는 노동자는 무시한다) 동시에 함께 작동하는 같은 종류의 작업 기계들이 한 곳에 집합된 형태

---

15) 매뉴팩처 방식 분업의 관점에서 본다면 방직은 단순하기보다는 오히려 복잡한 손작업이었다. 따라서 역직기는 매우 다양한 작업을 수행하는 기계이다. 새로운 방식의 기계장치가 원래 매뉴팩처방식 분업이 단순화 시킨 작업들을 장악했다는 견해는 전적으로 잘못되었다. 방적과 방직은 매뉴팩처 시대에 새로운 종류들로 분할되었으며, 그 도구들은 개량되고 변했지만, 노동과정 자체는 결코 분할되지 않고 여전히 손작업으로 수행되었다. 기계의 출발점은 노동이 아니라 노동수단이다.

로 나타난다. 이처럼 방직공장은 나란히 놓여 있는 수많은 역직기로, 그리
고 봉제공장은 나란히 놓여 있는 수많은 재봉틀로 이루어져 있다. 그러나
여기에는 기술상의 통일성이 존재한다. 같은 종류의 수많은 작업기계가 전
동장치를 통해 그것들에 전달되는 공동의 원동기의 심장박동으로부터 동
시에 균일한 자극을 받기 때문이다. 그리고 수많은 작업기계의 일부는 하
나의 전동장치에 함께 연결되어 있다. 단지 별개의 출구들이 전동장치에서
갈라져 나와 각 작업기계로 동력을 전달하기 때문이다. 수많은 도구가 한
작업기계의 기관들을 형성하고 있는 것처럼, 수많은 작업기계들이 이제는
동일한 동력장치에서 같은 종류의 기관들을 형성하고 있다.

그러나 노동대상이 종류가 다르지만 서로 보완하는 작업기계들의 연
속적인 작업에 의해 수행되는 서로 연결된 일련의 단계적인 생산과정을 거
치는 곳에서야 비로소 진정한 기계체제가 개개의 독립된 기계를 대신하게
된다. 이 경우에도 매뉴팩처 특유의 협업, 즉 분업에 토대를 둔 협업이 다
시 나타나기는 하지만, 이제는 각각의 작업을 하는 기계들의 결합으로 나
타난다. 상이한 부분 노동자들, 양모 매뉴팩처를 예로 들면, 양털을 두들기
는 노동자, 양털을 빗기는 노동자, 양털을 깎는 노동자, 양털에서 실을 뽑
는 노동자들의 특수한 도구는 이제는 전문화된 작업기계의 도구로 변하는
데, 각 도구는 결합된 도구장치 체계에서 하나의 특별한 기능을 수행하는
하나의 특별한 기관을 이룬다. 기계체제가 처음으로 도입된 부분에서는 대
체로 매뉴팩처 자체가 기계체제에서의 생산과정의 분할과 그에 따른 생산
과정의 조직에 원래 있는 그대로의 토대를 제공한다.[16] 그러나 곧바로 본질

---

16) 대공업시대 이전에는 양모 매뉴팩처가 잉글랜드의 지배적인 매뉴팩처였다. 이러한 이
유로 18세기 전반 동안에는 양모 매뉴팩처에서 대부분의 실험이 실시되었다. 면화는 기계

적인 차이가 나타난다. 매뉴팩처에서 노동자들은, 혼자든 집단적으로든, 그들의 도구를 가지고 각각의 특별한 부분 과정을 완수해야 한다. 노동자가 그 과정에 적응한다면, 이미 이전에 그 과정은 그에게 적합했다. 이러한 주관적인 분업의 원칙은 기계제 생산에서는 사라진다. 기계제 생산에서는 총과정이 객관적으로 그 자체로서 고찰되며, 그것을 구성하는 단계들로 분해된다. 그리고 각 부분과정을 완수하고 그 상이한 부분과정들을 결합시키는 문제는 기계학, 화학 등의 기술적 응용을 통해 해결된다.[17] 물론 이 경우에도 이론적 구상은 대규모로 축적된 실제 경험을 통해 완성되어야 한다. 각 부분기계는 바로 다음 기계에 원료를 공급하는데, 모든 부분기계들이 동시에 작동하기 때문에, 생산물은 끊임없이 그것을 만드는 과정의 서로 다른 단계들에 있을 뿐만 아니라, 한 생산단계에서 다른 생산단계로 통과하는 지점에 있다. 매뉴팩처에서는 부분 노동자들의 직접적인 협업이 특정 노동자집단들 사이에 일정한 수적 비율을 만들어내는 것과 마찬가지로, 일정하게 배열된 기계체제에서도 부분기계들이 서로 연결되어 작동하기 때문에 이 부분기계들의 수, 규모 그리고 속도에서 일정한 비율이 만

가공을 준비하는 데 힘이 덜 들었는데, 양모에서 얻은 경험에서 도움을 받았기 때문이다. 나중에는 오히려 기계제 양모공업이 기계제 면방적과 면방직을 토대로 발전했다. 예컨대 양털을 빗는 작업 같은 양모 매뉴팩처의 개별적 요소들이 10년 전부터야 비로소 공장체제에 도입되었다. "양털 빗는 기계, 특히 리스터(Lister)식 기계가 도입된 후 대규모로 일어난 … 확실하게 많은 수의 노동자들을 일자리에서 쫓아내는 결과를 가져왔다. 양털은 이전에는 대부분 양털을 빗어 내는 사람의 오두막에서 손으로 빗어졌다. 이제 양털은 거의 대부분 공장에서 빗어지며, 아직 손으로 빗어진 양털을 선호하는 몇 가지 특수한 종류들의 작업을 제외하면, 손작업은 밀려났다. 손으로 양털을 빗는 사람들 가운데 많은 이들은 공장에서 일자리를 찾았지만, 이들의 노동 생산물은 기계의 생산물에 비하여 매우 적기 때문에, 그들의 대다수가 일자리를 찾지 못했다."(《공장감독관 보고서》, 1856년 10월 31일, 16쪽)
17) "따라서 공장제의 원칙은 … 개별 수공업자들 사이에 노동을 분할하거나 단계화하는 대신에 노동과정을 그것을 구성하는 주요 부분들로 분할하는 데 있다."(유어, 앞의 책, 20쪽)

들어진다. 이제 서로 다른 종류의 개별 작업기계들과 동일한 작업기계 집단으로 조직된 체계인 결합된 작업기계는 총과정이 연속적일수록, 즉 원료가 총과정의 첫 번째 단계에서 마지막 단계로 이동하는 과정에서 중단되는 일이 적을수록, 원료가 인간의 손 대신에 기계장치 그 자체에 의해 한 생산단계에서 다른 생산단계로 공급될수록 더 완전한 것이 된다. 매뉴팩처에서 부분과정들의 분리가 분업 그 자체에 의해 주어진 원칙이라면, 이와 반대로 발전된 공장에서는 각 부분과정들의 연속성이 지배한다.

방직업의 경우처럼 같은 종류의 작업기계의 단순한 협업에 근거하든, 방적업의 경우처럼 서로 다른 종류의 작업기계의 결합에 근거하든, 기계장치의 체계는 스스로 움직이는 원동기에 의해 작동되자마자 그 자체가 하나의 거대한 자동장치가 된다. 그러나 이 시스템 전체가 예를 들어 증기기관에 의해 작동되더라도, 개별 작업기계의 어떤 운동에서는 아직은 노동자가 필요했다. 예를 들어 자동식 뮬 방적기가 도입되기 전에는 뮬 방적기의 시동을 걸기 위해 노동자가 필요했으며, 이 노동자가 하는 작업은 가는 실을 뽑는 방적업에서는 아직도 필요하다. 또한 미끄럼 공구대(회전장치)가 자동식으로 바뀌기 전의 기계제작의 경우에서와 같이, 기계의 일정한 부분은 작업을 수행하기 위해 하나의 도구처럼 노동자에 의해 조종되어야 한다. 작업기계가 원료의 가공에 필요한 모든 운동을 인간의 협조 없이 수행하고 인간의 지원만이 필요하게 되자마자, 우리는 그 세밀한 부분은 끊임없이 개선될 수 있는 자동화된 기계장치 시스템을 가지게 된다. 예를 들어 한 올의 실이 끊겨도 방적기를 자동으로 정지시키는 장치와 북의 실패에서 씨실이 다 떨어지자마자, 개량된 증기방적기를 정지시키는 자동정지장치는 최신식 발명품들이다. 생산의 연속성과 더불어 자동화 원리가 도입된 하나의 예로서 신식 제지공장을 들 수 있다. 일반적으로 종이생산은 상이한 생산수단에 기초한 서로 다른 생산방식의 차이와, 이 생산방식과 사회적 생산관계 사이의 연관성을 상세하고도 유익하게 연구할 수 있게 해준다. 옛날 독일의 제지업은 수공업 방식 생산의 전형을, 17세기의 홀란드와 프랑스는 진정한 매뉴팩처의 전형을 그리고 오늘날의 잉글랜드는 자동화된 제조방식의 전형을 보여주며, 그 밖에 중국과 인도에는 아직도 이 산업의 서로 다른 두 가지 아시아식 형태들이 존재하고 있기 때문이다.

가장 발달된 기계제 생산형태는 하나의 중앙자동장치로부터 전동장치를 통해서만 자신의 운동을 받는 작업기계의 편성 체계로 이루어진 경우이다. 이 형태에서는 하나씩 분리된 기계 대신 그 몸체가 작업장 전체를 가득 채우는 거대한 괴물 같은 기계가 등장하는데, 그 초자연적인 힘은 처음에는 그 거대한 팔다리들의 엄숙할 정도로 절도 있는 운동에 의해서 은폐되지만, 자체에 부착된 무수한 작업기관들의 열광적인 난무에서 그 정체를 드러낸다.

뮬 방적기와 증기기관 등은 그것들을 만드는 것을 전업으로 하는 노동자가 있기 전에 이미 존재했는데, 이는 마치 재단사가 있기 전부터 인간이 옷을 입었던 것과 똑같다. 그러나 보캉송, 아크라이트, 와트 등의 발명품은 이 발명가들이 매뉴팩처 시대로부터 완성되어 공급되던 상당한 수의 숙련된 기계노동자들을 발견했기 때문에 완성될 수 있었다. 이 노동자들의 일부는 각기 다른 직업을 가진 자영 수공업자들이었으며, 또 다른 일부는, 앞에서 언급한 바와 같이 분업이 매우 엄격하게 지배하고 있던 매뉴팩처에 모여 있었다. 발명품의 수가 증가하고 새롭게 발명된 기계에 대한 수요가 증가함에 따라, 한편으로는 기계 제작이 다양한 독립된 부문들로 분리되어 갔으며, 다른 한편으로는 기계 자체를 제작하는 매뉴팩처 내에서의 분업이 점차로 발전했다. 따라서 우리는 대공업의 직접적인 기술적 토대가 바로 매뉴팩처에 있다는 사실을 알아차릴 수 있다. 이 매뉴팩처가 생산한 기계장치를 가지고 대공업은 자신이 맨 처음 장악한 생산 영역에서 수공업 생산과 매뉴팩처 생산을 하나씩 없애나갔다. 따라서 기계제 생산은 자신에게 어울리지 않는 물적 토대 위에서 자연발생적으로 일어났다. 일정한 발전 단계에 도달하게 되면 기계제 생산은 우선 이미 완성된 낡은 방식으로 계속 개선되어 오던 토대 자체를 뒤엎고 자기 자신의 생산방식에 맞는 새로운 토대를 만들어내야만 한다. 각 기계가 인간에 의해서만 작동되는 동안은 매우 작은 규모로 머물 수밖에 없고, 증기기관이 기존의 동력, 즉 동물, 바람 심지어는 물까지도 대신하기 전에는 기계체제가 자유롭게 발전할 수 없었듯이, 대공업 또한 그 특징을 이루는 생산수단, 즉 기계 그 자체가 인간의 힘이나 숙련도에 의존하고 있는 동안에는, 말하자면 매뉴팩처에서의 부분 노동자나 그것의 외부에 있는 자영 수공업자가 그들의 작은 도구들을 조작하는 데 필요한 근육의 발달, 눈썰미 그리고 완벽한 손기술에 의존하고 있는 동안에는 그 완전한 발전이 위축된다. 이러한 발생 방식으로 인한 기계의 가격상승 -의도적으로 기계를 사용하려는 자본을 억제하는 상황-을 무시한다면, 이미 기계제 방식으로 생산되는 공업의 확대나 새로운 생산 부문들로의 기계장치의 침투는 예술가와 다를 바 없는 작업의 성격 때문에 급속하게 증가할 수 없고 점차적으로만 증가할 수 있는 노동자 부류의 성장에 여전히 제약을 받는다. 그러나 대공업은 일정한 발전 단계에 다다르면 그것의 수공업적이고 매뉴팩처적인 토대와 기술상으로도 충돌한다. 작업기계가 원래 그것의 제작을 지배했던 수공업적 모형과의 관계를 끊고, 그 기계적 과제에 의해서만 정해지는 자유로운 형태를 취함에 따라,[18] 동력기, 전동장치 그리고 작업기계의 규모는 커지고 그 구성 부분들이 더 복잡해지고 다양해지며 엄격한 규칙성에 따라 작동되어야 했으며, 자동장치를 만드는 데 처리하기 어려운 재료, 예를 들어 목재 대신에 철을 어쩔 수 없이 사용해야 했다. 당연히 생겨나는 이 모든 과제들의 해결은 도처에서 인적인 장벽에 부딪치는데, 이 장벽은 매뉴팩처에 결합된 노동자들에 의해 어느 정도는 허물 수 있었지만 근본적으로는 허물 수 없었다. 예를 들어 매뉴팩처는 신식 인쇄기, 신식 증기베틀 그리고 신식 양털 빗는 기계를 공급할 수 없었다.

공업 한 분야에의 생산방식의 변혁은 다른 분야들에서의 변혁을 요구한다. 이것이 우선 적용되는 공업 분야는, 사회적 분업에 의해 분리되어 있어서 각 분야가 독립적인 상품을 생산하고 있지만, 이들 각 분야가 하나의 전체 과정을 이루고 있는 단계로 서로 얽혀있는 공업 분야이다. 예를 들어 기계방적업은 기계방직업이 필요하고, 또 이 둘은 표백업, 날염업, 그리고 염색업에서의 기계적 화학적 혁명이 필요하다. 다른 한편 면방적업에서의 혁명은 면섬유를 목화씨로부터 분리하기 위한 조면기의 발명을 야기했으며, 이 조면기의 발명으로 현재 필요한 만큼 대규모의 면화 생산이 처음

---

18) 초기 형태의 역직기는 주로 목재로 만들어졌지만, 개량된 신식은 철로 만들어졌다. 초기에는 생산수단의 구식 형태가 그 새로운 형태를 얼마나 압도했는가는 무엇보다도 최근의 증기베틀과 그 구식을, 그리고 제철소의 신식 송풍장치와 평범한 풀무를 맨 처음 서투르게나마 기계적으로 재생한 송풍장치를 대충 비교해 보아도 알 수 있다. 그리고 어쩌면 현재의 기관차가 발명되기 전에 실험 상태에 있던 말처럼 두 개의 발을 가진, 실제로고 두 발을 올렸다 내렸다 한 기관차가 그 어떤 것보다 이러한 사실을 더 분명하게 보여준다. 기계학이 더 발전하고 실제 경험이 쌓이고 나서야 비로소 기계의 형태는 전적으로 기계적 원리에 따라 결정되었으며, 따라서 그저 기계의 모습으로 탈바꿈한 도구의 형태를 완전히 벗어버렸다.

으로 가능해졌다.[19] 그러나 공업과 농업에서의 생산방식의 혁명은 사회적 생산 과정의 일반적 조건들, 즉 통신수단과 운송수단에서의 혁명도 필요로 했다. 푸리에의 표현을 빌리자면, 부업으로 가내공업을 하는 소규모 농업과 도시 수공업을 주축으로 하는 사회에서 통신수단과 운송수단은 사회적 분업을 확대하고 노동수단과 노동자를 집중시키고 식민지 시장을 가진 매뉴팩처 시대의 생산욕구를 도저히 더이상 충족시킬 수 없었기에 실제로 변혁되었다. 이와 마찬가지로 매뉴팩처 시대로부터 전승된 운송수단과 통신수단은 엄청난 생산속도와 거대한 생산규모를 가지고 있으며, 한 생산 영역으로부터 다른 생산 영역으로의 대규모 자본과 노동자의 끊임없는 이동을 야기하며, 새로 형성된 세계 시장과 연결된 대공업에게는 얼마 가지 않아 감당할 수 없는 방해물이 되었다. 완전히 혁신된 돛단배는 제외하더라도, 통신수단과 운송수단은 하천과 대양을 운행하는 증기선과 철도 그리고 전신체계에 의해 점차로 대공업의 생산방식에 적합하게 되었다. 그러나 이제 담금질과 용접, 절단 등의 과정을 거치거나 구멍이 뚫려 형태를 갖추어야 하는 엄청난 양의 쇳덩어리도 매뉴팩처 방식의 기계제작을 능가하는 거대한 기계를 필요로 했다.

이런 까닭에 대공업은 자신을 특징짓는 생산수단인 기계 자체를 장악해야 했으며, 기계로 기계를 생산해야 했다. 이리하여 대공업은 자신에 적합한 기술적 토대를 만든 후에야 비로소 자립하게 되었다. 19세기 첫 수십 년 동안 기계제 생산이 증가함에 따라 기계장치는 실제로 작업 기계들

---

19) 양키인 일라이 휘트니의 조면기는 최근까지 18세기의 다른 어떤 기계보다도 본질적으로 거의 변하지 않았다. 비로소 최근 수십 년 간(1867년 이전) 다른 미국 사람인 뉴욕주 알바니의 에머리가 단순하고 효과적으로 개량하여 휘트니의 조면기를 구식으로 만들었다.

의 제작을 점차로 장악하게 되었다. 그러나 최근 수십 년 동안에야 비로소 대규모 철도부설과 대양증기선은 원동기 제작에 사용되는 거대한 기계들을 만들어내는 계기가 되었다.

기계에 의한 기계의 제작에서 가장 기본적인 생산조건은 어떤 힘이라도 낼 수 있는 잠재력을 가지고 있으면서도 완전히 통제 가능한 동력기였다. 이러한 조건은 이미 증기기관에 존재하고 있었다. 그러나 이 조건은 동시에 각 기계의 부품으로 필요한 정확한 기하학적인 형태들, 즉 선, 평면, 원, 원통, 원주 그리고 구 따위를 기계로 생산할 필요가 있었다. 이 문제는 1810년대에 헨리 모즐리Henry Maudslay가 미끄럼 공구대를 발명함으로써 해결되었는데, 이 발명품은 곧 자동화되었으며, 처음에는 선반용으로 계획된 것이었지만 변형되어 다른 조립기계에도 전용되었다. 이 기계장치는 어떤 특수한 도구들 대체한 것이 아니라, 예를 들어 철 같은 작업 재료에 절삭공구의 칼날을 댄다거나 맞춘다거나 세운다거나 하여 일정한 형태의 철을 만들어 내는 손작업을 대신한 것이다. 이리하여 각 기계부분의 기하학적 형태를 '가장 숙련된 노동자의 손에 쌓인 그 어떤 경험을 가지고도 절대로 할 수 없을 만큼 쉽고 정확하고 빠르게 생산하는 데'[20] 성공했다.

이제 기계 제작에 사용된 기계 장치 가운데 원래의 작업 기계를 이루는 부분을 살펴보면, 단순히 규모가 거대해진 데 불과한 수공업 도구를 다시 보게 된다. 예를 들어 천공기의 작업기는 거대한 송곳으로 증기기관에

20) 《각국의 공업》, 런던, 1855, 2부, 239쪽. 239쪽에는 다음과 같이 말하고 있다. "이 선반의 부속물은 매우 단순하고 얼핏 보아서는 별거 아닌 것처럼 보일지는 모르지만, 기계 사용의 개량과 확대에 미친 영향은 와트의 증기기관 개량이 불러일으킨 결과에 버금갈 정도로 위대하다고 단언해도 지나친 주장이 아니라고 생각한다. 그것의 도입은 곧바로 모든 기계들의 개량과 가격 인하를 가져왔으며, 새로운 발명과 개량을 유발했다."

의해 작동되지만, 거대한 증기기관이나 수압기의 실린더는 이 송곳 없이는 생산될 수 없다. 기계식 선반은 발로 움직이는 평범한 선반의 거대한 재현물이며, 평삭기는 목수가 목재를 가공하는 데 쓰는 것과 같은 도구를 가지고 철을 가공하는 철로 만든 목수이며, 런던의 조선소에서 합판을 자르는 도구는 거대한 면도칼이며, 재단가위가 천을 자르듯이 철을 자르는 절단기의 도구 부분은 괴물가위이며, 그리고 증기망치는 평범한 망치머리를 이용해 작업하지만 그 무게는 천둥의 신Thor(토르)조차 휘두를 수 없을 정도로 무겁다.[21] 예를 들어 이러한 증기망치 가운데 하나인 네이스미스Nasmyth가 발명한 증기망치는 그 무게가 6톤이 넘으며 7피트의 높이에서 36톤의 모루 위로 수직으로 낙하한다. 이 증기망치는 화강암도 쉽게 가루로 만들고, 그에 못지않게 반복적으로 부드럽게 두들겨서 연한 목재에 쉽게 못을 박을 수도 있다.[22]

기계장치로서의 노동수단은 자연력이 인력을 대체하고 자연과학의 의식적인 응용이 경험에 의한 숙련을 대체하도록 함으로써 그 물적 존재 방식을 가지게 된다. 매뉴팩처에서 집단적gesellschaftlich 노동과정의 짜임새는 순전히 주관적이며, 부분 노동자들의 결합이다. 반면에 기계체제에서 대공업은 완전히 객관적인 하나의 생산조직체를 갖게 되는데, 노동자들은 이 생산조직체를 이미 완성된 물적 생산조건으로 발견한다. 단순협업이나 분업을 통해 전문화된 협업에서조차 분산된 노동자가 집단화된 노동자에게 밀려나는 것은 아직도 어느 정도 우연한 일이다. 뒤에서 언급하게 될 몇 가지 예외를 제외하면, 기계장치는 오직 직접적으로 집단화된 노동이나 공동

---

21) 런던에서 겉바퀴의 축을 단조하는 기계들 가운데 하나는 '토르'라는 이름을 가지고 있다. 그것은 16.5톤에 달하는 축을 대장장이가 말굽쇠를 단조하듯 쉽게 단조한다.
22) 소규모로 사용될 수 있는 목재를 가공하는 기계들은 대부분 아메리카의 발명품이다.

노동에 의해서만 기능한다. 따라서 이제 노동수단 자체의 성질이 기술적으로 어쩔 수 없이 노동과정의 협업적 성격을 규정하게 된다.

2절
기계장치에서 생산물로의 가치 이전

우리는 협업과 분업에서 생겨나는 생산력은 자본가에는 아무런 비용이 들지 않는다는 것을 보았다. 이 생산력은 집단적 노동이 만들어 낸 자연력이다. 증기, 물 등과 같이 생산 과정에서 사용되는 자연력도 아무런 비용이 들지 않는다. 그러나 인간이 숨을 쉬는 데 폐가 필요하듯이, 자연력을 생산적으로 소비하기 위해서는 '사람의 손으로 만든 생산물'이 필요하다. 운동하는 물의 힘을 이용하기 위해서는 수차가 필요하며, 증기의 탄성을 이용하기 위해서는 증기기관이 필요하다. 과학의 사정도 자연력과 마찬가지이다. 전류가 작용하는 범위 내에서는 '자석이 한쪽으로 기운다'는 법칙과 '주위에 전류가 흐르면 철에 자기가 발생한다'는 법칙은 일단 발견되기만 하면 한푼의 비용도 들지 않는다.[23] 그러나 이 법칙들을 전신 등에 이용하기 위해서는 매우 비싸고 정확한 장치가 필요했다. 우리가 본 바와 같이 도구는 기계에 의해 밀려나지 않는다. 그것은 인간의 신체기관에 맞는 조그만 도구에서 그 규모나 수에서 인간에 의해 만들어진 기계장치의 도구로 성장한다. 자본은 이제 노동자에게 손도구가 아니라 자신의 도구를 스스로 조정하는 기계를 가지고 일하도록 한다. 따라서 얼핏 보면 대공업이 거대한 자연력과 자연과학을 생산 과정으로 통합함으로써 노동생산력을 엄청

---

23) 자본가는 과학에 '아무런' 비용도 들이지 않지만, 그렇다고 과학을 이용하는 것을 전혀 방해 받지 않는다. '남'의 과학은 남의 노동처럼 자본에 통합된다. 과학이든 물적 부이든 간에 '자본가적' 점유와 '사적' 점유는 전혀 다르다. 유어 박사조차 기계를 이용하는 그의 친애하는 공장주들의 기계학에 대한 뻔뻔스러운 무지에 대해 탄식했다. 그리고 리비히는 잉글랜드 화학공장 주인들이 화학에 대해 놀랄 만큼 무식하다고 이야기할 수 있었다.

나게 향상시켜야만 한다는 것은 분명하지만, 이렇게 향상된 생산력이 다른 한편으로 노동비용을 증가시킴으로써 얻어지지 않았다는 것은 결코 분명하지 않다. 불변자본을 구성하는 다른 모든 부분들과 마찬가지로 기계장치 역시 가치를 창출하지는 못하지만, 그것을 사용해 만들어진 생산물에 자신의 가치를 넘겨준다. 기계장치가 가치를 가지고 있어 생산물에 가치를 이전하는 한, 그것은 자신을 사용해 만들어진 생산물의 가치를 구성하는 한 부분을 이룬다. 기계장치는 생산물의 가격을 하락시키는 것이 아니라, 자신의 가치에 비례하여 생산물의 가격을 상승시킨다. 그리고 기계와 체계적으로 발달된 기계장치, 즉 대공업을 특징짓는 노동수단이 수공업생산이나 매뉴팩처 생산의 노동도구에 비하면 비교도 안 될 정도로 생산물의 가치를 많이 높인다는 점은 분명하다.

미리 언급해 두어야 할 것은, 기계장치는 노동과정에서 언제나 그 전체가 투입되지만, 가치증식 과정에는 일부만 투입된다는 사실이다. 기계장치는 마모에 의해 평균적으로 사라지는 가치보다 더 많은 가치를 절대로 생산물에 첨가하지 않는다. 따라서 기계의 가치와 주기적으로 기계에서 생산물로 이전되는 가치 사이에는 커다란 차이가 발생한다. 가치를 형성하는 요소로서의 기계와 생산물의 형성요소로서의 기계 사이에는 커다란 차이가 발생한다는 뜻이다. 같은 기계장치가 같은 노동과정에서 반복하여 사용되는 기간이 길면 길수록, 이 차이는 더욱 커진다. 물론 이미 본 바와 같이 노동수단이나 생산도구는 그 어떤 것이든 노동과정에는 언제나 그 전체가 투입되지만, 가치증식 과정에는 언제나 하루 평균 마모되는 양만큼의 일부만 투입된다. 그러나 사용과 마모 간의 이러한 차이는 도구의 경우보다는 기계장치의 경우에서 훨씬 크다. 기계장치는 더 오래 견딜 수 있는 재료로 만들어서 그 수명이 더 길기 때문이며, 그것의 이용은 엄격한 과학법칙에 의해 규제되기 때문에 그것의 부품과 그것이 소모하는 중간재를 절약하는 것이 가능하기 때문이며, 마지막으로 기계장치의 생산 범위는 도구의 그것보다 비교할 수 없는 정도로 크기 때문이다. 기계장치와 도구에서 이들의 하루 평균비용, 즉 매일 평균적인 마모와 예컨대 기름이나 석탄 등의 보조재의 소비를 통해 생산물에 첨가되는 가치구성 부분을 빼면, 기계장치와 도구는 인간의 노동이 전혀 첨가되지 않고 존재하는 자연력과 똑같이 무상으로 일하는 것이 된다. 기계장치가 생산적으로 활동하는 규모가 도구의 그것보다 크면 클수록, 그것이 무상으로 사용되는 규모도 도구의 그것에 비해 그만큼 더 커진다. 대공업에서야 비로소 인간은 자신들이 행한 과거의 노동, 즉 이미 물질화된 노동생산물을 대규모로, 그리고 자연력과 같이 무상으로 작용시키게 되었다.[24]

협업과 매뉴팩처를 살펴보았을 때, 개별화된 노동자들의 분산된 노동조건과 비교하면, 건물 등과 같은 어떤 일반적 생산조건은 공동소비를 통해 절약되며, 따라서 생산물의 가격을 더 적게 올린다는 것을 보았다. 기계장치의 경우 어떤 작업기계의 몸체는 그것에 부착되어 있는 수많은 도구

---

24) 덧붙이자면, 리카도는 노동과정과 가치증식 과정 사이의 일반적인 차이와 마찬가지로 자신에 의해 발전된 이러한 기계의 영향도 거의 파악하지 못했지만, 가끔 기계의 영향에 매우 특별한 주의를 기울이기 때문에, 기계에서 생산물로 이전되는 가치구성 부분을 망각하고, 기계를 자연력과 완전히 혼동하고 있다. 예를 들면 리카도는 다음과 같이 말하고 있다. "아담 스미스는 자연력과 기계장치가 우리에게 수행하는 역할을 그 어디에서도 과소평가하지 않았지만, 그것들이 상품에 첨가하는 가치의 성질을 매우 올바르게 구별했다. … 자연력과 기계장치는 그들의 일을 무상으로 하기 때문에, 그것들이 우리에게 주는 도움은 교환가치에 그 어떤 것도 첨가하지 않는다."(리카도, 앞의 책, 336-337쪽) 이러한 리카도의 언급이, 기계가 '이윤'의 일부를 이루는 가치를 창출하기 위한 '역할'을 수행한다고 되는 대로 지껄이는 세(Say)를 반박한다면 물론 그것은 옳은 말이다.

들에 의해 공동으로 사용될 뿐만 아니라, 하나의 동력기는 전동장치의 일부와 함께 수많은 작업기계들에 의해 공동으로 사용된다.

기계장치의 가치와 그것이 하루 생산물에 이전하는 가치부분 간의 차이가 정해져 있다면, 이전된 가치부분이 생산물의 가격을 얼마나 비싸게 하는 가는 우선 생산물의 규모, 말하자면 생산물의 표면적(직물의 경우 -옮긴이)에 달려있다. 블랙번 출신의 베인즈는 1857년 행한 공개강의에서 다음과 같이 계산했다.

"실제 1기계 마력[25]은 준비 장치를 갖춘 450개의 뮬 방추 또는 200개의 트로슬 방추, 날실을 달고 풀칠을 하는 장치 등을 갖춘 40인치 직물을 짜는 역직기 15대를 운전한다."

1증기 마력의 하루 비용과 이 증기마력에 의해 작동되는 기계장치의

---

25) 3판의 주석. 1마력은 분당 33,000피트 파운드의 힘, 즉 분당 33,000파운드를 1피트 들어 올리거나 1파운드를 33,000피트 들어올리는 힘이다. 이것이 본문에서 말하는 '마력'이다. 일상적으로 상업에서 쓰이는 용어에서 그리고 이 책 이곳저곳의 인용문에서는 동일한 기계의 '명목' 마력과 '상업' 또는 '지시' 마력을 구분한다. 구(舊)마력 또는 명목마력은 단지 피스톤의 왕복 거리와 실린더의 지름만으로 계산되며, 증기압과 피스톤의 속도는 전혀 고려하지 않는다. 이것은 사실상, 예를 들어 어떤 증기기관이 볼튼이나 와트의 시대에서와 같은 약한 증기압과 낮은 피스톤 속도로 운전된다면, 이는 예컨대 50마력을 가지고 있다는 것을 의미한다. 그러나 증기압과 피스톤 속도라는 두 가지 요인들은 그 후로 엄청나게 증가했다. 오늘날에는 한 대의 기계가 실제로 공급하는 기계력을 측정하기 위해 증기압을 나타내는 계기가 발명되었다. 피스톤 속도는 쉽게 확인할 수 있다. 그리하여 '지시' 또는 '상업' 마력의 척도는 실린더의 지름, 피스톤 왕복높이, 피스톤의 속도 그리고 공기압을 동시에 고려하며, 또 그렇게 함으로써 기계가 분당 33,000피트 파운드의 몇 배에 달하는 힘을 실제로 제공하는가를 보여주는 수학공식이다. 따라서 1명목 마력은 현실에서는 3-4마력, 심지어는 5마력의 지시마력 또는 실제마력을 공급할 수 있다. 이상은 뒤따를 인용문들을 설명하기 위한 것이다. -프리드리히 엥엘스

마모는 첫 번째의 경우에는 450개 뮬 방추의 하루 생산물에, 두 번째 경우에는 200개 트로슬 방추의 하루 생산물에 그리고 세 번째의 경우에는 15개 역직기의 하루 생산물에 분배되기 때문에, 1온스의 실이나 1엘레의 직물에는 매우 적은 가치부분만이 이전된다. 마찬가지로 앞에서 예를 든 증기망치의 경우에도 그러하다. 증기망치의 하루 마모, 석탄소비 등은 증기망치가 하루에 두들기는 엄청난 양의 철에 분배되기 때문에, 1젠트너의 철에는 아주 적은 가치부분만이 첨가되지만, 이 거대한 도구가 작은 못을 박는다면 그 가치부분은 매우 클 것이다.

작업기계의 작용범위, 즉 작업기계에 딸린 도구의 수, 또는 그 힘이 문제여서 그것의 규모가 주어진다면, 생산물의 양은 작업기계가 작동하는 속도, 즉 예를 들어 방추가 회전하는 속도 또는 망치가 1분에 두들기는 횟수에 따라 정해진다. 앞의 저 거대한 망치 가운데는 1분에 70번을 두들기는 것도 많다. 방추를 만드는 데 사용되는 비교적 작은 규모의 증기망치인 라이더Ryder의 특허 단조기는 분당 700번을 두들긴다.

기계장치가 생산물에 이전하는 가치의 비율이 주어져있다면, 그 크기는 기계장치 자체의 가치크기에 따라 정해진다.[26] 기계장치 자체에 포함되어 있는 노동이 적으면 적을수록, 기계장치가 생산물에 첨가하는 가치는

---

26) 자본주의적 관념에 사로잡힌 독자는 이 경우에 당연히 기계가 그 자본 가치에 비례하여 생산물에 첨가하는 '이자'를 빼먹었다고 한탄할 것이다. 그러나 기계는 불변자본을 구성하는 다른 부분들과 마찬가지로 새로운 가치를 만들어 내지 않기 때문에, '이자'라는 이름의 어떤 새로운 가치를 첨가할 수 없다는 사실을 쉽게 이해할 수 있다. 더 나아가 잉여가치 생산이 문제가 되는 이 경우에서는 잉여가치의 어떤 부분도 '이자'라는 이름으로 이미 존재하는 것으로 가정할 수 없다는 사실은 분명하다. 얼핏 보아도 불합리하고 가치형성의 법칙들과 모순되어 보이는 자본주의적 계산 방식은 이 책의 3권에서 알게 될 것이다.

더 적어진다. 이전하는 가치가 적으면 적을수록 기계장치는 더 생산적이며, 기계장치의 기능은 자연력의 기능에 더 근접하게 된다. 그러나 기계장치에 의한 기계장치의 생산은 기계장치의 규모와 효능에 비례하여 그 가치를 감소시킨다.

수공업 방식 또는 매뉴팩처 방식으로 생산된 상품의 가격과 기계로 생산된 동일한 상품의 가격을 비교분석해 본다면, 일반적으로 기계생산물의 경우 그것의 가치를 구성하는 부분 가운데 노동수단에서 이전되는 부분이 상대적으로는 증가하지만 절대적으로는 감소한다는 결론이 나온다. 즉 이 가치부분의 절대적인 크기는 감소하지만, 예컨대 1파운드의 실이라는 생산물의 총가치에서 차지하는 비율은 증가한다.[27]

---

[27] 가치를 구성하는 부분 가운데 기계에 의해 첨가되는 이 부분은, 기계가 물질을 변형시키는 (다른 - 옮긴이)기계가 아니라 단지 동력으로만 이용되는 일하는 동물인 말을 몰아내는 경우에는, 절대적으로나 상대적으로나 감소한다. 덧붙이자면 동물을 단순한 기계로 정의함으로써 데카르트(Descartes)는 동물을 인간의 조수로 간주한 중세와는 다르게 매뉴팩처 시대의 눈으로 바라보았는데, 이러한 데카르트의 시각은 나중에 폰 할러(von Haller)의 《국가학의 부흥》에서 다시 나타난다. 베이컨(Bacon)과 마찬가지로 데카르트도 생산의 변화된 모습과 인간에 의한 자연의 실용적인 지배를 변화된 사유 방법의 결과로 간주한다는 사실이 그의 저서 《방법서설》에 쓰여 있는 아래와 같은 문장에 잘 나타나 있다. "(그에 의해 철학에 도입된 방법을 통해) 삶에 매우 유익한 지식에 도달하는 것이 가능하며, 학교에서 배우는 모든 사변적인 철학 대신에 실용적인 철학을 발견할 수 있는데, 이 철학을 통해 우리는 불, 물, 공기, 천체 그리고 우리를 둘러싸고 있는 모든 다른 물체들의 힘과 작용에 대해 -다양한 직업을 가진 우리의 수공업자들이 알고 있는 것만큼 우리도 정확하게 앎으로써- 그것들을 적절한 사용 목적에 이용할 수 있으며, 또 그렇게 함으로써 우리는 자연의 지배자나 소유주가 될 수 있으며, 인간의 삶을 더 완벽하게 만드는 데 기여할 수 있을 것이다." 노스 경의 《상업에 대한 담론》(1691)의 서문에는 정치경제학에 적용된 데카르트의 방법이 화폐와 상업 등에 대한 낡은 거짓말과 미신적인 관념들로부터 정치경제학을 해방하기 시작했다고 쓰여 있다. 그러나 초기의 잉글랜드 경제학자들이 대체로 그들의 철학자로서 베이컨과 홉스에 동의한 반면에, 이 후에는 단지 로크만이 잉글랜드, 프랑스 그리고 이탈리아에서 정치경제학의 '철학자'가 되었다.

어떤 기계를 생산하는 데 들어가는 노동의 양과 그 기계를 사용함으로써 절약되는 노동의 양이 동일하다면, 이는 단순히 노동을 옮겨 놓은 것에 불과하기 때문에, 어떤 상품의 생산에 필요한 노동의 총량은 감소하지 않으며, 따라서 노동생산력은 증가하지 않는다는 사실은 분명하다. 그러나 기계를 생산하는 데 들어가는 노동과 기계가 절약하는 노동 사이의 차이, 즉 기계의 생산력 수준은 기계 자체의 가치와 기계에 의해 대체되는 도구 사이의 차이에 따라 정해지지 않는다. 다만 이 차이는 기계의 노동비용, 즉 기계에 의해 생산물에 첨가되는 가치부분이 노동자가 그의 도구를 가지고 노동 대상에 첨가하는 가치보다 적은 동안에는 계속 존재한다. 따라서 기계의 생산력은 기계가 인간 노동력을 대체하는 정도에 필적한다. 베인스에 따르면, 1증기 마력에 의해 작동되는 준비 장치를 가진 450개의 뮬 방추는 2½의 노동자가 필요하며,[28] 자동식 뮬 방추 하나당 10시간의 노동일에 13온스의 실(평균 굵기의 실)을 생산하여, 2½노동자가 주당 365⅝파운드의 실을 잣는다. 따라서 약 366파운드의 면화(간단히 서술하기 위해 솜 부스러기는 무시한다)가 실로 변하는 데 불과 150시간 또는 15번의 10시간 노동일을 필요로 하는 반면에, 손으로 실을 잣는 노동자 1명이 물레를 가지고 13온스의 실을 60시간에 잣는다면, 동일한 양의 면화를 실로 잣기 위해서는 2,700번의 10시간 노동일 또는 27,000노동시간을 필요로 한다.[29] 목판으로 무늬

---

28) 에센(Essen) 상업회의소의 연간보고서(1863년 10월)에 따르면, 크룹(Krupp) 제철소는 1862년에 161기의 용광로, 도가니, 시멘트 화로, 32대의 증기기관(대략 1800년에 맨체스터에서 사용된 증기기관의 총수), 총 1236마력을 가진 14개의 증기망치, 49기의 용철로, 203개의 작업기계와 약 2,400명의 노동자로 1,300만 파운드의 주강을 생산했다. 이 경우 1마력당 노동자는 2명도 되지 않는다.

29) 베비지는 자바에서는 거의 방적노동에만 의해서 면화의 가치에 117%가 첨가되었다고

를 찍는 낡은 방식, 즉 수작업 날염이 기계식 날염에 의해 밀려난 곳에서는 한 대의 기계가 한 명의 성인 남성이나 소년의 도움을 받아 이전에 200명의 남성들이 하던 것과 똑같은 양의 4색 사라사에 무늬를 찍는다.[30] 1793년 일라이 휘트니Eli Whitney가 조면기를 발명하기 전에는 1파운드의 면화에서 씨를 분리하는 데는 평균 하루 노동일이 걸렸다. 그의 발명으로 말미암아 1명의 흑인 여성이 매일 100파운드의 면화를 얻을 수 있게 되었으며 그후 조면기의 효율은 한층 더 높아졌다. 이전에 50센트로 생산된 1파운드의 면섬유는 이후에 더 큰 이윤을 내면서도, 즉 더 많은 미지불 노동을 포함하면서도 10센트에 판매되었다. 인도에서는 씨에서 섬유를 분리하기 위해서 거의 기계와 다를 바 없는 츄르카Churka를 사용했는데, 한 명의 남성과 한 명의 여성이 하루에 28파운드를 처리했다. 몇 년 전에 포브스 박사가 발명한 츄르카를 사용해서는 1명의 남성과 1명의 소년이 하루에 250파운드를 처리한다. 소, 증기 또는 물이 동력으로 사용되는 곳에서는 기계에 재료를 공급하는 사람feeder으로 단 몇 명의 소년소녀들이 필요할 뿐이다. 소가 움직이는 이 기계 16대는 이전에 750명이 하루에 하던 평균작업량을 한다.[31]

이미 언급한 바와 같이, 증기쟁기를 작동시키는 경우에 증기기관은 1시간에 3펜스 또는 ¼실링으로 66명의 사람들이 15실링으로 하는 만큼의 작업을 한다. 오해를 없애기 위해 이 실례를 다시 한 번 살펴보겠다. 이 15

계산하고 있다. 이 당시(1832) 잉글랜드의 세사(細絲) 방적업에서는 기계장치와 노동에 의해 면화에 첨가되는 총가치는 원료가치의 약 33%에 달했다. (《기계의 경제에 대해》, 165-166쪽)

30) 게다가 기계 날염에서는 염료도 절약된다.

31) 인도총독부에 생산물에 관한 보고자인 왓슨 박사가 1860년 4월 17일 기술협회에서 발표한 논문을 참조하라.

실링은 66명의 사람들이 1시간 동안 추가하는 노동을 화폐로 표현한 것이 결코 아니다. 필요노동에 대한 잉여노동의 비율이 100%였다면, 이 66명의 사람들은 1시간에 30실링의 가치를 생산했는데, 단 33시간만이 그들 자신을 위한 등가물, 즉 15실링의 임금에 나타나 있을 뿐이다. 따라서 어떤 기계가 자신이 몰아내는 150명의 노동자들의 일 년치 임금, 말하자면 3,000£이 든다고 가정하면, 이 3,000£은 150명의 노동자들에 의해 만들어진 노동, 즉 노동대상에 첨가된 노동을 화폐로 표현한 것이 결코 아니며, 그들의 일 년 노동 가운데 그들 자신을 위한 임금만을 화폐로 표현한 것이다. 이와 반대로 기계의 화폐가치 3,000£은 기계가 생산되는 동안에 소비된 노동을 표시한다. 그리고 이 노동이 어떤 비율로 노동자의 임금과 자본가의 잉여 가치로 분할되든 간에 그러하다. 따라서 기계가 생산되는 데 들어간 비용이 그 기계에 의해 대체된 노동력과 같다면, 기계 자체에 물질화된 노동은 언제나 기계에 의해 대체된 살아 있는 노동보다 훨씬 적다.[32]

생산물의 가격을 싸게 하는 수단으로만 본다면, 기계장치를 사용하는 한계는 기계장치 자체의 생산에 드는 노동이 기계장치의 사용으로 대체될 노동보다 더 적어야 한다는 데 있다. 그러나 자본에게는 이 한계가 더 좁게 드러난다. 자본은 사용된 노동을 지불하지 않고 사용된 노동력의 가치를 지불하기 때문에, 자본은 기계가치와 기계에 의해 대체되는 노동력의 가치 사이의 차이 내에서 기계를 사용한다. 필요노동과 잉여노동 노동일을 분할하는 것은 나라마다 다르고, 같은 나라에서도 시기에 따라 다르고, 같은 시

---

32) "이 말 못하는 대리자들(기계들)은 언제나 자신이 밀어낸 노동자보다 훨씬 적은 노동의 생산물이다. 이 두 노동이 동일한 화폐가치를 가질 경우에조차 그러하다."(리카도, 앞의 책, 40쪽)

기에서도 산업 부문에 따라 다르며, 게다가 노동자의 실질임금은 그의 노동력의 가치보다 낮아지기도 하고 높아지기도 하기 때문에, 기계장치의 가격과 그것에 의해 대체되는 노동력의 가격 사이의 차이는, 기계의 생산에 필요한 노동량과 기계에 의해 대체된 총노동량 사이의 차이가 변하지 않더라도, 크게 달라질 수 있다.[33] 그러나 자본가 자신들에게 상품의 생산비를 결정해주고, 경쟁의 강제법칙을 통해 자본가에게 영향을 주는 것은 오직 첫 번째 차이, 즉 기계 가격과 기계에 의해 대체되는 노동력 가격의 차이일 뿐이다. 따라서 16세기와 17세기에 독일에서 발명된 기계들이 홀란드에서만 사용되었으며, 18세기 프랑스의 여러 가지 발명품들이 잉글랜드에서만 사용되었던 것처럼, 오늘날 북아메리카에서만 사용되는 기계들은 잉글랜드에서 발명되었다. 오래된 선진국들에서는 몇몇 산업부문에 사용되던 기계 자체가 다른 부문에서 노동과잉(리카도가 말한 redundancy of labour)을 만들어, 이 부문들에서는 임금이 노동력의 가치 이하로 하락하여 기계장치의 사용을 방해하는데, 자본의 입장에서 보면 이윤은 여하튼 사용된 노동이 아니라 지불노동을 줄이는 데서 생겨나기 때문에, 기계의 사용은 불필요하거나 흔히 불가능하게 된다. 잉글랜드 양모 매뉴팩처의 몇몇 부문에서는 최근 수년간 아동노동이 엄청나게 줄었으며, 몇몇 곳에서는 거의 사라졌다. 그 이유는 무엇일까? 공장법은 아동을 2개조로 나누어, 한 조는 6시간 다른 한 조는 4시간, 또는 두 개 조 모두가 각각 5시간씩만 일하도록 강제했다. 그러나 부모들은 반일공half-times을 이전의 전일공full-times보다 싸게 팔려 하지 않았다. 이러한 이유로 반일공은 기계로 대체되었다.[34] 광산에서

---

33) 2판 주. 따라서 코뮌주의 사회에서는 기계장치는 부르주아 사회에서와는 전혀 다른 활동의 여지를 가질 수도 있다.

34) "노동의 사용자들은" 쓸데없이 13세 미만의 아동들을 2교대제로 고용하려고 하지 않을

여성과 어린이들(10세 미만)의 노동이 금지되기 전에 자본은 벌거벗은 성인 여성과 소녀들을 그것도 빈번하게 다른 남성들과 함께 탄광과 다른 광산에서 사용했다. 이 방법이 자본의 도덕률뿐만 아니라 특히 회계장부에 부합된다고 생각했기에, 그것이 금지된 후에야 자본은 비로소 기계에 손을 내밀었다. 양키들은 돌 깨는 기계를 발명했다. 잉글랜드 사람들은 이 기계를 사용하지 않고 있다. 이 작업을 하는 '불쌍한 사람'('wretch'는 잉글랜드의 정치경제학에서는 농업노동자를 가리키는 전문용어이다)은 자신의 노동 가운데 아주 적은 부분만을 지불 받기 때문에 자본가의 입장에서는 기계장치를 사용하면 생산 비용이 더 많이 들기 때문이다. 잉글랜드에서는 아직까지도 운하의 작은 배를 끄는 등의 일에 종종 말 대신 여성들을 사용하는데,[35] 그 이유는 말과 기계의 생산에 필요한 노동은 정확하게 주어진 양이지만, 이와 반대로 과잉인구 가운데 여성들을 부양하는 데 필요한 노동은 맘대로 계산할 수 있기 때문이다. 이러한 이유로 기계의 나라인 잉글랜드만큼 하찮은 일에 아무 부끄럼 없이 인력을 낭비하는 나라는 어디에도 없다.

것이다. … 모사 방적업자 같은 한 무리의 공장주는 오늘날 실제로 반일공을 하는 13세 미만의 아동을 거의 사용하지 않는다. 그들은 개량된 다양한 종류의 새로운 기계들을 도입했는데, 그 덕택에 아동을(즉 13살 미만) 사용할 필요가 전혀 없었다. 나는 이러한 아동 수의 감소를 명확하게 보여주기 위해 하나의 노동과정을 예로서 언급하겠다. 이 노동과정에서는 기존의 기계에 실을 잇는 장치를 연결했는데, 그 결과 각 기계의 특성에 따라 6명 또는 4명의 반일공들이 하던 작업을 한 명의 소년(13세 이상)이 할 수 있게 되었다. 반일 고용제가 실 잇는 기계의 발명을 자극했던 것이다."(《공장감독관 보고서》, 1858년 10월 31일, 42-43쪽.)

35) "기계는 … 노동이(그는 임금을 말하고 있다) 상승하지 않는 동안에는 사용될 수 없다."(리카도, 앞의 책, 479쪽)

3절
기계제 생산이 노동자에게 미치는 직접적 영향

이미 본 것처럼 대공업의 출발점은 노동수단의 혁명이며, 변혁된 노동수단은 알맞게 짜인 공장의 기계 체제에서 가장 발달된 형태를 취한다. 이 물적 유기체에 인간재료가 어떻게 합체되는가를 자세히 알아보기 전에, 노동수단의 혁명이 노동자 자신에게 미치는 몇 가지 일반적인 영향을 살펴보자.

a)자본에 의한 추가 노동력의 점유 - 여성노동과 아동노동

기계장치가 근력을 불필요하게 만드는 한, 기계장치는 근력이 없는 노동자 또는 육체적 발육이 미성숙하지만 손과 발이 더 유연한 노동자를 사용하는 수단이 된다. 따라서 여성노동과 아동노동은 기계장치가 자본주의적으로 사용되면서 등장한 최초의 단어였다! 노동과 노동자를 대체하는 이 강력한 수단은 곧바로 남녀노소 구별 없이 노동자 가족의 모든 구성원을 자본의 직접적인 지배 아래 계열화함으로써 임금노동자의 수를 증가시키는 수단이 되었다. 자본가를 위한 강제노동은 아이들의 노는 시간뿐만 아니라 관습적인 범위에서 이루어지는 가족 자체를 위한 자유로운 집안일까지 빼앗아갔다.[36]

---

36) 에드워드 스미스 박사는 아메리카 내전으로 발생한 면화 위기 동안에 잉글랜드 정부에 의해 면직업에 고용된 노동자의 건강상태를 보고하기 위해 랭커셔, 체셔 등지로 파견되었다. 그는 특히 다음과 같이 보고했다. "공황이 공장 환경에서 노동자들을 추방했다는 사실을 도외시하더라도, 위생적으로 여러 가지 다른 이익이 있다. 노동자 부인들은 이제 자신의 아이들을 고드프리의 코디얼(일종의 아편제)에 중독되게 하여 그들에게 젖을 먹이는

노동력의 가치는 개별 성인노동자의 생계뿐만 아니라 노동자 가족의 부양에도 필요한 노동시간에 의해 정해진다. 기계장치는 노동자 가족의 구성원 모두를 노동시장에 내던짐으로써, 성인 남성노동력의 가치를 그의 가족 전체에게 분할한다. 따라서 기계장치는 그의 노동력의 가치를 하락시킨다. 예를 들어 4개 노동력으로 분할된 가족을 구입하는 데는 이전에 가장의 노동력을 구입하는 것보다 비용이 더 들지도 모르지만, 4노동일이 1노동일을 대체하게 되어 노동력의 가격은 4노동일의 잉여노동이 1노동일의 잉여노동을 초과하는 데 비례하여 하락한다. 한 가족이 살아가기 위해 이제 4명은 자본을 위해 노동뿐만 아니라 잉여노동도 제공해야 한다. 이와 같이 기계장치는 처음부터 자본의 가장 고유한 착취영역인 인간이라는 착취재료를[37] 추가하는 동시에 착취의 정도를 강화한다.

데 필요한 한가한 시간을 가질 수 있었다. 그들은 요리를 배울 시간도 가지게 되었다. 그러나 불행하게도 이 요리 기술은 그들이 먹을 것을 전혀 가지고 있지 않을 때 생겨났다. 그러나 우리는 자본이 자기증식을 위해서 가정생활에 필요한 노동을 얼마나 빼앗았는지를 알 수 있다. 또한 공황은 특수학교에서 노동자의 딸들이 바느질 하는 법을 가르치는 데 이용되었다. 전 세계를 위해 실을 잣는 소녀노동자들이 바느질을 배우기 위해 미국 독립전쟁과 세계공황이 필요했다!

37) "점점 더 많은 남성노동이 여성노동에 의해, 특히 성인노동이 아동노동에 의해 대체되었기 때문에 노동자의 수는 크게 증가했다. 주당 6-8실링의 임금을 받는 13살의 소녀 3명이 18-45실링을 받는 성인남자를 몰아낸다."(토마스 드 퀸시[Th. de Quincey], 《정치경제학의 논리》, 런던, 1844, 147쪽의 주) 예를 들어 아이들을 돌보고 젖을 먹이는 등의 일정한 가족의 기능은 전혀 억압될 수 없기 때문에, 자본에 의해 징발된 어머니는 어떤 식이든 대리인을 구할 수밖에 없다. 바느질, 수선 등과 같이 가족의 소비에 필요한 노동은 기성품의 구입으로 메워야 한다. 따라서 집안일에 들어가는 시간이 축소됨에 따라 화폐 지출은 증가한다. 결국 노동자 가족의 생산비용은 증가하며 수입의 증가를 상쇄한다. 게다가 식료품을 조리하여 먹는 데 있어서 그것을 실용적으로 사용하거나 절약하는 것이 불가능해진다. 공인된 정치경제학에서 은폐되어 있는 이러한 사실에 관해서는 《공장감독관들의 보고서》, 《아동고용위원회》, 그리고 특히 《공중보건에 관한 보고서》에서 풍부한 자료를 찾을 수 있다.

기계장치는 또한 자본관계를 형식적으로 매개함으로써 노동자와 자본가 사이의 계약을 근본적으로 변혁시킨다. 상품교환을 토대로 하면, 자본가와 노동자는 각기 독립된 상품을 소유한 자유로운 인격체로서, 자본가는 화폐와 생산수단을, 노동자는 노동력을 소유한 자로서 대면한다는 것이 첫 번째 전제였다. 그러나 이제 자본은 미성년자나 여성의 노동력을 구매한다. 이전에는 노동자가 형식상 자유로운 인격체로서 마음대로 처분할 수 있는 자신의 노동력을 팔았지만, 이제 그는 처자식의 노동력을 판다. 노동자는 노예상인이 된 것이다.[38] 아동노동에 대한 수요는 그 형태에 있어서 아메리카 신문광고에서 흔히 읽을 수 있는 흑인노예에 대한 수요와 흡사하다. 예를 들어 한 잉글랜드 공장감독관은 아래와 같이 말했다.

"내가 관할하는 지역의 가장 중요한 매뉴팩처 도시의 지방신문에 실린 다음과 같은 광고가 내 주의를 끌었다. 12-20명의 소년을 구함. 13세를 지난 것으로 보여야 함. 주급 4실링, 문의하라. 등등."[39]

---

38) 잉글랜드의 공장에서 여성노동과 아동노동에 대한 제한이 성인 남성노동자가 자본으로부터 쟁취한 것이라는 위대한 사실과는 대조적으로 '아동고용위원회'의 최근 보고서에서는 아동 매매에 관련하여 노동자 부모의 매우 쾌씸하고 그야말로 노예상인과 같은 기질이 아직도 발견된다. 그러나 동일한 '보고서'에서 볼 수 있는 것처럼, 자본주의적 위선자들은, 다른 곳에서는 '노동의 자유'라고 부르는 자신들이 만들고 영구화하여 이용하고 있는 이 야만성을 비난하고 있다. "어린아이들의 노동까지 이용되었다. … 심지어 그들 자신들의 일용할 양식을 벌기 위해서도 그러했다. 상상하기 힘든 어려운 노동을 건더낼 힘도 없이, 미래의 삶에 도움이 되는 교육도 받지 못한 채 이 어린아이들은 육체적으로나 정신적으로 오염된 환경으로 떠밀려 들어갔다. 유대인 역사가는 티투스에 의한 예루살렘의 파괴에 대해 다음과 같이 말했다. 한 잔인한 어미가 억제할 수 없는 굶주림을 달래기 위해 자신의 젖먹이를 잡아먹었다면, 이 도시가 완전히 파괴된 것도 전혀 이상한 일이 아니다."(칼라일, 《공공경제학개론》, 1833, 66쪽)
39) 레드그레이브, 《공장감독관 보고서》, 1858년 10월 31일, 40-41쪽.

'13세를 지난 것으로 보여야 함'이라는 문구는 공장법에 따르면 13세 미만은 6시간밖에 일할 수 없다는 것과 관련되어 있다. 공인된 의사가 나이를 증명해야 한다. 따라서 공장주는 이미 13세가 넘어 보이는 소년을 원했던 것이다. 최근 20년간의 잉글랜드 통계에서 공장주가 고용한 13세 미만의 아동의 수가 종종 급속하게 감소한 것은 놀라운 일인데, 공장 감독관들의 진술에 따르면, 그것은 대부분 공인의사들의 작품이었다. 그들은 자본가의 착취 욕구와 부모의 악덕한 장삿속에 맞추어 아동의 나이를 올려주었다. 베스널 그린Bethnal Green이라는 안 좋기로 유명한 런던의 한 구역에서는 매주 월요일과 화요일 아침에 9세 이상의 남녀 아동이 런던의 견직 매뉴팩처업자에게 자신을 임대하는 공개시장이 열린다. '보통의 조건은 주당 1실링 8펜스(부모의 것)와 나 자신을 위한 2펜스와 차茶'이다. 이 계약은 단 1주일만 유효하다. 이 시장이 열리는 동안 벌어지는 광경이나 오가는 말투는 아주 불쾌하다.[40] 여성들이 '구빈원에서 소년들을 데리고 나와 아무 구매자에게나 주당 2실링 6펜스에 임대하는'[41]일이 잉글랜드에서는 지금도 일어나고 있다. 법률이 제정되어 있음에도, 그레이트브리튼에서는 최소한 2,000명의 소년들이 그들의 부모에 의해 살아 있는 굴뚝청소기(그들을 대체할 기계가 있음에도)로 판매되고 있다.[42] 기계로 인해 노동력 구매자와 판매자 사이에서 일어나는 권력 관계의 혁명적 변화는 그 모든 거래가 자유로운 인격체 사이의 계약이라는 겉모습조차 없앰으로써 이후에 공장제에 국

---

40) 《아동고용위원회 5차 보고서》, 런던, 81쪽, 31번. (4판의 주석. 베스널 그린에서의 견직업은 거의 다 몰락했다. -엥엘스.

41) 《아동고용위원회 3차 보고서》, 런던, 1864, 53쪽. 15번.

42) 《아동고용위원회 5차 보고서》, 22쪽, 157번.

가가 개입하는 법적인 구실을 잉글랜드 의회에 제공했다. 공장법이 지금까지 문제 삼지 않았던 공업 부문에서 아동노동을 6시간으로 제한할 때마다, 일부 부모들이 아직 '노동의 자유'가 지배하고 있는, 말하자면 13세 미만의 아이가 성인처럼 일하도록 강요되는, 따라서 더 비싸게 처분할 수 있는 공업 부문에 아이들을 팔기 위해 이제는 규제받는 공업에서 자식을 빼내어간다는 공장주들의 탄식이 늘 울려 퍼졌다. 그러나 자본은 타고난 평등주의자이기 때문에, 즉 자본은 모든 생산 영역에서 평등한 노동의 착취 조건을 자신의 천부인권으로 요구하기 때문에, 한 공업 부문에서의 아동노동의 법적인 제한은 다른 공업 부문에서도 아동노동을 법적으로 제한하는 원인을 제공했다.

기계장치가 처음에는 이를 토대로 세워지는 공장에서 직접적으로, 그 다음으로 나머지 모든 공업부문에서는 간접적으로, 자본의 착취로 내던져진 노동자의 부인과 아동 그리고 청소년들의 육체적 파멸을 가져온다는 사실은 이미 앞에서 간략하게 언급되었다. 따라서 여기서는 노동자 자식의 유아사망률이 지나치게 높다는 점만 지적하고자 한다. 잉글랜드에는 1세 미만의 유아 100,000당 연간 평균 사망자수가 9,085명(어떤 구에서는 7,047명)인 등록구역이 16개 있으며, 24개 구역에서는 10,000명은 넘지만 11,000보다 작으며, 48개 구역에서는 12,000명은 넘지만 13,000명 보다 작고, 22개 구역에서는 20,000명 이상, 25개 구역에서는 21,000명 이상, 17개 구역에서는 22,000명 이상, 11개 구역에서는 23,000명 이상이다. 후, 울버햄프턴, 애쉬턴 언더 라인 및 프레스턴에서는 24,000명 이상, 노팅엄, 스톡포트 및 브래드포드에서는 25,000명 이상, 위스비치에서는 26,000명 맨체스터에서는 26,125명이다.[43] 1861년의 공식적인 의료조사에서 증명된 바와 같이, 각 지방의 사정을 무시하면, 높은 사망률은 주로 집을 비운 엄마의 취업과 이로 인해 발생하는 아이에 대한 등한시와 학대, 특히 부적절한 음식물과 영양부족 그리고 아편제 먹이기, 그리고 엄마가 자식을 사랑하지 않게 되면서 고의적으로 굶기거나 유독물을 먹이는 데 그 원인이 있었다.[44] 이에 반하여 "여성들의 취업이 가장 적은 농촌 지역에서는 사망률이 가장 낮다."[45] 1861년의 조사위원회는 북해 연안에 전적으로 농사만 짓는 몇몇 지역에서 1살 미만의 유아사망률이, 평판이 가장 안 좋은 공장지역의 사망률에 거의 육박하고 있다는 예상치 못한 결과를 얻었다. 그래서 줄리안 헌터 박사에게 현장조사를 위임했다. 그의 보고는 《공중보건에 관한 6차 보고서》에 수록되어 있다.[46] 헌터 박사의 보고가 있기 전에는 말라리아와 낮고 습기가 많은 지역에 특유한 다른 질병들이 아이들을 생명을 빼앗아갔다고 추측했었다. 조사의 결과는 정반대였다.

"말라리아를 몰아낸 것과 같은 원인, 다시 말하자면 겨울에는 습지이고 여름에는 척박한 목초지였던 토지를 비옥한 경작지로 바꾼 것이 극히 예외적으로 높은 유아사망률을 낳은 원인이었다."[47]

---

43) 《공중보건에 관한 6차 보고서》, 런던, 1864, 34쪽.
44) "게다가 1861년의 조사는 다음과 같은 사실을 보여주고 있다. 즉, 앞에서 서술한 사정에서는 엄마의 노동에 의해 야기된 등한시와 학대로 어린 아이가 사망한 반면에, 놀라울 정도로 자식에 대한 엄마로서의 자연스러운 감정을 상실했는데 - 보통 엄마는 자식의 죽음을 슬퍼하지 않으며, 때때로 … 아이가 죽도록 손수 조치를 취하기도 한다."(같은 보고서)
45) 《공중보건에 관한 6차 보고서》, 런던, 1864, 454쪽.
46) 같은 보고서, 454-462쪽. 《잉글랜드의 몇몇 농촌지역에서의 과도한 유아사망률에 관한 헨리 줄리안 헌터 박사의 보고》.
47) 같은 보고서, 35쪽, 455-456쪽.

앞의 지역에서 헌터가 청취한 70명의 의사들은 이 점에 대해 '놀라우리만큼 의견이 일치'했다. 즉 토지경작의 혁명으로 공업제도가 도입된 것이었다.

"소녀소년들과 함께 같은 무리에서 일하는 기혼 여성들은 '왕초'(악덕 고용주)라고 불리며 이 무리를 한꺼번에 차지농장주에게 일정한 액수를 받고 빌려주는 한 남자의 처분에 맡겨진다. 이 무리는 자주 그들의 촌락에서 수마일 떨어진 곳으로 이동하기도 하며, 아침저녁으로 길에서 마주치기도 한다. 여성들은 짧은 치마와 그것에 어울리는 상의를 입고 장화를 신었으며, 때로는 바지를 입기도 한다. 겉으로는 무척 힘이 세고 건강해 보이지만 일상적인 방탕으로 타락했으며, 이런 활동적이고 독립적인 생활방식에 대한 그들의 애착은 집에서 쇠약해지고 있는 자식들에 미치는 치명적인 결과에 대해서 전혀 개의치 않게 만든다."[48]

공장 지역에서 벌어지는 모든 현상들이 이곳에서도 재생산되고 있으며, 은폐된 유아 살해와 아이들에 대한 아편제 사용은 한층 더 심각한 수준으로 재생산되고 있다.[49] 잉글랜드 추밀원의 의무관이자 '공중보건'에 관한

---

48) 같은 보고서, 456쪽.

49) 잉글랜드 공장 지역들서와 마찬가지로 농업 지역에서도 성인 남녀노동자들 사이에 아편 소비가 나날이 증가하고 있다. "아편제의 판매를 촉진하는 것은 … 몇몇 기업형 도매상의 커다란 목표이다. 약장수는 아편제를 가장 잘 유통되는 제품으로 보고 있다."(같은 보고서, 459쪽) 아편제를 복용한 유아들은 "주름이 져서 꼬마 노인이나 말라서 쭈글쭈글해져 조그마한 원숭이 같이 된다."(같은 보고서, 460쪽) 인도와 중국이 잉글랜드에 어떻게 복수하는지를 보고 있다.

보고서의 편집장인 사이먼 박사는 다음과 같이 말하고 있다.

"이것들이 만들어내는 해악에 대해 알게 된 이상, 나는 성인여성들이 대규모로 공업 부문에 고용되는 것을 심각한 우려를 가지고 주시할 수밖에 없다."[50]

공장감독관 베이커는 공식보고서에서 다음과 같이 외치고 있다.

"가족이 있는 모든 기혼여성들이 어떤 공장에서도 일하는 것을 금지한다면, 잉글랜드의 매뉴팩처 지역에게는 참으로 다행스러운 일이 될 것이다."[51]

여성노동과 아동노동에 대한 자본주의적 착취에서 발생하는 정신적 퇴화는 프리드리히 엥엘스의 《잉글랜드 노동자계급의 상태》와 다른 저술가들에 의해 충분하게 서술되었기 때문에, 나는 여기에서 이를 단지 상기만 시키고자 한다. 그러나 정신의 발달능력과 타고난 상상력 자체를 파멸시키지 않고 정신을 그냥 놔둠으로써 발생하는, 말 그대로의 무지와는 완전하게 구별되는 미성숙한 인간을 잉여가치를 만들기 위한 단순한 기계로 바꿈으로써 인위적으로 만들어 낸 지적 황폐화는, 결국 잉글랜드 의회로 하여금 공장법의 적용을 받는 모든 산업에서 14세 미만의 아동을 '생산적'으로 사용하려면 이들에 대한 기초교육을 반드시 해야 함을 법적 조건으

---

50) 같은 보고서, 37쪽.
51) 《공장감독관 보고서》, 1862년 10월 31일, 59쪽. 이 공장감독관은 전에 의사였다.

로 강제했다. 그러나 여기에서도 공장법에 이른바 교육조항이 소홀하게 작성된 점, 행정기구의 부재로 이 의무교육을 대부분 허구적으로 만든 점, 교육법안 자체에 대한 공장주들의 반대 그리고 이 교육법안을 회피하기 위한 공장주들의 온갖 술책은 자본주의적 생산의 정신이 무엇인가를 분명하게 보여주고 있다.

"입법부가 모든 비난을 받아야 한다. 입법부는 아동교육을 위해 힘을 다하는 척하면서도, 이 핑계로 삼은 목적을 확실하게 할 수 있는 어떤 규정도 포함하지 않은 기만적인 법률을 제정했기 때문이다. 이 법률은 아이들이 주중에는 일정한 시간 동안(3시간) 4면이 벽으로 둘러싸인 학교라고 불리는 장소에 갇혀 있어야 하며, 이 아이들의 사용자는 이러한 사실에 대해 매주 남자교사 또는 여자교사든 어느 누구의 이름이 서명된 증명서를 받아야 한다는 것 이외에는 아무런 규정도 없었다."[52]

1844년 개정된 공장법이 공포되기 전에는 남녀교사들에 의해 십자로 서명된 출석증명서가 드물지 않았는데, 교사 자신도 글을 쓸 줄 몰랐기 때문이었다.

"이러한 증명서를 발급하는 학교 가운데 한 곳을 방문했을 때 나는 교사의 무지에 당황한 나머지 그에게 '실례지만 선생님, 읽을 줄 아세요?' 하고 물었다. 그는 '네, 조금은요.'라고 대답했다. 자신을 변호하기 위해 그는 '아무튼 저는 저의 학생들보다는 낫습니다.'라고 덧붙였다."

---

52) 레너드 호너, 《공장감독관 보고서》, 1857년 4월 30일, 17쪽.

1844년의 공장법이 준비되는 동안에 공장감독관들은 자신들이 법률적으로 완전히 유효한 것으로 인정할 수밖에 없는 증명서를 발급하는 '학교라고 불리는 장소'의 심각한 상황을 고발했다. 그들이 관철시킨 것은 1844년 이후부터는 "출석증명서의 숫자는 교사의 자필로 기입되어야 하며, 또한 교사의 이름과 성도 그가 직접 서명해야 한다."[53]는 규정뿐이었다.

스코틀랜드의 공장감독관인 존 킨케이드 경도 이와 비슷한 직무상의 경험을 말하고 있다.

"우리가 방문했던 첫 번째 학교는 엔 킬린이라는 부인이 운영하고 있었다. 내가 그에게 이름을 철자로 써 보라고 요구하자 그는 바로 실수를 했다. 그는 C로 시작했는데 곧바로 수정하면서 그의 이름은 K로 시작한다고 말했다. 출석증명서에서 그의 서명을 보았을 때 나는 그가 이름 철자를 여러 가지로 쓰고 있다는 사실을 알아차렸으며, 그의 필체로 보아 그가 가르칠 능력이 없다는 것을 확신했다. 그 역시 출석부를 스스로 작성할 수 없다는 사실을 인정했다. … 두 번째 학교에서 나는 길이 15피트 폭 10피트의 교실을 보았는데, 그곳에서 75명의 아이들이 알아들을 수 없는 말을 지껄이고 있는 것을 보았다."[54]

"그러나 아이들이 출석증명서만 받고 아무런 수업도 받지 않는 곳은 위에서 말한 동굴 같은 참담한 교실만이 아니었다. 유능한 교사가 많은 학교에서도 세 살배기부터 다양한 연령의 아이들이 떼를 지어 정신을 사납게

---

53) 레너드 호너, 《공장감독관 보고서》, 1855년 10월 31일, 18-19쪽.
54) 존 킨케이트 경, 《공장감독관 보고서》, 1858년 10월 31일, 31-32쪽.

하기 때문에 교사의 노력은 거의 수포로 돌아간다. 교사는 겨우 먹고 사는 정도인데, 그것도 방 하나에 집어넣을 수 있는 최대한의 아이들의 수에 따라 받는 몇 푼의 돈에 전적으로 의존하고 있다. 그 밖에도 학교 비품은 보잘것 없고, 책과 부교재는 부족하며, 숨 막히고 구역질나는 공기는 불쌍한 아이들의 기운을 침체시킨다. 나는 수많은 이런 종류의 학교를 방문했는데, 그곳에서 아이들 전체가 전혀 아무것도 하지 않는 것을 목격했다. 그럼에도 출석한 것으로 증명되고 있으며, 이러한 아이들이 공식적인 통계에서는 교육을 받았다고 나타나 있다."[55]

스코틀랜드에서는 공장주들이 출석의무가 있는 아이들을 될 수 있는 대로 쓰지 않으려고 한다.

"이것이 공장주들이 교육조항을 매우 싫어한다는 것을 증명하는 데 충분하다."[56]

이것은 특별공장법의 규제를 받고 있는 날염공장에서는 이상하고 무서운 모습으로 나타난다. 이 법률의 규정에 따르면,

"이러한 날염공장에 고용되기 전에, 모든 아동은 일하기 시작한 바로 전 날 이전 6개월 동안에 최소한 30일간, 그리고 150시간 이상의 수업을 받았어야 한다. 공장에서 일을 하는 동안에도 역시 6개월 가운데 30일 동안

---

55) 레너드 호너, 《공장감독관 보고서》, 1858년 4월 30일, 17-18쪽.
56) 존 킨케이트 경, 《공장감독관 보고서》, 1856년 10월 31일, 66쪽.

150시간 이상 수업을 받아야 한다. … 수업은 아침 8시부터 저녁 6시 사이에 이루어져야 한다. 같은 날에 받는 2시간 30분 이하 그리고 5시간 이상의 수업은 150시간에 계산되지 않는다. 보통의 상황에서는 아이들은 30일 동안 오전이나 오후에 매일 5시간 수업을 받으며, 30일이 지나 150시간의 법정 수업시간을 채우면, 그들의 말대로 출석부를 다 채우면, 다음 수업기간이 될 때까지 공장으로 돌아가 6개월을 머문다. 그 다음에 아이들은 출석부가 다시 채워질 때까지 학교에 머문다. … 규정된 150시간 동안 수업을 받는 많은 수의 아이들은 날염공장에서 6개월간 머물다가 학교로 돌아오면 처음과 똑같은 상태가 된다. … 당연히 그들은 이전에 수업에서 배웠던 것을 모두 잊어버린다. 다른 날염공장에서의 수업은 공장의 사업상의 요구에 전적으로 맞추어져 있다. 즉 법정 수업시간은 6개월 동안 한 번에 3-5시간씩 나누어 거의 6개월에 걸쳐 분산함으로써 채워진다. 예를 들어, 어떤 날은 아침 8시부터 11시까지 학교에 가고, 또 다른 날은 오후 1시부터 4시까지 학교에 간다. 그런 다음 며칠 동안 학교에 가지 않다가, 갑자기 오후 3시부터 6시까지 학교에 나타난다. 그런 후 다시 3-4일이나 일주일 계속 학교에 나타나다가, 다시 3주 또는 한 달 내내 사라졌다가, 그들의 사용자가 그들이 필요없다고 생각하는 며칠 동안 틈나는 시간에 학교로 돌아온다. 이와 같이 아이들은 150시간을 분할하여 채울 때까지, 학교에서 공장으로, 공장에서 학교로 오가면서 시달리고 있다."[57]

---

57) 레드그레이브, 《공장감독관 보고서》, 1857년 10월 31일, 41-43쪽. 원래의 공장법(본문에서 언급한 특별 날염공장법이 아님)이 오래 전부터 시행되고 있는 잉글랜드의 산업 부문에서는 최근 몇 년 동안 교육조항에 대한 장애가 어느 정도 극복되었다. 공장법의 적용을 받지 않는 산업에서는 조사위원인 화이트에게 다음과 같이 가르쳐준 유리공장 주인 게디스의 견해가 아직도 지배적이었다. "내가 알고 있는 한, 노동자계급의 일부가 몇 년 전부터 받고 있는 더 많은 양의 교육은 해악이다. 그것이 그들을 지나치게 독립적으로 만들기 때문에 위험하다."(《아동고용위원회 4차 보고서》, 런던, 1844, 20쪽)

압도적인 수의 아이와 여성을 노동인력에 추가시킴으로써 기계장치는 아직 자본의 전제에 대항하던 남성노동자들을 반항을 기어이 굴복시켰다.[58]

b) 노동일의 연장

기계장치가 어떤 상품의 생산에 필요한 노동시간을 단축함으로써 노동생산력을 향상하기 위한 가장 강력한 수단이라면, 자본의 일을 맡아서 하는 기계장치는 일단은 자신이 직접 장악한 산업에서 모든 자연적 한계를 넘어 노동일을 연장하는 강력한 수단이 된다. 기계장치는 한편으로 자본이 노동일을 연장하려는 의도를 마음대로 펼칠 수 있는 새로운 조건들을 만들어내며, 다른 한편으로 타인의 노동에 대한 자본의 갈망을 강화하기 위한 새로운 동기를 부여한다.

우선 기계장치에서는 노동수단의 운동과 작업활동이 노동자로부터 자립한다. 노동수단은 자신의 조수인 인간이 일정한 자연적 한계, 즉 그의 육체적 허약함과 고집과 부닥치지 않는다면, 그 자체가 중단 없이 계속 생산할 수도 있는 산업용 영구기관이 된다. 이 자본 자체로서의 자동장치는 자본가의 의식과 의지를 사로잡게 되며, 따라서 반항적이지만 융통성이 있는 인간의 태생적 한계를 최소한의 저항으로 속박하려는 충동으로 가득 차

---

58) "공장주 E씨가 나에게 알려준 바에 따르면, 그는 그의 역직기에 오직 여성들만을 고용하고 있다. 그는 기혼 여성, 특히 집에 그에게 생계를 의존하고 있는 가족을 가진 기혼여성들을 선호한다. 그들은 미혼여성보다 더 주의 깊고 온순하며 또 생필품을 얻기 위해 전력을 다할 수밖에 없기 때문이다. 이처럼 여성의 성격에 특유한 미덕이 해가 되어버린다. 즉 여성의 본성 중 하나인 덕성과 부드러움이 그들을 노예 상태로 만들거나 고통을 주는 수단이 되었다."(《10시간 공장법안. 3월 15일 애슐리 경의 연설》, 런던, 1844, 20쪽)

있다.[59] 그렇지 않아도 이 저항은 기계를 가지고 하는 노동이 겉으로는 쉬워 보이는 데다가 여성과 아이들의 성질이 온순하고 다루기 쉽다는 점 때문에 약화된다.[60]

우리가 본 바와 같이, 기계장치의 생산력은 그것에서 제품으로 이전되는 가치성분의 크기에 반비례한다. 기계장치가 기능하는 기간이 길면 길수록, 기계로부터 첨가되는 가치가 분배되는 생산물의 양이 더 커지며, 따라서 기계장치가 각각의 생산물에 첨가하는 가치부분은 더 작아진다. 그러나 기계가 실제로 작동하는 기간은 노동일의 길이, 또는 하루 노동과정의 지속시간에 노동과정이 반복되는 일수를 곱한 것에 따라 정해진다.

기계의 마모는 그 사용시간과 정확히 일치하지 않는다. 또한 일치한다고 가정하더라도, 7년 6개월 동안 매일 16시간 작동하는 어떤 기계는, 15년 동안 매일 8시간만 작동하는 동일한 기계와 동일한 크기의 생산기간을

---

59) "값비싼 기계가 널리 도입된 이래 인간은 그가 가지고 태어난 평균적 힘보다 훨씬 더 일하도록 요구되었다."(로버트 오언, 《공장제의 영향에 관한 고찰》, 2판, 런던, 1817, 16쪽)

60) 최초로 경험한 사물의 겉모습을 기꺼이 그 사물의 본질(Grund)로 파악하는 잉글랜드 사람들은, 공장제가 도입된 지 얼마 안 되는 동안에 자본이 구빈원과 고아원에서 잔악무도하게 아이들을 대규모로 약탈하여 아무런 의지가 없는 인간 재료를 먹어치운 원인으로 자주 공장에서의 긴 노동시간을 들고 있다. 예를 들어 잉글랜드인 공장주 필든은 다음과 같이 말하고 있다. "긴 노동 시간은 나라의 여러 곳에서 버려진 매우 많은 수의 아이들을 데려다 쓰면서 공장주들이 (성인 - 옮긴이)노동자들에게 의존하지 않음으로써 야기되었다. 이러한 방식으로 조달된 불쌍한 인간 재료의 도움으로 긴 노동시간을 일단 관습으로 만들어 버린 후에는, 그들의 이웃들에게 이 긴 노동시간을 쉽게 강요할 수 있었다는 것은 분명하다."(필든, 《공장제의 저주》, 런던, 1836, 11쪽) 여성노동에 대해서 1844년의 공장보고서에서 공장 감독관인 손더스는 다음과 같이 말하고 있다. "여성노동자들 중에는 단 며칠 빠지는 것을 제외하고는 두 시간도 안 되는 식사시간을 포함하여 아침 6시부터 저녁 12시까지 몇 주 동안 쉬지 않고 일하는 부인들도 있다. 따라서 그들에게는 1주일에 5일은 하루 24시간 가운데 집으로 오가기 위한 시간과 침대에서 휴식을 취하기 위한 시간이 6시간밖에 남지 않는다."

가지며, 따라서 총생산물에 같은 양의 가치를 첨가한다. 그러나 전자의 경우에는 기계의 가치가 후자보다 2배 더 빠르게 재생산될 것이며, 또 자본가는 같은 기계를 가지고 그렇지 않을 시 15년 동안 삼킬 만큼의 잉여노동을 7년 6개월 만에 삼켜버리게 될 것이다.

기계의 물적 마모는 두 가지이다. 첫 번째 마모는 주화가 유통에서 마모되는 것처럼 기계를 사용함으로써 발생하며, 두 번째 마모는 쓰지 않는 칼이 칼집에서 녹이 슬듯이 사용하지 않음으로써 발생한다. 이 두 번째는 자연의 힘에 의한 마모이다. 첫 번째 종류의 마모는 대체로 기계의 사용에 정비례하며, 두 번째 마모는 어느 정도까지는 기계의 사용에 반비례한다.[61]

한편 기계는 물적 마모 이외에도 소위 도덕적으로도 마모된다. 기계는 똑같은 구조를 가진 기계가 더 저렴하게 재생산될 수 있거나 더 우수한 기계가 경쟁자로 나타남에 따라서 교환가치를 상실한다.[62] 어느 경우든 기계가 아무리 아직 새것이고 힘차게 작동하고 있더라도, 그 가치는 더이상 그 기계 자체에 실제로 물질화되어 있는 필요노동시간이 아니라, 자신의 재생산이나 더 우수한 기계의 재생산에 필요한 노동시간에 의해 정해진다. 따라서 그 기계의 가치는 많든 적든 간에 하락한다. 그 기계의 총가치가 재생산되는 기간이 짧으면 짧을수록 도덕적으로 마모될 위험은 줄어들고, 노동일이 길면 길수록 그 기간은 짧아진다. 그 어떤 생산부문이든 기계장치

---

61) "예민하게 움직이는 금속 기계장치 부품의 손상의 원인은 사용하지 않아서일 수도 있다."(유어, 앞의 책, 281쪽)

62) 이미 앞에서 언급한 '맨체스터 방적업자'(《타임스》, 1862년 11월 26일자)는 기계장치의 비용으로 다음과 같은 것을 포함시키고 있다. 즉 "그것(기계장치의 마모에 대한 공제액)은 완전히 마모되기 전의 기계가 새롭고 더 좋은 구조를 가진 기계 때문에 사용되지 않음으로써 끊임없이 발생하는 손실을 메우기 위한 목적도 가지고 있다."

가 처음으로 도입되는 경우에는 이것을 더 저렴하게 재생산하려는 방법과[63] 개량이 꼬리를 물고 이어진다. 그리고 개량은 분리되는 부품들과 장치뿐만 아니라, 기계장치의 전체 구조에서도 이루어진다. 따라서 기계장치가 처음 등장한 시기에는 노동일을 연장하려는 이러한 특수한 동기가 가장 강력하게 작용한다.[64]

다른 조건은 그대로 유지되고 노동일이 주어져 있는 경우에, 노동자의 수를 두 배로 늘려 착취하려면 기계장치와 건물에 투하된 불변자본의 양과 원료, 보조재 등에 투하되는 불변자본의 양도 두 배로 증가되어야 한다. 노동일의 연장으로 기계장치와 건물에 투하된 자본의 양은 변하지 않더라도 생산규모는 확대된다.[65] 따라서 잉여가치가 증가할 뿐만 아니라, 잉여가치의 착취에 필요한 비용까지 줄어든다. 이러한 상황은 노동일이 연장되는 다른 모든 경우에서도 대체로 일어나기는 하지만, 이 경우에는 결정적으로 중요하다. 노동수단으로 바뀌는 자본의 양이 훨씬 더 큰 비중을 차지하기 때문이다.[66] 기계제 생산의 발전은 자본을 구성하는 부분들 가운데

---

63) "어림잡아 계산해보면, 새로운 모델의 단 한 대의 기계를 제작하는 데는 같은 기계를 같은 모델로 다시 제작하는 것보다 5배의 비용이 든다."(베비지, 앞의 책, 211-212쪽)

64) "몇 년 이래로 망사천 제조에서 중요한 많은 개량이 이루어져, 원가가 1,200£인 양호한 상태의 기계가 몇 년 뒤에는 60£에 판매되었다. … 개량이 매우 빠른 속도로 이어진 결과, 기계들은 완성되지 못한 채로 기계제작자의 수중에 머물게 되었다. 더 효율적인 발명품으로 인해 기계들이 이미 낡아버렸기 때문이다."(앞의 책, 233쪽) 따라서 이 질풍노도의 시기에 망사천 제조업자들은 원래 8시간이었던 노동시간을 2교대제를 도입하여 24시간으로 연장했다.

65) "추가된 양의 원료가 건물과 기계장치에 대한 지출을 추가하지 않고도 가공될 수 있다면, … 시장 상황의 좋고 나쁨과 번갈아 나타나는 수요의 증가와 축소됨에도, 공장주가 고정자본을 추가적으로 사용하지 않고 추가된 유동자본을 사용할 수 있는 기회가 계속 반복될 것이라는 사실은 당연하다."(토렌스, 《임금과 단결에 관하여》, 런던, 1834, 64쪽)

66) 이 자리에서 언급된 상황은 단지 완벽하기 하기 위해서일 뿐이다. 나는 이 책의 3권에

끊임없이 증가하는 한 부분을 하나의 형태로 묶어두는데, 이 형태에서 자본은 지속적으로 가치를 증식할 수 있지만 살아있는 노동과의 접촉이 끊어지자마자 사용가치와 교환가치를 상실하게 된다. 잉글랜드의 면화업계의 거물인 애쉬워스는 시니어 교수에게 다음과 같이 가르쳤다.

"농부가 그의 괭이를 내려놓는다면, 그는 이 기간 동안 18펜스의 자본을 쓸모없게 만든다. 우리가 고용한 사람들(즉, 공장 노동자들) 가운데 한 사람이 공장을 떠난다면, 그는 100,000£이 든 자본을 무용지물로 만든다."[67]

한번 생각을 해 보아라! 100,000£이나 든 자본을 한 순간이라도 '쓸모없이' 만들다니! 우리가 고용한 사람들 가운데 누군가 언젠가 공장을 떠난다는 것은 참으로 비난받아 마땅한 일이 아닌가! 애시워스에게 가르침을 받은 시니어가 뻔히 알고 있듯이, 기계장치 규모의 증가는 언제나 노동일의 지속적인 연장을 '바람직하게' 만든다.[68]

기계는 노동력의 가치를 직접적으로 감소시키거나 노동력의 재생산

서야 비로소 이윤율, 즉 총투하자본에 대한 잉여가치의 비율을 다룰 것이기 때문이다.

67) "When a labourer lays down his spade, he renders useless, for that period, a capital worth 18 d. When one of our people leaves the mill, ,he renders useless a capital that has cost 100,000 pounds."(시니어, 《공장법에 관한 편지들》, 런던, 1837, 13-14쪽)

68) "유동자본에 비해 고정자본의 비중이 큰 것은 … 긴 노동시간을 바람직하게 만든다." 기계장치의 규모가 증가함에 따라, "노동시간을 연장하려는 동기는 더 강해진다. 노동시간의 연장이 대규모 고정자본을 수입성 있게 만드는 유일한 수단이기 때문이다."(앞의 책, 11-14쪽) "어떤 공장의 작업시간이 길든 짧든 간에, 변하지 않는 여러 가지 비용이 있다. 예를 들어 공장건물세, 지방세와 국세, 화재보험료, 정규직 노동자의 임금, 기계장치의 손상 등과 기타 여러 가지 재정적 부담이 있는데, 이윤에 대한 이 비용의 비율은 생산규모가 증가하는 것과 같은 정도로 감소한다."(《공장감독관 보고서》, 1862년 10월 31일, 19쪽)

에 관여하는 상품의 가격을 내려 노동력을 간접적으로 싸게 함으로써 상대적 잉여가치를 생산한다. 그뿐만 아니라 기계가 처음으로 드물게 도입될 때에는 기계 소유자에 의해 사용된 노동을 강화함으로써 기계생산물의 사회적 가치를 그것의 개별가치보다 높인다. 그 결과로 자본가들이 하루 생산물 가운데 더 적은 가치부분으로 노동력의 하루가치를 보상하게 함으로써 상대적 잉여가치를 생산한다. 따라서 기계제 생산이 일종의 독점을 유지하는 이 과도기 동안에 이윤은 엄청나며, 자본가는 가능한 한 노동일을 연장함으로써 이 '이제 막 피어난 첫사랑의 순간'을 철저하게 이용하고자 한다. 이윤이 크기는 더 많은 이윤을 향한 갈망을 자극한다.

같은 생산 부문에서 기계장치가 널리 보급되면, 기계 생산물의 사회적 가치는 그 개별가치 수준으로 하락하며, 잉여가치는 자본가가 기계로 대체한 노동력에서 발생하는 것이 아니라, 그 반대로 자본가가 기계를 가지고 일을 시키는 노동력에서 발생한다는 법칙이 관철된다. 잉여가치는 오로지 자본의 가변부분에서만 발생하며, 잉여가치의 양은 잉여가치율과 동시에 고용된 노동자의 수라는 두 가지 요인에 의해 결정된다는 것을 우리는 이미 보았다. 노동일의 길이가 주어진 경우에는 잉여가치율은 노동일이 필요노동과 잉여노동으로 분할되는 비율에 따라 정해진다. 동시에 고용된 노동자의 수는 불변자본 부분에 대한 가변자본 부분의 비율에 따라서 결정된다. 따라서 기계의 사용이 노동생산력을 향상시켜 필요노동을 희생함으로써 잉여가치를 아무리 증가시킨다고 해도, 기계의 사용이 일정한 자본에 의해 고용된 노동자의 수를 감소시킴으로써 잉여가치를 증가시키는 결과를 가져온다는 사실은 이제 분명하다. 기계의 사용은 자본 가운데 이전의 가변부분을, 즉 살아 있는 노동력에 지출된 부분을 잉여가치를 생산하지 않는 기계장치 즉 불변자본으로 바꾼다. 예를 들어 24명으로부터 짜내는 만큼의 잉여가치를 2명의 노동자로부터 짜내는 것은 불가능하다. 24명의 노동자들 각자가 12시간 노동에서 단 1시간의 잉여노동을 제공한다면, 그들은 합쳐서 24시간의 잉여노동을 제공하게 되는 반면에, 2명의 노동자의 총노동은 단 24시간에 불과하다. 따라서 잉여가치의 생산을 위해 기계장치를 사용하는 것에는 내재적 모순이 존재한다. 일정한 크기의 자본에 의해 생산되는 잉여가치의 두 가지 요인 가운데 한 요인인 잉여가치율은 다른 요인인 노동자의 수를 감소시킴으로써만 증대될 수 있기 때문이다. 이 내재적 모순은, 어떤 산업 부문에서 기계장치가 널리 보급되어 기계로 생산되는 상품의 가치가 같은 종류의 모든 상품의 가치를 규제하는 사회적 가치로 되자마자 두드러지게 나타난다. 그리고 바로 이러한 모순 때문에 자본은 또다시, 이에 대해 의식하지는 못하지만,[69] 상대적 잉여가치의 증가뿐만 아니라 절대적 잉여가치의 증가를 통해 착취되는 노동자의 수의 상대적 감소를 보상하기 위해 노동일을 억지로라도 연장하려고 한다.

이런 까닭에 기계장치의 자본주의적 사용은 한편으로는 노동일을 과도하게 연장하려는 강력한 새로운 동기를 부여하고, 작업방식 자체와 사회적 노동조직의 성격을 노동일을 과도하게 연장하려는 경향에 대한 저항을 좌절시키는 방식으로 변혁시킨다. 다른 한편으로는 노동자계급 가운데 이전에는 접근하기 어려웠던 계층을 자본에 고용하거나 기계에 의해 밀려난 노동자들을 대기시킴으로써, 자본의 명령에 복종할 수밖에 없는 과잉노

---

69) 어떤 이유로 개별 자본가나 자본가의 세계관에 사로잡힌 정치경제학자들이 이 내재적 모순을 명백하게 파악하지 못하는가는 이 책의 3권 1편에서 미루어 짐작하게 될 것이다.

동자 인구[70]를 만들어 낸다. 이로부터 기계가 노동일의 도덕적이고 자연적인 장벽을 제거한다는 근대산업의 역사에서 주목할 만한 현상이 발생한다. 또한 노동시간을 단축하기 위한 가장 강력한 수단이 노동자와 그의 가족의 전 생애를 자본의 가치증식을 위해 마음대로 사용하기 위한 확실한 수단으로 돌변한다는 경제적 역설이 발생한다. 고대의 가장 위대한 사상가인 아리스토텔레스는 다음과 같이 꿈꾸고 있다.

"다이달로스Dädalus의 작품이 스스로 움직이거나 헤파이스토스Hephästos의 삼각대가 저절로 성스러운 일을 한 것처럼, 모든 도구가 시키는 대로 또는 스스로 예견한 대로 그것들이 해야 할 일들을 수행할 수 있다면, 그래서 베틀의 북이 저절로 천을 짠다면, 장인에게는 조수가 필요 없고 주인에게는 노예가 필요 없을 것이다."[71]

그리고 키케로 시대의 그리스 시인 안티파트로스Antipatros는 모든 생산적 기계장치의 기본형태인 곡식을 빻는 물레방아의 발명을 여성노예의 해방자로서 그리고 황금시대의 창시자로서 환영하고 있다.[72] '이교도, 그렇다

---

70) 기계장치를 상품의 생산수단뿐만 아니라 '과잉인구'의 생산수단으로 파악한 것은 리카도의 위대한 업적들 가운데 하나이다. . .

71) 비제(F. Biese), 《아리스토텔레스의 철학》, 2판, 베를린, 1842, 408쪽.

72) 나는 여기에서 안티파트로스 시의 슈톨베르크의 번역문을 보여주겠다. 이 시는 분업에 관한 이전의 인용문과 똑같이 근대의 견해와 고대의 견해 사이의 대립을 특징적으로 나타내고 있기 때문이다.
"방아 찧는 아가씨들이여, 그 손을 놓고 편안히 잠들어라!
수탉은 너희들에게 헛되이 새벽을 알려주나니!
데오(Däo)의 여신이 처녀의 일을 요정들에게 맡기니,
요정들은 몸도 사뿐히 수레바퀴에 뛰어오르네,
바퀴는 흔들리는 축과 함께 구르고,

그들은 이교도들이다!' 그들은 영리한 바스티아가, 그에 앞서 더 영리한 맥컬럭이 발견한 것처럼, 정치경제학과 그리스도교에 대해서는 아무것도 몰랐던 것이다. 특히 그들은 기계가 노동일을 연장하기 위한 가장 확실한 수단이라는 것을 몰랐다. 어쩌면 그들은 노예제도를 다른 사람들의 완전한 인간적 발전을 위한 수단의 하나로 변명하고 있을지도 모른다. 그러나 그들은 몇몇 어설픈 교양을 지닌 상스러운 벼락부자들을 '우수한 방적업자', '위대한 소시지 제조업자', 그리고 '영향력 있는 구두약 장사'로 만들기 위해 대중의 노예화를 설교하는 데 필요한 그리스도교 특유의 목소리Organ를 가지고 있지 않았다.

c) 노동의 강화

자본의 수중에 있는 기계장치가 만들어 내는 노동일의 무제한적 연장은, 우리가 본 바와 같이, 이후에 그 삶의 근간을 위협당한 사회의 반작용을 야기했으며, 표준노동일을 법으로 제한하는 결과를 가져왔다. 이러한 표준노동일을 기반으로 우리가 이미 앞에서 만났던 하나의 현상, 즉 노동의 강화가 결정적으로 중요하게 되었다. 절대적 잉여가치의 분석에서는 무엇보다도 노동의 연장 가능한 크기가 문제였고, 노동 강도의 수준은 주어진 것으로 가정되었다. 이제 우리는 노동의 길이를 연장하는 것의 정반대인 노동의 강도를 살펴보아야 한다.

무거운 맷돌도 빙글빙글 돌아가네,
우리들도 조상님들처럼 살아가야지,
여신이 주신 선물을 놀면서 즐기세."
(슈톨베르크의 백작 크리스티안, 《그리스 시집》, 함부르크, 1782)

기계가 발달하고 기계노동자라는 특별한 계급의 경험이 축적됨에 따라 노동의 속도가 빨라지고, 이에 따라 노동의 강도도 자연스럽게 강화되는 것은 자명한 일이다. 그렇게 잉글랜드에서는 반세기 동안 노동일의 연장이 공장노동의 강도의 강화와 함께 진행되었다. 그러나 일시적으로 이루어지는 돌발적 노동이 아니라 매일 똑같은 일을 규칙적으로 반복하는 노동에서는, 노동일의 연장과 노동의 강도가 서로를 배제하는 지점, 즉 노동일의 연장은 오직 노동 강도의 약화와 일치되며, 또 그 반대로 노동 강도의 강화는 오직 노동일의 단축과 일치하는 교차점에 도달할 수밖에 없다는 사실은 누구나 이해한다. 점차로 강해지는 노동자계급의 반항이 국가로 하여금 노동시간을 어쩔 수 없이 단축하게 하고, 우선 진정한 공장에 표준노동일을 명령할 수밖에 없게 되자마자, 즉 노동일의 증가를 통한 잉여가치 생산의 증대가 최종적으로 차단된 바로 그 순간부터, 자본은 온 힘을 다하여 그리고 의도적으로 기계체제의 발전을 촉진함으로써 상대적 잉여가치의 생산에 몰두했다. 이와 동시에 상대적 잉여가치의 성격에도 변화가 일어났다. 일반적으로 잉여가치의 생산방식은 노동생산력의 향상을 통해 동일한 노동비용으로 동일한 노동시간에 더 많이 생산할 수 있게 하는 데 있다. 동일한 노동시간은 여전히 총생산물에 동일한 가치를 첨가하지만, 이 변하지 않은 교환가치는 이제 더 많은 사용가치를 나타내기 때문에 개별상품의 가치는 하락한다. 그러나 노동일이 강제로 단축되어 엄청난 충격을 가하자마자 상황은 달라진다. 즉 노동일의 단축은 생산력의 발전과 생산조건을 절약하도록 자극하는 동시에 동일한 시간에 소비되는 노동을 증가시키고, 노동력의 긴장도를 높이며, 노동시간의 틈새를 꽉 채워 쉴 틈을 주지 못하게 한다. 즉 단축된 노동시간 내에서만 달성 가능한 정도까지 노동자에게 **빡빡한** 노동을 강요한다. 주어진 기간 내에 압축된 더 많은 양의 노동은 이제 더 커진 노동량으로 계산된다. 이제 노동의 '연장된 크기'를 나타내는 노동시간이라는 척도와 나란히 노동의 강도수준을 나타내는 척도가 등장한다.[73] 이제 10시간 노동일에서 더 집약적으로 사용되는 1시간은 12시간의 노동일에서 더 느슨하게 사용된 1시간과 같거나 더 많은 노동, 즉 소진된 노동력을 포함하게 된다. 따라서 더 집약적으로 사용된 1시간은 더 느슨한 $1\frac{1}{5}$시간과 같거나 더 많은 가치를 가진다. 노동생산력의 향상으로 인한 상대적 잉여가치의 증가를 무시하더라도, 이제 예를 들어 $6\frac{2}{3}$시간의 필요노동에서의 $3\frac{1}{3}$시간의 잉여노동은 이전에 8시간의 필요노동에서의 4시간의 잉여노동과 동일한 가치량을 자본가에게 제공한다.

그렇다면 이제 '노동은 어떻게 강화되는가?' 하는 문제를 다루어보자.

단축된 노동일의 첫 번째 효과는 노동력의 능률이 그 활용 시간에 반비례한다는 당연한 법칙에 근거한다. 따라서 일정한 한도 내에서는 노동시간의 단축으로 손실된 부분을 노동력의 소모를 강화함으로써 만회할 수 있다. 그러나 실제로 노동자는 더 많은 노동력을 소모하는데, 자본은 이를 지불방식을 통해 배려한다.[74] 기계장치가 거의 아무런 역할도 하지 못하는 매뉴팩처에서, 예를 들어 도자기업에서 공장법의 도입에 따른 노동일의 단축만으로도 노동의 규칙성, 단순성, 질서, 연속성 그리고 활력이 놀랄 만큼

---

73) 물론 일반적으로 상이한 생산 부문에서 노동 강도의 차이가 발생한다. 이미 아담 스미스가 보여준 바와 같이, 이러한 차이는 각 종류의 노동이 가지고 있는 고유한 부차적 사정들에 의해 어느 정도는 메워진다. 그러나 이러한 경우에도 외연적으로 나타나는 크기와 집약적으로 사용되는 크기가 같은 양의 노동을 서로 대립적이면서 서로 배제시키는 표현으로 나타나는 한에서만, 이 차이는 가치척도로서의 노동시간에 영향을 준다.

74) 특히 6편에서 설명되는 형태인 개수임금을 통해 그렇게 한다.

증가했다는 사실이 분명하게 증명한다.[75] 그러나 이 효과가 진정한 공장에서 나타날 수 있는지는 의심스러워 보인다. 공장에서는 노동자가 기계의 연속적이고 단조로운 운동에 종속됨으로써 이미 오래 전부터 엄격한 규율이 만들어졌기 때문이다. 그러므로 1844년 노동시간을 12시간 이하로 낮추려는 토론이 벌어졌을 때, 공장주들은 거의 이구동성으로 다음과 같이 밝혔다.

"감독들은 여러 작업장들에서 일손들이 시간을 허비하지 않도록 감시했다.", "노동자들의 경각심과 주의력을 더 높일 여지가 거의 없다.", 기계장치의 작동 등과 같은 다른 조건이 변하지 않는다고 가정하면, "잘 운영되고 있는 공장에서 노동자들의 주의력을 높임으로써 어떤 괄목할 만한 성과를 기대하는 것은 무의미한 일이다."[76]

이러한 주장은 몇 가지 실험에 의해 반박되었다. 가드너 씨는 프레스턴에 있는 자신의 2개의 공장에서 1844년 4월 20일부터 하루 12시간 대신에 11시간 동안만 노동자에게 일을 시켰다. 약 1년이 지난 후 다음과 같은 결과가 나왔다.

"똑같은 비용에 똑같은 양의 생산물이 산출되었으며, 모든 노동자들은 이전 12시간에 벌었던 것과 같은 액수의 임금을 11시간에 벌었다"[77]

---

75) 《공장감독관 보고서》 1865년 10월 31일자를 보라.
76) 《1844년 공장감독관 보고서와 1845년 4월 30일 만기보고서 이전의 분기보고서》, 20-21쪽.
77) 같은 보고서, 19쪽. 개수임금은 그대로였기 때문에, 주당 임금액은 생산물의 양에 따라

나는 여기에서 방적실과 소면실에서 한 실험에 대해서는 다루지 않고 넘어가겠다. 거기에서의 실험들은 기계장치 속도의 증가(2%)와 결부되어 있었기 때문이다. 이에 반하여 매우 다양한 종류의 무늬가 들어간 가벼운 팬시를 짜는 직물부서의 객관적 생산조건에서는 전혀 아무런 변화가 일어나지 않았다. 그 결과는 다음과 같다.

"1844년 1월 6일부터 4월 20일까지는 12시간의 노동일에서 각 노동자의 주당 평균임금은 10실링 1½펜스였으며, 1844년 4월 20일부터 6월 29일까지의 11시간의 노동일에서는 주당 평균임금이 10실링 3½펜스였다"[78]

이 경우에는 11시간 동안의 생산물이 이전의 12시간 동안의 그것보다 더 많은데, 이는 오로지 노동자들이 단조로운 노동을 견디어내고 노동시간을 절약했기 때문이다. 노동자들은 동일한 임금을 받았고 1시간의 자유시간을 얻어낸 반면, 자본가는 같은 양의 생산물을 얻었으며 1시간 동안의 석탄, 가스 등을 절약했다. 호록스-잭슨 사의 공장에서의 유사한 실험도 동일한 결과를 가져왔다.[79]

결정되었다.

78) 같은 보고서 20쪽.

79) 같은 보고서 21쪽. 위에 언급한 실험에서 정신적인 요소가 중요한 역할을 했다. 노동자들은 공장감독관에게 다음과 같이 설명했다. "우리는 더 활기차게 일한다. 덕분에 우리는 저녁에 더 일찍 일에서 벗어날 수 있다는 생각을 계속한다. 그리고 실을 잇는 가장 어린 직공부터 가장 나이 든 노동자에 이르기까지 공장 전체에 활기차고 유쾌한 기운이 가득 차 있다. 그리고 우리는 일할 때 서로 많이 도와줄 수 있다."(같은 글)

무엇보다도 노동을 빈틈없이 만드는 주체적 조건, 즉 주어진 시간에 더 많은 힘을 사용할 수 있는 노동자의 능력을 만들어내는 '노동시간의 단축'이 법률로 강제되자마자, 자본의 수중에 있는 기계는 같은 시간에 더 많은 노동을 짜내기 위해 체계적으로 사용되는 물적 수단이 된다. 이것은 기계속도의 증가와 동일한 노동자가 감시하는 기계장치나 작업장 규모의 확대라는 두 가지 방식으로 일어난다. 개량된 기계장치 구조는 한편으로는 노동자에 대해 더 큰 압력을 행사하기 위해 필요하며, 다른 한편으로는 이 개량이 자동적으로 노동의 강화를 가져오기 때문에 필요하다. 노동일의 제한 때문에 자본가는 생산비를 절약하기 위해 꼼꼼한 예산을 짤 수밖에 없기 때문이다. 증기기관의 개량은 피스톤의 분당 운동 횟수를 증가시키고, 또한 석탄의 소비는 유지하거나 줄이면서도 동력을 더 많이 절약함으로써 동일한 동력기로 더 큰 규모의 장치를 작동할 수 있게 해준다. 전동장치의 개량은 마찰을 줄이고, 크고 작은 회전축들의 지름과 무게를 계속 최저치로 줄여나갔는데, 이것이 신식 기계장치가 구식보다 현저하게 탁월한 점이다. 마지막으로 작업기계의 개량은, 신식 증기베틀에서와 같이 속도를 높이고 작용 범위를 확대하면서도 그 크기를 줄였으며, 또는 방적기와 같이 그 몸체와 함께 그것에 의해 가동되는 도구들의 규모와 수를 증대시키거나, 또는 1850년대 중반 자동 뮬 방적기의 방추의 속도를 ⅓만큼 상승시켰던 것처럼 눈에 띄지 않는 세밀한 부분의 변경을 통해 이들 도구의 가동성을 증가시켰다.

　　1832년 잉글랜드에서는 노동일이 12시간으로 단축되었는데, 얼마 지나지 않은 1839년에 잉글랜드의 한 공장주는 다음과 같이 말했다.

"공장에서 수행되어야 하는 노동은 이전에 비해 매우 증가했는데, 기계장치 속도의 현저한 증가가 노동자에게 더 높은 주의력과 활동성을 요구하기 때문이다."[80]

현재 샤프츠베리의 백작인 애쉬리는 1844년에 하원에서 다음과 같이 진술했는데, 그 내용은 문서상으로 다음과 같이 증명되었다.

"다양한 공정에 고용된 노동자들의 노동은 이러한 작업이 도입된 당시보다 이제 세 배나 더 많다. 의심할 바 없이 기계장치는 수백만 인간들의 힘줄과 근육이 수행하는 작업을 대신했지만, 그것은 또한 자신의 엄청난 운동의 지배를 받는 인간들의 노동을 놀라울 정도로 증대시켰다. … 40번수의 실을 잣는 한 쌍의 뮬 방적기를 12시간 동안 이리저리 따라다녀야 했던 노동은 1815년에 8마일에 달하는 거리를 달렸다. 1832년에는 같은 번수의 실을 잣기 위해 한 쌍의 뮬 방적기를 12시간 동안 따라다녀야 하는 거리는 20마일 달했으며, 그보다 더 긴 경우도 흔했다. 1825년에 방적공은 12시간 동안 뮬 방적기 한 대에 실을 820번 걸어야 했으며, 따라서 그 합이 1,640번에 달했다. 1844년에는 뮬 방적기 한 대에 2,400번, 따라서 합이 4,800번에 달했다. 그리고 몇몇 경우에서는 더 많은 노동량이 요구되었다. … 나는 이 일에 관하여 또 하나의 문서를 가지고 있는데, 이 문서는 노동이 점차적으로 증가하는 이유가 계속 걸어야 하는 거리가 늘어난 것뿐만 아니라, 일손의 수는 상대적으로 감소하는데 생산되는 상품의 양이 증가하기 때문이며, 게다가 요즘에는 더 많은 노동이 필요한 질 나쁜 면화가

---

80) 존 필든, 앞의 책, 32쪽.

자주 방적되기 때문이라는 것을 증명하고 있다. … 또한 소면실에서도 노동이 엄청나게 증가했다. 이제 한 사람이 이전에 두 명이 나누어 하던 일을 혼자 한다. … 대부분이 여성들인 많은 수의 사람들이 일하는 방직공장에서 지난 몇 년 동안 노동은 기계장치 속도의 증가로 인해 꼭 10% 증가했다. 1838년 매주 방적되는 실타래의 수가 18,000개였는데, 1843년에는 21,000개에 달했다. 1819년 증기베틀에서 분당 60개의 씨실이 사용되었는데, 1842년에는 140개에 달했으며, 이는 노동이 엄청나게 증가했음을 암시한다."[81]

12시간 노동법이 실행되던 1844년에 이미 도달한 이와 같은 주목할 만한 노동 강도를 고려하면, 그것을 높이는 방향으로 나아가는 것은 더이상 불가능하기 때문에, 노동시간의 단축은 생산의 감축과 같다는 당시 잉글랜드 공장주들의 주장은 정당해 보인다. 당시 불굴의 의지를 가지고 그들을 검열했던 공장감독관 레너드 호너의 다음과 같은 진술이 그들의 주장이 얼핏 보기에 일리가 있었다는 사실을 가장 잘 증명한다.

"생산된 양은 주로 기계장치의 속도에 의해 조절되기 때문에, 기계장치를 다음과 같은 조건들에 부합되는 최고수준의 속도로 가동시키는 것이 공장주에게 이익이 될 수밖에 없다. 즉 기계장치의 지나치게 빠른 파손의 방지, 제조되는 제품의 품질 유지, 그리고 기계의 운동에 맞추어 지속적으로 작업을 수행할 수 있는 긴장도를 유지할 수 있는 노동자의 능력 등이 그 조건들이다. 그런데 공장주가 조급한 마음에 운전속도를 너무 지나치게 높

---

81) 애쉬리, 앞의 책, 6-9쪽의 곳곳.

이는 일이 자주 발생한다. 그런 경우에는 속도가 가져다주는 이익이 기계장치의 파손과 불량품으로 인한 손실을 메울 수 없기에, 공장주는 기계장치의 속도를 완화하지 않을 수 없게 된다. 능동적이고 분별 있는 공장주는 도달 가능한 최대속도를 찾아낼 것이기 때문에, 나는 11시간 만에 12시간 동안 생산하는 것과 같은 양을 생산하는 것은 불가능하다는 결론에 이르렀다. 그리고 나는 생산개수에 따라 임금을 받는 노동자는 그가 동일한 노동강도를 지속적으로 버텨낼 수 있는 한 최대한의 노력을 한다고 생각한다."[82]

따라서 호너는 가드너 등의 실험에도 불구하고 노동일을 12시간 이하로 더 단축한다면 생산물의 양은 줄어들 수밖에 없다는 결론을 내렸다.[83] 10년 후 호너는 노동일의 강제적인 단축이 기계장치와 인간 노동력의 탄력성을 극도로 팽창시킨다는 사실을 당시에는 거의 이해하지 못했다는 증거로 1845년에 밝힌 자신의 견해를 증거로 인용했다.

이제 1847년 이후의 시기, 즉 잉글랜드의 면직, 모직, 견직 그리고 아마공장에 10시간 노동법이 도입된 후로 가보자.

"트로슬 방적기에서 방추의 속도는 분당 500회전, 뮬 방적기에서는 1,000회전 증가했다. 즉 1839년 분당 4,500번을 회전하던 트로슬 방추의 속도는 (1862년) 분당 5,000번에 달하고 있으며, 분당 5,000번을 회전하던 뮬 방추의 속도는 이제 분당 6,000번에 달한다. 전자의 경우에는 $\frac{1}{10}$ 그리고 후

---

82) 《공장감독관 보고서》, 1845년 4월 30일, 20쪽.
83) 같은 보고서, 22쪽.

자의 경우에는 ⅙(1판부터 4판까지는 ⅓ -편집자)만큼 속도가 증가했다. "[84]

맨체스터 근처의 패트리크로프트의 유명한 토목기사인 제임스 네이즈미스는 1852년 레너드 호너에게 보낸 한 편지에서 1848년부터 1852년 사이에 이루어진 증기기관의 개량에 대해 설명했다. 그는 공식적인 공장통계에서는 증기마력은 계속 1828년[85]의 효율을 기준으로 계산되기 때문에 명목마력에 지나지 않으며 단지 실제 힘을 보여주는 지표로서만 사용될 수 있다고 지적한 후, 특히 다음과 같이 말하고 있다.

"무게가 같은 기계에 개량된 최신식 부품을 장착한 증기기관이 이전보다 50% 더 많은 작업을 수행하며, 그리고 많은 경우에서 속도가 분당 220피트로 제한되어 있던 시기에 50마력을 공급했던 것과 같은 증기기관이 현재는 석탄을 더 적게 소비하면서도 100마력 이상을 공급하고 있다는 사실은 의심의 여지가 없다. … 동일한 명목마력을 가진 신식 증기기관은 구조의 개량과 보일러 용적의 감소 등으로 인해 이전보다 더 큰 힘으로 가동된다. … 따라서 명목마력과의 비율로 보면 이전과 동일한 수의 일손이 고용되어 있지만, 작업기계에 대한 비율로 보면 더 적은 일손이 사용되고 있다. "[86]

---

84) 《공장감독관 보고서》, 1862년 10월 31일, 62쪽.

85) 이 공식적인 마력 단위는 1862년 《의회보고서》로 변경되었다. 이 보고서에서는 신식 증기기관과 물레방아의 실제마력이 명목마력을 대체했다. 또한 복동식 방추도 이제는 원래의 방추와 더이상(1839년, 1850년 그리고 1856년의 보고서와 같이) 섞여있지 않다. 더 나아가 양모공장의 경우 '기모기'의 수가 추가되었으며, 한편으로 황마와 대마공장, 다른 한편으로 아마공장을 구별하기 시작했으며, 마지막으로 양말공장이 처음으로 보고서에 수록되었다.

86) 《공장감독관 보고서》, 1856년 10월 31일, 14쪽과 20쪽.

1850년 영국(잉글랜드, 웨일스, 스코틀랜드, 아일랜드 -옮긴이)의 공장에서는 25,638,716개의 방추와 301,445개의 직기를 가동하기 위해 134,217의 명목마력을 사용했다. 1856년에는 방추와 직기가 각각 33,503,580개와 369,205개였다. 이들을 가동하는 데 요구되는 마력이 1850년과 동일하게 유지되었다면, 1856년에는 175,000마력이 필요했을지도 모른다. 그러나 공식 보고에 따르면 161,435마력에 불과했으며, 1850년의 기준에 따라 계산할 때보다 10,000마력 이상 줄어들었다.[87]

"1856년의 마지막 보고서(공식통계)에 의해 확인된 사실들은, 공장제가 급속하게 물 흐르듯 퍼져나가고 있다는 것, 기계장치에 대한 일손 수의 비율이 감소하고 있다는 것, 증기기관이 힘의 절약과 또 다른 방법들을 통해 더 무거운 기계를 가동한다는 것, 그리고 개량된 작업 기계들, 변화된 제조방법, 기계장치의 속도 증가와 그 밖에 다른 원인들로 인해 더 많은 양의 제품이 생산된다는 것 등이다."[88] "온갖 종류의 기계들이 크게 개량됨으로써 기계의 생산력이 매우 증가했다. 노동일의 단축이 … 이러한 개량을 끊임없이 자극했다는 것은 그 어떤 의심의 여지도 없다. 이러한 기계의 개량과 노동자의 강화된 노동은 단축된(2시간 또는 ⅙단축) 노동일에 적어도 이전의 더 긴 노동일에 생산되던 양과 같은 양의 제품을 생산하는 결과를 가져왔다."[89]

---

87) 같은 보고서, 14-15쪽.

88) 같은 보고서, 20쪽.

89) 《공장감독관 보고서》, 1858년 10월 31일, 10쪽과 1860년 4월 30일, 30쪽 이하를 참조하라.

노동력의 착취가 강화됨에 따라 공장주들의 부가 얼마나 증가했는가는, 잉글랜드 면방직 공장을 비롯한 공장 수가 1838년부터 1850년까지는 연평균 32개 늘었지만 1850년부터 1856년까지는 연간 86개 늘었다는 상황 하나만 보아도 증명할 수 있다.

10시간 노동일이 시행되던 1848년부터 1856년까지의 8년간 잉글랜드의 공업은 매우 크게 발전했지만, 그 다음의 1856년부터 1862년까지 6년간의 발전은 그것을 훨씬 능가했다. 예를 들어 견직공장들의 방추 수는 1856년에 1,093,799개였던 것이 1862년에는 1,388,544개로 증가했으며, 직기 수는 1856년에 9,360개였던 것이 1862년에는 10,709개로 증가했다. 이와 반대로 노동자의 수는 1856년에는 56,127명이었던 것이 1862년에는 52,429명으로 감소되었다. 따라서 같은 기간에 방추 수는 26.9%, 베틀 수는 15.6% 증가한 반면에 노동자 수는 7% 감소했다는 결과를 보여준다. 1850년에 우스티드(양털로 자은 고급 실 -옮긴이) 공장에는 875,830개의 방추가 사용되었는데, 1856년에는 1,324,549개로 증가했으며(51.2% 증가) 1862년에는 1,289,172개로 감소했다(2.7% 감소). 그러나 복동식 방추가 1856년에는 계산에 포함되었지만 1862년에는 계산에서 제외되었다는 점에 유의하면 1856년 이후 방추 수는 거의 변하지 않았다. 이와 반대로 방추와 직기의 속도는 1850년 이후 대개의 경우 두 배가 되었다. 우스티드 공장의 증기베틀 수는 1850년에 32,617개, 1856년에는 38,956개 그리고 1862년에는 43,048개였다. 그리고 이 공장에는 1850년에는 79,377명, 1856에는 87,794명 그리고 1862년에는 86,063명이 고용되어 있었으며, 그 가운데 14세 미만의 아동은 1850년에 9,956명, 1856년에 11,228명 그리고 1862년에 13,178명이었다. 직기 수는 1856년에 비하여 1862년에는 상당히 증가했지만, 고

용된 전체 노동자의 수는 감소했으며, 착취당한 아동들의 수는 증가했다.[90]

1863년 4월 27일 페런드 의원은 하원에서 다음과 같이 설명했다.

"내가 말하는 내용은 랭커셔와 체셔의 16개 지역의 노동자 대표들이 나에게 위임한 것인데, 그들이 나에게 전한 바에 따르면, 기계 장치의 개량으로 인해 공장에서 노동은 계속 증가하고 있다. 이전에는 노동자 한 명이 조수와 함께 두 대의 직기를 조작했는데, 이제는 세 대의 직기를 조수 없이 조작하고 있으며, 한 사람이 4대의 직기를 조작하는 경우도 결코 드문 일이 아니다. 이러한 사실로부터 12시간 노동일은 이제 10시간보다 적은 노동일에 압축되어 있다고 미루어 생각할 수 있다. 따라서 분명하게 알 수 있는 것은 최근 몇 년 동안 공장노동자들의 노고가 엄청나게 증가했다는 사실이다."[91]

---

90) 《공장감독관 보고서》, 1862년 10월 31일, 100, 103, 129, 130쪽.

91) 한 명의 직공은 신식 증기베틀을 이용해 현재 일 주일 60시간에 두 대의 직기로 일정한 길이와 폭을 가진 일정한 종류의 직물 26필을 제조하는데, 구식 베틀로는 네 필밖에 제조할 수 없었다. 한 필의 직물을 제조하는 데 들어가는 비용은 이미 1850년대 초반에 2실링 9펜스에서 5⅛펜스로 하락했다. 2판에 추가. "30년 전(1841년) 3명의 조수를 거느린 한 명의 면방적공에게 요구된 것은 300-324개의 방추를 가진 한 쌍의 뮬 방적기를 감독하는 일뿐이었다. 이제(1871년 말) 그는 5명의 조수와 함께 방추 수가 2,200개에 달하는 뮬 방적기를 감독해야 하며, 1841년보다 적어도 6배 더 많은 실을 생산하고 있다."(알렉산더 레드그레이브, 공장감독관, 《기술협회지》, 1872, 1월 5일)

그러므로 공장감독관들이 1844년의 공장법과 1850년의 공장법이 가져온 좋은 결과들을 지칠 줄 모르고 칭찬하는 것은 지극히 당연하지만, 그들 역시 노동일의 단축이 이미 노동자의 건강, 즉 노동력 자체를 파괴하는 노동의 강화를 가져왔음을 인정하고 있다.

"대부분의 면직공장, 우스티드공장 그리고 견직공장에서는 최근 몇 년 동안 기계장치의 운전속도가 상당히 빨라졌다. 이로 인해 기계장치에서 하는 노동에 필요한 극도의 흥분상태가, 그린하우 박사가 최근의 뛰어난 보고서에서 지적하고 있듯이, 폐병으로 인한 과도사망율의 원인들 가운데 하나인 것으로 짐작된다."[92]

법률이 자본이 노동일을 연장하는 것을 단호히 차단하자마자, 노동강도를 체계적으로 높여서 이것을 만끽하고 기계장치의 모든 개량을 노동력을 더 많이 착취하기 위한 수단으로 삼으려고 한 자본의 의도가 노동시간을 어쩔 수 없이 다시 한 번 단축하게 하는 전환점이 되었다는 것은 의심할 여지가 없다.[93] 다른 한편으로 1848년부터 지금까지, 즉 10시간 노동일 기간 동안에 잉글랜드 공업의 급속한 발전은 12시간 노동일이 시행되던 1833부터 1837년의 기간을 능가했는데, 그 차이는 공장제가 도입된 후 처음 반세기 동안인 무제한적 노동일과 12시간 노동일 사이에서 이루어진 공업의 발전보다 훨씬 더 크다.[94]

---

92) 《공장감독관 보고서》, 1861년 10월 31일, 25-26쪽.
93) 현재(1867년) 랭커셔에서는 공장노동자들 사이에 8시간 노동일을 위한 선동이 시작되었다.
94) 다음의 약간의 수치들은 1848년 이래 영국에서의 진정한 '공장'의 발전을 보여주고 있다.

	1848	1851	1860	수출량 1865
면직공장				
면사(파운드)	135,831,162	143,966,106	197,343,655	103,751,455
재봉실(파운드)	-----	-----	-----	-----
면직물(야드)	1,091,373,930	1,543,161,789	2,766,218,427	2,015,237,851
아마와 대마공장				
실(파운드)	11,722,182	18,841,326	31,210,612	36,777,334
직물(야드)	89,901,519	129,106,753	143,996,773	247,012,329
견직공장				
실(파운드)	466,825(1846)	462,513	897,402	812,589
직물(야드)		1,181,455(파운드)	1,307,293(파운드)	2,869,837
양모공장				
실(파운드)	14,670,880	27,533,968	31,669,267	
직물(야드)		190,371,537	278,837,418	

	1848	1851	1860	수출액(£) 1865
면직공장				
면사	5,927,831	6,634,026	9,870,875	10,351,049
면직물	16,753,369	23,454,810	42,141,505	46,903,796
아마 및 대마공장				
실	493,449	951,426	1,801,272	2,505,497
직물	1,802,789	4,107,396	4,804,803	9,155,358
견직공장				
실	77,789	196,380	826,107	768,064
작물		1,130,398	1,587,303	1,409,221
양모공장				
실	776,975	1,484,544	3,843,450	5,434,047
직물	5,733,828	8,377,183	12,156,998	21,102,259

(영국 의회보고서,《영국의 통계개요》, 8호와 13호, 런던, 1861과 1866을 참조하라).

랭커셔에서는 1839년과 1850년 사이에 공장들이 단 4%, 1850년부터 1856년 사이에는 19% 그리고 1856년부터 1862년까지는 33% 증가한 반면에, 이 두 11년의 기간 동안 종업원들의 수는 절대적으로는 증가했지만 상대적으로는 감소했다. (《공장감독관 보고서》, 1862년 10월 31일, 63쪽을 참조하라). "랭커셔에서는 면직공장이 다수를 차지하고 있다. 실과 직물의 제조 전체에서 면공업이 어느 정도의 비율을 차지하는지는, 잉글랜드, 웨일스, 스코틀랜드 그리고 아일랜드의 실과 직물을 제조하는 공장들에서 면직공장이 45.2%를 차지하며, 총방추 수 가운데 83.3%, 총 증기베틀 가운데 81.4%, 증기베틀을 가동시키는 총 증기마력 가운데 72.6% 그리고 종업원 총수 가운데 58.2%를 차지한다는 사실로 알 수 있다."(같은 보고서, 62-63쪽)

4절
공장

우리는 이 장을 시작하는 부분에서 공장의 몸체인 기계체제의 짜임새에 대해 살펴보았다. 그런 다음 우리는 어떻게 기계장치가 인간이라는 자본의 착취 재료를 여성과 아동노동의 추가적인 점유를 통해 증가시키는지, 기계장치가 어떻게 노동자의 전 생애를 노동일의 과도한 연장을 통해 빼앗아가는지 그리고 마지막으로 엄청나게 증가하는 생산물을 점점 더 짧은 시간에 생산하게 하는 기계장치의 발전이 어떻게 매 시간마다 더 많은 노동을 하게 하는, 즉 더 많은 노동력을 더 집약적으로 착취하는 체계적인 수단으로 사용되는지를 보았다. 이제 공장 전체로, 그것도 가장 완성된 형태의 공장으로 눈을 돌려보자.

자동식 공장의 찬미자인 유어 박사는 이러한 공장을 한편으로는, "중심동력(원동기)에 의해 끊임없이 작동되는 생산적 기계장치 시스템을 능숙한 솜씨를 가지고 성실하게 감독하는 다양한 계층의 성년 및 미성년 노동자들의 협업", 그리고 다른 한편으로는, "하나의 동일한 물건을 생산하기 위해 서로 협력하면서 끊임없이 작동하며, 모두가 스스로 작동하는 하나의 동력에 종속되어 있지만 자율적으로 일을 수행하는 수많은 자동기관들로 구성된 하나의 거대한 자동장치"라고 설명하고 있다.

이 두 가지 표현은 결코 동일하지 않다. 전자에서는 결합된 전체 노동자, 즉 집단화된 노동자가 대상Objekt으로서의 자동기계장치보다 우월한 주체로 나타나며, 후자에서는 자동장치 자체가 주체이며, 노동자들은 단지 의식을 가진 기관으로서 의식 없는 기관들의 부속물이며 자동장치와 함께 중심동력에 종속되어 있을 뿐이다. 첫 번째 표현은 기계장치가 대규모로 사용되는 어디에서나 적용될 수 있지만, 두 번째 표현은 기계장치의 자본주의적 사용, 즉 근대적 공장제를 특징짓는다. 따라서 유어는 운동이 시작되는 중심기계를 자동장치로 표현했을 뿐만 아니라 독재자라는 표현도 즐겨 사용했다.

"이 거대한 작업장에는 인자한 군주인 증기가 그 주위에 수많은 신하들을 모으고 있다."[95]

작업도구가 등장하면서 그것을 다루는 숙련된 기술도 노동자에게서 기계로 넘어간다. 도구의 작업능력은 인간노동력의 인적 한계로부터 해방되었다. 그리하여 매뉴팩처에서 분업이 근거하고 있는 기술적 토대는 지양된다aufgehoben. 따라서 매뉴팩처를 특징짓는 전문화된 노동자들의 위계구조 대신에 자동화된 공장에는 기계장치의 조수들이 수행해야 할 작업의 균등화나 평준화 경향이 나타나며,[96] 또한 인위적으로 만들어진 부분 노동자 사이의 구별 대신에 성과 연령에 따른 자연적인 구별이 더 우세해진다.

자동식 공장에서 분업이 다시 나타난다면, 우선 그 분업은 노동자들을 전문화된 기계들 사이로 분배하며, 집단으로 편성되지 않은 노동자 무리를 공장의 다양한 부분들로 분배한다. 그리고 이 공장의 각 부분에서 노동자들은 나란히 늘어선 같은 종류의 작업기계에서 일하기 때문에 그들 사이에는 단순한 협업이 이루어질 뿐이다. 매뉴팩처 방식으로 편성된 노동자

---

95) 유어, 앞의 책, 18쪽.

96) 앞의 책, 20쪽. 맑스, 《철학의 빈곤》, 140-141쪽을 참조하라.

집단은 우두머리 노동자와 몇 명의 조수들의 결합으로 대체된다. 본질적인 차이는 실제로 작업기계에서 일하는 노동자와(동력기를 감시하거나 원료를 공급하는 노동자가 추가된다) 이러한 기계노동자의 단순한 조수(거의 아동뿐) 사이의 차이이다. 수가 많든 적든 간에 모든 '피더Feeder(기계에 작업재료를 공급)'도 이 조수에 포함된다. 이 주요 노동자 계층 이외에도 기사, 기계공 그리고 목수 등과 같이 기계장치 전체를 통제하고 계속 수리하는, 수적으로 보면 대수롭지 않은 직원들이 있다. 이들 가운데 일부는 체계적으로 양성되었고 일부는 수공업자 출신의 고급 노동자계급인데 공장노동자 범주에는 속하지 않지만 단지 공장노동자로 편입될 뿐이다.[97] 이 분업은 순전히 기술적인 것이다.

기계에서 하는 모든 작업에서 노동자는 자동장치의 단순한 연속적인 운동에 자신의 동작을 맞추는 것을 배워야 하기 때문에, 노동자는 어릴 적부터 작업을 배우고 익힐 필요가 있다. 전체기계장치가 동시에 작동하면서 결합된 다양한 기계들의 체계라면, 그것에 근거하는 협업 역시 다양한 종류의 노동자집단을 다양한 종류의 기계들 사이에 분배할 필요가 있다. 그러나 기계제 생산에서는 이 분배를 동일한 노동자에게 동일한 기능을 지속적으로 습득시키는 매뉴팩처방식으로 고정시킬 필요성이 사라진다.[98] 공장

<hr />

97) 잉글랜드의 공장법은 본문에서 마지막으로 언급한 노동자들을 공장노동자가 아니라고 명시하여 그 적용범위에서 제외시키고 있는 반면에, 의회가 출간한 《보고서》에는 기사나 기계공뿐만 아니라, 공장지배인, 위탁판매원, 사환, 창고관리인, 포장직원 등 간단히 말하면 공장소유주를 제외한 모든 사람들을 공장노동자의 범주에 포함시키고 있다. 이러한 사실은 공장노동자의 수를 통계적으로 속이려는 의도를 잘 드러내고 있으며, 이 의도는 다른 방법을 통해서도 상세하게 증명될 수 있을 것이다.

98) 유어도 이 점을 인정하고 있다. 그는 노동자는 "필요한 경우에 관리자의 뜻에 따라 어떤 기계에서 다른 기계로 이동될 수 있다."라고 말한다. 그리고 그는 "이러한 종류의 교체

전체의 운동은 노동자로부터 출발하지 않고 기계로부터 출발하기 때문에, 노동과정을 중단하지 않고서도 지속적인 인원 교체가 이루어 질 수 있다. 이에 대한 가장 확실한 증거는 1848-1850년의 잉글랜드 공장주들의 반란 동안 실행에 옮겨진 '릴레이제도'이다. 마지막으로 기계에서 하는 작업은 어릴 적에는 빠른 속도로 배우고 익힐 수 있기 때문에, 별도의 노동자 부류를 오로지 기계노동자로 양성할 필요성이 사라진다.[99] 그리고 공장에서 단순 보조원들의 작업은 부분적으로 기계로 대체할 수 있고,[100] 또 부분적으로는 그 작업이 매우 단순하기 때문에 이 힘든 일로 혹사당하는 인원들을

는 노동을 분할하여 한 노동자에게는 핀의 머리모양을 만드는 작업을 시키고 다른 노동자에게 그 끝을 날카롭게 갈게 하는 낡은 방식과는 명백히 모순된다."라고 의기양양하게 외치고 있다. 그러나 오히려 그는 왜 이 '낡은 방식'이 자동화된 공장에서는 '필요한 경우'에만 폐기되는가를 문제 삼아야 했다.

99) 예를 들어 아메리카 내전 기간처럼 곤경에 처한 경우에는 공장노동자는 예외적으로 부르주아에 의해 도로건설 등과 같은 매우 고된 일에 사용된다. 1862년 이후에 일자리를 잃은 면직노동자들을 위해 설치된 잉글랜드의 '국립 취로작업장(ateliers nationaux)'이 1848년의 프랑스의 그것과 다른 점은, 프랑스에서는 노동자들이 국가의 비용으로 비생산적인 노동을 수행해야 했으며, 잉글랜드에서는 부르주아 계급의 이익에 위해될 때는 시에서 주관하는 생산적인 노동을 수행해야 했는데, 그것도 정규직 노동자들보다 더 낮은 임금을 받았기 때문에 그들과 경쟁관계로 던져졌다는 점이다. "면직노동자의 신체상의 외모는 확실히 좋아졌다. 성인남자의 외모가 좋아진 것은 그들이 공공사업을 야외에서 수행한 데 그 원인이 있다고 생각한다."(이것은 '프레스턴 황무지'에서 일했던 프레스턴 공장노동자들의 경우이다.)《공장감독관 보고서》, 1863년 10월 31일, 59쪽

100) 예를 들면 1844년 공장법 이후 아동노동을 대체하기 위해 도입된 여러 가지 기계장치들이 있다. 공장주 양반들의 자녀들이 공장의 조수로서의 '수업'을 받아야만 할 때가 되어야, 아직 거의 개척되지 않은 기계학의 영역도 곧바로 경이로운 발전을 이룰 것이다. "자동뮬 방적기도 어쩌면 어떤 다른 기계장치처럼 위험한 기계장치이다. 대부분의 사고는 어린 아이들에게서 발생하는데, 그것도 그들이 운전 중인 방적기를 청소하기 위해 그 밑으로 기어들어가기 때문에 일어난다." 이러한 법을 어기는 행위 때문에 몇 명의 '기계관리자'(기계에서 일하는 노동자)가 (공장감독관에 의해) "법적으로 추적당해 벌금형에 처해지기도 했지만 별다른 성과를 가져오지 못했다. 기계 제작자들이 그것을 사용함으로써 이 어린 아이들이 기계 밑으로 기어들어가는 막기 위해 자동청소기라도 발명한다면, 그것은 우리의 사고방지 대책에 크게 기여하게 될 것이다."《공장감독관 보고서》, 1866년 10월 31일, 63쪽.

신속하게 계속 교체할 수 있다.

그런데 기계장치가 낡은 분업체제를 기술상으로는 허물어뜨린다고 하더라도, 이 분업체계는 매뉴팩처의 전통으로 공장에 관습적으로 존속되며, 나아가 더 지독한 형태의 노동력의 착취 수단으로 자본에 의해 체계적으로 재생산되고 고착된다. 평생 동안 하나의 부분 도구를 다루는 전문직이 이제는 기계의 한 부분에 종사하는 평생의 전문직이 되었다. 기계장치는 노동자를 심지어 유년시절부터 어떤 기계부분의 부품으로 만드는 데 악용된다.[101] 이리하여 노동자 자신의 재생산에 필요한 비용이 현저하게 줄어들 뿐만 아니라, 동시에 공장전체, 즉 자본가에 대한 노동자의 절망적인 종속이 완성된다. 다른 모든 경우에서와 마찬가지로 이 경우에도 우리는 집단적 생산과정의 발전으로 인한 생산력의 증대와 그 생산과정의 자본주의적 이용에서 기인하는 생산력의 증대를 구별해야 한다.

매뉴팩처와 수공업에서는 노동자가 도구를 사용하지만, 공장에서는 노동자가 기계의 시중을 든다. 전자에서는 노동수단의 운동이 노동자에 의해 시작되지만, 후자에서는 노동자는 노동수단의 운동을 따라가야만 한다. 매뉴팩처에서는 노동자들이 살아 있는 기계장치의 구성원이다. 공장에서는 하나의 죽은 기계장치가 노동자들에게서 독립되어 존재하며, 그들은 살아있는 부속물로서 이 기계장치에 합쳐진다.

"동일한 기계적 공정을 계속 되풀이하는 끝없는 고역을 요구하는 견

---

101) 이러한 이유로 기계장치를 노동수단의 합이 아니라, 노동자 자신들을 위한 부분노동들의 합으로 '날조한' 프루동의 기막힌 생각을 평가할 수 있다.

디기 힘든 단조로운 노동은 시시포스의 노동과 흡사하다. 노동의 무거운 짐은, 시시포스가 계속 밀어 올리고 있어야 하는 바위처럼, 지쳐버린 노동자에게 계속 다시 굴러 내린다."[102]

기계노동은 신경계통을 극도로 손상시키면서 다양한 방향으로의 근육의 움직임을 억압하여 자유로운 육체적, 정신적 활동을 모두 빼앗는다.[103] 기계는 노동자를 노동으로부터 해방시키는 것이 아니라 그의 노동에서 내용을 빼앗아버림으로써 노동을 덜어주는 것조차도 고문의 수단으로 만들어버린다. 자본주의적 생산이 노동과정일 뿐만 아니라 동시에 가치증식 과정인 한, 그것은 노동자가 노동조건을 사용하는 것이 아니라 그 반대로 노동조건이 노동자를 사용한다는 점에서 공통된다. 그러나 기계장치의 등장과 더불어 비로소 이러한 뒤바꿈은 기술적으로도 명확한 현실성을 가지게 된다. 기계장치가 자동장치로 바뀜으로써 노동과정 동안에 노동수단은 살아 있는 노동력을 지배하고 흡수하는 죽은 노동인 자본으로서 노동자와 대립한다. 생산과정의 정신적 활력을 육체노동에서 분리시키고 이 활력을 노동을 지배하는 자본의 권력으로 바꾸는 일은, 이미 앞에서 지적한 바와 같이, 기계장치의 토대 위에 세워진 대공업에서 완성된다. 별 의미가 없는 개별 기계

---

102) 프리드리히 엥엘스, 《잉글랜드 노동자계급의 상태》, 217쪽. 아주 평범한 낙관주의 자유무역주의자인 몰리나리(Gustave de Molinari, 1819-1912, 벨기에 출신의 경제학자. 자유무역을 옹호했으며 무정부자본주의의 선구자이다 -옮긴이)도 다음과 같이 지적하고 있다. "매일 15시간 어떤 기계장치의 단조로운 운동을 감시하는 일이, 같은 15시간 동안 육체적 힘을 사용하는 일보다 더 빠르게 사람의 힘을 소진시킨다. 이 감시 노동은 지나치게 길게 연장되지 않는다면 정신을 위한 유익한 운동으로 사용될 수도 있지만, 시간이 오래 지나면, 즉 과하게 계속 되면 정신과 육체 모두를 파괴한다."(몰리나리, 《경제학 연구》, 파리, 1846, 49쪽)

103) 엥엘스, 앞의 책, 216쪽.

노동자의 세부기능은 기계체제에 구체화되어 있으며 기계체제와 더불어 '주인'의 권력을 구성하는 과학, 거대한 자연력 그리고 사회적 집단노동 앞에서는 별거 아닌 부수적인 것이 되어 사라져버린다. 따라서 기계장치와 그것을 자신이 독점해야 한다는 생각이 동시에 뇌리에 박혀 있는 주인은 쟁의가 발생하는 경우 '일손'들을 깔보듯이 그들에게 다음과 같이 크게 소리친다.

"공장노동자들은 그들의 노동이 사실은 매우 저급한 종류의 숙련노동이라는 것, 그보다 더 쉽게 습득할 수 있는 노동은 없으며 질에 비해 보수가 더 좋다는 것, 거의 경험이 없는 사람도 매우 짧은 시간의 훈련으로도 풍부하게 공급될 수 있다는 것 등의 그들에게 유익한 사실을 기억하고 있어야 한다. 실제로 주인의 기계장치는 노동자의 노동과 그리고 6개월의 교육이면 조작법을 배울 수 있고 그 어떤 농가의 일꾼도 배울 수 있는 노동자의 숙련보다 생산에서 훨씬 중요한 역할을 하고 있다."[104]

노동수단의 단조로운 운동에 노동자가 기술적인 종속과 남녀 구별 없는 다양한 연령층의 개인들의 독특한 노동집단의 구성은 군대와 같은 규율을 만들어낸다. 그리고 이 규율은 완벽한 공장체제를 완성하며, 또 이미

---

104) "The factory operatives should keep in wholesorne femembrance the fact that their is really a low species of skilIed labour; and that there is none which is more easily acquired or of its quality more amply remunerated, or which, by a short training of the least expert can be more quickly as well as abundantly acquired ⋯ The master's machinery really plays a far more important part in the business of production than the labour and the skill of the operative, which six months' education can teach, and a common labourer can learn."(《방적기의 주인과 제조업자들의 방위기금, 위원회 보고서》, 맨체스터, 1854, 17쪽) 주인이 그의 '살아 있는' 자동장치를 잃어버릴 위험에 처하게 되자마자, 전혀 딴 소리를 한다는 것을 나중에 보게 될 것이다.

언급한 감독노동을 발전시켜, 노동자들을 육체노동자와 노동 감독자로, 산업병사와 산업하사관으로 분할한다.

"자동식 공장에서 가장 어려운 점은 사람들에게 불규칙적으로 일하는 습관을 버리고 언제나 규칙적으로 작동하는 거대한 자동장치에 그들의 동작을 일치시키도록 만드는 규율을 잡는 데 있다. 그러나 자동체계의 요구나 속도에 상응하는 규율 지침서를 고안하여 성공적으로 실시하는 일은 헤라클레스나 해볼 만한 모험이었는데, 이 고귀한 업적은 아크라이트의 작품이었다. 이러한 자동체계가 완벽하게 조직된 오늘날에서조차 이미 성년기에 다다른 노동자들 사이에서 이 자동체계에 맞는 쓸모 있는 조수를 발견하는 것은 거의 불가능하다."[105]

부르주아 계급이 그토록 좋아하는 권력분립이나 그 이상으로 좋아하는 대의제도 없이, 노동자에 대한 자본의 독재를 사법私法으로 마음대로 규정해 놓은 공장법전은 대규모 협업이 이루어지고 있거나 공동으로 노동수단인 기계장치를 사용하고 있는 노동과정을 집단적으로 규제하는 것에 대한 자본주의적 풍자에 불과하다. 노예 감시자의 채찍 대신에 감독자의 징벌장부가 등장한다. 물론 모든 처벌은 벌금이나 임금삭감으로 결말을 맺는다. 그리고 공장 입법자Lykurge들의 입법자로서의 통찰력이 그들이 정한 규율을 준수할 때보다 어길 때 그들에게 더 많은 이익을 가져다주도록 만든다.[106]

---

105) 유어, 앞의 책, 15쪽. 아크라이트의 경력을 아는 사람은 이 천재적인 이발사에게 '고귀한'이라는 단어를 절대로 붙이지 않을 것이다. 18세기의 위대한 발명가 가운데 그는 의심할 여지없이 남의 발명품을 훔친 최대의 도둑이었으며 가장 비열한 녀석이었다.
106) "부르주아 계급이 프롤레타리아 계급을 속박하고 있는 노예노동은 공장제에서 가장 분명하게 세상에 알려진다. 공장제에서는 법적으로나 실제로나 모든 자유가 사라진다. 노

동자는 아침 5시 50분 정각에 공장에 있어야 한다. 그가 몇 분 늦는다면 처벌을 받으며, 10분 늦게 온다면 아침식사를 마칠 때까지 공장에 들어갈 수가 없으며, 하루 임금의 ¼을 받지 못한다. 그는 명령에 따라 먹고, 마시고 자야 한다. … 압제의 종소리가 그를 침대에서, 아침과 점심 식탁에서 불러낸다. 그렇다면 공장에서는 도대체 어떠한가? 공장에서는 공장주가 절대적인 입법자이다. 그는 마음 내키는 대로 공장 규칙을 정한다. 또 그가 마음에 드는 대로 규칙을 수정하고 추가한다. 그가 아무리 말도 안 되는 조치를 추가하더라도, 재판관은 노동자에게 '너희들은 자유 의지로 계약을 체결했기 때문에 그 어떤 조치도 따라야 한다'고 말한다. … 이 노동자들은 9살부터 죽는 날까지 육체적으로나 정신적으로 엄격한 규율 아래 살 수밖에 없다."(엥엘스, 앞의 책, 217쪽 이하) '재판관이 말한 것'을 나는 두 가지 예를 들어 설명하겠다. 첫 번째 경우는 1866년 셰필드가 무대이다. 한 노동자가 2년 계약으로 한 공장에 고용되어 있었다. 공장주와 다툼으로 그는 공장을 떠나면서 그 어떤 경우에도 더이상 공장주를 위해 일할 의사가 없다고 선언했다. 그는 계약 위반으로 고발당해 2년의 금고형에 처해졌다.(만약 공장주가 계약을 위반한다면, 그는 민사상으로만 고발될 수 있으며 벌금형을 당할 위험만 무릅쓰면 된다) 두 달의 옥고를 치른 후에 동일한 공장주가 해묵은 계약에 따라 공장으로 돌아오도록 그를 불렀으나, 그는, '싫다, 나는 이미 계약 위반의 대가를 치렀다'고 말했다. 공장주는 다시 그를 고발했으며, 법정은 또 다시 유죄로 판결했다. 다만 재판관의 한 명인 쉬(Shee)는 이 판결을 공공연하게 법률적으로 터무니없는 일이라고 비난했다. 즉 이 판결에 따르면 한 사람이 동일한 위법행위나 범죄 때문에 전 생애 동안 주기적으로 되풀이하여 처벌받을 수 있다고 비난했다. 이 판결은 도그베리라고 불리는 지방의 '명예치안판사'가 내린 것이 아니라 런던의 최고재판소에서 내려진 것이다.[4판의 주석. 이러한 조항은 이제는 폐기되었다. 공공가스공장 같은 몇몇 경우들을 제외하면 이제 잉글랜드에서는 노동자가 계약을 위반했을 경우 고용주와 동등하게 취급되며 민사상으로만 기소된다. -엥엘스] 두 번째 경우는 1863년 11월 말이며 무대는 월트셔이다. 훼스트버리 레이에 있는 리오워즈 밀의 직물업자 해럽이라는 사람에게 고용된 약 30명의 여성증기직공들이 파업을 일으켰다. 이 해럽이라는 작자는 아침에 지각하는 여성노동자에 대해 2분에 6펜스, 3분에 1실링, 10분에 1실링 6펜스에 달하는 임금을 삭감하는 유쾌한 습관을 가지고 있었기 때문이다. 삭감되는 임금은 시간당 9실링, 하루에 4£ 10실링에 달했으며, 그들의 연간 평균임금은 주급 10실링에서 12실링을 결코 넘지 않았다. 해럽은 또한 공장시간을 알리는 나팔을 부는 한 명의 소년을 고용했는데, 그는 간간히 아침 6시 이전에 나팔을 불어댔다. 그가 나팔 불기를 멈추는 즉시 아직 도착하지 않은 일손이 있으면 문은 닫히고, 아직 문밖에 있는 일손들은 벌금을 물었다. 그리고 공장 건물에는 시계가 없었기 때문에, 불쌍한 일손들은 해럽의 사주를 받은 이 소년 시간지기의 수중에 장악되어 있었다. '파업'을 개시한 일손들, 즉 주부와 소녀들은 시간지기를 시계로 바꾸고 합리적인 벌금액수가 도입된다면 다시 일을 하겠다고 밝혔다. 해럽은 19명의 성인여성과 소녀들을 계약위반으로 당국으로 소환했다. 그들은 방청객들의 떠들썩한 분노 속에서 각각 6펜스의 벌금과 재판비용 1실링 6펜스를 판결 받았다. 해럽은 군중의 욕설을 받으면서 법정에서 사라졌다. - 공장주들이 즐기던 조작 가운데 하나는 노동자들에게 공급된 재료의 하자를 빌미로 임금을 삭감함으로써 노동자를 징벌하는 것이었다. 이 방법은 1866년 잉글랜드의 도

우리는 단지 공장노동이 수행되는 물적 조건들만을 지적하고자 한다. 계절마다 정기적으로 산업전쟁에 대한 보고서를 작성하게 하는 빽빽하게 쌓인 기계장치 하에서 생명의 위협은 무시하고서라도, 인위적으로 상승한 온도, 원료 부스러기로 가득 찬 공기, 귀를 먹게 할 정도의 소음 등으로 인해 공장노동자들의 모든 감각기관들이 똑같이 손상된다.[107] 비로소 공장

자기업 지방에서 총파업을 야기했다. 《아동고용위원회》의 보고서들(1863-1866)은 노동자들이 임금을 받기는커녕 벌금 규정으로 인해 오히려 고상한 '주인양반'의 채무자가 되는 경우를 들고 있다. 또한 최근의 면화공황이 임금 삭감에 대한 공장 전제군주들의 통찰력을 보여주는 건설적인 가르침을 보여 주었다. 공장감독관 베이커는 다음과 같이 말하고 있다. "얼마 전 나는 면직공장 공장주에 대해 소송을 제기해야만 했다. 이 어렵고 매우 고통스러운 시기에 그 공장주는 그가 고용한 소년노동자(13세 이상)들 가운데 몇 명으로부터 의사의 연령증명서를 빌미로 임금에서 10펜스를 공제했는데, 그가 지불한 비용은 단 6펜스였다. 그런데 법은 단 3펜스의 공제만을 허용하고 있으며 관례적으로는 한 푼도 허용되지 않는다. … 또 다른 공장주는 법과의 충돌 없이 이 목적을 달성하기 위해 그를 위해 일하는 불쌍한 어린이들 각자에게, 일을 하는 데 충분히 성숙되었다고 의사가 증명하자마자, 방적기술과 비법을 가르쳐주는 비용으로 1실링을 부과했다. 따라서 수시로 일어나는 파업들과 현재 진행 중인 파업(1863년 6월 다웬의 공장에서 일어난 기계직공들의 파업) 같은 특이한 현상들은 그 저변에 은폐되어 있는 것들을 알아야만 이해할 수 있다."(《공장감독관 보고서》, 1863년 4월 30일, 50-51쪽) 공장보고서는 언제나 공식적인 날짜 이후의 것을 다룬다.
107) 위험한 기계장치로부터 보호하기 위한 법률은 유익했다. "그러나 … 20년 전에는 존재하지 않던 새로운 재해의 원인들이 있는데, 특히 기계장치 속도의 증가가 그러하다. 톱니바퀴, 압연기, 방추 그리고 직기는 이제 이 증가된 속도로 그리고 계속 증가되는 속도로 돌아가고 있다. 노동자는 손가락으로 끊어진 실을 빠르고 확실하게 움켜쥐어야 한다. 망설이거나 부주의하게 실을 감다가는 손가락이 희생되기 때문이다. … 많은 수의 재해는 작업을 빨리 수행하려는 노동자들의 열정에 그 원인이 있다. 우리는 기계장치를 중단 없이 작동시키는 것, 즉 실과 직물을 중단 없이 생산하는 것이 공장주에게 가장 중요하다는 기억을 되살려야 한다. 1분만 가동을 정지해도 그것은 동력의 손실일 뿐만 아니라, 생산의 손실이기도 하다. 따라서 제품의 양에만 관심을 기울이는 작업감독은 노동자들이 기계장치의 작동을 유지할 것을 닦달한다. 그리고 이것은 양과 개수에 따라 임금을 받는 노동자에게도 작업감독 못지않게 중요하다. 이러한 이유로 기계장치를 작동 중에 청소하는 것이 형식적으로는 금지되어 있음에도, 실제로는 널리 행해지고 있다. 이 하나의 원인이 최근 6개월 동안 906건의 재해를 가져왔다. … 청소 작업은 매일 실시되지만, 토요일은 보통 기계를 철저하게 청소하는 날로 정해져 있는데, 대부분의 경우 기계장치의 작동 중에 실시된

제에서 별 어려움 없이 급속히 성장한 사회적 생산수단의 절약은, 자본의 수중에서는 작업 중에 있는 노동자들의 생존조건인 공간, 공기, 빛 그리고, 노동자의 편의를 위한 시설들은 말할 것도 없고, 생명을 위협하거나 건강에 해로운 생산과정의 상황으로부터의 노동자의 보호수단에 대한 체계적인 강탈이 된다.[108] 이래도 푸리에가 공장을 '느슨한 감옥'이라고 부른 것은 부당하다고 할 수 있겠는가?[109]

다. … 청소작업에는 임금이 지급되지 않기 때문에 노동자들은 되도록 빠르게 청소를 마치려고 한다. 이런 까닭에 금요일, 특히 토요일의 재해건수가 다른 요일보다 훨씬 많다. 금요일의 재해건수는 주초 4일간의 평균보다 12% 높으며, 토요일의 재해건수는 앞의 5일간의 평균을 25% 상회한다. 그러나 노동일이 토요일에는 7½시간이고, 나머지 요일에는 10½시간이라는 점을 고려하면, 토요일에는 재해가 65%이상이나 발생한다."(《공장감독관 보고서》, 런던 1867, 9, 1866년 10월 31일, 15-17쪽)

108) 생명을 위협하는 기계장치로부터 '일손'의 팔다리를 보호하기 위한 공장법의 조항들에 반대해 잉글랜드 공장주인이 최근에 시작한 대대적인 캠페인에 관해서는 3권 1편에서 서술할 것이다. 지금은 공장감독관 레너드 호너의 공식보고서의 일부를 인용하는 것으로 충분하다. "나는 공장주들이 몇몇 재해에 대해 용서할 수 없을 만큼 무례하게 이야기하는 것, 예를 들어 손가락을 잃는 것쯤은 대수롭지 않다고 말하는 것을 들었다. 노동자의 삶과 장래는 그의 손가락에 달려 있기 때문에, 손가락을 잃는 것은 그에게 매우 중대한 사건이다. 아무 생각 없이 하는 이런 헛소리를 들을 때마다 나는 이렇게 물어본다. 당신이 한 명의 노동자가 더 필요한데, 두 명이 지원했다고 해 보자. 둘 다 모든 면에서 똑같이 유능하지만, 한 사람이 엄지나 검지가 없다면 당신은 누구를 선택할 것인가? 그들은 잠시도 망설이지 않고 손가락을 다 가진 사람을 결정했다. … 이 공장주양반들은 그들이 엉터리 박애주의적 입법이라고 부르는 것에 대해 잘못된 편견을 가지고 있다."(《공장감독관 보고서》,1855년 10월 31일, 6-7쪽) 이 공장주들은 '영리한 사람들'이며, 노예소유주들의 반란을 괜히 열광하고 있는 것이 아니다.

109) 노동시간의 강제제한과 기타 규정들을 가진 공장법이 적용되던 공장들에서는 이전의 많은 폐해들이 사라졌다. 기계장치 자체의 개량은 일정한 점에서는 '공장건물 구조의 개선'을 요구하는데, 이는 노동자에게 유익하게 작용한다.(《공장감독관 보고서》, 1863년 10월 31, 109쪽)

5절
노동자와 기계의 투쟁

자본가와 임금노동자 사이의 투쟁은 자본관계 자체에서 시작된다. 이 투쟁은 매뉴팩처 전 기간에 걸쳐 계속해서 맹위를 떨쳤다.[110] 그러나 기계장치가 도입된 이후에야 비로소 노동자는 자본의 물적 존재형태인 노동수단 그 자체와 싸우게 된다. 노동자는 자본주의적 생산방식의 물적 토대이자 특정한 형태인 생산수단에 대해 반란을 일으킨다.

17세기 동안 거의 전 유럽은 리본과 레이스를 짜는 기계인 소위 반트뮬(쉬느어뮬 또는 뮬렌수툴이라고도 부른다)에 대항한 노동자들의 반란을 경험했다.[111] 1630년대 말에 한 홀란드 사람이 런던 근처에 설치한 풍력 제

---

110) 특히 1727년 런던에서 출간된 존 휴튼의 《개선된 농업과 무역》과 《동인도 무역이 잉글랜드에 주는 이익》, 그리고 1699년 런던에서 출간된 존 벨러스의 《빈곤, 매뉴팩처, 상업, 대규모 농장 그리고 부도덕에 대한 에세이》를 보라. "주인들과 노동자들은 불행하게도 서로 전쟁상태에 있다. 주인들은 그들의 일을 가능한 한 싸게 시키려는 변함없는 목적을 가지고 있다. 그들은 이 목적을 위해 어떠한 술책을 쓰는 것도 주저하지 않으며, 노동자들 역시 기회가 오면 주인들이 자신들의 더 높은 요구를 어쩔 수 없이 충족시키게 하는 데 신경을 쓴다."《현재 높은 식료품 가격의 원인에 관한 연구》, 1767, 61-62쪽. 저자인 너세니얼 포스터 목사는 전적으로 노동자의 편이다.

111) 리본 직기(반트뮬)은 독일에서 발명되었다. 이탈리아 신부 란첼로티(Lancellotti)는 1636년 베네치아에서 출간된 저작에서 다음과 같이 말하고 있다. "단치히 사람 안톤 뮐러는 약 50년 전(란첼로티는 1629에 이 책을 썼다) 단치히에서 한꺼번에 4내지 6필의 직물을 짜는 매우 정교한 기계를 보았다. 단치히 시의회는 이 발명품이 다수의 노동자를 거지로 만들 것을 우려하여 이 발명품의 사용을 금지하고 발명자를 몰래 목 졸라 죽이게 하거나 익사시키게 했다."(요한 베크만, 《발명의 역사》, 1권, 라이프치히, 125-132쪽 -편집자) 라이덴에서는 1629년에 똑같은 기계가 처음으로 사용되었다. 그러나 처음에는 레이스 직공들의 폭동으로 시의회는 그 기계의 사용을 금지시킬 수밖에 없었다. 홀란드 의회도

재소가 광적인 폭도들 앞에서 무너졌다. 18세기 초에도 잉글랜드 수력 제재소는 의회의 지지를 받는 민중의 저항을 가까스로 제압했다. 1758년에 에버렛이 처음으로 수력으로 작동하는 양털깎기 기계를 만들었을 때, 일자리를 잃은 10만 명의 사람들이 이 기계를 불태워버렸다. 아크라이트의 소모기가 발명되기까지 양털 빗기로 먹고 살던 5만 명의 노동자들이 소모기에 반대하는 진정서를 의회에 제출했다. 19세기가 시작되어 15년 동안 러다이트운동이라는 이름하에, 특히 증기베틀을 사용하여 발생한 잉글랜드의 매뉴팩처 지역에서의 대규모 기계 파괴는 시드머스Henry Sidmouth, 1757-1844(1801-04까지 잉글랜드 수상 -옮긴이)와 캐슬레이Robert Castlereagh, 1769-1822(잉글랜드의 정치가 -옮긴이) 등의 반反자코뱅 정부에게 가장 반동적인 폭력 조치들을 취할 수 있는 구실을 주었다. 노동자들이 기계장치를 그 자본주의적 사용과 구별하여, 물적 생산수단 자체에 대한 공격을 그것의 사회적 사용형태에 대한 공격으로 바꾸어야 한다는 것을 깨달을 때까지는 시간과 경

1623년, 1639년 등의 여러 가지 법령을 통해 이 기계의 사용을 제한할 수밖에 없었다. 그러나 결국 1661년 12월 15일자 법령에 따라 일정한 조건 하에서 이 기계의 사용이 허용되었다. 라이덴으로의 리본 직기의 도입에 대해 복스호른(《정치제도》, 1663)은 다음과 같이 말하고 있다. "이 도시에서 약 20년 전에 어떤 사람이 그것을 사용하지 않는 많은 사람들보다 같은 시간에 천을 더 많이 그리고 더 쉽게 짤 수 있는 직기를 발명했다. 시의회가 이 기계의 사용을 금지시킬 때까지 직공들의 소요와 고발을 야기했다." 이 기계는 1676년 쾰른에서 사용이 금지되었으며, 잉글랜드에서는 기계의 도입이 노동자들의 동시다발적인 소요를 가져왔다. 1865년 2월 19일 칙령으로 그 기계의 사용이 독일 전역에서 금지되었다. 함부르크에서는 시의회의 명령에 따라 그 기계가 공개적으로 소각되었다. 칼 6세는 1719년 2월 9일 1685년의 칙령을 갱신했으며, 황제를 뽑는 선거권을 가진 제후국 작센(Kursachsen)에서는 1765년에 이르러서야 그 기계의 공개적인 사용이 허용되었다. 세상을 참 떠들썩하게 만든 이 기계는 사실상 방직기와 방적기의 선구자였으며, 따라서 18세기 산업혁명의 선구자였다. 이 기계는 천을 짜는 데 아무런 경험이 없는 소년에게 운전 자루를 밀고 당김으로써 모든 북과 함께 직기 전체를 돌릴 수 있는 능력을 주었으며, 그 개량형은 한꺼번에 40-50필의 천을 생산했다.

험이 필요했다.[112]

　　매뉴팩처 내에서 임금을 둘러싸고 벌어지는 투쟁은 매뉴팩처를 전제로 하고 있으며 결코 매뉴팩처 존재 그 자체를 겨냥하지는 않았다. 매뉴팩처의 설립을 반대하는 투쟁이 벌어지는 경우에도, 이는 임금노동자가 아니라 길드의 장인이나 특권을 가지고 있던 도시들에 의해 이루어졌다. 따라서 매뉴팩처 시대의 저술가들의 경우에는 주로 분업을 노동자를 실제로 몰아내는 수단이 아닌 잠재적으로 노동자를 대체하는 수단으로 파악하고 있었다. 이러한 차이는 당연하다. 예를 들어 현재 50만 명에 의해 기계로 자아지고 있는 면화를 낡은 물레로 실을 잣기 위해 잉글랜드에서 1억 명의 사람들이 필요하다고 한다면, 그것은 물론 기계가 존재한 적이 없는 1억 명의 자리를 차지한다는 것을 의미하지는 않는다. 그것은 다만 방적기를 대체하기 위해 수백만 명의 노동자들이 필요할 수도 있다는 것을 의미한다. 이와 반대로 잉글랜드에서 증기베틀이 80만 명의 직공들을 해고시켰다고 말한다면, 그것은 일정한 수의 노동자에 의해 대체되어야 하는 이미 존재하고 있는 기계장치를 말하는 것이 아니라, 기계장치에 의해 실제로 대체되거나 쫓겨나는 일정한 수의 노동자들에 대해 말하는 것이다. 매뉴팩처 시기 동안 수공업방식의 생산은, 비록 분할되어 있기는 했지만, 여전히 매뉴팩처의 토대였다. 새로운 식민지 시장은 중세로부터 이어 내려온 비교적 적은 수의 도시 노동자들로는 충족될 수 없었으며, 매뉴팩처야말로 봉건제도의 해체와 더불어 토지로부터 내쫓긴 농촌 사람들에게 일할 수 있는 새로운 분야

---

112) 구식 매뉴팩처에서는 오늘날에도 여전히 기계장치에 대한 노동자들의 반항이 때로는 거친 형태로 되풀이되고 있다. 예를 들면 1865년의 셰필드의 줄 연마공들의 경우가 그러하다.

를 제공할 수 있었다. 따라서 그 당시의 작업장에서는 분업과 협업을 통해 고용된 노동자들을 더 생산적으로 만드는 것이 훨씬 더 유리해 보였다.[113] 협업과 소수의 수중으로의 노동수단의 결합이 농업에 적용되자, 수많은 나라에서 대공업시기 이전에, 농업의 생산방식을 대규모로 그것도 급격하고 폭력적으로 변혁시켰으며, 이로 인해 농촌인구의 생활조건과 고용방식 역시 그에 못지않게 변혁시켰다. 그러나 이 투쟁은 처음에는 자본과 임금노동 사이에서보다는 대지주와 소지주 사이에서 벌어졌다. 다른 한편, 노동자가 노동수단, 양과 말 등에 의해 내쫓긴 경우에는, 직접적인 폭력 행위가 산업혁명의 첫 번째 전제조건이었다. 먼저 노동자들이 토지에서 쫓겨나고, 그 다음에 양이 등장한다. 잉글랜드에서와 같은 대규모 토지 약탈이 비로소 대규모 농업이 사용할 수 있는 경작지를 창출했다.[114] 따라서 이러한 농업에서의 혁명은 그 시초가 오히려 정치혁명인 것처럼 보인다.

---

113) 제임스 스튜어트 경은 기계장치의 효과를 전적으로 이러한 의미에서 파악하고 있다. "따라서 나는 기계를 일하는 사람들에게 더 많은 영양을 공급할 필요 없이 그들의 수(일하는 능력의 관점에서 보면)를 늘리는 수단으로 본다. … 도대체 무엇이 기계가 가져오는 영향과 새로운 주민들이 가져오는 영향을 구별한단 말인가?"(《정치경제학 원리》, 프랑스 번역본, 1권, 1편, 19장) 훨씬 천진난만한 페티는 기계장치가 '일부다처제'를 대체했다고 말한다. 이러한 관점은 기껏해야 미국의 몇몇 지방에나 적용된다. 그러나 그와 반대로, "기계장치는 개개인의 일을 줄이는 데 성공적으로 사용될 수 없다. 기계장치의 제작에서 잃어버리는 시간이 기계장치를 사용하여 절약되는 시간보다 많기 때문이다. 기계장치는, 그것에 속한 단 한 대의 기계가 수천 명의 일을 지원할 수 있을 때, 즉 대규모의 대중에게 작용할 때에만 실제로 유용하다. 따라서 기계장치는 언제나 실업자들이 가장 많이 존재하는 인구밀도가 높은 나라에서 가장 많이 사용된다. … 기계장치가 사용되는 까닭은 노동자가 부족해서가 아니라, 노동자를 대규모로 쉽게 사용할 수 있기 때문이다."(피어시 레이번스톤, 《공채자금 조달법과 그 영향에 관한 고찰》, 런던, 1824, 45쪽)

114) 4판의 주석. 이러한 상황은 독일에도 해당된다. 독일에서 대규모 농업이 이루어지는 곳, 특히 동부에서는 16세기 이후, 특히 1648년부터 성행한 '농민소유지의 몰수'에 의해 비로소 대규모 농업이 가능하게 되었다. -엥엘스

기계로서의 노동수단은 곧바로 노동자 자신의 경쟁자가 된다.[115] 기계에 의한 자본의 자기증식은 기계에 의해 생존조건을 파괴당한 노동자의 수와 비례한다. 자본주의적 생산체제 전체는 노동자가 자신의 노동력을 상품으로 판매하는 데 근거한다. 분업은 이 노동력을 하나의 부분 도구를 다루는 전적으로 특화된 일면적인 기능만을 수행하게 만든다. 그러나 이 도구를 다루는 일이 기계의 몫이 되자마자, 노동력의 교환가치는 사용가치와 함께 사라진다. 노동자는 마치 유통되지 않는 지폐처럼 더이상 판매되지 않게 된다. 따라서 기계장치가 남아돌게 만든, 즉 기계장치에 의해 더이상 자본의 자기증식에 직접 필요하지 않은 인구가 된 노동자계급 가운데 일부는, 한편으로 기계생산에 대항하는 수공업과 매뉴팩처 생산의 불공평한 싸움에서 몰락하며, 다른 한편으로 쉽게 들어갈 수 있는 산업 부분들로 흘러들어가 노동시장을 공급과잉으로 만들어 노동력의 가격을 그 가치 이하로 떨어뜨린다. 사회적으로 빈곤화된 노동자들에게 커다란 위안거리가 될 수도 있는 것은, 한편으로 그들의 고통이 '일시적'(일시적 불편)일 뿐이라는 것이며, 다른 한편으로 기계장치가 일정한 생산영역 전체를 천천히 장악할 뿐이기 때문에, 그 파괴적 작용의 규모와 강도가 완화된다는 사실이다. 하나의 위안이 다른 위안을 몰아낸다. 기계가 어떤 생산영역을 천천히 장악하는 경우에는, 기계는 자신과 경쟁하는 노동자 계층의 만성적인 빈곤을 만들었다. 이러한 변화가 급속하게 진행되는 경우, 기계는 대규모의 노동자계층에게 더 심각한 영향을 미쳤다. 수십 년간 점차적으로 천천히 진행되어 오다가 1838년에서야 드디어 종결된 잉글랜드 수직공의 몰락만큼 비참한 광경은 세계사에 없다. 그들 가운데 많은 사람들이 굶어 죽었으며,

---

115) "기계장치와 노동은 끊임없이 경쟁한다."(리카도, 앞의 책, 479쪽)

살아남은 많은 사람들 역시 오랫동안 하루 2½펜스로 가족과 함께 연명했다.[116] 반면에 잉글랜드의 면직기계류는 동인도에 심각한 영향을 미쳤는데, 동인도 총독은 1834-1835년에 다음과 같이 확언했다.

"무역의 역사에서 이러한 빈곤은 거의 유례를 찾을 수가 없다. 면직공들의 뼈가 인도의 벌판을 하얗게 물들이고 있다."

아무렴, 이 직공들이 세상을 떠나는 경우에도, 기계는 그들에게 '일시적인 고통'만을 주었을 뿐이다. 그런데 기계장치가 새로운 생산영역을 지속적으로 장악해감으로써, 그것의 '일시적인' 작용은 영속적인 것이 된다. 따라서 자본주의적 생산방식은 일반적으로 노동조건과 노동생산물에 노동자에게서 독립된 낯선 형태를 부여하는데, 이 형태는 기계장치와 더불어 완전한 대립으로 발전한다.[117] 따라서 노동수단에 대한 노동자의 난폭한 반

---

116) 1834년 구민법이 도입되기 전에 잉글랜드에서 수(手)직물과 기계직물 사이의 경쟁이 계속된 이유는 교구의 보조금이 최저수준 이하로 떨어진 임금을 보충해 주었기 때문이다. "터너 목사는 1827년 공업지역인 체셔지방의 월름슬로의 교구장이었다. 이민위원회의 질문과 터너의 대답은 어떻게 손작업이 기계장치와의 경쟁을 유지했는지를 보여준다.
- 질문: 역직기의 사용이 수(手)직기의 사용을 몰아내지 않았는가?
대답: 확실하다. 수직공이 임금 인하를 받아들일 수 있는 상황이 아니었다면, 우리가 본 것보다 더 많은 수직기가 내몰렸을 것이다.
- 질문: 그러나 수직공이 임금 인하에 굴복함으로써 자신의 생계에 모자라는 임금에 만족하고 있는데, 그 부족한 생계비로 교구의 보조금을 원하는 것은 아닌가?
대답: 그렇다. 그리고 사실 수직기와 역직기 사이의 경쟁은 구민보조금에 의해 유지되고 있다.
따라서 기계장치의 도입이 노동자들에게 가져다 준 이익은 굴욕적인 빈곤이나 해외이주이다. 또한 그들은 존경 받고 어느 정도 독립적이던 수공업자에서 수치스러운 자선의 빵을 먹는 비굴한 빈민으로 전락했다. 사람들은 이런 상황을 일시적인 고통이라고 부른다."(《경쟁과 협력의 상대적 장점에 관한 수상논문》, 런던, 1834, 29쪽)
117) "국가의 순수익(리카도가 같은 단락에서 설명한 것처럼, 국가의 순수익은 지주와 자

항은 기계장치의 출현과 더불어 처음 나타났다.

노동수단은 노동자를 망가뜨린다. 물론 이러한 둘 사이의 직접적인 대립은 새로 도입된 기계장치가 전통적인 수공업이나 매뉴팩처생산과 경쟁할 때마다 가장 확실하게 나타난다. 그러나 대공업 자체에서 이루어지는 기계장치의 지속적인 개량과 자동시스템의 발전도 이와 유사한 작용을 한다.

"개량된 기계장치의 변함없는 목적은 손으로 하는 노동을 줄이거나 인간이라는 장치를 쇠로 만든 장치로 대체함으로써 공장생산의 연결고리를 완벽하게 만드는 데 있다."[118] "지금까지 손으로 작동되던 기계장치에 증기력과 수력을 사용하는 것은 일상적인 일이다. … 동력을 절약하고, 제품을 개선하고, 같은 시간에 더 많은 생산을 하거나 아동, 여성 그리고 남성을 생산과정에서 내몰기 위한 목적을 가진 기계장치의 조그마한 개량은 변함없이 계속되고 있으며, 겉으로는 중요하지 않은 것처럼 보이지만 중대한 결과를 가져오고 있다."[119] "작업에 높은 숙련도와 숙달된 일손이 필요한 모든 곳에서는, 이 작업을 어린이도 감시할 수 있게 잘 통제되는 특별한 기계장치에 맡기기 위해, 숙련이 필요하거나 그 어떤 종류의 불규칙한 작업도 수행할 수 있는 노동자의 팔로부터 가능한 한 빠르게 이 작업을 빼앗아

본가의 수익이며, 경제적으로 보면 그들의 부가 대체로 국가의 부이다)을 증대시키는 것과 같은 원인이 동시에 인구과잉을 만들어내고 노동자의 상태를 악화시킬 수 있다."(리카도, 앞의 책, 469쪽) "모든 기계장치 개량의 변함없는 목적과 의도는 인간의 노동을 완전히 벗어나거나, 성인남성노동을 여성노동과 아동노동으로 그리고 숙련노동자를 미숙련노동자로 대체함으로써 인간노동의 가격을 줄이는 데 있다."(유어, 앞의 책, 23쪽)

118) 《공장감독관 보고서》, 1858년 10월 31일, 43쪽.
119) 《공장감독관 보고서》, 1856년 10월 31일, 15쪽.

버린다."[120] "자동시스템에서 노동자의 재능은 점진적으로 배제된다."[121] "기계장치의 개량은 일정한 성과를 달성하기 위해 고용된 성인노동자의 수를 감소시킬 필요가 있을 뿐만 아니라, 일정한 부류의 사람들을 다른 부류로, 더 숙련된 부류를 덜 숙련된 부류로, 즉 성인을 아동으로, 남성을 여성으로 대체할 필요가 있다. 이러한 변화는 임금의 비율을 지속적으로 변동시킨다."[122] "기계장치는 성인을 공장 밖으로 계속 내던진다."[123]

축적된 실제적인 경험과 이미 존재하는 기계수단의 규모 그리고 기술의 지속적인 진보 등에 기인하는 기계체계Maschinenwesen의 유달리 높은 탄력성은, 노동일을 단축하려는 압력 하에서 그것이 보여준 급속한 발전을 통해 알 수 있다. 그러나 누가 잉글랜드의 면공업이 최고조에 달했던 1860년에, 이후 3년에 걸친 아메리카 내전의 자극으로 야기된 매우 빠른 기계장치의 개량과 이에 따른 육체노동의 축출을 예상할 수 있었겠는가? 이 점에 관해서는 잉글랜드 공장감독관들의 공식적인 인용문 가운데 몇 개의 실례를 드는 것으로 충분하다. 맨체스터의 한 공장주는 다음과 같이 말하고 있다.

---

120) 유어, 앞의 책, 19쪽. "벽돌을 굽는 데 사용된 기계장치의 커다란 장점은 고용주가 숙련노동자에 대한 의존에서 완전히 벗어나게 하는 데 있다."(《아동고용보고서》, 런던, 1866, 130쪽, 주46) 2판에 추가. 그레이트 노던 철도회사의 기계부서 감독관인 스터록은 기계제작(기관차 등)에 관하여 다음과 같이 진술했다. "비용이 많이 드는 잉글랜드 노동자들의 사용은 나날이 줄어들고 있다. 생산은 개량된 도구를 사용함으로써 증가되었다. 그리고 이 도구는 낮은 수준의 노동에 의해 조작된다. … 이전에는 숙련노동이 어쩔 수 없이 증기관의 모든 부품을 생산했지만, 이제 부품은 우수한 도구를 가진 저숙련 노동에 의해 생산된다. … 나는 기계제작에 사용된 기계도 도구로 파악한다.(《왕립철도위원회, 증거의사록》, 17862번과 17863번, 런던, 1867)

121) 유어, 앞의 책, 20쪽.

122) 같은 책, 321쪽.

123) 같은 책, 23쪽.

"이제 우리는 이전보다 질은 더 좋지 않지만 똑같은 양을 생산하는 데 75대가 아닌 12대의 소모기가 필요하다. … 주당 10£의 임금이 절약되고 면화 부스러기는 10%가 줄었다."

맨체스터의 한 세사(가는 실 옮긴이) 방적공장에서는,

"작동 속도의 증가와 다양한 자동공정의 도입으로 인해 어떤 부서에서는 노동인원의 ¼, 또 다른 부서에서는 ½ 이상이 해고되었다. 다른 한편 중고소모기를 대체한 빗질기계는 이전에 소모 작업실에 고용된 일손의 수를 크게 감소시켰다."

또 다른 방적공장에서는 '일손'이 어립 잡아 10% 정도 절약되었다. 맨체스터의 방적업자인 길모어 씨는 다음과 같이 말했다.

"우리의 송풍送風실에서는 새로운 기계장치로 인해 절약된 일손과 임금을 꼭 ⅓로 예상하고 있다. 실을 실패에 감는 기계실과 실을 늘리는 기계실에서는 약 ⅓에 달하는 비용과 일손이 줄어들었으며, 방적실에서는 약 ⅓의 비용이 절감되었다. 그러나 이것이 전부가 아니다. 새로운 기계장치의 사용으로 인해 매우 개선된 실이 직공들에게 전달된다면, 그들은 낡은 기계로 자은 실을 가지고 짠 것보다 품질이 더 좋은 천을 더 많이 생산할 수 있다."[124]

---

124) 《공장감독관 보고서》, 1863년 10월 31일, 108쪽 이하.

공장감독관 레드그레이브는 이에 관하여 다음과 같이 지적하고 있다.

"생산이 증가하는데도 노동자의 수는 급속하게 감소하고 있다. 양모
공장에서는 최근에 일손의 새로운 감소가 시작되었으며, 계속 진행되고 있
다. 며칠 전 로치데일 부근에 살고 있는 한 학교장이 나에게 말하기를, 여
학생의 수가 크게 줄어든 이유가 공황의 압력 때문만이 아니라, 양모공장
기계장치의 변화로 인해 반일제 노동자들이 평균 70% 감소했기 때문이라
고 한다."[125]

아메리카 내전으로 인한 잉글랜드 면공업에서의 기계개량이 가져온
결과를 다음의 표에서 알 수 있다.

공장의 수			
	1856	1861	1868
잉글랜드와 웨일스	2,046	2,715	2,405
스코틀랜드	152	163	131
아일랜드[126]	12	9	13
영국	2,210	2,887	2,549

---

125) 같은 보고서, 109쪽. 면화 위기 당시의 급속한 기계장치의 개량은 잉글랜드의 공장주
들이 아메리카 내전이 끝난 직후 잠깐 동안 세계시장을 다시 한 번 공급과잉으로 넘치도
록 했다. 직물은 1866년의 지난 6개월 동안 거의 판매되지 않았다. 이런 까닭에 중국과 인
도로의 상품의 위탁판매가 시작되었으며, 이는 당연하게도 '공급과잉'을 더욱 심화시켰다.
1867년 초 공장주들은 이 위기를 그들에게 익숙한 수단인 5%의 임금 삭감으로 벗어나고자
했다. 노동자들은 저항했으며, 더 짧은 시간, 즉 주 4일 노동이 이론적으로 매우 옳으며 유
일한 해결책이라고 주장했다. 오랜 저항 끝에 자칭 대(大)실업가(Captain of Industry)들
은 공장 몇 군데에서는 노동시간 단축과 함께 5%의 임금을 삭감하기로 결정했으며, 다른
곳에서는 임금삭감이 없었다.
126) 1921년 아일랜드가 자치권을 인정받고 1939년 아일랜드 공화국이 선포될 때까지는
영국의 일부였다. 따라서 맑스 생존 시에 영국에 속한다. - 옮긴이

증기베틀의 수

	1856	1861	1868
잉글랜드와 웨일스	275,590	367,125	344,719
스코틀랜드	21,624	30,110	31,864
아일랜드	1,633	1,757	2,746
영국	298,847	399,992	379,329

방추의 수

	1856	1861	1868
잉글랜드와 웨일스	25,818,576	28,352,125	30,478,228
스코틀랜드	2,041,129	1,915,398	1,397,546
아일랜드	150,512	119,944	124,240
영국	28,010,217	30,387,467	32,000,014

고용자의 수

	1856	1861	1868
잉글랜드와 웨일스	341,170	407,598	357,052
스코틀랜드	34,698	41,237	39,809
아일랜드	3,345	2,734	4,203
영국	379,213	451,569	401,064

위의 표에 의하면 1861년부터 1868년까지 338개의 면직공장이 사라졌다. 즉 더 생산적이고 더 우수한 기계장치가 더 적은 수의 자본가들 수중에 집중되었다. 증기베틀의 수는 20,663개 줄었지만, 그 생산물은 같은 기간에 증가했으며, 이제 개량된 한 대의 베틀이 한 대의 낡은 베틀보다 더 많은 작업을 수행한다. 마지막으로 방추의 수는 1,612,547개 증가한 반면에 고용된 노동자의 수는 50,505명 감소했다. 따라서 면화위기가 노동자들을 억누르던 '일시적인' 빈곤은 급속하게 계속 진행된 기계장치의 발전으로 인해 심화되고 고착되었다.

그러나 기계장치는 압도적으로 우세한 경쟁자로서 늘 임금노동자를

'과잉으로' 만들기 위해 분주한 것만은 아니다. 자본은 기계장치를 임금노동자에게 적대적인 세력이라고 큰소리로 그리고 의도적으로 선언하며 또한 이용한다. 기계장치는 자본의 독재에 대항하여 주기적으로 발생하는 노동자 봉기나 파업 등을 진압하기 위한 가장 강력한 전쟁수단이다.[127] 개스켈Gaskell에 따르면 증기기관은 이제 막 시작된 공장체제를 위기로 몰아가려고 위협한 노동자의 솟구치는 요구를 분쇄할 수 있는 능력을 자본가에게 부여한 '인력'의 적수였다.[128] 우리는 단지 노동자의 봉기에 대항하는 자본의 전쟁수단으로 세상에 나온 발명품들만을 가지고도 1830년 이후의 발명의 역사 전체를 서술할 수도 있다. 그 가운데서도 우리는 뮬 방적기를 기억한다. 그것이 자동시스템이라는 새로운 시대를 열었기 때문이다.[129]

증기망치의 발명가인 네스미스는 노동조합위원회에서 행한 진술에서 1851년 장기간에 걸쳐 진행된 기계노동자의 격렬한 파업으로 인해 도입된 기계장치의 개량에 관하여 다음과 같이 이야기 했다.

"최근의 기계 개량에서 주목할 만한 특징은 자동식 작업기계의 도입이다. 이제 기계노동자가 해야 하는 것은, 자신이 일하는 것이 아니라 기계의 훌륭한 작업을 감시하는 일인데, 이 일은 그 어떤 어린아이라도 할 수 있

---

127) "납유리와 병유리 제조업에서 주인과 일손 사이의 관계는 만성적인 파업이었다." 이런 까닭에 기계장치가 주요한 작업을 수행하는 곳에서는 압축유리 매뉴팩처가 부흥했다. 이전에 해마다 입으로 불어서 350,000파운드의 유리를 생산하던 뉴캐슬 근처의 한 회사는 이제 그 대신에 3,000,500파운드의 압축유리를 생산하고 있다."(《4차 아동고용 보고서》, 1865, 262-263쪽)
128) 개스켈, 《잉글랜드의 매뉴팩처 인구》, 런던, 1833, 11-12쪽.
129) 공장주인 페어베언은 자신의 기계공장에서의 파업 때문에 기계를 제작하기 위해 기계를 사용한 몇 가지 중요한 발명을 했다.

다. 노동자들 가운데 자신의 숙련에만 의지한 부류는 이제 모두 사라졌다. 이전에 나는 한 명의 기계공을 위해 4명을 소년을 고용했었다. 새로운 기계적 결합 덕분에 나는 이제 성인남성의 수를 1,500명에서 750명으로 축소했다. 그 결과 나의 이익은 엄청나게 증가했다."(《노동조합과 기타 단체의 조직 및 규약 조사위원회 10차보고서: 증거의사록 첨부》, 런던, 1868, 63-64쪽 -편집자)

유어는 사라사 날염업에서 염색하는 데 사용되는 기계에 관하여 다음과 같이 말하고 있다.

"마침내 자본가들은 과학이라는 수단에 도움을 청함으로써 이 지겨운 노예 상태(그들에게 무거운 짐이 되는 노동자와의 계약조건)에서 벗어나고자 했다. 그리고 얼마가지 않아 그들은 다른 신체 부위에 군림하는 두뇌로서의 정당한 자격을 회복했다."

유어는 파업이 직접적인 계기가 되어 발명된 실에 연속으로 풀을 먹이는 기계에 관하여 다음과 같이 말한다.

"분업이라는 낡은 전선의 뒤편에 보루를 쌓고 정복당하지 않았다는 망상에 사로잡혀 있던 불평분자들은 신식 기계의 용병술에 의해 보루의 측면을 점령당해 그들의 방어수단이 파괴되었음을 알게 되어, 무조건 항복할 수밖에 없었다."

그는 자동식 뮬 방적기의 발명에 관하여 다음과 같이 말하고 있다.

"그것은 공업 부분에 종사하는 계급들 사이에서 질서를 회복할 사명을 가지고 있었다. … 이 발명품은 우리가 이미 피력한 교훈, 즉 자본은 과학을 자신에 봉사하도록 강요함으로써 언제나 반항적인 노동자들을 고분고분하게 만든다는 바로 그 교훈을 확인시켜준다."[130]

유어의 저서가 공장제가 아직 비교적 덜 발전된 시기인 1835년에 출간되었는데도, 여전히 공장정신에 대한 고전으로 남아 있는 까닭은, 그의 저서가 솔직하게 비아냥거리고 있을 뿐만 아니라 별 생각 없는 자본두뇌의 모순을 있는 그대로 까발리고 있는 순수함 때문이다. 예를 들어, 그는 자본이 자신이 고용한 과학의 도움으로 '언제나 반항적인 노동자들을 고분고분하게 만든다'는 '썰'을 푼 다음에, '일정한 입장의 사람들이 기계물리학이 부유한 자본가의 전횡에 도움을 주고 가난한 계급을 억압하는 수단을 제공하고 있다고 비난하여 왔다'는 점에 대해 분개하고 있다. 또한 유어는 기계장치의 급속한 발전이 노동자에게 얼마나 유리한지를 장황하게 설교한 후에, 노동자들이 반항적인 태도와 파업 등을 통해 기계장치의 발전을 촉진시키고 있다고 그들에게 경고하고 있다. 그는 다음과 같이 말한다.

"이런 종류의 폭력적인 반란은 자신을 극도로 경멸하는 인간의 근시안적인 성격, 자기 자신의 사형 집행인이 되는 한 인간의 성격을 보여준다."

몇 페이지 앞에서 그는 이와 반대로 말하고 있다.

---

130) 유어, 앞의 책, 367-370쪽.

"공장제는 노동자들의 잘못된 생각에서 기인한 격렬한 충돌과 중단이 없었다면 훨씬 더 빠르게 발전할 수도 있었으며, 모든 이해 당사자들에게 훨씬 더 유익했을 수도 있다."

그런 다음 그는 다시 한 번 크게 외친다.

"그레이트브리튼 공장 지역의 주민들에게는 다행스럽게도 기계의 개량이 단지 점차적으로 진행되고 있다. 사람들은 기계가 성인들의 일부를 쫓아내어 그들의 수가 노동에 대한 수요를 초과하게 함으로써 성인들의 임금을 줄인다고 부당하게 기계를 비난한다. 그러나 기계는 아동노동에 대한 수요를 증가시키고 그리하여 아동노동이 임금에서 차지하는 비율을 높인다."

다른 한편, 이리저리 오가면서 이러저런 위로를 베푸는 이 양반은 아동임금이 낮기 때문에 '부모가 아이를 너무 일찍 공장에 보내는 것을 막아주고 있다'고 변호한다. 그의 저서는 처음부터 끝까지 무제한의 노동일을 옹호하고 있다. 그리고 법안이 13세의 아동을 하루 12시간 이상 혹사하지 못하도록 금지한다면, 그의 자유주의 정신은 중세의 암흑시대를 생각해 낼 것이다. 그의 자유주의 정신은 그가 공장노동자들에게 하느님의 뜻에 감사의 기도를 올리도록 요청하는 것을 막을 수 없다. 하느님은 기계장치를 통해 공장노동자들에게 "그들의 불멸의 이익에 대해 깊이 생각할 틈을 만들어 주셨기"[131] 때문이다.

---

131) 유어, 앞의 책, 388, 7, 370, 280, 321, 281, 475쪽.

6절
기계장치에 의해 쫓겨난 노동자에 관한 보상이론

제임스 밀, 매컬럭, 토렌스, 시니어 그리고 존 스튜어트 밀 같은 일련의 부르주아 경제학자들은 노동자들을 쫓아내는 모든 기계장치들이 동시에 반드시 그들을 다시 고용하는 데 적절한 자본을 대기시킨다고 주장하고 있다.[132]

한 자본가가 예를 들어 벽지 매뉴팩처에 100명의 노동자를 사용하고 1인당 연봉 30£을 지불한다고 가정해보자. 그렇다면 이 자본가가 매년 지출하는 가변자본은 3,000£이다. 그가 50명의 노동자를 해고하고 나머지 50명을 1,500£ 나가는 기계와 함께 일을 시킨다고 해보자. 단순화하기 위해 건물이나 석탄 등은 무시된다. 또한 매년 소비되는 원료가 여전히 3,000£이라고 가정하자.[133] 이 변화에 의해 어떤 자본이 해고된 노동자를 다시 고용하기 위해 대기하고 있는가? 이전의 경영 방식에서는 투자된 6,000£의 총액은 그 절반은 불변자본으로 그리고 나머지 절반은 가변자본으로 구성되어 있었다. 이제 총액은 4,500£의 불변자본(3,000£의 원료와 1,500£의 기계장치)과 1,500£의 가변자본으로 구성된다. 가변자본, 즉 살아있는 노동력으로 전환된 자본부분은 총자본의 절반이 아니라 이제 ¼일 뿐

---

132) 리카도는 원래 이러한 견해를 가지고 있었지만, 나중에 그의 특징인 과학적인 공평성과 진리에 대한 사랑으로 이러한 견해를 분명하게 철회했다. 리카도, 앞의 책, 16장, 〈기계에 관하여〉를 보라.

133) 주의할 것. 나는 위에서 거명한 경제학자들의 방식 그대로 예를 든 것이다.

이다. 이 경우에 자본은 새로운 노동력을 고용하기 위해 대기하는 것이 아니라, 노동력과 교환되는 것을 멈추는 형태로 묶여 버린다. 즉 이전에 가변자본 3,000£ 가운데 절반인 1,500£이 불변자본으로 변한다. 이제 6,000£의 자본은, 다른 조건이 동일하다면, 50명 이상의 노동자를 결코 고용할 수 없다. 기계장치가 개량될 때마다 자본은 더 적은 노동자를 고용하게 된다. 새로 도입된 기계장치가 그것에 의해 쫓겨난 노동력과 노동도구의 액수보다 더 적은 비용이 들어간다면, 즉 1,500£이 아니라 1,000£밖에 들지 않는다면, 1,000£의 가변자본은 불변자본으로 변했으며 500£의 자본은 대기될 것이다. 이 대기하고 있는 500£은, 연간 임금과 동일하다고 가정하면, 50명이 해고된 반면 약 16명의 노동자를 고용할 수 있는 기금, 아니 16명보다 훨씬 적은 수의 노동자를 고용할 수 있는 기금이 된다. 이 500£이 자본으로 변하기 위해서는 또다시 그 일부가 불변자본으로 변할 수밖에 없으며, 따라서 단지 500£ 가운데 일부만이 노동력으로 변할 수 있기 때문이다.

그러나 새로운 기계장치를 제작하는 데 다수의 기계공이 고용된다고 가정하더라도, 그것이 해고당한 벽지공에 대한 보상이 될 수 있겠는가? 기껏해야 기계의 제작에는 기계의 사용으로 쫓겨난 노동자보다 더 적은 수의 노동자가 고용될 뿐이다. 단지 해고된 벽지공의 임금을 나타내던 1,500£은 이제 기계장치의 형태로 ①기계제작에 필요한 생산수단의 가치, ②기계를 제작하는 기계공의 임금, ③기계공의 '주인'에게 돌아가는 잉여가치를 나타낸다. 게다가 기계가 일단 완성되면, 폐기될 때까지 새 것으로 교체할 필요가 없다. 따라서 기계공의 수를 계속 추가로 고용하기 위해 벽지공장주는 기계로 노동자를 차례차례 내몰아야 한다.

사실 위에서 언급한 옹호자들도 이러한 종류의 대기자본(자본의 방출)을 말하지는 않는다. 그들이 말하는 것은 해고된 노동자들의 생활수단이다. 앞의 경우에서는 예컨대 기계장치가 50명의 노동자들을 해고하여 '자유롭게 처분 할 수 있도록' 만들었을 뿐만 아니라, 동시에 이 해고된 50명의 노동자들과 1,500£의 가치를 가지고 있는 생활수단과의 관계를 끝내 버림으로써 이 생활수단을 '대기시킨'다는 사실을 부정할 수 없다. 전혀 새롭지 않은 단순한 사실은 기계장치가 노동자들과 그들의 생활수단을 떼어놓았다는 것인데, 경제학적으로는 기계장치가 노동자들을 위한 생활수단을 대기시켜 놓았거나 노동자를 이용하기 위한 자본으로 변화시켜 놓았다는 식으로 말한다. 무엇이든 문제는 표현방식에 달려있다. 악한 것도 말하기에 따라서는 감추어지기 마련이다.

이 이론에 따르면 1,500£의 가치를 가진 생활수단은 해고된 50명의 벽지노동자들의 노동에 의해 증식된 자본이었다. 따라서 이 자본은 50명이 해고되자마자 할 일이 사라지며, 이 50명이 다시 이 자본을 생산적으로 소비할 수 있는 '투자처'를 찾을 때까지 이 자본은 쉴 틈이 없다. 따라서 자본과 노동은 조만간 다시 결합될 수밖에 없으며, 그렇게 되면 보상이 이루어지게 된다. 따라서 기계장치에 의해 쫓겨난 노동자의 고통은 이 세상의 부와 같이 일시적일 뿐이다.

1,500£에 달하는 생활수단은 해고당한 노동자들과 결코 자본으로 마주서지 않는다. 이들에게 자본으로 마주선 것은 이제는 기계장치로 변해버린 1,500£이다. 좀더 자세하게 살펴보면, 이 1,500£는 해고당한 50명의 노동자가 일 년 동안 생산한 벽지 가운데 일부분만을 나타내며, 그들은 이 부

분을 현물형태가 아니라 화폐형태의 임금으로 그들의 사용자에게 받았었다. 1,500£로 변한 벽지를 가지고 그들은 동일한 액수의 생활수단을 구매했었다. 따라서 그들에게 1,500£는 자본이 아니라 상품으로 존재했었다. 그리고 이 상품에 대해 해고당한 노동자들은 임금노동자가 아니라 구매자로 존재했었다. 기계장치가 그들을 구매수단으로부터 '떼어놓았다'는 상황이 그들을 구매자에서 비구매자로 변화시킨다. 따라서 그들이 구매하던 상품에 대한 수요가 줄어들었다. 더이상 말할 것도 없다. 이 줄어든 수요가 다른 방면에서의 증가된 수요에 의해 메워지지 않는다면, 이 상품의 시장가격은 하락한다. 이 상태가 대규모로 오랫동안 지속된다면, 이 상품의 생산에 고용된 노동자의 이동이 일어난다. 이전에 생활필수품을 생산했던 자본의 일부분은 다른 형태로 재생산된다. 시장가격이 하락하고 자본이 이동하는 동안에는 생필품의 생산에 고용된 노동자 역시 그의 임금 가운데 일부분을 받지 못할 것이다. 따라서 이 옹호자 양반들은 기계장치가 노동자를 생활수단으로부터 떼어놓음으로써 생활수단을 노동자를 고용하기 위한 자본으로 변화시킨다는 것을 증명하는 것이 아니라, 그 반대로 입증된 수요공급의 법칙을 이용하여 기계장치가 그것이 도입된 생산부문뿐만 아니라 도입되지 않은 생산부문에서도 노동자를 해고한다는 것을 증명하고 있는 것이다.

경제학적 낙관주의에 의해 왜곡된 사실은 다음과 같다. 기계장치에 의해 쫓겨난 노동자는 작업장에서 노동시장으로 내던져져, 이미 자본주의적 착취를 위해 마음대로 사용할 수 있는 노동력의 수를 증가시킨다. 여기에서 노동자계급에 대한 보상으로 우리에게 묘사되고 있는 기계장치의 영향은 그 반대로 노동자들에게 끔찍한 재앙이 된다는 사실을 우리는 7편에서 보게 될 것이다. 여기서는 단지 아래와 같은 사실만을 말해두겠다. 어떤 산업 부문에서 내던져진 노동자는 당연히 다른 부문에서 일자리를 찾을 수도 있다. 그들이 일자리를 찾아서, 그들과 더불어 방출되었던 생활수단과 다시 결합하더라도, 그것은 투자할 곳을 찾는 새로이 추가된 자본에 의해 이루어지지, 이미 그 이전부터 기능하고 있어 이제는 기계장치로 변해버린 자본을 통해 이루어지는 것이 결코 아니다. 설사 그렇게 되더라도 그들은 거의 희망이 없다! 분업으로 불구가 된 이 가엾은 녀석들은 종전에 그들이 일하던 영역 밖에서는 거의 가치가 없기 때문에, 단지 질이 낮아서 흔해빠진 저임금의 몇몇 노동부문에서만 일자리를 찾을 수 있다.[134] 게다가 각 산업부문은 해마다 새로운 인간의 물결을 흡수하는데, 이 인간물결은 정기적으로 빈자리에 인원을 보충하고 성장을 위한 인원을 조달한다. 기계장치가 지금까지 일정한 생산부문에 고용되었던 노동자들의 일부분을 해고시키면, 보충인력은 새로이 분할되어 각자 다른 노동부문으로 흡수되지만, 최초의 희생자들은 새로운 일자리를 찾는 동안 대부분 타락하고 쇠약해진다.

기계장치 자체가 노동자를 생활수단에서 '떼어놓는 것'에 대해 책임이 없다는 것은 의심의 여지가 없는 사실이다. 기계장치는 그것이 장악하는 부문에서 생산물의 가격을 떨어뜨리고 그 양을 증가시키지만, 일단은 다른 산업부문에서 생산되는 생활수단의 양을 변화시키지는 않는다. 따라

---

134) 이에 대해 한 리카도주의자는 세의 쓸데없는 주장을 반박하면서 다음과 같이 적고 있다. "분업이 발달해 있는 경우에는 노동자들의 숙련은 단지 그들이 그것을 습득한 특정한 분야에서만 사용 가능하다. 노동자 자신들은 일종의 기계이다. 따라서 사람들이 자신의 수준을 유지하려는 경향을 가지고 있다고 앵무새처럼 지껄여도 아무런 소용도 없다. 우리가 주위를 둘러보면, 사람들은 자신들의 수준을 오랫동안 유지할 수 없다는 것을 확인할 수밖에 없으며, 그 수준을 유지한다 하더라도 이 과정이 시작될 때보다 더 낮다는 것을 확인할 수밖에 없다."(《수요의 성질 등에 관계되는 원리에 관한 연구》, 런던, 1821, 72쪽)

서 연간 생산물 가운데 노동하지 않는 인간들이 낭비하는 엄청난 부분을 완전히 무시한다고 하더라도, 사회는 기계장치의 도입 후에도 그 이전과 마찬가지로 해고당한 노동자들을 위한 동일한 양이나 더 많은 양의 생활수단을 가지고 있다. 이것이 경제학적 옹호론의 요점이다! 이 옹호자에게 기계장치의 자본주의적 사용과는 분리될 수 없는 모순과 갈등은 존재하지 않는다. 이 모순과 갈등은 기계장치 자체로부터 생기지 않고, 기계장치의 자본주의적 사용으로부터 발생하기 때문이다! 기계장치는 그 자체로 살펴보면 노동시간을 단축하지만 자본주의적으로 사용되면 노동시간을 연장하며, 그 자체는 노동을 덜어주지만 자본주의적으로 사용되면 노동 강도를 강화하며, 자연력에 대한 인간의 승리이지만 자본주의적으로 사용되면 자연력을 통해 인간을 굴복시키며, 생산자의 부를 증대하지만 자본주의적으로 사용되면 그를 빈민으로 만든다고 본다. 때문에 부르주아 경제학자는 기계장치 그 자체를 살펴보면 앞에서 나열한 분명한 모순들은 일상적인 현실의 단순한 허상에 지나지 않지만 그 자체로든 이론적으로든 이 모순들은 전혀 존재하지 않는다는 확실한 증거를 제시했다고 단언한다. 따라서 그는 더이상 골머리를 앓는 것을 그만두고, 그의 적수가 어리석게도 기계장치의 자본주의적 사용이 아니라 기계 그 자체에 반대해 싸운다고 덮어씌운다.

부르주아 경제학자 역시 기계장치의 자본주의적 사용이 일시적인 폐단이 생길 수도 있다는 것을 결코 부정하지 않는다. 감춰진 면이 없는 일이 어디 있겠는가! 그에게는 기계장치를 자본주의적으로 사용하는 것 말고 그 어떤 다른 사용도 불가능하다. 따라서 기계가 노동자를 사용하는 것은 노동자가 기계를 사용하는 것과 똑같다. 이런 까닭에 기계의 자본주의적 사용의 실제상황에 대해 폭로하는 자는 기계장치의 사용을 절대로 원하지 않는 자이며, 사회적 진보의 적이다![135] 이 부르주아 경제학자의 논법은 목을 자르기로 유명한 빌 사이크스(찰스 디킨스의 소설 《올리버 트위스트》의 등장인물로 잔인한 강도이며 살인자 -옮긴이)의 그것과 똑같다.

"배심원 여러분, 물론 이 행상의 목은 잘렸습니다. 그러나 이 사실은 나의 죄가 아니라 칼의 죄입니다. 이러한 일시적인 불쾌한 일 때문에 칼을 사용하지 말아야 하겠습니까? 생각해보시오! 칼 없는 농업과 수공업이 어디에 있을 수 있겠습니까? 칼은 외과수술에서 병을 치료하고 해부학에서도 지식을 가져다주지 않습니까? 게다가 즐거운 식사에 있어서도 달가운 조수가 아닙니까? 배심원 여러분이 칼을 없앤다면, 이는 우리를 야만의 나락으로 내던지는 것입니다."[136]

기계장치는 그것이 도입되는 산업 부문에서 부득이하게 노동자들을 쫓아내지만, 그렇게 함으로써 다른 산업 부문에서는 고용을 증가시킬 수 있다. 그러나 이러한 기계장치의 작용은 소위 보상이론과는 아무런 공통점이 없다. 예를 들어 기계로 짠 1엘레의 직물과 같이 기계로 만든 모든 생산물은 자신에 의해 밀려난 손으로 만들어지는 같은 종류의 생산물보다 싸기

---

135) 이러한 주제넘고 덜떨어진 주장을 하는 명사들 가운데 대표적인 양반은 매컬럭이다. 예컨대 그는 8살 먹은 어린애처럼 소박한 척하면서 다음과 같이 말했다. "노동자의 숙련된 솜씨를 차츰 발전시켜, 그가 같은 양이나 더 적은 양의 노동으로 점점 더 많은 양의 상품을 생산할 수 있게 하는 것이 유익하다면, 이러한 성과를 달성하는데 가장 효과적인으로 조력자로서 노동자가 기계장치를 사용하는 것 역시 유익하지 않을 수 없다."(매컬럭,《정치경제학 원리》, 런던, 1830, 182쪽)

136) "방직기의 발명자는 인도를 파멸시켰지만, 그러나 그것은 우리에게 아무런 감동도 주지 않았다."(티에르,《소유권에 관하여》, 275쪽.) 이 경우에 티에르는 방적기와 역직기를 혼동하고 있으며, 우리에게 아무런 감동도 주지 않는다.

때문에 다음과 같은 절대적인 법칙이 나온다. 즉, 기계로 생산되는 상품의 총량이 그것에 의해 대체되는 수공업이나 매뉴팩처 방식으로 생산되는 상품의 총량과 같다면, 사용되는 노동의 총량은 감소한다는 법칙이다. 가령 기계장치나 석탄 등과 같은 노동수단 자체의 생산에 필요한 노동의 증가는 기계장치의 사용으로 인한 노동의 감소보다 더 적어야 한다. 그렇지 않다면 기계생산물은 손으로 만든 생산물과 가격이 같거나 더 비쌀 것이다. 그러나 더 적어진 수의 노동이 생산한 기계제품의 총량은 밀려난 수공업제품의 총량과 같지 않으며 실제로는 그것보다 훨씬 더 많아진다. 기계로 짠 400,000엘레의 직물이 손으로 짠 100,000엘레의 직물보다 더 적은 노동자에 의해 생산된다고 가정해보자. 4배로 증가된 생산물에는 4배 더 많은 원료가 포함되어 있다. 따라서 원료의 생산 역시 4배가 되어야 한다. 그러나 건물, 석탄, 기계 등과 같이 소모된 노동수단의 경우에는 다르다. 그것들의 생산에 필요한 추가노동이 증가할 수 있는 한계는 기계 생산물의 양과 동일한 수의 노동자가 생산할 수 있는 수공업 생산물의 양 사이의 차이에 따라 변동한다.

따라서 어떤 산업 부문에서 기계제 생산이 확대됨에 따라 우선 이 산업 부문에 원료를 공급하는 다른 부문에서의 생산이 증가한다. 이러한 생산의 증가로 고용 노동자의 수가 어느 정도 증가할지는, 노동일의 길이와 노동 강도가 일정하다면, 사용된 자본의 구성, 말하자면 자본을 구성하고 있는 불변부분과 가변부분 사이의 비율에 따라 정해진다. 그리고 이 비율 자체는 기계장치가 앞의 산업 부문을 이미 얼마나 장악했는지 또는 얼마나 장악해가고 있는가에 따라 현저하게 달라진다. 탄광이나 금속광산에서 일할 수밖에 없는 사람들의 수는, 최근 수십 년 사이에는 그 증가 속도가 새로운 기계장치가 광업에 사용됨으로써 둔화되었지만, 잉글랜드에서의 기계제의 발전과 더불어 엄청나게 증가했다.[137] 기계와 더불어 새로운 노동자 부류가 탄생했는데, 바로 기계생산자이다. 우리는 기계제 생산이 기계 생산부문 자체를 계속 더 큰 규모로 장악해 간다는 사실을 이미 알고 있다.[138] 또 원료에 관하여 말한다면,[139] 예컨대 면방적업의 질풍 같은 발전은 미국에서의 면화재배와 이에 필요한 아프리카의 노예무역을 빠르게 조장했을 뿐만 아니라, 흑인 사육을 소위 경계노예주(아메리카 내전 당시 연방에서 탈퇴를 선언하지 않고 남부에도 가입하지 않은 남부와 북부의 경계에 위치한 델라웨어, 켄터키, 메릴랜드, 미주리 등의 노예주를 말한다. -옮긴이)의 주요사업으로 만들었다는 사실에는 그 어떤 의문의 여지가 없다. 1790년 미국에서 처음으로 노예인구조사가 실시되었을 당시 노예의 수는 697,000명이었는데, 1861년에는 약 400만 명에 달했다. 그리고 이에 못지않은 분명한 사실은 기계양모공장의 번영이 경작지를 하나씩 양을 기르는 목장으로 바꾸었으며, 이와 동시에 농업노동자를 대규모로 몰아내어 그들을 '과잉상태'로 만들었다는 것이다. 아일랜드에서는 1845년 이후 거의 반으로 줄어든 인구

---

137) 1861년의 인구조사(2권, 런던, 1863)에 따르면 잉글랜드와 웨일스의 탄광에 고용된 노동자의 수는 246,613명에 달했다. 그 가운데 73,546은 20살 미만이고 173,067은 20살 이상이었다. 20미만의 부류에 속하는 노동자들 가운데 5-10세가 835명, 10-15세가 30,701명 그리고 15-19세가 42,101명이었다. 철, 구리, 아연, 주석 및 기타 금속광산의 고용자 수는 319,222명이었다.

138) 1861년 잉글랜드와 웨일스에서 기계류의 생산에 종사하는 60,807명에는 공장주와 그의 고용인과 더불어 이 분야의 모든 대리점 주인과 상인도 포함되어 있다. 이에 반하여 재봉틀 등과 같은 소규모 기계들의 생산자와 방추 등과 같은 작업 기계들에 쓰이는 도구의 생산자는 제외되어 있다. 토목기사의 수는 모두 3,329명이었다.

139) 철은 가장 중요한 원료 가운데 하나이기 때문에, 여기에서는 다음과 같은 점을 지적해두고자 한다. 1861년 잉글랜드와 웨일스의 제철공은 125,771명이었는데, 그 가운데 123,430은 남성이었으며, 2,341명은 여성이었다. 남성들 가운데 30,810명은 20세 미만이었으며, 92,620명은 20세 이상이었다.

를 아일랜드 지주와 잉글랜드 양모공장 주인의 요구에 정확하게 맞추어 더 줄이려는 과정이 이 순간에도 아직 진행되고 있다.

기계장치가 어떤 노동대상이 그 최종 형태에 이르기까지 통과해야 할 예비단계나 중간단계를 장악한다면, 이 기계제품에 들어가지만 아직도 수 공업방식이나 매뉴팩처 방식으로 생산되고 있는 작업장에서는 노동재료와 함께 노동에 대한 수요도 증가한다. 예를 들어 기계방적업이 실을 싸고 풍 부하게 공급하면, 수직공은 처음에는 비용을 늘리지 않고서도 하루 온종일 작업할 수 있었다. 따라서 그들의 수입은 증가했다.[140] 이런 까닭에 예컨대 잉글랜드에서는 제니, 트로슬 그리고 뮬이라는 3가지 방적기에 의해 탄생 한 800,000명의 면직공들이, 증기베틀에 의해 다시 내몰릴 때까지, 면방직 업으로 사람들이 유입되었다. 또한 기계로 생산된 옷감이 풍부해지자 재봉 틀이 나타날 때까지 남녀 재단사와 여성 바느질공의 수는 늘어났다.

기계제 생산이 상대적으로 적은 수의 노동자를 가지고 공급하는 원 료, 반제품, 노동도구 등의 양이 증가함에 따라, 이러한 원료와 반제품을 가공하는 일은 수많은 분야로 세분화되며, 이에 따라 사회적 생산부문도 더욱 다양해진다. 기계제 생산은 사회적 분업을 매뉴팩처와는 비교도 안될 만큼 촉진한다. 기계제 생산이 자신이 장악한 산업의 생산력을 비교도 할 수 없을 정도로 향상시키기 때문이다.

---

140) "4명의 성인(면직공)과 실을 감는 아동 2명으로 이루어진 가족이 지난 세기 말부터 금 세기 초에 걸쳐 하루 10시간 노동으로 매주 4£을 벌었다. … 일이 매우 급한 경우에는 그 들은 더 많이 벌 수 있었다. … 이전에 그들은 늘 실의 공급 부족에 시달렸다."(개스켈, 앞 의 책, 34-35쪽)

기계장치가 가져오는 다음 결과는 잉여가치와 동시에 잉여가치를 나타내는 생산물의 양, 즉 자본가 계급과 그 패거리가 먹어치우는 자산을 증가시켜 이 사회계층 자체를 증가시킨다. 이들의 부가 증가하고 생필품의 생산에 필요한 노동자 수가 상대적으로 계속 감소함에 따라 새로운 사치욕과 그것을 충족시키기 위한 새로운 수단이 만들어진다. 사회적 생산물 가운데 더 많은 부분이 잉여생산물로 변하며, 이 잉여생산물 가운데 더 많은 부분이 더 세련되고 다양한 형태로 재생산되고 소비된다. 다른 말로 하면 사치품의 생산이 증가한다.[141] 그리고 대공업이 만들어 낸 세계시장의 새로운 관계 역시 생산물을 세련되게 하고 다양화한다. 더 많은 외국산 사치품이 국내 생산물과 교환될 뿐만 아니라 더 많은 양의 외국산 원료, 재료, 반제품 등이 생산수단으로 국내 산업으로 유입된다. 이러한 세계시장과의 관계로 인해 운수업에서 노동에 대한 수요가 증가하고 운수업은 수많은 새로운 부문으로 세분화된다.[142]

노동자의 수는 상대적으로 감소하는데도, 생활수단과 생산수단은 증가하기 때문에, 그 생산물인 운하, 부두, 터널, 다리 등이 먼 미래에서야 성과를 가져오는 산업 부문에서 노동이 확대된다. 직접 기계장치를 토대로 하거나, 또는 이에 발맞춘 전반적인 산업혁명의 영향으로 전혀 새로운 생산 부문이 형성되고 이에 따라 새로운 노동 분야가 만들어진다. 그렇지만

---

141) 프리드리히 엥엘스는 《잉글랜드 노동자계급의 상태》에서 바로 이러한 사치품을 생산하는 노동자 대부분의 비참한 상태를 소개하고 있다. 이에 관해서는 《아동고용위원회》의 보고서에 새로운 증거자료가 많이 수록되어 있다.

142) 1861년 잉글랜드와 웨일스에서 해운업에 고용된 선원은 94,665명이었다.

이 새로운 부문이 총생산에서 차지하는 비율은 가장 발전된 나라에서조차 그리 크지 않다. 이들 부문에 고용되는 노동자의 수는 이 부문에서 재생산 되는 더없이 단순한 육체노동의 필요에 비례하여 증가한다. 이러한 종류 에 해당하는 주요 산업은 현재로서는 가스제조업, 전신산업, 사진산업, 증 기선산업 그리고 철도산업을 생각할 수 있다. 1861년의 인구조사(잉글랜드 와 웨일스)의 결과를 보면 가스산업(가스제조, 가스기계장치의 생산, 가스회사 대리점 등)에는 15,211명, 전신산업에는 2,399명, 사진산업에는 2,366명, 증 기선 서비스업에는 3,570 그리고 철도산업에 70,599명이 고용되어 있는데, 그 가운데 약 28,000명이 관리사원과 영업사원 그리고 일정기간 동안만 정 규직으로 고용된 '미숙련' 토목공사 노동자들이었다. 따라서 이 5개의 새로 운 산업에 고용된 사람들의 총수는 94,145명이다.

마지막으로, 대공업 부문에서 엄청나게 향상된 생산력은 나머지 모 든 생산 부문에서 그 강도나 범위에서 더 강화된 노동력의 착취를 가져오 는데, 이는 노동자계급 가운데 점점 더 많은 부분을 비생산적으로 사용하 는 것을 가능하게 한다. 따라서 일꾼, 하인, 하녀 등과 같은 지난날의 가내 노예가 '서비스 계급'이라는 이름하에 갈수록 대규모로 재생산된다. 1861 년의 인구조사에 따르면 잉글랜드와 웨일스의 총인구는 20,066,224명이었 는데, 그 가운데 9,776,259명이 남성이었으며 10,289,965명이 여성이었다. 이 가운데 일하기에 너무 늙었거나 너무 어린 사람들, 모든 '비생산적'인 여 성, 청소년 그리고 아동들, 그 다음에 정부관리, 성직자, 법률가, 군인 등과 같이 '이데올로기를 담당하는' 신분들, 지대, 이자 등의 형태로 남의 노동을 먹어치우기만 하는 모든 사람들, 마지막으로 극빈자, 부랑자, 범죄자 등을 모두 제외하고 나면 대강 800만 명의 남녀노소가 남는다. 여기에는 생산,

상업, 금융 등에서 이럭저럭 기능을 수행하고 있는 자본가들도 모두 포함 되어 있다. 이 800만 명은 다음과 같다.

농업노동자(양치기와 차지농장주의 집에 거주하는 일꾼과 하녀 포함)	1,098,261
면직, 양모, 소모사(우스티트), 아마, 대마, 비단, 황마공장과 기계로 양말과 레이스는 짜는 공장 취업자	646,607[143]
탄광 및 금속광산 취업자	565,835
금속공장(용광로와 압연공장)과 그 밖의 금속 매뉴팩처 취업자	396,998
서비스 계급	1,208,648

섬유공장 취업자 모두와 광부를 합하면 1,208,442명이 된다. 그리고 이들을 금속산업에 고용된 노동자 모두와 합하면 1,039,605명이다. 그리고 두 경우 모두 현대판 가내노예의 수보다 적다. 기계장치의 자본주의적 사용이 가져온 결과가 얼마나 고무적인가?

---

143) 이들 가운데 13세 이상의 남성은 177,596명에 불과하다.

7절
기계제 생산의 발전에 따른 노동자들의 축출과 흡수
-면공업의 공황

정신이 온전한 정치경제학의 대표적인 인물이라면 누구나 기계장치의 새로운 도입이 그것이 맨 처음 경쟁한 전통적인 수공업과 매뉴팩처의 노동자들에게 치명적인 영향을 끼친다는 점을 인정한다. 이들 가운데 거의 모두가 공장노동자의 노예 상태를 개탄한다. 그런데 그들이 내놓은 비장의 카드는 무엇인가? 기계장치가 도입되고 확산되는 공포의 시기가 지나고 나면, 그것은 결국에는 노동노예를 감소시키지 않고 증가시킨다! 그렇다. 정치경제학은 이미 기계제 생산에 기초하고 있는 공장에서조차 일정한 성장기와 어느 정도의 과도기를 거친 후에는 그것이 처음에 해고한 노동자보다 더 많은 노동자를 혹사시킨다는(해고노동자보다 신규 고용노동자가 더 많다는 -옮긴이), 자본주의적 생산방식이 필연적으로 영원히 지속된다고 믿는 '박애주의자'에게조차 혐오스러운 이론을 내세우면서 환호하고 있다![144]

---

144) 이와 반대로 가닐은 노동노예 수의 절대적 감소를 기계제 생산의 최종 결과로 간주하고 있으며, 이들의 희생으로 수가 늘어난 '신사 양반'들이 먹고 살면서 그 유명한 '더이상 개선할 것이 없는 완전성'을 발전시킨다고 생각한다. 그는 생산의 운동을 거의 이해하지 못했지만, 기계장치의 도입이 일하고 있는 노동자를 극빈자로 만드는 반면에 기계장치의 확산이 그것이 해고한 것보다 더 많은 노동노예를 만들어낸다면, 기계장치는 매우 불길한 시설이라는 사실은 적어도 느끼고 있었다. 그의 관점이 얼마나 바보스러운지는 그의 말로 잘 표현할 수 있다. "생산하면서 소비하도록 저주받은 계급은 줄어들고, 노동을 지도하고, 모든 주민들을 구제하고, 위안을 주고 안목을 가져다주며, … 노동비용의 감소, 상품의 풍요로움과 소비재의 낮은 가격이 가져다주는 모든 이익을 독차지하는 계급은 증가한다. 이들의 지도하에 인류는 천재가 만든 최고의 창조물로까지 자신을 끌어올리고, 종교의 신비스러운 심연에 도달하며, 도덕의 건전한 원칙들(그것은 '모든 이익을 독차지하는 데' 있다)과 자유('생산하도록 저주 받은 계급'을 위한 자유?)와 권력, 복종과 정의, 의무와 인간성의 보

예를 들어 잉글랜드의 우스티드공장과 견직공장의 몇 가지 실례에서 이미 볼 수 있는 것처럼, 공장 부문의 지나친 확산은 일정한 발전 단계에서는 사용되는 노동자의 수를 상대적으로뿐만 아니라 절대적으로도 감소시킬 수 있다. 1860년 의회의 명령으로 영국의 모든 공장에 대한 특별인구조사가 실시되었을 당시, 랭커셔, 체셔 그리고 요크셔의 공장지역 가운데 공장감독관 베이커에게 할당된 곳에는 652개의 공장이 있었다. 그 가운데 570개가 증기베틀 85,622대, 방추(연사방추는 제외) 6,819,146개, 27,439의 마력을 가진 증기기관과 1,390의 마력을 가진 수차를 보유하고 있었으며, 취업자는 94,119명이었다. 그런데 1865년에는 이들 공장은 베틀 95,163개, 방추 7,025,031개, 28,925마력을 가진 증기기관, 1,445마력을 가진 수차를 이용해 88,913명을 고용하고 있었다. 따라서 1860년에서 1865년까지 이들 공장에서는 증기베틀이 11%, 방추가 3%, 증기마력은 5% 증가했는데, 같은 기간에 취업자 수는 5.5% 감소했다.[145] 1852년과 1862년 사이에 잉글랜드의 양모 제조가 상당히 증가했는데 사용된 노동자의 수는 거의 변하지 않았다.

"이러한 사실은 새로 도입된 기계장치가 그 이전 시기의 노동을 얼마나 많이 쫓아내었는지를 보여준다."[146]

호호기 위한 법칙을 세운다." 이 알아듣기 힘든 말은 가닐의 《정치경제학 체계》, 2판, 파리, 1821, 1권, 224쪽에 있다. 같은 책 212쪽을 참조하라.
145) 《공장감독관 보고서》, 1865년 10월 31일, 58쪽 이하. 그러나 동시에 더 많은 수의 노동자를 고용하기 위한 물적 토대, 즉 11,625개의 증기베틀, 625,576개의 방추 그리고 2,695마력의 증기력과 수력을 갖춘 110개의 새로운 공장들이 이미 마련되어 있었다. (같은 보고서)
146) 《공장감독관 보고서》, 1862년 10월 31일, 79쪽. 2판에 추가. 1871년 12월 말 공장감

경험적으로 주어진 경우에서는 고용된 공장노동자들의 증가는 흔히 허구적인 현상일 뿐이다. 이 증가는 이미 기계제 생산을 토대로 하는 공장의 확대가 아니라 곁에 딸린 연관 부문을 점차로 통합함으로써 이루어졌다. 예를 들어 1838-1858년에 이루어진 역직기 수의 증가와 그로 말미암아 고용된 공장노동자 수의 증가는 (영국의) 면직공장에서는 단순히 이 부문의 확대에 의한 것인데 반하여, 다른 공장에서 이전에 인간의 근력에 의해 작동되던 융단베틀, 리본베틀 그리고 아마베틀에는 새로운 증기력이 사용되었기 때문이었다.[147] 따라서 이 시기의 공장노동자의 증가는 고용된 노동자 총수가 감소했다는 점을 나타내고 있을 뿐이다. 그리고 마지막으로 특별인구조사에서는, 금속공장을 제외하면, 모든 공장에서 청소년(18세 미만) 노동자, 여성 그리고 아동이 공장 종업원의 거의 대부분이었다는 사실은 전혀 언급되지 않고 있다.

그러나 기계제 생산에 의해 실제로 쫓겨났거나 대체될 가능성이 있는 노동자 대중이 있어도, 같은 종류의 공장 수의 증가나 이미 존재하는 공장규모의 확대로 인해 기계제 생산 자체가 성장함에 따라 공장노동자가 그들 때문에 쫓겨난 매뉴팩처 노동자나 수공업자보다 많을 수도 있다고 이해

독관 레드그레이브는 브래드퍼드의 '신기계학회' 강연에서 다음과 같이 말했다. "몇 년 전부터 나를 놀라게 한 것은 양모공장의 변화된 모습이었다. 이전에 이곳은 여성과 아동으로 넘쳐났지만, 이제는 기계장치가 모든 일을 다 하는 것처럼 보인다. 내 의문에 대해 한 공장주는, 이전 시스템에서 나는 63명을 고용했는데, 개량된 기계장치를 도입한 후에는 일손을 33명으로 줄였으며, 더 최근의 새로운 커다란 변화 덕분에 33명을 13명으로 줄일 수 있게 되었다고 설명했다."

147) 《공장감독관 보고서》, 1856년 10월 31일, 16쪽.

할 수 있다. 예를 들어 매주 500£을 사용하는 자본이 낡은 생산방식에서는 ⅖의 불변부분과 ⅗의 가변부분으로 구성되었다고 하자. 즉 200£는 생산수단에 투하되고 300£는 노동력에, 예를 들어 노동자 1명당 1£씩 투하되고 있다고 하자. 기계제 생산의 도입으로 총자본의 구성은 변한다. 이제 자본은 예컨대 ⅘는 불변부분으로 그리고 ⅕은 가변부분으로 분할된다고 가정하자. 즉 이제는 단 100£만이 노동력에 투하되어, 이전에 고용되었던 노동자들 가운데 ⅔가 해고된다. 이러한 공장생산이 확산되고, 동일한 생산조건 하에서 사용되는 총자본이 500에서 1,500으로 증가한다면, 이제 300명의 노동자가 고용되어 상황은 산업혁명 이전 시기와 같아진다. 사용되는 자본이 2,000으로 더 증가하면, 400명의 노동자들이 고용되어 낡은 생산방식보다 ⅓ 증가한다. 사용되는 노동자의 수는 절대적으로는 100명이 증가했지만, 상대적으로는 투하된 총자본에 비해서는 800명 감소했다. 2,000£의 자본은 낡은 생산방식에서는 400명 대신에 1,200명의 노동자를 고용했을 것이기 때문이다. 따라서 고용된 노동자 수는 상대적으로는 감소하는 동시에 절대적으로는 증가한다. 우리는 앞에서 총자본이 증가함에도 생산조건이 변하지 않기 때문에 총자본의 구성 역시 변하지 않는다고 가정했다. 그러나 우리는 기계제가 발전함에 따라 기계장치나 원료 등으로 구성되는 자본의 불변부분은 증가하는 반면에 노동력으로 투하되는 가변부분은 감소한다는 사실을 이미 알고 있다. 동시에 우리는 기계의 개량이 끊임없이 이루어지고, 그 때문에 총자본의 구성이 계속 변하는 생산방식은 기계제 외에는 없다는 것을 이미 알고 있다. 그러나 이 끊임없는 변화는 휴지기나 기존의 기술적 토대 위에서 단지 양적인 확산으로 인해 끊임없이 중단된다. 이 경우 고용 노동자의 수는 증가한다. 그래서 영국의 면직·모직·우스티드·아마·견직공장의 노동자의 총수는 1835년에는 354,684명에 불과했지만, 1861년에는 증기직공(8세 이상의 남녀노소)의 수만도 230,654명에 달했다. 물론 이러한 증가는, 아시아와 유럽 대륙에서 쫓겨난 수면직공을 완전히 무시하여도, 영국 수면직공의 수가 그들과 함께 일하던 가족들을 포함하면 1838년에도 여전히 800,00명을 헤아리고 있었다는 것을 고려하면,[148] 그리 대단한 수치는 아니다.

이 점에 대해 좀 더 말하고 싶은 것은, 우리의 이론적인 서술 자체가 아직 다루지 않은 순전한 사실 관계이다.

어떤 산업 부문에서 기계제 생산이 전통적인 수공업과 매뉴팩처의 희생 하에 확산된다면, 그 결과는 마치 총으로 무장한 군대가 활로 무장한 군대에 대항하여 싸운 경우처럼 뻔하다. 기계가 처음으로 그 작용 범위를 장악해가는 이 최초의 시기는 기계의 도움으로 생산되는 엄청난 이윤 때문에 결정적으로 중요하다. 이 이윤 자체가 축적을 가속화하는 원천이 될 뿐만 아니라, 끊임없이 새로 형성되어 새로운 투자처를 찾으려고 노력하는 사회적 추가 자본의 대부분도 이 이익이 되는 생산 영역으로 몰려든다. 질풍노도 첫 시기의 특별한 돈벌이는 기계장치가 새로이 도입되는 생산 부문에서 계속 반복된다. 그러나 공장제가 어느 정도 확산되고 일정한 성숙단계에 도달하면, 특히 공장제의 기술적 토대인 기계장치 또한 기계에 의해 생산되면 그리고 석탄과 철의 채굴과 금속의 가공 그리고 운송수단이 혁명

---

148) "(면직물과 면혼방을 짜는)수직공의 고통이 왕립위원회의 조사 대상이었다. 그러나 그들의 곤궁이 인정되고 유감으로 생각되긴 했지만 그들 상태의 개선(!)은 우연과 시대의 변화에 떠넘겨졌다. 그리고 이 불행이 이제(20년 후에!) 거의 사라지기를 바라고 있는데, 십중팔구는 현재 진행 중인 증기베틀의 커다란 확산이 이에 기여하고 있다고 생각된다."(《공장감독관 보고서》, 1856년 10월 31일, 15쪽)

적으로 변하면, 즉 대공업에 알맞은 일반적인 생산조건이 만들어지면, 이러한 기계제 생산방식은 원료와 판매시장만이 억제할 수 있는 탄력성, 즉 돌발적으로 비약적인 팽창력을 획득한다. 그런데 기계장치는 한편으로는, 예컨대 조면기가 면화생산을 증대한 것처럼, 원료의 직접적인 증가를 가져온다.[149] 다른 한편으로 기계생산물의 저렴한 가격과 변혁된 운송수단과 통신수단은 외국시장을 정복하기 위한 무기가 된다. 외국시장의 수공업 생산물을 몰락시킴으로써 기계제 생산은 외국시장을 강제적으로 기계제 생산을 위한 원료경작지로 바꾸어버린다. 이리하여 동인도는 그레이트브리튼을 위한 면화, 양모, 대마, 황마 그리고 인디고(남색 염료) 등을 생산하도록 강요당했다.[150] 대공업 국가에서의 지속적인 노동자의 '과잉화'는 해외 이민과 다른 나라의 식민지화를 촉진하는데, 이 나라들은 예컨대 오스트레일리아가 양모의 생산지가 된 것처럼 식민지 본국을 위한 원료생산지로 변한다.[151] 기계제 생산의 본거지에 알맞은 새로운 국제 분업이 형성되고, 이러한 국제 분업은 지구의 한 부분을 주로 공업생산지인 다른 부분을 위한 농업을 주로 하는 생산지로 바꾸어버린다. 이러한 혁명은 농업에서의 변혁들과 관계가 있는데 이에 대해서는 여기서는 아직 자세하게 논하지 않기로

---

149) 기계장치가 원료의 생산에 영향을 주는 다른 방법에 관해서는 3권에서 언급될 것이다.

150) 그레이트브리튼으로 수출

(단위: 파운드)

	1846	1860	1865
동인도 면화	34,540,143	204,141,168	445,947,600
동인도 양모	4,570,581	20,214,173	20,679,111

151) 희망봉과 오스트레일리아로부터 양모 수출

(단위: 파운드)

희망봉 양모	2,958,457	16,574,345	29,920,623
오스트레일리아양모	21,789,346	59,166,616	109,734,261

한다.[152]

　　1867년 2월 18일 하원은 글래드스턴의 제안에 따라 1831-1866년 동안 영국으로 수입되고 영국에서 수출된 모든 종류의 곡류, 즉 곡식과 곡식가루에 대한 수출입 통계를 작성하도록 지시했다. 나는 이 통계조사의 요약된 결과를 아래와 같이 보여주겠다. 곡식가루는 쿼터 단위의 곡식으로 환산되었다.

---

152) 미국의 경제 발전은 그 자체가 유럽, 보다 정확하게 말하면 잉글랜드 대공업의 산물이었다. 미국의 현재 모습(1866)을 보면 미국은 아직도 유럽의 식민지국가로 간주될 수밖에 없다. (엥엘스에 의해 추가된 4판 주석. 그 이후로 미국은 그 식민지 성격을 완전히 벗어버리지 않은 채 세계에서 두 번째 공업국으로 발전했다.)

미국으로부터 그레이트브리튼으로 면화 수출　　　　　　　　　　(단위: 파운드)

1846	401,949,393
1852	765,630,544
1859	961,707,264
1860	1,115,890,608

미국에서 그레이트브리튼으로 곡식 수출　　　　　　　　　　(단위: 100파운드)

	1850	1862
밀	16,202,312	41,033,503
보리	3,669,653	6,624,800
귀리	3,174,801	4,426,994
호밀	388,749	7,108
밀가루	3,819,440	7,207,113
메밀	1,054	19,571
옥수수	5,473,161	11,694,818
비어 또는 빅(보리의 일종)	2,039	7,675
완두콩	811,620	1,024,722
두류	1,822,972	2,037,137
총수입	35,365,801	74,083,441

	1831-35	1836-40	1841-45	1846-50	1851-55	1856-60	1861-65	1866
연평균 수입	1,093,373	2,389,729	2,843,865	8,776,552	8,345,237	10,913,612	15,009,871	16,457,340
연평균 수출	225,263	251,770	139,056	155,461	307,491	341,150	302,754	216,218
수입초과	871,110	2,137,959	2,704,809	8,621,091	8,037,746	10,572,462	14,707,117	26,241,122
연평균 인구	24,621,107	25,929,507	27,262,569	27,797,598	27,572,923	28,391,544	29,381,460	29,935,404
국내생산을 초과하는 일인당 소비량	0.036	0.082	0.099	0.310	0.291	0.372	0.501	0.543

5년간의 평균치와 1866년 (단위: 쿼터)

　　공장제의 엄청난 규모로의 확산 가능성과 세계 시장에 대한 그 의존성은 필연적으로 열광적인 생산과 그에 따른 시장에서의 과잉공급을 야기하며, 시장의 축소는 생산을 마비시킨다. 산업의 생애는 중간 정도의 활황기, 호황기, 과잉생산, 공황, 침체기라는 순서로 변한다. 기계제 생산은 노동자의 고용과 생활 상태를 불확실하고 불안정하게 만드는데, 이것은 산업 순환의 주기변동에 따라 변하는 일상적 현상이 된다. 호황기를 제하면 자본가들 사이에 시장에서의 그들 각자의 몫을 둘러싼 격렬한 투쟁이 벌어진다. 이 몫의 크기는 생산물의 가격이 얼마나 싼가에 비례한다. 이런 까닭에 노동력을 대체하는 개량된 기계장치와 새로운 생산방식을 사용하고자 하는 경쟁이 야기될 뿐만 아니라, 노동력의 가치 이하로 임금을 강제적으로 압박함으로써 상품의 가격을 낮추려는 시점이 언제든지 나타난다.[153]

153) 1866년 6월 레스터 제화공장주들의 '공장폐쇄'로 해고된 노동자들이 '잉글랜드 노동협회'에 보낸 호소문에는 다음과 같이 쓰여 있다. "약 20년 전부터 바느질 대신에 대갈못을 박는 방식이 도입됨으로써 레스터의 제화업은 혁신되었다. 그 당시만 해도 우리는 괜찮은 임금을 받을 수 있었다. 머지않아 이 새로운 작업 방식은 널리 확산되었다. 가장 맵시 있는 제품을 공급할 수 있는 여러 회사들 간에 커다란 경쟁이 벌어졌다. 그러나 얼마 지나지 않아 나쁜 종류의 경쟁, 즉 시장에서 상대방보다 싸게 팔려는 경쟁이 시작되었다. 곧바로 임금 인하라는 해로운 결과가 나타났으며, 노동자의 가격은 매우 급속하게 하락하여 많은 회

이런 까닭에 공장노동자의 수가 증가하려면 공장에 투자되는 총자본이 그보다 훨씬 더 빨리 증가해야 한다. 그러나 이러한 과정은 산업순환의 호황기와 불황기 동안에만 일어난다. 게다가 공장노동자 수의 증가는 노동자를 잠재적으로 대체하거나 실제로 쫓아내는 기술 진보에 의해 끊임없이 중단된다. 이러한 기계제 생산에서의 질적인 변화는 노동자를 공장에서 끊임없이 쫓아내거나 신참에게 문을 닫아버리지만, 공장의 단순한 양적 확산은 쫓겨난 노동자뿐만 아니라 신참의 일부까지 집어삼킨다. 이렇게 노동자들은 지속적으로 축출되었다가 흡수되며, 이리저리 내몰리며, 그리고 이 과정에서 모집되는 노동자의 성별이나 나이 그리고 숙련도는 끊임없이 변한다.

공장노동자의 운명은 잉글랜드 면공업의 운명을 들여다보면 가장 잘 알 수 있다.

1770년부터 1815년까지 면공업은 5년간의 불황이나 침체기를 겪었다. 처음 45년간 잉글랜드의 공장주들은 기계장치와 세계시장을 독점하

사들이 이제는 원래 임금의 절반만을 지불하고 있다. 임금이 계속 낮아지고 있음에도, 이윤은 임금의 변동이 있을 때마다 증가하는 것처럼 보인다." 공장주는 지나친 임금 인하, 즉 노동자의 생활필수품을 직접 도둑질함으로써 특별이윤을 얻기 위해 산업의 불황기조차 이용한다. 이에 대한 한 가지 예를 들어보자. 코번트리의 견직업 공황에 관한 이야기이다. "내가 공장주인과 노동자에게서 받은 증거에 따르면, 임금이 외국 생산자와의 경쟁이나 다른 상황이 요구하는 것보다 훨씬 더 인하되었다는 사실은 의심의 여지가 없다. 직공의 대다수는 30%에서 40% 인하된 임금을 받고 일한다. 5년 전에 직공은 리본 한 필에 6-7실링을 받았는데, 지금은 겨우 그에게 3실링 3펜스나 3실링 6펜스를 가져다준다. 전에는 4실링이나 4실링 3펜스가 지불되던 다른 노동은 이제 2실링이나 2실링 3펜스밖에 받지 못한다. 임금은 수요를 자극하는 데 필요한 것보다 훨씬 더 인하되었다. 사실 많은 종류의 리본 생산에서 임금 인하가 제품 가격의 인하를 가져온 적은 단 한 번도 없었다."(《아동고용 조사위원회 5차 보고서》, 1866, 114쪽, 1번, 론지 위원의 보고)

고 있었다. 1815년부터 1821년까지의 불황, 1822년부터 1823년까지의 호황, 1824년 단결금지법의 철폐, 공장의 전반적인 대확장, 1825년의 공황, 1826년 면직노동자들의 궁핍과 봉기, 1827년 약간의 회복, 1828년 증기베틀과 수출의 커다란 증가, 1829년 수출이 정점에 달함. 특히 동인도로의 수출은 그 유례가 없었음. 1830년 시장에서의 공급과잉, 커다란 위기, 1831년부터 1833년까지 지속적인 불황, 동인도회사의 동아시아(인도와 중국) 무역독점권 철회, 1834년 공장과 기계장치의 커다란 증가, 일손의 부족, 새로운 빈민구제법이 농업노동자의 공장지역으로의 이주를 촉진. 농촌 지역 아동의 싹쓸이, 백인노예 매매. 1835년 대호황과 동시에 수면직공들의 아사. 1836년 대호황. 1837년과 1838년 불황과 공황. 1839년 경기회복. 1840년 대불황, 봉기, 군대의 개입. 1841년과 1842년 공장노동자들의 혹독한 궁핍. 1842년 공장주들이 곡물법의 폐지를 강요하기 위해 공장에서 노동자들을 축출. 노동자들은 수천 명씩 요크셔로 몰려갔으나 군대에 의해 도로 쫓겨났으며, 그들의 지도자는 랭커스터에서 재판에 회부됨. 1843년 극심한 궁핍. 1844년 경기회복. 1845년 대호황. 1846년의 초기에는 지속적인 호황, 그 후에는 반대 징후. 곡물법의 폐지. 1847년 공황. '큰 빵 덩어리'를 축하하기 위해 10% 내지 그 이상의 전반적인 임금 삭감. 1848년 지속적인 불황. 군대 보호 하의 맨체스터, 1849년 경기회복. 1850년 호황. 1851년 상품가격의 하락, 낮은 임금, 빈번한 파업. 1852년 개선의 시작. 파업의 지속, 공장주들이 외국 노동자를 수입하겠다고 위협. 1853년 수출의 증가. 프레스턴에서 8달에 걸친 파업과 커다란 궁핍. 1854년 호황, 시장에서의 공급과잉. 1855년 미국, 캐나다, 동아시아 시장들로부터 파산에 관한 소식 쇄도. 1856년 대호황. 1857년 공황. 1858년 회복. 1859년 대호황, 공장의 증가. 1860년 잉글랜드 면공업의 절정기. 인도, 오스트레일리아 그리고 다른 시장들은 공급 과잉으로 1863년에도 재고품을 모두 흡수할 수 없을 정도. 프랑스와의 통상조약. 공장과 기계장치의 엄청난 증가. 1861년 호황이 얼마간 지속된 후 그 반대 방향으로 선회, 아메리카 내전, 면화 기근. 1862년부터 1863년까지 완전한 붕괴.

면화 기근의 역사는 매우 특색 있기 때문에 잠시 머무르지 않을 수 없다. 1860에서 1861년까지의 세계시장의 상황에서 짐작할 수 있듯이 면화 기근은 적당한 시기에 공장주들에게 닥쳐왔고 어느 정도 그들에게 유리했음을 알 수 있다. 맨체스터 상업회의소의 보고서에서 인정되고, 의회에서는 파머스턴과 더비에 의해 알려진 이 사실은 다른 사건들에 의해서도 확인되었다.[154] 물론 1861년에는 2,887개의 영국의 면직공장들 가운데 소규모 공장도 많았다.

이 가운데 2,109개가 공장감독관 레드그레이브의 관할구역에 포함되어 있었다. 그의 보고서에 따르면, 그 가운데 19%인 392개는 겨우 10증기 마력 이하를 사용하고 있었으며, 16%인 345개는 10-20마력을, 나머지 1,372개는 30마력 이상을 사용하고 있었다.[155] 소규모 공장의 대다수는 직물공장이었는데, 1858년 이후의 호황기에 주로 투기꾼들에 의해 설립되었다. 이들 가운데 한 사람은 실을, 다른 사람은 기계장치를 또 다른 사람은 건물을 제공했고, 공장은 전직 감독관들과 그 밖에 자금을 댈 수 없는 사람들에 의해 경영되었다. 이 소규모 공장의 주인은 대부분 몰락했다. 그들은

---

154) 《공장감독관 보고서》, 1862년 10월 31일, 30쪽을 참조하라.
155) 같은 보고서, 18-19쪽.

면화 기근이 없었다면 발생했을 상업 공황에 의해서도 동일한 운명에 처했을 것이다. 이 소규모 공장은 전체 공장 수의 ⅓이었지만, 이들이 면공업에 투하된 자본 가운데 차지하는 부분은 그 수와는 비교도 안될 만큼 적었다. 생산이 멈춘 공장의 규모에 대한 믿을 만한 추측에 따르면 1862년 10월 방추의 60.3%, 베틀의 58%가 멈추었다. 이 수치는 면공업 전체에 관한 것이었기 때문에, 지방에 따라 당연히 커다란 차이가 있었다. 매우 적은 수의 공장만이 풀타임(주당 60시간)으로 작업했으며, 나머지 공장들은 간헐적으로 작업했다. 양질의 면화가 저질의 면화로, 즉 아메리카 산 시아일랜드Sea Island 면화가 이집트 산 면화로(가는 실 방적), 이들 면화가 동인도 산 수라트 면화로 그리고 순수한 면이 면화 부스러기와 수라트 면화의 혼합물로 교체되었기 때문에, 통상 개수임금으로 풀타임을 일하는 얼마 안 되는 노동자들조차 어쩔 수 없이 주급이 깎일 수밖에 없었다. 섬유가 짧고 더러운 수라트 면화의 사용, 섬유가 잘 끊어지고, 날실에 풀을 먹이는 데 곡식가루 대신 더 무거운 종류의 성분을 사용함으로써 기계장치의 속도가 줄어들고 한 직공이 감시하는 베틀의 수가 감소했으며, 기계의 오류를 바로잡는 작업이 증가했기 때문에 생산량과 더불어 개수임금도 줄어들었다. 수라트 면화를 사용하여 풀타임으로 일하는 경우에는 노동자의 손실이 20%, 30% 또는 그 이상에 달했다. 그러나 공장주의 대다수는 오히려 개수 당 임금률을 5%, 7½% 그리고 10% 인하했다. 따라서 일주일에 불과 3일, 3½일, 4일 또는 하루에 단 6시간만 일하는 노동자의 상태를 미루어 파악할 수 있다. 경기가 이미 회복기로 들어선 1863년 이후에도 방직공, 방적공 등의 주급은 3실링 4펜스, 3실링 10펜스, 4실링 6펜스, 5실링 1펜스 등이었다.[156] 이런 매

---

156) 《공장감독관 보고서》, 1863년 10월 31일, 41-45, 51쪽.

우 고통스러운 상황에서도 무엇이든 날조하여 임금을 인하하려는 공장주들의 생각은 멈추지 않았다. 어떤 때는 면화의 질이 나쁘고 기계장치에 맞지 않아 생긴 제품의 결함에 대한 벌로써 임금이 삭감되었다. 공장주가 노동자가 거주하는 오두막의 소유주인 경우에는 명목임금에서 공제하는 방식으로 집세로 받아냈다. 공장감독관 레드그레이브는 자동 뮬 방직기 감시공(한 쌍의 자동 뮬 방직기를 감시했다)에 대해 다음과 같이 말하고 있다.

"그들은 14일간의 풀타임 노동을 마치면 8실링 11펜스를 벌었는데, 이 가운데 4실링이 집세로 공제되었고, 공장주는 그 절반인 2실링을 선물로 되돌려주었다. 따라서 감시공들은 6실링 11펜스를 집으로 가져갈 수 있었다. 1862년 하반기에 직공의 주급은 2실링 6펜스를 최저로 하여 등급이 매겨져 있었다."[157]

노동자가 단지 짧은 시간만 일하는 경우에도 집세는 흔히 임금에서 공제되었다.[158] 랭커셔의 곳곳에서 일종의 굶주림으로 인한 질병이 발생한 것도 놀라운 일이 아니다! 그러나 이 모든 것보다 눈에 띄는 특징은 생산과정의 혁명이 노동자의 희생하에 일어났다는 점이다. 이것이야 말로 해부학자가 개구리를 가지고 행하는 것과 같은 무가치한 생명체에 대한 진정한 실험이었다. 공장감독관 레드그레이브는 다음과 같이 말하고 있다.

"내가 보여준 것은 몇몇 공장에서 노동자가 받는 실질소득이었지만,

---

157) 《공장감독관 보고서》, 1863년 10월 31일, 41-42쪽.
158) 같은 보고서, 57쪽.

그들이 매주 같은 금액을 받는다는 결론을 내려서는 안 된다. 그들의 임금은 공장주들이 끊임없이 행하는 실험 때문에 크게 변동하고 있다. … 그들의 수입은 혼합 면화의 질에 따라 오르고 내린다. 그것은 때로는 기존 수입의 15%에 근접하기도 하고, 바로 다음 주나 2주 후에는 50-60%나 하락하기도 한다."[159]

이러한 실험은 노동자들의 생활수단의 희생하에 진행되었을 뿐만 아니라, 다섯 개의 감각기관까지도 대가를 치러야 했다.

"면화 꾸러미를 푸는 데 종사하는 노동자들은 참을 수 없는 악취 때문에 구역질이 난다고 나에게 알려주었다. … 면화를 혼합하거나 빗질하는 작업실 그리고 불순물을 거르는 작업실에서는 면화에서 떨어져나온 먼지와 오물이 입, 코, 눈 귀 등을 자극하여 기침과 호흡 곤란을 일으킨다. … 섬유가 짧기 때문에 실에 풀을 먹이는 데에도 더 많은 양의 물질, 이전에 쓰던 곡식가루 대신에 각가지 대용물이 첨가된다. 이는 직공들에게 구토와 소화불량을 야기한다. 먼지 때문에 기관지염과 후두염, 게다가 수라트 면화에 포함된 오물이 피부를 자극하기 때문에 피부질환이 만연하고 있다."

다른 한편 곡식가루의 대용물은 공장주인 양반들에게는 실의 무게를 늘려주었기 때문에 포르투나투스Fortunatus(1509년 간행된 작가 미상의 독일의 민중문학. 주인공 포르투나투스가 가진 지갑은 필요할 때마다 돈을 자동으로 만들어냄 -옮긴이)의 돈지갑처럼 계속 돈을 만들어내었다. 그 대용물은 '15파운

---

159) 같은 보고서, 50-51쪽.

드의 원료를 가지고 20파운드가 나가는 직물을 짜냈다.'[160] 1864년 4월 30일자 공장감독관 보고서에는 다음과 같은 글을 읽을 수 있다.

"이 산업은 현재 진짜 믿을 수 없을 정도로 이 보조재를 사용하고 있다. 믿을 만한 권위자로부터 나는 8파운드의 천은 5¼파운드의 면화와 2¾파운드의 풀로 만들어진다는 사실을 알게 되었다. 또 다른 5¼파운드의 천에는 2파운드의 풀이 포함되어 있다. 이것은 수출용으로 만들어진 보통의 셔츠용 옷감이었다. 다른 종류의 천에는 이따금 50%의 풀이 첨가되었으며, 따라서 공장주들은 명목상 천에 포함되어 있는 실의 비용보다 더 낮은 가격에 천을 팔고도 부자가 될 수 있다고 자랑할 수 있을 테고 또 실제로도 자랑하고 있다."[161]

그러나 노동자들은 공장에서는 공장주인들의 실험 그리고 공장 밖에서는 지방자치 당국의 실험 대상으로서 임금삭감과 실업, 궁핍과 구호품, 상원과 하원의 찬사를 받는 등의 고통만을 당한 것이 아니었다.

"면화 기근으로 인해 일자리를 잃은 불행한 여성들은 사회에서 버림받은 인간쓰레기 상태이며 또 그렇게 남아 있을 것이다. … 젊은 매춘부들의 수는 최근 25년 동안 증가한 것보다 더 많이 증가했다."[162]

---

160) 같은 보고서, 62-63쪽.

161) 《공장감독관 보고서》, 1864년 4월 30일, 27쪽.

162) 《공장감독관 보고서》, 1866년 10월 31일, 61-62쪽. 볼턴의 경찰서장 해리의 편지 중에서.

그러므로 영국 면공업의 최초의 45년, 즉 1770년부터 1815년까지는 단 5년간의 공황과 불경기가 있는데, 이 45년이 영국 면공업이 세계시장을 독점한 기간이었다. 그 다음 시기인 1815년부터 1863년까지의 48년간에는 공황과 불경기가 28년이었으며 경기회복과 호황기는 20년에 불과했다. 1815-1830년 사이에 유럽 대륙 및 미국과의 경쟁이 시작되었다. 1833년 이후 '인류의 파멸'(청나라와의 아편전쟁 -옮긴이)을 통해 아시아시장은 강제로 확대되었다. 곡물법이 철폐된 이후, 즉 1846년부터 1863년까지, 평균 정도의 활황과 호황은 8년이었으며 공황과 불경기는 9년이었다. 면직공장에서 일하는 성인 남성 노동자의 상태가 호황기에서조차 어떠했는가는 첨가한 주석에서 판단할 수 있다.[163]

---

163) 1863년 봄, 해외이주협회 설립을 위한 면직노동자들의 호소문에는 다음과 같이 쓰여 있다. "단지 소수만이 공장노동자들의 대대적인 해외 이주가 지금 절대적으로 필요하다는 사실을 부정할 것이다. 그러나 지속적인 해외 이주의 물결이 항상 필요하며, 또한 그런 해외 이주 없이는 우리의 처지가 일상적인 상태로 유지될 수 없다는 것을 다음과 같은 사실이 잘 보여주고 있다. 1814년 수출된 면제품의 공식적인 가치(양적 지표에 불과하다)는 17,665,378£이었으며, 그것의 실질적인 시장가치는 20,070,824£이었다. 1858년에 수출된 면제품의 공식적인 가치는 182,221,681£이었으며, 그것의 실질적인 시장가치는 불과 43,001,322£이었다. 따라서 10배의 양이 2배가 조금 넘는 가격으로 팔렸다. 나라 전체는 물론 특히 공장노동자에게 매우 불리한 이 결과는 여러 가지 원인이 함께 작용하여 야기되었다. 가장 두드러진 원인 가운데 하나는 끊임없는 노동 과잉인데, 이는 몰락할 수도 있다는 전제하에, 시장의 지속적인 팽창이 필요한 이 산업 부문에서는 필수불가결한 것이었다. 우리의 면직공장은 상업의 주기적인 침체에 의해 멈출 수 있는데, 현재의 제도에서는 죽음과 마찬가지로 이를 피할 수 없다. 그러나 그 때문에 무엇을 어찌하려는 인간의 정신은 멈추지 않는다. 어림잡아 낮게 잡아도, 최근 25년간 600만 명이 이 나라를 떠났지만, 생산물의 가격을 낮추기 위해 지속적으로 노동을 축출한 결과로 성인남성의 상당한 비율이 최고의 호황기에서조차, 조건과 일의 종류를 가리지 않는데도, 공장에서 일자리를 찾을 수 없었다."(《공장감독관 보고서》, 1863년 4월 30일, 51-52쪽) 면직업의 대재앙시기에 공장주인 양반들이, 어떻게 국가의 정책을 포함한 온갖 수단을 다 동원하여 공장노동자들의 해외이주를 방해하려고 했는지에 대해서는 뒤의 어떤 장에서 보게 될 것이다.

8절
대공업에 의한 매뉴팩처, 수공업 그리고 가내노동의 혁명

a) 수공업과 분업에 기초한 협업의 지양

우리는 어떻게 기계장치가 수공업에 토대를 둔 협업과 수공업 방식의 분업에 기초한 매뉴팩처를 지양하는지 보았다. 수공업적 협업을 지양한 실례實例는 곡식을 수확하는 사람들의 협업을 대신한 곡식 베는 기계이다. 매뉴팩처를 지양한 적절한 실례는 바늘을 제조하는 기계이다. 아담 스미스에 따르면 그의 시대에는 남성 10명이 분업을 통해 48,000개 이상의 바늘을 제조했다. 그런데 지금은 단 한 대의 기계가 11시간의 1노동일에 145,000개의 바늘을 만든다. 한 명의 성인여성이나 소녀가 평균 4대의 바늘을 만드는 기계를 감시하기 때문에 이 기계장치로 매일 600,000개, 1주일에 3,000,000개 이상의 바늘을 생산한다.[164] 단 한 대의 작업기가 단순히 협업이나 매뉴팩처를 대신하는 경우에는, 이 작업기 자체가 또 다시 수공업적 생산의 토대가 될 수 있다. 그러나 기계장치에 토대를 둔 수공업생산의 재생산은, 기계력이 인간의 근육을 대신하여 기계를 작동하게 되면 보통 등장하게 되는 공장제생산으로 진입하는 과도기에 불과할 뿐이다. 그리고 버밍엄의 몇몇 매뉴팩처에서와 같이 증기력을 빌려 사용하거나, 직물공장의 일정한 부문에서처럼 소형의 열기관을 사용함으로써 소규모 공장 역시 산발적이고 일시적으로만 기계동력과 결합될 수 있었다.[165] 코번트리의

---

164)《아동고용위원회 3차 보고서》, 1864, 108쪽, 447번.

165) 미국에서는 기계장치에 토대를 둔 수공업이 이러한 방식으로 재생산되는 경우가 흔했다. 바로 이러한 이유로 미국에서는 어쩔 수 없이 공장제 생산으로 이행하는 경우 이러

견직공장에서는 '오두막공장'의 실험이 자생적으로 전개되었다. 사각의 형태로 쭉 늘어선 오두막의 한가운데 증기기관이 들어갈 소위 '기계실'이 설치되고 이 증기기관은 축을 통해 각 오두막의 베틀과 연결된다. 어느 경우에나 증기기관은 빌린 것으로, 예를 들면 베틀 당 2½실링에 임대한 것이었다. 임대료는 베틀이 돌아가든 안 돌아가든 매주 지불되었다. 각 오두막에는 2-6개의 베틀이 놓여있었는데, 이 베틀은 노동자의 소유이거나, 신용으로 구매했거나 빌린 것이었다. 오두막 공장과 진짜 공장과의 싸움은 12년 넘게 계속되었다. 이 싸움은 300개의 오두막 공장이 모두 몰락함으로써 끝났다.[166] 과정의 성격상 처음부터 대규모 생산이 필요하지 않는 경우이며 봉투 제조나 강철펜 제조 등과 같이 최근 수십 년간 새롭게 등장한 공업들은 공장제 생산으로 가는 단기적 과도기로서 처음에는 수공업 생산, 그 다음에는 매뉴팩처 생산을 거쳤다. 매뉴팩처 방식의 제품 생산이 일련의 단계적 과정이 아니라, 서로 분리된 수많은 과정을 포함하는 경우에는 이러한 탈바꿈이 가장 어렵게 진행되었으며, 강철펜 공장의 경우에는 매우 큰 장애가 되었다. 그러나 이미 약 15년 전에 6개의 분리된 과정을 한꺼번에 수행하는 자동장치가 발명되었다. 1820년 수공업으로는 최초의 강철펜 12다스를 7£ 4실링에, 1830년 매뉴팩처로는 8실링에 그리고 현재 공장으로는 2-6펜스에 도매상에 공급하고 있다.[167]

한 집중이 유럽이나 심지어 잉글랜드에 비해서도 급속하게 진행될 것이다.

166) 《공장감독관 보고서》, 1865년 10월 31일, 64쪽을 참조하라.

167) 질롯(Joseph Gillott, 1799-1872)은 버밍엄에 최초의 대규모 강철펜 매뉴팩처를 세웠다. 이 매뉴팩처는 1851년에 이미 1억 8천만 개의 강철펜을 공급했으며, 매년 120톤의 강판을 소비했다. 영국에서 이 공업을 독점한 버밍엄은 이제 연간 수십억 개의 강철펜을 생산한다. 이 부문에 고용된 인원은 1861년의 인구조사에 따르면 1,428명인데, 그 가운데 1,268명이 여성노동자였으며, 가장 어린 나이가 5살이었다.

b) 공장제가 매뉴팩처와 가내노동에 미친 영향

공장제의 발전과 이에 따른 농업의 변혁으로 인해 다른 모든 산업 부문에서도 생산의 규모가 확대될 뿐만 아니라, 그 성격도 변한다. 생산과정을 단계별로 분석한 후 그 결과로 드러난 문제점을 기계학, 화학 등의 자연과학을 응용하여 해결하려는 기계제 생산의 원리는 어느 곳에서나 결정적인 역할을 하게 된다. 따라서 기계장치는 시간을 두고 매뉴팩처의 이런저런 부분과정으로 돌진한다. 그리하여 분업에서 생겨난 오래된 매뉴팩처 조직의 견고한 짜임새는 해체되면서 지속적인 변화에 그 자리를 내어주게 된다. 이러한 변화를 제외하고도, 전체 노동자 또는 결합된 노동인원의 구성도 근본적으로 변혁된다. 매뉴팩처 시대와는 반대로 이제 어떻게 일을 나눌 것인가에 대한 계획은, 할 수만 있다면, 잉글랜드 사람들이 그 특징을 따서 '싸구려 노동'이라고 부르는 여성노동, 모든 연령층의 아동노동, 미숙련 노동의 사용에 기초한다. 이 점은 기계를 사용하든 안 하든 간에 모든 대규모 결합 생산에서뿐만 아니라, 노동자의 집이든 소규모 작업장에서 행해지든 간에 소위 가내노동에도 해당된다. 여기서 말하는 근대적 가내노동은 독립된 도시수공업, 자립적인 농민경제 그리고 무엇보다도 노동자 가족의 집을 전제로 하는 낡은 방식의 가내노동과는 이름만 같을 뿐 공통점이 전혀 없다. 이제 가내노동은 공장, 매뉴팩처 또는 도매상의 외부 생산부서가 되었다. 일정한 공간에 대규모로 모아놓고 자본이 직접 지휘하는 공장노동자, 매뉴팩처 노동자 그리고 수공업자 이외에도 자본은 보이지 않은 실권을 이용하여 대도시들과 농촌에 흩어져 있는 가내노동자들을 움직였다. 예를 들어 아일랜드의 런던데리에 있는 틸리 사(社)의 셔츠공장은 1,000명의 공장노동자와 농촌에 흩어져 있는 9,000명의 가내 노동자를 고용하

고 있다.[168]

　값 싸고 미성숙한 노동력의 착취는 진정한 공장보다는 근대적 매뉴팩처에서 더 파렴치하게 이루어진다. 매뉴팩처에는 기계가 근력을 대신하여 편한 노동을 하게 하는 공장의 기술적 토대가 거의 없으며, 여성과 미성숙한 신체가 유독물질 등의 영향에 극도로 노출되어 있기 때문이다. 이러한 착취는 매뉴팩처보다 이른바 가내노동에서 더 파렴치하다. 가내노동자들은 흩어져 있기 때문에 저항력이 약화되고, 진짜 고용주와 그들 사이에 일련의 약탈적인 기생충들이 끼어들며, 동일한 생산 부문의 기계제 생산이나 매뉴팩처 생산과 도처에서 싸워야하고, 가난이 그들에게 가장 필요한 노동조건인 공간, 조명, 환기 등을 빼앗아가며, 고용불안은 커지고, 대공업과 대규모 농업에 의해 '과잉된' 사람들이 가내노동을 최후의 피난처로 삼기 때문에 그들 간의 경쟁이 최고조에 달하기 때문이다. 기계제 생산에 의해 비로소 체계적으로 형성된 생산수단의 절약은 애당초 노동력에 대한 가차 없는 낭비인 동시에 노동이 기능하는 데 필요한 정상적인 조건에 대한 침탈이다. 생산수단의 절약은 집단적 노동생산력과 결합된 노동과정의 기술적 토대가 덜 발전한 산업부문일수록 그 적대적이고 살인적인 측면을 더 분명하게 드러낸다.

c) 근대적 매뉴팩처

　이제 위에서 제기한 명제에 대해 몇 가지 예를 들어 설명하겠다. 사실 독자들은 노동일에 대한 장에서 이미 많은 실례實例들을 접했다. 버밍엄과 그 부근의 금속 매뉴팩처에는 30,000명의 아동과 청소년 그리고 10,000

---

168) 《아동고용위원회 2차 보고서》, 1864, 부록, 68쪽, 415번.

명의 여성들이 대부분 매우 힘든 작업에 고용되어 있다. 우리는 건강에 해
로운 황동주조공장, 단추공장, 에나멜공장 그리고 도금작업과 도장작업에
서도 그들을 볼 수 있다.[169] 성인노동자와 미성년노동자에 대한 과도한 노
동 때문에 신문과 책을 인쇄하는 런던의 몇몇 작업장은 '도살장'이라는 명
예로운 이름을 부여받았다.[170] 책을 제본하는 작업장에서도 역시 과도한 노
동이 행해졌는데, 이곳에서의 희생자는 특히, 성인여성, 소녀 그리고 아동
들이었다. 밧줄공장에서는 미성년자들이 과도한 노동을 하며, 소금공장,
양초 매뉴팩처와 기타 화학 매뉴팩처에서는 야간노동에, 기계로 작동되지
않는 견직물 공장에서는 베틀을 돌리는 살인적인 작업에 소년들이 고용되
어 있다.[171] 가장 악명 높고 더러우며 가장 임금이 낮은 작업 가운데 하나
가 넝마 분류이다. 이 작업에는 특히 어린 소녀와 성인여성들이 즐겨 사용
된다. 그레이트브리튼은 그곳에 있는 엄청난 양의 넝마를 포함하지 않더
라도, 전 세계 넝마 거래의 중심지이다. 넝마는 일본이나 매우 멀리 떨어진
남미의 여러 나라들과 카나리아 제도로부터 흘러 들어온다. 그러나 넝마의
주요 공급원은 독일, 프랑스, 러시아, 이탈리아, 이집트, 터키, 벨기에 그리
고 홀란드이다. 넝마는 비료, 털송이(침구류)와 재생모직물의 제조 그리고
종이의 원료로 사용된다. 넝마를 분류하는 여성노동자는 천연두와 기타 전
염병을 퍼뜨리는 역할을 하는데 그들이 질병의 최초 희생자가 된다.[172] 아
주 어릴 적부터 과도한 노동, 힘들고 부적절한 노동으로 착취당한 노동자

---

169) 그리고 지금 세필드에서는 심지어 줄에 날을 세우는 작업에도 아동을 사용하고 있다!

170)《아동고용위원회 제5차 보고서》, 1866, 3쪽, 24번; 6쪽, 제55-56번; 7쪽, 59-60번.

171) 같은 보고서, 114-115쪽, 6-7번. 이 글을 작성한 위원은, 다른 곳에서는 기계가 인간을
대신하는데, 이곳에서는 인간이 기계를 대신하고 있다고 올바르게 지적하고 있다.

172)《공중보건, 8차 보고서》, 런던, 1866, 부록, 196-208쪽에 수록된 넝마거래에 대한 보
고와 수많은 증거들을 보라.

는 성질조차 잔인해지는데, 그러한 본보기 산업은 광산, 특히 탄광 이외에 기와와 벽돌을 굽는 공장이 해당되며, 잉글랜드에서는 이 분야의 산업에 새로 발명된 기계가 여전히(1866) 드물게 사용되고 있다. 5월부터 9월까지 노동은 아침 5시부터 저녁 8시까지 계속되며, 옥외에서 건조작업을 하는 경우에는 흔히 새벽 4시부터 저녁 9시까지 계속된다. 그런 까닭에 아침 5시부터 저녁 7시까지의 노동일은 '단축된', '적절한' 것으로 간주된다. 이 작업에는 여섯 살, 심지어는 네 살배기 남녀 아동들이 사용되기도 한다. 그들은 성인과 같은 시간을 일하며, 더 오래 일하는 경우도 흔하다. 일은 힘들고 여름의 더위가 그들을 녹초로 만들어 버린다. 모즐리의 어떤 기와공장에서는 24세 처녀가 하루에 2,000장의 기와를 만드는데, 진흙을 나르고 완성된 기와를 쌓는 조수로 2명의 미성년 소녀의 도움을 받는다. 이 소녀들은 매일 10톤의 진흙을 30피트나 되는 구덩이의 미끄러운 경사면을 따라 끌어 올려 210피트가 넘는 거리를 나른다.

"한 아이가 심각한 도덕적 타락 없이 기와공장의 연옥을 통과하기란 불가능하다. … 어릴 적부터 귀에 익힌 상스러운 말과, 그들을 무지하고 거칠게 만드는 음란하고 사악하고 방탕한 습관은 그들의 남은 생애를 불량하고 방탕한 무법천지로 만든다. … 그들을 타락하게 만드는 근본적인 원인 가운데 하나는 생활방식이다. 각 조형공(보통 숙련공이며 한 노동자 집단의 우두머리)은 7명으로 이루어진 자기의 조를 자신의 오두막에서 먹이고 재운다. 그의 가족이든 아니든 성인남자와 소년소녀들은 오두막에서 함께 잔다. 오두막은 보통 방이 두 개이며, 예외적으로 방이 세 개인 곳도 있다. 모든 방은 일층에 있으며 환기도 나쁘다. 하루 동안의 고된 노동으로 너무 지쳐있기 때문에, 위생이나 청결 그리고 예절 따위의 규칙은 전혀 찾아볼 수가 없다. 이 오두막의 대부분은 무질서와 불결 그리고 먼지 구덩이의 진정한 표본이다. … 어린 소녀들을 고용하는 이런 종류의 노동제도의 가장 커다란 죄악은, 그들을 대체로 어린 시절부터 전 생애에 걸쳐서 가장 타락한 불량배로 만든다는 데 있다. 여성임을 자연스레 알기 전에 그들은 거칠고, 입버릇이 나쁜 '사내아이'가 된다. 몇 조각의 누더기를 걸치고, 무릎 위로 다리를 내놓고 머리와 얼굴에는 흙먼지를 뒤집어쓰고, 정숙함이나 수치심을 경멸하도록 배운다. 식사시간에는 사지를 쭉 펴고 들판에 드러눕거나 가까운 운하에서 목욕하는 소년들을 쳐다본다. 고된 하루 일이 끝나면 좀 나은 옷을 입고 남자들과 어울려 술집으로 간다."

이 계급 전체에 어릴 적부터 심각한 음주가 만연하는 것은 아주 당연한 일이다.

"최악의 경우는 벽돌공들이 자포자기하는 것이다. 그들 가운데 좀 더 나은 자가 사우스홀필드의 목사에게 이렇게 말했다. '목사님, 벽돌공에 감동을 주어 개선시키려는 것은 악마를 그렇게 하려는 것과 같습니다!'"[173]

근대적 매뉴팩처에서(여기에서는 진정한 공장을 제외한 모든 작업장을 뜻한다) 실행되고 있는 노동조건의 자본주의적 절약에 관해서는 4차(1861)와 6차(1864) 《공중보건 보고서》에서 공식적이고 풍부한 자료를 찾을 수 있다. 작업장, 특히 런던의 인쇄업과 봉제업 작업장에 대한 묘사는 소설가들의 아주 불쾌한 상상력을 초월한다. 노동자의 건강상태에 미치는 영향은

---

173) 《아동고용위원회 5차보고서》, 1866, 부록, 16-18쪽, 89-97번 그리고 130-133쪽, 39-71번. 《아동고용위원회 3차보고서》, 1864, 48, 56쪽을 참조하라.

분명하다. 추밀원의 수석 의무관이자 《공중보건 보고서》의 공식편집장인 사이먼 박사는 다음과 같이 말하고 있다.

"나는 네 번째 보고서에서(1861) 고용주가 그들을 모집하여 시키려는 작업이 어떤 것이든 간에 고용주가 작업을 결정하는 한, 노동자들이 자기들의 일차적인 건강권, 피할 수 있는 모든 비위생적인 상태로부터 벗어날 권리를 주장하는 것은 실제로는 불가능함을 보여주었다. 노동자들의 자발적인 건강권 쟁취가 실제 불가능한 데 더해, 이를 담당하는 위생경찰관의 효과적인 도움도 받을 수 없음을 나는 지적했다. … 단순작업으로 인한 고문으로 육체적 고통 속에서 수많은 남녀 노동자들의 생명이 단축되고 있다."[174]

작업장이 건강상태에 미치는 영향을 명확하게 알려주기 위해 사이먼 박사는 다음과 같은 사망률통계표를 제시했다.[175]

산업부문	종업원 수	10만 명당 사망자 수		
		25-35세	35-45세	45-55세
잉글랜드와 웨일스의 농업	958,326	743	805	1,145
런던의 봉제업	남 22,301 여 12,377	958	1,262	2,093
런던의 인쇄업	13,803	894	1,747	2,367

---

174) 《아동고용위원회 6차보고서》, 런던, 1864, 29-31쪽.
175) 같은 보고서, 30쪽. 사이먼 박사는 런던의 25-35세 제봉공과 인쇄공의 사망률은 훨씬 높다고 지적하고 있다. 런던의 고용주들은 농촌으로부터 30세 미만의 많은 젊은이들을 '도제'와 '견습공'(자신들의 수공업을 수련하려는 자들을 말한다)으로 받고 있기 때문이다. 인구조사에서 이들은 런던 거주자로 간주되어, 런던의 사망률 계산에서 런던 거주자의 머릿수를 증가시키지만, 그에 비례하여 런던의 사망자 수에는 포함되지 않는다. 그들의 대부분은 중병에 걸리는 경우 농촌으로 돌아가기 때문이다. (같은 보고서)

d) 근대적 가내노동

이제 이른바 가내노동을 살펴보자. 대공업의 배후에 형성된 자본의 착취 영역과 그 잔혹성을 이해하기 위해서 겉보기에는 아주 목가적인, 잉글랜드의 일부 벽촌에서 경영되는 못 제조업을 살펴보면 된다.[176] 그러나 여기에서는 레이스 제조업과 밀짚공예 가운데 아직 기계로 생산하지 않거나 기계제 생산이나 매뉴팩처 방식의 경영과 경쟁하고 있지 않은 부분에서 몇 가지 사례를 드는 것으로 충분하다.

잉글랜드에서 레이스 생산에 종사하고 있는 150,000명 가운데 약 10,000명이 1861년의 공장법의 적용을 받고 있다. 나머지 140,000명 가운데 압도적 다수는 성인여성, 남녀 청소년과 아동들인데, 이들 가운데 남성은 매우 적다. 이 '싸구려' 착취 재료의 건강 상태는 노팅엄 종합 진료소의 의사인 트루먼 박사가 제시한 다음의 표에서 분명하게 알 수 있다. 대다수가 17세에서 24세인 686명의 레이스 여성노동자 환자들 가운데 폐결핵환자는 다음과 같다.[177]

1852년	45명 가운데 1명	1853년	28명 가운데 1명
1854년	17명 가운데 1명	1855년	18명 가운데 1명
1856년	15명 가운데 1명	1857년	13명 가운데 1명
1858년	15명 가운데 1명	1859년	9명 가운데 1명
1860년	8명 가운데 1명	1861년	8명 가운데 1명

---

176) 여기에서 말하는 것은 기계로 제조된 못이 아니라 망치로 두들겨 만든 못이다.《아동 고용위원회 3차보고서》, 부록 11, 19쪽, 125-130번; 52쪽, 11번; 113-114쪽, 487번; 137쪽, 674번을 보라.

177)《아동고용위원회 2차보고서》, 부록 22쪽, 166번.

낙관적인 진보주의자나 위선적인 독일의 자유무역주의자도 이러한 폐결핵 환자비율의 증가에 만족하지 않을 수 없다.

1861년의 공장법은 기계장치로 레이스를 만드는 실제 작업만을 규제했으며, 잉글랜드에서는 이러한 경우가 일반적이었다. 여기서 우리가 간단히 살펴볼 부문은, 매뉴팩처나 도매업 등에 모여 있는 노동자가 아니라 소위 가내노동자인 경우에 한하는데, 이 부문은 ①마무리 손질(기계로 제조된 레이스의 마무리 손질인데 이 작업은 다시 수많은 세부작업을 포함한다)과 ②레이스 뜨기로 나누어진다,

레이스 마무리 손질은 이른바 '여주인의 집'에서 또는 혼자서 혹은 아이들과 함께 자택에서 일하는 성인여성에 의해 수행된다. '여주인의 집'을 운영하는 여성 자신들도 가난하다. 작업장은 자택의 일부이다. 그들은 공장주나 도매업자의 주문을 받아, 방의 크기와 레이스의 수요 변동에 따라 성인여성, 소녀 그리고 어린아이들을 고용한다. 고용된 여성노동자의 수는 몇몇 작업장에서는 20-40명, 또 다른 작업장에서는 10-20명이다. 일을 시작하는 아이의 평균 최저 나이는 6세인데, 5세 미만에 일을 시작하는 경우도 흔하다. 보통 노동시간은 아침 8시에서 저녁 8시까지 계속되는데, 1시간 30분의 식사시간이 포함되어 있다. 식사는 불규칙하고 흔히 악취가 나는 작업장에서 하게 된다. 성수기에는 아침 8시(때로는 6시)부터 밤 10시, 11시 또는 12시까지 노동은 계속된다. 잉글랜드의 병영에서는 병사 1명당 규정된 공간은 500-600입방피트, 군인병원에서는 1,200입방피트에 달한다. 그러나 앞의 작업장에서는 한 사람당 67-100입방피트가 주어진다. 동시에 가스등이 공기 중의 산소를 태워버린다. 레이스를 청결하게 유지하기 위해 바닥이 돌이나 벽돌로 되어 있는데도 겨울에 신발을 벗어야 하는 경우가 흔하다.

"노팅엄에서는 15-20명이 아이들이 12입방피트도 안 되어 보이는 작은 방에 빽빽이 들어앉아 하루 24시간 가운데 12시간을 일하는데, 일 자체가 지루하고 단조롭기 때문에 아이들을 녹초로 만들며, 아이들은 흔히 상상조차 할 수 없는 비위생적인 상태에서 일한다. … 아주 어린 아이들조차도 놀라울 정도로 높은 긴장도와 속도로 작업하며, 그들의 손가락은 쉬거나 천천히 움직이는 경우가 거의 없다. 이 아이들에게 무엇을 물어보아도, 한 순간이라도 놓칠까 두려워 일에서 눈을 떼지 않는다."

노동시간이 연장되는 경우에 '여주인'은 작업을 독촉하는 수단으로 '긴 회초리'를 사용한다.

"한 자세로 오랜 시간 단조로운 일을 하느라 아이들은 시력을 해치고, 점차로 지치며 일이 끝나갈 무렵에는 새떼처럼 안절부절 못하게 된다. 그들의 일은 진짜 노예노동과 같다."[178]

부인들이 자식들과 함께 집에서, 요즘 말로는 셋방에서, 흔히 다락방에서 일하는 경우에, 어쩌면 사정은 더 나쁘다. 이러한 종류의 노동은 노팅엄 주변 80마일에 걸쳐 흩어져 있다. 도매상에 고용된 아이가 밤 9시나 10시에 집으로 갈 때, 그는 집에서 완성하기 위해 한 뭉치의 레이스를 더 갖고 가는 경우가 흔하다. 자본주의적 위선자는 자신의 임금노예 가운데 한 명을 내세워, '이것은 어머니의 몫이다.'라고 점잔빼는 말을 하지만, 그 불쌍한

---

178) 《아동고용위원회 2차보고서》, 1864, 부록 19, 20, 21쪽.

아이가 자지 않고 앉아서 일을 도와야 한다는 것을 너무나 잘 알고 있다.[179]

손으로 뜨는 레이스는 주로 잉글랜드의 두 농업 지역에서 경영되고 있다. 하나는 북北데본의 작은 지방을 포함하는 데번셔의 남쪽 해안을 따라 20-30마일에 이르는 호니턴 레이스 지역이고, 또 다른 지역은 버킹엄, 베드포드, 노샘프턴 지방의 대부분과 옥스퍼드셔와 헌팅던셔의 인접 지역을 포괄하고 있다. 일반적으로 일용직 농업노동자의 오두막이 작업장이다. 많은 매뉴팩처 업자들이 이러한 가내 노동자를 3,000명 이상 고용하고 있는데, 이들은 주로 아이와 청소년이며 모두 여성이다. 앞에서 말한 레이스 마무리 손질 상황이 여기에서도 그대로 재현된다. 단지 가난한 성인여성이 자기의 오두막에서 운영하는 이른바 '레이스 학교'가 '여주인의 집'을 대신할 뿐이다. 5세부터, 때로는 더 어릴 적부터 12-15세까지의 아이들이 이 학교에서 일하는데, 처음 1년 동안은 아주 어린아이가 4-8시간을 일하다가, 나중에는 아침 6시부터 저녁 8-10시까지 일한다.

"작업실은 대개 작은 오두막의 거실인데, 굴뚝은 외풍을 막기 위해 메워져 있으며, 그 안에 있는 사람들은 겨울에도 때때로 자신들의 체온만으로 몸을 따뜻하게 한다. 이른바 교실이라 불리는 곳도 작은 창고와 비슷하며 벽난로도 없다. … 이 좁고 어두운 방에 지나치게 많은 사람들이 채워지면, 공기의 오염은 자주 극에 달한다. 게다가 하수구와 화장실 그리고 오두막의 주변에 있는 오물 등으로 인해 해로운 영향이 추가된다."

---

179) 같은 보고서, 부록 21, 22쪽.

공간에 대해 말한다면,

"한 레이스 학교에서는 18명의 소녀와 여교사의 공간이 1인당 33입방피트에 불과하며, 악취로 참기 힘든 다른 학교에서는 18명이 각각 24½ 입방피트의 공간을 차지한다. 이 공업에는 두 살배기나 그보다 어린 아이들도 고용되어 있다."[180]

버킹엄과 베드포드의 농촌 지역에서 레이스뜨기가 끝나는 곳에서 밀짚공예가 시작된다. 이 밀짚공예는 허트퍼드셔의 대부분과 에섹스의 서부 및 북부 지역에 걸쳐 있다. 1861년 밀짚공예와 밀짚모자 제조에는 48,043명이 고용되어 있었다. 그 가운데 3,815명이 다양한 연령층의 남성이었으며, 나머지가 여성이었는데, 20세 미만이 14,913명, 그 중 7,000명이 아이들이었다. 여기에서는 레이스 학교 대신에 '밀짚공예 학교'가 등장한다. 이 학교에서 아이들은 보통 4세, 때로는 3-4세 사이에 밀짚공예 수업을 시작한다. 물론 그들은 교육을 전혀 받지 않는다. 아이들도 초등학교를 '진짜 학교'라고 불러 이 흡혈시설과 구별하고 있는데, 이 시설에서 아이들은 거의 아사 상태의 엄마들이 정해준 하루 최대 30야드에 달하는 밀짚을 꼬는 작업에 매여 있다. 이 엄마들은 집에서 흔히 밤 10시, 11시, 12시까지도 아이들에게 일을 시킨다. 밀짚은 아이들의 손가락을 베거나, 입으로 계속 밀짚을 촉촉하게 적셔야 하기 때문에 그들의 입술을 베기도 한다. 발라드 박사가 요약한 런던 의무관들의 일반적 견해에 따르면, 침실이나 작업실에서 한 사람에게 필요한 최소공간이 300입방피트다. 그러나 밀짚공예 학교에

---

180) 같은 보고서, 부록 29, 30쪽.

서는 레이스 학교보다 공간이 더 좁게 할당되어, 1인당 12⅔, 17, 18½입방 피트 그리고 22입방피트 미만을 할당받는다. 화이트 위원은 다음과 같이 말하고 있다.

"이 숫자들 가운데 작은 숫자는 한 아이를 각 변이 3피트인 상자에 포장했을 경우에 차지하는 공간의 절반보다도 작은 공간을 나타낸다."

이것이 12세에서 14세까지의 아이들이 누리는 삶이다. 가난하고 타락한 부모들은 아이들에게서 가능한 한 이익을 많이 짜내려는 생각뿐이다. 따라서 아이들이 성장하여도 당연히 부모를 전혀 돌보지 않으며, 그들을 떠난다.

"이렇게 사육되는 주민들에게 무지와 패륜이 넘쳐흐르는 것은 놀라운 일이 아니다. … 이들의 도덕성은 가장 낮은 수준이다. … 많은 여성들이 사생아를 낳으며, 그 대부분은 범죄통계학에 정통한 사람들이라도 놀랄 만큼 성숙하지 못한 나이에 아이를 낳는다."[181]

그리스도교의 확실한 권위자인 몽탈랑베르Charles de Montalembert, 1810-1870(프랑스의 역사가이자 정치가, 자유주의와 그리스도교를 옹호함 - 옮긴이) 백작은, 이 모범가족들의 고국이 유럽의 그리스도교 모범국가라고 말하고 있다!

위에서 다룬 산업 부문의 임금은 그야말로 비참한 수준(예외적으로 밀

---

181) 같은 보고서, 부록 40, 41쪽.

짚공예학교 아이들의 최고임금은 3실링)인데, 레이스 생산 지역에 널리 퍼져 있는 현물 임금제도로 인해 그 명목액보다도 훨씬 아래로 하락한다.[182]

e) 근대적 매뉴팩처와 가내노동의 대공업으로의 이행 -공장법의 적용에 따른 생산 방식 혁명의 가속화

여성과 미성년 노동력의 남용, 일체의 정상적인 노동조건과 생존조 건의 적나라한 박탈 그리고 잔학한 과잉노동과 야간노동을 통해 노동력의 가격을 인하하려는 방식은 결국 극복할 수 없는 자연적 한계에 부딪치며, 그와 동시에 이러한 것에 토대를 둔 상품의 가격인하와 자본주의적 착취 또한 같은 한계에 부딪친다. 오랜 시간이 걸리긴 했지만, 마침내 이 한계점 에 도달하게 되면, 기계장치를 도입하여 흩어져 있는 가내노동(또는 매뉴팩 처)을 공장제 생산으로 급속하게 바꿀 때가 된다.

이러한 움직임을 가장 인상적으로 보여주는 예가 '의류'(정장을 갖추는 데 속하는 품목)의 생산이다. 《아동고용위원회》의 분류에 따르면 이 산업은 밀짚모자 및 숙녀용 모자제조업, 테 없는 모자 제조업, 봉제업, 부인용 외 투와 드레스 제조업[183], 셔츠 제조업과 재봉업, 코르셋 제조업, 장갑 제조업, 제화업 그리고 넥타이나 칼라 제조업 같은 많은 자질구레한 부문을 포괄 한다. 잉글랜드와 웨일스에서 이 산업에 고용된 여성노동자의 수는 1861 년 586,298명이었는데, 그 가운데 최소 115,242명이 20세 미만이었으며, 16,560명은 15세 미만이었다. 이들 여성노동자의 수는 영국에서는 1861년

---

182) 《아동고용위원회 1차보고서》, 1863, 185쪽.
183) 밀리너리(Millinery)는 원래 머리장식만 취급하지만, 부인용 외투나 소형 망투도 취 급했다. 반면에 드레스 제조업은 독일의 부인복 제조업과 동일한 것이다.

에 750,334명이었다. 같은 시기에 잉글랜드와 웨일스에서 모자, 구두, 장갑 제조업과 봉제업에 고용된 남성노동자의 수는 437,969명이었는데, 그 가운데 14,964명이 15세 미만이었으며, 89,285명이 15-20세, 333,117명이 20세 이상이었다. 이 통계표에는 이 산업 부문에 속하는 자질구레한 부문은 빠져있다. 그러나 우리가 주어진 숫자만을 가지고 계산하더라도, 1861년 인구조사에 따르면 잉글랜드와 웨일스에서만 의류산업에 1,024,267명이 종사하고 있는데, 이 수는 대략 농경과 목축에 종사하는 사람들의 수와 같다. 우리는 이제 기계장치가 엄청난 양의 생산물을 마술을 써서 만들어내며, 또한 그렇게 하여 엄청나게 많은 노동자를 '해고'하는 데 일조했음을 이해하기 시작했다.

'의류'의 생산은 이미 완성되어 존재하는 각 구성요소들 사이의 분업을 단지 그 속에서 재생산할 뿐인 매뉴팩처에 의해 운영되었다. 또한 의류는 소규모 수공업 장인들에 의해 생산되었다. 그러나 이들은 예전처럼 개별 소비자가 아니라 매뉴팩처와 도매업자를 위해 일했기 때문에, 도시나 지방 전체가 제화업 등과 같은 한 부문으로 전문화하는 경우가 흔했다. 마지막으로 의류는 이른바 가내노동에 의해 가장 커다란 규모로 생산되는데, 이 가내노동은 매뉴팩처, 도매업자 그리고 심지어는 소규모 장인의 외부생산부서를 이룬다.[184] 대량의 작업재료, 즉 원료와 반제품 등은 대공업이 공급하며, (은총과 자비로 인도된) 값싼 대규모 인간재료는 대공업과 대규모 농업에 의해 '방출된 사람들'로 이루어진다. 이 영역의 매뉴팩처는 주로 그 어

---

184) 잉글랜드의 밀리너리와 드레스는 대개 고용주의 건물에서 생산되는데, 일부는 거기에 거주하는 계약 여성노동자에 의해, 일부는 외부에 거주하는 일용직 여성노동자에 의해 생산된다.

떤 수요의 변동에도 일할 준비를 갖춘 노동자 군대를 준비해 두려는 자본가의 필요에 따라 만들어졌다.[185] 또한 분산된 수공업 방식의 생산과 가내노동을 자신의 광범위한 토대로 존속시켰다. 제품의 가격이 지속적으로 하락함에도 이 노동부문에서 잉여가치가 대량으로 생산된 것은 주로 노동시간은 가능한 한 최대한으로 늘리고 임금은 최소한으로 지불한 덕택이었는데, 이는 지금도 마찬가지이다. 상품으로 변한 인간의 땀과 피의 가격이 하락했기 때문에 판매시장은 지속적으로 그리고 날마다 확대되었으며, 특히 잉글랜드의 경우에는 잉글랜드 관습과 취향을 널리 퍼뜨린 식민지에서 시장이 확대되었다. 그러나 마침내 전환점이 도래했다. 어느 정도 체계화된 분업과 인간재료에 대한 야만적인 착취라는 낡은 방식만으로는 성장하는 시장과 더 빠르게 격화되고 있는 자본가들 간의 경쟁을 더이상 충족시킬 수 없었다. 기계장치의 시대를 알리는 종이 울렸다. 여성복 제조업, 재봉업, 제화업, 바느질, 모자 제조업 등과 같은 의류 생산영역의 무수한 부문을 꾸준하게 장악한, 혁명적인 기계는 재봉틀이었다.

　재봉틀이 노동자에게 미친 직접적인 영향은 대공업 시기에 새로운 산업 부문을 장악한 모든 기계장치와 거의 같다. 너무 어린 나이의 아이들은 제거된다. 기계 노동자의 임금은 그 다수가 '가난한 사람들 가운데서도 가장 가난한 사람들'에 속하는 가내 노동자에 비해 높아진다. 기계와 경쟁하고 있는 더 좋은 처지에 있던 수공업자의 임금은 하락한다. 새로운 기계 노동자는 소녀와 젊은 여성뿐이다. 그들은 기계력의 도움을 받아 힘든 작업에서는 남성노동의 독점을 파괴하고, 쉬운 작업에서는 나이 든 여성과

---

185) 화이트 위원은 거의 모두가 여성인 1,000-1,200명을 고용한 군복 매뉴팩처와 1,300명의 노동자들 가운데 거의 절반이 어린이와 청소년인 제화 매뉴팩처도 방문했다. 《아동고용위원회 2차보고서》, 별첨 47쪽, 319번.

어린 아이를 대량으로 축출한다. 격렬한 경쟁은 가장 허약한 육체 노동자를 때려죽인다. 최근 10년 동안 런던에서 굶어 죽은 사람의 수가 소름끼치게 증가했는데, 이는 기계재봉업의 확장과 무관하지 않다.[186] 재봉틀을 가지고 일하는 새로운 여성노동자는, 서거나 앉아서 재봉틀의 크기와 무게 등의 특성에 따라 손과 발 또는 한발로만 재봉틀을 작동하는데, 이들은 엄청난 노동력을 탈탈 털어야 한다. 그들의 작업 과정은 낡은 방식에서보다는 대체로 단축되었지만, 작업하는 시간 때문에 건강에 해롭다. 구두, 코르셋, 모자 등의 제조업에서와 같이 그렇지 않아도 비좁아 터진 혼잡한 작업장에 재봉틀이 갑자기 들이닥치면, 건강에 좋지 않은 영향을 가중시킨다. 로드 위원은 다음과 같이 말한다.

"30-40명의 기계노동자가 함께 작업하는 천장이 낮은 작업장으로 들어갈 때의 느낌은 참기 힘든 정도이다. … 작업장은 지독하게 더웠는데, 어느 정도는 다리미를 달구기 위해 사용하는 가스난로에서 나오는 열기 때문이었다. … 이러한 작업장에서는 이른바 적절한 노동시간, 즉 주로 아침 8시부터 저녁 6시까지의 노동이 이루어지는 경우에도 날마다 3-4명은 항상 졸도한다."[187]

생산수단의 변화가 가져오는 필연적인 산물인 집단적 생산방식의 변혁은 과도기를 형성하는 여러 가지 형태들의 혼합으로 이루어진다. 이러한

---

186) 예를 들어 1864년 2월 26일자 런던의 호적등기소 소장의 주간 사망보고서에는 5건의 아사가 실려 있다. 같은 날 《타임스》는 새로운 1건의 아사를 보도하고 있다. 일주일에 6명이 굶어서 죽은 것이다!

187) 《아동고용위원회 2차보고서》, 1864, 부록 406-409번. 84쪽, 124번. 73쪽, 441번. 68쪽, 6번. 84쪽, 126번. 78쪽, 85번. 76쪽, 69번. 부록 72쪽, 439번.

과도기 형태들은 재봉틀이 이런저런 산업 부문을 장악한 범위와 기간, 노동자의 상태와 매뉴팩처, 수공업, 가내노동 가운데 어떤 것의 비중이 더 높은지에 따라 그리고 마지막으로 작업장의 임대료[188] 등에 따라 변한다. 대부분의 작업이 주로 단순한 협업으로 이미 조직되어 있는 여성복 제조업에서는 재봉틀은 처음에는 매뉴팩처 생산의 하나의 새로운 요소일 뿐이다. 봉제업, 셔츠 제조업 그리고 제화업 등에서는 모든 과도기 형태들이 뒤섞여 있다. 어떤 곳에서는 말 그대로 진짜 공장제 생산이 이루어진다. 다른 곳에서는 중간 고용주가 우두머리 자본가로부터 원료를 받아 '비좁은 방'이나 '다락방'에 10-50명 또는 그 이상의 임금노동자를 재봉틀 주변으로 모은다. 마지막으로 일정하게 편성된 체계를 형성하지 못하고 소규모로 사용 가능한 모든 기계장치의 경우처럼, 수공업자와 가내노동자는 자신의 가족이나 외부에서 데려온 몇 명의 노동자들과 함께 자신 소유의 재봉틀을 이용한다.[189] 실제로 현재 잉글랜드에서는 자본가가 많은 수의 기계를 자신의 건물에 모은 다음, 기계생산물을 가내노동자 부대에게 나누어주어 계속 가공시키는 제도가 지배적이다.[190] 그러나 다양한 과도기 형태들이 진정한 공장제 생산으로 변화하려는 경향을 은폐하는 것은 아니다. 이러한 경향은 재봉틀 자체의 성격에 의해 조장된다. 재봉틀의 다양한 이용가능성은 이전에 분리되어 있던 사업 부문을 한 건물에서 동일한 자본가의 지휘 아래 통합하도록 촉진한다. 또한 시침질과 몇 개의 작업은 재봉틀이 있는 작업장

---

188) "작업장의 임대료가 최종적인 결정요인인 것 같다. 이런 까닭에 소규모 업자나 가족에게 일을 나누어주던 낡은 제도는 수도인 런던에서 가장 오랫동안 유지되었고 가장 일찍 다시 시작되었다."(같은 보고서, 83쪽, 123번) 마지막 문장은 오로지 제화업에만 해당된다.

189) 노동자의 상태가 극빈자의 상태와 거의 구별하기 어려운 장갑 제조업 등에서는 이런 일은 발생하지 않는다.

190) 같은 보고서, 83쪽, 122번.

에서만 가장 적절하게 수행될 수 있다는 상황에 의해 조장된다. 그뿐 아니라 자신의 기계를 가지고 생산하는 수공업자나 가내노동자의 필연적인 몰락을 통해서도 조장된다. 이러한 운명은 어느 정도는 이미 그들에게 닥쳤다. 재봉틀에 투하되는 자본량의 끊임없는 증가는[191] 생산을 자극하여 시장에 불황을 야기하는데, 이러한 상황이 가내노동자로 하여금 재봉틀을 팔아버리라는 신호를 보낸다. 재봉틀 자체의 과잉 생산은 재봉틀을 팔아버려야 하는 생산자들에게 어쩔 수 없이 일주일 단위로 임대하도록 만들었다. 그 결과 소규모 재봉틀 소유자들과 치명적인 경쟁을 야기했다.[192] 끊임없이 지속되는 기계의 구조 변화와 가격 하락은 구형 모델의 가격을 계속 하락시킴으로써, 대량으로 말도 안 되는 헐값으로 팔아치울 수밖에 없게 만들어, 결국 대자본가의 수중에서 유익하게 사용된다. 마지막으로 증기기관에 의한 인간의 대체는 유사한 모든 변혁 과정에서와 마찬가지로 의류 산업에서도 결정적인 타격을 가한다. 증기력의 사용은 처음에는 기계의 흔들림, 속도조절의 어려움, 가벼운 기계의 급속한 파손 등과 같은 순전히 기술적인 장애에 맞닥뜨리지만, 머지않아 경험을 통해 이 장애를 극복하는 방법을 알게 된다.[193] 한편으로 수많은 작업기계가 비교적 거대한 매뉴팩처로 집적되는 것이 증기력의 사용을 촉진했다면, 다른 한편으로 인간의 근육과 증기 사이의 경쟁은 노동자와 작업기계의 대공장으로의 집적을 가속화했다. 이리하여 잉글랜드는 현재 방대한 '의류' 생산 영역에서, 나머지 대부분의

---

191) 레스터에서 도매용으로 생산되는 장화와 구두 제조업에서만 1864년에 이미 800대의 재봉틀이 사용되었다.

192) 같은 보고서, 84쪽, 124번.

193) 예를 들어 런던의 핌리코에 있는 군복창고, 런던데리에 있는 틸리 핸더슨 사(社)의 셔츠공장 그리고 약 1,200명의 '일손'을 고용하고 있는 리머리크에 있는 테이트 사(社)에서도 그러했다.

업종과 마찬가지로, 매뉴팩처, 수공업 그리고 가내노동이 공장제 생산으로 변하고 있는데, 이들 생산 형태는 모두 대공업의 영향으로 완전히 변화되고 해체되고 기형화되어, 이미 오래 전부터 긍정적인 발전요인을 뺀 공장제의 온갖 흉측한 측면만을 재생산하고 있었으며, 심지어는 그것을 능가하기도 했다.[194]

이렇게 자연발생적으로 진행되는 산업혁명은 여성, 청소년 그리고 아동이 일하는 모든 산업부문에 공장법이 확대됨으로써 인위적으로 가속화된다. 노동일의 길이, 휴식, 작업의 시작시간과 종료시간에 대한 강제규제, 아동의 교대제, 일정한 연령 미만의 아동에 대한 고용금지 등은 한편으로 기계장치의 증가[195]와 동력으로서의 근육을 증기로 교체[196]하는 것을 불가피하게 만들었다. 다른 한편으로 시간에서 잃어버린 것을 공간에서 얻기 위해, 화로, 건물 등 공동으로 사용되는 생산수단이 확대된다. 한 마디로 말하면 생산수단이 더 거대하게 집적되며 이에 따라 더 많은 노동자들이

194) 《공장제로의 경향》(같은 보고서, 부록 67쪽) "산업 전체가 현재 이행 단계에 있으며 레이스 공업, 직물업 등이 겪은 것과 동일한 변화를 경험하고 있다."(같은 보고서, 405번) 《하나의 완전한 혁명》(같은 보고서, 부록 46쪽, 318번) 1840년 《아동고용위원회》 당시에는 양말은 아직 손으로 만들었다. 1846년부터 다양한 종류의 기계류가 도입되었으며, 현재는 증기로 작동하고 있다. 잉글랜드 양말 조업에 고용된 3세 이상의 남녀노소를 포함하는 총인원은 1862년에 약 120,000명에 달했다. 1862년 2월 11일의 의회보고서에 따르면 이 가운데 불과 4,063명이 공장법의 적용을 받고 있다.

195) 예를 들어 도자기 제조업에서는, '글래스고 브리타니아 도자기'를 가지고 있는 코크란사(社)는 다음과 같이 보고하고 있다. "생산수준을 유지하기 위해서 우리는 미숙련 노동자에 의해 사용되는 기계의 규모를 확대했는데, 지난 방식보다 더 많은 양을 생산할 수 있다는 사실을 매일 확인하고 있다."(《공장감독관 보고서》, 1865년 10월 31일, 13쪽) "공장법의 영향은 더 많은 기계류의 도입을 촉진하는 것이다."(같은 보고서, 13-14쪽)

196) "그리하여 공장법이 도입된 후 도자기 조업에서는 손으로 돌리는 녹로 대신에 동력으로 돌아가는 녹로가 상당히 증가했다."

집결한다. 공장법에 의해 위협받는 모든 매뉴팩처가 격렬하게 되풀이하는 주된 항의는 사업을 이전의 규모로 계속하려면 더 많은 자본지출Kapitalauslage 이 필요하다는 점이다. 그러나 매뉴팩처와 가내노동의 중간 형태와 그리고 가내노동 자체에 관해 말한다면, 노동일과 아동노동의 제한으로 그 기반이 무너진다는 점이다. 싸구려 노동력에 대한 아무런 제한 없는 착취가 그들 경쟁력의 유일한 기반이기 때문이다.

공장제 생산이 특히 노동일의 규제를 받게 되면, 그것의 핵심적인 조건은 통상적인 성과의 확보, 즉 주어진 시간에 일정한 양의 상품을 생산하거나 목적한 효율을 달성하는 데 있다. 더 나아가 노동일에 규정된 법정 휴식시간은 생산 과정에 있는 제품에 손상을 주지 않고도 갑자기 그리고 주기적으로 작업을 중단하는 것을 전제로 한다. 물론 이러한 성과의 확보와 작업의 중단 가능성은, 도자기제조업, 표백업, 염색업, 제빵업 그리고 대부분의 금속 매뉴팩처에서처럼 화학적이고 물리적인 과정이 일정한 역할을 수행하고 있는 경우보다는 순전히 기계만으로 이루어진 공장에서 더 쉽게 달성될 수 있다. 무제한 노동일, 야간노동과 자유로운 인간 파괴라는 낡은 사고방식이 지배하는 곳에서는 그 어떤 자연발생적인 장애도 곧바로 생산에 대한 영원한 '자연적 장애'로 간주된다. 공장법이 이 '자연적 장애'을 제거하는 것보다 더 확실하게 해충을 박멸할 수 있는 독약은 없다. 도자기 제조업자 양반들보다 이 '불가능'에 대해 더 소리 높여 외친 사람은 없었다. 1864년 공장법이 그들에게 강요되었는데, 불과 16개월 후에 이 모든 불가능은 사라져 버렸다.

공장법에 의해 야기된, "개선된 방법, 즉 증발이 아니라 압력에 의해 점토를 반죽하는 방법, 굽지 않은 제품을 건조시키기 위한 새로운 가마의 구조 등은 도자기 제조기술에서 매우 중요한 사건이며, 지난 세기에는 볼 수 없었던 진보를 보여준다. … 가마의 온도는 현저히 낮아지고 석탄의 소비는 크게 감소되지만 더 빠르게 제품에 작용한다."[197]

그 어떤 예언에도 도자기의 원가는 상승하지 않고 생산량은 오히려 증가하여, 1864년 12월부터 1865년 12월까지 12개월 동안의 수출은 지난 3년간의 평균치보다 138,628£을 초과했다. 성냥 제조에서는 심지어 소년들이 점심을 삼키는 동안에도 인이 합성된 뜨거운 용액에서 올라오는 유독한 김을 얼굴에 쏘이면서 나무개비를 적셔내는 것이 자연스러운 일로 간주되었다. 공장법(1864)은 어쩔 수 없이 시간을 절약하게 만들었으며, 이제 더이상 유독한 김이 노동자에게 닿을 수 없도록 '적시는 기계'dipping machine를 도입하지 않을 수 없게 했다.[198] 또한 레이스 매뉴팩처 가운데 아직 공장법의 적용을 받지 않는 부문에서, 다양한 레이스 재료를 건조하는 데 필요한 시간이 3분에서 1시간 또는 그 이상 다르기 때문에 규칙적인 점심시간을 줄 수 없다는 주장이 지금도 제기되고 있다. 이에 대해 '아동고용위원회'의 위원은 다음과 같이 대답했다.

"사정은 벽지인쇄업과 같다. 이 부분의 주요 공장주 가운데 몇 명은, 사용하는 재료의 성질이 다르고 또 이 재료가 통과하는 과정이 다르기 때문에 식사를 위해 작업을 갑자기 중단하면 커다란 손실을 입을 수밖에 없

---

197) 《공장감독관 보고서》, 1865년 10월 31일, 96쪽, 127쪽.
198) 이런저런 종류의 기계가 성냥공장으로 도입되면서 어떤 부서에서는 230명의 청년들이 14-17세의 소년소녀들로 교체되었다. 이러한 노동자의 절약은 1865년 증기력의 사용에 의해 계속 진행되었다.

다고 강력하게 주장하고 있다. … 공장법 연장법안(1864) 6절 6조에 의거하여 이 법률이 공포된 후 18개월의 유예기간이 주어지며, 이 기간이 지난 후에 그들은 공장법이 규정한 휴식시간을 준수해야 한다."[199]

이 법률이 의회를 통과하자마자 바로 공장주 양반들은 다음과 같은 것을 발견했다.

"우리가 공장법의 시행으로 기대했던 폐해는 나타나지 않았다. 어떤 식으로든 생산이 위축되는 일은 없었다. 사실 우리는 같은 시간에 더 많이 생산한다."[200]

독창성에 관한 한 타의 추종을 불허하는 잉글랜드 의회는 노동일의 제한과 규제를 가로막는 이른바 생산의 자연적 장애를 강제법 하나로 간단히 없앨 수 있다는 사실을 경험을 통해 깨달았다. 이런 까닭에 어떤 공업부문에 공장법이 도입되는 경우 6개월에서 18개월까지의 기간이 주어졌는데, 이 기간 동안 공장주들이 해야 할 일은 기술적 장애를 제거하는 것이었다. "불가능하다고? 그런 바보 같은 말을 나에게 하지 말라"는 미라보의 발언은 특히 최근의 과학기술에 잘 들어맞는다. 그러나 이처럼 공장법은 매뉴팩처 생산을 공장제 생산으로 바꾸는 데 필요한 물적 요소들을 인위적으로 급속하게 성숙시키지만, 동시에 자본을 증대시킬 필요가 있기 때문에 소규모 장인들의 몰락과 자본의 집적을 촉진한다.[201]

---

199) 《아동고용위원회 2차 보고서》, 1864, 부록, 9쪽, 제50호.

200) 《공장감독관 보고서》, 1865년 10월 31일, 22쪽.

201) "필요한 개량들은 … 수많은 구식 매뉴팩처에서는 수많은 현재 소유주들의 재력을 넘어서는 투자 없이는 도입될 수 없다. 공장법의 시행은 어쩔 수 없이 일시적인 혼란을 야기한

순전히 기술적인 장애와 기술적으로 제거 가능한 장애를 제외하면, 노동일의 규제는 노동자들의 불규칙한 습관(작업시간 -옮긴이)과 충돌한다. 특히 개수임금이 지배적이어서 하루나 일주일 동안에 누락된 노동시간을 나중에 과잉노동이나 야간노동으로 메울 수 있는 경우가 그러한데, 이 방법은 성인남성노동자를 포악하게 만들고, 그들의 동료인 미성년자와 여성을 파멸시킨다.[202] 이 같은 노동력의 불규칙적인 소진은 단조로운 중노동의 지루함에 대한 자연스러운 반작용이다. 그러나 생산 자체의 무정부성이 훨씬 더 강력하게 이러한 불규칙성을 야기하는데, 이 무정부성은 재차 자본에 의한 노동력의 무제한적인 착취를 전제로 한다. 산업순환의 일반적이고 주기적인 변동과 각 생산 부문 특유의 시장변동 외에도, 항해의 주기적인 반복에 유리한 계절, 유행을 따라가는 이른바 성수기 그리고 단기간에 처리해야 할 예기치 못한 대량주문도 노동력을 불규칙하게 소진해야 하는 이유이다. 관행이 되어버린 이러한 주문 방식은 철도와 전신이 보급됨에 따라 확대된다. 예를 들어 한 런던의 공장주는 다음과 같이 말하고 있다.

"전국에 걸친 철도망의 확장은 단기주문의 관행을 매우 촉진했다. 구매자들은 이제 글래스고, 맨체스터 그리고 에든버러로부터 14일에 한 번

다. 이러한 혼란의 정도는 제거되어야 할 폐해의 크기에 비례한다."(같은 보고서, 96-97쪽)
202) 예를 들어 용광로에서는 "주말 무렵이 되면 노동시간이 일반적으로 훨씬 연장되는데, 그 원인은 노동자들이 월요일에는 놀고, 때로는 화요일조차 몇 시간이나 하루 종일 노는 습관이 있기 때문이다."(《아동고용위원회 3차 보고서》, 부록 6쪽) "소규모 장인의 노동 시간은 일반적으로 매우 불규칙하다. 그들은 2일이나 3일은 놀고 지내다가, 이를 메우려고 밤새 일한다. … 수공업자가 자식이 있다면, 언제나 그들에게 일은 시킨다."(같은 보고서, 부록 7쪽) "작업 시작이 불규칙한 것은 과잉노동을 통해 잃어버린 시간을 따라잡을 수 있다는 가능성과 이에 대한 반복적인 연습에 의해 조장된다."(같은 보고서, 부록 18쪽). "버밍엄에서는 막대한 시간의 손실 … 노동시간의 일부는 놀고 지내고 나머지 시간은 죽도록 일한다."(같은 보고서, 부록 11쪽)

도매로 상품을 구입하기 위해 우리가 상품을 공급한 런던 금융가City에 있는 도매업자를 찾아온다. 그들은 이전에 했던 것처럼 창고에 쌓인 물건을 구매하는 대신 곧바로 처리해야 할 주문을 한다. 몇 년 전만 해도 우리는 언제나 다음 성수기의 수요를 한가한 시간에 준비할 수 있었지만, 이제는 다음 성수기의 수요가 얼마나 될지 아무도 예측할 수 없다."[203]

아직 공장법의 적용을 받지 않는 공장과 매뉴팩처에서는 이른바 성수기 동안에는 예기치 못한 주문 때문에 혹독한 초과 노동이 주기적으로 널리 행해진다. 공장, 매뉴팩처 그리고 도매업자의 외부작업장인 가내노동 영역에서는, 그렇지 않아도 일감이 매우 불규칙하지만, 원료와 주문이 자본가의 기분에 맡겨져 있다. 자본가는 건물, 기계 등의 감가를 전혀 고려할 필요가 없으며 노동자의 목숨 외에는 그 어떤 위험도 부담하지 않는다. 이와 같이 이 가내노동에서는 언제든지 사용할 수 있는 수많은 산업예비군들이 체계적으로 사육되어, 일 년 중의 일정한 기간은 가장 비인간적인 강제 노동에 혹사당하고, 또 다른 기간은 일이 없어서 비참하게 살아간다. '아동 고용위원회'는 다음과 같이 말하고 있다.

"사용자들은 별도 작업이 필요한 시기에는 밤 11시, 12시, 2시까지, 흔히 말하듯이, 실제로는 '어느 시간까지라도 노동을 강요하기 위해' 그것도 '악취로 졸도할 지경인' 작업장에서 관행이 되어버린 가내노동의 불규칙성을 이용한다. 어쩌면 여러분은 문으로 가서 열 수는 있겠지만 더이상 들

---

203) 《아동고용위원회 4차 보고서》, 부록 32쪽. "철도의 확장은 예기치 못한 주문 관습을 크게 촉진했다. 따라서 노동자들로 하여금 더 빠른 속도로 일하게 하고, 식사 시간을 소홀히 하게 하며 초과노동을 하는 결과를 가져왔다."(같은 보고서, 부록, 31쪽)

어가지 못하고 몸서리를 칠 것이다."[204]

신문을 받은 증인들 가운데 한 사람인 제화공은 다음과 같이 말했다.

"그들은 이상한 사람들이다. 그들은 반 년 동안 한 소년을 죽도록 혹 사시키고, 나머지 반년 동안은 거의 강제로 빈둥거리게 하면서도 그에게 해를 끼치지 않는다고 생각한다."[205]

자본가들은 '사업상의 관행'(상거래의 성장과 더불어 성장한 관행)도 기 술상의 장애와 마찬가지로, 생산의 '자연적 장애'라 주장했는데, 이것은 면 직업자 나리들이 맨 처음 공장법의 위협을 받았을 때 귀에 못이 박히도록 부르짖던 말이다. 그들 산업이 어떤 다른 산업보다 세계시장과 항해에 의 존하고 있더라도, 경험은 그들이 거짓임을 입증한다. 이후 잉글랜드의 공 장 감독관들은 이른바 '사업상의 장애'를 터무니없는 핑계로 취급했다.[206] 실제로 '아동고용위원회'의 철저하고 양심적인 조사는, 몇몇 산업에서는 오 로지 노동일의 규제에 의해서만 노동의 양이 일 년에 걸쳐 균등하게 분배 되었다는 점,[207] 노동일의 규제가 살인적이고 내용도 없으며 또한 대공업

---

204) 《아동고용위원회 4차 보고서》, 부록 35쪽, 235번과 237번.

205) 같은 보고서, 127쪽, 56번.

206) "주문에 따른 선적기간을 맞추지 못해 발생하는 상업적 손실에 관해서 1832년과 1833년 공장주들이 즐겨 내세우던 주장이 바로 이점이라고 기억한다. 이 문제에 대해 이 제는 어떤 변명을 갖다 붙이더라도 증기가 아직 거리를 반으로 단축하지 못했고 새로운 교 통규칙이 도입되기 전인 당시처럼 영향력을 발휘하지 못한다. 이 주장은 그 당시에도 실제 로 전혀 근거 없는 것으로 판명되었으며, 분명히 지금 다시 조사한다 해도 그러한 주장은 지탱될 수 없다."(《공장감독관 보고서》, 1862년 10월 31일, 54-55쪽)

207) 《아동고용위원회 3차 보고서》, 부록 18쪽, 118번.

체제 자체와 잘 맞지 않는 변덕스러운 유행에 대한 최초의 합리적인 규제였다는 점,[208] 대양 항해와 통신수단의 전반적인 발전이 계절(성수기에 하는) 노동의 실질적인 기술적 토대를 제거했다는 점,[209] 이른바 통제 불가능한 기타 모든 어려운 사정들도 건물의 확장, 기계장치의 추가, 한꺼번에 고용되는 노동자 수의 증가[210]와 이에 저절로 뒤따르는 갑작스러운 도매업체계의 변화에 의해 제거되었다는 점[211]을 증명하고 있다. 그러나 자본이 자신의 대변자를 통해 계속 떠벌리고 있는 것처럼, 자본은 '의회를 통과한 일반법의 압력하에서만'[212] 그러한 변혁에 동의한다.

---

208) 존 벨러스는 이미 1699년 다음과 같이 지적하고 있다. "유행의 변화는 궁핍한 빈민을 증가시킨다. 그것은 두 가지 커다란 폐단을 숨기고 있다. 1.겨울에는 직인(職人)들이 일의 부족으로 곤경에 처한다. 직물 상인과 장인들이 봄이 와서 무엇이 유행할 것인가를 알기 전에는 그들을 고용하기 위해 과감하게 돈을 쓰지 않기 때문이다. 2.봄에는 직공들이 충분하지 않기 때문에 장인들은 왕국의 시장에 3-6개월 동안 제품을 공급하기 위해 많은 도제를 끌어들여야만 한다. 이를 위해 농부에게서 일꾼을 끌어내어, 농촌에는 노동자를 잃게 되며, 그 결과 도시의 대부분은 거지들로 가득 차게 된다. 구걸하는 것을 부끄러워하는 사람들은 겨울에는 굶어 죽도록 방치된다."(《빈민, 매뉴팩처 등에 관한 에세이》, 9쪽)

209) 《아동고용위원회 4차 보고서》, 171쪽. 34번.

210) 예를 들어 브래드포드의 수출상들의 증언 가운데는 다음과 같은 말이 있다. "이러한 사정 하에서는 소년들이 아침 8시부터 저녁 7시나 7시 30분까지 도매업자에게서 일할 필요가 없다는 것이 분명하다. 다만 추가적인 지출과 이에 따라 추가될 일손만이 문제가 된다. 몇몇 고용주가 이윤에 굶주리지 않았더라면, 소년들은 밤 늦게까지 일할 필요가 없을 것이다. 기계 한 대를 추가하는 비용은 16£나 18£에 불과하다. … 모든 어려움은 불충분한 설비와 공간의 부족 때문에 발생한다."(같은 보고서, 171쪽, 35, 36 그리고 38번)

211) 같은 보고서, 81쪽, 32번. 그런데 노동일의 강제적인 규제를 공장주에게서 노동자들을 보호하는 수단으로, 도매상인에게서 공장주 자신을 보호하는 수단으로 보는 한 런던의 공장주는 다음과 같이 말하고 있다. "사업상의 압박은 해상운송업자들에 의해 야기된다. 예를 들어 그들은 상품을 일정한 성수기에 목적지까지 운반하기 위해 그리고 범선과 증기선의 운임 차액을 챙기기 위해 상품을 범선으로 수송하려고 한다. 또한 그들은 그들의 경쟁자보다 해외시장에 더 빨리 나타나기 위해 두 편의 증기선 가운데 더 빠른 편을 선택하기도 한다."

212) 한 공장주는 다음과 같이 말했다. "이것은 의회에서 제정한 일반법의 압력 하에서만 공장을 확장하는 대가로 잘못을 시정할 수 있을 것이다."(같은 보고서, 부록, 10쪽, 38번)

9절
공장법의 제정(위생 조항과 교육 조항)
-잉글랜드에서의 보급

이미 본 바와 같이, 생산과정의 자연발생적 형태에 가한 최초의 의도적이고 계획적인 반응인 공장법의 제정은 면사, 자동 뮬 방적기와 전신 등과 마찬가지로 대공업의 필연적인 산물이다. 잉글랜드에서 이러한 공장입법의 보급에 대해 말하기 전에 우리는 잉글랜드 공장법에서 노동시간과 무관한 몇몇 조항에 대해 간단하게 언급할 필요가 있다.

자본가가 쉽게 피해갈 수 있는 문구를 제외하더라도, 위생에 관한 조항은 매우 빈약하여 사실상 벽은 흰색이어야 한다는 등의 몇 가지 청결에 대한 규정, 환기와 위험한 기계 장치에 대한 보호 규정 등에 국한되어 있다. 우리는 3권에서 '일손'의 손발을 보호하기 위해 사소한 비용을 부과한 조항에 반대한 공장주들의 광적인 투쟁으로 되돌아갈 것이다. 위생에 관련되어서도 자유무역 도그마, 즉 적대적인 이해관계를 가진 사회에서 각 개인은 자신의 이익을 추구함으로써 공익을 촉진한다는 도그마가 매우 잘 입증된다. 이에 관해서는 하나의 예로 충분하다. 최근 20년 동안 아일랜드에서는 아마 공업이 크게 성장했으며, 그로 인해 스커칭 공장scutching mill(아마를 두들겨 부수는 공장)이 많이 늘어났다. 이곳에는 1864년 이러한 공장이 1,800개가 있었다. 해마다 밭일이 없는 가을과 겨울이 오면 기계 장치에 대해 전혀 모르는 인근 소작농의 처자식들이 스커칭 공장의 압연기에 아마를 먹이기 위해 팔려 나온다. 여기서 발생하는 재해는 그 규모나 정도에 있어서 기계장치의 역사상 그 유례를 찾기 힘들다. 킬디난(코크 부근)에 있는 유일한 스커칭 공장에서는 1852년부터 1856년 사이에 6건의 사망 사고와 신체의 일부가 절단되는 60건의 중상이 발생했는데, 이들 재해는 몇 실링밖에 되지 않는 간단한 설비로 의해 예방할 수 있었다. 다운패트리크에 있는 공장의 공인의사인 화이트 박사는 1865년 12월 16일자 공식보고서에서 다음과 같이 설명하고 있다.

"스커칭 공장에서의 재해는 가장 끔찍하다. 많은 경우에 몸통에서 사지 하나가 잘려 나간다. 부상의 결과는 사망 또는 비참한 가난과 곤궁이 기다리는 미래이다. 이 나라에서 이러한 공장이 증가하면 당연이 이 소름끼치는 결과도 늘어날 것이다. 나는 국가가 스커칭 공장을 적절히 감독한다면 신체와 생명의 엄청난 희생을 사전에 막을 수 있다고 확신한다."[213]

가장 간단한 청결과 위생 설비조차 국가가 강제적인 법으로 관리할 필요가 있다는 사실보다 자본주의적 생산방식을 더 잘 특징지을 수 있을까?

"1864년의 공장법은 도자기를 제조하는 200개 이상의 작업장에 흰색 칠을 하고 청소를 하도록 했는데, 이러한 작업은 20년 동안, 또는 공장의 설립 이후 전적으로 절제되었다. (이것이 자본의 '절제'이다) 27,878명이 일하는 이들 작업장에서는 여태껏 과도한 주간노동과 혼한 야간노동 시간에 유독한 공기를 마셔야만 했으며, 이로 말미암아 그 외에는 다른 작업장에 비해 사건 사고가 없는 이 작업장을 질병과 죽음으로 넘쳐나는 공간으로 만

---

213) 같은 보고서, 부록 15쪽, 72번 이하.

들었다. 그리하여 공장법은 환기장치를 크게 증가시켰다."[214]

　　동시에 공장법의 위생에 관한 부문을 통해 자본주의적 생산방식은 본질적으로 일정한 한계 이상의 합리적 개선 가능성을 인정하지 않는다는 사실을 확실하게 보여준다. 잉글랜드의 의사들은 하나같이 작업하기에 적당한 1인당 최소 공간은 500입방피트라고 일관되게 주장하고 있다. 여하튼 훌륭하다! 공장법이 강제규정을 통해 작업장에서 노동자 각각에게 필요한 공간을 법으로 강제하는 것은 소규모 작업장이 공장으로 변하도록 간접적으로 촉진하여, 소小자본가의 권리를 침해하고 대자본가의 독점을 간접적으로 보장해주며, 수천의 소자본가를 일격에 직접적으로 수탈하는 것이다! 그것은 자본주의적 생산방식의 뿌리, 말하자면, 대자본이든 소자본이든 간에, 노동력의 '자유로운' 구매와 소비를 통한 자본의 자기증식 과정을 손상시킨다. 따라서 공장입법은 500입방피트의 공기 앞에서 숨이 끊어져 버린다. 보건당국, 산업조사위원회 그리고 공장감독관은 500입방피트의 공간이 필요하지만 동시에 그것을 자본가에게 강제하는 것은 불가능하다는 것을 수도 없이 반복하여 말하고 있다. 결국 사실상 노동으로 인한 폐결핵과 다른 폐질환이 자본의 생존조건의 하나라고 밝히고 있다.[215]

---

214) 《공장감독관 보고서》, 1865년 10월 31일, 127쪽.

215) 경험에 따르면, 건강한 보통 사람이 중간 정도의 강도로 숨을 쉬는 데는 약 25입방인치의 공기를 소비한다. 그리고 1분에 약 20번 숨을 쉰다. 이에 따르면 한 사람이 24시간 동안 소비하는 공기는 약 720,000입방인치 또는 416입방피트이다. 그러나 다 알고 있는 것처럼, 한번 들이마신 공기는 야외의 거대한 작업장에서 정화되기 전에는 더이상 동일한 과정에 쓰일 수 없다. 발렌틴과 부루너의 실험에 따르면 건강한 사람은 한 시간에 약 1,300입방인치의 탄산가스를 내뿜는 것으로 생각된다. 이는 약 8온스의 단단한 석탄이 24시간 동안 폐에서 배출되는 것과 마찬가지이다. "사람은 적어도 800입방피트를 가져야만 한다."(헉슬리)

공장법의 교육조항은 대체로 빈약해보이지만, 이 조항은 기초 단계의 수업을 노동의 의무 조건으로 공포하였다.[216] 그 성과는 무엇보다도 수업과 체육[217]의 육체노동과의 결합 가능성, 즉 육체노동이 수업과 체육과 결합될 수 있다는 가능성을 보여주었다. 얼마 가지 않아서 공장감독관들은 교사를 증인으로 한 심문을 통해, 공장에서 일하는 아이들이 받는 수업이 정규 주간반 학생들의 절반밖에 되지 않지만 배우는 양이 같거나 더 많이 배우는 경우도 흔하다는 것을 발견했다.

"사정은 단순하다. 반나절만 학교에 머무는 학생들은 언제나 활기차며 거의 언제나 수업을 받을 수 있으며 받으려고 한다. 반나절은 일하고 반나절은 공부하는 제도는 일과 공부 가운데 어느 하나가 다른 것의 휴식과 기분 전환이 되며, 따라서 일과 공부 가운데 하나를 계속하는 제도보다 아이에게 훨씬 더 적합하다. 아침 일찍부터 그것도 무더운 날씨에 학교에 앉아 있는 소년은 일터에서 오는 건강하고 활기찬 다른 소년과 도저히 경쟁할 수 없다."[218]

---

216) 잉글랜드의 공장법에 따르면 부모는 14세 미만의 자식에게 기본 수업을 받지 않게 하고서는 공장법에 의해 '규제되고 있는' 공장에 보낼 수 없다. 공장주는 이 법안을 준수할 의무가 있다. "공장 수업은 의무이고, 노동조건에 포함된다."(《공장감독관 보고서》, 1865년 10월 31일, 111쪽)

217) 공장에서 일하는 아이와 빈민층의 학생에게 의무 수업과 체육(소년에게는 군사 훈련까지)을 결합시켜 나타난 가장 유익한 성과에 대해서는 《의사록 보고서》(런던, 1863, 63-64쪽)에 있는 '사회과학진흥협회' 제7차 회의에서 행한 시니어의 강연과 《공장감독관 보고서》 1865년 10월 31일, 118-120쪽 그리고 126쪽 이하를 보라.

218) 《공장감독관 보고서》, 1865년 10월 31일, 118-119쪽. 한 순진한 견직 공장주는 '아동고용위원회' 조사위원들에게 다음과 같이 말했다. "나는 유능한 노동자를 길러내는 진정한 비결은 어렸을 때부터 노동과 수업을 결합시키는 데 있다는 사실을 전적으로 확신한다. 물론 노동은 지나치게 강도가 높아서도, 불쾌해서도 그리고 건강에 해로워서도 안 된다. 나는 내 자식도 수업에 변화를 주기 위해 일과 놀이를 하길 바란다."(《아동고용위원회 5차 보

이에 대한 또 다른 증언은 1863년 에든버러 사회학대회에서 행한 시니어의 강연에서 찾을 수 있다. 그는 이 강연에서 무엇보다도, 상류계급과 중간계급 아동의 일면적이고 비생산적인 긴 수업이 교사의 노동을 쓸모없이 증가시키며, 또한 "아이들의 시간, 건강 그리고 에너지를 헛되이 낭비할 뿐만 아니라, 전적으로 손해만 입히고 있다."고[219] 밝히고 있다. 로버트 오언이 우리에게 알려준 그 상세한 내용처럼, 일정한 연령을 넘은 모든 아이들의 생산적 노동에 수업과 체육을 결합시키는 미래 교육의 맹아는 공장제에서 싹튼다. 이 미래 교육은 사회적 생산을 증가시키는 방법일 뿐만 아니라, 전인적으로 발전된 인간을 만들기 위한 유일한 방법이기도 한다.

우리가 이미 살펴본 바와 같이, 대공업은 온전한 한 인간을 평생 동안 세부 작업에 묶어두는 매뉴팩처 방식의 분업을 기술적으로 지양한다. 그러나 동시에 대공업의 자본주의적 형태는 매뉴팩처 방식의 분업을 더 괴상한 형태로 재생산한다. 말 그대로 진짜 공장에서는 노동자가 스스로 기계장치 부품인 것처럼 생각하게 만듦으로써, 공장 밖의 모든 곳에서 기계와 기계

고서》, 82쪽, 36번)

219) 시니어, 앞의 글, 66쪽. 1863년 시니어의 강연과 1833년 공장법을 비방하는 그의 연설을 비교해 보면, 일정한 수준에 도달한 대공업이 물질의 생산방식과 사회적 생산관계의 변혁을 통해 어떻게 정신까지 변혁시키는가를 분명하게 알 수 있다. 또한 앞에서 말한 사회학 대회의 견해와 잉글랜드의 일정한 농촌 지역에서는 여전히 가난한 부모가 굶주려 죽는 형벌이 두려워 자식들을 교육시키지 못했다는 사실과 비교해 보아도 분명하게 알 수 있다. 예를 들어 스넬(Snell)씨는 서머서셋에서는 어떤 가난한 사람이 교구의 도움을 요청하려면 관행으로 그의 자식을 퇴학시켜야만 했다고 보고했다. 펠담의 목사 왈라스턴은 '자식을 학교에 보낸다는 이유'로 일체의 보조를 거절당한 몇몇 가족의 사례에 대해 말하고 있다.

노동자를 간헐적으로 사용함으로써,[220] 그리고 분업의 새로운 토대로 여성, 아동 그리고 미숙련 노동자를 도입함으로써 매뉴팩처 방식의 분업을 재생산한다. 매뉴팩처 방식의 분업과 대공업의 본질 사이의 모순은 폭력적으로 관철된다. 특히 최신 공장과 매뉴팩처에서 일하는 아이의 대부분이 아주 어릴 적부터 매우 단순한 작업에 묶여 여러 해 동안 착취당하면서도 이후에 똑같은 매뉴팩처나 공장에서 사용할 수 있는 그 어떤 기술도 습득하지 못한다는 끔찍한 사실에서 이러한 모순이 드러난다. 이전 잉글랜드의 인쇄업에서는 구식 매뉴팩처와 수공업 제도에 상응하는 제도가 있는데, 이에 따르면 견습공은 쉬운 작업에서 보다 복잡한 작업으로 옮겨갔다. 이들 견습공은 숙련된 인쇄공이 되기까지 일정한 훈련 과정을 거쳤다. 읽고 쓰는 능력은 모든 인쇄공에게 하나의 필수적인 요구 사항이었다. 그러나 인쇄기의 등장으로 모든 것이 달라졌다. 인쇄기는 두 부류의 노동자를 사용한다. 기계를 감시하는 1명의 성인 노동자와 기계담당 소년인데, 이들 소년의 대부분은 11-17세며, 인쇄용지를 한 장씩 기계에 집어넣거나 인쇄된 용지를 빼내는 작업만을 한다. 특히 런던에서 일주일에 며칠간은 14-16시간을 쉬지 않고 이 고된 작업을 하며, 식사와 수면을 위해 불과 2시간의 휴식시간

---

220) 인력으로 작동되는 수공업 기계가 더 발달된 기계장치, 즉 기계 동력을 전제로 하는 기계장치와 직간접적으로 경쟁하는 경우에는, 기계를 가동시키는 노동자에게 큰 변화가 일어난다. 처음에는 증기기관이 이 노동자들을 대신했지만, 이제는 노동자가 증기기관을 대신해야 한다. 따라서 그들 노동력의 긴장도와 소모는 대단히 커지게 되며, 이러한 고역에 처해진 미성년자의 경우에는 더욱 그러하다! 론지 위원은 코벤트리와 그 부근에서, 더 작은 규모의 베틀을 돌려야만 하는 더 어린 아이들을 제외하고서라도, 리본을 짜는 베틀을 돌리는 데 사용되는 10-15세의 소년들을 발견했다. "그것은 굉장히 힘든 노동이다. 소년은 증기력의 대용물에 불과하다."(《아동고용위원회 4차 보고서》, 114쪽, 6번) 공식보고서에서 '노예제도'라고 이름 붙인 이 제도의 살인적인 결과에 관해서는 같은 보고서의 114쪽 이하를 보라.

을 가지면서 30시간을 계속 일하는 경우도 흔하다. [221] 그들 대부분은 읽을 줄 모르며, 매우 거칠고 비정상적인 인간들이다.

"그들이 일할 자격을 갖추는 데는 그 어떤 종류의 지적 훈련도 필요하지 않다. 숙련될 기회를 거의 갖지 못하며 판단력을 기를 기회는 더더욱 갖지 못한다. 그들이 받는 대가는 소년의 임금 치고는 웬만하지만 성장함에 따라 증가하지는 않는다. 그들 대다수는 임금도 더 받고 책임도 더 많은 기계를 감시하는 노동자의 자리를 차지할 전망도 없다. 기계 1대에 4명의 소년들이 단 한명의 감시자와 일하는 경우가 흔하기 때문이다."[222]

그들이 이러한 유치한 일을 하기에 많은 나이, 즉 17세가 되면, 인쇄소에서 해고되고 범죄에 발을 들여 놓는다. 그들에게 다른 일자리를 마련해 주려는 몇몇 노력은 그들의 무지, 난폭한 성질 그리고 육체적, 정신적 타락 때문에 실패한다.

작업장 내의 매뉴팩처 방식의 분업에 적용되는 것은 사회 내의 분업에도 적용된다. 수공업과 매뉴팩처가 사회적 생산의 일반적인 토대를 이루고 있는 한, 생산자를 하나의 유일한 생산부문에 종속시키는 것, 즉 처음에 생산자가 하던 다양한 작업을 갈기갈기 찢어 분할하는 것은[223] 필연적으

---

221) 같은 보고서, 3쪽, 24번.

222) 같은 보고서, 7쪽, 60번.

223) "통계 보고에 따르면, 스코틀랜드 고지대의 몇몇 지방에서는 … 많은 목동과 빈농이 처자식과 함께 스스로 무두질한 가죽으로 만든 신발을 신고, 직접 깎은 양털과 직접 재배한 아마로 다른 사람의 손을 거치지 않고 직접 만든 옷을 입고 나타난다. 송곳, 바늘, 골무와 옷감을 짜는 데 사용되는 매우 작은 것들을 제외하고는 구매된 물품이 거의 사용되지

로 거쳐야 할 발전 과정이다. 이러한 상황에서 개별생산 부문 각각은 그것에 알맞은 기술적인 형태를 경험적으로 찾아내어 천천히 완성시켜 나가다가, 일정한 수준까지 성숙되자마자 급속히 하나의 완성된 형태로 굳어버린다. 이러저런 생산 부문에서 변화를 일으키는 것은 상업이 공급하는 새로운 노동 재료 외에는 노동 도구의 점차적인 변화뿐이다. 경험에 알맞은 형태가 일단 얻어지면, 이 노동도구 역시 고착되는데, 노동도구가 흔히 한 세대에서 다른 세대로 수천 년 동안 전해진다는 사실이 이를 증명한다. 18세기에 들어와서까지 특이한 수공업은 '비법'[224]이라고 불리었는데, 오로지 경험적으로나 직업적으로 통달한 사람만이 이 비법의 암흑세계로 진입할 수 있었다. 대공업은 사람들에게 사회적 생산과정을 은폐하고, 자연발생적으로 특화된 다양한 생산부문을 비밀로 만들 뿐만 아니라, 더 나아가 각 부분의 전문가들에게조차 비밀이 되어버린 장막을 찢어 거두어들였다. 사람의 손이 수행할 수 있는가는 전혀 고려하지 않은 채, 각 생산과정 자체를 그것을 구성하는 요소로 분해하는 대공업의 원리가 완전히 새로운 학문인 기술학을 낳았다. 사회적 생산과정을 이루고 있는 잡다하고 얼핏 보면 서로 관련 없어 보이는 고정된 형태들은 의도적으로 계획되며, 목적한 효율에 따라 체계적으로 분리된 자연과학의 응용분야들로 분화된다. 기술학은 또한 다양한 도구 가운데 무엇을 사용하더라도 인체의 모든 생산적 활동이 반드

않는다. 염료는 여성에 의해 나무, 덤불 그리고 풀에서 채취된다. 등등."(규갈드 스튜어트, 《저작집》, 해밀턴 엮음, 8권, 327-328쪽)

224) 에티엔 부알로(Etienne Boileau)의 유명한 저서인 《직업서》에는 특히 아래의 사항을 지적하고 있다. 견습공은 장인의 수하로 들어갈 때 '동료를 형제처럼 사랑하고, 그들을 도와주며, 직업상의 비밀을 자발적으로 누설하지 말 것이며, 전체의 이익을 위해 자기 자신의 상품을 구매자에게 파는 경우에도 다른 사람 제품의 결함에 대한 주의를 환기시키지 말 것'을 서약해야 한다.

시 취해야 하는 몇 가지 커다란 동작의 기본 형태를 발견했는데, 이것은 기계장치가 아무리 복잡하더라도 단순한 기계적 힘의 끊임없는 반복에 불과할 뿐이라는 점을 기술학은 정확하게 알고 있는 것과 같다. 근대 공업은 어떤 생산과정의 현재 형태를 최종적인 것으로 간주하지도 않고 또 그렇게 취급하지도 않는다. 따라서 이전의 모든 생산방식은 보수적이었던 반면에 근대공업의 기술적 토대는 혁명적이다.[225] 근대공업은 기계장치, 화학 공정과 다른 방식을 통해 생산의 기술적 토대와 더불어 노동자의 기능과 노동과정의 사회적 결합을 지속적으로 변혁시킨다. 그리하여 대공업은 사회 내의 분업도 지속적으로 변혁시키며, 그리고 대량의 자본과 노동자 대중을 한 생산 부문에서 다른 생산 부문으로 끊임없이 내동댕이쳐 버린다. 따라서 그것은 본질적으로 노동의 변화, 기능의 변동 그리고 모든 방면으로 노동자 이동성을 요구한다. 다른 한편으로 대공업은 특화된 작업으로 고착된 낡은 분업을 자본주의적 형태로 재생산한다. 우리는 이 절대적 모순이 어떻게 평화롭고 안정적이며 확실한 노동자의 생활 상태를 파괴하는지, 노동자의 수중에서 노동수단을 빼앗음으로써 생활수단까지 빼앗으려고 지속적으로 위협하며[226] 그리고 개별 노동자에 특화된 기능뿐만 아니라 노동자

---

225) "부르주아 계급은 생산도구, 따라서 생산관계, 즉 모든 사회적 관계를 지속적으로 변혁시키지 않고는 존재할 수 없다. 이와 반대로 이전의 모든 산업계급에서 가장 우선시되는 생존조건은 낡은 생산방식을 그대로 유지하는 것이었다. 생산의 지속적인 변혁, 모든 사회적 상황의 끊임없는 동요 그리고 끝없는 불확실성과 불안은 이전의 모든 시대와 부르주아지 시대를 구분 짓는 특징이다. 모든 고정된, 허약한 관계는 그것의 결과인 신성화된 낡은 사상과 함께 해체되어 버리고, 새롭게 형성되는 모든 것들은 미처 고착되기도 전에 낡은 것이 되어버린다. 모든 신분과 지위는 증발해 버리고, 신성한 모든 것은 모독된다. 그리고 사람들은 마침내 그들의 사회적 지위와 다른 사람들과의 관계를 냉정한 눈으로 바라볼 수밖에 없게 된다."(엥엘스와 맑스, 《코뮌주의자 선언》, 런던, 1848, 5쪽)
226) "그대가 내가 살아가는 수단을 빼앗아간다면, 그것은 내 생명을 빼앗는 것이다."(셰익스피어)

자신까지도 남아돌게 하려고 끊임없이 위협하는지를 이미 보았다. 이 모순이 어떻게 노동자계급을 끊임없이 희생물로 바치는지, 한없이 노동력을 낭비하는지 그리고 사회를 무질서로 황폐화시키는 데 광분하는지를 보았다. 이것이 대공업의 부정적인 측면이다. 그러나 노동의 변화가 이제 거역할 수 없는 자연법칙으로, 즉 도처에서 맞닥치는 장애물을 맹목적으로 파괴하는 자연법칙으로 관철된다면[227], 대공업은 자신의 파멸을 통해 노동을 변화시키고, 이에 따라 노동자가 가능한 한 무엇이든 할 수 있는 능력을 사회적 생산의 일반법칙으로 인정할 뿐만 아니라, 이 법칙의 정상적인 실현을 위한 이와 관계되는 것들의 조화를 생사가 걸린 중대한 문제로 만들 것이다. 또한 대공업은 자본의 변화무쌍한 착취 욕구를 위해 잠재되어 있는 엄청난 수의 비참한 노동자 인구를 어떤 노동 조건에서라도 무조건 이용할 수 있는 사람으로 대체하는 것, 즉 단지 사회적 기능의 한 부분만을 담당하는 불완전한 인간을 다양한 사회적 기능을 동시에 수행하는 완전한 인간으로 대체하는 것을 생사를 가르는 중대한 문제로 만들었다. 대공업을 토대로 자연발생적으로 발전한 이 변혁 과정의 한 계기는 공업학교와 농업학교이며, 또 다른 계기는 '직업학교'인데, 여기에서 노동자의 자녀는 생산 기술과 다양한 생산 도구를 실제로 다루는 이런저런 수업을 받는다. 자본에서 겉치레로 힘들게 얻어낸 최초의 양보인 공장입법은 기초단계의 수업과 공장노

227) 프랑스의 한 노동자는 샌프란시스코에서 귀국하는 길에 다음과 같이 쓰고 있다. "나는 캘리포니아에서 종사한 모든 직업을 다 잘 할 수 있다고 생각한 적이 전혀 없다. 나는 인쇄업 외에는 아무것도 할 수 없다고 확신하고 있었다. … 셔츠를 갈아입는 것보다 더 쉽게 직업을 바꾸는 모험가의 세계 한 가운데 일단 들어서고 나자, 정말이지! 나도 역시 다른 사람들과 똑같이 일을 하게 되었다. 광산에서 하는 일의 수입이 충분하지 않아서, 그곳을 떠나서 인쇄소 직공, 지붕장이, 납주물공 등의 직업 순서대로 한 도시로 이사를 갔다. 어떤 일이라도 할 수 있다는 이 경험으로 말미암아 나는 노동자를 연체동물이라기보다는 사람으로 느끼게 되었다."(코르봉,《직업교육에 관하여》, 2판, 50쪽)

동을 결합한 것에 불과하지만, 노동자계급이 필연적으로 정치권력을 장악하게 되면 이론적이고 실무적인 기술교육이 노동자학교에서 중요한 위치를 차지하게 된다는 사실은 의심의 여지가 없다. 마찬가지로 생산의 자본주의적 형태와 이에 상응하는 노동자의 경제적 상황이 이러한 변혁을 불러일으키는 요인인 노동자학교와 낡은 분업의 지양이라는 목표와 전적으로 모순된다는 사실 또한 의심의 여지가 없다. 그러나 어떤 역사적 생산형태의 모순 발전은 그 생산형태가 해체되고 새로운 형태가 형성되는 유일한 역사적 길이다. "구두장이 너는 구두나 만들어라!"라는 수공업에서의 최고의 격언은 시계 제조공 와트Watt가 증기기관을, 이발사 아트라이트Artwright가 날실직기를 그리고 보석세공사 풀턴Fulton이 기선을 발명한 순간부터 지극히 몰상식한 말이 되어버렸다.[228]

공장입법이 공장, 매뉴팩처 등에서 노동을 규제하는 한, 이것은 일단 자본의 착취할 권리에 대한 간섭으로 나타난다. 이에 반하여 이른바 가내노동[229]에 대한 그 모든 규제는 곧바로 부권에 대한 침해, 즉 근대적으로 해

---

228) 정치경제학의 역사에서 매우 탁월한 인물인 존 벨러스는 17세기 말에 이미, 서로 반대 방향이지만, 사회의 양 극단에서 영양과잉과 영양실조를 낳는 현재의 교육과 분업이 필연적으로 폐지될 것을 매우 분명히 알고 있었다. 그는 훌륭하게도 다음과 같이 말하고 있다. "공부를 게을리 하는 것은 게으름을 배우는 것보다 조금도 나을 바가 없다. … 육체노동은 원래 신이 계획한 것이다. … 먹는 것이 생명에 필요한 것처럼 노동은 신체의 건강에 필요하다. 게으름으로 모면한 고통은 질병으로 나타나기 때문이다. … 노동은 생명의 등불에 기름을 붓고 생각은 그 등불에 불을 지핀다. … 어린아이 같은 우둔한 노동(불길한 예감이 들지만 이 말은 바세도프(Basedow)의 박애학교 파와 그의 최근 모방자들을 반박하는 듯하다)은 아이들의 정신을 우둔하게 만든다."(《공업전문대학 설립을 위한 제안》, 런던, 1696, 12, 14, 16, 18쪽)

229) 덧붙여 말하자면, 가내노동은 대부분이, 우리가 이미 보았듯이 레이스 제조업과 밀짚 제조업의 경우에서처럼 소규모 작업장에서 이루어지는데, 이것은 특히 셰필드, 버밍엄 등에 있는 금속 매뉴팩처에서도 상세하게 증명될 수 있다.

석하면 친권에 대한 직접적인 침해로 나타난다. 따라서 동정심 많은 잉글랜드 의회는 가내노동에서 노동을 규제하는 조치를 취하는 것에 대해 오랫동안 망설이는 척했다. 그러나 대공업이 기존 가족제도의 경제적 토대와 그에 상응하는 가족노동과 더불어 기존의 가족관계 자체까지도 해체해 버렸다는 사실 때문에 잉글랜드 의회는 이러한 조치를 취할 수밖에 없었으며, 아동의 권리를 선언하지 않을 수 없었다. 1866년 '아동고용위원회'의 최종보고서는 다음과 같이 지적하고 있다.

"불행하게도 남녀 아동들은 어느 누구보다도 그들의 부모에게 보호 받아야 한다는 사실이 모든 증인신문을 통해 명백하게 드러났다." 아동노동에 대한 과도한 착취 제도는 특히 "부모들이 어리고 연약한 자녀들에게 제재와 통제를 받지 않고 사악한 권력을 자의적으로 행사함으로써 유지된다. 이러 저러하게 많은 주급을 얻어내기 위해 자녀들을 기계와 다름없게 만드는 절대 권력을 부모들이 가져서는 안 된다. … 아동과 청소년은 너무 이른 시기에 그들의 육체적인 힘을 고갈시키며, 도덕적으로나 지적으로 타락하게 만드는 친권의 남용으로부터 법적으로 보호 받을 권리를 가지고 있다."[230]

그러나 친권의 남용이 자본에 의한 미성년 노동력의 직간접적인 착취를 낳는 것이 아니라, 오히려 그 반대로 자본주의적 착취 방식이 친권에 알맞은 경제적 토대를 제거함으로써 친권을 남용하게 만들었다. 이제 자본주의적 체제 내에서 낡은 가족제도의 해체가 아무리 끔찍하고 넌더리난다 해도, 대공업은 가족의 일상생활 건너편에서 사회적으로 조직된 생산과정 내

---

230) 《아동고용위원회 제5차 보고서》, 부록 25쪽, 162번과 《아동고용위원회 2차 보고서》, 부록 38쪽, 285번과 289번, 부록 15-16쪽, 191번.

에서 성인여성, 남녀 청소년과 아동에게 매우 중요한 역할을 부여함으로써 보다 수준 높은 형태의 가족관계, 남녀관계를 위한 새로운 경제적 토대를 창출했다. 물론 그리스도교의 게르만적 가족형태를 절대적인 것으로 간주하는 것은, 역사적 발전 단계를 지닌 고대 로마의 가족형태, 고대 그리스의 가족형태 그리고 동양의 가족형태를 절대적인 것으로 간주하는 것만큼이나 몰상식한 일이다. 마찬가지로 다양한 연령층의 남녀 개인들의 결합으로 작업인원이 구성되는 것은, 생산과정이 노동자를 위해 존재하지 않고 노동자가 생산과정을 위해 존재하며, 즉 태생적으로 야만적인 자본주의적 형태에서는 파멸과 노예 상태라는 해독의 원천이 되지만, 적당한 조건이 주어진다면 인류발전의 원천으로 돌변할 수밖에 없다는 것 또한 분명하다.[231]

이미 살펴본 바와 같이, 최초의 기계제 생산의 산물인 방적업과 방직업에 대해서만 적용되던 특별법인 공장법을 모든 사회적 생산에 적용되는 일반법으로 변화시킬 필요성이 대공업의 역사적 발전 과정에서 대두되었다. 즉 대공업의 배후에서 매뉴팩처, 수공업 그리고 가내노동의 전통적인 모습이 철두철미하게 변혁되는 과정에서 대두되었다. 매뉴팩처는 끊임없이 공장으로, 수공업은 끊임없이 매뉴팩처로 그리고 마지막으로 수공업과 가내노동 영역은 비교적 놀랄 만큼 짧은 기간에 가장 극악무도한 자본주의적 착취가 자유롭게 이루어지는 고난의 거처로 변하는 과정에서 생겨났다. 특별법을 어쩔 수 없이 일반법으로 확대할 수밖에 없게 만든 두 가지 결정적인 상황이 있는데, 그 하나는 자본이 사회 주변의 몇몇 지점에서 국가의 통제를 받게 되면 다른 지점에서 훨씬 더 과도한 보상을 얻어내려고 한다

---

231) "공장노동은 가내노동만큼이나 완전하고 탁월하며, 오히려 그 이상이라고도 할 수 있다."(《공장감독관 보고서》, 1865년 10월 31일, 129쪽)

는[232] 사실이며, 또 다른 하나는 경쟁조건의 평등, 즉 노동착취에 대한 동일한 제한을 요구하는 자본가 자신의 아우성이다.[233] 이에 대한 애절한 호소를 들어보자. 쿡슬리사社(브리스톨에 있는 못, 쇠사슬 등의 제조업자)는 공장법의 규제를 자발적으로 회사에 도입했다.

"부근의 업체들이 오랫동안 불규칙한 제도를 유지하고 있기 때문에, 이 회사는 이 곳에서 일하는 소년들이 저녁 6시 이후 다른 업체에서 계속 일하고 싶은 유혹을 받을 수 있다는 불리한 입장에 처해있다. 물론 이 업체도 다음과 같이 말한다. 이것은 우리에게 부당하며 손실을 가져온다. 우리에게 이익을 가져다주어야 할 소년들의 온전한 힘 가운데 일부가 소진되기 때문이다."[234]

런던의 종이상자와 종이봉투 제조업자인 심프슨은 '아동고용위원회'의 위원들에게 다음과 같이 말하고 있다.

"나는 공장법의 도입을 위한 그 어떤 청원에도 서명하려고 한다. 나의 작업장의 하루가 끝난 후에도 다른 공장주들이 더 길게 작업을 시켜 나의 주문을 낚아채지 않을까 하는 생각에 밤마다 안절부절 못한다."[235]

'아동고용위원회'가 간추린 내용은 다음과 같다.

---

232) 같은 보고서, 27, 32쪽.
233) 이에 대한 많은 증거는 《공장감독관 보고서》에서 찾을 수 있다.
234) 《아동고용위원회 5차 보고서》, 부록 10쪽, 35번.
235) 같은 보고서, 부록 9쪽, 28번.

"노동자를 대규모로 사용하는 공장에는 규제를 적용하고, 동일한 생산부문의 소규모 기업에는 노동시간에 대한 아무런 법적 규제를 적용하지 않는 것은 전자에게 부당하다. 소규모 작업장을 법적인 규제에서 제외하는 경우, 노동시간과 관련된 불공정한 경쟁 조건에 또 하나의 불이익이 대규모 공장주에게 추가된다. 대규모 사업장으로 공급되어야 할 소년노동과 성인여성노동이 법의 적용에서 제외된 소규모 작업장으로 몰리게 된다. 결국 이러한 상황은 소규모 작업장을 증가시키겠지만, 이러한 작업장은 거의 예외 없이 국민의 건강, 안락, 교육과 전반적인 후생에 조금도 유익하지 않다."[236]

'아동고용위원회'는 최종보고서에서 140만여 명의 약 절반이 소기업과 가내노동에서 착취당하고 있는 아동, 청소년, 성인여성들에게도 공장법을 적용할 것을 제안했다.[237] 위원회는 다음과 같이 말하고 있다.

"의회가 우리의 제안을 전적으로 받아들인다면, 그러한 입법은 우선 그것의 적용을 받는 청소년과 약자뿐만 아니라, 직접적으로나 (성인여성) 간

---

236) 같은 보고서, 부록 25쪽, 165-167번. 소기업에 비교한 대기업의 장점에 관해서는 《아동고용위원회 3차 보고서》, 13쪽, 144번. 25쪽, 121번. 26쪽, 125번. 27쪽, 140번 등을 참조하라.

237) 조치를 취해야 할 공업 부문은 다음과 같다. 레이스 매뉴팩처, 양말제조업, 밀집세공업, 각종 의류 매뉴팩처, 조화제조업, 구두, 모자 및 장갑제조업, 재봉업, 용광로부터 못 제조업 등에 이르는 모든 금속공장, 종이공장, 유리 매뉴팩처, 담배 매뉴팩처, 고무공장, 연사공장(방적을 위한), 융단 수직업, 우산과 양산 매뉴팩처, 방추와 실패 매뉴팩처, 인쇄업, 제본업, 문구(종이상자, 카드, 색종이 등의 제조도 이에 속한다) 제조업, 로프 제조업, 흑색옥으로 만든 장식품 매뉴팩처, 벽돌제조업, 수직 비단 매뉴팩처, 코번트리에 있는 방직업, 제염업, 양초 제조업, 시멘트공장, 설탕공장, 비스킷 제조업, 각종 목재 가공업과 온갖 노동 부문들.

접적으로(성인남성) 그 적용 범위에 들어가는 대부분의 성인노동자에게 매우 유익한 영향을 끼칠 것이라는 사실에는 의심의 여지가 없다. 이 법안은 그들에게 규칙적이고 단축된 노동시간을 강요할 것이다. 이것은 이들 노동자 자신의 복지와 국가의 부강을 좌지우지하는 체력을 절약하여 비축할 것이다. 그리고 이 법안은 신체를 손상시키고 파괴하는 유년기의 과도한 노동에서 자라나는 세대를 보호할 것이다. 또한 적어도 13세까지의 아이들에게 기초교육 기회를 제공함으로써 위원회의 보고서에 매우 성실하게 묘사되어 있으며 비통한 심정과 심심한 국가적 굴욕감을 느끼지 않고서는 눈여겨 볼 수 없는 믿기지 않는 노동자의 무지도 끝낼 수 있을 것이다."[238]

토리당 내각은 1867년 2월 5일 의회의 개원식에서 행한 국왕의 연설에서 산업조사위원회의 제안을 '법안'으로 작성했다고 발표했다.[239] 이 법안을 위해 20년에 걸친 무가치한 신체에 대한 실험이 필요했다. 이미 1840년에 아동노동에 대한 의회조사위원회가 임명되었었다. 1842년 이 위원회의 보고서는 시니어의 말에 따라 다음과 같이 적고 있다.

"세상 사람들의 아직까지 단 한 번도 본 적 없는 자본가와 부모의 탐욕, 이기심, 잔인함과 아동과 청소년의 곤궁, 타락 그리고 파멸에 대한 가장

---

238) 같은 보고서, 부록 25쪽, 169번.

239) 공장법 연장법안은 1867년 8월 12일 통과되었다. 이 법은 모든 금속주조업, 쇠 담금질 공장 그리고 기계공장을 포함하는 금속 매뉴팩처, 더 나아가 유리, 종이, 구타페르카(말레이시아 원산) 고무, 탄성고무, 담배 등의 매뉴팩처, 서적인쇄업, 제본업, 마지막으로 50명 이상의 고용한 모든 작업장을 규제했다. 1867년 8월 17일 통과된 노동시간 규제법은 더 작은 작업장과 이른바 가내노동을 규제했다. 나는 이들 법률과 1872년의 새로운 광업법에 대해 2권에서 다시 언급하겠다.

끔찍한 광경. 아마도 사람들은 이 보고서가 과거 어떤 시대의 참상을 그리고 있다고 잘못 생각할 수도 있다. 그러나 유감스럽게도 이러한 심각한 참상이 이전과 다름없이 지속되고 있다는 보고서가 제출되어 있다. 2년 전 하드위크가 발간한 소책자에서는 1842년에 비난받았던 온갖 악습들이 오늘날(1863)에도 여전히 만연하고 있다고 서술하고 있다. … 이 보고서(1842)는 20년 동안이나 파묻혀 있었으며, 그 동안 우리가 도덕이라고 부르거나 학교교육, 종교 또는 타고난 가족애라고 부르는 것에 대해 아무것도 모르고 성장한 아이들이 현세대의 부모가 되었다."[240]

그러는 사이에 사회상황은 변했다. 의회는 1842년 당시처럼 1863년 위원회의 요구를 감히 거절하지 못했다. 위원회가 보고서의 일부를 처음으로 출간한 1864년에 이미 섬유산업에 적용되고 있던 법률이 토기공업(도자기 제조업 포함), 벽지, 성냥, 탄약통과 뇌관 그리고 비로드 털깎기 등에 적용되었다. 1867년 2월 5일의 의회개원식에서 행한 국왕의 연설에서 당시 토리당 내각은 1866년 임무를 완수한 위원회의 최종 제안에 기초하여 좀 더 진전된 법안을 상정하겠다고 발표했다.

1867년 8월 15일에는 공장법 연장법안이 그리고 8월 21일에는 작업장 규제법이 왕의 재가를 받았는데, 전자는 대규모 사업부문을 그리고 후자는 소규모 사업부문을 규제했다.

공장법 연장법안은 용광로, 제철소, 구리제련소, 주물공장, 기계공장,

---

240) 시니어, 《사회과학대회》, 55-58쪽.

금속작업장, 구타페르카 고무공장, 종이공장, 유리공장, 담배공장, 더 나아가 인쇄업과 제본업, 즉 적어도 일 년에 100일 이상 50명 이상의 인원을 동시에 고용하는 모든 종류의 공장을 규제했다.

이 법률에 포함되는 영역이 얼마나 확대되었는가를 알아보기 위해, 이 법률이 구체적으로 정해놓은 몇 가지 정의를 들어보자.

"수작업이란(이 법률에서) 직업적으로나 영리를 목적으로 또는 일시적으로나마 판매하기 위해 어떤 물품이나 그 일부분을 제조, 변경, 장식, 수선 또는 마무리하는 일체의 육체노동을 의미한다."

"작업장이란 그 어떤 아동과 청소년노동자 그리고 여성들에 의해 '수작업'이 이루어지고, 또 그들을 고용하고 있는 사람이 출입과 통제의 권리의 가지고 있는 옥내 또는 옥외의 모든 방이나 장소를 의미한다."

"피고용인이란 임금을 받든 안 받든, 한 명의 주인이나 다음에 상세하게 규정되어 있는 부모 가운데 한 사람의 밑에서 '수작업'에 종사하는 자를 의미한다."

"부모는 아동이나 청소년노동자를 후견 또는 감독하는 아버지, 어머니 그리고 후견인 또는 다른 사람들을 의미한다."

이 법률의 규정을 위반하여 아동과 청소년 그리고 여성을 고용하는 경우 받게 되는 벌칙조항인 제7조는 부모 가운데 한 명이든 아니든 간에 그 작업장의 소유주뿐만 아니라, "아동, 청소년노동자 그리고 여성을 감독하거나 이들의 노동으로부터 직접적인 이익을 얻는 부모와 다른 사람들 모두"에게도 벌금을 부과하도록 규정하고 있다.

대공장에 적용되는 공장법 연장법안은 많은 고약한 예외조항과 자본가와의 비겁한 타협으로 인해 이전의 공장법만 못하다.

작업장 규제법Workshops' Regulation Act은 그 모든 세부조항이 빈약했는데, 그 시행을 위임받은 도시와 지방당국의 수중에서 사문화되었다. 1871년 의회가 이들 당국으로부터 전권을 빼앗아 공장감독관들에게 넘겨주었을 때, 그들이 감독해야 할 작업장은 한꺼번에 100,000개 이상 늘어났으며 기와공장만 해도 300개나 늘어났다. 그러나 감독인원은 그전까지 이미 매우 부족했음에도 불구하고 8명의 보조감독관만이 추가되었을 뿐이었다.[241]

1867년의 잉글랜드 입법에서 주의를 끄는 점은, 우선 지배 계급의 의회가 자본주의적 착취를 침해하는 특별하고도 광범위한 조치를 원칙적으로 수용할 수밖에 없도록 만든 점이며, 다음으로는 이 조치를 실제로 만들 때 의회는 내키지 않아 망설였으며, 성의도 없었다는 점이다.

1862년의 조사위원회는 광산업에 대해서도 새로운 규제를 제안했

---

241) 공장을 감독하는 인원은 3명의 감독관, 2명의 부감독관 그리고 41명의 보조감독관으로 구성되어 있었다. 1871년에 8명의 보조감독관이 추가로 임명되었다. 1871-72년 잉글랜드, 스코틀랜드 그리고 아일랜드에서 공장법의 집행에 든 총비용은 위반자에 대한 소송에 들어간 재판 비용을 포함하여 불과 25,347£에 지나지 않았다.

다. 지주와 산업자본가의 적대적인 이해관계가 공장입법에는 유리한데 이 산업의 경우 지주와 산업자본가의 이해관계가 일치한다는 점이 다른 산업들과 구별된다. 이러한 이해관계의 대립이 광산업에서는 존재하지 않았다는 사실은 온갖 트집으로 규제가 지연된 이유를 충분히 설명한다.

1840년 조사위원회는 광산업에서 자행되고 있던 끔찍하기 이를 데 없는 사실을 폭로했다. 이 사실은 사람들의 분노를 불러일으켰을 뿐만 아니라 유럽 전체에 물의를 일으켰기 때문에, 의회는 1842년의 광산법을 통해 자신의 양심을 구원할 수밖에 없었다. 그러나 이 광산법은 단지 여성과 10세 미만 아동의 갱내 작업을 금지시켰을 뿐이었다.

이어 1860년에 나온 광산감독법에 따르면 광산은 특별히 임명된 관리의 감독을 받아야 했으며, 10-12세의 소년들은 학교에 다닌다는 증명서를 가지고 있거나 일정한 시간을 학교에 갈 경우에만 고용될 수 있었다. 이 법률은 감독관의 권한이나 수가 터무니없이 적었을 뿐만 아니라 앞으로 자세하게 설명할 여러 가지 원인들로 인해 완전히 사문화되었다.

광산에 관한 잉글랜드 의회 추밀원 최근 보고서 가운데 하나는 《광산특별위원회 보고서》(증거자료 포함, 1866년 7월 23일)이다. 이 보고서는 증인을 소환하고 신문할 권리를 가진 하원의원으로 구성된 위원회가 작성한 2절판의 책인데, '보고' 자체는 겨우 다섯 줄밖에 되지 않고, 그 내용 역시 위원회로서는 아무 할 말이 없으며 '더 많은 증인을 신문해봐야 한다!'는 내용뿐이다.

증인에 대한 신문 방식은, 변호사가 증인의 마음을 어지럽히는 뻔뻔한 반대 심문을 통해 증인을 당황하게 만들어 사실을 왜곡하게 만드는 잉글랜드 법정에서의 반대 심문을 생각나게 한다. 그런데 이 위원회에서는 변호인 자신이 바로 의회의 조사위원이며, 그들 가운데는 광산 소유자와 광산 경영자도 포함되어 있다. 증인은 광산 노동자인데 그 대부분은 탄광노동자이다. 이 광대극은 자본의 정신을 가장 잘 특징짓기 때문에 몇 개의 심문 내용을 발췌해 보여주지 않을 수 없다. 이에 대한 간단한 줄거리를 보여주기 위해 나는 발췌한 조사 결과에 제목을 붙였다. 그리고 잉글랜드 의회의 추밀원 보고서에는 질문과 의무적인 답변에 번호가 매겨져 있으며, 여기에 인용된 진술을 한 증인들이 탄광노동자들임을 주의하기 바란다.

1. 광산에서 10세 이상 소년들이 하는 일

광산까지 오가는 시간을 포함하여 보통 14-15시간이며, 예외적으로 더 길어진 경우에는 새벽 3-5시부터 저녁 4-5시까지 계속된다. (6번, 452번, 83번) 성인노동자는 2교대제로 8시간씩 일하지만, 소년들에게는 비용을 절약하기 위해 이런 교대가 없다. (80번, 203번, 204번) 어린 아이들은 주로 광산의 여러 구역에 있는 통로의 문을 열고 닫는데 사용되고, 나이가 더 많은 소년들은 석탄 운반 등과 같은 힘든 노동에 사용된다. (122번, 739번, 740번) 갱내에서의 장시간 노동은 본격적인 광산노동으로 투입되는 18-22세까지 계속된다. (161번) 아동과 청소년들은 오늘날 과거 어느 때보다 심하게 고생한다. (1663-1667번) 광산노동자들은 거의 전원 일치로 14세 미만의 아동에 대해 광산 노동을 금지하는 의회법률을 요구했다. 그런데 하원의원 비비안은(그 자신이 광산경영자) 다음과 같이 질문한다.

[질문] 비비안 의원: 이러한 요구는 부모가 얼마나 가난한가에 달려있지 않은가?

[질문] 부르스 위원: 아버지가 죽거나 불구가 된 가족에게서 이 수입원을 뺏는 것은 지나치지 않은가? 그리고 일반적인 법규가 통용되어야 한다. 당신들은 그 어떤 경우에도 14세 미만의 아동의 갱내 작업을 금지하고자 하는가?

[답변] 사용자: 그렇다. (107-110번)

[질문] 비비안 의원: 광산에서 14세 미만의 노동이 금지된다면, 부모들은 자식들을 공장 등으로 보내지 않겠는가?

[답변] 사용자: 대개는 그렇지 않다. (174번)

[답변] 노동자: 문을 열고 닫는 것은 쉬워 보이지만, 매우 고통스러운 작업이다. 지속적으로 문을 열고 닫는 일을 제외하더라도, 소년은 어두운 지하 감옥에 갇혀 있는 것과 똑같다.

[질문] 비비안 의원: 촛불만 있다면 소년은 문지기를 하는 동안 책을 읽을 수 있지 않는가?

[답변] 사용자: 우선 그는 양초를 사야한다. 게다가 그에게는 그런 일이 허용되지 않는다. 그는 자신의 업무를 다하기 위해 그 자리에 있다. 그는 자신의 임무를 수행해야 한다. 나는 갱내에서 책을 읽는 소년을 본 적이 한 번도 없다. (139번, 141-160번)

2. 교육

광산 노동자들은 공장에서와 마찬가지로 아동의 의무교육을 규정한 법률을 요구했다. 그들은 10-12세의 소년을 사용하기 위해 교육증명서가 필요하다는 1860년의 법률 조항이 순전히 허황된 것이라고 말하고 있다. 이 문제에 대해 자본가의 편인 예비판사의 '지나치게 꼼꼼한' 심문과정은 매우 우습다.

[질문] 예비판사: 그 법률이 더 필요한 대상은 사용자인가 부모인가?(115번)

[답변] 사용자: 둘 다이다. (116번)

[질문] 예비판사: 어느 한 쪽에만 더 필요한가?

[답변] 사용자: 내가 어떻게 대답해야 하는가?(137번).

[질문] 예비판사: 사용자가 노동시간을 학교수업에 맞추어 짜려는 시도를 했는가?

[답변] 사용자: 그런 일은 결코 없다. (211번)

[질문] 예비판사: 뒤늦게라도 광산노동자의 교육은 더 나아지지 않았는가?

[답변] 사용자: 전반적으로 더 악화되고 있다. 그들은 악습에 물들어 음주와 도
박 등에 빠져 완전히 파탄할 것이다. (454번)

[질문] 예비판사: 왜 아이들을 야간학교에 보내지 않는가?

[답변] 사용자: 대부분의 탄광 지역에는 야간학교가 없다. 그러나 주요 원인은
아이들이 장시간에 걸친 과도한 노동 때문에 기진맥진해 눈을 뜰 수 없기
때문이다.

이 부르주아는 마지막 질문을 던진다.

[질문] 예비판사: 자 그럼, 당신들은 교육에 반대하는가?

[답변] 사용자: 결코 아니다, 그러나 등등. (443번)

[질문] 예비판사: 광산소유자 등은 그들이 10-12세 사이의 아동들을 사용하려고
하면 교육증명서를 요구해야 하지 않는가?

[답변] 사용자: 법률은 그렇지만 그들은 그렇게 하지 않고 있다. (444번)

[질문] 예비판사: 당신들의 생각에 따르면 이 법률조항은 전반적으로 실행되지
않고 있는가?

[답변] 사용자: 전혀 실행되지 않고 있다. (717번)

[질문] 예비판사: 광산 노동자들이 이러한 교육 문제에 관심을 가지고 있는가?

[답변] 사용자: 절대 다수가 가지고 있다. (718번)

[질문] 예비판사: 당신들은 이 법률이 시행되기를 간절히 바라는가?

[답변] 사용자: 대다수가 그렇다. (720번)

[질문] 예비판사: 그렇다면 도대체 왜 당신들은 이 법률의 시행을 강요하지 않는가?

[답변] 사용자: 많은 노동자들이 교육증명서가 없는 소년들을 거절하기를 바라지만, 그들은 요주의 인물로 지목된다. (721번)

[질문] 예비판사: 누구에 의해 찍히는가?

[답변] 사용자: 그의 사용자이다. (722번)

[질문] 예비판사: 당신들은 사용자들이 어떤 사람을 박해하는 이유가 그가 법률을 지키는 않았기 때문이라고 생각하지 않는단 말인가?

[답변] 사용자: 나는 사용자들이 법을 지키지 않는다고 생각한다. (723번)

[질문] 예비판사: 왜 노동자들은 그런 소년들을 고용하는 것을 거부하지 않는가?

[답변] 사용자: 그것은 그들이 선택할 일이 아니다. (1634번)

[질문] 예비판사: 당신들은 의회가 개입하기를 원하는가?

[답변] 사용자: 탄광노동자 자식들의 교육을 위해 어떤 효과적인 일이 벌어져야 한다면, 의회에서 제정한 법률을 통해 강제로 이루어져야만 한다. (1636번)

[질문] 예비판사: 그렇다면 이 의회법률은 그레이트브리튼의 모든 노동자 자식들에게 적용되어야 하는가, 아니면 탄광노동자의 자식들에게만 적용되어야 하는가?

[답변] 사용자: 나는 탄광노동자의 이름으로 말하기 위해 여기에 왔다. (1638번)

[질문] 예비판사: 왜 탄광 아이들을 다른 아이들과 구별하는가?

[답변] 사용자: 그들은 일상을 벗어난 하나의 예외이기 때문이다. (1639번)

[질문] 예비판사:어떤 점에서 그러한가?

[답변] 사용자: 육체적인 면에서 그러하다. (1640번)

[질문] 예비판사: 왜 탄광 아이들을 위한 교육이 다른 부류의 아이들보다 더 가치가 있다고 생각하나?

[답변] 사용자: 더 가치 있다고 말하는 것은 아니다. 그러나 그들은 광산에서 과도한 노동을 하기 때문에 주간학교와 주일학교에서 교육을 받을 기회가 더 적다. (1644번)

[질문] 예비판사: 이러한 문제들을 전적으로 다룰 수 없지 않는가?(1646번) 그 지방에는 학교가 충분히 있는가?

[답변] 사용자: 없다. (1647번)

[질문] 예비판사: 만약 국가가 모든 아이들을 학교에 보내라고 요구한다면, 그들 모두를 위한 학교가 도대체 어느 곳에 만들어질 것인가?

[답변] 사용자: 그러한 상황이 필요하게 되자마자, 학교는 저절로 생겨날 것이라고 생각한다. 아이들뿐만 아니라 대다수의 성인 광산노동자 역시 쓰지도 읽지도 못한다. (705번, 726번)

3. 여성노동

여성노동자들은 1842년부터는 더이상 갱내에서 일하지 않고, 지상에서 석탄 등을 싣거나, 운하나 철도 차량까지 탄차를 끌고 가거나 석탄을 분류하는 작업에 사용되었다. 여성들의 사용은 지난 3-4년간 많이 증가했다. (1727번) 그들의 대부분은 성인여성, 탄광노동자의 부인이나 딸 그리고 과부였으며 12세에서 50-60세까지였다. (647번, 1779번, 1981번)

[질문] 위원: 광산 노동자들은 여성들이 광산에서 일하는 것에 대해 어떻게 생각하는가?(648번)

[답변] 사용자: 대개는 비난 한다. (649번)

[질문] 위원: 왜 그런가?

[답변] 사용자: 그들은 광산노동이 여성들의 품위를 떨어뜨린다고 생각한다. … 그들은 남자가 입는 옷을 입는다. 많은 경우 수치심이 사라진다. 많은 여성들이 담배를 핀다. 그들의 일은 갱내의 일과 마찬가지로 더럽다. 그들 가운데는 결혼한 여자들이 많은데, 이들은 가정에서 해야 할 일을 할 수가 없다. (651번 이하, 701번, 709번)

[질문] 위원: 과부들이 (주급 8-10실링) 이렇게 벌이가 좋은 일을 다른 곳에서 구할 수 있는가?

[답변] 사용자: 그것에 대해 나는 아무 할 말이 없다. (710번)

[질문] 위원: 그럼에도 당신들은 (냉정한 인간!) 그들의 생계비를 끊어버리려고 작정했는가?

[답변] 사용자: 분명히 그렇다. (1715번)

[질문] 위원: 이 곳의 전반적인 분위기는 어떠한가?

[답변] 사용자: 광산노동자인 우리는 여성들을 매우 존중하기 때문에, 그들이 석탄을 캐는 갱내로 쫓기다시피 들어가는 것을 차마 볼 수 없다. … 이 일의 대부분은 매우 힘들다. 이 일을 하는 많은 소녀들은 하루에 10톤의 광물을 끌어 올린다. (1732번)

[질문] 위원: 당신들은 광산에서 일하는 여성노동자들이 공장에서 일하는 여성노동자들보다 더 부도덕하다고 생각하는가?

[답변] 사용자: 부도덕한 여성노동자들의 비율은 공장에서 일하는 여성노동자들보다 더 높다. (1733번)

[질문] 위원: 그러나 당신들은 공장의 도덕 상태에도 만족하지 못하지 않는가?

[답변] 사용자: 그렇다. (1734번)

[질문] 위원: 그렇다면 공장에서의 여성노동도 금지되어야 하는가?

[답변] 사용자: 아니다. 나는 바라지 않는다. (1735)

[질문] 위원: 왜 아닌가?

[답변] 사용자: 공장노동이 여성에게 더 명예롭고 더 적합하기 때문이다. (1736)

[질문] 위원: 그럼에도 당신들은 공장노동이 여성들의 품행을 해친다고 생각하는가?

[답변] 사용자: 아니다. 오래 전부터 탄광노동보다 훨씬 덜했다. 내가 이렇게 말하는 건, 도덕적인 이유에서뿐만 아니라 육체적이고 사회적인 이유 때문이다. 소녀들의 사회적 타락은 비참하고 극단적이다. 이 소녀들이 광산노동자들의 부인이 되면, 남편들은 그들의 타락 때문에 매우 괴로워하며 집에서 나와 술독에 빠지게 된다. (1737번)

[질문] 위원: 제철소에서 일하는 여성들도 그러하지 않겠는가?

[답변] 사용자: 다른 산업부문에 대해서는 뭐라 말 할 수 없다. (1740번)

[질문] 위원: 그렇다면 제철소에서 일하는 여성들과 광산에서 일하는 여성들의 차이점은 도대체 무엇인가?

[답변] 사용자: 이 문제에 대해서는 생각해 본 적이 없다. (1741번)

[질문] 위원: 당신들은 두 부류 사이의 차이점을 발견할 수 있는가?

[답변] 사용자: 나는 그것에 대해 그 어떤 확신도 없다. 그러나 집집마다 다녀본 결과 나는 우리 지방의 창피스러운 상황을 알게 되었다. (1750번)

[질문] 위원: 당신들은 여성노동이 타락하는 모든 곳에서 그것을 폐지하기를 바라지 않는가?

[답변] 사용자: 그렇다. … 아이들의 어머니에 의해 정서적으로 안정된 교육을

받아야 한다. (1751번)

[질문] 위원: 그러나 여성들이 농업에 종사하여도 그러하지 않겠는가?

[답변] 사용자: 농업노동은 불과 두 계절만 계속되지만, 광산에서는 사계절 내내 일을 하며, 밤낮으로 일하는 경우도 흔하기 때문에 온 몸에 땀을 흠뻑 적시게 되고, 몸은 약해지고 건강은 망가진다. (1753)

[질문] 위원: 당신들은 이 문제(즉 여성노동)를 폭넓게 살펴본 적이 있는가?

[답변] 사용자: 나는 내 주변을 살펴보았는데 탄광에서의 여성노동에 비할 만한 것을 어느 곳에서도 찾지 못했다는 것만큼은 말 할 수 있다. (1793번, 1794번, 1808번)

이것은 남성의 일이며 그것도 힘센 남성이나 할 일이다. 광산노동자들 가운데, 좀 더 나은 삶을 추구하고 인간답게 살고자 하는 부류도 부인에게서 어떤 도움을 받는 대신 그들 때문에 좌절한다.

부르주아들이 이런저런 질문을 더 한 후에, 드디어 과부와 가난한 가족 등에 대한 그들의 '동정심'의 비밀이 밝혀졌다.

"탄광소유주들은 어떤 신사들을 감독관으로 임명하는데, 이들은 주인의 칭찬을 받기 위해 모든 것을 가능한 한 경제적으로 처리할 방침을 세우며, 따라서 고용된 소녀들은 성인남자가 2실링 6펜스를 받는 성인남성의 일을 하면서도 1실링에서 1실링 6펜스밖에 받지 못한다."(1816번)

4. 검시-배심

[질문] 위원: 당신들 지방에서의 검시관의 검시에 관해서인데, 노동자들은 재해가 발생했을 때 재판 절차에 만족하는가?(360번)

[답변] 사용자: 아니다. 만족하지 않는다. (360-375번)

[질문] 위원: 왜 만족하지 않는가?

[답변] 사용자: 무엇보다도 광산에 대해 전혀 모르는 사람들이 배심원이 되기 때문이다. 노동자들은 단지 증인으로만 소환된다. 대개 근처의 소매상들이 배심원이 되는데, 그들은 그들의 고객인 광산소유주의 영향하에 있으며 증인들이 광산에서 사용하는 전문용어를 전혀 이해하지 못한다. 우리는 배심원의 일부를 광산노동자로 구성하기를 바란다. 판결은 보통 증언과 어긋난다. (378번).

[질문] 위원: 배심원들이 불공평해서는 안 된다는 말인가?

[답변] 사용자: 그렇다. (379번)

[질문] 위원: 노동자들은 공평할 수 있겠는가?

[답변] 사용자: 나는 노동자들이 불공평해야할 이유를 찾을 수 없다. 그들은 이 문제에 관한 전문지식을 가지고 있다. (380번)

[질문] 위원: 그러나 그들은 노동자들의 편을 들어 부당하게 가혹한 판결을 내리려고 하지 않겠는가?

[답변] 사용자: 아니다. 나는 그렇게 생각하지 않는다.

5. 부정한 평가기준과 무게단위

노동자들은 14일 대신 일주일 단위로 지불해 줄 것과 석탄을 실은 용기의 무게 대신에 실제 무게를 평가기준으로 해줄 것, 그리고 부정한 무게단위의 사용을 금지해 줄 것 등을 요구한다.

[질문] 위원: 석탄을 싣는 용기의 크기를 사기를 쳐서 늘린다면, 2주의 예고기간 후에 광산을 떠나면 되지 않겠는가?(1071번)

[답변] 노동자: 다른 곳에 가도 사정은 마찬가지이다. (1072번)

[질문] 위원: 그래도 부당한 일이 행해지고 있는 곳을 떠날 수 있지 않은가?

[답변] 노동자: 그것은 어디를 가도 만연하고 있다. (1073번)

[질문] 위원: 그러나 가는 곳마다 14일의 예고기간 후에 떠날 수 있지 않는가?

[답변] 노동자: 그렇다.

여기서 그만 하자!

6. 광산 감독

노동자가 당하는 사고 원인은 단지 가스폭발만이 아니다.

[답변] 노동자: "우리는 갱내의 환기가 너무 안 좋아 사람들이 거의 숨도 쉴 수
없다는 점에 대해서도 불평하지 않을 수 없다. (234번 이하) 그 때문에 사람
들은 그 어떤 일도 할 수 없게 된다. 내가 일하고 있는 광산의 일터에서는
지금도 유독한 공기로 인해 많은 사람들이 몇 주 동안 병상으로 내던져지
고 있다. 주요 갱도에는 대개 환기가 충분히 잘 되지만, 우리의 일터는 그
렇지 않다. 누군가가 환기에 대한 불만을 감독관에게 애기하면 그는 해고
되며, '지목된' 사람이 되어 다른 어느 곳에서도 일자리를 찾을 수 없게 된
다. 1860년의 '광산감독법'은 그저 휴지조각에 지나지 않는다. 그 수가 턱
도 없이 적은 감독관은 아마 7년 만에 한 번 형식적인 방문을 했을 뿐이
다. 우리의 감독관은 매우 무능력한 70세 노인으로, 130개 이상의 탄광들
을 관리하고 있다. 감독관이 더 많이 필요할 뿐만 아니라 부감독관도 필
요하다. (280번)

[질문] 위원: 그렇다면 정부가 노동자들이 주는 정보 없이 당신들이 요구하는 모

든 것을 처리할 수 있는 감독관 부대를 고용해야 하나?

[답변] 노동자: 불가능하다. 감독관이 스스로 정보를 수집하러 와야 한다. (285번)

[질문] 위원: 그렇게 되면 환기 등에 대한 책임(!)이 광산소유주에서 정부 관리로 넘어간다고 생각하지 않는가?

[답변] 노동자: 결코 아니다. 이미 존재하는 법률을 지키게 하는 일은 정부 관리의 몫이 되어야 한다. (294번)

[질문] 위원: 당신들이 말하는 부감독관이란 현재의 감독관보다 보수도 적고 지위도 낮은 사람들을 의미하는가?

[답변] 노동자: 가능하다면 우리는 더 높은 지위를 가진 사람을 원한다. (295번)

[질문] 위원: 당신들은 더 많은 감독관을 원하는가, 아니면 감독관보다 더 낮은 지위를 가진 사람들을 원하는가?

[답변] 노동자: 우리는 광산의 이곳저곳을 직접 발로 뛰어다니는 사람들, 제몸을 아끼지 않는 사람들이 필요하다. (297번)

[질문] 위원: 당신들이 바라는 대로 더 낮은 지위의 감독관으로 채워진다면, 그들의 능력이 부족하기 때문에 위험이 발생하지 않겠는가?

[답변] 노동자: 아니다. 적당한 사람을 임명하는 것은 정부의 일이다.

이런 종류의 신문은 조사위원회 위원장에게도 지나치게 불합리해 보이게 되어, 마침내 그가 끼어들었다.

[질문] 위원장: 당신들은 직접 광산을 둘러보고 본 것을 감독관에게 보고하여, 그 감독관이 고차원적인 지식을 사용할 수 있게 하는 실천적인 사람을 원하는가?(531번)

이처럼 낡은 갱내 모두에 환기장치를 설치하면 비용이 지나치게 많이 들지 않겠는가?

[답변] 노동자: 그렇다. 비용은 늘어나겠지만 인명은 보호될 것이다.

　한 탄광노동자가 1860년 법률의 17조에 대해 다음과 같이 항의했다. (581번)

[항의] 노동자: 지금은 광산감독관이 광산의 한 곳이 더이상 손쓸 수 있는 상태가 아니라는 것을 발견하면 광산소유주나 내무부장관에게 이를 보고해야 한다. 그때부터 광산소유주는 20일의 유예기간을 가지게 된다. 유예기간의 마지막 날 그는 그 어떤 변경도 거부할 수 있다. 그러나 거부할 경우에 그는 내무부장관에서 서한을 보내 그에게 5명의 광산 엔지니어들을 추천해야 한다. 그럴 경우 장관은 이 5명 가운데 한 명을 매개자로 임명해야 한다. 우리의 주장은 이런 경우에 광산 소유주가 사실상 자기 편의 사람을 심판관으로 임명하게 된다는 것이다.

　자신이 광산소유주인 부르주아 심문관은 다음과 같이 말했다. (586번)

[질문] 심문관: 당신들은 그저 추측에 근거한 이의를 제기할 뿐이다. (588번) 따라서 당신들은 광산 엔지니어의 진실성을 매우 하찮게 생각하지 않는가?

[답변] 노동자: 나는 감독관을 임명하는 방식이 매우 부당하고 불공평하다고 말하는 것이다. (제589번)

[질문] 심문관: 광산 엔지니어는 일종의 공적인 성격을 가지고 있다고 해서, 당신들이 걱정하는 편파적인 결정을 내리기야 하겠는가?

[답변] 노동자: 나는 이 사람들의 개인적인 품성에 대한 질문에 답하기를 거부한

다. 나는 그들이 많은 경우에 매우 편파적으로 행동한다고 확신한다. 또한 사람의 생명이 위험에 처한 경우에는 이러한 권력을 그들로부터 박탈해야 한다고 믿는다.

바로 그 부르주아는 뻔뻔스럽게 다음과 같이 질문한다.

[질문] 심문관: 당신들은 폭발이 일어나면 광산 소유주들도 손실을 입는다고 생각하지 않는가?

마지막으로, (1042번)

[질문] 심문관: 당신 노동자들은 정부의 도움에 호소하지 않고 자신들의 이익을 스스로 지킬 수는 없는가?
[답변] 노동자: 없다.

1865년에 그레이트브리튼에는 3,217개의 탄광이 있었는데 감독관은 12명이었다. 요크서의 한 광산 소유주의(1867년 1월 26일자 《타임스》) 계산에 따르면, 감독관들이 사무실에서 하는 일이 전혀 없고 모든 시간을 다 쏟아붓는다고 하더라도, 그들은 각 광산을 10년에 한 번만 방문할 수 있다. 최근 10년 동안(특히 1866년과 1867년) 사고가 그 건수나 규모(때때로 200-300명의 노동자들의 희생되었다)에 있어서 꾸준히 증가하고 있는 것은 놀라운 일이 아니다. 이것이 바로 '자유로운' 자본주의적 생산의 아름다운 점이다!

어쨌든 1872년의 법률은 결함이 많기는 했지만 광산에서 일하는 아동들의 노동시간을 규제하고 광산 경영자와 광산 소유주에게 이른바 재해에 대해 일정한 정도의 책임을 부과한 최초의 법률이다.

1867년, 농업에서 아동, 청소년 그리고 성인여성들의 노동을 조사하기 위해 왕립위원회는 몇 개의 매우 중요한 보고서를 발간했다. 공장입법의 원칙들을 수정된 형태로 농업에 적용하려는 다양한 시도들이 있었지만, 지금까지는 모두 완전히 실패로 돌아갔다. 내가 여기서 주위를 환기시켜야만 하는 것은, 이 원칙들을 일반적으로 적용해야 하는 어쩔 수 없는 경향이 존재한다는 사실이다.

노동자 계급의 육체적이고 정신적인 보호수단으로서의 공장입법을 일반화하는 것이 불가피하게 되었다면, 공장입법은 다른 한편으로 소규모로 분산된 노동과정을 사회적 규모로 결합된 대규모 노동과정으로 일반화하기를 촉진한다. 이렇게 공장입법은 자본의 집적과 공장제의 독점적 지배를 촉진한다. 공장입법의 일반화는 자본의 지배가 아직 은폐되어 있는 낡은 형태와 과도기 형태를 전부 파괴하고, 이 형태를 자본의 직접적이고 노골적인 지배로 대체한다. 그리하여 공장입법의 보급은 이러한 지배에 대항하는 직접적인 투쟁도 일반화한다. 공장입법의 일반화는 개별 작업장에서는 동일성, 규칙성, 질서와 절약을 강요하는 한편, 노동일에 대한 제한과 규제를 통해 기술에 강력한 박차를 가함으로써 일반적으로 자본주의적 생산의 무정부성과 파멸, 노동 강도, 기계장치와 노동자 사이의 경쟁을 강화한다. 공장입법의 일반화는 소기업과 가내노동을 파괴함으로써 '과잉인구'의 최후 도피처를 파괴하고, 그렇게 함으로써 전체 사회 메커니즘의 기존 안전판을 파괴한다. 공장입법의 일반화는 생산과정의 물적 조건과 사회적 결합을 통해 생산과정의 자본주의적 형태의 모순과 적대성을 성숙시키며, 따라서 새로운 사회를 형성할 요소뿐만 아니라 낡은 사회를 변혁할 결정적인 상황Moment을 동시에 성숙시킨다. [242]

---

242) 협동조합 형식으로 운영되는 공장과 소비조합의 아버지인 로버트 오언은, 앞에서 지적했듯이, 협동조합 형태로 따로 떨어져 고립된 변혁분파의 영향력에 대해 그의 추종자들이 가지고 있던 환상을 전혀 가지고 있지 않았다. 실제로 오언은 공장제에서 자신의 실천을 시작했을 뿐만 아니라, 이론적으로도 공장제를 사회 혁명의 출발점이라고 분명하게 밝히고 있다. 라이텐 대학의 정치경제학 교수인 비세링(Vissering)은 통속경제학의 진부함을 가장 적절한 형태로 잘 드러내고 있는 저서《실물 국가경제학 개론》(1860-1862)에서 대공업을 극구 반대하면서 수공업을 열렬하게 지지하는 것을 보면, 공장제가 혁명의 출발점이라는 사실을 예감하고 있었던 것 같다.〔4판의 주석. 서로 모순되는 공장법, 공장법 연장법안 및 작업장 규제법 등으로 인해 잉글랜드의 입법이 초래한 '새로운 법률상의 분규'는 결국 감당할 수 없게 되었으며, 1867년의 공장과 작업장법(Factory and Workshop Act)이 제정되었는데, 이 법률은 모든 관련 입법을 하나의 법전으로 편찬한 것이다. 물론 여기에서는 이 잉글랜드의 현행 산업법에 대해 상세하게 비판할 수 없다. 따라서 다음과 같은 점을 지적하는 것으로 충분하다. 이 법은 다음의 내용을 포함하고 있다. ①섬유공장: 이 부문에서는 거의 모든 것이 그대로이다. 10세 이상의 어린이에게는 하루에 5½노동시간이나 6시간을 허용하며, 단 6시간 일을 시킬 경우 토요일은 휴일이다. 청소년과 여성은 5일은 10시간, 토요일은 최대 6½을 허용한다. ②섬유공장 이외의 공장: 이 공장에서의 규정은 이전보다 섬유공장에 대한 규정에 더 근접해 있지만, 여전히 자본가에게 유리한 많은 예외 조항이 존재한다. 그런데 이 예외 조항은 많은 경우에 내무부장관의 허락을 받아 더 확대 적용할 수 있다. ③작업장: 이전의 법과 거의 비슷하게 규정하고 있다. 아동, 청소년 그리고 여성이 일하는 작업장은 섬유공장이 아닌 다른 공장과 거의 동등하게 취급되지만, 세부 조항은 많이 완화되었다. ④아동이나 청소년 노동자는 고용하지 않고, 남녀 18세 이상만이 고용된 작업장: 이 부류의 작업장에서는 규제가 더 완화되었다. ⑤가족구성원만이 본가에서 일하는 가내작업장: 더욱 유연한 규정과 동시에 감독관이 장관과 법관의 특별허가 없이는 거실로도 사용하고 있는 공간에 들어갈 수 없다는 제한, 그리고 마지막으로 가정 내의 밀짚 세공업, 레이스 뜨개질 그리고 장갑 제조업에 대해서는 그 어떤 조건도 없이 규제를 해제했다. 이 모든 결함에도 불구하고 이 법은 여전히 1877년 3월 23일의 스위스 연방공장법과 함께 이 부문에 대해서는 가장 좋은 법이다. 이 법을 스위스 연방법과 비교하는 것은 매우 흥미로운 일이다. 이러한 비교가 법안을 제정하는 두 가지 방식, 즉 경우에 따라 개입하는 잉글랜드 방식과 프랑스 혁명의 전통에 기반한 더 일반화된 대륙 방식의 장점과 단점을 분명히 보여주고 있기 때문이다. 유감스럽게도 잉글랜드 법은 감독인원의 부족으로 작업장에 실제로 적용되는 조항의 대부분이 거의 효력을 미치지 못하고 여전히 사문화되어 있다. -엥엘스〕

10절
대공업과 농업

　　대공업이 농업과 그 생산 담당자들의 사회적 관계에서 불러일으킨 혁명은 나중에야 비로소 서술될 수 있다. 여기에서는 미리 몇 가지 결과만을 짧게 보여주는 것으로 충분하다. 농업에서 기계장치를 사용하는 것은 기계장치가 공장노동자에게 끼치는 육체적인 손상을 거의 일으키지 않지만,[243] 나중에 상세하게 보게 되는 것처럼, 아무런 저항도 없이 더욱 강력하게 노동자의 '과잉화'를 가져온다. 예를 들어 행정구역 케임브리지와 서퍽의 경지 면적은 지난 20년 동안 대단히 확장되었지만, 같은 기간에 농촌 인구는 상대적일뿐만 아니라 절대적으로도 감소했다. 북아메리카 연방에서는 농기계가 지금까지는 잠재적으로만 노동자들을 대체했다. 즉 농기계는 생산자에게 더 넓은 면적을 경작할 수 있게 해 주었지만, 실제로 고용된 노동자들을 몰아내고 있지는 않다. 잉글랜드와 웨일스에서 농기계의 제작에 참여하는 인원은 1,034명이었는데, 증기기관과 작업 기계를 가지고 일하는 농업 노동자의 수는 불과 1,205명이었다.

　　대공업이 낡은 사회의 보루인 '자작농Bauer'을 없애버리고, 그들을 임금노동자로 바꾸는 경우에 한해서만 대공업은 농업 분야에서 가장 혁명적

---

243) 잉글랜드 농업에 사용된 기계류는 1856년 출간된 함(W. Hamm) 박사의《잉글랜드의 농업기구와 농업기계》, 2판에 자세하게 설명되어 있다. 잉글랜드 농업의 발전 과정에 대한 개요에서 함은 레온스 드 라베느류(Leonce de Lavergne)를 무비판적으로 추종하고 있다. (4판에 추가 - 물론 이제는 시대에 뒤떨어져 있다 - 엥엘스)

으로 작용한다. 그렇게 되면 농촌에서의 사회적 차원의 변혁 욕구와 적대성은 도시의 그것과 균형을 이루게 된다. 낡은 관습에 빠진 매우 비합리적인 경영방식을 대신하여 의도적이고 기술적으로 과학을 사용한다. 어린아이같이 덜 발달된 형태로 서로 얽혀 있던 농업과 매뉴팩처의 원시적인 가족 간의 유대는 자본주의적 생산방식에 의해 완전히 해체된다. 그러나 자본주의적 생산방식은 이와 동시에 더 높고 새로운 단계에서의 합성Synthese을 위한 물적조건, 즉 농업과 공업이 서로 대립할 수 있게 완성된 형태를 기반으로 결합하기 위한 조건을 만들어낸다. 자본주의적 생산은 거대한 중심 대도시로 집적되는 인구의 비중을 계속 증가시킴으로써, 한편으로 사회의 역사적 동력을 쌓아나가고, 다른 한편으로 인간과 토지 사이의 물질대사를 교란시킨다. 인간에 의해 식량이나 의복의 형태로 이용된 토지성분이 토지로 되돌아가는 것, 말하자면 토지의 비옥도를 계속 유지시키는 데 필수적인 조건을 교란한다. 그렇게 함으로써 자본주의적 생산은 도시 노동자의 육체 건강과 농업 노동자의 정신 건강을 한꺼번에 파괴한다.[244] 그러나 이와 동시에 자본주의적 생산은 순전히 자연발생적으로 생성된 물질대사의 상태를 파괴하여, 그것을 사회적 생산을 규제하는 법칙으로 체계화하고 인간의 전인적 발전에 적합한 형태로 만들어낸다. 매뉴팩처에서와 마찬가지로 농업에서도 생산과정의 자본주의적 변화는 생산자들의 수난사로 나타나는 동시에, 노동수단은 노동자의 억압수단, 착취수단 및 궁핍화 수단

---

244) "당신들은 인민을 우둔한 촌사람과 나약한 난장이라는 두 개의 적대진영으로 나누어 놓았다. 맙소사! 농업과 상업이라는 이해 관계로 갈라진 나라가 이 극악무도하고 비정상적인 분할에도 불구하고, 그리고 바로 그 분할로 인한 결과 때문에, 스스로를 건전한 아니 더 나아가서 개화되고 문명화된 국가라고 부르고 있다. (어커트, 앞의 책, 119쪽) 이 구절은 현재의 상황을 평가하고 비난할 줄은 알면서도 이해할 줄 모르는 유형의 비판이 가지고 있는 강점과 약점을 동시에 보여주고 있다.

으로 그리고 노동과정의 사회적 결합은 개인의 생동성, 자유 그리고 자립성에 대한 조직적인 억압 수단으로 나타난다. 농업 노동자들이 넓은 토지에 분산되어 있기 때문에 그들의 저항력이 약화되는 반면에, 도시 노동자들의 집중은 저항력을 강화한다. 도시 공업에서와 마찬가지로 근대 농업에서도 노동생산력의 향상과 노동의 유동성 증가는 노동력 자체를 황폐하게 만들고 만성질환에 걸리게 함으로써 얻어진다. 자본주의적 농업의 진보도 노동자와 토지를 약탈하기 위한 기술의 진보일 뿐이며, 일정한 기간 동안 토지의 비옥도를 높이는 모든 진보 역시 토지를 근본부터 파괴하는 진보이다. 북아메리카 연방die Vereinigten Staaten von Nordamerika처럼, 어떤 나라의 발전이 대공업을 배경으로 시작되면 될수록, 파괴 과정은 더 급속하게 일어난다.[245] 따라서 자본주의적 생산은 모든 부의 원천인 토지와 노동자를 한꺼

---

245) 리비히, 《농업과 생리학으로의 화학의 응용》, 7판, 1862, 특히 1권 《농업의 자연법칙 서론》과 참조하라. 자연과학의 관점에서 근대농업의 부정적인 측면을 개진한 것은 리비히의 불후의 공적들 가운데 하나이다. 농업의 역사에 관한 그의 사실에 근거한 발상도 중대한 오류가 있기는 하지만 뛰어난 통찰력을 가지고 있다. 그러나 그의 감히 다음과 같은 엉터리 주장은 유감이다. "흙을 더 잘게 부수고 자주 갈아주면 토양 내부의 환기가 촉진되고, 공기와 접촉하는 토양의 표면은 늘어나고 갱신된다. 그러나 쉽게 알 수 있듯이, 경지에서 산출되는 수확의 증가는 그 경지에 지출된 노동에 비례할 수 없으며, 훨씬 낮은 비율로 증가한다." 리비히는 다음과 같이 덧붙인다. "이 법칙은 존 스튜어트 밀에 의해 그의 《정치경제학 원리》, 1권, 17쪽에서 처음으로 밝혀졌는데, 그 내용은 다음과 같다. '다른 조건이 변하지 않는다면, 토지생산물이 고용된 노동자 수의 증가와 같은 비율이 아니라 훨씬 낮은 비율로만 증가한다는 것(수확체감의 법칙 -옮긴이)은 농업의 일반적인 법칙이다.'(밀은 여기에서 리카도학파가 세운 법칙을 잘못된 방식으로 소개하고 있다. 잉글랜드에서는 고용노동자 수의 감소가 농업의 진보와 보조를 맞추고 있으며, 따라서 잉글랜드에서 발견된 이 법칙은 잉글랜드에서는 전혀 적용되지 않기 때문이다.) 이것은 매우 주목할 만한 일이다. 밀은 이 법칙의 근거를 몰랐기 때문이다."(리비히, 앞의 책, 1권, 143쪽과 주석) 리비히는 '노동'이라는 단어를 정치경제학에서 이해하는 것과는 다른 어떤 것으로 이해하고 있는데, 이 잘못된 해석을 무시하더라도, 어쨌든 리비히가 존 스튜어트 밀을 이 이론의 창시자로 만들었다는 점에 주목할 만하다. 그런데 이 이론은 제임스 앤더슨(James Anderson, 1679 1739, 스코틀랜드의 저술가이자 장관, 프리메이슨 단원, 이 책의 뒤에 나오는 아담 앤더슨의 형 -옮긴이)이 아담 스미스의 시대에 처음으로 발표했으며, 19세기 초반까지 다양

번에 파괴함으로써만 기술과 사회적 생산과정의 결합을 발전시킨다.

_____

한 저술에서 반복되었다. 1815년에는 표절에 있어서는 타의 추종을 불허하는 맬서스(그의 인구론 전체가 파렴치한 표절이다)가 앤더슨의 이론을 자신의 이론으로 만들었으며, 앤더슨과 동시대 사람인 웨스트가 앤더슨과는 무관하게 이 이론을 전개했다. 1817년 리카도가 이 이론을 일반적 가치법칙과 연결했는데, 이때부터 이 이론은 리카도의 이름으로 세계를 일주했다. 그리고 이 이론은 1820년에는 제임스 밀(존 스튜어트 밀의 아버지)에 의해 널리 퍼졌으며, 마지막으로 이미 상투적인 학술상의 도그마로 다른 사람들, 특히 존 스튜어트 밀에 의해서도 반복되고 있다. 어쨌든 존 스튜어트 밀은 그의 '주목할 만한' 권위가 거의 전적으로 이러한 착오 덕분이라는 것을 부정할 수는 없다.

5편

절대적 그리고 상대적 잉여가치의 생산

14장 | 절대적 그리고 상대적 잉여가치

노동과정(5장을 보라)은 우선 추상적으로, 역사적 형태와는 무관하게, 인간과 자연 사이의 과정으로 간주되었다. 5장에서 우리는 '노동과정의 결과로 노동과정 전체를 살펴본다면, 노동수단과 노동대상은 생산수단으로, 노동 자체는 생산적 노동으로 나타난다'고 정리했다. 그리고 주석 7에서 '단순한 생산과정의 관점에서 끄집어 낸 생산적 노동에 대한 이러한 규정은 자본주의적 생산과정을 설명하는 데는 전혀 충분하지 않다'고 보충했다. 이제 이 내용을 계속 설명하고자 한다.

오로지 한 개인이 노동과정을 수행하는 경우에는, 나중에 분리될 모든 기능은 한 명의 동일한 노동자에 결합되어 있다. 한 개인이 살아갈 목적으로 자연물을 취득하는 경우에는 스스로를 통제하지만, 나중에는 통제를 받게 된다. 개개의 인간은 두뇌가 시키는 대로 근육을 움직이지 않고는 자연에 아무런 작용도 할 수 없다. 몸에서 머리와 손이 서로 밀접한 관계를 맺고 있는 것처럼, 노동과정은 정신노동과 육체노동을 통합한다. 나중에 이 두 노동은 절대적으로 대립될 때까지 계속하여 분리된다. 생산물은 생산자 개인이 직접적으로 관여하는 것만을 노동대상으로 취급하는데, 그 역할이 크든 적든 간에 노동과정에 참여하는 노동성원 전체의 공동생산물, 즉 참여 노동자 전체의 집단적gesellschaftlich 생산물로 변한다. 따라서 노동과 정 자체의 협업적 성격이 강화되어 감에 따라 생산적 노동과 그 담당자인 생산적 노동자의 개념도 필연적으로 확장된다. 노동자는 이제는 더이상 생산적으로 노동하기 위해 직접 개입할 필요가 없으며, 전체 노동자의 한 기관이 되어 자신에게 주어진 부속기능Unterfunktion을 수행하는 것으로 충분하다. 위의 생산적 노동에 대한 최초의 규정은 물적 생산 그 자체의 성질로부터 도출했는데, 이 규정은 전체로 본 전체노동자에 대해서는 항상 적용된다. 그러나 이 생산적 노동에 대한 규정은 개별적으로 본 전체노동자를 구성하는 각각의 노동자에게는 더이상 해당되지 않는다.

그러나 다른 한편으로 생산적 노동의 개념은 축소된다. 자본주의적 생산은 상품의 생산일 뿐만 아니라, 본질적으로 잉여가치의 생산이다. 노동자는 자신이 아니라 자본을 위해 생산한다. 노동자가 그저 무엇인가를 생산하는 것만으로는 더이상 충분하지 않다. 그는 잉여가치를 생산해야 한다. 자본가를 위해 잉여가치를 생산하는 노동자, 또는 자본의 자기증식에 쓸모 있는 노동자만이 생산적이다. 물적 생산이 아닌 하나의 예를 내 마음대로 들어보겠다. 한 교사가 아이들의 두뇌를 단련시킬 뿐만 아니라 학교 주인의 치부致富를 위해서도 죽도록 일한다면, 그는 생산적 노동자이다. 학교 주인이 자신의 자본을 소시지공장 대신에 교육공장에 투자했다는 사실은 이 상황에 아무런 변화도 가져오지 못한다. 따라서 생산적 노동자의 개념은 결코 행위와 효율 사이의 관계, 즉 노동자와 노동생산물 사이의 관계만을 포함하지는 않는다. 그것은 특수한 사회적 생산관계인, 즉 노동자를 자본의 직접적인 가치증식 수단으로 낙인찍는 역사적으로 만들어진 생산관계를 포함한다. 그러므로 생산적 노동자가 되는 것은 행운이 아니라 불운이다. 학설의 역사를 다루는 이 저서의 4권에서 옛부터 고전파 정치경제학이 잉여가치의 생산을 생산적 노동자의 결정적인 특징으로 삼고 있다는 사실을 자세히 보게 될 것이다. 잉여가치의 성질에 대한 고전파 정치경제학의 견해가 달라짐에 따라 생산적 노동자의 개념에 대한 규정도 달라진다. 중농주의자들은 농업노동만이 생산적이라고 단언한다. 그것만이 유일하게 잉여가치를 생산하기 때문이다. 그러나 중농주의자들에게 잉여가치는 오직 지대의 형태로만 존재한다.

노동자가 자신의 노동력의 가치의 등가물만을 생산하는 시점을 넘어 노동일의 연장과 자본에 의한 이 잉여노동의 취득, 이것이 절대적 잉여가치의 생산이다. 절대적 잉여가치의 생산은 자본주의적 체제의 일반적인 토대이며 상대적 잉여가치의 출발점이다. 상대적 잉여가치의 생산에서 노동일은 처음부터 두 부분, 필요노동과 잉여노동으로 나뉘어 있다. 따라서 잉여노동을 길게 하기 위해서는 임금의 등가물을 더 짧은 시간에 생산하는 방법을 통해 필요노동을 줄여야 한다. 절대적 잉여가치의 생산은 노동일의 길이만을 문제삼고 있으며, 상대적 잉여가치의 생산은 노동의 기술적 과정과 사회적 편제를 철저하게 변혁시킨다.

따라서 상대적 잉여가치의 생산은 독특한 자본주의적 생산방식을 전제하고 있는데, 이 생산방식은 노동이 자본에 형식적으로 종속된 후에야 비로소 그 방법, 수단 그리고 조건을 자연스럽게 만들어내고 발전시킨다. 이러한 형식적 종속은 자본에 대한 노동의 실질적 종속으로 대체된다.

잉여노동 전체가 강제적으로 생산자에게서 퍼내지는 것이 아닌, 아직 자본에 형식적으로 종속되지도 않은 어중간한 형태에 대해서는 그저 지적해 두는 것만으로 충분하다. 이 형태에서 자본은 아직 노동과정을 직접 장악하지 못했다. 전통적인 아주 오래된 방식으로 수공업이나 농업을 경영하는 독립적인 생산자들과 나란히 고리대금업자나 상인, 이 생산자들을 기생충처럼 빨아 먹는 고리대자본이나 상인자본이 등장한다. 어떤 사회에서 이러한 착취 형태가 우세하게 되면 자본주의적 생산방식은 불가능하지만, 후기 중세시대에서처럼 자본주의적 생산방식으로 가는 과도기를 형성할 수도 있다. 한편 근대적 가내노동의 실례가 보여주는 것처럼 어중간한 형태들은 그 겉모습이 완전히 변하기는 하지만 대공업의 배후 곳곳에서 재생산된다.

절대적 잉여가치의 생산이 자본에 대한 노동의 형식적인 종속만으로도 충분하다면, 다시 말해 과거에 자기 자신을 위해 일하거나 혹은 장인의 도제로 일해오던 수공업자가 이제 자본가의 직접적인 통제 하에 임금노동자로 등장하는 것만으로 충분하다면, 이는 상대적 잉여가치를 생산하는 방법이 동시에 절대적 잉여가치를 생산하는 방식이기도 하다는 것을 분명하게 보여준다. 그렇다. 노동일의 과도한 연장이 대공업의 독특한 산물이라는 사실이 드러났다. 일반적으로 전형적인 자본주의적 생산방식이 어떤 생산 부문을 완전히 장악하게 되면, 더 나아가 매우 중요한 생산 부문을 장악하게 되면, 이 자본주의적 생산방식은 더이상 상대적 잉여가치의 생산을 위한 단순한 수단이 아니다. 이제 자본주의적 생산방식은 생산과정의 일반적인 형태, 사회적으로 지배적인 형태가 된다. 자본주의적 생산방식이 상대적 잉여가치의 생산을 위한 특수한 방법으로 작용할 때는 첫째로는 지금까지 단지 형식적으로만 자본에 종속되었던 산업을 장악해가는 동안이며, 즉 점점 확산되는 동안이며, 둘째로는 이미 자본주의적 생산방식이 되어 버린 산업들이 생산방법의 변화를 통해 계속 변혁되는 동안이다.

어떤 관점에서 보면 절대적 잉여가치와 상대적 잉여가치 사이의 구별은 쓸데없는 것처럼 보인다. 상대적 잉여가치는 절대적이다. 상대적 잉여가치는 노동자 자신의 생존에 필요한 노동시간을 넘어서는 노동일의 절대적인 연장이 필요하기 때문이다. 절대적 잉여가치는 상대적이다. 상대적 잉여가치는 필요노동시간을 노동일의 일부분으로 제한할 수 있게 하는 노동생산력의 발전을 필요로 하기 때문이다. 그러나 잉여가치의 운동을 눈여겨본다면, 상대적 잉여가치와 절대적 잉여가치가 같다는 허상은 사라진다. 자본주의적 생산방식이 일단 성립되고 일반적인 생산방식이 되자마자, 절대적 잉여가치와 상대적 잉여가치의 차이는 잉여가치율의 증가가 문제될 때마다 분명하게 나타난다. 노동력이 그 가치대로 지불된다고 가정하면, 자본은 잉여가치율을 증가시키기 위해 아래의 두 가지 가운데 하나를 선택해야만 한다. 즉 노동생산력과 노동 강도의 평균치가 주어져 있다면, 잉여가치율은 노동일의 절대적 연장에 의해서만 증가될 수 있다. 다른 한편으로 노동일이 제한된 경우, 잉여가치율은 잉여가치를 구성하는 두 부분인 필수노동과 잉여노동의 상대적 크기의 변동에 의해서만 증가될 수 있다. 그리고 이 상대적 크기의 변동은, 임금이 노동력의 가치 이하로 하락하지 않는다면 노동생산력과 노동 강도의 변화가 전제되어야 한다.

노동자가 자신과 가족의 부양에 필요한 생활수단을 생산하기 위해 그가 가진 모든 시간을 필요로 한다면, 그에게는 3자를 위해 공짜로 노동을 할 시간이 전혀 남아있지 않게 된다. 일정한 수준의 노동생산력 없이는 노동자에게는 자신이 맘대로 처분할 시간이 없으며, 이 남아도는 시간이 없으면 잉여노동도 없기 때문에 자본가뿐만 아니라 노예소유자, 봉건귀족, 한 마디로 그 어떤 대大소유자 계급도 존재할 수 없다.[246]

이런 까닭에 다음과 같은 매우 일반적인 의미에서만 잉여가치의 자연적 토대에 대해 말할 수 있다. 즉, 자연상태에서는 자신의 생존에 필요한 노동을 반드시 스스로 해야만 하는데, 심지어는 다른 사람의 몸을 식량으로 사용할 때도 마찬가지이다.[247] 곳곳에서 일어나는 것처럼, 이러한 신비로운 상상을 자연발생적인 노동생산력과 결부시켜서는 절대 안 된다. 오로지 육체노동을 통해 최초의 동물적인 상태로부터 벗어나, 그들의 노동이 어느 정도 사회화되고 나서야 비로소 잉여노동이 다른 사람의 생존조건이 되는 상황이 시작된다. 문명의 초기에 습득한 노동생산력은 하찮았으며 욕망도 보잘것없었으나, 욕망은 그 충족수단과 함께 그리고 그 충족수단으로 인해 발전했다. 게다가 이 문명의 초기에는 남의 노동으로 먹고 사는 사회성원의 비율이 직접적 생산자 대중에 비하면 매우 적었다. 노동의 사회적 생산력이 발전함에 따라 이 비율은 절대적이고 상대적으로 증가했다.[248] 그런데 자본관계는 오랜 발전 과정의 산물인 경제적 토대 위에서 발생했다.

---

246) "노동의 생산력 때문에 그저 별개의 계급으로 존재하던 장인이 자본가가 되었다."(램지, 앞의 책, 206쪽) "각 개인의 노동이 자신의 식량만을 생산할 수 있다면, 재산은 존재할 수 없다."(레이븐스톤, 앞의 책, 14쪽)

247) 최근의 통계에 따르면 이미 탐사된 지구에만도 최소한 아직도 4백만 명의 식인종이 살고 있다.

248) "아메리카의 미개한 인디언의 경우에는 거의 모든 것이 노동자에게 속했다. 100분의 99는 노동의 몫으로 간주되었다. 잉글랜드에서 노동자의 몫은 ⅔도 안 될 것이다."(《동인도 무역이 잉글랜드에 주는 이익》, 72-73쪽)

자본관계가 시작되는 토대인 현재의 노동생산력은 자연의 선물이 아닌 수천 세기를 아우르는 역사의 산물이다.

사회적 생산의 크고 작은 발전 정도를 무시한다면, 노동생산력은 여전히 자연조건과 결부되어 있다. 이러한 자연조건은 모두 인종 등과 같은 인간 자체의 본성과 인간을 둘러싸고 있는 자연으로 환원될 수 있다. 외부의 자연조건은 경제적으로 두 개의 커다란 부류로 나누어진다. 비옥한 토지와 물고기가 풍부한 하천 등과 같은 생활수단으로의 자연적인 부, 그리고 활기찬 폭포, 항해 가능한 하천, 삼림, 금속, 석탄 등과 같은 노동수단으로의 자연적인 부가 그것이다. 문명의 초기에는 생활수단으로의 자연적인 부가 그리고 더 높은 발전 단계에서는 두 번째 부류인 노동수단으로서의 자연적인 부가 결정적인 역할을 했다. 예를 들어 잉글랜드와 인도를 비교해 보거나, 고대세계에서는 아테네와 고린도를 흑해연안의 지방들과 비교해 보라.

무조건 충족되어야 할 원초적인 욕망의 수가 적을수록, 천연의 토지 비옥도가 높을수록 그리고 기후가 유리할수록, 생산자를 유지하고 재생산하는 데 필요한 노동시간은 줄어든다. 따라서 자신을 위해 하는 노동을 넘어 다른 사람들을 위한 노동의 여분이 더 많아질 수 있다. 이러한 이유로 디오도로스(기원전 1세기 후반의 그리스 역사가 - 옮긴이)는 고대 이집트에 대해 다음과 같이 지적했다.

"그들의 자녀교육에 든 수고와 비용이 얼마나 적은지 도저히 믿을 수 없을 정도이다. 그들은 자식들에게 닥치는 대로 간단한 음식을 만들어 준다. 구울 수 있다면, 파피루스 줄기의 밑동을 먹으라고 준다. 그리고 늪에 서 자라는 식물의 뿌리나 줄기를 날것으로 혹은 찌거나 구워서 준다. 공기가 매우 온화하기 때문에 대부분의 아이들은 신발을 신지 않고 옷도 입지 않고 다닌다. 한 아이가 성장할 때까지 대체로 20드라크마Drachma(고대그리스의 은화 -옮긴이) 이상 들지 않는다. 이집트의 엄청난 인구와 수많은 거대한 공사를 일으킬 수 있었던 이유를 이러한 사실로 설명할 수 있다."[249]

그러나 고대 이집트의 거대한 건축물은 인구의 규모보다는 마음대로 이용할 수 있는 인구의 비율이 높았기 때문이다. 각 노동자의 필요노동시간이 적을수록 더 많은 잉여노동을 제공할 수 있는 것과 마찬가지로, 노동자 인구 가운데 생필품의 생산에 필요한 부분이 적을수록 다른 작업에 자유로이 사용할 수 있는 부분은 증가한다.

일단 자본주의적 생산을 전제로 하면, 다른 조건이 동일하고 또한 노동일의 길이가 주어진 경우에는, 잉여노동의 크기는 노동의 자연적 조건, 특히 토지의 비옥도에 따라 변동한다. 그러나 이러한 사실로부터 그와 반대되는 사실 즉, 비옥도가 가장 높은 토지가 자본주의적 생산방식의 성장에 가장 적합하다는 명제는 성립되지 않는다. 자본주의적 생산방식은 자연에 대한 인간의 지배를 전제로 한다. 지나치게 풍요로운 자연은 부모에게 이끌려 다니는 응석받이 아이처럼 인간을 자연의 손아귀에 붙잡아둔다. 풍요로운 자연은 인간 자신을 발전시킬 필연성을 제거한다.[250] 울창한 초목으

로 직접적인 자료를 보존 유지하는데,

249) 디오도로스, 앞의 책, 1권, 80장.

250) "전자(자연의 부)는 가장 고귀하고 유리하기 때문에, 사람들을 태평하고 거만하고 절제할 줄 모르게 만든다. 이에 반하여 후자(인공적인 부 -옮긴이)는 신중함, 학식, 숙련 그

로 뒤덮인 열대지방이 아닌 온대지방이 자본의 발상지이다. 사회적 분업의 자연적 토대를 이루는 것은 토지의 절대적인 비옥도가 아니라 토지의 분화 그리고 토지의 천연산물의 다양성이다. 그리고 이것들이 인간이 거주하는 자연환경을 변화시켜 인간으로 하여금 자신의 욕망, 능력, 노동수단과 노동방식을 다양화하도록 박차를 가한다. 자연의 힘을 사회적으로 통제하여 제대로 사용할 필요성, 인간이 만든 장치를 통해 자연의 힘을 대규모로 얻어서 제어할 필요성이 산업의 역사에서 결정적인 역할을 했다. 예를 들면 이집트[251], 롬바르디아, 홀란드 등에서의 수리시설이 그러했다. 인도와 페르시아의 인공 운하는 농업용수뿐만 아니라 광물성비료가 포함된 물을 산에서 토지로 공급하는 역할을 했다. 아라비아의 지배를 받던 스페인과 시칠리아에서 산업이 부흥한 비결은 하수시설이었다. [252]

리고 정치적 수완을 요구한다."(《해외무역에 의한 잉글랜드의 재산. 또는 해외무역에서 오는 차액이 우리 재산의 법칙이다. 런던의 상인 토마스 먼에 의해 집필되고 공익을 위해 그의 아들 존 먼에 의해 이제야 출간되다》, 런던, 1669, 181-182쪽) "또한 나는 생필품과 식량 생산의 대부분이 저절로 이루어지고, 기후가 옷과 잠자리 걱정을 할 필요도 없게 만드는 땅뙈기에 던져진 것보다 사람들에게 더 나쁜 저주는 없다고 생각한다. … 물론 이와 반대되는 극단적인 상황도 가능하다. 그 어떤 노동으로도 아무것도 산출할 수 없는 토지는 아무런 노동 없이 풍부한 생산물을 생산하는 토지만큼 나쁘다."(포스터, 《현재 식량의 높은 가격에 대한 연구》, 런던, 1767, 10쪽)

251) 언제 나일강의 수위가 변하는지를 예측할 필요성이 이집트의 천문학을 창조했으며, 그것과 더불어 농업 지도자로서의 성직자 계급의 지배를 만들어 냈다. "하지와 동지가 1년 중에 나일강의 상승이 시작되는 시점이기 때문에 이집트 사람들은 이 시점을 매우 주의 깊게 관찰해야 했다. … 농사일을 원활하게 해 나가기 위해 1년 중에 밤낮의 길이가 같은 이 시기를 확정해야만 했다. 따라서 이집트 사람들은 이 절기의 회귀를 분명하게 보여주는 별자리를 하늘에서 찾아내야만 했다."(쿠비에, 《지표 변천에 대한 담론》, 외페르 편, 파리, 1863, 141쪽)

252) 서로 단절된 인도의 소규모 생산조직체들에 대한 국가권력의 물적 토대 가운데 하나는 물 공급의 규제였다. 인도를 지배하던 이슬람들은 그 후계자인 잉글랜드 사람들보다 이 사실을 더 잘 알고 있었다. 잉글랜드가 지배하던 1866년 벵골의 한 주인 오릿사에서 인도인 백만 명 이상의 목숨을 빼앗은 기아를 떠올리기만 해도 알 수 있다.

유리한 자연조건은 언제나 잉여노동의 가능성만을 제공할 뿐이며, 잉여노동을 실제로 제공하지는 못한다. 따라서 잉여가치 또는 잉여생산물을 생산할 실제상황도 만들지 못한다. 노동의 자연적 조건이 다르면 동일한 양의 노동이 충족시키는 욕망의 양이 나라마다 달라지는 결과를 가져온다.[253] 따라서 다른 사정이 비슷하다면, 필요노동시간은 나라마다 달라진다. 자연적 조건은 잉여노동에 자연적 한계로만 작용할 뿐이다. 즉 그것은 다른 사람들을 위한 노동이 시작될 수 있는 시점을 결정해 줄 뿐이다. 산업이 앞으로 나아감에 따라 이러한 자연적 한계는 사라져간다. 노동자가 자신의 생존을 위해 노동할 권리를 오로지 잉여노동을 통해 얻을 수 있는 서유럽의 한복판에서는 잉여생산물을 제공하는 것이 인간노동의 고유한 성질이라고 착각하기 쉽다.[254] 하지만 사고Sago(사고야자나무에서 나오는 쌀알 모양의 흰 전분 -옮긴이)가 숲속에서 저절로 자라고 있는 아시아 군도 동쪽 섬에서 살고 있는 주민을 예로 들어보자.

---

253) "동일한 수의 생필품을 동일한 양으로 그리고 동일한 양의 노동으로 공급할 수 있는 두 나라는 존재하지 않는다. 인간의 욕망은 그가 살고 있는 기후가 혹독한지 온화한지에 따라 증가하거나 감소한다. 따라서 서로 다른 나라의 주민들이 먹고 살기 위해 어쩔 수 없이 해야만 하는 일의 상대적인 크기는 동일할 수가 없으며, 그 차이의 정도는 덥고 추운 정도에 따라 측정된다. 이로부터 우리는 인간의 생계에 필요한 일정한 수의 노동의 양이 추운 기후에서 가장 많으며, 더운 기후에서 가장 적다는 일반적인 결론을 내릴 수 있다. 추운 기후에서 사람들은 더 많은 옷이 필요할 뿐만 아니라 더운 기후에서보다 더 잘 경작해야 한다."(《자연이자율을 지배하는 원인들에 관한 에세이》, 런던, 1750, 59쪽) 익명으로 출간된 이 획기적인 저서의 저자는 매시(J. Massie)이다. 흄(Hume)은 매시의 이론에서 그의 이자이론을 취했다.

254) "모든 노동은(시민의 권리이면서 의무에 속하는 것처럼 보인다) 잉여를 남겨야 한다."(프루동)

"주민들이 나무에 구멍을 뚫어 속이 잘 익었는지 확인하고 나면, 줄기를 베어 쓰러뜨리고 토막낸다. 속은 긁어 물에 섞은 후 거르는데, 이것이 바로 식용으로 사용할 수 있는 훌륭한 사고가루가 된다. 사고나무 한 그루에서 보통 300파운드의 가루가 나오는데, 500-600파운드가 나오기도 한다. 그들은 숲에서 장작을 패듯이 숲에서 빵을 자른다."[255]

이러한 동아시아의 빵을 자르는 사람이 자신의 모든 욕망을 충족시키기 위해 일주일에 12시간이 필요하다고 가정해보자. 자연의 혜택은 그에게 많은 여가시간을 주었다. 이 여가시간을 자신을 위해 생산적으로 사용하기 위해서는 일련의 역사적 상황이 필요했으며, 그가 이 여가시간을 다른 사람들을 위한 잉여노동으로 소비하기 위해서는 외적 강제가 필요했다. 자본주의적 생산이 도입된다면, 이 성실한 사람은 하루 노동일의 생산물을 얻기 위해 어쩌면 일주일에 6일은 일을 해야만 할지도 모른다. 자연이 준 혜택은 그가 왜 일주일에 6일을 일하고, 왜 5일의 잉여노동을 제공하는가를 설명하지 못한다. 자연이 준 은혜는 오로지 왜 그의 필요노동시간이 일주일에 하루밖에 안 되는가를 설명할 뿐이다. 그러나 그의 잉여생산물은 어떤 경우에도 선천적인 인간노동의 어떤 신비성에서 나오지는 않는다.

역사적으로 발전된 사회적 생산력과 마찬가지로 자연의 제약을 받는 노동생산력도 노동이 자본에 통합되면 자본의 생산력으로 나타난다.

리카도는 잉여가치의 기원에 관해서는 전혀 신경을 쓰지 않았다. 그

255) 쇼우(F. Schouw),《토지, 식물과 인간》, 2판, 라이프치히, 1854, 148쪽.

는 자신의 눈에 사회적 생산의 자연스러운 형태로 비친 잉여가치를 자본주의적 생산방식에 내재하는 것으로 다루었다. 그는 노동생산력을 다룬 부분에서 잉여가치가 존재하는 원인이 아니라 잉여가치의 크기를 결정하는 원인만을 찾으려고 했다. 리카도와는 반대로 그의 학파는 노동생산력을 이윤(잉여가치를 의미한다)의 발생 원인이라고 큰소리로 선언했다. 아무튼 생산원가를 넘는 생산물 가격의 초과분을 생산물의 가치 그 이상으로 판매하는 교환으로부터 끌어낸 중상주의자에 비하면 하나의 진보였다. 그럼에도 리카도학파는 문제를 단순히 우회했을 뿐 해결하지는 않았다. 부르주아 경제학자들은 잉여가치의 기원을 찾고자 하는 시급한 문제를 너무 철저하게 탐구하면 매우 위험할 수 있다는 것을 정확하게 직감하고 있었다. 그러나 반세기 후에 최초로 리카도를 통속화하기 위한 수상한 평계를 부적절하게 반복함으로써 중상주의자들에 대한 자신의 우월성을 당당하게 확인하고 있는 존 스튜어트 밀은 어떤 주장을 하고 있는가?

밀은 다음과 같이 말한다.

"이윤의 원인은 노동의 유지에 필요한 양보다 더 많이 생산하는 데 있다."

여기까지는 과거의 진부한 주장의 반복에 불과할 뿐이다. 그러나 밀은 자신의 주장을 추가한다.

"또는 명제의 형태를 달리하자면, 자본이 이윤을 낳는 원인은 음식, 의복, 원료 그리고 노동수단이 그것들의 생산에 필요한 시간보다 더 오래

가기 때문이다."

여기에서 밀은 노동시간의 길이와 그 생산물의 존속 기간을 혼동하고 있다. 이 견해에 따르면, 그의 생산물이 겨우 하루밤에 존속하지 않는 제빵업자는 자신의 임금노동자로부터 20년 또는 그 이상 존속하는 생산물을 제조하는 기계 제작자와 같은 이윤을 절대로 뽑아낼 수 없다. 물론 새 둥지가 그것을 짓는 데 필요한 시간보다 더 오래 견디지 못한다면 새들은 둥지 없이 지내야만 한다.

일단 밀은 이러한 근본적인 진리를 알아낸 후, 중상주의자들에 대한 자신의 우월성을 밝히고 있다.

"따라서 이윤은 교환이라는 우연한 사건이 아니라 노동생산력에서 나온다는 것을 알게 된다. 어떤 나라의 총이윤은 교환이 발생하든 안 하든 간에 언제나 노동생산력에 의해 결정된다. 분업이 존재하지 않는다면, 구매도 판매도 없지만 이윤은 여전히 존재할 것이다."

이런 까닭에 자본주의적 생산의 일반적 조건인 구매와 판매인 교환은 순전히 우연한 사건에 불과하며, 노동력의 구매와 판매 없이도 여전히 이윤은 존재한다!

밀은 계속해서 다음과 같이 주장한다.

"어떤 나라의 노동자 전체가 그들의 임금총액보다 20% 더 많이 생산한다면, 상품가격이 얼마든 간에 이윤은 20%가 된다."

이러한 주장은 한편으로는 참으로 기발한 동어반복이다. 노동자가 자신의 자본가를 위해 20%의 잉여가치를 생산했다면, 이윤과 노동자의 임금총액의 비율은 20:100이 될 것이기 때문이다. 다른 한편으로 '이윤이 20%가 된다는 것'은 전적으로 틀린 말이다. 이윤은 20%보다 더 적을 수밖에 없다. 이윤은 투하된 총액에 대해 계산되기 때문이다. 예를 들어 자본가가 400£은 생산수단에 100£은 임금으로 총 500£을 투하했다고 해보자. 가정한 대로 잉여가치율이 20%라면 이윤율은 20%가 아니라 20:500, 즉 4%가 될 것이다.

다음에는 밀이 사회적 생산의 다양한 역사적 형태를 어떻게 다루는가를 잘 나타내고 있는 훌륭한 예가 뒤따른다.

"나는 거의 예외 없이 어디에서나 성행하고 있는, 즉 자본가가 노동자의 보수를 포함하는 모든 비용을 선불했다는 현재의 상황을 가정하고 있다."

지금까지 지구상에서 예외적으로만 존재하는 상황을 어디에서나 볼 수 있다는 것은 터무니없는 착각이다! 그러나 계속해 보자. 밀은 '자본가가 그렇게 해야만 하는 것은 어떻게 할 다른 도리가 없어서'라고 인정할 정도로 훌륭하다. 그 반대로,

"노동자가 다시 임금을 지급 받을 때까지 필요한 생계수단을 가지고 있다면, 그는 일이 완전히 끝날 때까지, 그가 받아야 하는 임금총액 전체의

지불조차도 기다릴 수 있다. 이런 경우에 노동자는 이 사업을 지속하기 위해 필요한 자금의 일부를 제공하는 셈이다. 즉 그는 지급받을 임금총액만큼은 사실상 자본가일 수 있다."

이와 같이 밀은 '자신에게 생활수단뿐만 아니라 노동수단을 미리 지불하는 노동자는 사실상 자기 자신의 임금노동자'라고 말할 수도 있다. 또는 '다른 주인이 아니라 자신만을 위해 뼈 빠지게 일하는 아메리카 농부는 자기 자신의 노예'라고 말할 수도 있을 것이다.

이런 방식으로 밀은 자본주의적 생산이 그것이 존재하지 않았던 때에도 언제나 존재했다는 것을 증명한 후, 이제는 자본주의적 생산이 존재함에도 그것 자체가 존재하지 않았다는 것을 시종일관 증명하고 있다.

"그리고 앞의 경우에서조차(자본가가 임금노동자에게 그의 모든 생계수단을 선불하는 경우) 노동자는 동일한 인물(즉 자본가로)로 간주될 수 있다. 노동자는 자신의 노동을 시장가격 이하로(!) 내놓기 때문에, 그 차액을 자신의 고용주에게 선불하는 것으로 볼 수 있기 때문이다."[256]

실제 현실에서는 노동자는 자본가에게 일주일에 해당하는 노동을 주말이 되어서야 그 시장가격으로 받기 위해 무상으로 선불한다. 밀에 따르면 이러한 사실이 노동자를 자본가로 만든다! 평지에서는 흙덩어리도 언덕으로 보인다. 오늘날 부르주아 계급의 아둔함은 그들의 '위대한 지성'들의 값어치로 측정될 수 있을 것이다.

---

256) 존 스튜어트 밀, 《정치경제학 원리》, 런던, 1868, 252-253쪽, 여기저기. (위의 인용은 《자본》프랑스어 판에서 번역되었다. -엥엘스)

15장 | 노동력의 가격 및 잉여가치의 크기 변화

노동력의 가치는 평균적인 노동자가 일상에서 필요로 하는 생활수단의 가치에 의해 결정된다. 그 형태가 변할 수는 있지만, 이 생활수단의 양은 특정한 사회의 일정한 시기마다 주어져 있어 고정된 크기로 취급할 수 있다. 변동하는 것은 이 양의 가치이다. 생산방식에 따른 노동력의 개발 비용과 성별, 성숙도에 따른 노동력의 자연적 차이라는 두 가지 다른 요인이 노동력의 가치를 결정하는 데 관여한다. 이러한 차별화된 노동력의 사용은 다시 한번 생산방식에 의해 제약받는데, 이는 노동자가족의 재생산비용과 성인남성노동자의 가치에 따라 커다란 차이를 만든다. 그러므로 이 두 가지 요인은 앞으로의 분석에서는 제외한다.[257]

우리는 아래의 두 가지를 가정한다. 1)상품은 그 가치대로 판매된다. 2)노동력의 가격은 때로는 그 가치 이상으로 상승하지만, 그 이하로 하락하지는 않는다.

---

257) 3판의 주석 M336쪽에서 다루어진 경우, 여기에서는 당연히 제외한다. -엥엘스

일단 이렇게 가정하면, 노동력의 가격과 잉여가치의 상대적 크기는 다음의 세 가지 상황에 의해 결정된다는 것이 분명해진다. 1)노동일의 길이 또는 노동의 외연적 크기, 2)정상적인 노동 강도 또는 노동의 집중도, 즉 주어진 시간에 소비되는 일정한 노동량, 3)생산조건의 발전수준에 따라 동일한 시간에 동일한 양의 노동이 더 크거나 더 적은 양의 생산물을 생산하느냐는 노동생산력에 따라 결정된다. 이 세 가지 요인 가운데 하나는 고정되어 있고 두 요인이 변하거나, 두 가지 요인이 고정되어 있고 하나가 변하거나, 마지막으로 세 가지 요인이 동시에 변하는가에 따라 매우 상이한 조합들이 가능하다는 사실은 분명하다. 이 조합들은 서로 다른 요인이 동시에 변화하는 경우에도 그 변화의 크기와 방향이 서로 다를 수 있기 때문에 더 다양해진다. 아래에서는 주요한 조합들만 설명하겠다.

I. 노동일의 길이와 노동 강도는 (주어져)변하지 않는데 노동생산력이 변하는 경우

이렇게 가정하면 노동력의 가치와 잉여가치는 세 가지 법칙에 의해 결정된다.

첫째, 노동생산력이 변하고 그와 함께 생산물의 양이 변하여, 개별상품의 가격이 변할지라도, 주어진 크기의 노동일은 언제나 동일한 가치생산물로 나타난다. 따라서 12시간 노동일의 가치생산물이 가령 6실링이라면, 생산된 사용가치의 양이 노동생산력에 따라 변한다 하더라도, 이 6실링의 가치는 더 많거나 더 적은 상품으로 균등하게 나누어질 뿐이다.

둘째, 노동력의 가치와 잉여가치는 서로 반대 방향으로 변한다. 노동생산력의 변화, 즉 그것의 증가와 하락은 노동력의 가치에는 반대 방향으로 작용하며 잉여가치에는 같은 방향으로 작용한다.

12시간 노동일의 가치생산물이 고정된 크기인 6실링이라고 하자. 이 고정된 크기는 잉여가치와 노동력의 가치를 더한 것과 같은데, 노동자는 이 노동력의 가치를 등가물과 바꾼다. 고정된 크기를 가진 노동력의 가치와 잉여가치 가운데 한 쪽이 감소하지 않고는 다른 한 쪽이 증가할 수 없다는 것은 분명한 사실이다. 즉 노동력의 가치는 잉여가치가 3실링에서 2실링으로 하락하지 않고는 3실링에서 4실링으로 증가할 수 없다. 그리고 잉여가치는 노동력의 가치가 3실링에서 2실링으로 하락하지 않고는 3실링에서 4실링으로 증가할 수 없다. 따라서 이러한 상황에서 그 상대적 크기가 동시에 변하지 않고서는, 노동력 가치의 크기이든 잉여가치의 크기이든 간에, 그 절대적인 크기가 변할 수는 없다. 노동력의 가치와 영여가치의 크기가 동시에 증가하거나 감소하는 것은 불가능하다.

더 나아가 노동생산력이 증가하지 않고는 노동력의 가치는 감소할 수 없으며 잉여가치도 증가할 수 없다. 노동생산력의 증가로 같은 양의 생활수단을 만드는 데 이전에는 6시간이 필요했던 것을 4시간 만에 생산하지 않고는, 앞선 노동력의 가치가 3실링에서 2실링으로 감소할 수는 없다. 반대로 노동생산력이 하락하면 이전에는 6시간으로 충분했지만, 이제 8시간을 사용하지 않고는 노동력의 가치가 3실링에서 4실링으로 증가할 수는 없다. 이로부터 노동생산력의 증가는 노동력의 가치를 하락시켜 잉여가치를 증가시키며, 반대로 노동생산력의 하락은 노동력의 가치를 증가시켜 잉여가치를 하락시킨다는 결론이 나온다.

이 법칙을 공식으로 만들 때 리카도는 한 가지 상황을 간과했다. 즉, 잉여가치나 잉여노동의 크기 변화가 노동력의 가치나 필요노동시간을 반대 방향으로 변화시킨다 하더라도, 이 크기들이 동일한 비율로 변한다는 결론을 절대로 끌어낼 수 없다는 사실이 그것이다. 물론 이 크기들은 동일한 양만큼 증가하거나 감소한다. 그러나 가치생산물이나 노동일을 구성하는 각 부분의 증감비율은 노동생산력이 변하기 전에 이미 이루어진 각 부분의 분할된 크기에 의존한다. 노동력의 가치가 4실링, 필요노동시간이 8시간 그리고 잉여가치가 2실링 또는 잉여노동이 4시간이었다면, 증가된 노동생산력으로 인해 노동력의 가치는 3실링으로 하락하고 필요노동시간은 6시간으로 단축되며, 따라서 잉여가치는 3실링으로 증가하고 잉여노동은 6시간으로 늘어난다. 후자에 추가되고 전자에서 제거된 1실링 또는 2시간은 동일한 크기이다. 그러나 양쪽의 비율상의 변화는 서로 다르다. 노동력의 가치는 4실링에서 3실링으로, 즉 ¼ 또는 25% 감소하는 반면에, 잉여가치는 2실링에서 3실링으로, 즉 ½ 또는 50% 증가한다. 이로부터 노동생산력의 일정한 변화로 인해 생겨나는 잉여가치의 비율상의 증감은 노동일 가운데 맨 처음 잉여가치를 나타내는 부분의 크기가 작으면 작을수록 크고, 크면 클수록 작다.

셋째, 잉여가치의 증가 또는 감소는 언제나 그것에 상응하는 노동력의 가치의 감소 또는 증가의 결과이지 결코 그 원인이 아니다.[258]

---

258) 어리석게도 매컬록은 이 세 번째 법칙에 노동력의 가치의 하락 없이도 자본가가 이전에 납부해야만 했던 세금을 폐지한다면 잉여가치가 증가할 수 있다는 주장을 추가했다. 이

노동일이 고정된 크기이고 고정된 크기의 가치로 나타나기 때문에, 잉여가치의 크기가 변할 때마다 노동력의 가치 크기는 그 반대 방향으로 변하며 노동력의 가치는 오로지 노동생산력에 따라 변한다. 따라서 이러한 조건에서는 모든 잉여가치의 크기 변화는 그 반대 방향으로 노동력의 가치크기가 변할 때만 일어난다는 결론을 확실하게 끄집어낼 수 있다. 우리는 앞에서 노동력의 가치와 잉여가치 사이의 상대적인 크기의 변화 없이는 노동력의 가치와 잉여가치의 크기 변화가 절대로 가능하지 않다는 사실을 보았다. 그러므로 노동력의 절대적인 가치크기가 변하지 않으면 노동력의 가치와 잉여가치의 상대적인 가치크기의 변화가 가능하지 않다는 결론이 나온다.

세 번째 법칙에 따르면 잉여가치의 크기는 노동생산력의 변화가 일으킨 노동력의 가치운동을 전제로 한다. 새롭게 주어진 노동력 가치의 한계가 잉여가치 크기가 변하는 한계를 결정한다. 그러나 여러 사정이 이 법칙에 영향을 미치는 것이 허용되더라도, 그 한계 사이에서의 변동은 일어날 수 있다. 예를 들어 노동생산력의 증가로 인해 노동력의 가치가 4실링에서 3실링으로 하락하거나 필요노동시간이 8시간에서 6시간으로 단축된다면, 노동력의 가격은 3실링 8펜스, 3실링 6펜스, 3실링 2펜스 등으로 하락할 수 있으며, 따라서 잉여가치는 3실링 4펜스, 3실링 6펜스, 3실링 10펜스 등으로 상승할

러한 세금의 폐지는 산업자본가가 직접 노동자에게 짜내는 잉여가치의 양에는 절대로 변화를 가져오지 않는다. 그것은 산업자본가가 자신의 주머니에 넣거나 3자에게 나누어줘야 할 잉여가치의 비율만을 변화시킬 뿐이다. 따라서 세금의 폐지는 노동력의 가치와 잉여가치 사이의 비율에는 아무런 변화도 가져오지 않는다. 결국 맥컬록이 3법칙에 추가한 예외는 이 법칙에 대한 그의 오해를 증명할 뿐이다. 이러한 불행은 세(Say)가 스미스를 통속화할 때 일어나는 것처럼 그가 리카도를 통속화할 때 자주 일어난다.

수 있을 뿐이다. 최소치가 3실링인 노동력 가치의 하락 수준은 전력을 다해 싸우는 자본의 압력과 노동자들의 저항 사이의 상대적 힘에 달려 있다.

　　노동력의 가치는 일정한 양의 생활수단의 가치에 의해 결정된다. 노동생산력과 더불어 변하는 것은 생활수단의 가치이지 그 양이 아니다. 이 생활수단의 양 자체는 노동생산력이 증가하는 경우에는, 노동력의 가격과 잉여가치 사이의 그 어떤 양적인 변화 없이도 노동자나 자본가에게 동시에 그리고 같은 비율로 증가한다. 최초의 노동력의 가치가 3실링이고 필요노동시간이 6시간, 그리고 잉여가치 역시 3실링이고 잉여노동시간도 6시간이라고 하면, 노동생산력이 2배 증가하는 데도 필요노동시간과 잉여노동시간으로의 노동일의 분할에 변화가 없다면, 노동력의 가격과 잉여가치는 변하지 않는다. 단지 그것들 각각은 두 배의 사용가치를 표현할 뿐이며, 상대적으로 사용가치의 가격이 떨어졌음을 나타내고 있을 뿐이다. 노동력의 가격이 변하지 않았음에도, 노동력의 가격은 그 가치 이상으로 상승했다. 그러나 노동력의 가격이 그 새로운 가치에 의해 주어진 최소치인 1½실링까지 하락하지 않고, 2실링 10펜스, 2실링 6펜스까지만 하락한다고 하더라도, 이 하락하는 가격은 여전히 증가된 생활수단의 양을 나타낸다. 이런 까닭에 노동생산력이 증가하는 경우에, 노동자의 생활수단의 양이 지속적으로 증가함과 동시에 노동력의 가격은 지속적으로 하락할 수 있다. 그러나 상대적으로 잉여가치와 비교한 노동력의 가치는 지속적으로 하락하며, 노동자과 자본가의 생활수준 사이의 격차는 더 벌어질 것이다.[259]

---

259) "산업생산성에 어떤 변화가 일어나서 일정한 양의 노동과 자본이 더 많거나 더 적게 생산하게 되면, 임금이 차지하는 몫은 분명히 변할 수 있는 반면에, 임금에 할당된 몫을 나타내는 양은 변하지 않는다. 또는 이 양은 변할 수 있는 반면에 임금에 할당된 몫은 변하지

리카도는 위에서 세워진 세 가지 법칙을 우선 절대공식으로 만들었다. 그러나 그의 도식은 다음과 같은 결점을 가지고 있다. ①그는 이 법칙들이 적용되는 특수한 조건을 자본주의적 생산의 분명한 조건으로, 즉 유일한 일반적인 조건으로 생각했다. 그는 노동일의 길이나 노동 강도에서의 그 어떤 변화도 알지 못했기 때문에 그에게는 노동생산력이 자동적으로 유일한 가변요인이 되었다. ②그러나 그는 다른 경제학자들과 마찬가지로 언제나 잉여가치 그 자체를, 말하자면 이윤, 지대와 같은 잉여가치의 특별한 형태에서 따로 떼어내 연구하지 않았다. 이러한 이유로 ①의 경우보다 훨씬 분석의 질이 떨어졌다. 결과적으로 잉여가치율의 법칙을 이윤율의 법칙과 혼동했다. 이미 언급한 것처럼, 이윤율은 투하된 총자본에 대한 잉여가치의 비율인 반면에, 잉여가치율은 이 투하된 총자본 가운데 가변부분에 대한 잉여가치의 비율이다. 500£의 자본(C)이 400£에 해당하는 원료, 노동수단 등(c)과 100£의 임금으로 분할되어 있고 잉여가치(m)가 100£라고 가정해보자. 이 가정에서는 잉여가치율 $^m/_v={}^{100£}/_{100£}$=100%이다. 그러나 이윤율 $^m/_C={}^{100£}/_{500£}$=20%이다. 게다가 이윤율은 잉여가치율에 전혀 영향을 주지 않는 상황에서도 좌지우지될 수 있다는 사실은 분명하다. 나는 나중에 이 책의 3권에서, 일정한 상황에서는, 동일한 잉여가치율이 매우 다양한 이윤율로 표현될 수 있으며, 다양한 잉여가치율이 동일한 이윤율로 표현될 수 있다는 것을 증명할 것이다.

않는다."(케이즈노브, 《정치경제학 개론》, 67쪽)

II. 노동일과 노동생산력은 불변이지만 노동 강도가 변하는 경우

노동 강도의 강화는 동일한 시간 내에서의 소모되는 노동의 증가를 전제로 한다. 더 강화된 노동일은 그보다 덜한 같은 시간의 노동일에 비해 더 많은 생산물로 나타난다. 물론 생산력이 증가하면 동일한 노동일에 더 많은 생산물을 생산한다. 그러나 노동생산력이 증가하는 경우에는 개별 생산물의 가치는 하락하는데, 생산에 이전보다 더 적은 노동이 들기 때문이다. 노동 강도가 강화되는 경우 개별 생산물의 가치는 변하지 않는데, 생산물은 여전히 이전과 동일한 양의 노동이 들기 때문이다. 이 경우에 생산물의 수는 그 가격이 하락하지 않고도 증가한다. 생산물의 수가 증가함에 따라 그 가격총액도 증가하는데, 노동생산력이 증가하는 경우에는 동일한 가치총액이 증가된 생산물의 양으로 표시될 뿐이다. 따라서 노동시간이 그대로 유지되는 경우 더 강화된 노동일은 더 많은 가치생산물로 나타나며, 화폐의 가치가 그대로 유지되는 경우에는 더 많은 화폐로 나타난다. 노동일의 가치생산물은 그 강도가 사회적 평균수준과 얼마나 차이 나는가에 따라 변한다. 동일한 노동일은 더이상 변하지 않는 가치생산물로 나타나지 않고, 변하는 가치생산물로 나타난다. 예를 들어 더 강화된 12시간 노동일은 보통 강도의 12시간 노동일이 나타내는 6실링 대신에 7실링, 8실링 등으로 나타난다. 노동일의 가치생산물이 예컨대 6실링에서 8실링으로 변한다면, 이 가치생산물의 두 부분인 노동력의 가격과 잉여가치는 그 정도가 같든 다르든 간에 동시에 증가할 수 있다. 가치생산물이 6실링에서 8실링으로 증가한다면, 노동력의 가격과 잉여가치 모두 동일한 시간에 3실링에서 4실링으로 증가할 수 있다. 이 경우에 노동력의 가격상승은 반드시 노동력의 가치 이상으로 노동력의 가격을 상승시키지는 않는다. 오히려 노동력을 그 가치 이하로 하락시킬 수도 있다. 이러한 상황은 노동력의 가격상승이 가속화된 노동력의 소모를 보상하지 않을 시 언제나 발생한다.

우리는 일시적인 예외는 있지만 노동생산력의 변화는 그것과 관계된 산업 부문의 생산물이 노동자의 일상적인 소비품이 되어야 비로소 노동력의 가치크기에 변화를 주어, 잉여가치크기의 변화를 일으킨다는 것을 알고 있다. 이 경우에 이러한 제한은 사라진다. 노동일의 길이에 의해서든 노동강도에 의해서든 노동의 크기가 변하면, 그에 상응하여 노동의 가치생산물의 크기도 변하는데, 이 크기는 그 가치가 나타나는 물품의 성질과는 무관하게 변하기 때문이다.

노동 강도가 모든 산업 부문에서 동시에 그리고 똑같이 강화되면, 이 강화된 새로운 강도는 통상적인 사회적 표준수준이 될 것이며, 더이상 그 외연적인 크기로는 고려되지 않을 것이다. 그러나 그런 경우에서조차 노동 강도의 평균수준은 여러 나라들에서 서로 다르게 유지될 것이며, 따라서 서로 차이 나는 각 나라의 노동일에 대한 가치법칙을 수정하여 적용할 것이다. 어떤 나라의 더 강화된 노동일은 강도가 더 약한 다른 나라의 노동일에 비해 더 많은 화폐액으로 나타난다.[260]

---

260) "그 밖의 모든 조건이 같다면, 잉글랜드의 공장주는 일정한 시간에 타국의 공장주에 비해 훨씬 많은 양의 노동을 끄집어낼 수 있는데, 그것은 잉글랜드에서의 주당 60시간과 타국에서의 주당 72-80시간 노동일의 차이를 상쇄할 수 있을 정도이다."(《공장감독관 보고서》, 1855년 10월 31일, 65쪽) 유럽 대륙과 잉글랜드의 노동시간의 차이를 줄이는 가장 확실한 수단은 대륙의 공장들의 노동일을 법률로 더 많이 단축하는 것이다.

III. 노동생산력과 노동 강도는 불변이지만 노동일이 변하는 경우

노동일은 두 방향으로 변할 수 있다. 노동일은 단축되거나 연장될 수 있다.

1) 노동생산력과 노동 강도가 변하지 않는 일정한 조건에서, 노동일의 단축은 노동력의 가치를 변화시키지 않으며 필요노동시간도 변화시키지 않는다. 그것은 잉여노동을 단축시키고 잉여가치를 감소시킨다. 잉여가치의 절대적인 크기가 감소함에 따라 그 상대적인 크기도, 즉 변하지 않고 유지되고 있는 노동력의 가치크기에 대한 잉여가치의 비율인 잉여가치의 상대적인 크기도 감소한다. 이런 경우에 자본가는 노동력의 가격을 그 가치 이하로 하락시킴으로써만 손실을 보충할 수 있다.

노동일의 단축을 반대하는 모든 상투적인 주장에서는 노동생산력과 노동 강도가 변하지 않는다는 조건에서 노동일은 단축된다고 가정하고 있다. 그러나 현실에서는 그 반대이다. 노동생산력과 노동 강도의 변화가 노동일의 단축보다 먼저 일어나거나 노동일의 단축에 곧바로 뒤따른다.[261]

2) 노동일의 연장: 필요노동시간이 6시간이고, 노동력의 가치가 3실링이며, 잉여노동도 6시간이고 잉여가치 역시 3실링이라고 하자. 그렇다면 하루 노동일의 총 노동시간은 12시간이고 그것은 6실링의 가치생산물로 나타난다. 노동시간이 2시간 연장되고 노동력의 가격이 그대로 유지된다면,

---

261) "10시간 노동법이 실시됨에 따라 드러난 바와 같이 …. 이로 인한 손해를 상쇄하려는 상황이 있다."(《공장감독관 보고서》, 1848년 10월 31일, 7쪽)

잉여가치의 절대적인 크기와 더불어 그 상대적인 크기도 증가한다. 노동력의 가치크기는 절대적으로는 변하지 않고 유지되지만 상대적으로는 하락한다. 노동일의 길이와 노동 강도는 변하지 않지만 노동생산력만 변한다는 I의 조건에서 노동력의 상대적인 크기는 그 절대적인 크기가 변하지 않고는 변할 수가 없었다. 그러나 이 경우에서는 그와 반대로 노동력의 가치의 상대적인 크기 변화는 잉여가치의 절대적인 크기 변화의 결과이다.

노동일이 구체화된 가치생산물은 노동일 자체가 연장됨에 따라 증가하기 때문에 그 증가하는 크기가 서로 같거나 다를 수 있지만, 노동력의 가격과 잉여가치는 동시에 증가할 수 있다. 따라서 노동일이 절대적으로 연장되는 경우와 이러한 연장 없이 노동 강도가 증가하는 두 경우 모두에서 노동력의 가격과 잉여가치가 동시에 증가할 수 있다.

노동일이 연장되면 노동력의 가격은 명목상 그대로 유지되거나 상승하더라도 그 가치 이하로 하락할 수 있다. 노동력의 하루 가치는 우리가 기억하고 있는 것처럼, 특히 노동력의 통상적인 평균 지속기간 또는 노동자의 평균수명을 토대로 신체성분이 얼마나 적당하고, 정상적으로, 적절한 운동을 통해 생명에 필요한 요소로 전환되는가에 따라 측정된다.[262] 노동일의 연장과 분리될 수 없는 더 커다란 노동력의 소모는 일정한 시점까지는 더 많은 보상에 의해 메워질 수 있다. 이 시점을 넘어서면 노동력의 소모는 기하급수적으로 증가하며 동시에 노동력의 정상적인 재생산과 활동에 필

---

262) "어떤 사람이 24시간 동안 수행한 노동의 양은 그의 신체 안에서 일어난 화학적 변화를 통해 대략 결정될 수 있다. 신체를 이루는 성분의 변화된 상태가 그 이전에 수행된 운동력을 보여주기 때문이다."(그로브, 《물리적 힘의 상호관계에 관하여》)

요한 일체의 조건들을 파괴한다. 즉 이 지점을 넘어서면 노동력의 가격과 노동력의 착취도의 크기가 달라져 더이상 같은 단위로 잴 수 없다.

IV. 노동의 지속시간, 노동생산력 그리고 노동 강도가 동시에 변하는 경우

이 경우에는 분명히 많은 수의 조합이 가능하다. 두 가지 요인이 변하고 하나의 요인이 그대로 유지되거나, 세 가지 요인이 동시에 변할 수도 있다. 그것들은 정도가 같거나 다르게 변할 수 있으며, 같은 방향이나 반대 반향으로 변할 수 있는데, 그런 경우의 변화들은 부분적으로나 전적으로 상쇄될 수 있다. 그러나 가능한 모든 경우에 대한 분석은 I, II 그리고 III의 조건에서 주어진 정보를 이용하면 간단하다. 순서대로 하나의 요인은 가변이고 다른 두 가지 요인은 불변으로 두면 가능한 모든 조합의 결과를 알 수 있다. 여기에서는 다만 두 가지 중요한 경우에 관해서만 간단히 지적하겠다.

1) 노동생산력이 감소하는 동시에 노동일이 연장되는 경우

노동생산력의 감소는 생산물이 노동력의 가치를 결정하는 노동 부문을 의미한다. 토지 비옥도의 감소로 토지생산물의 가격이 상승한 결과, 노동생산력이 하락하는 노동 부문에 대해 말하는 것이다. 하루 노동일은 12시간이며, 이 노동일의 가치생산물은 6실링인데, 그 가운데 절반은 노동력의 가치를 대체하며 다른 절반은 잉여가치를 형성한다고 하자. 따라서 노동일은 6시간의 필요노동과 6시간의 잉여노동으로 분할된다. 토지생산물의 가격상승으로 인해 노동력의 가치가 3실링에서 4실링으로, 즉 필요노동시간이 6시간에서 8시간으로 증가했다고 하자. 노동일이 그대로 유지된

다면, 잉여노동은 6시간에서 4시간으로, 잉여가치는 3실링에서 2실링으로 줄어든다. 노동일이 2시간 연장되어 12시간에서 14시간이 된다면, 잉여노동은 6시간, 잉여가치는 3실링으로 유지되겠지만, 필요노동시간에 의해 측정되는 노동력의 가치에 대한 잉여가치의 상대적인 크기는 하락한다. 노동일이 4시간 연장되어 12시간에서 16시간이 된다면, 잉여가치와 노동력의 가치를 그 비율로 비교한 크기, 즉 잉여노동과 필요노동의 비율은 그대로 유지되지만, 잉여가치의 절대적 크기는 3실링에서 4실링으로, 잉여노동의 크기는 6시간에서 8시간으로, 즉 ⅓ 또는 33⅓%만큼 증가한다. 따라서 노동생산력이 하락하는 동시에 노동일이 연장되는 경우에는 잉여가치의 상대적인 크기가 감소하여도 그 절대적인 크기는 그대로 유지될 수 있으며, 잉여가치의 절대적인 크기가 증가하여도 그 상대적인 크기는 그대로 유지될 수 있다. 그리고 노동일이 연장되는 정도에 따라 잉여가치의 상대적인 크기와 절대적인 크기가 동시에 증가할 수 있다.

1799년부터 1815년에 이르는 기간에 잉글랜드에서 생활수단 가격의 상승은 명목임금의 상승을 야기했지만, 생활수단으로 표현된 실질임금은 하락했다. 이러한 사실로부터 웨스트Edward West, 1782-1828(수확체감의 법칙을 주장한 경제학자 -옮긴이)와 리카도는 농업 노동생산력의 하락이 잉여가치율의 하락을 야기했다는 결론을 이끌어냈고, 그들의 환상에서나 타당한 이 가정을 임금, 이윤 그리고 지대의 상대적 크기관계에 대한 중요한 분석의 출발점으로 삼았다. 그러나 노동 강도의 강화와 노동일의 강제적인 연장 덕분에 그 당시 잉여가치는 절대적으로나 상대적으로 증가했다. 이 시대야

말로 부르주아가 과도한 노동일의 연장을 권리로 획득한 시대였으며,[263] 한 편에서는 자본의, 다른 한편에서는 극빈자의 급속한 증가로 특징지어진 시 대였다.[264]

2) 노동 강도와 노동생산력이 증가하는 동시에 노동일이 단축되는 경우

노동생산력의 증가와 노동 강도의 강화는 한쪽 방향으로만 단조롭게 작용한다. 두 경우 모두 일정한 시간에 달성되는 생산물의 양을 증가시킨 다. 따라서 두 경우 모두 노동자가 노동일 가운데 자신의 생활수단의 생산

---

263) "곡식과 노동이 완전히 일치하는 경우는 거의 없었다. 그러나 곡식과 노동이 그 이상 을 넘어 서로 분리될 수 없는 명확한 경계가 존재한다. 진술(1814-1815년의 의회조사 위 원회)이 지적하고 있듯이 임금의 하락을 가져온 물가상승의 시기에 노동자 계급의 이례적 인 고역에 대해 말한다면, 그것은 개개인에게는 커다란 돈벌이가 되었으며 확실하게 자본 의 성장을 촉진했다. 그러나 인간적인 감정을 가진 사람이라면 누구도 이러한 힘든 노동 이 완화되지 않고 지속되기를 바랄 수가 없다. 이러한 고역은 일시적인 구제책으로는 매우 훌륭하지만, 그것이 계속된다면, 생계가 극한까지 내몰린 인구의 상태와 비슷하게 될 것이 다."(맬서스, 《지대의 성질과 성장에 관한 연구》, 런던, 1815, 48쪽의 주석) 리카도와 다른 사람들이 뚜렷한 사실(노동일의 연장 - 옮긴이)을 보면서도 노동일의 고정된 길이를 그들 의 모든 연구의 근거로 삼고 있는 데 반하여, 맬서스는 그의 소책자의 다른 곳에서도 직접 언급하고 있는 노동일의 연장을 강조해서 그에 걸맞은 명예를 얻었다. 그러나 그가 사로잡 혀 있던 보수적 이해관계는 그로 하여금 비상한 기계장치의 발전과 여성과 아동노동의 착 취와 동시에 진행된 노동일의 과도한 연장이 노동자계급의 커다란 부분을, 특히 전쟁수요 와 세계시장에서 잉글랜드의 독점이 끝나자마자, '과잉'으로 만들 수밖에 없었다는 것을 인 식하는 것을 방해했다. 이러한 '과잉인구'를 자본주의적 생산의 어쩔 수 없는 역사법칙으로 설명하지 않고 영원한 자연법칙으로 설명하는 것은, 물론 훨씬 간단하고 맬서스가 성직자 답게 숭배하고 있던 지배계급의 이해관계에 훨씬 더 들어맞았다.

264) "전쟁 중에 자본이 성장하는 근본적인 원인은 그 어떤 사회에서든 수가 가장 많은 노 동자계급의 더 심한 과로와 더 심각한 궁핍에 있을 것이다. 궁핍함 때문에 더 많은 여성과 어린이가 일을 해야만 하며, 이전에 노동자였던 사람들도 같은 이유로 그들 시간의 더 많 은 부분을 생산을 증가하는 데 보내야만 했다."(《정치경제학에 관한 에세이, 현재의 국가 적 고난의 주요원인들에 대한 설명》, 런던, 1830, 248쪽)

이나 그 등가물의 생산에 필요한 부분을 단축시킨다. 더이상 축소될 수 없는 노동일의 절대최소치는 이러한 노동일을 구성하는 필요부분에 의해 결정되는데, 이 부분은 축소될 수 있다. 전체 노동일이 이 최저치까지 단축된다면, 잉여노동은 사라지는데, 이러한 일은 자본의 체제에서는 불가능하다. 자본주의적 생산형태를 폐지하면 노동일을 필요노동까지 제한할 수 있게 해준다. 그러나 필요노동은, 다른 조건이 그대로라면, 그 범위를 확대할 것이다. 한편으로 노동자의 생활조건이 풍부해지고 생필품에 대한 요구가 더 커질 것이기 때문이다. 다른 한편으로, 현재 잉여노동의 일부분이 필요노동으로, 즉 사회의 예비자금과 축적기금을 마련하기 위해 필요한 노동으로 될 것이기 때문이다.

노동생산력이 향상되면 될수록 노동일은 더욱 단축될 수 있으며, 노동일이 단축되면 될수록 노동 강도는 더 강화될 수 있다. 사회적 차원에서 보면, 노동생산력은 노동을 절약함으로써 향상된다. 노동력의 절약은 생산수단을 절약하는 것뿐만 아니라, 일체의 쓸데없는 노동을 방지하는 것도 포함한다. 자본주의적 생산방식은 모든 개별기업에 절약을 강요하지만, 그 무정부적 경쟁체제는 지금은 없어서는 안 되지만 그 자체로는 불필요한 수많은 기능들과 더불어 사회적 생산수단과 노동력의 엄청난 낭비를 야기한다.

노동 강도와 노동생산력이 일정하게 주어지면, 노동이 노동 가능한 모든 사회성원들 사이에 균등하게 배분될수록, 스스로 노동을 해야 하는 필연적인 부담을 다른 계층에 전가하는 사회계층이 줄어들수록, 사회적 노동일 가운데 물질생산에 필요한 부분은 더 단축되며 개개인의 자유로운 정신적, 사회적 활동을 위해 사용할 수 있는 시간은 더욱 증가할 것이다. 이러한 방향으로, 즉 노동이 사회의 모든 성원에게 보편화되는 방향으로 나아가면 노동일은 더이상 단축할 수 없는 절대최저치에 도달하게 된다. 자본주의 사회에서 한 계급의 자유시간은 대중의 모든 생활시간을 노동시간으로 바꿈으로써 만들어진다.

이미 본 바와 같이 잉여가치율은 아래의 공식들로 나타난다.

$$\text{I.} \quad \frac{\text{잉여가치}}{\text{가변자본(m/v)}} = \frac{\text{잉여가치}}{\text{노동력의 가치}} = \frac{\text{잉여노동}}{\text{필요노동}}$$

첫 번째와 두 번째 공식은 가치 사이의 비율을 나타내며, 세 번째 공식은 이러한 가치들이 생산되는 시간의 비율을 나타낸다. 서로 대체될 수 있는 이 공식들은 개념적으로 정확하다. 따라서 우리는 의도하지는 않았지만 사실상 완성된 이러한 공식들을 고전파 정치경제학에서도 볼 수 있다. 그런데 여기에서 우리는 아래와 같은 파생된 공식들과 마주친다.

$$\text{II.} \quad \frac{\text{잉여노동}}{\text{노동일}} = \frac{\text{잉여가치}}{\text{생산력의 가치}} = \frac{\text{잉여생산물}}{\text{총생산물}}$$

위의 공식들에서는 하나의 동일한 비율이 노동시간의 형태로, 노동시간이 나타나는 가치의 형태로, 그리고 이 가치가 존재하는 생산물의 형태로 번갈아가면서 표현된다. 물론 생산물의 가치는 오직 노동일의 가치생산물로 이해되고, 생산물 가치 가운데 불변부분은 제외된 것으로 가정되어 있다.

이 모든 공식들에서는 실제 노동착취도 또는 잉여가치율이 잘못 표현되어 있다. 노동일은 12시간이라고 하자. 우리의 가정들이 앞의 예와 같다면 이 경우에 실제 노동착취도는 다음과 같은 비율로 표시된다.

$$\frac{6시간 \ 잉여노동}{6시간 \ 필요노동} = \frac{3실링의 \ 잉여가치}{3실링의 \ 가변자본} = \ 100\%$$

그런데 II의 공식들에 따르면 다음과 같은 비율을 얻게 된다.

$$\frac{6시간 \ 잉여노동}{12시간 \ 노동일} = \frac{3실링의 \ 잉여가치}{6실링의 \ 가치생산물} = \ 50\%$$

이 파생된 공식들이 실제로 표현하고 있는 것은 노동일 또는 노동일의 가치생산물이 자본가와 노동자 사이에 분배되는 비율이다. 따라서 만약 이 공식들을 자본의 자기증식정도를 직접 표현한 것으로 간주한다면, 잉여노동이나 잉여가치는 결코 100%에 도달할 수 없다는 잘못된 법칙이 유효하게 된다. [265] 잉여노동은 언제나 나누어떨어지는 노동일의 한 부분을 형

---

265) 예를 들어 《폰 키르히만에게 보내는 로드베르투스의 세 번째 편지. 지대론에 대한 리카도의 이론에 대한 반박과 새로운 지대이론에 대한 기초 정립》(베를린, 1851)을 참조하라. 나는 나중에 지대에 대한 이론을 오류가 있지만 자본주의적 생산의 본질을 꿰뚫어보고 있던 이 저서로 다시 돌아오겠다.〔3판에 추가. 이 부분에서 우리는 맑스가 자신의 선행자들에게서 진정한 진보, 올바른 새로운 사상을 발견했을 때 그들을 호의적으로 대했다는 것을 볼 수 있다. 그러는 동안에 루돌프 마이어에게 보낸 로드베르투스의 편지가 출간되었는데, 이 출간이 선행자들에 대한 맑스의 호평을 어느 정도 삭감했다. 그곳에는 다음과 같이 쓰여 있기 때문이다. "자본을 노동뿐만 아니라 자본 자체로부터 구제해야 하며, 그러한 구제는 사실상 자본의 소유를 통해 전권을 위임받은 기업가-자본가의 활동을 국민경제적이고 국가경제적인 기능으로 파악하고, 그의 이윤을, 우리가 아직 다른 사회조직을 모르기

성할 뿐이고, 또 잉여가치는 언제나 나누어떨어지는 노동생산물의 한 부분을 형성할 뿐이기 때문에, 잉여노동은 어쩔 수 없이 늘 노동일보다 적으며, 잉여가치는 언제나 가치생산물보다 적을 수밖에 없다. 그러나 100/100의 비율을 가지려면 그것들은 같아야 한다. 잉여노동이 노동일 전체를 흡수하려면(여기에서는 주간 노동일, 연간 노동일 등의 하루 평균노동일을 말한다) 필요노동은 0까지 하락해야 한다. 그러나 필요노동이 사라진다면 잉여노동도 사라진다. 잉여노동은 단지 필요노동의 기능 하나에 불과하기 때문이다. 따라서 잉여노동/노동일=잉여가치/가치생산물이라는 비율은 결코 100/100이라는 한계에 도달할 수 없으며 100+X/100보다 더 높아질 수 없다. 그러나 잉여가치율 또는 실제 노동착취도는 그럴 수 있다. 예를 들어 드 라베르뉴L. de Lavergne가 계산한 바와 같이, 잉글랜드의 농업노동자는 생산물 또는 그 가치의 ¼을 받는 반면에, 자본가(차지농장주)는 이후에 자신의 몫이 자신과 지주 사이에서 어떻게 분배되든 간에 ¾[266]을 받는다고 가정해보자. 이에 따르면 잉글랜드 농업노동자의 잉여노동과 필요노동의 비율은 3:1이며, 착취율은 300%이다.

때문에, 급료의 형태로 파악할 때 가장 잘 이루어진다. 그러나 급료는 조절될 수 있으며, 너무 많은 보수를 받는 경우에는 깎을 수도 있다. 이렇게 함으로써 우리는 사회로의 맑스의 침입-나는 그의 책을 이렇게 부르고 싶다-을 막을 수도 있다. … 맑스의 책은 전반적으로 자본에 대한 연구라기보다는 현재의 자본형태에 대한 논리적인 공격인데, 그는 이 자본형태를 자본개념 자체와 혼동하고 있으며, 이로부터 그의 오류가 생겨났다."《로드베르투스-야게초프(독일 동북지방의 로드베루투스의 영지 -옮긴이) 박사의 편지》,(루돌프 마이어 박사의 편집, 베를린, 1881, 1권, 111쪽, 〈로드베르투스의 편지〉) 로드베르투스가 자신의 "사회문제에 대한 편지"에서 하고자 한 대담한 시도는 이러한 이데올로기적인 상투어로 전락했다. -엥엘스〕
266) 생산물 가운데 설비된 불변자본만을 대체하는 부분은 이 계산에서는 당연히 공제된다. -잉글랜드를 맹목적으로 찬미하는 드 라베르뉴는 자본가의 몫을 지나치게 높게 계산하기보다는 지나치게 낮게 계산하고 있다.

노동일을 고정된 크기로 간주하는 학파의 방법론은 공식II를 적용함으로써 확립되었다. 잉여노동은 언제나 일정한 크기의 노동일과 비교되기 때문이다. 가치생산물의 분할만을 살펴보는 경우에도 마찬가지이다. 이미 어떤 가치생산물에 나타나있는 노동일은 언제나 일정한 한계를 가진 노동일이다.

잉여가치와 노동력의 가치를 가치생산물이 분할된 부분으로 서술하는 것은 -덧붙이자면 자본주의적 생산방식 자체에서 일어나지만 그 의미는 나중에 추론되는 서술방식- 자본관계의 독특한 성격을 은폐하고 있다. 즉 가변자본이 살아 있는 노동력과 교환되기 때문에 노동자는 생산물로부터 배제된다는 사실을 은폐한다. 이러한 서술방식에서는 자본의 독특한 성격 대신에 하나의 협동관계가 나타나는데, 이 관계에서는 생산물을 형성하는 데 기여한 상이한 몫에 따라 노동자와 자본가 사이에 생산물이 분배된다는 허구적인 겉모습을 우리에게 보여준다.[267]

그런데 공식II는 언제나 공식I로 다시 바꿀 수 있다. 예를 들어 6시간의 잉여노동/12시간의 노동일이라면, 필요노동시간은 12시간의 노동일에서 6시간의 잉여노동을 뺀 것과 같다. 따라서 다음과 같은 결과를 얻는다.

---

267) 자본주의적 생산과정의 발전된 모든 형태들은 협업 형태이기 때문에, 그것들의 특유한 적대성을 무시함으로써, 드 라보르드(A. de Laborde) 백작의《공동체 전체의 이익을 위한 협동정신》, (파리, 1818)에서와 같이, 그것들을 자유로운 협동형태로 꾸며내는 것처럼 쉬운 일은 없다. 양키인 커레이(Carey)는 때에 따라서 드 라보르드와 같은 속임수를 노예제도에서조차 성공적으로 적용했다.

$$\frac{\text{6시간의 잉여노동}}{\text{6시간의 필요노동}} = 100\%$$

내가 때때로 이미 보여준 세 번째 공식은 다음과 같다.

$$\text{III.} \quad \frac{\text{잉여가치}}{\text{노동력의 가치}} = \frac{\text{잉여노동}}{\text{필요노동}} = \frac{\text{미지불노동}}{\text{지불노동}}$$

자본가가 노동은 지불하고 노동력은 지불하지 않는다는 오해를 불러일으킬 수 있는 공식 $^{\text{미지불노동}}/_{\text{지불노동}}$은 이전의 설명과정에서 제거되었다. $^{\text{미지불노동}}/_{\text{지불노동}}$은 단지 $^{\text{잉여노동}}/_{\text{필요노동}}$의 통속적인 표현에 불과하다. 자본가는 노동력의 가치, 또는 그것과 차이가 나는 노동력의 가격을 지불하는 교환을 통해 살아 있는 노동력 자체에 대한 처분권을 얻는다. 자본가가 이 노동력을 사용하여 이익을 얻을 수 있는 권리는 두 기간으로 나뉜다. 한 기간 동안 노동자는 자신의 가치에 해당하는 가치만을, 즉 등가물을 생산한다. 따라서 자본가는 투하된 노동력의 가격 대신에 동일한 가격의 생산물을 얻는다. 이것은 마치 자본가가 이미 완성된 생산물을 시장에서 구입한 것과 같다. 이에 반하여 잉여노동 기간에는 자본가는 추가비용을 들이지 않고 노동력을 사용하여 자신을 위한 가치를 만든다.[268] 이 경우에 자본가는 노동력을 공짜로 동원한다. 이런 의미에서 잉여노동은 미지불노동으로 불릴 수 있다.

따라서 자본은, 아담 스미스가 언급한 것처럼, 단지 노동에 대한 지배

---

268) 중농주의자들은 잉여가치의 비밀을 꿰뚫어보지는 못했지만, '잉여가치가 그것의 소유자가 구매하지는 않았지만 판매하는 하나의 독립적이고 자유로이 처분 가능한 부'라는 사실은 매우 명확하게 알고 있었다. (튀르고, 《부의 형성과 분배에 관한 고찰》, 11쪽)

권에만 한정된 것이 아니라, 본질적으로 미지불 노동에 대한 지배권이다. 이후에 이윤, 이자, 지대 등의 특수한 형태를 취하더라도 모든 잉여가치의 실체는 미지불 노동시간이 물화된 것일 뿐이다. 자본의 자기증식의 비밀은 미지불된 일정한 양의 타인노동에 대한 자유로운 처분권으로 드러난다.

6편

임금

17장 | 노동력의 가치 또는 노동력의 가격이 임금으로 변화

겉으로 보이는 부르주아 사회에서 노동자의 임금은 노동의 가격으로, 일정한 양의 노동에 대한 대가로 지불되는 일정한 양의 화폐로 나타난다. 이 경우에 사람들은 노동의 가치를 이야기하며, 그 화폐적 표현을 노동의 필요가격 또는 자연가격이라고 부른다. 다른 한편으로 사람들은 노동의 시장가격, 즉 노동의 필요가격이 위아래로 움직이는 가격을 이야기한다.

그런데 상품의 가치란 무엇인가? 그것은 상품의 생산에 소진된 사회적 노동의 물적 형태이다. 그렇다면 우리는 이 가치의 크기를 어떻게 측정하는가? 상품에 포함되어 있는 노동의 양으로 측정한다. 그렇다면 예컨대 12시간 노동일의 가치는 무엇에 의해 결정되는가? 12시간 노동일에 포함되어 있는 12시간 노동에 의해 결정된다. 이는 똑같은 말의 무의미한 반복일 뿐이다.[269]

---

269) 리카도는 '가치는 생산에 사용된 노동의 양에 달려있다'는 그의 이론에 대해 단숨에 반박당하는 것을 피할 정도로 재치가 넘쳤다. 이 원칙을 엄격하게 고수한다면, 노동의 가치는 노동의 생산에 사용된 노동량에 의존한다는 결론이 나오는데, 이것은 말도 안 되는

시장에서 상품으로 판매되기 위해서 노동은 판매되기 이전에 그 어떤 경우에든 반드시 존재하고 있어야 한다. 그러나 노동자가 노동에 독자적인 삶을 부여할 수 있다면, 그는 노동이 아니라 상품을 파는 것이다.[270]

이러한 모순을 무시한다면, 물화된 노동인 화폐와 살아있는 노동의 직접적인 교환은 자본주의적 생산을 토대로 하여 비로소 자유롭게 발전하는 가치법칙을 지양하거나, 또는 바로 임금노동에 토대를 두고 있는 자본주의적 생산 자체를 지양할 것이다. 예를 들어 12시간의 노동일은 6실링의 화폐 가치로 나타난다고 해보자. 우선 등가물들이 교환되고 노동자는 12시간의 노동의 대가로 6실링을 얻는다. 그렇다면 노동자의 노동의 가격은 그의 생산물의 가격과 같을 것이다. 이 경우 노동자는 구매자를 위해 그의 노동으로 그 어떤 잉여가치도 생산하지 않으며, 이 6실링은 자본으로 변하지 않는다. 이렇게 되면 자본주의적 생산의 토대가 소멸될 것이지만, 노동자는 바로 이러한 토대에서 자신의 노동을 판매할 것이며 그의 노동은 임금노동이다. 또 다른 경우 노동자가 12시간 노동의 대가로 6실링, 즉 12시

소리이다. 이러한 이유로 리카도는 능숙하게 표현을 바꾸어 노동의 가치가 임금의 생산에 필요한 노동의 양에 의존하도록 만든다. 또는, 리카도 자신의 언어로 말하자면, 그는 노동의 가치를 임금의 생산에 필요한 노동의 양에 따라 추산할 수 있다고 주장한다. 여기에서 리카도는 노동의 양을 노동자에게 제공되는 화폐나 상품의 생산에 필요한 노동의 양으로 이해하고 있다. 이것은 직물의 가치가 그것의 생산에 사용된 노동의 양에 의해 추산되는 것이 아니라, 천과 교환되는 은의 생산에 사용된 노동의 양에 의해 추산된다고 주장하는 것과 다를 바 없다고 말할 수 있다."(베일리, 앞의 책, 50-51쪽)

270) "당신들이 노동을 상품으로 부른다면, 노동은 일단 교환을 목적으로 생산된 다음 시장으로 운반되어 때마침 시장에 있는 다른 상품과 서로 상응하는 비율로 교환되는 어떤 상품과는 같지 않다. 노동은 시장에 도달하는 바로 그 순간에 창조된다. 그렇다. 노동은 창조되기 전에 시장에 도달한다."(《몇 가지 언쟁에 대한 고찰》, 75-76쪽)

간 노동보다 더 적게 받는다고 하자. 12시간 노동이 10, 6시간 등의 노동과 교환된다. 이렇게 서로 다른 크기를 동일시하는 것은 가치 규정만을 지양하는 것이 아니다. 이렇게 자기 자신을 스스로 지양하는 모순은 결코 법칙으로 표현되거나 공식화될 수 없다.[271]

더 많은 노동과 더 적은 노동 사이의 교환을 한쪽의 물화된 노동과 다른 쪽의 살아 있는 노동이라는 형태상의 차이로부터 끌어내려는 것은 아무런 소용이 없다.[272] 이것은 상품의 가치가 그 상품에 실제로 물화된 노동의 양이 아니라 그 상품의 생산에 필요한 살아있는 노동의 양에 의해 결정되는 까닭에 더욱 무의미하다. 어떤 상품이 6노동시간을 나타낸다고 하자. 이런저런 발명품이 만들어져 이 상품이 3시간 만에 생산될 수 있다면, 이미 생산된 상품의 가치 또한 절반으로 하락한다. 이제 이 상품은 이전의 6시간 대신에 3시간의 사회적으로 필요한 노동시간을 나타내게 된다. 따라서 상품가치의 크기를 결정하는 것은 그 상품에 물화된 형태의 노동의 양이 아니라 그 상품의 생산에 필요한 노동의 양이다.

사실 상품시장에서 화폐소유자와 직접 마주 서 있는 것은 노동이 아

---

271) "노동을 하나의 상품으로 간주하고 그리고 노동의 생산물인 자본을 다른 상품으로 간주한다면, 그리고 이 두 상품의 가치가 동일한 양의 노동에 의해 결정된다고 가정한다면, 일정하게 주어진 양의 노동은 … 동일한 양의 노동에 의해 생산된 양의 자본과 교환될 것이다. 과거의 노동은 … 현재의 노동과 같은 양의 노동과 교환될 것이다. 그러나 노동의 가치는, 그것이 다른 상품과 관계를 맺으면 … 동일한 양의 노동에 의해 결정되지 않는다."(아담 스미스, 《국부론》, 웨이크필드판, 런던, 1835, 1권, 230-231쪽의 주석)

272) "이미 수행된 노동과 수행될 노동이 교환되는 경우에는 언제나 후자(자본가)가 전자(노동자)보다 더 많은 가치를 가져갈 수밖에 없다는 것을 합의('사회계약'의 새로운 형태)해야만 한다."(시스몽디, 《상업의 부에 관하여》, 제네바, 1803, 1권, 37쪽)

니라 노동자이다. 노동자가 판매하는 것은 그의 노동력이다. 그의 노동이 실제로 시작되자마자, 노동은 더이상 노동자에게 속하지 않게 된다. 따라서 노동자는 더이상 노동을 판매할 수 없다. 노동은 가치의 실체이며 가치의 내재적 척도지만 그 자체는 아무런 가치를 가지고 있지 않다.[273]

'노동의 가치'라는 표현에서는 가치개념이 완전히 소멸될 뿐만 아니라, 거꾸로 뒤집어진다. 이것은 가령 토지의 가치와 같은 가상적인 표현이다. 그러나 이 가상적인 표현은 생산관계 자체에서 생겨난다. 이 생산관계는 본질적인 관계가 외부로 보여지는 형태를 나타내는 범주이다. 외부로 나타나는 모습에서 사물이 흔히 뒤집어져 보인다는 사실은 정치경제학을 제외한 모든 학문에서는 상당히 잘 알려져 있다.[274]

273) "가치의 유일한 척도인 노동은 … 모든 부의 창조자이지만 상품은 아니다."(호지스킨, 앞의 책, 186쪽)

274) 이와 반대로 그러한 표현을 단순한 창작의 자유로 설명하려는 것은 분석상의 무능력을 보여줄 뿐이다. "노동이 어떤 가치를 가지고 있다는 것은 노동이 원래 상품이라는 뜻이 아니라, 노동에 잠재적으로 포함되어 있다고 추측되는 가치를 염두에 두고 하는 말이다. 노동의 가치는 비유적인 표현이다."라는 프루동의 상투적인 문구에 대해 다음과 같이 지적하고자 한다. "프루동은 끔찍한 현실인 상품으로의 노동에서 문법적인 생략밖에 보지 못했다. 그러므로 노동의 상품성에 근거하고 있는 현대 사회는 지금부터는 창작의 자유, 비유적인 표현에 근거를 둔 사회이다. 사회가 시달려야 하는 '모든 해로운 것을 제거'하려 한다면, 상스러운 표현을 제거하고 언어를 바꾸기만 하면 된다. 그렇게 하기 위해서 사회는 학계로 방향을 돌려 그들에게 새로운 사전을 편찬하도록 하면 된다."(맑스, 《철학의 빈곤》, 34-35쪽) 물론 가치에서는 아무것도 상상하지 않는 것이 더 편리하다. 그렇게 해야만 가치라는 범주에 거리낌 없이 모든 것을 포함시킬 수 있다. 예를 들면 세(J. B. Say)가 그렇다. '가치'가 무엇인가? 대답: '어떤 물건이 가치이다.' 가격은 무엇인가? 대답: '어떤 물건의 가치가 화폐로 표현된 것이다.' 그렇다면 왜 '토지의 노동은 가치'를 가지고 있는가? 대답: 사람들이 그것에 일정한 가격을 붙이기 때문이다.' 따라서 가치는 가치를 가진 물건이며, 토지가 '가치'를 가지는 이유는 그 가치가 '화폐로 표현되기' 때문이다. 이것은 어쨌든 간에 사물의 사리와 원인에 대해 알려주는 매우 간단한 방법이다.

고전파 정치경제학은 '노동의 가격'이라는 범주를 아무런 비판도 없이 일상생활로부터 빌려온 다음에, '이 가격이 어떻게 결정되는가?'에 대해 숙고했다. 고전파 정치경제학은 수요와 공급사이의 관계의 변동이, 모든 다른 상품의 가격과 마찬가지로, 노동의 가격에 대해서도 그 가격의 변동, 즉 노동의 시장가격이 일정한 크기로 움직인다는 것 외에는 아무 것도 설명할 수 없다는 것을 곧바로 알게 되었다. 수요와 공급이 일치한다면, 다른 조건이 그대로 유지될 경우에는 가격은 변하지 않는다. 그러나 그렇게 되면 수요와 공급은 더이상 아무것도 설명하지 못한다. 노동의 수요와 공급이 일치하는 경우, 노동의 가격은 수요와 공급의 관계와 무관하게 결정되는 자연가격이 되며, 이런 까닭에 노동의 자연가격은 엄밀하게 분석되어야 할 대상으로 인정되었다. 또는 이와 비슷하게, 오랜 기간 동안 예컨대 1년 동안의 시장가격의 움직임을 파악하면, 그것의 위아래로의 차이는 상쇄되어 어떤 중간의 평균 크기, 어떤 불변 크기가 된다는 것을 알게 되었다. 물론 이 크기는 이 크기로부터 서로 상쇄하려고 하는 차이와는 다르게 규정되어야 했다. 노동의 우연적인 시장가격을 지배하면서 이 시장가격을 조절하는 이 가격, 즉 노동의 '필요가격'(중농주의자) 또는 '자연가격'(아담 스미스)은 다른 상품들의 경우에서와 마찬가지로 화폐로 표현된 노동이 될 수 있을 뿐이다. 이러한 방식으로 정치경제학은 노동의 우연한 가격을 지나 노동의 가치로 나아간다고 생각했다. 그렇게 하여 노동의 가치는 다른 상품들의 경우와 마찬가지로 그 생산비에 의해 결정되었다. 그러나 노동자의 생산비, 즉 노동자 자신을 생산하거나 재생산하는 비용은 무엇인가? 이 질문은 부지불식간인 정치경제학에 알아차릴 새도 없이 이러한 원초적인 문제의 해결을 떠넘겼다. 정치경제학은 노동 자체의 생산비 문제에 빠져들어 더이상 나아가지 못했기 때문이다. 따라서 정치경제학이 '노동의 가치'라고 부르는 것은 실제로는 노동자의 개인능력에 존재하는 노동력의 가치이다. 그리고 이 노동력은 기계가 그것이 수행하는 작업과 다르듯이 그것의 기능인 노동과는 다르다. 정치경제학은 노동의 시장가격과 소위 노동의 가치 사이의 차이, 이 노동가치와 이윤율 사이의 관계, 노동가치와 노동을 매개로 생산된 상품가치들 사이의 관계 등에 몰두했지만, 분석 과정(시장가격에서 가치로 나아가는 과정 -옮긴이)이 노동의 시장가격으로부터 가상적인 가치에 도달하게 했을 뿐만 아니라, 이 노동의 가치 자체를 다시 노동력의 가치로 바꾸었다는 것을 전혀 알아차리지 못했다. 고전파 정치경제학은 이러한 분석결과를 의식하지 못했으며, '노동의 가치', '노동의 자연가격' 등의 범주를 가치관계에 대한 가장 적절한 표현으로 무비판적으로 수용했기 때문에, 나중에 보게 되는 것처럼, 정치경제학은 해결할 수 없는 혼란과 모순에 빠져버렸다. 그와 동시에 고전파 정치경제학은 원칙적으로 사물의 겉보기만을 신봉하는 피상적인 통속경제학에 확실한 근거를 제공했다.

그렇다면 우선 노동력의 가치와 가격이 그것이 변화된 형태인 임금에서는 어떻게 나타나는지 살펴보자.

노동력의 하루가치는 노동자의 일정한 수명을 기준으로 계산되는데, 노동일의 일정한 길이는 이 수명에 대응한다는 것은 이미 알려져 있다. 관습적인 노동일이 12시간이고, 6시간 노동을 나타내고 있는 가치의 화폐적 표현인 노동력의 하루가치가 3실링이라고 가정해보자. 노동자가 3실링을 받는다면, 그는 12시간 동안 기능하는 그의 노동력의 가치를 받게 된다. 그런데 이제 이 노동력의 하루가치가 하루노동의 가치로 표현된다면, 12시간 노동은 3실링의 가치를 가지고 있다는 공식이 나온다. 이렇게 되면 노동력의 가치는 노동의 가치를 결정하거나, 화폐로 표현된 노동의 필요가격을 결정한다. 이와 반대로 노동력의 가격이 그 가치와 차이가 난다면, 노동의 가격 역시 이른바 '가치'라고 불리는 '노동의 가치'와 차이가 나게 된다.

노동의 가치는 노동력의 가치를 나타내는 이치에 어긋난 표현에 지나지 않기 때문에, 노동의 가치는 언제나 노동의 가치생산물보다 적어야 한다는 결론이 저절로 나온다. 자본가는 노동력을 노동력 자체를 재생산하는 데 필요한 시간보다 더 길게 기능하도록 하기 때문이다. 앞의 예에서 12시간 동안 기능하는 노동력의 가치는 3실링인데, 노동력이 이 가치를 재생산하는 데는 6시간이 필요하다. 그런데 노동력의 가치생산물은 6실링이다. 노동력은 실제로 12시간 동안 기능했는데, 노동력의 가치생산물은 노동력 자체의 가치가 아니라 노동력이 기능하는 시간의 길이에 의존하기 때문이다. 따라서 우리는 6실링의 가치를 만들어내는 노동이 3실링의 가치를 갖는다는 얼핏 보아도 앞뒤가 맞지 않는 결론을 얻게 된다.[275]

더 나아가 우리는, 노동일 가운데 지불된 부분, 즉 6시간 노동을 나타내는 3실링의 가치가 6시간의 미지불된 시간을 포함하고 있는 12시간 전체노동일의 가치 또는 가격처럼 보인다는 것을 알고 있다. 따라서 임금형태는 노동일이 필요노동과 잉여노동으로, 지불노동과 미지불노동으로 분할되는 모든 흔적을 없앤다. 모든 노동이 지불노동으로 보인다. 부역의 경

---

275) 《정치경제학의 비판을 위해》, 40쪽을 참조하라. 그곳에서 나는 자본에 대해 살펴볼 때에는, "순전히 노동시간에 의해 결정된 교환가치를 토대로 한 생산이 어떻게 노동의 교환가치가 그 노동의 생산물의 교환가치보다 적다는 결과를 가져올 수 있는가?"라는 문제가 해결되어야 한다고 미리 알려주었다.

우 부역자 자신을 위한 노동과 지주를 위한 강제노동은 공간적으로나 시간적으로, 감각적으로 분명하게 차이가 난다. 노예노동의 경우 노예가 자기 자신의 생활수단의 가치를 대체하는, 사실상 자기 자신을 위해 일하는 노동일의 부분도 주인을 위한 노동으로 나타난다. 모든 노예의 노동은 미지불노동으로 나타난다.[276] 이와 반대로 임금노동자의 경우에는 잉여노동 또는 미지불노동조차도 지불된 것으로 나타난다. 노예노동에서는 소유관계가 노예의 자신을 위한 노동을 은폐하고 있으며, 임금노동에서는 화폐관계가 임금노동자의 무상노동을 은폐하고 있다.

이로부터 우리는 노동력의 가치와 가격이 임금의 형태로 또는 노동 자체의 가치나 가격으로 변하는 것이 결정적으로 중요하다는 사실을 알았다. 사실관계를 은폐하고 그와 정반대를 보여주는 임금형태라는 겉모습에 노동자와 자본가의 모든 법에 대한 이미지, 자본주의적 생산방식에 대한 일체의 신비화, 이 생산방식이 자유를 준다는 일체의 환상 그리고 통속경제학의 모든 옹호론적인 허튼 생각이 그 토대를 두고 있다.

임금의 비밀을 알아내기 위해 세계사는 많은 시간이 필요했다. 그러나 그 반대로 이 겉모습의 필연성과 존재 이유를 이해하는 것보다 더 쉬운 일은 없다.

---

276) 황당할 정도로 순진한 런던 자유무역주의자들의 기관지인 《모닝스타》는 아메리카 내전동안 '남부 연맹'(내란 당시 연방에서 탈퇴한 11개 주 - 옮긴이)에서는 흑인들이 완전히 무보수로 일한다는 사실을 인간으로 가질 수 있는 모든 도덕적 격분을 가지고 거듭 확언했다. 그러나 유감스럽지만 《모닝스타》는 이런 흑인의 하루 비용과 런던의 이스트엔드(East End, 전통적으로 노동자계급이 거주하는 런던의 동부 지역 - 옮긴이)에서의 자유노동자의 그것을 비교해 보았어야 했다.

자본과 노동 사이의 교환은 처음에는 다른 모든 상품의 구매와 판매와 똑같은 방식으로 지각된다. 구매자는 일정한 액수의 화폐를 제공하고, 판매자는 화폐와는 다른 상품을 제공한다. 이 경우에 구매자와 판매자의 법에 대한 의식은 기껏해야 법적으로 동등한 공식들, 즉 '네가 주기 때문에 나는 준다. 네가 하기 때문에 나는 준다. 네가 주기 때문에 나는 한다. 그리고 네가 하기 때문에 나는 한다'로 표현되는 물적 차이의 인식일 뿐이다.

더 나아가, 교환가치와 사용가치는 그 자체로는 서로 비교될 수 없는 크기이기 때문에, '노동의 가치', '노동의 가격'이라는 표현은 '면화의 가치', '면화의 가격'이라는 표현보다 더 불합리해 보이지는 않는다. 게다가 노동자가 자신의 노동을 제공한 후에 지불받는다는 사실이 추가된다. 그러나 화폐는 지불수단 기능에서는 제공된 상품의 가치 또는 가격을, 즉 앞의 경우에서는 제공된 노동의 가치 또는 가격을 나중에 현금화시킨다. 마지막으로 노동자가 자본가에게 제공한 '사용가치'는 실제로는 그의 노동이 아니라 노동력의 기능, 즉 재봉노동, 제화노동, 방적노동 등과 같은 일정한 유용노동이다. 이 동일한 노동도 다른 측면에서 보면 가치를 만들어 내는 일반적 요소라는 것, 그리고 이 특성에 의해 노동이 다른 모든 상품과 구별된다는 것은 일상적인 의식의 영역에서는 인식될 수 없다.

예를 들어 12시간 노동의 대가로 6시간 노동의 가치생산물, 즉 3실링을 받는 노동자의 입장에 서게 되면, 사실상 그의 12시간 노동은 그에게 3실링의 구매 수단이다. 그의 노동력의 가치는 그가 늘 쓰는 생활수단의 가치가 변함에 따라 3실링에서 4실링으로 또는 3실링에서 2실링으로 변할 수도 있다. 또한 그의 노동력의 가치가 변하지 않는 경우에도 그 가격은 수요와 공급의 관계의 변화로 인해 4실링으로 오를 수도 있고 2실링으로 하락할 수도 있지만, 그는 언제나 12시간의 노동을 제공한다. 따라서 이 노동자가 얻는 등가물의 크기의 그 어떤 변화도 그에게는 부득이하게 그의 12시간의 가치 또는 가격의 변화로 나타난다. 이러한 상황이 노동일을 고정된 크기로 간주한[277] 아담 스미스로 하여금, 생활수단의 가치가 변하여 동일한 노동일이 노동자에게 더 많거나 더 적은 화폐로 나타난다고 하더라도 노동의 가치는 변하지 않는다는 잘못된 주장을 하게 했다.

이제 다른 입장을 가진 자본가를 보자. 그는 가능한 한 많은 노동을 가능한 한 적은 화폐로 얻으려고 한다. 따라서 자본가는 실제로 노동력의 가격과 노동력의 기능이 만들어내는 가치 사이의 차이에만 관심이 있다, 그런데 그는 모든 상품을 가능한 한 싸게 사려고 하며, 자신의 모든 이익을 가치 이하로 구매하여 가치 이상으로 판매하는 단순한 속임수로 설명한다. 따라서 자본가는 노동력의 가치 같은 것이 실제로 존재한다면, 그리고 그가 이 가치를 실제로 지불한다면, 자본은 존재하지 않으며, 그의 화폐는 자본으로 변하지 않는다는 것을 이해하지 못한다.

게다가 임금의 실제 운동은 노동력의 가치가 지불되는 것이 아니라, 그 기능의 가치인 노동 자체의 가치가 지불된다는 것을 증명하는 것과 같은 현상들을 보여준다. 우리는 이 현상들을 크게 두 가지로 분류할 수 있다. 첫 번째는 노동일 길이의 변화에 따른 임금의 변화이다. 우리는 기계를

---

277) 아담 스미스는 개수임금을 논하는 기회에 우연히 노동일의 변화에 대해 다루고 있을 뿐이다.

일주일 빌리는 것이 하루 빌리는 것보다 더 많은 비용이 들기 때문에, 지불되는 것은 기계의 가치가 아니라 그 작업의 가치라는 결론을 내릴 수도 있다. 두 번째는 동일한 기능을 수행하는 서로 다른 노동자들의 임금의 개인적 차이이다. 이러한 개인적 차이는 노예제도에서도 발견되는데, 거기에서는 노동력 자체가 그 어떤 환상의 여지도 없이 아무런 꾸밈도 없이 있는 그대로 판매된다. 다만 노예제도에서는 평균 이상의 노동력이 가져오는 이득과 평균 이하 노동력이 입히는 손실이 어쩔 수 없이 노예소유자의 것이 되는데, 임금노동제도에서는 이 이득과 손실이 노동자 자신의 것이 된다. 임금노동제도에서는 노동자 자신이 그의 노동력을 판매하지만, 노예제도에서는 노예의 노동력이 제삼자에 의해 판매되기 때문이다.

덧붙이자면, '노동의 가치와 가격' 또는 '임금'이라는 겉으로 드러난 모습은, 노동력의 가치와 가격에 나타나는 본질적인 관계와는 다르다. 그리고 이것은 모든 겉모습이 그것들에 숨겨진 배후 관계와 차이난다는 점과 같다. 겉모습은 관습적인 사고방식으로서 직접적이고 자연스럽게 재생산되지만, 그 배후에 숨겨진 관계는 과학에 의해 비로소 밝혀져야만 한다. 고전파 정치경제학은 사물의 참된 모습에 접근하고 있지만, 그것을 의식적으로 공식화하지는 못했다. 고전파 정치경제학이 부르주아적 입장에 서 있는 한 그것을 할 수 없다.

18장 | 시간제 임금
(시간급)

임금 그 자체 역시 매우 다양한 형태를 취한다. 물질에만 노골적인 관심을 보이고 모든 형태상의 차이를 등한시하는 경제학 교과서로는 이 상황을 알아볼 수 없다. 그러나 이 모든 임금형태에 대한 설명은 임금노동에 관한 전문이론에 속하기 때문에, 이 저서에 적합하지 않다. 따라서 여기에서는 두 가지 지배적인 기본형태만을 간단히 설명하고자 한다.

우리가 기억하고 있는 것처럼, 노동력의 판매는 항상 일정한 기간 동안 이루어진다. 따라서 노동력의 하루가치, 일주일 가치 등을 직접적으로 나타내고 있는 변화된 형태는 '시간급', 즉 일급 등이다.

그런데 먼저 지적해 두어야 할 것은, 15장에서 서술한 노동력의 가격과 잉여가치의 양적 변화에 대한 법칙들이 단순한 형태변화를 통해 임금의 법칙으로 변한다는 점이다. 마찬가지로 노동력의 교환가치와 이 가치가 변하는 생활수단의 양 사이의 구별은 이제 명목임금과 실질임금 사이의 구별로 나타난다. 본질적인 형태에서 이미 설명한 것을 그 겉모습에서 반복하는 것은 아무런 소용이 없다. 따라서 우리는 시간급을 특징짓는 몇 가지만을 설명하고자 한다.

　　노동자가 그의 하루 노동, 일주일 노동 등의 대가로 받는 화폐액[278]은 그의 명목임금 또는 가치에 따라 계산된 임금액을 이룬다. 그러나 노동일의 길이, 즉 매일 노동자에 의해 제공된 노동의 양에 따라 동일한 일급과 주급 등은 매우 상이한 노동의 가격을 나타낼 수 있다는 점, 즉 동일한 노동량이 매우 상이한 화폐액으로 나타날 수 있다는 점은 분명하다.[279] 따라서 시간급의 경우에도 일급, 주급 등의 임금의 총액과 노동의 가격을 재차 구별해야 한다. 그렇다면 이 가격, 즉 일정한 노동량의 화폐 가격을 어떻게 구할 수 있는가? 노동의 평균가격은 노동력의 하루 평균가치를 평균노동일의 시간수로 나누면 얻을 수 있다. 예를 들어 노동력의 하루가치가 3실링, 6노동시간의 가치생산물이라고 가정하고, 노동일이 12시간이라고 가정하면, 1노동시간의 가격은 $3실링/12=3$펜스(1실링은 12펜스 - 옮긴이)가 된다. 이렇게 구해진 1노동시간의 가격이 노동가격의 도량 단위로 사용된다.

　　따라서 노동의 가격이 계속 하락함에도 일급, 주급 등은 동일하게 유지될 수 있다는 결론이 나온다. 예를 들어 습관적인 노동일이 10시간이었고 노동력의 하루 가치가 3실링이었다면, 1노동시간의 가격은 3⅗펜스이다. 1노동시간의 가격은 노동일이 12시간이 되자마자 3펜스로 하락하며, 15시간으로 늘어나면 2⅖펜스로 하락한다. 그럼에도 불구하고 일급과 주

---

278) 화폐가치는 여기에서는 언제나 고정된 것으로 가정한다.

279) "노동의 가격은 일정한 양의 노동에 대한 대가로 지불되는 금액이다."(에드워드 웨스트, 《곡식가격과 임금》, 런던, 1826, 67쪽) 웨스트는 1815년 런던에서 간행된 정치경제학의 역사에서 획기적인 익명의 저서인 《토지에 대한 자본의 적용에 관한 에세이, 옥스퍼드 대학의 선임연구원》의 저자이다.

급은 변하지 않고 유지된다. 이와 반대로 노동의 가격이 그대로 유지되거나 심지어 하락함에도 일급이나 주급은 상승할 수 있다. 예를 들어 노동일이 10시간이고 노동력의 하루가치가 3실링이라면, 1노동시간의 가격은 3⅗펜스이다. 늘어나는 작업량으로 인해 노동자가 동일한 노동가격으로 12시간을 일한다면, 그의 일급은 이제는 노동의 가격에는 변함이 없음에도 3실링 7⅕펜스로 상승한다. 노동의 길이 대신에 노동의 강도가 증가하여도 동일한 결과가 나올 수 있을 것이다.[280] 따라서 명목일급 또는 명목주급이 상승해도 노동의 가격은 그대로 유지되거나 하락할 수도 있다. 그리고 가장이 제공하는 노동량이 가족성원의 노동에 의해 증가되는 경우에도 노동자 가족의 수입에 같은 일이 벌어질 수 있다. 따라서 명목일급 또는 명목주급의 삭감과 무관하게 노동의 가격을 하락시키는 방법들이 존재한다.[281]

일반적인 법칙은 다음과 같다. 즉, 하루노동, 주간노동 등의 양이 일

---

280) "임금은 노동의 가격과 수행된 노동의 양에 의존한다. … 임금의 상승이 반드시 노동가격의 상승을 포함하지는 않는다. 일하는 시간이 길어지고 일이 더 힘들어지는 경우 노동의 가격은 그대로 유지될 수 있는 반면에 임금은 상당히 상승할 수 있다."(웨스트, 앞의 책, 67-68쪽, 112쪽) 덧붙이자면 웨스트는 '노동의 가격이 어떻게 결정되는가?'라는 주요한 문제는 진부한 상투어로 처리하고 있다.

281) 우리가 자주 인용한 《상공업에 관한 에세이》의 저자이자 18세기 산업부르주아 계급의 광신적인 대변자는, 비록 이 문제를 두서없이 서술하고 있지만, 올바르게 감지하고 있었다. "식량과 다른 생필품의 가격에 의해 결정되는 것은 노동의 양이지 노동의 가격(이것은 명목주급 또는 명목일급으로 이해된다)이 아니다. 생필품의 가격이 많이 하락하면, 당연히 그에 상응하여 노동의 양도 줄어든다. … 노동가격의 명목 액수를 변화시키는 것 이외에 노동의 가격을 올리거나 내릴 수 있는 다양한 방법들이 있다는 사실을 공장주들은 알고 있다."(같은 책, 48쪽과 61쪽) 시니어는 1830년 런던에서 간행된 자신의 저서 《임금률에 관한 세 차례 강연》에서 인용했다는 사실을 밝히지 않고 웨스트의 저서를 사용했는데, 그는 특히 다음과 같이 말하고 있다. "노동자는 주로 임금의 액수에 관심을 가지고 있다."(15쪽) 즉, 노동자는 주로 자신이 받는 명목임금의 액수에 관심을 가지지, 그가 제공하는 노동의 양에는 관심이 없다!

정하게 주어진다면, 일급 또는 주급은 노동의 가격에 달려있으며, 노동의 가격 자체는 노동력의 가치의 변화에 따라서 변하거나 노동력의 가격이 그 가치로부터 이탈함에 따라 변한다. 그와 반대로 노동의 가격이 일정하게 주어진다면, 일급 또는 주급은 하루 노동양이나 주 노동양에 의존한다.

　시간제 임금을 재는 단위인 노동의 시간당 가격은 노동력의 하루가 치를 습관적인 노동일의 시간수로 나눈 것이다. 노동일이 12시간, 6노동 시간의 가치생산물, 즉 노동력의 하루 가치가 3실링이라고 가정해보자. 이 상황에서 노동시간의 가격은 3실링이며, 그것의 가치생산물은 6펜스이다. 노동자가 이제 하루에 12시간보다 더 적게 일한다면(또는 1주일에 6일보다 적게 일한다면), 예를 들어 6시간이나 8시간만을 일한다면, 이 노동가격에서 그는 일급으로 1½실링 또는 2실링만을 받게 된다.[282] 노동자는 자신의 노 동력의 가치에 상응하는 일급을 생산하기 위해, 우리가 가정한 대로, 매일 평균 6시간을 노동해야 하기 때문에, 더구나 그는, 동일한 가정에 따라, 매 노동시간의 ½은 자신을 위해 나머지 ½은 자본가를 위해 일해야 하기 때문 에, 그가 12시간보다 더 적게 일한다면 그가 6시간의 가치생산물을 얻어낼 수 없다는 것은 분명하다. 앞에서 우리는 과도노동으로 인한 파괴적인 결 과를 보았다면, 여기에서는 불완전고용에서 발생하는 노동자의 고통의 뿌 리를 볼 수 있다.

---

282) 이런 비정상적인 방식으로 노동일을 줄이는 것은 법으로 강제된 노동일의 전반적인 단축과는 전혀 다르다. 전자는 노동일의 절대적인 길이와는 전혀 상관이 없으며, 15시간 노동일과 마찬가지로 6시간 노동일에서도 일어날 수 있다. 15시간 노동일의 경우에는 노 동의 정상적인 가격은 노동자가 하루 평균 15시간을 일한다는 것을 전제로, 6시간 노동일 의 경우에는 노동자가 하루 평균 6시간을 인한다는 것을 전제로 계산된다. 따라서 전자의 경우 노동자가 7½시간만을, 후자의 경우에 노동자가 3시간만을 일하게 되어도 그 결과는 동일하다.

시간급이 자본가가 일급 또는 주급을 지불할 의무가 없고 단지 자본가가 원하는 시간만큼만 노동자를 고용하고 그 노동시간만 지불하는 방식으로 정해진다면, 자본가는 원래 시간급을 산정하거나 노동자의 가격을 재는 도량 단위의 근거가 되는 시간 이하로 노동자를 고용할 수 있다. 이 도량 단위는 비율 노동력의 하루가치/주어진 시간수의 노동일로 결정되기 때문에, 노동일이 일정한 시간수를 포함하지 않으면 당연히 모든 의미를 상실한다. 지불노동과 미지불노동 사이의 연관성은 사라진다. 이제 자본가는 노동자에게 자신을 보존하는 데 필요한 노동시간을 제공하지 않고도 그로부터 일정한 양의 잉여가치를 얻어낼 수 있다. 자본가는 모든 정규직 고용을 없애고 자신의 편의에 따라 제멋대로 그리고 순간적인 이익에 따라 엄청난 과도노동과 상대적 실업과 절대적 실업을 번갈아 야기할 수 있다. 자본가는 '노동의 정상적인 가격'을 지불한다는 구실 하에 노동자에게 노동일의 연장에 상응하는 그 어떤 보상도 없이 노동일을 비정상적으로 연장할 수 있다. 따라서 시간급을 강제하려는 자본가의 시도에 대항한 런던 건설 노동자들의 봉기(1860년)는 전적으로 그들의 목적에 부합되었다. 노동일에 대한 법적 제한이 이러한 악행들을 끝냈지만, 기계장치와의 경쟁, 고용노동자의 질적인 변화, 부분적이고 전반적인 경제위기로부터 발생하는 불완전고용은 당연히 계속되었다.

일급 또는 주급이 상승하는 경우에도 노동의 가격은 명목상으로는 변하지 않고 유지될 수 있으며 또한 그 정상적인 수준 이하로 하락할 수도 있다. 이 경우는 노동의 가격, 즉 노동의 시간당 가격이 변하지 않음에도 노동일이 습관적인 길이 이상으로 연장되면 언제나 발생한다.

노동일의 하루가치/노동일에서 분모가 커지면, 분자는 그보다 더 빠르게 커진다. 노동력은 소모되기 때문에, 노동력의 가치는 그것이 기능하는 기간이 늘어남에 따라 증가하며, 그리고 그 기능하는 기간의 증가하는 비율보다 더 급속한 비율로 증가하기 때문이다. 이런 까닭에 노동시간에 대한 법적인 제한이 없으면서 시간급이 지배하는 수많은 산업 부문에서는 단지 노동일이 일정한 시점까지, 예를 들어 10시간이 경과되는 바로 그 시점까지만을 표준적인 것('표준노동일', '하루노동', '정규노동시간')으로 간주하는 습관이 자연스럽게 형성되었다. 이 경계를 넘는 노동시간은 초과근무시간overtime이 되며 특별수당이 지불되지만 이 특별수당이 전체 임금에서 차지하는 비율은 대부분 터무니없이 적다.[283] 이 경우에 표준노동일은 실제 노동일의 일부분으로 존재하는데, 1년으로 따져보면 실제 노동일이 표준노동일보다 긴 경우도 흔하다.[284] 표준으로 정해진 경계선을 넘어서는 노동일의 연장을 통한 노동가격의 증가는 영국의 여러 산업 부문에서는 다음과 같은 형태가 되었다. 즉 노동자가 충분한 임금을 벌고자 한다면 소위 표준노동 동안의 노동의 가격이 낮기 때문에 특별수당을 받는 초과근무를 하지 않을 수 없게 되었다.[285] 노동일에 대한 법적인 제한은 이런 즐거운 일에 종

---

283) (레이스 매뉴팩처에서의)"초과 근무시간의 임금률은 시간당 ½펜스 등으로 매우 적어서, 초과 근무시간이 노동자의 건강과 생명력에 가하는 많은 부당한 행위와 끔찍한 대조를 이루고 있다. ··· 이렇게 벌어들인 얼마 안 되는 돈도 흔히 추가 음식물에 다시 소비되어야 한다."(《아동고용 조사위원회 2차 보고서》, 16쪽, 117호)

284) 예를 들어 최근에 공장법이 도입되기 이전의 벽지제조업(Tapetendruckerei)에서 그러했다. "우리는 식사를 위한 휴식 시간도 없이 일했기 때문에, 10시간 30분의 하루 작업은 오후 4시 30분에 끝났다. 이 후의 모든 작업은 초과 근무인데, 저녁 6시 이전에 마치는 일이 드물었기 때문에, 우리는 사실상 1년 내내 초과로 일을 하는 셈이다."(스미스의 증언, 《아동고용위원회 1차 보고서》, 125쪽)

285) 예를 들어 스코틀랜드의 표백공장에서 그러했다. "스코틀랜드의 몇몇 지방에서 이 산업(1862년의 공장법이 도입되기 전)은 예컨대 10시간을 표준노동일로 간주했던 초과 근무

말을 고하게 한다.[286]

어떤 산업부문에서 노동일이 길면 길수록, 임금은 더 낮다는 것은 일반적으로 잘 알려진 사실이다.[287] 공장감독관 레드그레이브는 이러한 사실을 1839에서 1859년까지 20년 동안의 비교표를 통해 구체적으로 설명하고 있다. 이에 따르면 공장법의 적용을 받던 공장에서는 임금이 상승한 반면에 매일 14-15시간 작업하는 공장에서는 임금이 하락했다.[288]

이 법칙으로부터 우선,

제도에 의해 운영되었다. 이 10시간에 대해 사람들은 1실링 2펜스를 받았다. 그러나 매일 3시간 또는 4시간의 근무가 추가되었으며, 이에 대해서는 시간당 3펜스가 지불되었다. 이 제도의 결과로, 표준시간만을 노동하는 사람은 8실링의 주급밖에 벌지 못했으며, 초과 근무 없이는 임금으로 먹고사는 데 충분하지 않았다."(《공장감독관 보고서》, 1863년 4월 30일, 10쪽) "초과근무에 대해 추가로 지불되는 임금은 노동자에게는 저항할 수 없는 유혹이었다."(《공장감독관 보고서》, 1848년 4월 30일, 5쪽) 런던 시내의 제본소는 14-15세의 꽤 많은 젊은 처녀들을, 그것도 일정한 노동시간을 규정한 계약서에 따라 견습공으로 고용했다. 그럼에도 그들은 매달 마지막 주에는 밤 10, 11, 12시 그리고 다음 날 새벽 1시까지, 더 나이든 남성노동자들과 뒤섞여 일했다. "주인들은 추가임금과 (공장 근처의 술집에서 먹을 수 있는)훌륭한 밤참을 살 수 있는 돈으로 그들을 유혹한다." 이들 "불멸의 청춘들"(《아동고용위원회 제5차 보고서》, 44쪽. 191번)이 보이는 방탕한 행동은 그들이 다른 책들과 함께 제본하는 수많은 성경과 종교서적으로 인해 구원받는다.

286) 《공장감독관 보고서》, 1863년 4월 30일, 10쪽을 보라. 이러한 상황을 매우 올바르게 파악한 런던의 건설노동자들은 1860년의 대파업과 공장폐쇄 당시에 아래의 두 가지 조건에서만 시간급을 수용할 의사가 있다고 선언했다. ①9시간과 10시간의 표준노동일 각각은 1노동시간에 얼마를 줄 것인가와 함께 결정할 것이며, 10시간 노동일의 1시간의 가격은 9시간 노동일의 그것보다 더 높아야 할 것, ②표준노동일을 넘어서는 매 시간은 초과 근무로서 표준노동일에 속한 시간보다 더 높게 지불할 것 등이다.

287) "게다가 대체로 노동시간이 긴 곳에서 임금이 낮다는 점은 대단히 주목할 만한 사실이다."(《공장감독관 보고서》, 1863년 10월 31일, 9쪽) "보잘것없는 임금을 가져다주는 노동이 대체로 지나치게 길다."(《공중위생 6차 보고서》, 15쪽)

288) 《공장감독관 보고서》, 1860년 4월 30일, 31-31쪽.

'노동의 가격이 일정하게 주어진 경우에 일급 또는 주급은 제공된 노동의 양에 의존'하며, 노동의 가격이 낮으면 낮을수록, 노동자가 간신히 살아갈 만한 평균임금이라도 확보하기 위해서는 노동의 양은 더 커야하거나 노동일은 더 길어야 한다는 결론이 나온다. 이 경우에는 노동의 가격이 낮다는 점이 노동시간을 연장하도록 자극한다.[289]

그러나 반대로 노동일의 연장은 노동가격을 하락시키며, 이로 인해 일급 또는 주급을 하락시킨다.

노동의 가격이 노동력의 하루가치/주어진 시간수의 노동일에 의해 결정된다는 것으로부터, 아무런 보상이 주어지지 않는 노동일의 연장은 노동의 가격을 하락시킨다는 결론이 나온다. 그러나 자본가에게 노동일을 오랫동안 연장할 수 있게 해주는 동일한 상황은 처음에는 자본가에게 증가한 시간수의 총가격, 즉 일급과 주급이 하락할 때까지 노동가격을 명목상으로 하락시킬 수 있게 해 주며, 결국에는 그렇게 하지 않을 수 없게 만든다. 이 경우에는 두 가지 상황만을 지적하는 것으로 충분하다. 한 사람이 1½또는 2사람의 작업을 수행한다면, 시장에 있는 노동력의 공급이 일정하더라도 노동의 공급은 늘어난다. 이렇게 노동자들 사이에 야기된 경쟁이 자본가에

---

289) 예를 들어 잉글랜드에서 수작업으로 못을 만드는 노동자들은 노동 가격이 낮기 때문에 먹고 살만한 주급을 벌기 위해 매일 15시간 일해야 한다. "11펜스나 1실링을 벌기 위해 노동자는 하루에 수많은 시간 동안 고된 작업을 해야만 하는데, 그가 번 돈 가운데 2½-3펜스는 도구의 마모, 연료, 쇠부스러기 비용으로 공제 된다."(《아동고용위원회 3차 보고서》, 136쪽, 671번) 여성들은 동일한 노동시간에 겨우 5실링의 주급을 번다. (같은 보고서, 137쪽, 674번)

게 노동의 가격을 인하시킬 수 있게 하며, 이러한 노동가격의 하락은 이제는 자본가에게 노동시간을 계속 더 연장시킬 수 있게 해준다.[290] 그러나 머지않아 비정상적인, 즉 사회적 평균수준을 넘어서는 양의 미지불노동에 대한 재량권은 자본가 자신들 사이의 경쟁수단이 되어버린다. 상품가격의 일부분은 노동의 가격으로 구성된다. 그리고 노동의 가격 가운데 미지불된 부분은 상품가격으로 계산될 필요가 없다. 이 부분은 상품구매자에게 공짜로 줄 수도 있다. 이것이 경쟁이 유발하는 첫 단계다. 경쟁이 강제하는 그 다음 단계는 노동일을 연장하여 생산된 비정상적인 잉여가치의 적어도 일부분을 상품의 판매가격에서 제외하는 것이다. 이러한 방식으로 상품의 비정상적인 낮은 가격이 처음에는 간헐적으로 형성되다가 점차 고착화된다. 낮은 판매가격은 처음에는 이러한 상황의 산물이었으나, 이제부터는 과도한 노동시간에서도 비참한 임금을 강제하는 확고한 토대가 된다. 경쟁에 대한 분석이 지금 논하고자 하는 내용에 속하지 않기 때문에 이 운동을 암시만 하고자 한다. 그러나 잠시 자본가 자신의 말을 들어보자.

"버밍엄에서는 주인들 간의 경쟁이 매우 격렬하기 때문에, 우리들 가운데 많은 이들은 고용주로서 다른 상황에서는 하지 않을 창피스러운 짓을 해야만 한다. 그렇게 했음에도 더 많은 돈을 벌지 못했으며, 대중들만 이익을 보았다."[291]

---

290) 예를 들어 한 공장 노동자가 원래 해오던 오랜 시간의 노동을 거부한다면, "그는 자발적으로 장시간 일할 의지가 있는 다른 사람에 의해 곧바로 대체되어 실업자가 될 것이다."(《공장감독관 보고서》, 1848년 10월 31일, 39쪽, 58번) "한 사람이 두 사람이 할 수 있는 작업을 수행한다면, … 보통 이윤율은 상승한다. 이 추가적인 노동의 공급이 노동의 가격을 하락시켰기 때문이다."(시니어, 앞의 책, 15쪽)
291) 《아동고용위원회 3차 보고서》, 증언, 66쪽, 22번.

260   자본 I - 하

우리는 빵을 제 가격으로 팔고, 정상가격 이하로 파는 두 부류의 런던 제빵업자를 기억하고 있다. '제값으로 파는' 제빵업자들은 그 경쟁자들을 의회 조사위원에서 다음과 같이 고발하고 있다.

"그들은 첫째로는 대중들을 속임으로써(불량품을 판매함으로써), 둘째로는 제빵공에게 12시간 노동의 대가를 주고 18시간을 혹사시킴으로써만 생존한다. … 노동자의 미지불노동은 경쟁이 수행되는 수단이다. … 제빵업자들 간의 경쟁이 야간노동을 폐지하는 것을 어렵게 만드는 원인이다. 밀가루 가격과 함께 내려간 원가 이하로 빵을 판매하는 제빵업자는 그의 제빵공들로부터 더 많은 노동을 짜냄으로써 손실을 메운다. 내가 나의 제빵공들로부터 단 12시간만을 짜내고, 나의 이웃은 18 또는 20시간을 짜낸다면, 그는 판매가격에서 나에게 타격을 가할 것이다. 노동자들이 초과근무수당을 지불할 것을 요구할 수 있다면, 이러한 술수는 곧 끝날 것이다. … 헐값 판매자에게 고용된 노동자들의 다수는 외국인, 소년 등등인데, 이들은 그들이 받을 수 있는 그 어떤 임금이라도 기꺼이 받을 수밖에 없다."[292]

이러한 탄식이 흥미로운 이유는, 그것이 생산관계의 겉모습만이 자본가의 두뇌에 반영되어 있다는 사실을 보여주기 때문이다. 자본가는 노동의 정상가격 역시 일정한 양의 미지불노동을 포함하고 있으며, 그의 이윤

---

292) 《숙련 제빵공의 불만에 관한 보고서》, 런던, 1862, 52쪽과 같은 보고서의 증언, 479번, 359번, 27번. 그러나 이미 언급되었고 그들의 대변자인 베넷 자신도 인정했듯이, 제 가격으로 판매하는 제빵업자들 역시 그들의 제빵공들을 "저녁 11시 또는 그보다 더 일찍 작업을 개시하게 하고 흔히 작업을 그 다음 날 저녁 7시까지 계속 시키고 있다."(같은 보고서, 22쪽)

이 바로 보통 이 미지불노동에서 나온다는 사실을 모르고 있다. 잉여노동시간이라는 범주는 그에게는 전혀 존재하지 않는다. 잉여노동시간은 그가 일급으로 지불했다고 생각하는 표준노동일에 포함되어 있기 때문이다. 그러나 물론 자본가에게도 초과근무, 즉 평상시의 노동가격에 상응하는 한계를 넘는 노동시간의 연장은 존재한다. 헐값으로 파는 그의 경쟁자에 대해 그는 초과근무 수당을 지불하라고까지 요구한다. 그는 이 수당이 통상 노동시간의 가격에서와 같이 미지불 노동을 포함하고 있다는 사실 또한 모르고 있다. 예를 들어 12시간 노동일의 1시간 가격은 3펜스, 즉 ½노동시간의 가치생산물이고, 반면에 초과근무시간의 가격이 4펜스, 즉 ⅔노동시간의 가치생산물이라고 하자. 첫 번째 경우에서 자본가는 1노동시간의 절반을, 두 번째 경우에는 ⅓을 지불하지 않고 제 것으로 가져간다.

19장 | 개수임금

시간급이 단지 노동력의 가치 또는 노동력의 가격이 변화된 형태인 것과 마찬가지로 개수임금은 시간급이 변화된 형태일 뿐이다.

개수임금의 경우에는 얼핏 보면 노동자에 의해 판매된 사용가치가 그의 노동력의 기능인 살아 있는 노동이 아니라, 이미 생산물에 물질화된 노동인 것처럼 보이며, 이 노동의 가격이 시간급의 경우에서와 같이 노동일의 하루가치/주어진 시간 수의 노동일이라는 분수가 아니라, 생산자의 작업능력에 의해 결정되는 것처럼 보인다.[293]

---

293) "개수노동 제도는 노동자의 역사에서 한 시대를 말한다. 이 제도는 자본가의 의사에 의존하는 단순한 일용직노동자의 지위와 머지않은 미래에 수공업자와 자본가를 한 몸에 통합시킬 전망을 가진 협동조합에 속한 직인(職人) 사이에 놓여있다. 개수노동자는 기업가의 자본에 붙어 일하지만 자기 자신의 주인이다."(존 와츠, 《노동조합과 파업, 기계장치와 협동조합》, 맨체스터, 1865, 52-53쪽) 내가 이 소책자를 인용하는 이유는 그것이 이미 오래 전에 썩어버린 옹호론적인 상투어로 가득 찬 바다 세계를 보여주고 있기 때문이다. 이 와츠는 이전에는 오언주의자로 가장했으며 1842년 또 하나의 다른 소책자 《정치경제학의 사실과 허구》를 간행했는데, 그 내용에서 그는 특히 "소유는 강도질"이라고 선언했다. 그러나 그는 이제 더이상 오언주의자가 아니다.

이러한 겉모습의 확신은 일단 이 두 가지 임금형태가 동일한 업종에서 동시에 존재한다는 사실만으로도 심하게 흔들리지 않을 수 없다. 예를 들어,

"런던의 식자공들은 보통 개수임금으로 일하며, 그들에게 시간급은 예외적이다. 반면에 지방의 식자공들에게는 시간급이 일반적이고 개수임금은 예외적이다. 런던 항구의 배 만드는 목수들은 성과에 따라 임금을 받는데, 런던을 제외한 다른 모든 잉글랜드의 항구에서는 시간에 따라 임금을 받는다."[294]

마구를 만드는 런던의 한 작업장에서는 동일한 노동에 대해 프랑스 사람에게는 개수임금이 지불되는 반면에 잉글랜드 사람에게는 시간급이 지급되는 경우가 흔하다. 개수임금이 널리 퍼져있는 공장에서 몇 가지 작업은 기술적인 이유로 작업성과를 재기 어렵기 때문에 시간에 따라 임금이 지불된다.[295] 그러나 어떤 임금지불 형태가 다른 지불 형태보다 자본주의적

---

294) 더닝(T.J.Dunning), 《노동조합과 파업》, 런던, 1860, 22쪽.

295) 다음은 두 가지 임금 형태가 동시에 존재함으로 인해 공장주가 얼마나 쉽게 사기를 칠 수 있는가를 보여준다. "어떤 공장은 400명을 고용하고 있는데, 그 가운데 절반은 개수임금으로 일하며 더 오래 일하는 것에 직접적인 관심을 가지고 있다. 나머지 200명은 일급으로 지불되는데, 다른 200명과 같은 시간을 일하지만 초과근무에 대한 돈을 전혀 받지 못했다. … 이 200명이 매일 30분 동안 하는 작업은 한 명의 노동자가 50시간 동안 하는 작업 또는 한 명의 노동자가 일주일 동안 하는 작업의 ⅚와 같았으며, 기업가에게는 확실한 이윤을 의미했다."(레너드 호너, 《공장감독관 보고서》, 1859년 4월 30, 8-9쪽) "초과 근무가 아직 상당한 규모로 실시되고 있다. 그리고 대부분의 경우에 발각되어 처벌받지 않도록 법률 자체가 확실하게 보장하고 있다. 이전의 수많은 보고서에서 나는 … 개수임금이 아니라 주급을 받는 모든 노동자들이 얼마나 부당한 피해를 입고 있는가를 보여주었다."(레너드 호너, 《공장감독관 보고서》, 1859년 4월 30일, 8-9쪽)

생산의 발전에 유리하다고 해서 그 형태적 차이가 임금의 본질 자체에 변화를 가져오지는 않는다.

보통 노동일이 12시간이고, 그 가운데 6시간은 지불노동, 나머지 6시간은 미지불 노동이라고 해보자. 이 노동일의 가치생산물은 6실링이며, 따라서 1노동시간은 6펜스라고 하자. 그리고 평균 정도의 강도와 숙련도로 일하며, 따라서 어떤 상품의 생산에 사실상 사회적으로 필요한 노동시간만을 사용하는 노동자가, 개수로 나눌 수 있는 것이든 나눌 수 없이 순차적으로 생산되는 물건의 측량 가능한 부분이든 간에, 24개의 생산물을 12시간에 생산한다는 것을 경험을 통해 알고 있다고 해보자. 이러한 가정에서 이 24개의 가치는 거기에 포함되어 있는 불변자본 부분을 공제한 후에는 6실링이 되며 따라서 개당 가치는 3펜스이다. 노동자는 개당 1½펜스를 받으며 따라서 12시간에 3실링을 번다. 시간급의 경우에서 노동자가 6시간은 자신을 위해 그리고 나머지 6시간은 자본가를 위해 일한다고 가정하든, 매 시간의 절반은 자신을 위해 나머지 절반은 자본가를 위해 일한다고 가정하든 아무런 상관이 없듯이, 개수임금의 경우에서도 생산된 물건의 24개의 절반은 지불되고 나머지 절반은 지불되지 않는다고 말하든, 12개의 가격은 노동력의 가치만을 대체하고 잉여가치는 나머지 12개의 가격으로 나타난다고 말하든 상관이 없다.

개수임금의 형태는 시간급의 형태와 마찬가지로 불합리하다. 예를 들어 2개의 상품은 1노동시간의 생산물로서 그것의 생산에 소모되어 버린 생산수단의 가치를 공제한 후에는 6펜스의 가치를 가지고 있는데, 노동자는 2개의 상품의 대가로서 3펜스의 가격을 받는다. 개수임금은 사실상 그 어떤 가치관계를 직접 표현하지는 않는다. 개수임금에서는 상품 1개의 가치가 그 상품에 구체화된 노동시간에 의해 측정되지 않고, 그 반대로 노동자가 소비한 노동이 그에 의해 생산된 개수에 의해 측정된다. 시간급의 경우 노동은 그 노동이 직접 지속되는 시간에 의해 측정되며, 개수임금의 경우 일정한 시간동안 지속된 노동이 응축된 생산물의 양에 의해 측정된다.[296] 노동시간 자체의 가격은 결국 '하루노동의 가치=노동력의 하루가치'라는 방정식에 의해 결정된다. 따라서 개수임금은 시간급의 변형된 형태에 불과하다.

이제 개수임금의 특징을 좀 더 자세하게 살펴보자.

개수임금의 경우에 노동의 질은 평균적인 품질을 가져야만 하는 생산물 자체에 의해 통제된다. 즉 평균적인 품질을 가진 생산물에 한해서만 임금이 온전히 지불된다. 이러한 측면에서 볼 때 개수임금은 임금삭감과 자본가의 속임수의 가장 풍부한 원천이다.

개수임금은 자본가에게 노동의 강도를 재는 매우 확실한 척도를 제공한다. 미리 정해져 경험에 의해 확정된 상품의 양에 구체적으로 나타난 노동시간만이 사회적 필요노동시간으로 인정되고 또 그렇게 지불된다. 따라서 런던의 비교적 큰 봉제공장에서는 일정한 노동생산물, 예컨대 한 개의 조끼 등은 1시간, 30분 등으로 그리고 한 시간은 6펜스로 불린다. 경험

---

296) "임금은 두 가지 방법, 즉 노동의 지속 시간 또는 노동의 생산물에 의해 측정될 수 있다."(《정치경제학 원리의 개요》, 파리, 1796, 32쪽) 이 익명의 저서의 저자는 가르니에(G. Garnier)이다.

에 의해 한 시간에 만들어지는 평균생산물이 몇 개인지 알게 된다. 새로운 유행 상품이나 수선 등의 경우에는 한 특정한 상품 한 개당 얼마의 시간을 정할 것인가에 대한 사용자와 노동자 간의 분쟁이 벌어지는데, 이 경우에도 경험이 결정한다. 런던의 가구제조업 등도 이와 유사하다. 노동자가 평균적인 작업능력을 가지고 있지 못해 그가 하루 작업으로 정해진 최소량을 생산하지 못하면 그는 해고된다.[297]

개수임금의 경우 노동의 질과 강도는 임금형태 자체에 의해 통제되기 때문에, 노동에 대한 감독은 대부분 필요 없게 된다. 이러한 이유로 개수임금은 앞에서 서술한 근대적 가내노동과 마찬가지로 위계적으로 조직된 착취와 억압제도의 토대를 이루고 있다. 이 위계제도는 두 가지 기본 형태를 가지고 있다. 한편으로 개수임금은 자본가와 임금노동자 사이에 기생자들이 개입하는 것, 즉 노동의 하청을 쉽게 만든다. 이 중개인들의 이윤은 오로지 자본가가 지불하는 노동가격과 이 지불된 가격 가운데 노동자에게 실제로 전달되는 부분과의 차이에서만 나온다.[298] 잉글랜드에서는 이 제도를 그 특징을 잘 살려 '고역제도'라고 부른다. 다른 한편으로 개수임금은 자본가에게 우두머리노동자 -매뉴팩처에서는 그룹의 리더, 광산에서는 채탄

---

297) "일정한 무게의 면화가 그(방적공)에게 전달되면, 일정한 시간 후에 그는 면화 대신에 일정한 수준의 질을 가진 일정한 무게의 실을 생산해야 한다. 그는 생산한 실 모두에 대해 파운드 당 정해진 임금을 지불받는다. 그의 노동에 결함이 있으면 그는 벌금을 물어야 하며, 생산량이 일정한 시간동안 생산하도록 정해진 최소량보다 적으면 그는 해고되고 더 유능한 노동자가 고용된다."(유어, 앞의 책, 316-317쪽)

298) "노동생산물이 여러 사람의 손을 거치며 이들 모두에게 이윤의 일부분이 주어지는 반면에, 마지막 두서넛의 일손만이 작업을 수행하는 경우에는, 최종적으로 노동자에게는 비참하고 부당한 임금만을 얻게 되는 일이 발생한다."(《아동고용위원회 2차 보고서》, 70쪽, 424번)

공 등, 공장에서는 진짜 기계공-와 개당 가격에 대한 계약을 체결할 수 있게 한다. 그리고 그 가격으로 우두머리 노동자는 스스로 자신의 보조 노동자의 모집과 임금지불을 떠맡는다. 이 경우에 자본에 의한 노동자의 착취는 노동자에 의한 노동자의 착취를 통해 실현된다.[299]

개수임금이 주어져 있다면, 노동자가 그의 노동력을 가능한 한 집약적으로 사용하는 것이 노동자 개인에게 이익이 된다는 것은 당연한데, 이것은 자본가가 노동 강도 표준의 수준을 높이는 것을 쉽게 해준다.[300] 마찬가지로 노동일의 연장은 노동자의 일급 또는 주급을 상승시키기 때문에 노동자 개인에게는 이익이다.[301] 이런 까닭에, 개수임금이 그대로 유지되는

299) 자본에 옹호적인 와츠조차도 다음과 같이 지적하고 있다. "어떤 사람이 자신의 동료를 자신의 이득을 위해 고된 일을 시키는 것에 관심을 갖는 대신에, 일정한 작업부분에 고용된 모든 사람들이 각자의 능력에 따라 계약의 당사자가 된다면, 개수임금 제도는 크게 개선될 것이다."(앞의 책, 53쪽) 이 제도의 천박함에 대해서는 《아동고용위원회 3차 보고서》, 66쪽 22번, 11쪽 124번, 부록, 11쪽 13번, 53번, 59번 등을 참조하라.

300) 이런 자연발생적 결과는 흔히 인위적인 도움을 받는다. 예를 들어 런던의 기계제조업에서는 다음과 같은 전통적인 술책이 행해지고 있다. "자본가는 뛰어난 체력과 숙련도를 가진 사람을 일정한 수의 노동자들의 우두머리로 골라잡는다. 그는 이 우두머리 노동자에게 통상임금을 받는 그의 동료들이 자신을 따라하도록 경쟁심을 자극하는 데 모든 것을 다 바친다는 합의 하에 3개월 또는 다른 기간 동안 추가임금을 지불한다. 더 언급할 필요도 없이 이것은 노동조합이 '활동 또는 뛰어난 재주와 작업능력을 줄인다'는 자본가의 불평을 설명해 주고 있다."(더닝, 앞의 책, 22쪽) 저자 자신이 노동자이며 노동조합의 간사이기 때문에, 더닝의 주장은 과장된 것으로 여길 수 있다. 그러나 예를 들어 이러한 방법이 차지농장주에게 적절한 것으로 수용되고 있다고 적은 모튼(J. Ch. Morton)의 '매우 존중할 만한' 《농업백과사전》의 '노동자' 항목을 보라.

301) "개수임금을 받는 모든 사람들은 … 법적 노동이 그 한계를 넘으면 이득을 본다. 초과노동을 하려는 마음가짐은 특히 실을 짜거나 감는 일에 고용된 여성들에게서 볼 수 있다."(《공장감독관 보고서》, 1858년 4월 30일, 9쪽) "이러한 개수임금 제도는 자본가들에게 매우 유리하여 … 개당 낮은 가격이 지불되는 4-5년 동안 젊은 도공이 스스로 지나치게 과도한 노동을 하도록 자극한다. 이러한 개수임금이야말로 도공들의 육체적 퇴화를 가져오는 원인들 가운데 하나이다."(《아동고용위원회 1차 보고서》, 부록 13쪽)

경우에도 노동일의 연장 자체는 노동의 가격의 하락을 포함하고 있다는 사실을 무시하더라도, 시간급에서 이미 서술된 반발을 불러일으킨다.

시간급에서는 약간의 경우를 제외하고는 같은 기능에 대해서는 동일한 임금이 지급되는 반면, 개수임금의 경우에는 노동시간의 가격이 정해진 생산량에 의해 측정되기는 하지만 일급 또는 주급은, 어떤 노동자는 주어진 시간에 정해진 생산량의 최소양만을, 다른 노동자는 그 평균양만을 그리고 또 다른 노동자는 평균량 이상을 생산하는 등, 노동자의 개인적 차이에 따라 변한다. 따라서 개수임금의 경우에는 노동자의 실제수입은 개별노동자들의 다양한 숙련도, 힘, 에너지, 지구력 등에 따라 커다란 차이가 발생한다.[302] 물론 이것은 자본과 임금노동 사이의 일반적 관계에는 아무런 영향도 끼치지 않는다. 첫째, 작업장 전체로 보면 개인적인 차이가 사라져, 작업장은 정해진 시간의 평균생산물을 생산하며, 지불된 임금 총액은 그 생산부문의 평균임금이 될 것이다. 둘째, 임금과 잉여가치 사이의 비율이 그대로 유지된다. 개별노동자에 의해 생산되는 잉여가치의 양이 그 개별노동자 개인의 임금에 대응하기 때문이다. 그러나 한편으로 개수임금은 노동자의 개성에 더 큰 활동공간을 줌으로써 이를 발전시켜 그들의 해방감, 자립성 그리고 자제력을 발전시키는 경향이 있다. 다른 한편으로 개수임금은 노동자 상호 간의 경쟁을 발전시키는 경향이 있다. 따라서 개수임금은 노동자 개인의 임금을 평균수준 이상으로 높임으로써 이 평균수준 자체를

---

302) "어떤 산업에서 노동이 생산된 개수에 따라 이러저런 크기로 지불되면 … 액수에 따른 임금은 서로 현격하게 차이가 날 수 있다. … 그러나 일급의 경우에는 보통 하나의 균일한 임금률이 존재하는데 … 일급은 기업가와 노동자에 의해 그 산업에서의 평균노동자에게 적용되는 표준임금으로 인정된 것이다."(더닝, 앞의 책, 17쪽)

낮추는 경향을 가지고 있다. 그러나 일정한 개수임금이 오래 전부터 전통적으로 고정되어 있어서 그것을 낮추는 데 특별한 어려움을 주는 곳에서는 공장주인들은 예외적으로 개수임금을 강제로 시간급으로 바꾸는 방식으로 도피했다. 예를 들어 1860년 코벤트리의 레이스 직공들의 대파업은 이에 대한 반발로 일어났다.[303] 마지막으로 개수임금은 이전에 서술한 시간급제의 주된 버팀목의 하나이다.[304]

지금까지 서술한 내용에 따르면 개수임금은 자본주의적 생산방식에 가장 알맞은 임금형태라는 결론이 나온다. 전혀 새로운 임금형태는 아니지만 -개수임금은 시간급과 나란히 특히 14세기의 프랑스와 잉글랜드의 노

---

303) "수공업 직인의 노동은 일수나 개수에 따라 규제된다. ⋯ 장인은 노동자들이 각각의 작업에서 하루에 얼마만큼의 일을 할 수 있는지 대략 알고 있기 때문에, 그들이 수행한 일에 비례하여 지불하는 경우가 흔하다. 따라서 직인들은 별 다른 감독 없이도 자신의 이익을 위해 자신이 할 수 있는 만큼의 일을 한다."(캉티용(Cantillon), 《상업 일반의 본질에 관한 에세이》, 암스테르담, 1756년, 185쪽과 202쪽) 초판은 1755년 출간되었다. 케네, 제임스 스튜어트 그리고 아담 스미스로부터 풍부한 지식을 받아들인 캉티용은 이 저서에서 이미 개수임금을 시간급의 단순한 변형으로 서술하고 있다. 이 저서의 프랑스어 판은 그 제목에서 영어 번역본이라는 것을 미리 알려주고 있지만, 영어판의 제목인 《무역, 상업 등에 관한 분석, 최근까지 런던에 살던 상인 필리프》(캉티용 저)는 그 출판년도(1759)가 더 늦을 뿐만 아니라, 그 내용으로 보아도 더 늦게 개정된 것임을 입증한다. 예를 들어 프랑스어 판에는 아직 흄에 대해 언급하지 않았으며, 영어판에는 페티가 더이상 모습을 드러내지 않고 있다. 이론적으로 중요하지 않은 영어판은 프랑스어 판에는 없는 잉글랜드의 무역, 귀금속 거래 등에 관련된 여러 가지 전문적인 자료를 담고 있다. 따라서 영어판의 제목에 적힌 말, 즉, 이 저서는 "주로 이미 고인이 된 매우 재능 있는 신사의 수고에서 인용되어 적절하게 수정되었다"는 문구는 그 당시에는 매우 흔히 발생하던 허구에 불과한 것처럼 보인다.
304) "어떤 작업장에서는 하는 일에 실제로 필요한 것보다 더 많은 노동자가 고용되어 있다는 것을 얼마나 자주 보았는가? 아직 불확실하고 때로는 상상 속에서만 존재하는 노동을 예상하여 노동자를 고용하는 경우도 흔하다. 개수임금으로 지불하기 때문에 그 어떤 불이익을 당할 위험이 없다고 생각한다. 잃어버린 시간은 일하지 못한 노동자들의 부담으로 되기 때문이다."(그레구아르((H. Gregoir), 《브뤼셀의 치안판사에게 회부된 인쇄공》, 브뤼셀, 1865, 9쪽)

동법령에 공식적으로 모습을 드러내었다- 개수임금은 진정한 매뉴팩처 시대에 들어서면서 더 커다란 활동 공간을 확보했다. 대공업이 질풍노도처럼 확산되던 시대에는, 특히 1797년부터 1815년까지, 개수임금은 노동시간을 연장하고 임금을 인하하기 위한 수단으로 사용되었다. 이 시대의 임금의 변동에 대한 매우 중요한 자료는 두 권의 잉글랜드 의회보고서인《곡물법에 관련된 청원에 대한 특별위원회의 보고 및 증언》(1813/14년 의회회기)과《곡물의 생산증가, 매매 그리고 소비의 상태와 이와 관련 법규들에 대한 상원위원회의 보고서》(1814/15년 회기)에서 찾을 수 있다. 우리는 이 보고서에서 반反쟈코뱅 전쟁이 개시된 이후 노동 가격이 지속적으로 하락했다는 문서상의 증거를 찾아 볼 수 있다. 예를 들어 방직업에서는 개수임금이 지나치게 하락하여 노동일이 매우 연장되었음에도 불구하고 일급은 이전보다 더 낮았다.

"방직공의 실제 소득은 이전보다 훨씬 적다. 평범한 노동자에 비해 처음에는 매우 컸던 그들의 우월성은 거의 완전히 사라졌다. 실제로, 숙련 노동과 평범한 노동 사이의 임금 차이는 이제 이전의 그 어떤 시기보다 훨씬 적다."[305]

개수임금의 도입으로 강화된 노동 강도와 연장된 노동시간이 농촌 프롤레타리아 계급에게는 거의 효과가 없었다는 사실은 지주와 차지농장주의 입장을 대변하는 저서에서 인용한 다음의 문구가 보여준다.

---

305)《그레이트브리튼의 상업정책에 관한 논평》, 런던, 1865, 9쪽.

"농사일의 대부분은 단연코 일급이나 개수임금으로 고용된 사람들에 의해 수행되고 있다. 그들의 주급은 약 12실링이다. 어떤 사람이 개수임금으로 인해 노동에 대한 자극을 더 받기 때문에 주급보다 1실링 또는 어쩌면 2실링을 더 번다고 생각할지는 모르지만, 그의 총수입을 계산하면, 1년 동안에 그가 일을 하지 않음으로써 생긴 손실이 이 추가 수입보다 더 크다는 것을 알게 된다. 더 나아가 일반적으로 이 사람들의 임금은 두 명의 자식을 가진 어떤 사람이 교구에서 제공하는 구호품 없이도 자신의 가족을 부양하기 위한 생필품의 가격에 따라 정해진다는 사실을 발견하게 된다."[306]

당시에 맬서스는 의회가 공표한 사실에 관하여 다음과 같이 지적하고 있다.

"나는 개수임금이 더 광범위하게 실행되는 모습을 불안한 마음으로 보고 있다는 것을 인정하지 않을 수 없다. 하루 12시간 또는 14시간, 그 보다 더 긴 시간 동안의 진짜로 힘든 노동은 그 누구에게나 지나치다."[307]

공장법의 적용을 받는 작업장에서는 개수임금이 규칙처럼 일반화되었다. 그곳에서 자본은 이제는 집약적으로만(노동 강도의 강화 -옮긴이) 노동일을 늘릴 수 있기 때문이다.[308]

---

306) 《그레이트브리튼의 지주와 농장주에 대한 변론》, 런던, 1814, 4-5쪽.

307) 맬서스, 《지대의 본질 등에 관한 연구》, 런던, 1815, 49쪽의 주석.

308) "개수임금으로 일하는 노동자들이 아마 전체 공장노동자들의 ⅘를 차지하고 있을 것이다."(《공장감독관 보고서》, 1858년 4월 30일, 9쪽)

노동생산력이 변함에 따라 동일한 생산량은 서로 다른 노동시간을 나타낸다. 따라서 개수임금 역시 변한다. 개수임금은 정해진 노동시간을 가격으로 표현한 것이기 때문이다. 우리가 앞에서 든 예에서는 12시간에 24개가 생산되었으며, 12시간의 가치생산물은 6실링인 반면에, 노동력의 하루가치는 3실링, 1노동시간의 가격은 3펜스 그리고 개당 임금은 1½펜스이다. 한 개의 생산물에는 ½노동시간이 흡수되어 있다. 이제 어쩌다가 노동생산력이 2배로 증가하여 동일한 노동일이 24개 대신에 48개를 생산하게 된다면, 그리고 모든 다른 조건이 변하지 않는다면, 개수임금은 1½펜스에서 ¾펜스로 하락할 것이다. 이제 한 개의 생산물은 ½노동시간이 아니라 ¼노동시간만을 나타내고 있기 때문이다. 24×1½펜스=3실링 그리고 또한 48×¾펜스=3실링이다. 다른 말로 하면, 개수임금은 동일한 시간 동안 생산된 생산물의 개수가 증가하는 것과 같은 비율로[309], 즉 동일한 개수의 생산에 사용된 노동시간이 하락함에 따라 증가한다. 이러한 개수임금의 변화는 그것이 순전히 명목적인 한, 자본가와 노동자 사이의 끊임없는 투쟁을 불러일으킨다. 자본가는 개수임금을 노동의 가격을 실제로 인하하려는 구실로 이용하기 때문이며 또한 노동생산력의 향상이 노동 강도를 강

---

309) "그의 방적기의 생산력은 정확하게 측정되며, 그리고 그 방적기를 가지고 수행된 노동에 대한 임금은, 방적기의 생산력의 향상에 일치하지는 않지만, 그 생산력이 향상함에 따라 감소한다."(유어, 앞의 책, 317쪽) 유어는 이 옹호론적인 문구를 다시 삭제한다. 그는 예를 들어 뮬 방적기를 더 길게 작동하는 경우 이로부터 추가노동이 발생한다는 것을 인정하고 있다. 따라서 노동은 노동생산력이 향상되는 것과 같은 정도로 증가하지 않는다. 더 나아가, "이러한 연장을 통해 기계의 생산력은 ⅓ 증가했다. 그로 인해 방적공은 더이상 수행된 노동에 대해 이전과 같은 비율의 임금을 지불받지 못한다. 그러나 이 비율이 ⅓ 꼴로 줄어들지 않기 때문에, 이 기계 개량은 주어진 수의 노동시간에서 방적공에게 더 많은 돈을 벌게 해준다." 유어가 결코 이러한 주장을 할 이유가 없다. "앞에서 규명된 것은 일정한 수정이 요구된다. … 방적공은 자신이 추가로 받은 6펜스 가운데 어느 정도는 추가된 젊은 조수들에게 지불해야 한다. 게다가 성인노동자들이 내몰린다."(앞의 책, 320쪽) 이것은 결코 임금이 증가하는 경향을 갖지는 않는다.

화시키기 때문이다. 다른 한편으로 노동자는 자신의 노동력이 아니라 그의 생산물이 그에게 지불되는 것 같아 보이는 개수임금을 곧이곧대로 받아들이기 때문에, 상품의 판매가격의 인하를 수반하지 않는 임금인하에 반항하기 때문이다.

"노동자들은 원료의 가격과 제조된 재화의 가격을 주의 깊게 감시하며, 따라서 그들의 주인들의 이윤을 정확하게 추정할 수 있다."[310]

이러한 요구에 대해 자본은 임금노동의 본질을 뻔뻔스럽게 왜곡하는 것이라고 말하며 당연히 이를 배격한다.[311] 자본은 산업의 발전에 세금을 부과하려는 이러한 불손한 태도를 비난하며, 노동생산력은 노동자들과는 아무런 상관이 없다고 단호하게 선언한다.[312]

---

310) 포세트(H. Fawcett), 《영국 노동자의 경제적 처지》, 케임브리지 및 런던, 1865, 178쪽.

311) 런던에서 발행되는 《스탠다드》의 1861년 10월 26일자에는 존 브라이트 회사가 "융단 직공 노동조합의 대표들을 로치데일 치안판사에게 공갈죄로 고소한 사건의 소송에 대한 기사를 찾을 수 있다. 회사의 관계자들은 이전에 160야드의 융단을 생산하는 데 필요했던 시간과 노동(!)을 가지고 240야드를 생산해야만 하는 새로운 기계장치를 도입했다. 노동자들은 그들의 기업가가 기계개량에 자본을 투자함으로써 생긴 이윤에 참여할 그 어떤 권리도 가지고 있지 않았다. 따라서 브라이트 회사는 야드당 1½펜스에서 1펜스로 인하할 것을 제안했는데, 이렇게 되면 노동자의 수입은 이전과 동일하게 유지된다. 그러나 명목임금은 인하되었으며, 노동자들이 주장하는 것처럼 이에 대한 성실한 통보가 사전에 이루어지지 않았다."

312) "노동조합은 임금을 유지하기 위해 개량된 기계장치에서 나오는 이윤에서 몫을 챙기려고 한다!"(얼마나 끔찍한 일인가!) … "노동자들이 노동이 단축되었기 때문에 더 많은 임금을 요구하는 것 … 다른 말로 하면, 그들은 기계의 개량에 세금을 부과하려고 한다."(《노동조합에 관하여》, 신판, 런던, 1834, 42쪽)

20장 | 임금의
국가별 차이

    15장에서 우리는 노동력의 절대적인 가치크기나 상대적인(잉여가치와 비교해) 가치크기에서의 변화를 일으킬 수 있는 다양한 조합을 다루었으며, 다른 한편으로 노동력의 가격이 실현(현금화)되는 생활수단의 양은 이 가격의 변동과는 무관하거나[313] 상이하게 움직일 수 있다는 것을 알게 되었다. 이미 지적한 바와 같이, 노동력의 가치 또는 노동력의 가격을 단순히 임금이라는 평범한 형태로 변화시키면 15장에서 지적한 모든 법칙들은 임금운동의 법칙으로 변해버린다. 이러한 임금운동 내에서 변화하는 조합으로 나타나는 것은, 상이한 국가에서 동시에 존재하는 임금차이로 나타날 수 있다. 따라서 각 국가의 임금을 비교할 경우에는 노동력의 가치크기의 변동을 규정하는 모든 요소를 고려해야만 한다. 즉, 자연적으로 주어지거나 역사적으로 발전된 주요 생필품의 가격과 범위, 노동자의 교육비, 여성노동과 아동노동의 역할, 노동생산력, 노동의 양적 규모와 강도가 그것이다. 대충 어림잡아 비교해보는 경우에조차 우선 여러 국가에서의 같은 업

---

313) "임금으로 더 저렴한 물품을 더 많이 구매할 수 있기 때문에 임금(여기에서는 노동력의 가격을 말한다)이 상승했다고 말하는 것을 올바르지 않다."(데이비드 부케넌((David Buchanan), 아담 스미스의 《국부론》의 자신의 편집판, 1814, 1권, 142쪽의 주석)

종의 하루 평균임금을 같은 크기의 노동일로 환산할 필요가 있다. 이렇게 하루임금의 차이를 제거한 다음 시간급이 개수임금으로 환산되어야 한다. 개수임금만이 노동생산력뿐만 아니라 노동 강도도 비교할 수 있는 척도이기 때문이다.

각 국가에는 평균으로 인정되는 노동 강도가 있는데, 이 평균 강도보다 낮은 노동은 상품의 생산에서 사회적으로 필요한 노동시간보다 더 많은 시간을 소비하는 까닭에 정상적인 질의 노동으로 간주되지 않는다. 어떤 임의의 국가에서는 오로지 국가 차원의 평균 수준을 넘어서는 강도만이 노동시간의 단순한 길이를 통해 가치의 측정기준을 변화시킨다. 그러나 개별 국가들로 이루어 질 수밖에 없는 세계시장에서는 다르다. 노동의 평균 강도는 국가마다 다르다. 어떤 국가에서는 더 강하고 어떤 국가에서는 더 약하다. 따라서 각 국가의 평균은 순위를 형성하게 되는데, 그것의 도량 단위는 세계적인 차원에서의 노동의 평균 강도이다. 그러므로 더 강도가 강한 국가의 노동은 더 강도가 약한 국가의 노동과 비교하면 같은 시간에 더 많은 가치를 생산하며, 이는 더 많은 화폐로 표현된다.

더군다나 가치법칙은 그것이 국제적으로 적용되는 경우에는 다음과 같은 사정에 의해 수정된다. 즉, 세계시장에서는 더 생산적인 국가가 경쟁으로 인해 그의 상품의 판매가격을 그 가치수준으로 인하시키지 않을 수 없는 한, 더 생산적인 국가의 노동은 더 강도가 높은 노동으로 계산된다는 사정이 바로 그것이다. 어떤 국가에서 자본주의적 생산이 발전한 정도에 따라, 국민의 노동생산력과 노동 강도는 그만큼 국제적 수준을 넘어선다.[314] 따라서 각 국가에서 같은 노동시간에 생산되는 동일한 상품 종류의 상이한 양은 서로 다른 국제적 가치를 가지고 있는데, 이 가치는 국제적 가치에 따른 서로 다른 액수의 화폐인 가격으로 표현된다. 따라서 화폐의 상대적 가치는 자본주의적 생산방식이 덜 발전한 국가에서보다 더 발전한 국가에서 더 적을 것이다. 이로부터 명목임금, 화폐로 표현된 노동력의 등가물은 자본주의적 생산방식이 더 발전한 국가의 경우가 덜 발전한 국가의 경우보다 더 높다는 결론이 나온다. 그러나 이것은 실질임금, 즉 노동자가 마음대로 처분할 수 있는 생활수단이 더 크다는 것을 의미하는 것은 절대 아니다.

그러나 상이한 국가에서의 화폐가치의 이러한 상대적 차이를 무시하더라도, 일급, 주급 등은 자본주의적 생산이 더 발전한 국가에서 덜 발전한 국가보다 높지만, 상대적 노동가격, 즉 잉여가치 및 생산물의 가치에 대한 노동가격은 더 발전한 국가에서보다 덜 발전한 국가에서 더 높다는 것을 흔히 발견하게 될 것이다.[315]

---

314) 우리는 생산력과 관련하여 어떤 사정들이 개별 산업부문들에서 이러한 법칙을 수정하는지 다른 곳에서 분석할 것이다.

315) 제임스 앤더슨(James Anderson)은 아담 스미스와의 논쟁에서 다음과 같이 지적하고 있다. "토지의 생산물, 특히 곡식이 저렴한 가난한 나라에서는 노동의 가격이 겉으로는 보통 더 낮지만, 실제로는 대부분의 경우 다른 나라보다 더 높다는 것 또한 지적할 만하다. 노동자가 하루에 받는 임금은 비록 노동의 외관상의 가격이긴 하지만 실제가격을 나타내지는 않기 때문이다. 실제가격은 일정한 양의 수행된 노동이 기업가에게 실제로 얼마의 비용이 드는가에 달려있다. 그리고 이러한 관점에서 본다면, 곡식과 다른 생활수단의 가격이 일반적으로 가난한 나라에서 부유한 나라보다 훨씬 낮음에도 불구하고, 노동은 거의 모든 경우에서 가난한 나라보다 부유한 나라에서 더 저렴하다. … 일당으로 하는 노동은 잉글랜드보다 스코틀랜드에서 훨씬 낮으며, … 개수임금 노동은 잉글랜드에서 일반적으로 더 저렴하다."(앤더슨, 《국책산업의 정신을 고무하기 위한 수단에 대한 고찰》, 에든버러, 35-351쪽) 반대로 임금이 낮다는 것은 이번에는 노동을 비싸게 만든다. "노동은 잉글랜드에서보

1833년의 공장위원회 위원인 카우웰J. W. Cowell은 방적업에 대해 상세히 조사한 후 다음과 같은 결론에 도달했다.

"잉글랜드에서는 임금이 노동자의 입장에서는 유럽 대륙보다 더 높을지 모르지만, 공장주의 입장에서는 경우에 따라 더 낮다."(유어, 앞의 책, 314쪽)

잉글랜드의 공장감독관 알렉산더 레드그레이브는 1866년 10월 31일자 공장보고서에서 유럽 대륙 국가들과의 통계를 비교함으로써, 더 낮은 임금과 훨씬 긴 노동시간에도 불구하고 대륙에서의 노동이 생산물의 가격과 비교하면 잉글랜드 노동보다 더 비싸다는 것을 증명했다. 독일 올덴부르크에 있는 방적공장의 잉글랜드 출신의 관리자는, 이곳에서는 노동시간이 토요일을 포함하여 오전 5시 30분부터 저녁 8시까지 계속되고, 이곳의 노동자들이 잉글랜드 감독관의 감시 하에서 이 시간 동안(14시간 30분 동안) 생산하는 생산물이 잉글랜드 노동자들이 10시간 동안 생산하는 생산물의 양에 미치지 못하며, 독일 감독관의 감시 하에서는 훨씬 더 적다고 밝혔다. 임금은 잉글랜드보다 훨씬 낮은데, 심한 경우에는 50%나 낮다. 그러나 기계장치에 대비한 노동자의 수는 잉글랜드보다 훨씬 많아, 여러 부서에서 그 비율이 5:3이나 되었다. 레드그레이브는 러시아의 면화산업에 대해 매우 정확한 세부사항을 제시하고 있다. 그가 제시한 자료들은 얼마 전까지 러시아에서 일하던 잉글랜드 관리자가 그에게 제공한 것이다. 온갖

다 아일랜드에서 더 비싸다 … 임금이 그만큼 낮기 때문이다."(《철도에 관한 왕립위원회, 회의록》, 2,074번, 1867)

불명예로 가득 찬 이 러시아 땅에는 유아기의 잉글랜드 공장에서 볼 수 있었던 잔인한 행위들이 한창 일어나고 있었다. 관리자들은 당연히 잉글랜드 사람들이다. 본토박이 러시아 자본가는 공장사업에 어울리지 않기 때문이다. 과도한 노동, 밤낮없이 지속되는 작업 그리고 매우 터무니없는 임금에도 러시아 공장제품은 외국 공장제품의 수입금지 조치에 의해서만 겨우 유지되었다. 이제 나는 유럽의 여러 나라에서의 공장 하나당 그리고 방적공 1명당 평균 방추 수에 대한 레드그레이브의 비교표를 제시하고자 한다. 레드그레이브는 이 숫자를 몇 년 전에 수집했고 그 이후로 잉글랜드 공장의 규모와 노동자 1명당 방추 수가 증가했다는 사실을 스스로 지적하고 있다. 그러나 아래의 표에 열거된 유럽 대륙 나라들에서도 잉글랜드와 비교적 같은 정도의 진보가 이루어졌다고 가정하고 있으며, 따라서 그가 들은 숫자는 비교 가능한 값을 가지고 있다.

공장당 평균방추 수		노동자 1인당 평균방추 수	
잉글랜드	12,600	프랑스	14
스위스	8,000	러시아	28
오스트리아	7,000	프로이센	37
작센	4,500	바이에른	46
벨기에	4,000	오스트리아	49
프랑스	1,500	벨기에	50
프로이센	1,500	작센	50
		독일의 소국가들	55
		스위스	55
		그레이트브리튼	74

레드그레이브는 다음과 같이 말하고 있다.

"다른 이유 이외에도, 이 비교는 그레이트브리튼에게 특히 다음과 같은 이유로 불리하다. 즉, 그레이트브리튼에서는 기계방직과 방적이 결합되어 있는 수많은 공장들이 존재하는데, 위의 표에서는 모든 방직공들이 포함되어 있다. 이와 반대로 외국공장들은 대부분 방적업뿐이다. 우리가 정확하게 같은 것을 서로 비교할 수 있다면, 나는 내 관할구역에서 단 한 명의 노동자(더 적은)와 두 명의 여성보조원이 2,200개의 방추를 가진 뮬 방적기를 감시하면서 매일 400마일에 달하는 220파운드의 실을 생산하는 수많은 면방적 공장들을 열거할 수 있을 것이다."(《공장감독관 보고서》, 1866년 10월 31일, 31-37쪽의 여기저기)

동유럽에서뿐만 아니라 아시아에서도 잉글랜드 회사들이 청부를 받아 철도를 부설하고 있는데, 이 회사들이 본토박이 노동자들과 함께 일정한 수의 잉글랜드 노동자들을 사용하고 있다는 사실은 잘 알려져 있다. 어쩔 수 없는 현실적인 필요성 때문에 노동 강도에서 국가별 차이를 고려할 수밖에 없었는데, 이것은 잉글랜드 회사들에게 아무런 손실도 가져오지 않았다. 그들의 경험은, 임금의 수준이 대체로 평균적인 노동 강도에 따라 차이가 나는데도 상대적 노동가격(생산물에 대비한 노동가격)은 일반적으로 정반대의 방향으로 운동한다는 것을 확실하게 알려주었다.

커레이H. Carey는 그의 초기 저술 가운데 하나인 《임금률에 관한 에세이》[316]에서, 국가별 임금차이는 국가별 노동일의 생산력수준에 정비례한다는 것을 증명하고자 했으며, 이러한 국제적 관계로부터 임금은 일반적으로 노동생산력과 더불어 오르고 내린다는 결론을 끄집어내려고 했다. 커레이

---

316) 《임금률에 관한 에세이》(전 세계 노동자인구의 상태차이의 원인에 대한 조사 첨부, 필라델피아, 1835)

가 자신이 늘 해오던 대로 무비판적이고 피상적으로 긁어모은 통계 자료를 난잡하게 뒤섞지 않고 자신의 전제를 증명했음에도, 잉여가치의 생산에 대한 우리의 모든 분석은 이러한 결론이 무의미하다는 것을 증명하고 있다. 그나마 다행히 그가 이론이 현실에 적용했을 때에도 그러하다고 주장하지는 않았다. 즉, 국가의 개입이 자연스러운 경제관계를 왜곡했고, 이러한 이유로 국가별 임금을 계산하는 경우에 세금의 형태로 국가로 귀속되는 부분은 마치 노동자 자신이 받은 것처럼 계산되어야 한다는 뜻이다. 이러한 '국가비용' 역시 자본주의적 발전의 '자연스러운 성과'인가 아닌가에 대해 커레이는 더 곰곰이 생각해보아야 하지 않았을까? 이러한 논리적인 추론은 다음과 같은 사람에게나 어울린다. 즉 자본주의적 생산관계는 최초의 영원한 '자연법칙'이자 '이성법칙'이며, 이 법칙의 자유롭고 조화로운 운동Spiel 은 국가 개입에 의해서만 방해 받는다고 밝힌 다음, 세계 시장에서의 잉글랜드의 극악무도한 영향, 즉, 겉보기에는 자본주의적 생산의 자연법칙에서 생긴 것처럼 보이지 않는 영향이 보호무역제도라고 불리는 국가의 간섭을 통해 자연과 이성의 법칙을 보호할 필요성을 만든다는 것을 나중에 발견하는 그런 사람에게나 딱 어울린다. 더 나아가 이런 사람은 현존하는 사회적 적대성과 모순을 명확하게 표현하고 있는 리카도 등의 정리(定理)가 실제 경제운동의 관념적 산물이 아니라, 오히려 그 반대로 잉글랜드와 다른 국가에서의 자본주의적 생산의 실질적인 적대성이 리카도 등의 이론의 결과라는 것을 발견했다! 그가 마지막으로 발견하는 것은, 자본주의적 생산방식의 고유한 아름다움과 조화를 파괴하는 것은 결국 무역이라는 사실이었다. 한걸음 더 나아갔다면, 그는 어쩌면 자본주의적 생산의 유일한 해악은 자본 자체라는 사실을 발견했을 것이다. 이와 같이 놀랄 만큼 무비판적이고 잘못된 학식을 가진 사람만이, 보호무역을 믿는 이단자임에도, 바스티아와 최근의 자유무역을 낙관하는 다른 자들의 조화론적 지혜를 가져오는 비밀의 샘이 될 만하다.

7편

자본의
축적과정

일정한 액수의 화폐가 생산수단과 노동력으로 변하는 것은 자본으로 기능해야 할 가치양이 거치는 첫 번째 운동이다. 이 운동은 유통 영역인 시장에서 진행된다. 이 운동의 두 번째 단계인 생산과정은, 생산수단이 상품으로 변하자마자 끝난다. 그런데 이 상품의 가치는 자신을 구성하는 부분의 가치를 넘어선다. 즉 이 상품은 최초에 투하된 자본에 더해진 잉여가치를 포함하고 있다. 그 다음에 이 상품은 다시 유통 영역으로 던져진다. 이 상품은 판매됨으로써 그 가치가 화폐로 실현되고, 이 화폐가 다시 자본으로 변하는 과정이 계속 반복되어야 한다. 이러한 언제나 동일한 순차적인 국면들을 통과하는 순환이 자본의 유통을 이루고 있다.

축적의 첫 번째 조건은 자본가가 그의 상품을 판매하여 손에 쥔 화폐의 대부분을 다시 자본으로 변화시키는 과정을 완성하는 것이다. 이하에서는 자본이 그 유통 과정을 통상적으로 통과한다는 것을 가정한다. 이러한 과정에 대한 상세한 분석은 2권에 속한다.

미지불노동을 노동자에게 직접 짜내어 상품에 고정시킴으로써 잉여가치를 생산하는 자본가는, 잉여가치를 취득하는 최초의 사람이지만 결코 최후의 소유자는 아니다. 그는 잉여가치를 사회적 생산 전체에서 다른 기능을 수행하는 자본가나 지주 등과 나누어야 한다. 따라서 잉여가치는 여러 부분으로 쪼개진다. 잉여가치의 조각은 상이한 부류에 속하는 인간의 수중에 들어가 이윤, 이자, 상업이득, 지대 등 서로 독립적인 상이한 형태를 취한다. 이러한 잉여가치의 변화된 형태들은 3권에서야 비로소 다루어진다.

그러므로 우리는 여기에서 한편으로, 상품을 생산하는 자본가는 그 상품을 그 가치대로 판매한다고 가정하며, 자본가의 상품시장으로의 복귀, 유통 영역에서 자본에 추가되는 새로운 형태들, 그리고 그 안에 은폐되어 있는 재생산의 구체적인 조건들은 더이상 다루지 않을 것이다. 다른 한편으로 자본주의적 생산자는 모든 잉여가치의 소유자로 간주되며, 달리 표현하자면, 잉여가치를 함께 나누어 가지는 모든 사람들의 대표자로 간주된다. 말하자면 우리는 우선 축적을 추상적으로, 즉 직접적 생산과정의 하나의 계기로만 살펴보기로 한다.

축적이 일어나는 한, 자본가는 상품의 판매와 이로써 벌어들인 화폐를 다시 자본으로 바꾸는 일에 성공한다. 더 나아가, 이 잉여가치가 나누어진 여러 조각은 잉여가치의 성질에 아무런 변화도 가져오지 않을 뿐 아니라, 잉여가치가 축적의 요소로 되는 데 필요한 조건에도 아무런 변화를 가져오지 못한다. 자본주의적 생산자가 잉여가치 가운데 어느 만큼의 비율을 자기 자신을 위해 확보하고, 어느 만큼의 비율을 다른 사람들에게 떼어주든 간에, 자본주의적 생산자는 언제나 잉여가치를 맨 처음 취득한다. 따라서 우리가 축적을 설명할 때 가정한 것은 축적이 진행되는 실제적인 과정에도 적용된다. 다른 한편으로, 잉여가치의 분할과 유통의 매개운동은 축적 과정의 단순한 기본형태를 은폐한다. 따라서 축적 과정을 순수하게 분석하기 위해서는 그 메커니즘의 내적 작용을 은폐하는 모든 현상을 일시적으로나마 무시할 필요가 있다.

21장 | 단순재생산

생산과정의 사회적 형태는 어떻든지 간에 연속적이어야 한다. 즉 생산과정은 주기적으로 끊임없이 되풀이되는 똑같은 단계를 통과해야 한다. 사회는 소비를 멈출 수 없는 것과 마찬가지로 생산도 멈출 수 없다. 그 어떤 사회적 생산 과정도 하나로 연속된 연관성과 지속적인 갱신의 흐름으로 살펴보면, 모든 사회적 생산과정은 동시에 재생산과정이다.

생산의 조건은 재생산의 조건이기도하다. 어떤 사회도 그 생산물의 일부분을 생산수단이나 새로운 생산요소로 끊임없이 다시 변화시키지 않고는 계속해서 재생산할 수 없다. 다른 조건이 그대로 유지된다면, 어떤 사회는, 예를 들어 일 년 동안 소비된 것과 같은 양의 생산수단, 즉 노동수단, 원료와 보조재 등을, 연간생산물로부터 떨어져 나와 생산과정에 새롭게 합체되는 새로운 견본의 현물로 대체한다. 이렇게 해야만 그 사회의 부를 같은 규모로 재생산하거나 유지할 수 있다. 따라서 연간생산물 가운데 일정한 양은 생산에 필요하다. 처음부터 생산적인 소비로 정해진 이 부분은 당연히 개인소비를 배제하며, 대개는 현물형태로 존재한다.

생산이 자본주의적 형태를 가지고 있다면, 재생산 역시 그러하다. 자본주의적 생산방식에서 노동과정이 단지 가치증식 과정을 위한 하나의 수단으로 나타나는 것처럼, 재생산 역시 투하된 가치를 자본으로, 즉 스스로 증식하는 가치로 재생산하기 위한 수단으로 나타날 뿐이다. 경제적으로 어떤 사람에게 자본가로서의 고정된 역할이 주어지는 까닭은 다만 그의 화폐가 계속 자본으로 기능하기 때문이다. 예를 들어 100£의 투하된 화폐액이 올해 자본으로 변화되어 20£의 잉여가치를 생산했다면, 그것은 내년에도 내후년에도 동일한 작업을 반복해야 한다. 자본가치의 주기적 증가분 또는 과정에 있는 자본의 주기적인 성과로서의 잉여가치는 자본에서 발생하는 수입의 형태를 취한다.[317]

자본가가 이 수입을 소비기금으로만 사용한다면, 즉 그가 주기적으로 손에 넣은 것을 주기적으로 소비한다면, 다른 조건이 그대로 유지되는 경우에는 단순재생산이 일어난다. 그런데 이 단순재생산은 같은 규모로의 생산과정의 단순한 반복이긴 하지만, 동시에 이 단순한 반복과 연속성은 이 과정에 새로운 특징을 부여한다. 아니 오히려 개별적으로 분리된 과정처럼 보이는 특징을 없애버린다.

생산과정은 노동력을 일정한 기간 동안 구매하는 것으로 시작된다.

---

317) "다른 사람의 노동생산물을 소비하는 부자들은 그것을 교환행위(상품구입)를 통해서만 얻는다. 따라서 그들은 모아둔 돈을 금방 다 써버릴 것처럼 보인다. … 그러나 이러한 사회제도에서 부는 다른 사람의 노동을 통해 재생산되는 힘을 가지고 있다. … 부는 노동과 마찬가지로 그리고 노동에 의해 해마다 수익을 낳으며, 부자는 이것을 가난해지지 않으면서 매년 없애버릴 수 있다. 이 수익이 자본으로부터 발생하는 수입이다."(시스몽디, 《신정치경제학원리》, 1권, 81-82쪽)

그리고 이러한 시작은 노동의 판매기간이 만기가 되어 주, 월 등 일정한 생산기간이 만료되자마자 끊임없이 갱신된다. 그러나 노동자는 그의 노동력이 작용하여 노동력 자체의 가치뿐만 아니라 잉여가치를 상품에 실현시킨 후에야 비로소 임금을 받는다. 따라서 노동자는 우리가 당분간 단지 자본가의 소비기금으로 간주할 잉여가치뿐만 아니라, 자신에게 지불되는 기금인 가변자본도 생산한다. 그런데 노동자는 이 가변자본이 임금의 형태로 자신에게 다시 흘러들어오기 전에 이를 생산하며, 그가 이 가변자본을 끊임없이 재생산하는 동안에만 고용된다. 16장 2절에서 언급된 임금을 생산물 자체의 일부분으로 나타내고 있는 경제학자들의 공식은 이러한 사실에서 비롯된다.[318] 노동자에게 임금형태로 끊임없이 흘러들어오는 것은 노동자 자신이 끊임없이 재생산하는 생산물의 일부분이다. 물론 자본가는 노동자에게 상품가치를 화폐로 지불한다. 그러나 이 화폐는 노동생산물이 변화된 형태일 뿐이다. 노동자가 생산수단의 일부분을 생산물로 변화시키는 동안에, 이전에 그가 생산한 생산물의 일부분이 화폐로 다시 변한다. 노동자가 오늘 또는 다가올 6개월 동안 지불받는 임금은 지난 주 또는 지난 6개월 동안 그가 행한 노동이다. 화폐형태가 야기하는 환상은 개별자본가와 개별노동자 대신에 자본가계급과 노동자계급을 고찰하자마자 곧바로 사라진다. 자본가계급은, 노동자계급이 생산하고 자신들이 취득한 생산물의 일부분을 노동자계급에게 화폐형태의 증서로 끊임없이 제공한다. 마찬가지로 노동자계급은 이 증서를 자본가계급에게 끊임없이 되돌려 줌으로써, 자본가계급에게서 자신의 생산물 가운데 자신의 몫이 되는 일부분을 가져간다.

---

318) "임금과 이윤 모두는 완성된 생산물의 일부분으로 간주되어야 한다."(램지, 앞의 책, 142쪽) "노동자에게 임금의 형태로 지불되는 생산물의 일부분"(제임스 밀, 《정치경제학 요강》, 프랑스어 판, 파리소 옮김, 파리, 1823, 33-34쪽)

생산물의 상품형태와 상품의 화폐형태가 이 거래의 본질을 은폐한다.

　　따라서 가변자본은 노동자가 자신을 유지하고 재생산하는 데 필요하며 그 어떤 사회적 생산제도에서도 늘 그가 스스로 생산하고 재생산해야만 하는 생활수단 기금 또는 노동기금의 특수한 역사적 현상형태에 지나지 않는다. 이 노동기금이 노동자의 노동에 대한 지불수단의 형태로만 그에게 끊임없이 흘러들어가는 이유는 노동자 자신의 생산물이 자본의 형태로 끊임없이 그로부터 멀어지기 때문이다. 그러나 이러한 노동기금의 겉모습은, 노동자 자신의 물질화된 노동(생산물 -옮긴이)이 자본가에 의해 그에게 투하되었다는 사실을 전혀 변화시키지 않는다.[319] 한 부역농민의 예를 들어보자. 그는 자신의 생산수단을 가지고 예컨대 일주일에 3일은 자신의 경작지에서 일하고 나머지 3일 동안은 영주의 농장에서 부역을 한다. 그는 자신의 노동기금을 끊임없이 재생산한다. 부역농민에게 이 노동기금은 결코 그의 노동의 대가로 제삼자가 그에게 선불한 것에 대한 지불수단이 아니다. 그의 미지불 강제노동 역시 결코 자발적인 지불노동은 아니다. 내일 영주가 농경지, 가축, 종자, 한 마디로 부역농민의 생산수단을 제 것으로 만든다면, 부역농민은 이제부터 자신의 노동력을 영주에게 팔아야만 한다. 다른 조건이 그대로 유지된다면, 부역농민은 여전히 1주일에 3일은 자신을 위해, 나머지 3일은 이제 임금을 주는 주인으로 변해버린 과거의 영주를 위해 일하게 될 것이다. 그는 여전히 생산수단을 생산수단으로 소비하여 그 가치를 생산물로 이전할 것이다. 여전히 생산물 가운데 일정한 부분

---

319) "노동자에게 그의 임금을 투하하기 위해 자본이 사용된다면, 그것은 노동의 유지를 위한 기금에 아무것도 추가하지 않는다."(카제노브, 1853년 런던에서 출간된 맬서스의 《정치경제학에서의 정의들》의 자신의 편집판 22쪽에 추가한 주석)

은 재생산에 들어갈 것이다. 그러나 부역이 임금노동의 형태를 취하는 것처럼 여전히 부역농민이 생산하고 재생산하는 노동기금은 영주에 의해 그에게 투하된 자본의 형태를 취하게 된다. 겉모습과 그 안에 나타나는 실체를 구별할 수 없는 편협한 두뇌를 가진 부르주아 경제학자는, 오늘날까지도 노동기금이 지구상에서 단지 예외적으로만 자본의 형태로 나타날 뿐이라는 사실을 못 본 체한다.[320]

물론 우리가 자본주의적 생산과정을 '갱신'이라는 흐름으로 살펴보면, 가변자본은 '오로지 자본가의 기금으로부터 투하되는 가치'[321]라는 의미를 상실한다. 그러나 자본주의적 생산과정은 언제 어디서든 시작되어야 한다. 따라서 지금까지 과정을 우리의 입장에서 본다면, 자본가는 과거 언제쯤에 타인의 미지불노동과는 무관한, 어떤 최초의 축적을 통해 화폐소유자가 되었기 때문에, 노동력의 구매자로서 시장에 나타날 수 있었다는 것은 사실일 수 있다. 그러나 자본주의적 생산과정이 단순히 지속되는 것, 즉 단순재생산은 가변자본 부분뿐만 아니라 총자본까지도 휘어잡는 또 다른 독특한 변화를 일으킨다.

1,000£의 자본을 가지고 예컨대 일 년이라는 주기에 생산된 잉여가치가 200£이고, 이 잉여가치가 매년 소비된다고 하자. 이 동일한 과정이 5

---

320) "자본가가 노동자의 생계수단을 노동자에게 선불하는 지역은 지구의 ¼에도 미치지 못한다."(리처드 존스(Richard Jones), 《국민의 정치경제학 교본》, 허트포드, 1852, 36쪽)

321) "매뉴팩처 노동자는 자신의 주인에게서 임금을 선불로 받지만, 그는 주인에게 실제로는 아무런 비용도 부담시키지 않는다. 일반적으로 임금의 가치는 그의 노동이 사용되어 증가된 물건의 가치에 이윤과 함께 원상복구 되기 때문이다."(아담 스미스, 앞의 책, 2권, 3장, 355쪽)

년 동안 되풀이 된 후에는 소비된 잉여가치의 총액이 5×200, 즉 최초에 투하된 1,000£의 자본가치와 같게 된다는 것은 분명하다. 그런데 1년의 잉여가치가 예컨대 그 절반만 소비된다면, 이 생산과정이 10년 동안 되풀이 된 후에야 같은 결과가 나온다. 10×100=1,000이기 때문이다. 따라서 일반적으로, 투하된 자본가치를 해마다 소비되는 잉여가치로 나누면, 최초에 투하된 자본이 자본가에 의해 모두 소비되어 사라지는 데 걸리는 연수年數 또는 재생산주기의 연수가 나온다. 미지불된 타인의 노동생산물인 잉여가치만을 소비하고 최초의 자본가치를 보전한다는 자본가의 생각도 이러한 사실을 절대로 바꾸지 못한다. 일정한 연수가 흐른 뒤에는 자본가가 소유하고 있는 자본가치는 같은 기간 동안에 등가물 없이 제 것으로 만든 잉여가치의 액수와 같으며, 그가 소비한 가치액은 최초의 자본가치와 같다. 물론 자본가는 그 크기가 변하지 않는 자본을 여전히 수중에 가지고 있으며, 그 가운데 일부인 건물, 기계 등은 그가 사업을 시작했을 때 이미 존재하고 있었다. 그러나 이 경우에 문제는 자본의 가치이지 자본의 물적구성 부분이 아니다. 어떤 사람이 자신의 전 재산의 가치에 버금가는 빚을 짐으로써 그의 전 재산을 모두 소비해 버렸다면, 그의 전 재산은 바로 그의 부채총액을 나타낼 뿐이다. 마찬가지로 자본가가 자신이 투하한 자본과 같은 크기를 모두 소비해버렸다면, 그가 아직 가지고 있는 자본의 가치는 그가 무상으로 제 것으로 만든 잉여가치를 나타낼 뿐이다. 그의 이전의 자본의 가치는 조금도 남아있지 않다.

따라서 축적이라는 것을 완전히 무시하더라도, 생산과정의 단순한 연속, 즉 단순재생산은 짧든 길든 간에 일정한 기간 후에는 필연적으로 모든 자본을 축적된 자본이나 자본화된 잉여가치로 바꾸어 버린다. 생산과정에 들어갈 때에 자본 자체가 그것의 사용자가 직접 일해서 번 재산이었다고 하여도, 조만간 그 자본은 그 어떤 등가물도 없이 제 것으로 만든 가치가 되거나, 화폐형태든 다른 형태든 간에, 물건의 형태로 바뀐 미지불된 타인의 노동이다.

우리가 4장에서 이미 살펴본 것처럼, 화폐가 자본이 되기 위해서는 상품이 생산(4판에는 가치생산)되고 유통되는 것만으로는 충분하지 않다. 우선 한편에는 가치나 화폐의 소유자가, 다른 한편에는 가치를 창조하는 실체의 소유자가, 다시 말해서 한편에는 생산수단과 생활수단의 소유자가, 다른 한편에는 노동력만을 가진 자가 서로 구매자와 판매자로 마주 서 있어야만 한다. 따라서 노동생산물과 노동 자체의 분리, 물적인 노동조건과 주체적인 노동력 사이의 분리가 자본주의적 생산과정의 실제적인 토대이자 출발점이다.

그러나 처음에는 출발점에 지나지 않았던 것이 과정의 단순한 연속, 즉 단순재생산을 통해 자본주의적 생산의 특유한 결과로서 계속 새롭게 생산되며 영구화된다. 한편으로 생산과정은 물적 부를 자본으로, 즉 자본가를 위한 가치증식 수단과 향락 수단으로 끊임없이 변화시킨다. 다른 한편으로 노동자는 그 과정으로 들어갈 때의 상태 그대로 -부의 인적 원천이면서도 이 부를 자신의 것으로 실현할 모든 수단을 상실한 상태- 그 과정에서 끊임없이 나온다. 이 과정으로 들어가기 전에 노동자 자신의 노동은 그에게서 멀어져, 자본가에게 점유되어 자본에 합체되었기 때문에, 그의 노동은 이 과정 동안에 끊임없이 타인의 생산물로 나타난다. 생산과정은 동시에 자본가에 의한 노동력의 소비 과정이기 때문에, 노동자의 생산물은 끊임없이 상품으로 변할 뿐만 아니라, 자본으로, 즉 가치를 창조하는 힘을 빨아먹는 가치로, 사람들을 구매하는 생활수단으로 그리고 생산자들을 사용하는 생산수단으로 변한다.[322] 따라서 노동자는 스스로 자신을 지배하고 착취하는 자신의 외부에 존재하는 자본으로서의 물적 부를 생산한다. 그리고 자본가 또한 노동력을 물질화하고 실현하는 수단으로부터 분리된 추상적인 그리고 오직 노동자의 신체에만 존재하는 주체적인 부의 원천으로, 간단히 말하면 임금노동자로서의 노동자를 끊임없이 생산한다.[323] 이러한 노동자의 끊임없는 재생산 또는 영구화는 자본주의적 생산의 필수조건이다.

노동자의 소비에는 두 가지 종류가 있다. 생산 자체에서 노동자는 그의 노동을 통해서 생산수단을 소비하여, 그것을 투하된 자본의 가치보다 더 높은 가치를 가진 생산물로 변화시킨다. 이것은 노동자의 '생산적 소비'이다. 이 생산적 소비는 동시에 그의 노동력을 구매한 자본가에 의한 그의 노동력의 소비이기도 하다. 다른 한편으로 노동자는 노동력 구매의 대가로 지불된 화폐를 생활수단에 소비한다. 이것은 그의 '개인적 소비'이다. 따라서 노동자의 생산적 소비와 개인적 소비는 전혀 다르다. 생산적 소비에서 노동자는 자본의 동력으로 행동하며 자본가에 속한다. 개인적 소비에서 노동자는 노동자 자기 자신에 속하며 생산과정 밖에서 생존활동을 한다. 전

---

322) "이것이 생산적 소비의 특히 주목할 만한 특성이다. 생산적으로 소비되는 것은 자본이다. 또 그것은 소비됨으로써 자본이 된다."(제임스 밀, 앞의 책, 242쪽) 그러나 제임스 밀은 이 '특히 주목할 만한 특성'을 밝혀내지는 못했다.

323) "매뉴팩처가 처음 도입되었을 당시 많은 빈민이 고용된 것은 확실하지만, 그들은 여전히 가난했다. 그리고 매뉴팩처의 존속은 더 많은 빈민을 만들어낸다."(《양모 수출을 제한한 이유》, 런던, 1677, 19쪽) "차지농장주는 빈민을 먹여 살리겠다는 말도 안 되는 약속을 한다. 실제로 그들은 비참하게 살아갈 것이다."(《최근의 구빈세 증가의 이유들: 또는 노동가격과 식량가격의 비교조사》, 런던, 1777, 31쪽)

자의 결과는 자본가의 생존이고 후자의 결과는 노동자 자신의 생존이다.

'노동일'에 대해 살펴볼 때, 노동자가 흔히 자신의 개인적 소비를 생산과정의 단순한 부속물로 받아들일 수밖에 없었다는 사실이 때때로 명백해졌다. 이 경우에 노동자는, 증기기관에 석탄과 물을 추가로 공급하고, 톱니바퀴에 기름을 치는 것처럼, 자신의 노동력을 멈추지 않게 하기 위해 생활수단을 추가로 소비한다. 이 경우 노동자의 소비수단은 그저 생산수단의 소비수단에 지나지 않으며, 노동자의 개인적 소비는 바로 생산적 소비이다. 그러나 이것은 자본주의적 생산과정의 목적에서 벗어난 쓸데없는 소비인 것처럼 보인다. [324]

우리가 개별자본가나 개별노동자가 아니라 자본가계급과 노동자계급을, 분산된 상품의 생산과정이 아니라 하나의 흐름으로 연결된 사회적 차원에서 자본주의적 생산과정을 살펴보자마자, 상황은 다르게 보인다. 자본가가 자신의 자본의 일부분을 노동력으로 바꾼다면, 그는 그렇게 함으로써 그의 총자본을 증식시킨다. 그에게는 일석이조이다. 자본가는 그가 노동자로부터 받는 것뿐만 아니라, 그에게 주는 것에서도 이익을 본다. 노동력과 교환에서 넘겨준 자본은 생활수단으로 변하며, 이 생활수단의 소비는 현재 존재하고 있는 노동자들의 근육, 신경, 뼈와 뇌를 재생산하고 새로운 노동자들을 낳아 기르는 데 사용된다. 따라서 삶에 절대적인 생필품을 벗어나지 않는 노동자계급의 개인적 소비는, 노동력과의 교환으로 자본이 내어준 생활수단이 자본에 의해서 새로이 착취 가능한 노동력으로 다시 변하

---

324) 롯시(Rossi)가 '생산적 소비'의 비밀을 진짜로 파고들었다면, 이 점을 그토록 강하게 비난하지는 않았을 것이다.

는 것일 뿐이다. 노동자계급의 개인적 소비는 자본가에게 가장 필수적인 생산수단인 노동자 자체의 생산이며 재생산이다. 따라서 노동자의 개인적 소비는, 그것이 작업장이나 공장의 내부 또는 외부에서 이루어지든, 노동과정의 내부 또는 외부에서 이루어지든 간에, 자본의 생산과 재생산의 결정적인 요소로 유지된다. 이것은 마치 기계를 청소하는 일이 노동과정 동안에 또는 정해진 쉬는 시간 동안에 이루어지느냐에 관계없이 자본의 생산과 재생산의 결정적인 요소로 유지되는 것과 마찬가지이다. 노동자가 자신의 개인적 소비를 자본가를 위해서가 아니라 자신을 위해 해도 상관없다. 짐 나르는 짐승이 먹는 것을 즐긴다고 해도 그 짐승의 소비는 여전히 생산과정의 필수적인 요소로 유지되는 것과 마찬가지이다. 노동자계급의 끊임없는 유지와 재생산은 자본의 재생산을 위한 영속하는 조건으로 유지된다. 자본가는 이러한 조건의 충족을 노동자의 자기보존 본능과 생식 본능에 안심하고 맡길 수 있다. 자본가는 다만 노동자들이 개인적으로는 가능한 한 필수품만을 소비하도록 하는 데 힘을 다하면 된다. 그리고 이 자본가는, 노동자에게 영양분이 적은 음식 대신에 영양분이 많은 음식을 먹도록 강요하는 남아메리카식 난폭함과는 아주 큰 차이가 있다.[325]

그런 까닭에 자본가와 그의 이데올로그Ideolog인 정치경제학자는 노동자의 개인적 소비 가운데서 노동자계급의 영구화에 필요한 부분, 즉 자본이 노동력을 소비하기 위해 실제로 소비되어야만 하는 부분을 생산적 소

---

325) "매일 180-200파운드에 달하는 광석을 어깨에 짊어지고 지하 450피트에서 운반하는 (어쩌면 세상에서 가장 어려운 작업) 일을 하는 남아메리카의 광산노동자들은 빵과 콩만을 먹고 산다. 그들은 빵만 먹는 것을 더 좋아하는데, 빵만 먹고는 그렇게 힘든 일을 할 수 없다는 사실을 알게 된 그들의 주인들은 그들을 말처럼 다루어, 그들이 강제로 콩을 먹게 한다. 콩은 빵보다 칼슘이 훨씬 더 많다."(리비히, 앞의 책, 1부, 194쪽의 주석)

비로 간주하며, 그 이상으로 노동자 자신의 쾌락을 위해 소비하고 싶어 하는 것은 비생산적 소비로 간주한다.[326] 자본의 축적이 자본에 의한 더 많은 노동력의 소비 없이 임금의 상승과 그로 인한 노동자 소비수단의 증가만을 야기한다면, 추가자본은 비생산적으로 소비된 셈이다.[327] 실제로도 그러하다. 즉 노동자의 개인적 소비는 그 자신을 위해서는 비생산적이다. 개인적 소비는 단지 빈곤한 개인을 재생산할 뿐이기 때문이다. 반면에 개인적 소비는 자본가와 국가에게는 생산적이다. 그것은 남의 부를 생산하는 힘의 생산이기 때문이다.[328]

따라서 사회적 관점에서 보면, 노동자계급은 직접적 노동과정의 외부에서도 죽은 노동도구와 마찬가지로 자본의 부속물이다. 노동자계급의 개인적 소비조차도 일정한 한계 내에서는 자본의 재생산과정의 한 계기에 지나지 않는다. 그러나 이 과정은, 노동자의 생산물을 노동자의 편에서 자본가의 편으로 끊임없이 멀어지게 함으로써, 자의식을 가진 생산도구가 도망가지 못하도록 힘을 다한다. 개인적 소비는 한편으로 노동자 자신을 유지하고 재생산하도록 해주며, 다른 한편으로 생활수단을 없앰으로써 노동자가 끊임없이 노동시장에 다시 나타나도록 한다. 로마의 노예는 쇠사슬로 그의 소유자에게 묶여 있었지만, 임금노동자는 보이지 않는 끈으로 그

---

326) 제임스 밀, 앞의 책, 238쪽 이하.

327) "노동의 가격이 지나치게 상승하여 자본이 증가함에도 더 많은 노동이 사용될 수 없다면, 나는 이러한 자본의 증가는 비생산적으로 소비되었다고 말할 것이다."(리카도, 앞의 책, 163쪽)

328) "진정한 의미의 유일한 생산적인 소비는 재생산을 목적으로 하는 자본가에 의한 부의 소비 또는 파괴이다. (그는 생산수단의 소비를 말하는 것 같다) … 노동자는 … 그를 사용하는 사람, 그리고 국가에게는 생산적 소비자이다. 그러나 엄밀히 말하면 그 자신에게는 생산적 소비자가 아니다."(맬서스, 앞의 책, 30쪽)

의 소유자에 묶여 있다. 임금노동자가 독립된 존재처럼 보이게 하는 임금노동자의 겉모습은 개인적 고용주의 지속적인 교체와 계약이라는 법적 의제fictio juris(계약 당사자인 자본가와 노동자가 법률에서는 동등하게 취급된다는 의미 -옮긴이)에 의해 유지된다.

이전에 자본은 자신에게 필요한 것처럼 보이는 경우에는 강제법에 의해 자유로운 노동자에 대한 자신의 소유권을 주장했다. 예를 들어 잉글랜드에서는 1815년까지 기계노동자의 해외 이민은 무거운 형벌에 처해지는 법으로 금지되어 있었다.

노동자계급의 재생산은 또한 세대에서 세대로 이어지는 기량의 전달과 축적도 포함하고 있다.[329] 자본가가 얼마나 이러한 숙련노동자 계급의 존재를 그의 생산조건의 하나로 헤아리고, 얼마나 이 계급을 그의 가변자본의 실질적인 존재로 간주했는지는, 공황으로 이 계급이 사라질 위기에 처하자마자 분명해졌다. 아메리카 내전과 이 전쟁에 따른 면화 기근으로 인해, 잘 알려진 바와 같이 랭커셔와 그 밖의 지방에서 면공업에 종사하던 다수의 노동자들이 해고당했다. 노동자 계급뿐만 아니라 다른 사회 계층에서도 잉글랜드의 식민지나 미국으로의 '과잉인구'의 이주를 가능하게 할 국가의 원조와 국민의 자발적 기부를 요구하는 외침이 드높았다. 그 당시 《타임즈》(1863년 3월 24일자)에는 맨체스터 상업회의소의 소장이었던 에드먼드 포터의 편지가 실렸다. 그의 편지는 하원에서 《공장주 선언》이라는

---

329) "저장되어 있고 미리 준비되어 있다고 말할 수 있는 유일한 것은 노동자의 기량이다. … 숙련 노동의 축적과 저장이라는 이 중요한 작업은, 노동자 대중이라면, 그 어떤 자본 없이도 완성된다."(호지스킨, 《자본의 요구에 대한 노동의 방어》, 12-13쪽)

적절한 이름이 붙여졌다.[330] 이 편지 내용 가운데 노동력에 대한 자본의 소유권을 노골적으로 표현하고 있는 몇 개의 특징적인 구절을 보여주겠다.

"면공업노동자들은 다음과 같은 말을 들을 수도 있다. '당신들의 공급이 지나치게 많다. … 아마도 당신들 가운데 ⅓은 줄어들어야 하며, 그렇게 되면 나머지 ⅔에 대한 수요가 급속하게 증가할 것이다. … 여론은 해외 이주를 촉구하고 있다.' … 주인(즉 면공업 공장주)은 자신의 노동공급이 멀어져가는 것을 기꺼이 보고 있을 수 없다. 그는 그것이 부당하며 옳지 못하다고 생각할지도 모른다. … 해외이주가 공공기금의 원조를 받는다면, 그는 의견을 말할 권리와 어쩌면 항의할 권리까지도 있다."

그 다음에 포터는 계속하여, 면공업은 "의심할 바 없이 사람들을 아일랜드와 잉글랜드의 농업지대로부터 뽑아냈는데" 이 얼마나 유용한가, 그리고 면공업이 1860년에 잉글랜드 수출무역 총액의 ⁵⁄₁₃를 차지했으며, 몇 년 후에는 시장의 확대, 특히 인도시장의 확대로 무리해서라도 충분한 양의 면화를 '파운드 당 6펜스'에 수입함으로써 다시금 확장될 것이라고 설명하고 있다. 그런 다음 그는 계속한다.

"시간이 지나면 -아마도 1년, 2년 또는 3년- 필요한 양이 생산될 것이다. … 그렇다면 나는 다음과 같이 묻고 싶다. '이 산업은 유지할 가치가 있는가?' '기계장치(살아 있는 노동기계)는 정비해 둘만한 가치가 있는가?' 그리고 '이 산업을 포기할 생각을 하는 것은 가장 어리석은 짓이 아닌가?' 나는

---

330) "이 편지는 공장주 선언이라고 볼 수 있다."(페란드(Ferrand), 면화기근에 대한 동의(動議), 1863년 4월 27일 하원회의)

그렇다고 생각한다. 노동자는 소유물이 아니며, 랭커셔나 공장주의 소유물이 아니라는 것을 인정하고자 한다. 그러나 노동자는 랭커셔와 공장주의 강력한 부대이다. 그들은 한 세대에는 대체될 수 없는 지적이고 훈련된 부대이다. 그와 반대로 그들이 작업하는 기계장치는 대부분이 12개월 내에 더 우수한 것으로 대체되거나 개량될 수 있다.[331] 노동력의 해외 이주가 장려되거나 허용(!)된다면, 자본가는 어찌 되겠는가?"

이러한 치명적인 타격은 시종장 칼프(쉴러의 비극 《음모와 사랑》에 나오는 시종장 칼프를 비유하고 있음 -편집자)를 연상시킨다.

"핵심 노동자 부대를 제거하면, 고정자본은 크게 가치를 상실할 것이며 유동자본은 저질 노동의 빈약한 공급으로는 싸움을 해 나가지 못할 것이다. … 사람들은 노동자들 스스로가 이민가기를 원한다고 말한다. 그들이 이민 가고자 하는 것은 극히 당연하다. 노동력을 제거하고, 그들의 임금지출을 가령 ⅓ 또는 500백만 정도 감소시킴으로써 면공업을 축소시키고 압박한다면, 노동자의 바로 상층계급인 소매상들은 어떻게 될 것인가? 지대는 어찌될 것이며, 집세는 어찌될 것인가? … 소규모 차지농장주, 그보

---

331) 우리는 임금을 하락시킬 필요가 있는 경우에 같은 자본은 평범한 상황에서도 딴청을 피운다는 것을 기억하고 있다. 그런 경우에 '공장주'는 이구동성으로(4편의 주석 188번을 보라) 다음과 같이 확실하게 밝히고 있다. 즉, "공장노동자들은 그들의 노동이 사실상 저질의 숙련노동이라는 것, 그 어떤 노동보다도 습득하기 쉬우며, 질에 비해 보수가 좋다는 것 그리고 거의 경험 없는 사람도 이처럼 짧은 교육을 통해 매우 신속하고 풍부하게 공급될 수 있는 노동은 없다는 것을 기억하는 쪽이 좋다. 공장주의 기계장치(요즘 들리는 말로는, 12개월 내에 더 우수하게 개량된 것으로 대체될 수 있다고 한다)는 사실상 생산 작업에서 6개월의 교육이면 배울 수 있고 또 그 어떤 일꾼이라도 배울 수 있는 노동자의 노동과 기량(요즘은 30년 안에는 대체될 수 없다)보다 훨씬 더 중요한 역할을 한다."

다 생활하기가 좀 나은 주택소유자와 지주는 어찌될 것인가? 그렇다면 이제, 국민들 가운데 가장 우수한 공장노동자들을 수출하고 가장 생산적인 자본과 부의 일부분을 쓸모없게 만들어 국민들을 약화시키는 것 이상으로 이 나라의 모든 계급에게 치명적일 수 있는 계획이 있는지 말해보아라. 나는 2년 내지 3년에 걸쳐 5백만에서 6백만£을 빌려줄 것을 제안하는데, 이 돈으로 구제받는 빈민들은 도덕적 수준을 유지하기 위해 자신에게 일정한 강제노동을 하도록 규정한 특별법의 규제 하에, 면공업지방의 구빈국 부설 특별위원의 관리를 받아야 한다. … 가장 우수한 노동자들을 내어주고, 어떤 지방의 노동자들을 엄청나게 감소시키는 이민과 자본과 가치의 고갈로 인해 남아 있는 사람들을 타락시키고 실망시키는 것보다 땅주인들이나 공장주들에게 더 나쁜 것이 있겠는가?"

면공업공장주 가운데 선발된 대변인인 포터는 2개의 '기계장치'를 구분하고 있다. 둘 다 자본가에게 속하지만, 하나는 그의 공장 안에 있고, 다른 하나는 밤과 일요일에는 공장 밖의 오두막에서 거주한다. 하나는 죽었고 다른 하나는 살아 있다. 죽은 기계장치는 날마다 손상되고 가치를 상실해갈 뿐 아니라, 현재 가동되고 있는 것들 가운데 많은 부분이 끊임없는 기술적 진보로 말미암아 계속 쓸모가 없어져 몇 달 후에 새로운 것으로 교체하는 것이 더 이득이 될 정도이다. 반대로 살아 있는 기계장치는 오래 지속될수록, 세대에 걸쳐 더 많은 기량을 쌓을수록 더 개선된다. 《타임스》는 이 유력한 대공장주인 포터의 주장에 특히 다음과 같이 응답하고 있다.

"포터 씨는 면공업공장주들의 이례적이고 정말 중요한 것에 감동을 받은 나머지 이 계급을 유지하고 그들의 직업을 영구화하기 위해 50만 명의 노동자계급을 그들이 원하지 않음에도 불구하고 거대한 도덕적 구빈원에 가두어 두려고 한다. 포터 씨는 '이 산업은 유지할 만한 가치가 있는가?'라고 묻는다. 우리는 대답한다. '확실히 가치가 있다. 단 모든 수단들은 공정해야 한다.' 포터 씨는 다시 묻는다. '기계장치는 정비해 둘 만한 가치가 있는가?' 여기서 우리는 멈칫한다. 포터 씨가 의미하는 기계장치는 '인간기계장치'이다. 그는 이 기계장치를 절대적인 소유물로 다룰 의도가 없다고 확실하게 말하고 있기 때문이다. 이 인간기계장치를 정비해 두는 것, 즉 그것이 필요할 때까지 가두고 기름칠을 해 두는 것은 '수고할 가치'도 없으며 더욱이 불가능하다는 사실을 우리는 인정하지 않을 수 없다. 인간기계장치는 아무리 문질러 닦고 기름칠한다고 해도 쓰지 않는 동안에 녹이 스는 성질을 가지고 있다. 그뿐만이 아니라 인간기계장치는 얼핏 보아도 알 수 있듯이, 제멋대로 작동하거나 멈출 수 있으며 또한 대도시에서 미쳐 날뛸 수도 있다. 포터 씨가 주장하는 바와 같이 노동자의 재생산에는 긴 시간이 필요할지도 모르지만, 기계제작자와 수중에 돈만 있다면 우리는 늘 성실하고 열심히 일하는 노동자들을 발견할 수 있으며, 그것으로 우리가 다 소비할 수 있는 것보다 더 많은 공장주를 제조할 수 있을 것이다. … 포터 씨는 이 산업이 1, 2, 3년 안에 활기를 되찾을 것이라고 함부로 말하면서, 노동력의 이민을 장려하거나 허락하지 말 것을 요구하고 있다! 그는 노동자들이 이민을 바라는 것은 당연하다고 말하면서도, 이 나라는 먹여살릴 가족 70만 명을 거느린 50만 명의 노동자들의 요구를 무시하고 면공업지방에 가두어야 하며, 그 필연적인 결과의 하나인 그들의 불만을 폭력으로 억압해야 하며 그들에게 자선을 베풀어 먹여살려야 한다고 주장한다. 그러나 이 모든 것은 면공업공장주들에게 언젠가는 이들을 다시 사용할 기회가 올 수도 있기 때문이다. … 이 '노동력'을 석탄, 철 그리고 면화를 취급하듯이 다루려고 하는 사람들로부터 구하기 위해 이 섬나라의 위대한 여론이 무엇인가 해야 할 때가 왔다."[332]

이 《타임스》 기사는 그저 재치 넘치는 말장난에 불과했다. '위대한 여론'은 사실상 '공장노동자는 공장에 딸린 동산일 뿐'이라는 포터의 의견과 같았다. 그들의 이민은 저지되었다.[333] 그들은 면공업지방의 '도덕적 구빈원'에 갇혔으며, 여전히 '랭커셔 면공업공장주들의 핵심 병력'을 이루고 있다.

따라서 자본주의적 생산과정은 그것 자체의 진행을 통해 노동력과 노동조건을 되풀이하여 분리시킨다. 그럼으로써 자본주의적 생산과정은 노동자의 착취조건을 재생산하고 영구화한다. 자본주의적 생산방식은 노동자들이 먹고 살기 위해 그들의 노동력을 계속 팔지 않을 수 없게 만들며, 부유해지기 위해 자본가들에게 노동력을 계속 구매할 수 있게 한다.[334] 어떤 자본가와 노동자가 구매자와 판매자로 상품시장에서 서로 마주 서는 것은 더이상 우연이 아니다. 노동자를 자기 노동력의 판매자로서 상품시장에 끊임없이 되던지고 노동자 자신의 생산물을 다른 사람의 구매수단으로 계

---

332) 《타임스》, 1863년 3월 24일자.

333) 의회는 단 한 푼도 이민을 위해 의결하지 않았다. 다만 노동자들을 생사의 갈림길에 놓아두거나 정상적인 임금을 주지 않고 그들을 착취할 수 있는 권한을 시당국에 주는 법률을 가결했을 뿐이다. 그런데 3년 후 소전염병이 발생하자 의회는 의회의 관례조차 어겨가면서까지 백만장자들인 지주들의 손해를 보상하기 위해 제멋대로 수백만 파운드스털링을 순식간에 가결했다. 물론 지주들의 땅을 빌린 농장주들도 쇠고기 가격의 상승으로 손해를 보상 받았다. 1866년 의회의 개회식에서 보인 지주들의 짐승 같은 울부짖음은 힌두교를 믿지 않아도 암소의 신인 사발라(Sabala)를 숭배할 수 있으며, 황소로 변하기 위해 주피터(Jupiter)가 될 필요가 없다는 것을 증명했다.

334) "노동자는 살기 위한 생계수단을 요구하며, 주인은 돈벌이를 위해 노동을 요구한다."(시스몽디, 앞의 책, 91쪽)

속 변화시키는 상황은 벗어날 수 없는 과정 그 자체다. 실제로 노동자는 자본가에게 팔리기 전에 이미 자본에 속한다. 노동자의 경제적 예속[335]은 자기판매의 주기적 되풀이, 그에게 임금을 주는 주인의 교체 그리고 노동의 시장가격의 움직임에 의해 매개되는 동시에 은폐된다.[336]

따라서 자본주의적 생산과정은, 그 인과관계 측면인 재생산과정에서 본다면, 상품만을 생산하거나 잉여가치만을 생산하는 것이 아니라, 자본관계 그 자체를, 한편으로는 자본가를 다른 한편으로 임금노동자를 생산하고 재생산한다.[337]

---

335) 이러한 예속의 조잡한 형태는 더럼(Durham)지방의 농촌에 존재하고 있다. 이 지방은 이런저런 사정들이 차지농장주에게 일용직 농업노동자에 대한 확고한 소유권을 보장하지 않는 몇 안 되는 지방 가운데 하나이다. 광산업이 이 일용직 노동자에게 또 다른 일자리를 제공하고 있다. 따라서 이곳의 차지농장주는 예외적으로 노동자가 거주할 오두막이 있는 토지만을 빌린다. 오두막의 집세는 임금의 일부가 된다. 이 오두막은 '농업노동자의 집'이라고 불린다. 이 오두막은 일정한 봉건적 의무를 부과하는 계약 아래 노동자에게 임대된다. '본디지'(예속)이라고 불리는 이 계약에 따르면 예를 들어 한 노동자가 다른 곳에서 일을 하는 동안에는 그의 딸 등을 제공해야할 의무를 부과하고 있다. 노동자 자신은 예속농민(Bondsman)라고 불린다. 이 관계는 전혀 새로운 측면에서 노동자의 개별적 소비도 자본을 위한 소비 또는 생산적 소비임을 보여준다. "이 예속농민의 배설물까지도 이 타산적인 주인의 부수입으로 계산되는 것을 보는 것은 참으로 이상한 일이다. … 차지농장주는 근처에 자신의 것 이외에는 화장실을 짓지 못하게 하며, 이 점에 관해서는 그 어떤 영주권의 침해도 용인하지 않는다."(《공중보건에 관한 7차 보고서》, 1864, 188쪽)

336) 아동노동 등의 경우에는 자기판매라는 형식조차도 사라지고 있다는 사실을 기억하고 있다.

337) "자본에게는 임금노동자가 미리 존재하고 있어야 하며, 임금노동자에게는 자본이 미리 존재하고 있어야 한다. 자본과 임금노동은 서로 의존하며 서로를 만들어낸다. 면화공장의 어떤 노동자는 오로지 면직물만을 생산하는가? 아니다, 그는 자본을 생산한다. 그는 가치를 생산하며, 이 가치는 다시 그의 노동을 지휘하고 새로운 가치를 창조하는 데 쓰인다."(맑스, 《임금노동과 자본》, 《신라인신문》, 266호, 1849년 4월 7일) 이 제목으로 《신라인신문》에 발표된 논문은 내가 1847년 브뤼셀의 독일노동자협회(1847년 8월 벨기에 브뤼셀에서 맑스와 엥엘스에 의해 창설 -옮긴이)에서 같은 제목으로 행한 강연의 일부이며, 이 논문의 인쇄는 2월 혁명으로 중단되었다.

22장 | 잉여가치의 자본화

1절
확대된 규모에서의 자본주의적 생산과정:
상품생산 소유 법칙에서 자본주의적 취득 법칙으로 급속한 변화

이전에 우리는 어떻게 자본에서 잉여가치가 생성되는가를 살펴보았지만, 이제는 잉여가치에서 자본이 어떻게 생성되는가를 살펴보자. 잉여가치를 자본으로 사용하는 것 또는 잉여가치가 다시 자본이 되는 것을 우리는 '자본의 축적'이라고 부른다.[338]

이 과정을 우선 개별 자본가의 입장에서 살펴보자. 예를 들어 어떤 방적업자가 10,000£의 자본을 투하했는데, 그 가운데 ⅘는 면화, 기계 등에, 나머지 ⅕은 임금에 투하했다고 하자. 그리고 그가 매년 12,000£의 가치를 지닌 240,000파운드의 실을 생산한다고 해보자. 잉여가치율이 100%

---

338) "자본의 축적, 즉 수입의 일부분을 자본으로 사용하는 것."(맬서스, 앞의 책, 11쪽) "수입의 자본화"(맬서스, 《정치경제학 원리》, 2판, 런던, 1836, 320쪽)

라면 잉여가치는 총생산물의 ⅛에 해당하는 40,000파운드의 실이라는 잉여생산물 또는 순생산물에 포함되어 있으며, 이것은 판매됨으로써 실현(현금화)될 2,000£의 가치를 가지고 있다. 2,000£의 가치액은 2,000£의 가치액일 뿐이다. 이 화폐의 냄새를 맡거나 쳐다본다고 해서 그것이 잉여가치라는 것을 알 수는 없다. 잉여가치로서의 어떤 성격은, 그것이 어떻게 자신의 소유자에게 도달했는지를 보여주지만, 그렇다고 해서 가치와 화폐의 본성에 변화가 일어나지는 않는다.

따라서 새로 추가된 금액 2,000£을 자본으로 바꾸기 위해서 방적업자는, 다른 조건이 그대로 유지된다면, 그 가운데 ⅘를 면화 등을 구입하는데, 그리고 나머지 ⅕을 새로운 방적노동자를 구입하는 데 투하할 것이다. 그리고 이들은 시장에서 방적업자가 그들에게 투하한 가치만큼에 해당하는 생활수단을 발견할 것이다. 그렇게 되면 새로운 자본 2,000£은 방적공장에서 제 역할을 다하여 400£의 잉여가치를 가져올 것이다.

자본가치는 최초에 화폐 형태로 투하되었다. 이에 반하여 잉여가치는 처음부터 총생산물 가운데 일정한 부분의 가치로서 존재한다. 이 총생산물이 판매되어 화폐로 바뀌면, 자본가치는 다시 그 최초의 형태를 취하지만 잉여가치는 그 최초의 존재방식을 바꾼다. 그러나 바로 이 순간부터 자본가치와 잉여가치 모두는 화폐액이며, 그것들의 자본으로의 회귀는 똑같은 방식으로 이루어진다. 자본가는 화폐로 변한 자본가치와 잉여가치를 상품을 구매하는 데 투자한다. 그리고 이 상품은 그로 하여금 자신의 제품을 다시 제조하는 것을, 더군다나 이번에는 확대된 규모에서 시작할 수 있게 해준다. 그러나 이 상품을 구매하기 위해 그는 그것을 시장에서 발견해야만 한다.

이 방적업자 자신의 실이 유통되는 까닭은 단지, 다른 모든 자본가들이 그러는 것처럼 그의 연간생산물을 시장에 내놓기 때문이다. 그러나 상품이 시장에 도달하기 전에 이 상품은 이미 연간생산기금에 존재하고 있다. 말하자면 이 상품은 개별 자본을 모두 합한 액수인 사회적 총자본이 일년 동안 변한 온갖 종류의 물건 총량에 이미 존재하고 있다. 그리고 각 개별 자본가는 이 총자본 가운데 자신의 자본이 차지하는 비중에 따른 부분만을 수중에 가지고 있다. 시장에서 진행되는 이 과정은 연간생산을 구성하는 개별 생산물의 판매만을 실현하며, 그것들의 소유자만 바꿀 뿐, 연간총생산을 증대시키거나 생산된 물건의 본성을 변화시킬 수는 없다. 따라서 연간총생산물이 어떻게 사용되는가는 연간총생산물의 구성에 달려있지 결코 유통에 달려 있지 않다.

우선 연간생산은 일 년 동안 소비된 자본의 물적 구성부분을 대체할 수 있는 모든 상품(사용가치)을 공급해야 한다. 이 부분을 제하면 잉여가치가 포함되어 있는 순생산물 또는 잉여생산물이 남는다. 그렇다면 이 잉여생산물은 무엇으로 이루어지는가? 자본가 계급의 욕망과 욕구를 충족시키는 물건, 즉 자본가계급의 소비기금으로 들어가는 물건으로 이루어진 것은 아닌가? 그것이 전부라면, 잉여가치는 하나도 남김없이 탕진되어 오로지 단순재생산만이 일어날 것이다.

축적하기 위해서는 잉여생산물의 일부분이 자본으로 변해야 한다. 이러한 기적을 행하지 않고서는 자본으로 변할 수 있는 물건이란 오직 노동과정에서 사용될 수 있는 물건인 생산수단과 노동자를 유지시킬 수 있는 물건인 생활수단뿐이다. 따라서 연간잉여노동 가운데 일부분은 투하된 자본을 대체하는 데 필요한 양을 넘어서 추가적으로 요구되는 생산수단과 생활수단의 생산에 사용되어야 한다. 잉여가치가 자본으로 변할 수 있는 까닭은 그 자체가 가치인 잉여생산물이 이미 새로운 자본을 구성하는 물적 요소들을 포함하기 때문이다.[339]

그런데 이 물적 구성요소들이 실제로 자본의 역할을 하기 위해서 자본가계급은 노동을 추가할 필요가 있다. 이미 고용된 노동자의 착취가 그 규모나 강도에서 증가될 수 없다면, 추가노동력이 고용되어야 한다. 이를 위해서 자본주의적 생산 메커니즘은 이미 손을 써 놓았다. 즉 이 메커니즘은 노동자계급을 임금에 의존하는 계급으로 재생산하는데, 이 계급의 통상 임금은 이 계급의 유지뿐만 아니라 증식까지 보장하기에 충분하기 때문이다. 상이한 연령층의 노동자계급이 자본에 제공하는 이 추가노동력을 자본은 그저 이미 연간생산에 포함되어 있는 생산수단에 합침으로써 잉여가치의 자본으로의 변화는 완성된다. 구체적으로 살펴보면, 축적은 점차 확대되면서 자본의 재생산으로 변한다. 즉, 단순재생산의 순환형태는 변화되어, 시스몽디의 표현에 따르면, 하나의 나선운동이 되어 버린다.[340]

---

339) 여기에서는 한 나라가 사치품을 생산수단이나 생활수단으로 교환하고 또 그 반대도 가능한 수출 거래는 고려하지 않는다. 혼란을 야기하는 부수적인 사정으로부터 자유로이 연구대상을 그 순수한 형태로 파악하기 위해 우리는 여기에서 상업세계 전체를 하나의 나라로 간주하며, 또 자본주의적 생산이 모든 곳에서 확립되어 있고 모든 산업 부문을 지배하고 있다고 가정해야 한다.

340) 축적에 대한 시스몽디의 분석은 그가 '수입의 자본화'라는 문구에 너무 만족한 나머지 이 과정의 물적 조건을 해명하지 않았다는 커다란 결함을 가지고 있다.

이제 우리의 예로 돌아가 보자. 이것은 아브라함이 이삭을 낳고 이삭은 야곱을 낳았다는 식의 옛날이야기이다. 10,000£의 최초의 자본은 자본화된 2,000£의 잉여가치를 낳았다. 2,000£의 새로운 자본은 400£의 잉여가치를 낳는다. 그리고 이것은 다시 자본화된다. 즉 두 번째 추가자본으로 변하여, 80£의 새로운 잉여가치를 낳는다. 등등.

여기에서는 잉여가치 가운데 자본가에 의해 탕진된 부분은 무시한다. 또한 추가자본이 최초의 자본에 가산되는지, 스스로 가치를 증식하기 위해 그것과 분리되는지, 추가자본을 축적한 자본가가 그것을 직접 이용하는지 또는 다른 자본가에게 넘어가는지는 당분간은 우리의 관심사가 아니다. 다만 우리가 잊지 말아야 할 것은, 새로 형성된 자본과 함께 최초의 자본도 계속 스스로를 재생산하고 잉여가치를 생산한다는 점, 모든 축적된 자본과 이 축적된 자본에 의해 만들어진 추가자본 역시 스스로를 재생산하고 잉여가치를 생산한다는 점이다.

최초의 자본은 10,000£의 투하에 의해 형성되었다. 이 10,000£의 소유자는 그것을 어디서 가지게 되었는가? '그 자신과 조상의 노동을 통해서이다!'라고 정치경제학의 대변자[341]들은 똑같은 대답을 하고 있다. 그리고 이러한 가정은 실제로도 상품생산의 법칙들과 일치하는 유일한 가정인 것처럼 보인다.

2,000£의 추가자본의 경우에는 사정이 전혀 다르다. 우리는 이 추가자본의 생성과정을 정확하게 알고 있다. 그것은 자본화된 잉여가치이다. 이 추가자본은 애당초 미지불된 다른 사람의 노동에서 나온 가치이다. 추

---

341) "최초의 노동, 이것 덕분에 그의 자본이 생겨났다."(시스몽디, 앞의 책, 파리, 1부, 109쪽)

가노동력이 합쳐지는 생산수단과 이 추가노동력을 부양하는 생활수단은, 자본가계급이 해마다 노동자계급에게서 빼앗은 공물인 잉여생산물을 구성하는 중요한 부분일 뿐이다. 자본가계급이 이 공물의 일부를 가지고 노동자계급으로부터 추가노동력을 사고자 한다면, 제값을 치러서 등가물과 등가물이 교환된다 하더라도, 이 방식은 피정복자로부터 약탈한 화폐로 그들의 상품을 사는 정복자의 낡은 방식에 불과할 뿐이다.

추가자본이 자신의 생산자를 고용한다면, 그 생산자는 우선 최초의 자본을 증식시키는 일을 계속해야 하며, 또한 자신이 이전에 행한 노동의 성과물을 그것을 생산하는 데 들었던 것보다 더 많은 노동을 가지고 다시 사들여야 한다. 이를 자본가계급과 노동자계급 사이의 거래로 살펴보면, 지금까지 고용되었던 노동자의 미지불노동으로 추가노동자가 고용되는 셈인데, 그렇다고 하더라도 문제의 본질은 전혀 변하지 않는다. 어쩌면 자본가는 이 추가자본의 생산자를 해고하고 몇 명의 아이들로 대체하는 한 대의 기계로 바꿀 수도 있다. 어떤 경우에든 노동자계급은 올해의 잉여노동으로 다음 해에 추가노동을 고용할 자본을 창조한 것이다.[342] 이것이 소위 자본으로 자본을 낳는다는 말이다.

첫 번째 추가자본 2,000£이 축적되기 위한 전제조건은 자본가에 의해 투하된, 자본가의 '최초의 노동'에 의해 그의 것이 된 10,000£의 가치액이다. 그런데 두 번째 추가자본 400£의 전제조건은 먼저 진행된 첫 번째 추가자본 2,000£의 축적이며, 두 번째 추가자본은 첫 번째 추가자본의 자

---

342) "노동은 자본이 노동을 사용하기 전에 자본을 창조한다." (웨이크필드(E. G. Wakefield), 《잉글랜드와 아메리카》, 런던, 1833, 2권, 110쪽)

본화된 잉여가치이다. 과거의 미지불된 노동의 소유가 이제는 살아있는 미지불노동을 점점 더 큰 규모로 취득하기 위한 유일한 조건으로 나타난다. 자본가가 노동을 더 많이 축적해 놓을수록, 그만큼 그는 더 많은 노동을 축적할 수 있다.

첫 번째 추가자본을 구성하는 잉여가치가 최초자본의 일부분으로 노동력을 매입한 결과였다면, 이 구매는 상품교환의 법칙과 일치했다. 그리고 법적으로 따져보아도 노동자의 편에서는 자신의 능력에 대한 자유로운 처분권 그리고 화폐소유자 또는 상품소유자의 편에서는 그에게 속한 가치에 대한 자유로운 처분권 말고는 다른 전제조건이 없는 매입의 결과이다. 그렇다면 두 번째 추가자본 등은 그저 첫 번째 추가자본의 결과일 뿐이며, 따라서 앞의 관계들의 결과일 뿐이다. 그리고 모든 개별 거래가 계속 상품교환의 법칙과 일치하여 자본가는 언제나 노동력을 매입하고 노동자는 언제나 노동력을 판매하며, 또한 노동력이 그 실제 가치로 판매된다고 가정해보자. 그렇다면 상품생산과 상품유통에 기반을 둔 취득의 법칙 또는 사적소유의 법칙은 분명히 그 자체에 내재하는 피할 수 없는 변증법에 의해 그 정반대의 대립물로 돌변한다. 최초의 과정으로 나타난 등가물 간의 교환은 완전히 뒤집어져, 겉으로는 교환되는 것처럼 보인다. 왜냐하면 첫째로 노동력과 교환되는 자본부분 자체가 등가물 없이 취득한 다른 사람의 노동생산물의 일부분이기 때문이며, 둘째로 이 자본부분은 그것의 생산자인 노동자에 의해 대체되어야 할 뿐만 아니라 새로운 잉여를 추가하면서 대체되어야 하기 때문이다. 따라서 자본가와 노동자 사이의 교환관계는 오로지 유통과정에만 속하는 겉모습을 가지게 되며, 내용 그 자체에 걸맞지 않고 그 내용을 기만하는 단순한 형식에 지나지 않게 된다. 노동력의 끊임없는 구매와 판매는 형식이다. 그 내용은 자본가가 등가물 없이 지속적으로 취득하는 이미 물질화된 다른 사람의 노동의 일부분을 살아 있는 다른 사람의 더 많은 양의 노동과 끊임없이 교환하는 데 있다. 맨 처음에 소유권은 그 소유자 자신의 노동에 기인하는 형태로 나타났다. 최소한 이 가정은 인정되어야 했다. 오직 동등한 권리를 가진 상품소유자들만이 서로 마주하며, 다른 사람의 상품을 소유하기 위한 방법은 오직 자신의 상품을 양도하는 것뿐인데, 이 상품은 오직 자신의 노동을 통해 생산될 수 있기 때문이다. 이제 소유는 자본가의 편에서는 타인의 미지불된 노동 또는 그의 생산물을 취득하는 권리인 것으로 보이며, 노동자의 편에서는 자기 자신의 생산물을 취득할 수 없는 것으로 보인다. 소유와 노동의 분리는 겉보기에는 소유와 노동이 동일함에서 출발한 것처럼 보이는 법칙의 필연적인 결과가 된다.[343]

따라서 자본주의적 취득 방식이 아무리 원래의 상품교환의 법칙을 손상하는 것처럼 보인다 하더라도, 이 취득방식은 이 법칙들을 침해하는 데서 기인하는 것이 아니라, 오히려 그것들을 적용한 결과이다. 그 종착점이 자본주의적 축적인 이 운동단계의 순서를 간단히 되돌아보기만 해도 이 사실은 다시 한번 분명해질 것이다.

맨 처음 우리는 어떤 가치액의 최초의 자본화는 전적으로 교환의 법

---

343) 타인의 노동생산물에 대한 자본가의 소유는 "취득의 법칙의 엄밀한 결과이지만, 그 기본원리는 오히려 자기 자신의 생산물에 대한 개별노동자의 배타적 소유권이었다."(셰르불리에(Cherbuliez), 《부유냐 빈곤이냐》, 파리, 1841, 58쪽) 그러나 이 저서에는 변증법적 운동이 올바르게 전개되지 않았다.

칙에 따라 수행된다는 것을 보았다. 한 계약 당사자는 자신의 노동력을 팔고, 다른 계약 당사자는 그것을 산다. 전자는 자신의 상품의 가치를 받는데, 그리하여 그의 상품의 사용가치인 노동을 후자에게 양도한다. 이제부터 후자는 이미 그의 소유인 생산수단을 역시 그에게 속한 노동의 도움을 받아 새로운 생산물로 변화시킨다. 그리고 이 생산물 역시 법적으로 그의 소유이다.

이 생산물의 가치는 우선 소모된 생산수단의 가치를 포함하고 있다. 유용노동은 이 생산수단의 가치를 새로운 생산물로 이전하지 않고서는 생산수단을 소모할 수 없다. 그런데 판매될 수 있기 위해서 노동력은 그것을 사용하는 산업 부문에 유용 노동을 제공할 수 있어야 한다.

더 나아가 새로운 생산물의 가치는 소모된 생산수단 이외에 노동력 가치의 등가물과 일정한 잉여가치를 포함하고 있다. 하루, 일주일 등 일정한 기간에 판매된 노동력은 이 기간 동안 이 노동력이 창조하는 가치보다 더 적은 가치를 가지고 있기 때문이다. 그러나 노동자는 -모든 매매에서 그러하듯이- 그의 노동력의 교환가치를 지불받았고 그와 동시에 사용가치를 양도했다.

노동력이라는 상품이 노동을 제공함으로써 가치를 창조한다는 독특한 사용가치를 가지고 있다고 해서, 상품생산의 일반법칙을 침해하지는 않는다. 따라서 임금에 투하된 가치액이 생산물에 그대로 발견되거나 설사 잉여가치의 일정만큼이 더 발견된다 하더라도, 이것은 자신의 상품 가치를 구매한 사람을 속여서가 아니라 오로지 구매자에 의한 이 상품의 소비에 그 원인이 있다.

교환의 법칙은 서로 넘겨주는 상품들의 교환가치가 같아야 한다는 것만을 요구한다. 더군다나 교환의 법칙은 처음부터 교환되는 상품들의 사용가치가 서로 다를 것을 요구하며, 거래가 완전히 끝난 후에야 비로소 시작되는 이들 사용가치의 소비와는 아무런 관계가 없다.

그러므로 화폐의 최초의 자본화는 상품생산의 경제적 법칙들과 그것에서 파생되는 소유권과 아주 정확하게 일치되어 수행된다. 그럼에도 이 변화는 다음과 같은 결과를 가져온다.

1. 생산물은 노동자가 아닌 자본가에게 속한다.
2. 이 생산물의 가치는 투하된 자본의 가치 이외에 잉여가치를 포함하는데, 이 잉여가치에는 노동자의 노동이 들어갔을망정 자본가의 것이라고는 아무것도 들어가지 않았음에도 자본가의 합법적인 소유물이 된다.
3. 노동자는 자신의 노동력을 계속 보유하고 있으며, 그가 구매자를 찾는다면 노동력을 다시 팔 수 있다.

단순재생산은 이러한 최초의 과정이 주기적으로 끊임없이 반복하면서 화폐가 자본으로 변하게 한다. 따라서 법칙이 침해되는 것이 아니라 오히려 계속 작동할 기회를 가질 뿐이다.

"잇달아 일어나는 수많은 교환행위는 최후의 교환행위가 최초의 교

환행위를 나타내고 있을 뿐이다."(시스몽디, 앞의 책, 70쪽)

그럼에도 단순재생산은 이 최초의 과정에 -그것이 고립된 과정으로 파악되는 한- 완전히 변화된 성격을 부여하기에 충분하다는 사실을 이미 보았다.

"국민소득의 분배에 참여하는 사람들 가운데 한 쪽(노동자)은 해마다 새로운 노동을 통해 그것에 참여할 권리를 획득하며, 다른 쪽(자본가)은 이미 이전에 최초의 노동을 통해 그것에 참여할 영구적인 권리를 획득했다."(시스몽디, 앞의 책, 110-111쪽)

잘 알려져 있듯이, 노동의 영역은 장자長子의 특권이 기적을 행하는 유일한 영역이 아니다.

단순재생산 대신에 '확대된 규모의 재생산'(이하 '확대재생산' -옮긴이), 즉 축적이 일어난다고 해도 상황은 전혀 변하지 않는다. 단순재생산의 경우 자본가는 잉여가치를 모두 탕진하지만, 확대재생산의 경우에는 잉여가치의 일부만을 소비하고 나머지는 화폐로 바꿈으로써 자신의 부르주아적 미덕을 증명한다.

잉여가치는 자본가의 소유물이며 결코 다른 사람에게 속한 적이 없었다. 자본가가 잉여가치를 생산을 위해 투하한다면, 그가 맨 처음 시장을 걸었던 바로 그날처럼 그는 자신의 기금으로 잉여가치를 투하한다. 이번에는 이 기금이 그의 노동자에 대한 미지불노동에서 나왔더라도 전혀 문제가 되지 않는다. 노동자 B가 노동자 A가 생산한 잉여가치로 고용되었다면, 첫째로 A는 자기 상품의 정당한 가격을 한 푼도 깎지 않고 다 받고 이 잉여가치를 제공했으며, 둘째로 이 거래는 B와 전혀 관계가 없다. B가 요구할 수 있는 권리는 자본가가 그에게 그의 노동력의 가치를 지불하는 것이다.

"여전히 쌍방 모두 이득을 보았다. 노동자가 이득을 본 까닭은 그의 노동이 실행되기 전에(그의 노동이 성과를 가져오기 전이라고 말해야 할 것이다) 그의 노동의 성과가 그에게 미리 지급되었기 때문이며(다른 노동자의 미지불된 노동이라고 말해야 할 것이다), 공장주가 이득을 본 까닭은 이 노동자의 노동이 그의 임금보다 더 가치가 있었기 때문이다.(그의 임금의 가치보다 더 많은 가치를 생산했기 때문이라고 말해야 할 것이다)"(시스몽디, 앞의 책, 135쪽)

물론 우리가 자본주의적 생산을 그것의 끊임없는 갱신의 흐름으로 살펴보고, 개별자본가와 개별노동자 대신에 그 전체로, 즉 자본가계급과 그에 대립하는 노동자계급을 주시한다면, 문제는 전혀 다르게 보인다. 그러나 그렇게 하면 우리는 상품생산에 전혀 익숙하지 않은 기준을 적용하게 될 것이다.

상품생산에서는 단지 서로 독립된 구매자와 판매자가 대립한다. 그들의 상호관계는 그들 사이에 체결된 계약의 만기일과 더불어 종결된다. 이 거래가 반복된다면, 그것은 이전의 계약과는 전혀 상관이 없는 새로운 계약의 결과이며, 이 계약에서 동일한 구매자가 동일한 판매자와 다시 관계를 맺는 것은 단지 우연에 불과하다.

그러므로 상품생산 또는 상품생산에 속하는 어떤 과정이 상품생산 자체의 경제적 법칙들에 따라 판단되어야 한다면, 우리는 모든 교환행위에 선행하거나 뒤따르는 교환행위와의 연관성을 따지지 말고 교환행위 자체만을 살펴보아야한다. 그리고 매매는 오로지 고립된 개인들 사이에 체결되기 때문에, 전체 사회계급 사이의 관계를 매매에서 찾는 것은 허용되지 않는다.

현재 기능하고 있는 자본이 계속 완수해 온 주기적인 재생산들과 그에 선행한 축적의 순번이 아무리 길다고 해도, 이 자본은 언제나 그 최초의 손대지 않은 상태를 그대로 유지하고 있다. 각 교환행위에서 -개별적으로 본- 교환의 법칙들이 지켜지는 한, 취득방식은 상품생산에 적합한 소유권을 전혀 건드리지 않고 완벽하게 변혁될 수 있다. 이 동일한 권리는, 생산물이 생산자에게 속하고, 등가물과 등가물이 교환되기에 생산자가 자신의 노동만을 통해 부유해질 수 있는 교환의 시초와 마찬가지로, 점점 더 많은 사회의 부가 끊임없이 다른 사람의 미지불노동을 새롭게 취득할 수 있는 사람의 소유가 되는 자본주의 시대에서도 여전히 효력을 가지고 있다.

이러한 결과는 노동력이 노동자 자신에 의해 상품으로 자유롭게 판매되자마자 불가피해진다. 그러나 바로 이때부터 비로소 상품생산은 일반화되며 전형적인 생산형태가 된다. 즉, 이때부터 비로소 모든 생산물은 애당초 판매를 위해 생산되며 모든 생산된 부는 '유통'이라는 과정을 통과한다. 임금노동이 상품생산의 토대가 되는 때에야 비로소 상품생산은 그 자체를 사회 전체에 강요한다. 그러나 또 그때에야 비로소 상품생산은 숨기고 있던 모든 힘을 발휘한다. 임금노동의 개입이 상품생산을 왜곡한다고 말하는 것은 상품생산이 순수하게 유지되려면 상품생산이 발전하지 말아야 한다고 말하는 것과 같다. 상품생산이 그 자체에 내재하는 법칙들에 의해 자본주의적 생산으로 성장하는 정도에 따라 상품생산의 소유법칙도 자본주의적 취득 법칙으로 변해간다.[344]

이미 앞에서 살펴 본 바와 같이, 단순재생산의 경우에조차 투하된 자본 전체는 그것이 최초에 어떻게 획득되었든 간에 축적된 자본, 즉 자본화된 잉여가치로 변한다. 그러나 생산의 홍수 속에서 최초에 투하된 자본 전체는 직접 축적된 자본, 즉 자본으로 다시 변한 잉여가치나 잉여생산물-그것을 축적한 사람의 수중에서 기능하든 다른 사람의 수중에서 기능하든 간에-과 비교하면 아주 적은 양(수학적 의미에서 무한소)에 불과하다. 이런 까닭에 정치경제학은 자본을 일반적으로 '잉여가치의 생산에 다시 사용되는 축적된 부'[345](변화된 잉여가치 또는 수입)로 표현하며, 또한 자본가를 '잉여생산물의 소유자'[346]로 표현한다. 현재 존재하고 있는 자본이 모두 축적된 이자 또는 자본화된 이자라는 표현에는 다만 똑같은 견해가 다른 형식으로 표현되고 있을 뿐이다. 이자는 잉여가치의 일부분에 불과하기 때문이다.[347]

---

344) 이런 까닭에 상품생산의 영원한 소유법칙을 자본주의적 소유에 대립시켜 유효하게 만듦으로써 자본주의적 소유를 철폐하려고 한 프루동의 교활함은 감탄할 만하다!

345) "자본은 이윤을 얻기 위해 사용되는 축적된 부이다."(맬서스, 앞의 책, 262쪽) "자본은… 수입 가운데 저축되어 이윤을 얻기 위해 사용되는 부로 이루어진다."(존스, 앞의 책, 16쪽)

346) "잉여생산물 또는 자본의 소유자들"(《국민의 곤궁의 근원과 구제책, 존 러셀 경에게 보내는 편지》, 런던, 1821, 4쪽)

347) "자본은 저축된 자본의 각 부분에 복리를 붙여 모든 것을 낚아채므로, 소득이 나오는 세계의 모든 부는 이미 오래 전에 자본에 대한 이자로 되어 있다."(런던, 《이코노미스트》, 1851년 7월 19일자)

2절
확대재생산에 관한 정치경제학상의 잘못된 견해

축적 또는 잉여가치의 재再자본화에 대한 보다 상세한 몇몇 규정들을 파악하기 전에, 고전파 경제학이 잘못 고안해 낸 하나의 애매한 점을 제거해야 한다.

자본가가 잉여가치의 일부분을 가지고 자신이 소비하려고 구매하는 상품이 그에게 생산수단과 가치증식 수단으로 사용되지 않는 것과 마찬가지로, 자본가가 그의 선천적인 욕망과 사회적인 욕망을 위해 구매한 노동은 생산적 노동이 아니다. 이러한 상품과 노동을 구매함으로써 자본가는 잉여가치를 자본으로 바꾸는 대신에 오히려 잉여가치를 수입으로 탕진하거나 지출한다. 헤겔이 올바르게 말하고 있는 것처럼, '수중에 가지고 있는 것을 몽땅 써버리는'(헤겔, 《법철학 기초, 자연법과 국가학 요강》, 베를린, 1840, 203절, 부록 편집자), 그리고 특히 사적으로 사람을 부리는 사치를 과시하고자 하는 옛 귀족들의 생활 태도에 대해 부르주아 경제학에 있어서 결정적으로 중요한 것은, 자본의 축적을 시민의 최우선 의무로 선포하고, 들어간 것보다 더 많은 것을 가져다주는 더 많은 생산적 노동자를 추가로 모집하는 데 수입의 상당 부분을 지출하는 대신에 모두 먹어 치운다면, 축적할 수 없다고 끈질기게 설교하는 것이다. 다른 한편 부르주아 경제학은 자본주의적 생산을 화폐 비축과 혼동하여[348] 축적된 부를 현존하는 부의 현물 형

---

348) "오늘날의 어떤 정치경제학자도 저축을 단지 화폐비축으로 이해하지는 않는다. 그리고 이 축약되고 불충분한 사용 방식을 무시한다면, 국부와 관련해서 이 저축이라는 용어가

태를 파괴하는 것, 곧 소비에서 제외된 부나 유통에서 구해 낸 부라고 잘못 믿고 있는 통속적인 편견을 논리적으로 반박해야만 했다. 화폐를 유통시키지 않고 보관하는 것은 자본으로서의 화폐의 가치증식과는 정반대이며, 재물을 모으는 의미에서의 상품축적은 그야말로 어리석은 짓일 뿐이다.[349] 상품이 대규모로 축적되는 것은 유통의 정체 또는 과잉생산의 결과이다.[350] 물론 사람들의 머릿속에는 이러한 대규모 상품축적이 한편으로 부자들의 소비기금으로 축적되어 점차로 모두 소비되어가는 재화, 다른 한편으로 모든 생산방식에 속한 현상인 재고의 형성이라는 생각이 떠오를 텐데, 이에 관해서는 유통과정에 대한 분석에서 잠시 언급할 것이다.

따라서 고전파 경제학이 비생산적 노동자 대신에 생산적 노동자에 의한 잉여가치의 소비를 축적과정을 특징짓는 계기로 강조한다면, 그것은 옳다. 그러나 고전파 경제학의 오류 또한 여기에서 시작된다. 아담 스미스는 축적을 단순히 생산적 노동자에 의한 잉여생산물의 소비로 설명하는 것, 또는 잉여가치의 자본화를 단순히 잉여가치를 노동력으로 바꾸는 것으로 설명하는 것을 유행시켰다. 예를 들어 리카도의 말을 들어보자.

"한 나라의 모든 생산물은 소비되는 것으로 이해해야 한다. 그러나

사용될 경우에는, 저축된 것이 그것에 의해 유지되는 서로 다른 종류의 노동 사이의 실제적 차이에 근거하여 서로 다르게 사용되는 용법 말고는 그 어떤 다른 용법도 떠올릴 수 없다."(맬서스, 앞의 책, 38-39쪽)

349) 모든 탐욕의 명암을 철저하게 연구했던 발자크(Balzac)가 그러했다. 발자크는 늙은 고리대금업자 고브세크가 축적된 상품으로 축재하기 시작했을 때 이미 그는 노망이 든 것으로 취급했다.

350) "자본의 축적 … 교환의 중지 … 과잉생산"(코베트, 앞의 책, 104쪽)

이 생산물이 어떤 다른 가치를 재생산하는 사람들에 의해 소비되느냐 또는 이 가치를 재생산하지 못하는 사람들에 의해 소비되느냐 하는 것은 우리가 생각할 수 있는 최대한의 차이를 가져온다. 수입이 절약되어 자본에 추가된다고 말한다면, 이것은 자본에 추가되는 수입의 일부분이 비생산적 노동자 대신에 생산적 노동자에 의해 소비된다는 것을 의미한다. 자본이 비非소비에 의해 증가한다고 가정하는 것보다 더 큰 오류는 없다."[351]

리카도와 그 이후의 고전파 경제학자들이 아담 스미스를 따라 무의미하게 되풀이하여 늘어놓는 다음과 같은 주장보다 더 큰 오류는 없다.

"수입 가운데 자본에 추가된다고 하는 부분은 생산적 노동자에 의해 소비된다."

이러한 생각에 따르면 자본으로 변하는 모든 잉여가치는 가변자본이 될 것이다. 그러나 오히려 잉여가치는 최초로 투하된 가치와 마찬가지로 불변자본과 가변자본, 즉 생산수단과 노동력으로 분할된다. 노동력은 가변자본이 생산과정 내에서 존재하는 형태이다. 이 생산과정에서 노동력 자체는 자본가에 의해 소비된다. 이 노동력은 그 활동인 노동을 통해 생산수단을 소비한다. 동시에 노동력을 구매하는 데 지불된 화폐는 생활수단으로 변하는데, 이 생활수단은 '생산적 노동'이 아니라 '생산적 노동자'에 의해 소비된다. 아담 스미스는 완전히 틀린 분석을 거쳐 다음과 같은 말도 안 되는 결론에 도달했다. 즉, 각 개별자본이 자본을 구성하는 불변부분과 가변

---

351) 리카도, 앞의 책, 163쪽의 주석.

부분으로 분할된다고 할지라도, 사회적 자본은 오직 가변자본으로만 변하거나 또는 오직 임금을 지불하는 데 지출된다. 예를 들어 어떤 직물공장주가 2,000£을 자본으로 바꾸었다고 해보자. 그는 이 화폐의 일부를 직공을 구매하는 데 지출하고 다른 부분은 털실, 모직물을 짜는 데 필요한 기계장치 등을 구입하는 데 지출한다. 그러나 이 직물공장주가 실과 기계장치를 구매한 사람은 그 대금의 일부를 다시 노동에 지불한다. 이와 같이 계속되면 결국 2,000£의 자본은 모두 가변자본으로만 지출되거나, 다른 말로 하면 2,000£을 나타내는 모든 생산물이 생산적 노동자에 의해 소비된다. 이러한 논증의 버팀목은 '이와 같이 계속되면'에 있는데, 이것은 우리를 이리저리 끌고 다니기만 한다. 사실 아담 스미스는 연구가 어려워지기 시작하는 바로 그 부분에서 연구를 중단한다.[352]

연간 총생산의 기금만을 주시한다면, 연간 재생산과정은 쉽게 이해될 수 있다. 그러나 연간생산을 구성하는 모든 부분들은 상품시장으로 보내져야 하며, 바로 여기에서 어려움이 시작된다. 개별자본과 개인 수입의 운동들이 서로 교차하고 뒤섞여 알아차릴 수 없게 위치를 변경 -사회적 부의 유통-하면서 사라지는데, 이러한 위치 변경은 판단력을 흩트려 매우 복잡한 연구 과제를 제공한다. 나는 2권의 3편에서 이에 대한 현실적인 관련성을 분석할 것이다. 중농주의자는 그들의 《경제표》에서 연간생산물을 그

---

352) 존 스튜어트 밀은 《논리학》의 저자임에도 불구하고 그 어느 곳에서도 선행자들의 분석상의 오류를 전혀 알아차리지 못하고 있다. 부르주아 시야의 전문가의 입장에서조차도 이러한 오류를 수정해달라고 소리치고 있음에도 그러하다. 그는 어디에서나 그의 스승들이 행한 사상적 혼란을 제자답게 그대로 따르고 있다. 그리고 "장기적으로 보면, 자본 자체는 모두 임금이 된다. 그리고 자본이 생산물의 판매를 통해 회수되더라도, 자본은 다시 임금이 된다."고 말하는 것도 그러하다.

것이 유통에서 나올 때의 모습으로 우리에게 보여주려고 한 것은 그들의 위대한 공헌이다. [353]

덧붙이자면, 정치경제학이 순생산물 가운데 자본으로 변한 모든 부분이 노동자계급에 의해 모두 소비된다는 아담 스미스의 명제를 자본가계급의 이익을 위해 이용하는 데 게으르지 않았다는 것은 당연한 일이다.

---

353) 아담 스미스는 재생산과정인 축적에 대한 설명에서도 그의 선행자들, 특히 중농주의자와 비교해서 많은 측면에서 전혀 앞으로 나아가지 못했을 뿐만 아니라, 오히려 확실하게 뒷걸음질쳤다. 본문에 언급된 그의 환상은 또한 그가 정치경제학에 남긴, 상품의 가격은 임금, 이윤(이자) 그리고 지대, 즉 임금과 잉여가치로만 구성되어 있다는 진짜 말도 안 되는 도그마와 관련되어 있다. 이러한 도그마에서 출발했지만 스트로흐(Stroch)는 그나마 순진하게도 다음과 같은 사실을 인정하고 있다. 즉, "필요가격을 그 가장 단순한 요소들로 분해하는 것은 불가능하다."(스트로흐, 앞의 책, 페테스부르크, 1815년 판, 2권, 141쪽, 주석) 상품가격을 그 가장 단순한 요소들로 분해하는 것이 불가능하다고 선언하다니 이 얼마나 훌륭한 경제학인가! 이에 관해서는 2권의 3편과 3권의 7편에서 상세하게 논할 것이다.

3절
잉여가치의 자본과 수입으로의 분할
-금욕설

앞의 장에서 우리는 잉여가치 또는 잉여생산물을 자본가의 개인적 소비기금으로만 간주했으며, 이 장에서는 지금까지는 축적기금으로만 간주했다. 그러나 잉여가치는 전자만도 아니고 후자만도 아니며, 자본가의 개인적 소비기금이며 축적기금이다. 잉여가치 가운데 일부분은 자본가에 의해 수입으로 소비되며[354] 다른 부분은 자본으로 사용된다. 즉 축적된다.

잉여가치의 양이 일정하게 주어진 경우에는 이 두 부분 가운데 한 부분이 적으면 적을수록, 다른 부분은 그만큼 더 커진다. 다른 모든 조건들이 그대로 유지된다면, 이러한 분할이 이루어지는 비율이 축적의 크기를 결정한다. 그런데 이러한 분할을 정하는 사람은 잉여가치의 소유자인 자본가이다. 따라서 자본가는 자기 맘대로 분할한다. 그가 거두어들인 공물 가운데 그가 축적하는 부분에 대해 사람들은 그가 절약한다고 말한다. 그가 그것을 다 먹어치우지 않았기 때문이다. 말하자면 그가 자본가로서의 그의 기능, 즉 자신을 부자로 만드는 기능을 했기 때문이라고 말한다.

---

354) 수입이라는 말은 두 가지 의미로 사용되고 있음을 독자는 알게 될 것이다. 즉, 첫째로 자본에서 주기적으로 발생하는 수익으로서의 잉여가치를 가리키며, 둘째로 이러한 수익 가운데 자본가에 의해 주기적으로 소비되거나 그의 소비기금에 추가되는 부분을 가리킨다. 나도 이 두 가지 의미를 계속 사용할 것이다. 이러한 두 가지 의미가 잉글랜드와 프랑스의 경제학자들이 사용하는 용어법과 일치하기 때문이다.

자본가는 인격화된 자본인 한해서만 역사적 가치를 가지며, 존재했던 당시의 역사적 생존권, 즉 재치 넘치는 리히노프스키(Lichnowski)가 말한 것처럼, 날짜가 정해진 생존권을 갖는다. 그리고 이런 한해서만 자본가 자신의 일시적 운명은 자본주의적 생산방식의 일시적 운명에 포함되어 있다. 그러나 자본가가 인격화된 자본인 한, 자본가를 활동하게 하는 동기는 사용가치와 향락이 아닌 교환가치와 그 증식이다. 가치증식의 광신자로서 자본가는 앞뒤를 가리지 않고 인류를 생산을 위한 생산으로 내몰아, 모든 개인들의 완전하고 자유로운 발전을 그 기본원칙으로 하는 더 높은 사회 형태의 유일한 토대를 형성할 수 있는 사회적 생산력과 물적 생산조건을 창출하게 한다. 자본이 인격화된 존재일 때만이 자본가는 존경을 받을 가치가 있다. 인격화된 자본으로서 자본가는 화폐비축자와 절대적인 치부욕을 함께 한다. 그러나 화폐비축자의 경우에는 이러한 치부욕이 개인적 광기로 나타나는 반면에, 자본가의 경우에는 자본가가 하나의 바퀴에 지나지 않는 사회적 기계장치의 작용으로 나타난다. 게다가 자본주의적 생산의 발전은 어쩔 수 없이 하나의 산업기업에 투하되는 자본을 계속 증가시키며, 또한 경쟁이 각 개별자본가에게 자본주의적 생산에 내재하는 법칙들을 외적 강제법칙으로 따르지 않을 수 없게 한다. 경쟁은 자본가로 하여금 그의 자본을 유지하기 위해 그것을 끊임없이 확대할 수밖에 없게 만들며, 자본가는 오로지 점진적인 축적을 통해서만 자본을 확대할 수 있다.

따라서 자본가의 행동거지가 그에게 의지와 의식을 부여한 자본의 기능에 지나지 않는 한, 그의 사적 소비는 그에게 자신의 자본의 축적에 대한 약탈로 간주되는데, 이는 마치 이탈리아식 부기에서 사적 지출이 자본가의 차변(자본의 감소를 나타내는 -옮긴이)에 기입되는 것과 같다. 축적은

사회적 부의 세계를 정복한다. 축적은 착취당하는 인간재료의 양을 확대함
으로써 동시에 자본가의 직접적이고 간접적인 지배를 확대한다.[355]

그러나 원죄는 어느 곳에서나 영향을 미치고 있다. 자본주의적 생산

---

355) 루터는 늘 새로워지기는 하지만 자본가의 낡은 형태인 고리대금업자의 경우에서 지
배욕이 치부욕의 한 요소라는 것을 매우 잘 설명하고 있다. "이교도는 고리대금업자가 철
두철미한 도적이며 살인자라는 것을 이성적으로 판단할 수 있었다. 그러나 우리 그리스도
교인들은 그들이 가지고 있는 돈 때문에 그들을 숭배하는 것을 영광으로까지 여기고 있다.
… 어떤 사람에게서 먹을 것을 빼앗고, 강탈하고, 훔치는 사람은 어떤 사람을 굶겨 죽이거
나 파멸로 몰아가는 것과 똑같은 큰 살인(누군가 할 수 있는 만큼)을 하는 것이나 마찬가지
다. 그러나 이러한 죄를 짓고도 고리대금업자는 의자에 편하게 앉아있다. 그러나 그를 그
의 죗값으로 교수대에 매달아, 그가 훔친 금화와 같은 수의 까마귀들이 그를 먹어치우도
록, 그만큼 많은 까마귀들이 그의 몸에 붙어 있는 살을 찢어 나눌 수 있도록 해야만 한다.
그런데 사람들은 좀도둑들의 목을 매단다. … 좀도둑들은 족쇄를 차고, 큰 도둑놈들은 황
금과 비단으로 치장하고 길거리를 활보하고 있다. … 그러므로 이 세상에 (악마 다음으로)
수전노와 고리대금업자보다 더 큰 인류의 적은 없다. 그들은 모든 사람들을 지배하는 신이
되려 하기 때문이다. 터키인, 전사 그리고 폭군도 악한 사람들이지만, 그들은 사람들을 살
려두지 않을 수 없으며, 자신들이 악인이며 적이라는 것을 스스로 인정할 수밖에 없다. 그
리고 때때로 몇몇 사람들을 불쌍히 여길 수 있으며, 또 그렇게 할 수밖에 없다. 그러나 온
세상을 굶주림과 목마름, 슬픔과 가난의 나락에 빠트려야만 하는 고리대금업자와 수전노
는 모든 것을 혼자 독차지하려고 하며, 모든 사람들이 신의 은총을 받듯이 그의 혜택을 받
아 영원히 자신의 노예가 되길 바란다. 헐렁한 옷을 걸치고, 황금 목걸이와 팔찌를 차고 반
지를 끼고, 입맛을 다시면서, 그는 고귀하고 경건한 사람으로 봐주기를 바라며 또한 존경
받기를 바란다. … 고리대금업자는 늑대와 같이 모든 것을 파괴하는 거대하고 무서운 괴물
로, 카쿠스(Cacus), 게리온(Gerion) 그리고 안티우스(Antus)도 그에게 대항하지 못한다.
잘 치장하고 경건한 척 하기 때문에 사람들은 그가 뒷걸음질로 자신의 동굴로 끌어들인 황
소들이 어디로 갔는지 알아차리지 못한다. 그러나 헤라클레스가 황소들과 붙잡힌 사람들
의 울부짖음을 듣고 절벽과 바위 가운데서 카쿠스를 찾아내어 황소들을 악당으로부터 다
시 풀어주고 말 것이다. 사실 카쿠스는 경건한 고리대금업자로서 모든 것을 도둑질하고 강
탈하고 모든 것을 먹어치우는 악당이다. 그러고도 그는 자신이 나쁜 짓을 하지 않은 체하
며 누구도 황소를 찾아내지 못할 것이라고 생각한다. 뒷걸음질로 자신의 동굴로 끌어 들인
황소들이 그 발자국을 보면 밖으로 내보낸 것처럼 보이기 때문이다. 이와 같이 고리대금업
자는 그가 세상에 이익이 되며 황소를 주는 것처럼 세상을 속이려 하지만, 그는 황소를 가
로채어 혼자서 다 먹어치우는 것이다. … 그리고 사람들이 노상강도, 살인자 그리고 강도
를 찢어죽이거나 목을 베듯이, 아니 그 이상으로 고리대금업자들을 모조리 찢어 죽여야 하
며 … 추방하고 저주하고 목을 베어야 한다."(마르틴 루터, 앞의 책, 19, 40-42쪽)

방식, 축적 그리고 부가 발전함에 따라 자본가는 더이상 자본의 단순한 화신이 아니다. 그는 자신의 아담(원죄)에게 '인간적으로 감동'하게 되며, 금욕에 열중하는 일을 시대에 뒤떨어진 화폐비축자의 편견이라고 비웃는다. 고전적인 자본가는 개인소비를 그의 직분에 어긋나는 죄악이며 축적의 '절제'라는 낙인을 찍지만, 근대화된 자본가는 축적을 자신이 즐기려는 충동을 '포기하는 것'으로 이해할 수 있게 된다. "아아! 그의 가슴에는 두 가지 마음이 깃들어 있구나, 그런데 그들은 서로 헤어지려고 하는구나!"

자본주의적 생산방식의 역사적인 초창기에는 -각 벼락부자인 개별자본가는 이러한 역사적 단계를 각자의 방식으로 통과한다- 오로지 부자가 되려는 욕망과 탐욕이 절대적인 열정으로 우세했다. 그러나 자본주의적 생산의 발전은 향락의 세계만을 창조하는 데 그치지 않는다. 그것은 투기와 신용제도를 통해 벼락부자가 될 수 있는 수많은 원천을 만들어낸다. 일정한 발전 수준에 도달하면, 부의 과시인 동시에 신용의 수단인 관례적인 정도의 낭비를 '불행한' 자본가는 사업상 피할 수 없게 된다. 사치는 자본의 교제비에 포함된다. 더욱이 자본가는 화폐비축자처럼 자신의 노동이나 절약에 비례해 부유해지는 것이 아니라, 그가 다른 사람의 노동력을 얼마나 빨아내느냐 그리고 노동자에게 얼마나 그의 삶의 즐거움을 포기하게 만드느냐에 따라 부유해진다. 따라서 자본가의 낭비는 결코 방탕한 봉건영주가 선의로 행하는 낭비의 성격을 가지고 있지 않지만, 오히려 그 배후에는 언제나 가장 불순한 탐욕과 세심한 타산이 숨어 있으며, 그럼에도 그의 낭비는 축적과 더불어 증가하며, 낭비가 축적을 방해하지도 않으며 축적이 낭비를 방해하지도 않는다. 그 때문에 자본가 개인의 교만한 가슴속에는 축적하려는 충동과 즐기려는 충동 사이의 파우스트적 갈등이 전개된다.

에이킨Aikin 박사가 1795년 출간한 어떤 저서에는 다음과 같이 쓰여 있다.

"맨체스터의 공업은 네 시기로 구분할 수 있다. 그 첫 번째 시기에 공장주들은 자신들의 생계를 위해 힘든 일을 하지 않을 수 없었다."

그들은 특히 그들에게 자식을 도제로 맡기면서도 상당한 대가를 지불해야만 했던 부모들을 등쳐먹음으로써 부유해진 반면에 도제들은 거의 굶어 죽을 지경이었다. 다른 한편 평균 이윤은 낮았으며, 따라서 축적은 엄청난 절약을 요구했다. 맨체스터 공장주들은 화폐비축자처럼 살았으며, 더욱이 그들의 자본에 대한 이자를 탕진하는 일은 없었다.

"두 번째 시기에 맨체스터의 공장주들은 재산을 약간이나마 벌어들이기 시작했지만, 이전과 마찬가지로 여전히 힘들게 일했다." 노예감시자 모두가 다 알고 있듯이, 노동을 직접 착취하는 데 노동이 들기 때문이다. "그리고 그들은 여전히 검소하게 살았다. … 세 번째 시기에 사치가 시작되었으며, 사업은 왕국의 모든 상업도시로부터 주문을 받기 위해 말 탄 사람들을 파견함으로써 확장되었다. 1696년 이전에는 공업에서 벌어들인 자본이 3,000£에서 4,000£에 달한 적은 전혀 없거나 거의 존재하지 않았던 것 같다. 그러나 이 무렵이나 좀 더 후에 제조업자들은 이미 화폐를 축적했으며, 목조가옥이나 토담집 대신에 석조주택을 짓기 시작했다. … 18세기가 시작되고 수십 년 동안 1파인트(약 0.568 리터)의 외국산 포도주를 손님들에게 대접한 맨체스터의 한 공장주는 이웃사람들의 비난과 빈축을 샀다."

기계장치가 나타나기 전에 공장주들이 만나는 술집에서 하룻저녁 소비량은 6펜스짜리 펀치 한 잔과 1펜스짜리 담배 1개비를 결코 넘지 않았다. 1758년에야 비로소 획기적인 일로, "진짜로 사업을 하는 사람"이 한 명 나타났다! 18세기의 마지막 ⅓에 해당하는 기간인 "네 번째 시기는 사업의 확장에 따른 사치와 낭비의 시기이다."[356] 이 선량한 에이킨이 오늘날 맨체스터에서 다시 살아난다면 무엇이라고 말할 것인가!

축적하라, 축적하라! 이것이 모세와 예언자들의 말이다! "근면은 재료를 제공하고 절약은 그것을 축적한다."[357] 따라서 절약하라, 절약하라! 즉 잉여가치와 잉여생산물 가운데 가능한 많은 부분을 자본으로 다시 변화시켜라! 축적을 위한 축적, 생산을 위한 생산이라는 이 짧은 문구에서 고전파 경제학은 부르주아 시대의 역사적 사명을 말했다. 고전파 경제학은 부를 낳는 고통[358]에 대해서는 한 순간도 잘못 생각하지 않았지만, 역사적 운명에 대해 한탄한들 무슨 소용이 있겠는가? 고전파 경제학이 프롤레타리아를 잉여가치의 생산을 위한 기계로만 간주했다면, 자본가 역시 이러한 잉여가치를 추가가본으로 변화시키는 기계로서만 간주한 것이다. 고전파 경제학은 자본가의 역사적 기능을 매우 진지하게 받아들인다. 즐기려는 충동과 부자가 되려는 충동 사이의 숙명적인 갈등으로부터 자본가의 가슴을 보

---

356) 에이킨 박사, 《맨체스터 주변 30-40마일에 있는 지방에 관한 묘사》, 런던, 1975, 181쪽, 182쪽 이하, 188쪽.

357) 아담 스미스, 앞의 책, 2권, 3장, 367쪽.

358) 세(J. B. Say)조차 다음과 같이 말하고 있다. "부자들의 절약은 가난한 사람들의 희생으로 이루어진다." "로마의 프롤레타리아는 거의 전적으로 사회의 희생으로 생존했다. … 근대 사회는 프롤레타리아의 노동에 대한 보수 가운에 일부를 빼앗아, 즉 프롤레타리아의 희생으로 살아간다고 말할 수도 있다."(시스몽디, 앞의 책, 1권, 24쪽)

호하기 위해 맬서스는 1820년 초반에, 실제로 생산에 종사하는 자본가에 게는 축적하는 일을 담당하게 하고, 잉여가치의 분배에 참여하는 사람들인 토지귀족, 국가나 교회의 녹봉을 받는 관리나 성직자에게는 낭비하는 일 을 맡기는 분업을 옹호했다. 맬서스는 "소비에 대한 열정과 축적에 대한 열 정을 분리하는 것"[359]이 매우 중요하다고 말했다. 오래 전부터 방탕한 생활 과 사교계를 오가던 자본가 양반들은 고함을 쳤다. 그들의 대변인인 한 리 카도주의자는, 맬서스가 높은 지대와 높은 세금 등을 설교하는 이유는 비 생산적인 소비자를 통해 산업가들에게 끊임없는 자극을 주기 위해서이다! 라고 외쳤다. 물론 생산, 언제나 확대된 규모로의 생산, 이것이 표어이다. 그러나,

"생산은 이러한 과정에 의해 촉진되기 보다는 오히려 훨씬 더 방해받 는다. 또한 어떤 일을 시킬 수 있다면 그 성격으로 보아 그 역할을 성공적 으로 해낼 수 있는 상당수의 사람들을 단지 다른 사람들을 강요하기 위해 놀고먹게 하는 것은 전혀 공정한 일이 아니다."[360]

따라서 이 리카도주의자는 산업자본가에게 가장 중요한 것을 가로챔 으로써 그를 축적하도록 자극하는 것은 불공정하다고 생각하면서도, '노동 자를 근면하게 만들어두기 위해서는' 가능한 한 노동자의 임금을 최저치로 제한하는 것은 필요하다고 생각한다. 또한 그는 이윤을 만드는 비밀이 미 지불노동의 취득에 있다는 주장을 한순간도 감추지 않는다.

---

359) 맬서스, 앞의 책, 319-320쪽.
360) 《수요의 성질 등에 관한 원리연구》, 67쪽.

"노동자 편에서의 증가된 수요는 단지 그들 자신의 생산물 가운데 더 적은 부분을 그들이 차지하고 더 큰 부분을 그들의 사용자에게 넘겨주려는 노동자의 의향을 의미할 뿐이다. 그리고 이러한 사실이 (노동자들의) 소비의 감소에 의해 '과잉(시장에서의 공급과잉, 과잉생산)'을 가져온다고 말한다면, 과잉은 높은 이윤과 동의어라고 대답할 수 있을 뿐이다."[361]

노동자에게서 홀랑 털어낸 보따리를 산업자본가와 놀고먹는 지주 사이에 어떻게 분배해야 축적에 유리하겠는가에 대한 현학적인 논쟁은 7월 혁명으로 인해 잠잠해졌다. 그 뒤 얼마 안 가서 도시 프롤레타리아트가 리옹에서 경종을 울렸으며 잉글랜드에서는 농촌 프롤레타리아트가 커다란 불을 지폈다. 해협의 이쪽에서는 오언주의가 저쪽에서는 생시몽주의와 푸리에주의가 널리 퍼졌다. 통속경제학의 마지막 시간이 도래했다. 맨체스터에서 시니어가 자본의 이윤(이자를 포함)이 지불되지 않은 '12노동시간의 마지막 1시간'의 산물이라는 것을 발견하기 바로 1년 전에, 그는 또 다른 발견을 세상에 알렸다. 시니어는 "나는 생산도구로 간주되는 자본이라는 용어를 금욕(절제)이라는 용어로 바꾼다."[362]라고 힘주어 말했다. 이것이

---

361) 같은 책, 59쪽.

362) 시니어, 《정치경제학의 근본원리》, 아리바베느(Arrivabene) 옮김, 파리, 1836, 309쪽. 이것은 초기 고전학파를 지지하는 사람들에게는 너무 어리석은 짓이었다. "시니어라는 양반은 노동과 자본이라는 표현을 노동과 금욕이라는 표현으로 바꾸어버렸다. … 금욕은 단순한 부정이다. 이윤의 원천을 이루는 것은 금욕이 아니라 생산적으로 활용되는 자본의 사용이다."(존 카제노브, 앞의 책, 130쪽의 주석) 이에 반하여 존 스튜어트 밀은 한편으로 리카도의 이윤 이론을 발췌했으며, 다른 한편으로 시니어의 "금욕 보상설"을 이에 첨가했다. 밀에게 모든 변증법의 원천인 헤겔의 '모순'은 낯설었지만, 진부한 모순은 그에게 친숙했다. 2판에 추가. 통속경제학자는 인간의 모든 행위는 그와 반대되는 행위를 '포기'하는 것으로 파악될 수 있다는 단순한 반성조차 해 본 적이 없다. 식사는 단식을 포기하는 것이고,

통속경제학의 '발견'의 더할 나위 없는 표본이다! 통속경제학은 경제학적 범주를 아첨꾼의 상투어로 바꾸어 놓는다, 그것이 전부이다. 시니어는 "미개인이 활을 제조하면 그는 부지런하게 일을 하는 것이지 욕망을 포기하는 것이 아니다."라고 강의한다. 이것이 우리에게 이전의 사회 상태에서 노동수단이 왜 그리고 어떻게 자본가의 '금욕 없이' 만들어졌는가를 설명한다. "사회가 진보하면 할수록, 그 사회는 더 많은 금욕을 요구한다."[363] 즉, 남의 부지런함과 그의 생산물을 취득하는 일을 하는 사람들의 금욕을 요구한다. 그때부터 노동과정의 모든 조건 하나하나는 자본가가 실천하는 수만큼의 금욕으로 변한다. 곡식을 먹지 않고 씨앗으로 뿌리는 것은 자본가의 금욕이다! 포도주를 발효하기 위해 정해진 시간을 보존하는 것도 자본가의 금욕이다![364] 자본가가 "생산도구를 노동자에게 빌려준다면", 다시 말해 증기기관, 면화, 철도, 비료, 마차를 끄는 말 등을 다 먹어치우지 않고, 또는 통속경제학자가 천진난만하게 생각한 것처럼, '그것들의 가치를' 사치품이나 다른 소비수단으로 탕진해버리지 않고, 노동력에 합체하여 자본으로서 가치를 증식한다면, 자본가는 자신의 욕망Adam을 포기한 것이다.[365] 자본가계

가는 것은 서 있는 것을 포기하는 것이며, 노동은 노는 것을 포기하는 것이다. … 통속경제학자 양반들은 '규정은 부정이다'라는 스피노자의 명제에 대해 한번쯤은 생각해 보면 바람직할 듯하다.

363) 시니어, 같은 책, 342쪽.

364) "그 어떤 사람도 … 추가적인 가치를 얻는 것을 기대하지 않는다면 … 밀이나 포도주 또는 이에 맞먹는 물건을 즉시 소비하지 않고, 예컨대 밀은 씨로 뿌려 1년 동안 토지에 놓아두고, 포도주는 몇 년 동안 지하실에 내버려두지 않을 것이다."(스크로프, 《정치경제학》, 포터 엮음, 뉴욕, 1841, 133쪽)

365) "자본가가 자신의 생산수단을 유용한 물건이나 사치품으로 바꾸어 그 가치를 자신의 소비에 바치는 대신에 노동자에게 빌려줌으로써(이 완곡한 표현은 통속경제학의 상투적인 방식에 따라 산업자본가에 의해 착취당하는 임금노동자들을 대부 자본가로부터 돈을 빌리는 산업자본가 자신들과 동일시하기 위해 사용하고 있다!) 자본가가 행하는 절제."(드 몰리나리(G. de Molinari), 앞의 책, 36쪽)

급이 어떻게 욕망을 포기해야만 하는지는 지금까지 통속경제학이 굳게 지켜온 비밀이다. 아무튼 세상은 아직도 힌두의 신 비쉬누Wischnu 앞에서 해탈하기 위해 고행하는 오늘날의 속죄자인 자본가 덕분으로 살아가고 있다. 축적뿐만 아니라, 단순히 "자본을 유지하는 것조차도 그것을 다 먹어 치우려는 유혹에 사력을 다해 끊임없이 저항해야만 한다."[366] 따라서 인류에 대한 소박한 사랑도, 조지아 주州의 노예소유주가 최근의 노예제 폐지에 의해 흑인노예에게서 채찍으로 짜낸 잉여생산물을 모두 샴페인으로 탕진하느냐 아니면 더 많은 흑인과 토지로 다시 바꾸느냐에 대한 고통스러운 딜레마로부터 해방된 것과 똑같은 방식으로 자본가를 순교와 유혹으로부터 구할 것을 분명하게 요구하고 있다.

매우 상이한 경제적 사회구성체에서도 단순재생산뿐만 아니라, 그 규모는 다르지만, 확대재생산이 이루어진다. 점차로 더 많이 생산되고 더 많이 소비된다. 따라서 더 많은 생산물이 생산수단으로 변한다. 그러나 이 과정은, 노동자의 생산수단을, 따라서 그의 생산물과 그의 생활수단이 아직 자본의 형태로 노동자와 대립하지 않는 한 자본의 축적으로 나타나지 않으며, 따라서 자본가의 기능으로 나타나지 않는다.[367] 맬서스의 후임으로 하일리베리Haileybury에 있는 동인도대학의 정치경제학 교수직을 맡았으며,

---

366) "La conservation d'un capital exige ⋯ un effort ⋯ constant pour résister à la tentation de le consommer." (쿠르셀-스누유, 앞의 책, 20쪽)

367) "국민자본의 진보에 가장 많이 이바지하는 특수한 부류의 소득은 그 발전의 상이한 단계마다 변한다. 따라서 이 발전에서 상이한 위치들을 차지하고 있는 국민들의 경우에는 완전히 다르다. ⋯ 이윤은 ⋯ 사회의 초기단계에서는 임금과 지대에 비해 그다지 중요하지 않은 축적의 원천이다. ⋯ 국가 차원에서 공업이 차지하는 힘이 실제로 상당히 증가하면, 이윤은 축적의 원천으로서 임금과 지대에 비해 더 큰 중요성을 획득한다."(리처드 존스, 앞의 책, 16, 21쪽)

몇 해 전에 세상을 떠난 리처드 존스는 두 가지 중요한 사실을 들어서 이 점을 잘 설명하고 있다. 인도 인민들 가운데 자영농이 가장 많은 수를 차지하기 때문에, 그들의 생산물, 노동수단과 생활수단은 결코 "다른 사람의 수입에서 절약된 기금형태, 따라서 축적의 선행과정을 거친 기금형태"로 존재하지 않는다.[368] 다른 한편으로, 잉글랜드의 지배가 낡은 제도를 가장 적게 없앤 지방에서 비농업 노동자는 농업에서 생산된 잉여생산물의 일부가 공물이나 지대의 형태로 흘러들어가는 대영주들에 의해 직접 고용된다. 이 생산물 가운데 일부는 현물형태로 대영주들에 의해 소비되며, 다른 부분은 노동자에 의해 사치품이나 기타 소비수단으로 변하며, 나머지 부분은 노동도구의 소유자인 노동자들의 임금을 형성한다. 이곳에서의 생산과 확대재생산은 저 유별난 성인, 저 슬픔에 잠긴 모습을 한 기사, 즉 '절제하는' 자본가의 그 어떤 간섭도 없이 진행된다.

---

368) 같은 책, 36쪽 이하. 4판의 주석. 이 문장은 찾을 수가 없다. 맑스의 실수임이 분명하다. -프리드리히 엥엘스.

4절
잉여가치가 자본과 수입으로 분할되는 비율과 상관없이
축적의 규모를 결정하는 요인들:
노동력의 착취도, 노동생산력, 사용되는 자본과 소비되는 자본 사이의
차액의 증가, 투하 자본의 크기

잉여가치가 자본과 수입으로 분할되는 비율이 일정하다고 가정하면, 축적된 자본의 크기는 분명히 잉여가치의 절대적 크기에 따라 정해진다. 잉여가치 가운데 80%가 자본화되고 20%는 다 먹어치워진다고 가정하면, 총잉여가치가 3,000£에 달하느냐 1,500£에 달하느냐에 따라 축적된 자본은 2,400£이나 1,200£이 될 것이다. 따라서 축적의 크기를 결정하는 데 있어서 잉여가치의 양을 결정하는 모든 요인들이 함께 작용한다. 여기에서는 이 요인들이 축적과 관련된 새로운 관점을 제공하는 한에서만, 그것들을 하나로 묶어서 다시 한번 다루겠다.

잉여가치율은 무엇보다도 노동력의 착취도에 달려있다는 사실을 우리는 기억하고 있다. 정치경제학은 이러한 역할을 지나치게 높게 평가하여 때로는 노동생산력의 증가에 따른 축적의 촉진을, 노동자에 대한 강화된 착취로 인한 축적의 촉진과 동일시한다.[369] 잉여가치의 생산에 관한 편篇에

---

369) "리카도는 사회의 다양한 단계에서는 노동을 사용하는 수단(즉 착취하는)인 자본이 축적되는 속도가 서로 달라 그 어떤 경우에도 노동생산력에 의존할 수밖에 없으며, 노동생산력은 일반적으로 비옥한 토지가 충분히 존재하는 곳에서 가장 크다고 말하고 있다. 이 문장에서 노동생산력이란 말이 각 생산물 가운데 그것을 생산한 육체 노동자에게 돌아가는 부분이 적다는 것을 의미한다면 이 문장은 같은 의미의 반복이다. 소유자가 원한다면

서 임금은 적어도 노동력의 가치와 같다고 계속 가정했다. 그러나 실제운
동에서는 노동력의 가치 이하로의 임금의 강제적인 인하가 너무나 중요한
역할을 하기 때문에, 이 문제를 시간을 가지고 살펴보겠다. 이러한 강제적
인 임금 인하는 사실상 노동자의 필요소비기금을 자본의 축적기금으로 바
꾸어 버린다. 존 스튜어트 밀은 다음과 같이 말하고 있다.

"임금은 아무런 생산력을 가지고 있지 않다. 임금은 어떤 생산력의
가격이다. 임금은 노동 자체와 더불어 상품생산에 기여하지 않는다. 이것
은 기계장치의 가격이 기계장치 자체와 더불어 생산에 참여하지 않는 것과
같다. 노동을 구매하지 않고 획득한다면, 임금은 필요하지 않을 것이다."[370]

노동자들이 공기만 먹고 살 수 있다면, 그 어떤 가격으로도 그들을 구
매할 수 없다. 따라서 노동자들에게 비용이 들지 않는다는 것은 수학적 의
미에서는 끊임없이 접근할 수 있으나 도달할 수 없는 하나의 한계치이다.
노동자들을 이러한 허무적인 위치로까지 끌어내리려는 것이 자본의 끊임
없는 의도이다. 내가 자주 인용하고 있는 18세기의 저술가인《상공업에 관
한 에세이》의 저자는 잉글랜드 임금을 프랑스와 홀란드의 수준까지 떨어
뜨리는 것이 잉글랜드의 역사적 사명이라고 말하고 있는데, 이는 그저 잉
글랜드 자본의 마음 한구석에 있는 비밀을 누설하는 데 지나지 않는다.[371]

그 나머지 부분은 자본이 축적될 수 있는 기금이기 때문이다. 그러나 이러한 축적은 토지
가 가장 비옥한 곳에서는 대체로 일어나지 않는다."(《정치경제학에서의 특정한 용어상의
논쟁에 관한 고찰》, 74쪽)

370) 존 스튜어트 밀, 《정치경제학의 몇 가지 미해결 문제에 관한 에세이》, 런던, 1844,
90-91쪽.

371) 《상공업에 관한 에세이》, 런던, 1770, 44쪽. 이와 유사하게 1866년 12월과 1867년 1월

그는 천진난만하게도 다음과 같이 말하고 있다.

"우리나라의 빈민들(노동자에 대해 꼼수를 부린 표현)이 사치스럽게 살고자 한다면, … 그들의 노동은 당연히 비싸질 수밖에 없다. … 우리의 매뉴팩처 노동자들이 소비하게 될 브랜디, 진, 차, 설탕, 외국산 과일, 독한 맥주, 날염아마포, 코담배와 담배 등 그 엄청난 양의 사치품들을 그저 생각만이라도 해보라."[372]

그는 하늘을 우러러보며 한탄하고 있는 노샘프턴셔의 한 공장주의 글을 인용하고 있다.

"노동은 잉글랜드보다 프랑스에서 꼭 ⅓ 더 싸다. 프랑스의 빈민들은 힘든 노동을 하며 어렵게 먹고 입고 살기 때문이다. 그들의 주식은 빵, 과일, 야채, 뿌리채소류 그리고 건어물이다. 그들이 육류를 먹는 일이 매우 드물기 때문이기도 하다. 밀가루의 가격이 오르면 그들은 빵을 적게 먹는다."[373]

___

에 《타임스》는 잉글랜드 광산주의 심정을 피력하고 있는 기사를 게재했는데, 그 기사에는 '주인'을 위해 사는 데 꼭 필요한 것 이상으로 더 많이 요구하지도 않고 더 많이 받지도 않는 벨기에 광산노동자의 행복한 상태가 서술되어 있다. 벨기에 노동자들은 많은 것을 참고 있는데, 《타임스》에는 그들이 모범노동자로 수식되어 있다! 1867년 탄약으로 진압된 (마르시엔느에서의)벨기에 광산노동자들의 파업이 이에 대한 대답이었다.

372) 같은 책, 44, 46쪽.

373) 노샘프턴셔의 공장주는 절박한 심정으로 용서받을 만한 선의의 거짓말을 하고 있다. 그는 겉으로는 잉글랜드와 프랑스 매뉴팩처 노동자의 삶을 비교하고 있지만, 후에 자신도 모르게 스스로 고백하듯이, 본문에 인용된 문장은 프랑스의 농업노동자의 삶을 서술하고 있다!

그는 계속 말한다.

"게다가 그들의 음료수는 물이거나 그와 유사한 도수가 낮은 술이며, 따라서 그들은 실제로 매우 적은 돈을 지출한다. … 이러한 상황이 야기되는 것은 분명히 쉬운 일이 아니지만, 프랑스와 홀란드에서 분명히 보여주고 있는 바와 같이, 불가능한 일은 아니다."[374]

20년 후 아메리카의 사기꾼이자 작위를 받은 양키 벤자민 톰슨(일명 럼포드 백작)은 동일한 박애주의 노선을 따름으로써 신과 인간의 마음을 흡족하게 했다. 그의 《에세이 모음집》은 노동자들이 일상적으로 먹는 비싼 음식을 대용물로 바꾸기 위한 온갖 종류의 조리법이 실려 있는 요리책이었다. 이 별난 '철학자'의 특히 기발한 조리법 중 하나는 다음과 같다.

"5파운드의 보리, 5파운드의 옥수수, 3펜스의 청어, 1펜스의 소금, 1펜스의 식초, 2펜스의 후추와 향신료 등 합계 20¾펜스로 64인분의 수프를 만들 수 있다. 그래, 곡식의 평균 가격으로 치면 1인당 ¼펜스(3페니히도 안 된다)까지 내릴 수 있다."[375]

---

374) 같은 책, 70-71쪽. 3판의 주석: 그때부터 형성된 세계시장에서의 경쟁 덕분에 우리는 상당한 진전을 보았다. 하원의원 스테플턴은 자신의 유권자들에게 다음과 같이 밝히고 있다. "중국이 거대한 공업국이 된다면, 나는 유럽의 노동자 인구가 그들 경쟁자들의 수준까지 떨어뜨리지 않고 어떻게 싸움을 배겨낼지 모르겠다."(《타임스》, 1873년 9월 3일자) 잉글랜드 자본이 원하는 목표는 이제 더이상 유럽 대륙의 임금이 아니라 중국의 임금이다!

375) 벤자민 톰슨, 《정치, 경제, 철학 에세이 모음집》, 전3권, 런던, 1796-1802, 1권, 294쪽. 이든(F. M. Eden)은 자신의 저서 《빈민의 상태, 또는 잉글랜드 노동자계급의 역사》에서 구빈원 원장들에게 럼포드 식 묽은 수프를 간곡하게 추천했으며, 잉글랜드 노동자들에게 나무라는 듯이 경고하고 있다. "스코틀랜드에는 몇 달 동안이나 밀, 호밀 그리고 육류 대신에 물과 소금만을 섞은 귀리죽이나 보릿가루만을 먹으면서도 안락하게 살고 있는 수많은

자본주의적 생산의 발전에 따른 불량품의 제조는 톰슨의 이상을 불필요하게 만들었다.[376]

18세기 말과 19세기 초 몇 십 년 동안에 잉글랜드의 차지농장주들과 지주들은 일용직 농업노동자들에게 임금의 형태로는 최저액 이하로 지불하고 그 나머지를 교구의 구제금의 형태로 채움으로써 어처구니없는 최저임금을 강요했다. 잉글랜드의 독베리들이 임금률을 '합법적'으로 확정하기 위해 한 광대 짓거리 중 하나를 들어보자.

"1795년 잉글랜드의 대지주들이 스핀햄랜드에서의 임금을 확정할 당시 그들은 점심을 먹고 있었는데, 그들은 노동자에게 점심 같은 것이 필요없다고 생각했던 것 같다. ⋯ 그들은 8파운드 11온스짜리 빵 덩어리가 1실링 5펜스라면 성인남성 1인당 주급을 3실링으로 하고, 빵 덩어리가 1실링 5펜스가 될 때까지 주급을 규칙적으로 올릴 것을 결정했다. 빵 가격이 그 이상으로 올라, 2실링이 될 때까지는 임금은 상대적으로 감소되어야 하며,

---

가족들이 있다."(같은 책, 1권, 2편, 2장, 503쪽) 이와 유사한 '길잡이'가 19세기에도 있었는데 이는 다음과 같다. "잉글랜드의 농업노동자들은 품질이 낮은 곡물을 섞어 만든 음식물을 먹으려고 하지 않는다. 더 잘 길들여진 스코틀랜드에서는 이러한 편견이 사실상 알려져 있지 않다."(의학박사 페리, 《현행 곡물법의 필요성에 관한 문제점》, 런던, 1816, 69쪽) 그런데 페리는 잉글랜드의 노동자들이 이든의 시대(1797)에 비하여 현재(1815) 먹고 사는 것이 더 악화되었다고 한탄하고 있다.

376) 의회 조사위원회의 불량식료품에 대한 최근의 보고서에 따르면 불량의약품의 제조조차도 잉글랜드에서는 예외가 아니라 일상적인 일이 되었음을 알 수 있다. 예를 들어 34개의 약국에서 구입한 34개의 아편 견본을 검사한 결과 31개의 아편이 양귀비 씨앗, 밀가루, 고무액, 찰흙, 모래 따위의 불순물이 섞여 있다는 사실이 밝혀졌다. 모르핀을 전혀 함유하지 않은 것도 많았다.

그의 식량은 이전보다 ⅓ 줄어들어야 했다."[377]

대규모 농장을 임대해 경영하고 있으며, 치안판사이며, 구빈원 관리자이자 임금조정위원까지도 겸하고 있는 베네트라는 자가 1814년 상원조사위원회에서 신문을 받았다.

"하루 노동의 가치와 교구 구제금 사이에 어떤 일정한 비율이 관찰되는가?" 답: "그렇다. 각 가정의 주당 수입은 1인당 1갤론의 빵 덩어리(8파운드 11온스)와 3펜스가 될 때까지 그들의 명목임금을 넘어 완전히 보충된다. 우리는 1갤론의 빵 덩어리는 가족 1명을 일주일 동안 부양하는 데 충분하다고 생각한다. 3펜스는 옷을 사 입으라고 주는데, 교구가 돈 대신 옷을 주는 것이 낫겠다고 생각하면 이 3펜스는 공제된다. 이 방식은 월트셔 서부의 전 지역에서만이 아니라, 내가 생각하기에는 전국에서 시행되고 있다."[378]

그 당시의 한 부르주아 저술가는 다음과 같이 외쳤다.

"차지농장주들은 그들과 고향이 같은 존경할 만한 계급이 구빈원의 보호를 받지 않을 수 없게 함으로써 몇 해만에 그들을 타락시켰다. … 차지농장주는 노동자의 편에서는 없어서는 안 될 소비기금의 축적을 방해하면서까지 자신들의 이익을 증가시켰다."[379]

---

377) 뉴넘(G. L. Newnham, 법정 변호사), 《곡물법에 대해 양원합동위원회에서 진술된 증언에 관한 논평》, 런던, 1815, 20쪽, 주석.

378) 같은 책, 19-20쪽.

379) 페리, 앞의 책, 77, 69쪽. 지주양반들은 잉글랜드의 이름으로 자신들이 수행한 반(反)

오늘날에 노동자의 필요소비기금에 대한 직접적인 약탈이 잉여가치의 형성에, 따라서 축적기금의 형성에 어떤 역할을 수행하는지는 단적으로 본 책 15장 가내노동(8절의 D를 보라)을 보면 알 수 있다. 더 많은 사실을 이 편篇이 진행됨과 동시에 보게 될 것이다.

모든 산업 부문에서 불변자본 가운데 노동수단으로 구성되는 부분은 투자의 크기에 따라 결정되는 일정한 수의 노동자에게 충분해야 하지만, 언제나 고용된 노동자의 수에 비례하여 증가할 필요는 없다. 어떤 공장 시설에서 100명의 노동자가 8시간의 노동으로 800노동시간을 제공한다고 해보자. 자본가가 이 시간을 50% 증가시키려고 한다면, 그는 50명의 노동자를 더 고용할 수 있다. 그렇게 되면 그는 임금뿐만 아니라 노동수단에 대해서도 새로운 자본을 투하해야 한다. 그런데 100명의 노동자에게 기존의 8시간에 4시간을 추가하여 총 12시간 동안 일을 시킬 수 있다. 이 경우 노동수단은 빠르게 마모될 뿐, 새로운 자본을 투하하여 이를 늘리지 않아도 충분하다. 이렇게 노동력을 더 긴장시켜 생성되는 추가노동은 축적의 실체인 잉여생산물과 잉여가치를 이에 비례하는 불변자본 부분을 추가하지 않고도 증가시킬 수 있다.

채취산업, 예를 들어 광업에서는 원료는 투하자본에 포함되지 않는다. 이 산업에서 노동대상은 지난 노동의 생산물이 아니라, 자연이 공짜로

쟈코뱅 전쟁으로 입은 손실을 '보상받았을' 뿐만 아니라, 엄청나게 부를 늘렸다. "그들의 지대는 18년 만에 2배, 3배, 4배가 되었으며, 예외적인 경우에는 6배나 되었다."(같은 책, 100-101쪽)

선물한 것이다. 철광석, 광물, 석탄, 석재 등이 그러하다. 여기에서 불변자본은 거의 증가된 노동의 양(노동자들의 주야간 교대)을 매우 잘 견뎌 낼 수 있는 노동수단으로만 이루어져 있다. 모든 다른 사정이 그대로 유지된다면, 생산물의 양과 가치는 사용된 노동과 정비례하여 증가한다. 채취산업에서는 생산이 이루어진 맨 첫 날과 마찬가지로 최초의 생산물형성자에 따라서 자본의 물적 요소들의 형성자이기도 한 인간과 자연이 협력한다. 탄력 있는 노동력 덕분에 축적의 영역은 불변자본을 사전에 증가시키지 않고도 확대된다.

농업에서는 씨앗과 비료를 추가로 투하하지 않고는 경작지를 확대할 수 없다. 그러나 이러한 투하가 일단 행해지기만 하면, 그저 늘 하던 방식으로 토지를 경작하여도 기적처럼 생산물은 엄청나게 증가한다. 따라서 이전과 같은 수의 노동자에 의해 수행되는 더 많은 양의 노동이 노동수단의 새로운 투하 없이도 토지의 비옥도를 높인다. 이 경우에서도 새로운 자본이 개입하지 않고 축적을 증대시키는 직접적인 원천은 자연에 대한 인간의 직접적인 작용이다.

마지막으로 진정한 공업에서는 노동을 추가로 지출하기 위해서 사전에 원료에 대한 추가지출이 이루어져야 하지만, 노동수단에 대한 추가지출은 반드시 사전에 이루어질 필요가 없다. 그리고 채취산업과 농업이 제조업에 원료와 노동수단의 원료를 제공하기 때문에, 채취산업과 농업이 자본을 추가로 투하하지 않고 생산한 추가생산물은 제조업에도 도움이 된다.

일반적인 결론은 다음과 같다. 자본은 부를 맨 처음 만들어내는 인간과 토지를 자기 것으로 만들어서 팽창력을 얻는데, 이 팽창력은 자본에게, 자신의 크기에 의해 고정된 것처럼 보이는 한계, 즉 자본의 실체인 이미 생산된 생산수단의 가치와 양에 의해 고정된 한계를 넘어 자신의 축적요소들을 확장하게 해준다.

자본의 축적에서 또 다른 하나의 중요한 요인은 사회적 노동생산력의 수준이다.

노동생산력이 증가함에 따라 일정한 가치, 즉 일정한 크기의 잉여가치가 나타나는 생산물의 양도 증가한다. 잉여가치율이 그대로 유지되는 경우는 물론 그러하다. 그러나 하락하는 경우에서조차, 노동생산력이 증가하는 것보다 잉여가치율이 더 느리게 하락한다면 잉여생산물의 양은 증가한다. 따라서 잉여생산물이 수입과 추가자본으로 분할되는 비율이 그대로 유지된다고 해도 자본가의 소비는 축적기금을 줄이지 않고도 증가할 수 있다. 축적기금의 상대적 크기는 소비기금을 희생하면서까지 증가될 수 있지만, 상품가격의 하락이 자본가에게 이전과 같은 크기나 더 많은 사치품을 마음대로 사용할 수 있게 한다. 그러나 우리가 이미 본 것처럼, 노동생산력이 증가함에 따라 노동자의 가격이 하락하며, 이에 따라 잉여가치율이 상승한다. 실질임금이 상승하는 경우도 그러하다. 실질임금은 노동생산력이 증가하는 비율만큼 절대로 증가하지 않는다. 따라서 동일한 가변자본의 가치가 보다 많은 노동력을 작동시켜 더 많은 노동을 작동시킨다. 동일한 불변자본가치가 더 많은 생산수단으로, 즉 더 많은 노동수단, 노동재료와 보조재로 나타나며, 따라서 가치형성자나 노동력 흡수자로서의 더 많은 생산물을 만드는 수단을 공급한다. 그러므로 추가자본의 가치가 그대로 유지되는 경우에서뿐만 아니라, 하락하는 경우에서조차 축적이 촉진된다. 생산의 규모가 물적으로 확대될 뿐만 아니라, 잉여가치의 생산이 추가자본의 가치보다 더 빠르게 증가한다.

　　노동생산력의 발전은 또한 최초의 자본, 즉 이미 생산과정에 있는 자본에도 반응한다. 기능하고 있는 불변자본의 일부분은 기계장치 등과 같이 장기간에 걸쳐서만 소비되기 때문에 동일한 것으로 재생산되거나 같은 종류의 신형으로 대체되는 노동수단으로 구성된다. 그러나 이 노동수단의 일부분은 해마다 서서히 소멸해가거나 더이상 생산적 기능을 수행할 수 없는 종착점에 다다른다. 따라서 이 부분은 매년 주기적으로 재생산되는 시기나 같은 종류의 신형으로 교체되는 시기를 맞는다. 과학과 기술의 부단한 흐름 속에서 발전하는 노동생산력이 이 노동수단을 처음 생산한 부문에서 발전한다면, 그 성과 규모에 비추어보아 저렴한 기계, 도구, 장치 등 더 효율적인 것이 낡은 것을 대체하게 된다. 이미 존재하고 있는 노동수단에서 끊임없이 일어나는 세부적인 개량은 무시하더라도, 낡은 자본은 보다 생산적인 형태로 재생산된다. 불변자본의 다른 부분인 원료와 보조재는 일 년 내내 끊임없이 재생산되며, 농업에서 생산된 부분은 대개 일 년마다 재생산된다. 따라서 이 부문에서의 개량된 방법의 도입 등은 추가자본이나 이미 기능하고 있는 자본에 거의 동시에 작용한다. 화학의 진보는 유용한 재료의 수를 증가시킬 뿐만 아니라, 이미 알려져 있는 재료의 효율적인 응용을 다양화하고 이로 인해 자본의 증가와 더불어 자본의 투하영역을 확장한다. 이와 동시에 화학의 진보는 생산과정과 소비과정의 폐기물을 다시 재생산과정의 순환 속으로 투입하는 방법을 가르쳐주며, 따라서 자본을 먼저 투하하지 않고도 자본을 위한 새로운 재료를 만들어낸다. 단순히 노동력의 긴장도를 강화하는 것만으로도 자연이 준 부의 이용이 증가하듯이, 과학과 기술은 기능하고 있는 자본의 크기와는 무관하게 자본의 팽창력을 만든다. 이러한 팽창력은 맨 처음 투하된 자본 가운데 교체기에 들어선 부분에도 영향을 미친다. 이 자본 부분은 자신의 낡은 형태의 배후에서 진행된 사회적 진보를 단 한푼도 들이지 않고 그 새로운 형태에 합체한다. 물론 이러한 생산력의 발전은 기능하고 있는 자본의 감가를 가져온다. 이러한 감가가 경쟁에 의해 긴박하게 느껴지면, 자본가는 노동자를 더 착취하여 손실을 만회하려 하기 때문에 가장 커다란 부담은 노동자에게 전가된다.

노동은 그것이 소비한 생산수단의 가치를 생산물에 이전한다. 다른 한편, 일정한 양의 노동에 의해 가동되는 생산수단의 가치와 양은 노동의 생산성이 높아짐에 따라 증가한다. 따라서 동일한 노동양은 언제나 같은 양의 새로운 가치를 생산물에 추가할 뿐이지만, 그 노동양이 생산물에 동시에 이전하는 기존의 자본가치는 노동생산력이 증가함에 따라 증가한다.

예를 들어 한 명의 잉글랜드 방적공과 한 명의 중국 방적공이 동일한 강도로 똑같은 시간에 노동한다면, 그들은 일주일 동안 동일한 가치를 생산할 것이다. 이 가치가 같다고는 하지만 강력한 능력을 가진 자동장치를 가지고 노동하는 잉글랜드인과 그저 물레만을 가지고 있는 중국인이 일주일 동안 생산한 생산물의 가치 사이에는 엄청난 차이가 난다. 중국인이 1파운드의 면화를 잣는 것과 같은 시간에 잉글랜드인은 수백 파운드의 면화를 방적한다. 종전 가치의 수백 배나 더 큰 액수의 가치가 잉글랜드인의 생산물의 가치를 부풀리는데, 이 종전의 가치는 이 생산물에서 새로운 유용한 형태로 유지되어 자본으로 다시 기능할 수 있게 된다. 프리드리히 엥엘스는 다음과 같이 가르쳐주었다.

"1782년에는 지난 3년 동안 거두어들인 모든 양모(잉글랜드에서)가 노동자의 부족으로 가공되지 않은 채로 남아 있었는데, 새로 발명된 기계장치의 도움으로 방적되지 않았다면 그 상태로 방치되어 있어야 했을 것이다."[380]

물론 기계장치의 형태로 물질화된 노동은 물론 단 한 명의 사람도 직접 만들어내지는 못한다. 하지만 소수의 노동자에게 상대적으로 적으나마 살아있는 노동을 추가함으로써 양모를 더 생산적으로 소비하게 하여 양모에 새로운 가치를 추가하게 할 뿐만 아니라, 실 등이 형태로 양모의 종전 가치를 유지하게 해준다. 동시에 그것은 양모의 확대재생산을 위한 수단을 제공하고 자극을 준다. 새로운 가치를 창조하는 동안에 종전의 가치를 유지하는 것은 살아있는 노동의 타고난 재능이다. 따라서 살아있는 노동은 그 생산수단의 효율성, 규모 그리고 가치가 증가함에 따라, 즉 노동생산력의 발전을 수반하는 축적이 진행됨에 따라 끊임없이 팽창하는 자본가치를 늘 새로운 형태로 유지하고 영구화한다.[381] 이러한 노동의 타고난 능력은

---

380) 프리드리히 엥엘스, 《잉글랜드 노동자계급의 상태》, 20쪽.
381) 고전파 경제학은 노동과정과 가치증식 과정에 대한 분석이 부족했기 때문에, 예컨대 리카도에게서 볼 수 있는 것처럼, 재생산에서의 이 중요한 계기를 제대로 파악하지 못했다. 예를 들어 리카도는 생산력이 아무리 변하더라도, '100만 명의 사람은 공장에서 언제나 똑같은 가치를 생산한다'고 말한다, 그들 노동의 길이나 강도가 주어져 있다면 이 말은 옳다. 그러나 그들의 노동생산력이 서로 다른 경우에는 100만 명의 사람이 매우 다른 양의 생산수단을 생산물로 변화시키기 때문에 매우 다양한 양의 가치가 그들의 생산물에 보존되어, 그들에 의해 생산되는 생산물의 가치가 매우 상이하다는 사실을 방해하지 않는데, 이 추론 가운데 리카도는 바로 사람의 노동생산력이 다르다는 것을 간과하고 있다. 덧붙여 말하자면 리카도는 앞의 예에서 세(Say)에게 사용가치(여기에서 그는 이것을 물적 부라고 부른다)와 교환가치 사이의 차이를 설명하려고 했지만 소용없었다. 세는 다음과 같이 대답

노동이 합쳐져 있는 자본의 자기보존능력으로 나타나는데, 이것은 노동의
사회적 생산력이 자본의 고유한 성질로 나타나며, 또 자본가에 의한 잉여

한다. "리카도는 개량된 방식을 사용하면 100만 명의 사람이 더 많은 가치를 생산하지 않
으면서도 2-3배 만큼의 더 많은 부를 생산할 수 있다고 말했는데, 여기에서 그가 제기하고
있는 어려움에 관해서 말한다면, 사람들이 당연하게 생산을 하나의 교환으로 간주하여, 생
산물을 얻기 위해 자신의 노동, 토지 및 자본에 생산적 기능을 맡기면 이 어려움은 사라져
버린다. 이 생산적 기능을 통해 우리는 세상에 존재하는 모든 생산물을 얻는다. … 따라서
… 생산이라고 불리는 교환에서 우리의 생산적 기능이 가져오는 쓸모 있는 물건의 양이 크
면 클수록, 우리는 더 부유해지고 우리의 생산적 기능은 더 큰 가치를 갖는다."(세, 《맬서스
에게 보내는 편지》, 파리, 1820, 168-169쪽) 세가 설명해야 할 어려움은 -그것은 리카도가
아니라 세에게 존재하는 것이다- 다음과 같다. 노동생산력의 증가로 인해 사용가치의 양이
증가하는 경우에, 왜 사용가치는 증가하지 않는가? 대답: 이 어려움은 바라건대 사용가치
를 교환가치라고 부르기만 하면 해결된다. 교환가치는 이러저런 방식으로 교환과 관련된
하나의 물건이다. 따라서 생산을 생산물 및 노동과 생산수단의 '교환'이라고 부른다면, 생
산이 더 많은 사용가치를 만들어 낼수록 더 많은 교환가치를 얻는다는 것은 너무나 분명하
다. 다른 말로 하면, 1노동일이 더 많은 사용가치를, 예를 들어 더 많은 양말을 양말공장 주
인에게 제공하면 할수록, 그는 그만큼 더 양말로 부자가 된다. 그런데 세에게 갑자기, 양말
의 '양이 증가함에 따라, 경쟁이 그들(생산자들)로 하여금 생산물을 그것을 생산하는 데 들
어간 비용만 받고 넘기도록 강제하기 때문에 가격'(물론 교환가치와 아무런 관계가 없다)
이 하락한다는 생각이 떠올랐다. 그런데 자본가가 상품을 그 생산비용과 같은 가격으로 판
매한다면 도대체 이윤은 어디서 나오는가? 그러나 걱정 말아라. 세는 이윤이 생기는 까닭
을, 증가된 생산력으로 인해 어느 누구나 동일한 등가물의 대가로 이전의 한 켤레의 양말
대신에 두 켤레의 양말을 받기 때문이라고 설명한다. 그가 도달한 결론은 바로 그가 반박
하고자 한 리카도의 명제와 똑같다. 이러한 깊은 사색 끝에 세는 의기양양하게 맬서스에
게 다음과 같이 외쳤다. "친애하는 맬서스, 이것은 확실한 근거를 가진 학설입니다. 단언하
건데 이 학설 없이는 정치경제학의 가장 어려운 문제들을 해결할 수 없으며, 특히 부가 가
치를 나타냄에도, 한 국민의 생산물의 가치가 감소할 때 그 국민이 어떻게 더 부자가 될 수
있는 가라는 문제를 해결할 수 없습니다."(같은 책, 170쪽) 한 잉글랜드의 경제학자는 세의
《편지》에서 이와 유사한 꼼수를 지적하고 있다. "이러한 과장된 말투를 지껄이는 것이 세
가 자신의 학설이라고 즐겨 부르는 모든 것이며, '유럽의 여러 지방들에서' 그런 것처럼, 하
트포드(맬서스가 교수로 재직하던 동인도 대학이 위치한 잉글랜드의 도시 -옮긴이)에서도
가르치도록 맬서스에 간곡히 권하고 있다. 세는 '만약 당신이 이 모든 명제에서 이치에 맞
지 않는 것을 단 하나라도 발견한다면, 당신은 이 명제들이 표현하고 있는 사물들을 살펴
보기 바란다. 그러면 이 명제들은 당신에게 매우 단순하고 합리적으로 보일 것이라고 나는
감히 믿는다.' 그가 말하는 동일한 과정의 결과가 이 명제들이 독창적이지도 중요하지도
않은 전혀 다른 것으로 나타난다는 것은 의심할 바 없다."(《수요의 본질 및 수요의 필요에
관련된 원리 연구》, 110쪽)

가치의 끊임없는 취득이 자본의 끊임없는 자기증식으로 나타나는 것과 똑같다. 상품의 모든 가치형태가 화폐의 형태로 보이는 것처럼, 노동의 모든 능력도 자본의 능력으로 보인다.

자본이 증가함에 따라 사용되는 자본과 소비되는 자본 사이의 차액도 커진다. 다시 말하면 건물, 기계장치, 배수관, 역축, 각종 장치들 같은 노동수단의 가치크기와 소재량이 증가하는데, 이들 노동수단은 길든 짧든 일정한 기간 동안 끊임없이 반복되는 생산과정에서 통째로 기능하거나 또는 일정한 유용한 결과를 얻는 데 기여한다. 반면에 이들 노동수단은 단지 서서히 마모되기 때문에 가치를 조금씩만 상실하며, 따라서 조금씩만 생산물로 이전한다. 이것들은 생산물에 가치를 추가하지 않고도 생산물의 형성에 쓰이는 정도에 따라서, 즉 통째로 사용되면서 부분적으로만 소비되는 정도에 따라, 앞에서 언급한 것처럼, 물, 증기, 공기, 전기 등과 같은 자연력과 마찬가지로 무료봉사를 한다. 과거노동의 이러한 무료봉사는, 살아 있는 노동이 그것을 옴켜쥐어 활기를 불어 넣으면, 축적의 규모가 증대됨에 따라 더 축적된다.

과거의 노동은 언제나 자본으로 가장하고 있기 때문에, 즉 A, B, C 등의 노동에 대한 부채가 노동자가 아닌 X의 자산으로 가장하고 있기 때문에, 부르주아와 정치경제학자들은 과거노동의 공로를 매우 칭찬하며, 스코틀랜드의 괴짜인 맥컬록에 따르면 이 과거노동은 자신의 대가(이자, 이윤 등)까지 받아야만 한다고 한다.[382] 그러므로 살아있는 노동과정에서 생산수

---

382) 맥컬록은 시니어가 '금욕의 대가'에 대한 특허를 얻기 훨씬 전에 '과거노동의 대가'에 대한 특허를 얻었다.

단의 형태로 참여하고 있는 과거노동의 비중이 끊임없이 증가하는 것은, 노동자가 과거에 지급 받지 못한 노동인 이 생산수단이 노동자 자신으로부터 소외된 형태, 즉 자본의 형태 덕분이다. 자본주의적 생산을 현장에서 담당하는 사람들과 그들의 이데올로기를 선전하기 위해 입방정을 떠는 양반들은, 노예 소유주가 노동자 자체를 노예로서의 그의 역할과 분리시켜 생각할 수 없었던 것과 마찬가지로, 생산수단을 오늘날 이 생산수단에 씌워져 있는 적대적이고 사회적인 가면과 분리시켜 생각할 수 없었다.

노동력의 착취도가 일정하게 주어진 경우에는 잉여가치의 양은 일제히 착취당하고 있는 노동자의 수에 의해 결정되며, 이 수는, 그 비율이 달라질 수 있지만, 자본의 크기에 상응한다. 따라서 점차적인 축적을 통해 자본이 증가하면 할수록, 소비기금과 축적기금으로 분할되는 가치액도 증가한다. 이런 까닭에 자본가는 사치스럽게 살면서도 더 '절제'할 수 있다. 그리고 마지막으로 투하자본의 양과 더불어 생산규모가 확대되면 될수록 생산의 모든 스프링이 더욱 힘차게 작동한다.

5절
이른바 노동기금

자본은 고정된 크기가 아니라 탄력적이며, 수입과 추가자본의 잉여가치의 분할에 따라 끊임없이 변동하는 사회적 부의 한 부분이라는 사실이 연구가 진행되는 동안에 밝혀졌다. 더 나아가 기능하고 있는 자본의 크기가 일정하게 주어진 경우라 할지라도 자본에 합체된 노동력, 과학과 토지(토지는 경제학적으로는 인간의 도움 없이 원래 자연에 존재하는 노동대상으로 이해해야 한다)는 자본에게 상황에 대처하는 잠재력을 주는데, 이 잠재력은 일정한 한계 내에서는 자본에게 그 자체의 크기와 무관한 활동범위를 허용한다는 사실도 알게 되었다. 그런데 여기에서는 동일한 양의 자본에게 매우 상이한 효율을 야기하는 유통과정의 모든 사정은 무시되었다. 우리가 자본주의적 생산의 한도를 정해 놓았기 때문에, 즉 순전히 자연발생적 형태로만의 사회적 생산과정을 가정하고 있기 때문에, 현존하는 생산수단과 노동력을 가지고 직접적이고 계획적으로 실현할 수 있는 보다 합리적인 결합은 모두 무시되었다. 고전파 경제학은 오래 전부터 사회적 자본을 고정된 효율을 가진 고정된 크기로 파악하는 것을 선호했다. 그러나 이 편견은 19세기의 천박한 부르주아적 지성의 무미건조하고 현학적이며 수다스러운 예언자인 타고난 속물 제레미 벤담Jeremy Bentham에 의해 비로소 하나의 도그마로 굳어졌다.[383] 철학자 사이에서 벤담은 시인 사이에서의 마틴 터퍼Martin Tupper와 같은 사람이다. 이 둘은 모두 잉글랜드에서나 그럴싸하게 만

---

383) 특히 벤담, 《형벌과 보상에 대한 이론》, 듀몽(Et. Dumont) 역, 3판, 파리, 1826, 2권, 4편, 2장을 참조하라.

들어질 수 있었다.[384] 그의 도그마를 가지고는 생산과정의 가장 평범한 현상들, 예를 들어 예기치 못한 생산과정의 팽창과 축소, 심지어 축적까지도 전혀 이해할 수 없다.[385] 이 도그마는 벤담뿐만 아니라 맬서스, 제임스 밀, 매컬록 등에 의해 변호할 목적으로 이용되었는데, 특히 자본의 한 부분인 가변자본, 즉 노동력으로 바꿀 수 있는 자본을 하나의 고정된 크기로 보여주기 위해 이용되었다. 가변자본의 물적 존재, 말하자면 노동자를 대신하고 있는 생활수단의 양은, 또는 이른바 노동기금은 사회적 부 가운데서 자연의 속박에서 얽혀 벗어날 수 없는 특수한 부분이라고 날조되었다. 사회

---

384) 벤담은 오로지 잉글랜드에서나 뛰어난 인물이다. 독일의 철학자인 크리스티안 볼프 (Christian Wolf)를 포함하더라도, 그 어떤 시대, 그 어떤 나라에서도 평범하기 짝이 없는 상투적인 문구를 그렇게 자만하면서 뽐낸 철학자는 없었다. 공리주의는 벤담이 고안해내지 않았다. 그는 엘베티우스(Helvetius)와 18세기의 다른 프랑스인들이 재치있게 이야기 한 것들을 독창성이라고는 조금도 없이 그대로 베꼈을 뿐이다. 예를 들어 개에게 무엇이 유용한가를 알려고 한다면 우리는 우선 개의 본성을 밝혀야 한다. 이 본성 자체는 '공리주의'로는 구성할 수 없다. 공리주의를 인간에게 적용하여 모든 인간의 행위, 활동, 관계 등을 공리주의에 따라 판단하려 한다면, 우선 문제가 되는 것은 인간의 본성 일반이며, 그 다음에는 각 시대에 역사적으로 변경된 인간의 본성이 문제가 된다. 벤담은 이러한 문제들을 가볍게 처리해 버린다. 벤담은 진짜로 무미건조하게 근대의 속물, 특히 잉글랜드의 속물을 표준인간으로 간주한다. 이 괴짜 표준인간과 그의 세계에서 쓸모 있는 것은 그 자체로 유용하다. 따라서 벤담은 이 기준을 가지고 과거, 현재 그리고 미래를 판단한다. 예를 들어 그리스도교는 '유용'하다. 그리스도교는 형법이 법률적으로 죄가 있다는 판결을 내리는 동일한 비행을 종교적으로 금지하고 있기 때문이다. 문예비평은 '유해'하다. 문예비평은 존경받을 만한 사람들이 마틴 터퍼의 작품을 즐기는 것을 방해하기 때문이다. 등등. '날마다 붓을 들자'라는 좌우명을 가진 이 부지런한 양반은 이런 저질의 글들로 산더미 같은 책을 채웠다. 내가 나의 친구 하인리히 하이네만큼 용기가 있다면, 나는 제레미를 부르주아적 우둔함의 천재라고 부를 것이다.

385) "정치경제학자들은 자본의 일정한 양과 노동자의 일정한 수를 균등한 힘을 가진 생산도구로 취급하고, 어떤 균등한 강도를 가지고 작용하는 것으로 취급하는 경향이 있다. … 상품이 생산의 유일한 동인이라고 주장하는 사람들은, 생산이 확대되기 위해서는 생활수단, 원료 그리고 작업도구가 사전에 증가해야 하기 때문에 생산이 절대 확대될 수 없다고 증명한다. 이것은 사실상 생산이 사전에 증가하지 않고는 생산의 성장이 이루어질 수 없다는, 말하자면 그 어떤 성장도 불가능하다는 주장이 되어버린다."(베일리, 《화폐와 그 가치 변동》, 58, 70쪽) 베일리는 주로 유통과정의 관점에서 이 도그마를 비판하고 있다.

적 부 가운데서 불변자본으로, 즉, 물적으로 표현하면 생산수단으로 기능해야할 부분을 작동시키려면 일정한 양의 살아 있는 노동이 필요하다. 그리고 이 양은 기술에 의존한다. 그러나 이 노동량을 실행하기 위해 필요한 노동자의 수는 정해져 있지 않다. 개별노동력의 착취도에 따라 변하기 때문이다. 그리고 이 노동력의 가격 또한 정해져 있지 않다. 다만 그 가격의 최저치만이 주어져 있는데 그것도 매우 탄력적으로 주어져 있다. 이 도그마의 기초가 되는 사실은 다음과 같다. 한편으로 노동자는 사회적 부를 노동하지 않는 사람들의 사치품과 생산수단으로 분할하는 데 아무런 말을 할 자격이 없다. 다른 한편으로 노동자는 운 좋은 예외적인 경우에만 소위 '노동기금'을 부자들의 '수입'을 희생시켜서 확대할 수 있을 뿐이다.[386]

노동기금의 자본주의적 한계를 어쩔 수 없는 사회적 한계로 날조하는 것이 얼마나 어리석은 동어반복인가는 특히 포세트 교수가 잘 보여주고 있다. 그는 다음과 같이 말하고 있다.

"한 나라의 유통자본[387]은 그 나라의 노동기금이다. 따라서 각 노동자가 받는 평균 화폐임금을 계산하기 위해서는 우리는 단순히 이 유통자본을

---

386) 존 스튜어트 밀은 자신의 저서 《정치경제학 원리》(2편, 1장, 3절)에서 다음과 같이 말하고 있다. "노동생산물은 오늘날에는 노동에 반비례하여 분배된다. 가장 큰 부분은 전혀 노동하지 않는 사람들에게 분배되며, 그 다음 큰 부분은 그들의 노동이 거의 유명무실한 사람들에게 분배되며, 결국 노동이 더 힘들어지고 더 불쾌해짐에 따라 보수는 더 줄어들어 마침내 가장 피곤하고 지치게 만드는 육체노동은 생필품을 얻는 것조차도 확실하게 기대할 수 없게 된다." 오해를 피하기 위해, 나는 존 스튜어트 밀 등과 같은 사람들이 그들의 케케묵은 경제학적 도그마와 최근의 경향들 사이의 모순 때문에 비난 받을 만하지만, 통속경제학의 옹호론자와 같은 무리로 취급하는 것은 전적으로 옳지 않다는 사실을 지적해 두고자 한다.

387) 케임브리지 대학의 정치경제학 교수 포세트(H. Fawcett), 《영국노동자의 경제적 지위》, 런던, 1865, 120쪽.

노동자인구 수로 나누기만 하면 된다."[388]

말하자면, 포세트 교수는 우선 실제로 개별노동자에게 지불된 임금을 합계한 다음에 이 합계가 신과 자연에 의해 강요된 '노동기금'의 가치총액이라고 주장한다. 마지막으로 각 노동자 개인에게 평균 얼마가 주어지는가를 알아내기 위해 이렇게 얻은 액수를 다시 노동자의 머릿수로 나눈다. 이것은 아주 교활한 수법이다. 그런데도 그는 쉬지도 않고 단숨에 다음과 같이 말한다.

"잉글랜드에서 매년 축적되는 부는 두 부분으로 나누어진다. 한 부분은 잉글랜드에서 우리나라의 산업을 유지하는 데 사용된다. 또 다른 부분은 다른 나라로 수출된다. … 우리나라의 산업에 사용된 부분은 이 나라에게 매년 축적되는 부 가운데 그다지 크지 않은 부분을 차지한다."[389]

따라서 등가물을 지불하지 않고 잉글랜드 노동자에게서 가로챈, 매년 증가하는 잉여생산물의 대부분은 잉글랜드가 아니라 다른 나라들에서 자본화된다. 그러나 이렇게 수출된 추가자본과 더불어 신과 벤담에 의해 고안된 '노동기금'의 일부도 수출된다.[390]

---

388) 가변자본과 불변자본이라는 범주는 내가 처음 사용했다는 사실을 독자들은 기억하기 바란다. 아담 스미스 이후로의 정치경제학은 이 범주에 포함되어 있는 규정들을 유통과정에서 생기는 고정자본과 유동자본의 형태차이와 혼동했다. 이에 대해서는 2권의 3편에서 상세히 다룰 것이다.

389) 포세트, 같은 책, 122-123쪽.

390) 자본뿐만 아니라 노동자도 이민의 형태로 매년 잉글랜드에서 수출된다고 말할 수도 있을 것이다. 본문에서는 대부분이 노동자가 아닌 해외이주자들의 개인재산(Peculium)에 대해서는 전혀 언급하지 않았다. 차지농장주의 자식들이 해외이주자의 대부분을 차지하

23장 | 자본주의적 축적의 일반법칙

1절
자본구성이 불변인 경우, 축적에 따른 노동력의 수요증가

우리는 이 장에서 자본의 증가가 노동자계급의 운명에 미치는 영향을 다룬다. 이 연구에서 가장 중요한 요인은 자본의 구성이며, 그리고 축적과정이 진행되면서 겪게 되는 이 구성의 변화이다.

자본의 구성은 두 가지 의미에서 파악해야 한다. 가치의 측면에 따르면 자본의 구성은 불변자본, 즉 생산수단의 가치와 가변자본, 즉 임금의 총액인 노동력의 가치로 나누어지는 비율에 의해 결정된다. 생산과정에서 기능하는 소재의 측면에 따르면 모든 자본은 생산수단과 살아있는 노동력으로 나누어지는데, 이 자본의 구성은 사용되는 생산수단의 양과 이 생산수단의 사용에 필요한 노동의 양 사이의 비율에 의해 결정된다. 나는 첫 번째

고 있다. 매년 축적에 대한 이자를 벌기 위해 매년 외국으로 보내지는 잉글랜드 추가자본의 비율은 연간 인구증가에 대한 연간 해외이주의 비율보다 비교도 안 될 만큼 크다.

자본 I - 하

구성을 자본의 가치구성, 그리고 두 번째 구성을 자본의 기술적 구성이라고 부를 것이다. 이 두 가지 구성은 서로 밀접하게 관련되어 있다, 이 상호 관계를 표현하기 위해 나는 자본의 가치구성이 그 기술적 구성에 의해 규정되고 또 기술적 변화를 반영하는 한에 있어서만 그것을 자본의 유기적 구성이라고 부를 것이다. 간단히 자본의 구성이라고 말하는 경우에는 언제나 자본의 유기적 구성으로 이해해야 한다.

어떤 일정한 산업 부문에 투자한 수많은 개별 자본들은 서로 어느 정도 차이가 나는 구성을 가진다. 이 개별 자본들의 구성의 평균을 내어보면 우리는 이 산업 부문에 투자된 총자본의 구성을 알 수 있다. 결국, 모든 생산부문의 평균구성을 모두 평균 내면 우리는 한 나라의 사회적 자본의 구성을 알 수 있다. 이하에서는 오직 이것만을 문제로 삼을 것이다.

자본의 증가는 그 자본을 구성하는 가변부분, 즉 노동력으로 바꾸어진 부분의 증가를 포함한다. 추가 자본으로 변한 잉여가치의 일부분은 언제나 가변자본, 즉 추가된 노동기금으로 다시 변해야 한다. 다른 조건이 그대로 유지되고, 자본의 구성 역시 그대로 유지된다고 가정하자. 즉 일정한 양의 생산수단 또는 불변자본이 가동되기 위해 언제나 동일한 양의 노동력이 필요하다고 가정하자. 그렇다면 노동에 대한 수요와 노동자의 생계기금은 분명히 자본과 비례하여 증가하며, 자본이 빠르게 증가할수록 그만큼 더 빠르게 증가한다. 자본은 매년 잉여가치를 생산하고 그 가운데 일부분이 매년 최초의 자본에 추가되기 때문에, 이 증가분 자체가 매년 이미 기능하고 있는 자본의 규모가 커짐에 따라 증가하기 때문에, 그리고 마지막으로 부자가 되려는 충동에 대한 특별한 자극으로 인해 예컨대 새로운 시장들이 열리고, 새로이 발전하는 사회적 욕망으로 인해 자본을 투자할 새로운 영역들이 열리면, 축적의 규모가 잉여가치 또는 잉여생산물이 자본과 수입으로 분할되는 비율을 변화시키기만 해도 축적의 규모가 갑자기 확대될 수 있기 때문에, 축적에 대한 자본의 욕망은 노동력 또는 노동자 수의 증가를 능가할 수 있으며, 노동자에 대한 수요가 그 공급보다 많을 수 있기 때문에 임금은 상승할 수 있다. 위의 가정이 그대로 유지된다면 결국에는 그렇게 되지 않을 수 없다. 매년 지난해보다 더 많은 노동자가 고용되기 때문에, 축적의 욕망이 평상시의 노동의 공급을 웃돌아 임금이 상승하기 시작하는 시점이 조만간 오기 마련이다. 이에 대해 한탄하는 소리가 잉글랜드에서는 15세기 전 기간에 걸쳐 그리고 18세기 전반기에 울려퍼졌다. 하지만 임금노동자가 생계를 이어가고 번식하기에 어느 정도 더 유리한 상황은 자본주의적 생산의 근본적 성격에 아무런 변화도 가져오지 못한다. 단순재생산이 한쪽에는 자본가를 다른 쪽에는 임금노동자를 두고 지속적으로 자본관계 자체를 재생산하는 것처럼, 확대재생산인 축적은 확대된 규모에서의 자본관계를 재생산한다. 즉, 한쪽에서는 보다 많은 자본가 또는 보다 큰 자본가를, 다른 쪽에서는 보다 많은 임금노동자를 재생산한다. 가치증식수단으로 부단히 자본에 합쳐져야 하며, 자본으로부터 분리될 수 없으며, 그것을 구매하는 개별 자본가가 변하기 때문에 자본에 종속되어 있다는 사실이 은폐되는 노동력의 재생산은 사실상 자본 자체의 재생산을 위한 하나의 본질적 요소이다. 따라서 자본의 축적은 프롤레타리아 계급의 번식이다.[391]

---

391) 맑스, 《임금노동과 자본》 "대중에 대한 억압 수준이 같은 경우 한 나라는 프롤레타리아가 많을수록 그만큼 더 부유하다."(꼴랑(Colins), 《정치경제학, 혁명과 이른바 사회주의적 유토피아의 원천》, 파리, 1857, 3권, 331쪽) '프롤레타리아'는 경제학적으로 '자본'을 생산하고 증식하다가, 펙케르(Pecqueur)가 부르듯이 '자본 씨(氏)'의 증식 욕구에 불필요해지자마자 길거리로 내쫓기는 임금노동자로 이해될 뿐이다. '원시림의 병약한 프롤레타리아'

고전파 경제학은 이 명제를 너무나 잘 이해하고 있었기 때문에, 앞에서 언급한 것처럼, 아담 스미스, 리카도 등은 심지어 잉여가치 가운데 자본화된 부분 전부를 생산적 노동자가 소비하거나 또는 그 부분 전체가 추가임금 노동자로 변하는 것과 축적을 동일하게 취급했는데 이것은 오류이다. 이미 1696년에 존 벨러스는 다음과 같이 말하고 있다.

"어떤 사람이 10만 에이커의 토지, 10만 파운드의 현금 그리고 10만 마리의 가축을 가지고 있다고 하더라도, 노동자가 한 명도 없다면 이 부자는 스스로 노동자일 수밖에 없지 않는가? 그리고 노동자가 사람들을 부유하게 만들기에, 노동자가 더 많을수록 그만큼 부자도 더 많다. … 빈민의 노동은 부자의 광산이다."[392]

드 맨더빌Bernard de Mandeville도 18세기 초반에 다음과 같이 말했다.

"소유권이 충분히 보호되는 곳에서는 빈민 없이 살아가는 것보다 돈 없이 사는 게 더 쉬울 것이다. 도대체 누가 일을 한단 말인가? … 노동자들이 굶어 죽지 않게 보호하는 것과 마찬가지로, 그들에게 저축할 만한 가치

는 점잔빼는 로서(Roscher)의 환상이다. 원시림 거주자는 원시림의 소유자이며, 오랑우탄처럼 원시림을 전혀 거리낌 없이 자신의 소유물로 취급한다. 따라서 그는 프롤레타리아가 아니다. 그가 원시림을 이용하는 것이 아니라, 원시림이 그를 이용할 때, 그는 프롤레타리아일 것이다. 그의 건강 상태에 관해 말한다면, 그는 작금의 프롤레타리아뿐만 아니라 매독과 연주창을 앓고 있는 '명망 있는 사람'과도 견줄 만하다. 그러나 로서가 말하는 원시림은 아마도 그의 일가의 소유인 뤼네부르크(Lüneburger)의 황무지일 것이다.

392) 존 벨러스, 앞의 책, 2쪽. "As the Labourers make men rich, so the more Labourers, there will be the more rich men … the Labour of the Poor being the Mines of the Rich."

가 있는 것은 아무것도 주지 말아야 한다. 도처에서 가장 낮은 계층에서 누군가가 대단한 근면절약으로 그가 자라온 처지 이상으로 계층상승을 이룬다면, 누구도 그가 그렇게 하는 것을 방해해서는 안 된다. 사회에서 개인이나 가정의 가장 현명한 계획은 검소하고자 하는 것임을 부정할 수는 없다. 그러나 빈자의 대다수가 결코 놀며 지내지 않고, 그럼에도 그들이 번 돈을 모두 지출하는 것은 부유한 국민 모두에게 이익이 된다. … 하루하루의 노동을 통해 생계비를 벌어야 하는 사람이 일할 수 있도록 자극하는 동기는 그들의 욕망뿐이다. 이들의 욕망을 줄이는 것은 현명한 일이지만 충족시키는 것은 어리석은 짓이다. 일하는 사람을 성실하게 만드는 유일한 요소는 적당한 임금이다. 너무 적은 임금은 그 기질에 따라 노동자가 자신감을 잃고 절망에 빠지게 하며, 너무 많은 임금은 노동자를 무례하고 나태하게 만든다. … 지금까지 전개된 논의로부터, 노예가 허용되지 않는 자유로운 나라에서 가장 확실한 부는 많은 근면한 빈민들로 이루진다는 결론이 나온다. 그들은 마르지 않는 육해군의 공급원이며, 그들이 없으면 향락도 없고 어떤 나라의 생산물이라도 가치가 없을 것이다. 사회를(당연히 일하지 않는 사람들로 이루어진) 행복하게 만들고 인민을 비참한 상태에서도 만족시키려면 대다수가 무식하고 가난한 채로 남아있게 할 필요가 있다. 지식은 우리의 기대를 몇 배나 늘려버린다. 사람이 적게 바라면 바랄수록, 그만큼 그의 욕망은 쉽게 충족될 수 있다."[393]

393) 드 맨더빌, 《꿀벌들의 우화》, 5판, 런던, 1728. 212-213쪽, 328쪽. "분수에 맞는 생활과 끝없는 노동은 빈민에게는 물적인 행복(그가 의미하는 바는 되도록 긴 노동시간과 가능한 한 적은 생활수단이다)으로 가는 길이며, 국가(말하자면 지주, 자본가와 그들의 정치권의 고관들 그리고 대리자들)에게는 부에 이르는 길이다."(《상공업에 관한 에세이》, 런던, 1770, 54쪽)

정직하고 머리도 좋은 사람인 드 맨더빌도 축적 과정 자체의 메커니즘이 자본과 더불어 '근면한 빈민'의 수도 증가시킨다는 사실은 아직 이해하지 못하고 있었다. 근면한 빈민은 바로 임금노동자인데, 이들은 그들의 노동력을 증대하는 자본의 가치를 증식시키는 힘으로 변화시켜야 하며, 또 그렇게 함으로써 자본으로 인격화되어 있는 그들 자신의 생산물에 대한 그들의 종속관계를 영구화시켜야 한다. 이 종속관계에 대해 이든 경은 그의 저서 《빈민의 상태, 잉글랜드 노동자계급의 역사》에서 다음과 같이 지적하고 있다.

"우리가 사는 지대에서는 욕망의 충족을 위해 노동이 필요하다. 따라서 적어도 사회의 한 부분에서 누군가는 쉬지 않고 일하지 않으면 안 된다. … 소수의 사람들은 일하지 않으면서도 이 근면의 산물을 마음대로 처분한다. 그러나 이 소유자들이 그렇게 할 수 있는 까닭은 오로지 문명과 질서 덕분이다. 그들은 전적으로 부르주아 제도의 피조물이다.[394] 부르주아 제도는 노동의 성과를 노동이 아닌 다른 방법으로도 취득할 수 있다고 인정하고 있기 때문이다. 자기만의 재산을 가진 사람들이 재산을 얻게 된 것은 거의 전적으로 다른 사람들의 노동 덕택이지 자신의 능력 덕택이 아니다. 그들의 능력은 다른 사람들보다 절대로 더 뛰어나지 않다. 부자와 빈민을 구분하는 것은 토지와 화폐에 대한 소유가 아니라 노동에 대한 지휘권이다. … 빈자에게 약속된 것은 도리에 어긋난 노예 같은 상태가 아니라 안락하

---

394) 그렇다면 이든은 '부르주아 제도는 도대체 누구의 피조물인가?' 라는 질문을 던져야 했다. 법률적 환상의 관점에서 그는 법을 물적 생산관계의 산물로 보지 않고 거꾸로 생산관계를 법의 산물로 보고 있다. 랑게(Linguet)는 몽테스키외(Montesquieu)의 환상적인 '법의 정신'을 "법의 정신은 소유이다'라는 한 마디로 뒤집어 버렸다.

고 자유로운 종속관계이며, 소유자에게 약속된 것은 자신을 위해 일하는 사람들에 대한 충분한 영향력과 권위이다. … 인간 본성을 알고 있는 사람에게는 당연한 것처럼, 이러한 종속관계는 노동자 자신의 안락을 위해 필요하다."[395]

덧붙이자면 이든 경은 아담 스미스의 제자 가운데 18세기 동안 의미 있는 일을 한 유일한 사람이다.[396]

---

395) 이든, 앞의 책, 1권, 1부, 1장, 1-2쪽 및 서문 20쪽.

396) 독자가 나에게 1798년《인구론》을 출간한 맬서스를 기억해야만 한다고 요구하면, 이 저서의 초판은 데포우(Defoe), 제임스 스튜어트 경(Sir James Steuart), 타운젠드(Townsend), 프랭클린(Franklin), 월리스(Wallace) 등의 저서를 미숙하고 천박하게 그리고 성직자가 암송하듯이 표절한 것뿐이며, 스스로 생각해 낸 명제를 단 한 개도 포함하고 있지 않다는 사실을 지적하고자 한다. 이 소책자가 세상의 이목을 끈 이유는 오로지 당파적 이해 관계 때문이었다. 영국에는 프랑스 혁명의 열렬한 지지자들이 있었다. 18세기에 걸쳐 서서히 그 골격을 갖추고, 커다란 사회적 위기의 와중에서 꽁도르세(Condorcet) 등의 학설(투표에서 단순 다수결의 원칙이 구성원의 선호를 제대로 반영하지 못한다는 주장 -옮긴이)에 대한 해독제로 떠들썩하게 선전되었던 '인구법칙'은 잉글랜드 과두정부에 의해 인간의 지속적인 발전에 대한 모든 열망을 말살시킬 이론으로 열렬히 환영받았다. 자신의 성공에 깜짝 놀란 맬서스는 피상적으로 편집된 자료를 낡은 도식에 집어넣고, 자신이 발견하지 않고 그저 이것저것 모아 하나로 만든 새로운 자료를 추가하는 일에 착수했다. 덧붙이자면, 맬서스는 잉글랜드 고교회파(Hochkirche)의 목사였지만, 독신으로 살겠다는 수도 서약을 했는데, 그것은 프로테스탄트에 속하는 케임브리지 대학의 교우가 되기 위한 조건의 하나였다. "우리는 기혼자가 교우가 되는 것을 허용하지 않는다. 또 누구든 부인을 얻으면 즉시 교우자격을 상실한다."(《케임브리지 대학 위원회 보고서》, 172쪽) 이러한 사정은 다른 프로테스탄트 목사들과 구별시켜 맬서스에게 유리하게 작용했다. 즉, 다른 목사들은 신부들에게 독신으로 살라고 강요하는 가톨릭 계율을 스스로 벗어던지고 '많이 낳아 번식하라'는 계율을 성서에서 유래하는 특수한 사명으로 받아들였으며, 도처에서 진짜 추잡할 정도로 인구의 증가에 기여하는 동시에 노동자들에게 '인구법칙'을 설교했기 때문이다. 우스꽝스러운 경제학적 용어로 바뀐 원죄, 아담의 사과, '억제할 수 없는 욕망', 타운젠드 목사가 생생하게 말하고 있는 것처럼 '큐피드의 화살을 무디게 하는 억제', 이러한 민감한 부분이 프로테스탄트 신학자 양반들에 의해, 더 정확히 말하자면 교회 자체에 의해 독점되었으며 아직도 독점되고 있다는 사실은 특이하다. 독창적이고 재치 넘치는 베니스의 수도사 오르테스를 제외하면, 인구론자의 대부분은 프로테스탄트의 목사다. 예를 들어 최근

의 인구이론을 망라하고 있으며, 케네와 그의 제자인 프랑스의 혁명가 미라보의 아버지 사이에 벌어진 같은 주제에 대한 일시적인 논쟁이 아이디어를 제공한 《동물계통론》(라이데, 1767)의 저자 부르크너, 그 다음에는 월리스 목사, 타우젠드 목사, 맬서스 목사 그리고 그의 제자인 수석목사 찰머스가 그러하다. 그리고 이런 계통의 하찮은 목사 출신의 저술가들은 언급할 필요가 없다. 원래 정치경제학은 홉스, 로크, 흄 같은 철학자와 토마스 모어, 템플, 설리, 드 위트, 노스, 로, 반더린트, 깡띠용, 프랭클린과 같은 사업가나 정치가에 의해 촉진되었으며, 특히 이론적으로 큰 성공을 거둔 페티, 바본, 맨더빌, 케네 등과 같은 의사에 의해 촉진되었다. 18세기 중엽에도 그 당시의 저명한 경제학자인 터커 목사는 자신이 돈에 관해 연구한 것을 사죄했다. 그 후 '인구법칙'과 함께 프로테스탄트 목사들의 시대가 왔다. 이러한 서투른 짓을 예감이나 한 듯, 이들은 인구를 부의 토대로 취급했으며, 스미스처럼 목사들의 공공연한 적이었던 페티는 "변호사들이 굶주릴 때에 법이 가장 번창하듯이, 목사들이 금욕할 때 종교가 가장 번창한다."라고 말했다. 따라서 그는 프로테스탄트 목사들에게 다음과 같이 충고한다. 더이상 사도 바울을 따르지 않고, 독신으로 '욕망을 억제하지' 않으려고 한다면, "현재 존재하는 성직이 흡수할 수 있는 것보다 더 많은 목사를 낳아서는 안 된다. 예를 들어, 잉글랜드와 웨일스에 성직이 12,000개 밖에 없을 때, 24,000명의 목사를 낳는 것은 현명하지 못하다. 목사직을 얻지 못한 12,000명의 목사들은 계속해서 생활비를 벌려고 하기 때문이다. 그들이 민중 속으로 들어가 다른 12,000명의 목사들이 영혼을 해치고 굶주리게 하며 천당으로 가는 길을 잘못 인도하고 있다고 설득하는 것보다 더 쉽게 생활비를 버는 방법이 어디 있겠는가?"(페티, 《조세 및 공납에 관한 논고》, 런던, 1667, 57쪽) 동시대의 프로테스탄트 목사들에 대한 아담 스미스의 입장은 아래와 같이 특징지을 수 있다. 《법학 박사 스미스에게 보내는 편지. 그의 친구 흄의 생애, 죽음 및 철학에 관하여. 그리스도교인이라고 불리는 사람 지음》(4판, 옥스퍼드, 1784)에서 노리치의 고교회파의 주교인 호른 박사는 아담 스미스를 비난하고 있는데, 그 이유는, 아담 스미스가 스트라한에게 보낸 공개서한에서 '친구 데이비드(흄)를 불멸로 만들려고'하고 있으며, 대중에게 '흄이 임종을 기다리는 침대에서조차 루키아누스를 즐겨 읽고 휘스트 카드게임을 즐겼다'고 말했으며, 뻔뻔스럽게도, "나는 그가 살아 있는 동안이나 죽은 후에도, 인간 본성의 나약함이 허락하는 한 항상 흄을 더할 나위 없이 현명하고 덕망 있는 이상적인 인간에 가까이 있었다고 보고 있다"고 썼기 때문이다. 이 주교는 분개하여 이렇게 소리친다. "종교라고 불리는 모든 것에 대해 회복 가능성이 없는 반감을 가지고 있었으며, 또 종교라는 명칭조차 인간의 기억에서 지워버리기 위해 모든 신경을 집중시켰던 한 인간의 성격과 품행을 더할 나위 없이 현명하고 덕망 있다고 우리에게 묘사하는 것이 당신에게는 바람직한 일인가?"(앞의 책, 8쪽) "그러나, 진리를 사랑하는 자여 낙심하지 마라. 무신론은 오래 가지 못한다."(앞의 책, 17쪽). 아담 스미스는 "온 나라에 무신론을 선전하려는(그의 《도덕 감정론》을 가지고) 끔찍한 악의를 가지고 있다. … 박사 양반! 우리는 귀하의 간계를 알고 있다. 당신의 계획은 훌륭하지만, 이번에는 예측을 벗어날 것이다. 당신은 데이비드 흄을 본보기로 삼아 무신론이 기운을 잃은 자들을 위한 유일한 강심제이며 죽음의 공포에 대한 유일한 해독제임을 진실인 양 믿게 하려고 한다. … 그저 폐허가 된 바빌론을 비웃고 그저 무정한 악인 파라오를 축복할 따름이다!"(앞의 책, 21-22쪽) 아담 스미스의 동료들 가운데 정통파 기독교 지금까지 가정한 노동자들에게 가장 유리한 축적조건에서는 자본에 대한 노동의 종속관계는 견딜 만한, 또는 이든이 말한 것처럼 '안락하고 자유로운' 형태를 취하고 있다. 이러한 형태의 종속관계는 자본이 증가함에 따라 그 강도가 강화되는 대신에, 그저 확장되기만 할 뿐이다. 즉, 자본의 착취와 지배영역이 자본 자체의 규모와 자본에 종속된 사람들의 수와 더불어 확대될 뿐이다. 노동자들이 점점 더 많이 생산하여 추가자본으로 변하는 잉여생산물 가운데 더 많은 부분이 지불수단의 형태로 그들에게 되돌아오기 때문에, 그들은 향락범위를 확대하고, 소비기금을 더 좋은 옷을 입고 더 좋은 가구를 갖추는 등에 지출하고 약간의 예비금까지도 모을 수 있다. 그러나 더 좋은 옷과 음식 및 더 나은 대우 그리고 더 많은 노예들의 사유재산Peculium이 그들의 종속관계와 착취를 없애지 못하는 것처럼, 임금노동자의 종속관계와 착취도 사라지지 않는다. 자본축적으로 인해 상승하는 노동가격은 사실상 임금노동자가 직접 만들어 놓은 황금사슬의 규모나 무게가 그 사슬이 죄고 있는 힘을 느슨하게 한다는 것을 의미할 뿐이다. 이 주제에 대한 논쟁에서는 대체로 주요한 사실, 즉 자본주의적 생산을 특징짓는 차이가 간과되어 왔다. 자본주의적 생산에서 구매자는 노동력을 그 쓰임새라든지 그것의 생산물을 가지고 자신을 충족시키기 위해 구매하지 않는다. 그의 목적은 그의 자본이 가치를 늘리는 것, 그가 지불한 것보다 더

를 신봉하는 어떤 사람은 스미스가 죽은 후에 다음과 같이 쓰고 있다. "흄에 대한 우정이 스미스가 그리스도교인이 되는 것을 방해했다. … 그는 흄의 말이라면 다 믿었다. 흄이 그에게 '달은 녹색 치즈다'라고 말했더라도, 믿었을 것이다. 따라서 스미스는 신은 존재하지 않으며 기적은 없다는 흄의 말을 믿었던 것이다. … 정치적 이념에서 스미스는 공화주의에 가까웠다."(제임스 앤더슨, 《꿀벌》, 전18권, 에든버러, 1791-1793, 3권, 165-166쪽) 목사인 토마스 찰머스는 스미스가 프로테스탄트 목사들이 주님의 포도원에서 축복 받은 노동을 하고 있었음에도, 순전히 악의에서 그들을 염두에 두고 '비생산적 노동자'라는 범주를 고안하지 않았나 의심하고 있다.

많은 노동을 포함하고 있는, 따라서 아무런 비용이 들지 않았지만 상품판매를 통해 현금화될 수 있는 가치부분을 포함하고 있는 상품의 생산이다. 잉여가치의 생산 또는 이윤의 획득은 자본주의적 생산방식의 절대적 법칙이다. 노동력은 생산수단을 자본으로 유지시키고, 자신의 가치를 자본으로 재생산하고 그리고 미지불된 노동으로 추가자본의 원천을 제공하는 한에서만 판매될 수 있다.[397] 따라서 노동력의 판매조건은, 노동자에게 불리하든 유리하든 간에 노동력의 끊임없는 재판매와 부의 끊임없는 자본으로의 확대재생산을 포함하고 있다. 이미 살펴본 바와 같이, 임금은 그 본질로 보아 노동자 측에서 일정한 양의 미지불노동을 끊임없이 제공하는 것을 그 조건으로 한다. 노동의 가격이 하락함에도 임금이 상승하는 경우를 완전히 무시한다면, 임금의 증가는 기껏해야 노동자가 해야만 하는 미지불노동의 양적인 감소를 의미할 뿐이다. 이 감소는 결코 체제 그 자체를 위협할 수 있는 지점까지 진행될 수 없다. 아담 스미스가 이미 보여주었듯이 이러한 임금률을 둘러싼 격렬한 충돌에서는 대체로 주인이 승자인데, 이러한 충돌을 무시한다면, 자본의 축적에서 발생하는 노동가격의 상승은 다음의 두 가지 경우 가운데 하나를 가정하고 있다.

첫째, 노동가격의 상승이 축적의 진행을 방해하지 않기 때문에 그 상승이 계속되는 경우이다. 이것은 전혀 놀랄 만한 일이 아니다. 그 이유를 아담 스미스가 다음과 같이 말하고 있다.

---

397) 2판의 주석. "그러나 고용의 한계는 공업노동자나 농업노동자에게나 똑같다. 즉, 그 한계는 그들의 생산물로부터 기업가가 이윤을 뽑아낼 수 있는 가능성이다. 임금률이 주인의 이익을 평균이윤 이하로 떨어뜨릴 정도로 상승한다면, 그는 노동자를 고용하기를 중단하거나, 임금의 인하를 인정한다는 조건에서만 노동자를 고용한다."(존 웨이드, 앞의 책, 240쪽)

"이윤이 하락하는 경우에도 자본은 증가한다. 자본은 이전보다 더 빠르게 증가하기까지 한다. … 일반적으로 규모가 큰 자본은 더 적은 이윤을 가지고도 더 큰 이윤을 낸 규모가 작은 자본보다 더 빠르게 증가한다."(아담 스미스, 앞의 책, 1권, 189쪽)

이 경우에 미지불노동의 감소가 자본의 지배의 확장을 전혀 방해하지 않는다는 것은 분명하다. 두 번째 경우는 앞의 첫 번째 경우를 뒤집어 놓은 것인데, 노동가격의 상승으로 인해 이익에 대한 자극이 줄어들어 축적이 느슨해지는 경우이다. 축적은 감소한다. 그러나 축적의 감소와 더불어 그 감소의 원인, 즉 자본과 착취 가능한 노동력 사이의 불균형이 사라진다. 즉 자본주의적 생산과정의 메커니즘은 그것이 만든 일시적인 장애물을 스스로 제거한다. 노동가격은 다시 자본의 증식욕구에 적합한 수준까지 떨어진다. 그런데 이 수준이 임금이 상승하기 이전에 정상적이라고 간주되었던 수준보다 낮든, 높든 또는 동일하든 간에 노동가격은 하락한다. 따라서 첫째 경우에는 자본에 대한 노동력 또는 노동자인구의 절대적 또는 상대적 증가율의 하락이 자본을 남아돌게 만든 것이 아니라, 그 반대로 자본의 증가가 착취 가능한 노동력을 모자라게 만들었다. 둘째 경우에는 자본에 대한 노동력 또는 노동자인구의 절대적 또는 상대적 증가율의 상승이 자본을 모자라게 만든 것이 아니라, 그 반대로 자본의 감소가 착취 가능한 노동력을, 더 정확하게 말하자면 그 가격을 남아돌게 만들었다. 착취 가능한 노동력의 양의 상대적 운동에 반영된 것이 바로 이러한 자본축적의 절대적 운동이며, 따라서 후자가 노동력의 양 자체의 운동에 의존하고 있는 것처럼 보인다. 수학적 표현을 적용하자면, 축적의 크기가 독립변수이며 임금크기는 종속변수이지 그 반대는 아니다. 따라서 산업순환의 공황국면에서 상품가격의 전반적 하락은 상대적 화폐가치의 상승으로 나타나며, 호황국면에서는 상품가격의 전반적 상승은 상대적 화폐가치의 하락으로 나타난다. 이러한 사실로부터 이른바 통화학파Currency-Schule는 가격이 높은 경우에는 너무 많은 화폐가, 가격이 낮은 경우에는 너무 적은 화폐가 유통되고 있다는 결론을 내린다. 이 학파의 무지와 사실에 대한 오인[398]은 앞에서 설명한 축적의 현상들을 첫째 경우에는 임금노동자가 너무 적게 존재하는 것으로 둘째 경우에는 너무 많이 존재하는 것으로 해석하고 있는 경제학자들의 그것과 필적할 만하다.

이른바 '자연의 인구법칙'의 토대를 이루는 자본주의적 생산의 법칙은 간단하게 말하면 다음과 같은 사실로 귀결된다. 축적되는 자본과 임금률의 관계는, 자본으로 변하는 미지불노동과 추가자본의 운동에 필요한 추가노동 사이의 관계이다. 그것은 자본의 크기와 노동자 수라는 두 개의 서로 독립적인 크기의 관계가 결코 아니다. 오히려 최종적으로는 동일한 노동자인구의 미지불노동과 지불노동 사이의 관계일 뿐이다. 노동자계급에 의해 제공되고 자본가계급에 의해 축적되는 미지불노동의 양이 지불노동의 특별한 추가를 통해서만 자본으로 변할 수 있을 정도로 빠르게 증가한다면 임금은 상승하며, 다른 모든 조건들이 동일하다면, 미지불노동은 이에 비례하여 감소한다. 그러나 이 감소가, 자본을 먹여 살리는 잉여노동이 더이상 정상적인 양을 공급하지 못하는 지점에 이르자마자 반작용이 시작된다. 수입 가운데 더 적은 부분이 자본화되고 축적은 느슨해지며 상승하

---

398) 맑스, 《정치경제학 비판을 위해》, 165쪽 이하를 참조하라.

고 있던 임금운동은 반격 당한다. 따라서 노동가격의 상승은 자본주의적 체제의 토대를 건드리지 않을 뿐만 아니라, 더 확대된 규모에서 그것의 재생산을 보장하는 한계를 벗어나지 못한다. 하나의 자연법칙으로 신비화된 자본주의적 축적법칙은 실제로는, 자본주의적 축적의 본질이 자본관계의 끊임없는 재생산과 확대재생산을 심각하게 위협할 수 있는 그 어떤 노동착취도의 하락이나 노동가격의 증가도 배제하고 있다는 사실을 표현하고 있을 뿐이다. 노동자가 현존하는 가치의 증식 욕구를 위해 존재하고 그 반대로 물적 부가 노동자의 자기 발전욕구를 위해 존재하지 않는 생산방식에서는 그렇게 될 수밖에 없다. 종교에서 인간이 자신의 두뇌가 만든 것에 지배당하듯이, 자본주의적 생산에서 인간은 자신이 손으로 만든 것에 지배당한다.[399]

---

399) "그러나 이제 자본 자체가 인간노동의 산물에 지나지 않는다는 것을 증명한 우리의 최초의 연구로 되돌아간다면, … 인간이 자기 자신의 생산물인 자본의 지배 아래 들어가 그에 종속될 수 있다는 것은 전혀 이해할 수 없는 일처럼 보인다. 이러나 이것은 부정할 수 없는 사실이기 때문에, 나도 모르게 다음과 같은 의문이 뇌리를 스친다. 자본의 창조자인 노동자가 어떻게 자본의 지배자에서 자본의 노예가 될 수 있었는가?"(폰 튀넨(Von Thünen)), 《고립된 국가》, 2부, 2편, 로스톡, 1863, 5-6쪽) 이러한 의문을 제기한 것은 튀넨의 공적이지만, 그의 답은 정말 유치하다.

2절
축적과 그와 더불어 발생하는 집적의 진행과정에서 나타나는
가변자본 부분의 상대적 감소

경제학자의 말에 따르면 임금상승을 야기하는 것은 현존하는 사회적 부의 규모도 아니고 이미 획득된 자본의 크기도 아니며, 오로지 축적의 지속적인 증가와 그 증가속도이다.(아담 스미스, 앞의 책, 1권, 8장) 지금까지 우리는 이 과정 가운데 하나의 특수한 국면, 즉 자본의 기술적 구성이 그대로 유지되면서 자본증가가 일어나는 국면만을 살펴보았다. 그러나 이 과정은 이러한 국면을 넘어서 진행된다.

자본주의적 체제의 일반적 토대가 일단 주어지면, 축적의 진행과정에서 사회적 노동생산력의 발전이 축적의 가장 강력한 수단이 되는 시점에 진입한다. 스미스는 다음과 같이 말한다.

"임금 상승과 동일한 원인, 즉 자본의 증가는 노동의 생산능력을 증가시켜, 더 적은 노동양이 더 많은 양의 생산물을 생산할 수 있게 한다."(스미스, 앞의 책, 1편, 142쪽)

토지의 비옥도 등과 같은 자연조건과, 상품의 양에 양적으로 나타나기보다는 재화Güte의 품질에 질적으로 나타나는 독립하여 혼자 일하는 생산자의 숙련을 무시하면, 노동의 사회적 생산수준은 어떤 노동자가 일정한 시간에 동일한 긴장도의 노동력을 가지고 생산물로 변화시킨 생산수단의 상대적인 양적 규모로 표현된다. 그가 기능하기 위해 사용하는 생산수단의 양은 그의 노동생산력이 향상됨에 따라 증가한다. 이 경우에 생산수단은 두 가지 역할을 수행한다. 어떤 생산수단의 증가는 노동생산력이 향상된 결과이며, 또 다른 생산수단의 증가는 노동생산력의 향상을 위한 조건이다. 예를 들면, 매뉴팩처 방식의 분업과 기계장치의 사용으로 동일한 시간에 더 많은 원료가 가공됨으로써 더 많은 양의 원료와 보조재가 노동과정으로 투입된다. 이것은 노동생산력이 향상된 결과이다. 다른 한편 사용된 기계장치, 역축, 광물성 비료, 배수관 등은 노동생산력이 향상되기 위한 조건이다. 건물, 거대한 화로, 운송수단 등으로 집적된 생산수단도 마찬가지이다. 그러나 조건이든 결과이든 간에, 생산수단에 합체되는 노동력과 비교해 더 많이 증가하는 생산수단의 양적 규모는 노동생산력의 향상을 나타낸다. 따라서 노동생산력의 향상은 노동에 의해 작동되는 생산수단의 양과 비교한 노동양의 상대적인 감소로, 노동과정의 물적 요인들에 비해 그 주체적 요인의 양적 감소로 나타난다.

자본의 기술적 구성에서의 이러한 변화, 즉 생산수단에 생명을 불어넣는 노동력의 양에 비해 상대적으로 더 많은 생산수단의 양의 증가는 자본의 가치구성에, 즉 자본의 가치를 구성하는 가변부분의 희생으로 하는 불변부분의 증가에 반영된다. 예를 들자면 어떤 자본을 백분율로 계산하면, 맨 처음에 각 50%씩 생산수단과 노동력에 투하되었는데, 이후에 노동생산력이 향상됨에 따라 80%가 생산수단에 20%가 노동력에 투하된다는 것 등등이다. 자본의 불변부분이 가변부분에 비해 점차적으로 더 증가한다는 이 법칙은 (이미 앞에서 설명한 것처럼) 단 한 나라의 상이한 경제적 시기든 동일한 시기의 상이한 나라들에서든 간에 상품가격에 대한 비교분석에 의해 도처에서 확인된다. 소비되는 생산수단의 가치, 즉 불변자본 부분만을 대표하는 가격요소의 상대적 크기는 축적의 진전에 정비례하고, 노동에 지불되는 부분, 즉 가변자본 부분을 대표하는 가격요소는 일반적으로 축적의 진전에 반비례할 것이다.

그러나 불변자본 부분에 대한 가변자본 부분의 감소, 즉 자본의 가치 구성의 변화는 자본을 구성하는 물적 부분에서 일어나는 구성의 변화를 미루어 알게 해줄 뿐이다. 예를 들어 오늘날에는 방적업에 투하된 자본가치가 7/8은 불변자본 1/8은 가변자본인데 반하여, 18세기 초반에는 1/2은 불변자본 그리고 1/2은 가변자본이었다. 그렇지만 일정한 양의 방적노동이 현재 생산적으로 소비하는 원료, 노동수단 등의 양은 18세기 초에 비하여 수백 배나 더 많다. 그 이유는 간단하다. 노동생산력이 향상됨에 따라 노동에 의해 소비되는 생산수단의 규모가 증가할 뿐만 아니라, 동시에 그 규모에 비해 생산수단의 가치가 하락하기 때문이다. 따라서 생산수단의 가치는 절대적으로는 증가하지만, 그 규모에 비례해서 증가하지 않는다. 이런 까닭에 불변자본과 가변자본 간에 발생하는 차이의 증가는 불변자본이 변화되는 생산수단의 양과 가변자본이 변화되는 노동력 간의 차이의 증가보다 훨씬 적다. 전자의 차이는 후자의 차이와 함께 증가하기는 하지만, 그 증가의 폭은 더 적다.

덧붙이자면, 축적의 진전은 가변자본 부분의 상대적 크기를 감소시키지만, 그 절대적 크기는 증가할 수도 있다. 어떤 자본가치가 처음에 불변자본과 가변자본으로 50대 50으로 분할되었다가, 나중에 80대 20으로 분할된다고 가정해보자. 이러한 변화가 진행되는 동안에 최초자본, 말하자면

6,000£이 18,000£로 증가했다면, 그 가변부분도 ⅓만큼 증가했다. 이 가변부분은 3,000£이었는데, 이제 3,600£이 되었다. 그러나 이전에는 노동에 대한 수요를 20% 증가시키는 데 20%의 자본증가로 충분했지만, 이제 최초자본의 3배가 필요하다.

4편에서는, 노동의 사회적 생산력 발전이 어떻게 대규모의 협업을 전제로 하며, 어떻게 이런 전제에서만 노동의 분할이나 결합이 조직되는지, 어떻게 생산수단이 대량으로 집적됨으로써 절약될 수 있으며, 그 물적 형태상 이미 공동으로 사용할 수밖에 없는 노동수단, 즉 기계장치 시스템 등이 어떻게 만들어졌는지 그리고 어떻게 엄청난 자연력이 생산에 이용될 수 있게 되었으며 그리고 어떻게 생산과정이 과학의 기술적 응용으로 변했는지 등을 보여주었다. 생산수단이 사적소유이고, 따라서 육체노동자가 혼자의 힘으로 상품을 생산하거나 또는 자기 경영을 하기 위한 수단이 없기 때문에 그의 노동력을 상품으로 판매하는 상품생산의 토대에서 대규모 협업은, 개별자본의 증가에 의해서나 사회적 생산수단과 소비수단이 자본가의 사적소유로 바뀌는 정도에 따라서만 실현된다. 상품생산이라는 토대는 대규모 생산을 자본주의적 형태로써만 떠받칠 수 있다. 따라서 개별상품생산자의 수중에서 일정한 자본이 축적되는 것은 전형적인 자본주의적 생산방식의 전제조건이 된다. 이러한 이유로 우리는 수공업에서 자본주의식 경영으로 이행하는 경우 이러한 축적이 이루어진다는 것을 가정해야 한다. 이러한 축적을 '시초축적'이라고 부를 것이다. 이 축적은 전형적인 자본주의적 발전의 결과가 아니라 역사적 토대이기 때문이다. 여기에서는 본원적 축적 자체가 어떻게 발생했는가는 아직 연구할 필요가 없다. 그것이 출발점을 이룬다는 사실로 충분하다. 그러나 이것을 토대로 하여 성장하는 노동의 사회적 생산력을 향상시키기 위한 모든 방법은 동시에 잉여가치 또는 잉여생산물의 생산을 증가시키는 방법인데, 이 잉여생산물은 이제 그 자체가 축적을 형성하는 요소이다. 따라서 이 방법은 동시에 자본에 의한 자본의 생산방법 또는 자본의 축적을 촉진시키는 방법이다. 잉여가치의 지속적 자본화는 생산과정으로 들어가는 자본의 크기가 증가한다는 사실을 나타낸다. 그리고 이 자본크기의 증가는 이제 그 자체가 더 큰 규모로의 생산을 확대하는 토대가 되며, 이에 따라 노동생산력을 향상시키기 위한 방법과 가속화된 잉여가치의 생산을 위한 방법의 토대가 된다. 전형적인 자본주의적 생산방식의 조건으로서의 일정한 수준의 자본축적이 나타난다면, 자본주의적 생산방식은 반작용하여 자본의 축적을 촉진하는 원인이 된다. 따라서 자본의 축적과 더불어 전형적인 자본주의적 생산방식이 발달하며, 전형적인 자본주의적 생산방식의 발전과 더불어 자본의 축적이 발전한다. 이 두 가지 경제적 요인들은 서로 주고받는 자극에 비례하여 자본의 기술적 구성에 변화를 야기하며, 이 변화에 의해 자본의 가변부분은 그 불변부분에 비해 점점 더 작아진다.

각 개별 자본은 크거나 작은 생산수단의 집적이며 이에 상응하여 크거나 작은 노동자 군대에 대한 지휘권을 가지고 있다. 모든 축적은 새로운 축적의 수단이 된다. 자본으로 기능하는 부의 양이 증가함에 따라 축적은 개별자본가의 수중에 집적되는 부를 확대시켜, 대규모 생산과 전형적인 자본주의적 생산방식의 토대를 확대한다. 수많은 개별자본이 증가함으로써 사회적 자본이 증가한다. 다른 모든 상황이 그대로 유지된다면, 개별자본과 그 개별자본에 집적된 생산수단은 사회적 총자본에서 그 개별자본이 차지하는 비율에 따라 증가한다. 이와 동시에 최초자본Originalkapital에서 새끼

자본들이 갈라져 나와 새로운 독립된 자본으로 기능한다. 이 경우에는 특히 자본가 가족 내에서의 재산분배가 커다란 역할을 한다. 따라서 자본의 축적이 진행됨에 따라 많든 적든 간에 자본가의 수도 증가한다. 이러한 종류의 집적은 직접적으로 축적에 기인하거나, 더 정확히 말하자면 축적 그 자체와 동일한 것으로, 두 가지 특징을 가진다. 첫째, 개별자본가 수중으로의 집적되는 사회적 생산수단의 증가는, 기타 상황이 그대로 유지된다면, 사회적 부가 증가되는 정도에 의해 제한된다. 둘째, 사회적 자본 가운데 각 특정 생산영역에 정착하고 있는 부분은 수많은 자본가들 사이에 분배되는데, 이들은 서로 경쟁하는 독립된 상품생산자로서 서로 대립한다. 따라서 축적과 이에 따른 집적이 많은 곳에 분산되어 있을 뿐만 아니라, 기능하고 있는 자본의 증가는 새로운 자본의 형성과 오래된 자본의 분할에 의해 방해받는다. 따라서 축적은 한편으로 생산수단과 노동에 대한 지휘권의 증가하는 집적으로 나타나며, 다른 한편으로 수많은 개별자본 상호간의 밀어내기로 나타난다.

이러한 사회적 총자본의 수많은 개별자본으로의 분열과 이 분열된 각 부분들 상호간의 밀어내기는 이 부분들이 서로 끌어당기는 힘에 의해 저지된다. 이것은 더이상 축적과 동일한 집적, 즉 생산수단과 노동에 대한 지휘권의 단순한 집적이 아니다. 그것은 이미 형성된 자본의 집적이며, 그 개별적 독립성의 파괴이며, 자본가에 의한 자본가의 수탈이며, 수많은 소자본이 더 적은 수의 대자본으로 변하는 것이다. 이 과정이 첫 번째 과정과 구별되는 점은, 이 과정은 단지 이미 존재하면서 기능하고 있는 자본의 변화된 분배만을 전제로 하며, 따라서 그 작용 범위는 사회적 부의 절대적 증가나 축적의 절대적 한계에 의해 제한받지 않는다는 사실이다. 자본이 한 곳에서 한 사람의 수중에 대량으로 부풀어 오르는 이유는 다른 곳에서 자본이 수많은 사람들의 수중에서 상실되었기 때문이다. 이것이 축적Akkumulation및 집적Konzentration과 구별되는 말 그대로의 집중Zentralisation이다.

이 자본집중의 법칙 또는 자본 간의 끌어당김의 법칙을 여기에서는 설명할 수 없다. 몇몇 사실을 간단히 지적해 두는 것만으로 충분하다. 경쟁은 상품가격의 하락을 가져온다. 저렴한 상품가격은, 모든 사정이 그대로라면 노동생산력에 의존하며, 노동생산력은 생산의 규모에 의존한다. 따라서 더 큰 자본이 더 작은 자본을 경쟁에서 물리친다. 더 나아가 우리는 자본주의적 생산방식이 발전함에 따라 정상적인 조건 하에서 사업을 경영하는 데 필요한 개별자본의 최소 규모가 증가한다는 사실을 기억하고 있다. 따라서 소규모 자본은 대공업이 아주 드물게 또는 불완전하게 장악하고 있는 생산영역으로 몰려든다. 이 생산영역에서 경쟁은 서로 경쟁하는 자본의 수에 정비례하고, 그 규모에 반비례하여 격렬해진다. 이 경쟁은 늘 수많은 소규모 자본가의 몰락으로 끝나는데, 그들의 자본은 일부는 승리자의 수중으로 넘어가고 일부는 사라진다. 이러한 사실을 차치하더라도, 자본주의적 생산과 함께 전혀 새로운 권력인 신용제도가 만들어진다. 이 신용제도는 처음에는 은밀하게, 적은 보조금으로 축적에 살짝 끼어들어, 막후에서 사회의 표면에 걸쳐 크고 작은 양으로 산재되어 있는 자금을 개별자본가나 결합된 자본가의 수중으로 끌어들이지만, 얼마 안 가서 경쟁에서 새로운 가공할 만한 무기가 되며, 결국에는 자본을 집중시키기 위한 하나의 거대한 사회적 기구가 되어 버린다.

자본주의적 생산과 축적이 발전함에 따라, 그와 같은 정도로 자본을 집중시키는 가장 강력한 수단인 경쟁과 신용도 발달한다. 이와 더불어 축적의 진전은 집중될 수 있는 대상인 개별자본의 수를 증가시키는 반면에, 자본주의적 생산의 확대는 한편으로 사회적 욕망을 만들어내고, 다른 한편으로 자본이 이미 집중되어있을 때에만 실현가능한 강력한 공업기업을 위한 기술적 수단을 만들어낸다. 따라서 오늘날에는 개별자본의 서로 끌어당기는 힘과 집중의 경향이 과거 어느 때보다 더 강력하다. 그러나 집중운동의 상대적 범위와 힘은 어느 정도까지는 이미 달성된 자본주의적 부의 크기와 경제적 기구의 우월성에 의해 결정되기는 하지만, 집중의 진전은 결코 사회적 자본의 양의(플러스) 증가에 의존하지 않는다. 그리고 특히 이 점이 집중을 집적과 구별하는데, 집적은 확대재생산을 다르게 표현한 것에 불과하다. 집중은 이미 존재하는 자본의 변화된 분배만으로도, 즉 사회적 자본을 구성하는 부분을 단순히 양적으로 재편성함으로써 이루어질 수 있다. 자본은 한 곳에서 한 사람의 수중에서 눈덩이처럼 불어날 수 있는데, 다른 곳에서 많은 사람들의 수중에서 자본을 빼앗았기 때문이다. 어떤 주어진 산업 부문에서 거기에 투하된 모든 자본이 하나의 자본으로 합병된다면 집중은 그 극한치에 도달할 것이다.[400] 주어진 어떤 사회에서 이 한계는 모든 사회적 총자본이 한 사람의 자본가 또는 단 하나의 자본가 회사의 수중으로 통합되는 바로 그 순간에야 비로소 도달할 것이다.

집중은 산업자본가에게 그들의 사업규모를 확대할 수 있게 해줌으로써 축적 활동을 보완한다. 이 산업규모의 확대가 축적의 결과이든 집중의

---

400) 4판의 주석. 최근의 잉글랜드와 아메리카의 '트러스트'들은 적어도 한 산업 부문의 모든 대기업들을 실제적인 독점권을 가진 하나의 거대한 주식회사로 통합하려고 함으로써 이러한 목표를 향해 나아가고 있다. -프리드리히 엥엘스

결과이든, 또는 집중이 합병이라는 폭력적인 방법으로 이루어지든 -이 경우에는 일정한 자본이 다른 자본에 비하여 우세한 인력引力의 중심이 되어 다른 자본의 개별적 응집력을 파괴한 후 산산조각 난 파편들을 끌어당긴다 또는 이미 형성되었거나 형성되고 있는 다수 자본의 결합이 주식회사의 설립이라는 원활한 방법으로 이루어지든 간에 그 경제적 효과는 동일하다. 어느 곳에서나 산업 설비의 확장은 수많은 사람들의 총노동을 보다 포괄적으로 조직하기 위한, 그들의 물적 추진력을 보다 광범위하게 발전시키기 위한, 즉 고립되어 관습적으로 운영되는 생산과정을 사회적으로 결합되고 과학적으로 배치된 생산과정으로 끊임없이 변화시키기 위한 출발점을 이룬다.

그런데 자본의 점차적인 증가인 축적은 원형에서 나선형으로 이행하는 재생산에 의해 이루어지는데, 그저 사회적 자본을 구성하는 부분을 양적으로 재편성하기만 하면 되는 집중에 비하면 명백하게 매우 더디게 진행되는 과정이다. 몇몇 개별자본이 철도를 부설할 수 있을 정도로 성장할 때까지 축적되기를 기다려야 했다면, 철도는 아직 이 세상에 없을 것이다. 그러나 집중은 주식회사를 통해 철도를 순식간에 깔아버렸다. 그리고 집중은 축적의 작용을 강화하고 촉진하는 동시에 자본을 구성하는 가변부분을 희생하여 그 불변부분을 증가시켜 노동에 대한 상대적인 수요를 감소시키는 자본의 기술적 구성의 급진적인 변화를 확대하고 촉진한다.

집중을 통해 하룻밤 사이에 결합된 자본덩어리는 다른 자본과 마찬가지로 재생산되고 증식되는데, 다만 더 급속하게 진행되어 사회적 축적의 새로운 강력한 수단이 된다. 따라서 사회적 축적의 진전에 대해 말한다면,

오늘날에는 집중의 작용이 그 안에 암묵적으로 포함되어 있다.

축적이 정상적으로 진행되는 과정에서 형성되는 추가자본(22장 1절을 보라)은 주로 새로운 발명과 발견을 이용하기 위한 수단으로 사용되며, 대개는 산업적으로 더 개량된 것을 이용하기 위한 수단으로 사용된다. 그러나 오래된 자본도 시간이 지남에 따라 자신을 근본적으로 갱신할 순간을 맞이하는데, 그 때에 오래된 자본도 허물을 벗고 기술적으로 더 완벽해진 모습으로 다시 태어나게 된다. 이렇게 되면 더 많은 양의 기계장치와 원료를 가동시키는 데 더 적은 양의 노동으로도 충분하다. 이로부터 어쩔 수 없이 발생하는 노동에 대한 수요의 절대적인 감소는 이 갱신과정을 거치는 자본이 집중운동에 의해 이미 대량으로 집적되어 있을수록 더 커진다는 사실은 분명하다.

따라서 한편으로 축적의 진행과정에서 형성된 추가자본은 그 크기에 비해 점점 더 적은 수의 노동자를 끌어당긴다. 다른 한편으로 주기적으로 새로운 구성으로 재생산되는 오래된 자본은 이전에 고용했던 노동자를 점점 더 많이 축출한다.

3절
상대적 과잉인구 또는 산업예비군의 누진적 생산

처음에는 양적 확대로만 나타난 자본의 축적은, 우리가 본 것처럼 자본구성의 끊임없는 질적 변동, 즉 자본을 구성하는 가변부분을 희생하여 그 불변부분을 지속적으로 증가시키면서 진행된다.[401]

전형적인 자본주의적 생산방식과 그에 따른 노동생산력의 발전, 그리고 이로 인해 야기된 자본의 유기적 구성의 변동은 축적의 진전 또는 사회적 부의 증가와 보조를 맞추어 진행되지 않을 뿐만 아니라 비교도 안될 만큼 더 빠르게 진행된다. 단순한 축적, 즉 총자본의 절대적 확대는 총자본을 구성하는 개별요소들의 집중을 수반하기 때문이며, 또 추가자본의 기술적 변혁은 최초자본의 기술적 변혁을 수반하기 때문이다. 즉 축적이 진행됨에 따라 자본의 가변부분에 대한 불변부분의 비율이 변하게 된다. 최초에 1:1이었던 것이 2:1, 3:1, 4:1, 5:1 그리고 7:1 등으로 변하여, 자본이 증가함에 따라, 그 총가치의 1/2 대신에 1/3, 1/4, 1/5, 1/6, 1/8 등만이 노동력으로 변하며, 2/3, 3/4, 4/5, 5/6, 7/8 등은 생산수단으로 변한다. 노동에 대한 수요가 총자본의 규모가 아니라 그 총자본을 구성하는 가변자본에 의해 결정되기 때문에, 노동에 대한 수요는 우리가 앞에서 가정한 바와 같이 총자본에 비례하

---

401) 3판의 주석. 맑스가 보관용으로 가지고 있던 책의 여백에는 다음과 같은 주석이 있다. "이후의 연구를 위해 지적해두고자 한다. 즉, 양적으로만 확대되면, 동일한 산업 부문에서 이윤은 자본의 규모에 상관없이 투하된 자본들의 크기에 비례한다. 양적인 확대가 질적으로 작용하면, 그와 동시에 보다 큰 자본의 이윤율은 상승한다."

여 증가하는 것이 아니라, 총자본의 크기가 증가함에 따라 점차로 감소한다. 노동에 대한 수요는 총자본의 크기에 비해 상대적으로 감소하고, 총자본의 크기가 커짐에 따라 더 빠른 속도로 감소한다. 또한 총자본이 증가함에 따라 총자본을 구성하는 가변부분, 즉 총자본에 합체되는 노동력이 증가하기는 하지만 총자본에서 차지하는 비율은 끊임없이 감소한다. 축적이 단지 주어진 기술을 토대로 하는 생산의 확대로 이루어지는 중간휴식기는 단축된다. 주어진 크기의 노동자 수를 추가로 고용하거나 심지어 오래된 자본의 끊임없는 형태변화로 인해 이미 기능하고 있는 노동자를 고용하기 위해서 총자본이 더 빠르게 증가하는 속도로 진행되는 축적만이 필요한 것은 아니다. 그런데 이번에는 이 증가하는 축적과 집중 자체가 자본의 구성을 변동시키는, 즉 자본을 구성하는 불변부분에 비해 그 가변부분을 또 다시 더 빠른 속도로 감소시키는 원천으로 돌변한다. 총자본이 증가함에 따라 가속화되며, 총자본 자체의 증가보다 더 빠른 속도로 진행되는 총자본의 가변부분의 상대적 감소는 오히려 겉으로는 언제나 가변자본 또는 가변자본을 고용하는 수단의 증가보다 더 빠르게 증가하는 노동자인구의 절대적 증가로 나타난다. 그러나 자본주의적 축적은 오히려, 그 힘이나 규모에 비해 끊임없이 상대적인, 즉 자본의 평균적 가치증식 욕구를 넘어서는 따라서 과잉된 노동자인구 또는 보조 노동자인구를 생산해낸다.

사회적 총자본을 살펴보면, 그 축적운동은 때로는 주기적인 변동을 야기하고 때로는 그 운동의 계기들이 여러 산업영역으로 동시에 퍼져나간다. 몇몇 영역에서는 자본구성의 변동이 자본의 절대적 크기의 증가 없이, 단순한 집중의 결과로 일어나며, 다른 영역에서는 자본의 절대적인 증가가 그 가변 구성부분의 절대적인 감소 또는 그것에 의해 흡수되는 노동력의 절대적인 감소와 연관되어 있다. 또 다른 영역에서 자본은 때로는 주어진 기술적 토대에서 계속 증가하고 그 증가에 비례하여 노동력을 추가로 흡입하고 때로는 유기적 변동이 일어나서 자본의 가변 구성부분이 줄어든다. 모든 영역에서 가변 자본부분의 증가, 즉 고용된 노동자의 수는 언제나 격렬한 과잉인구의 변동과 그것의 일시적 생산과 연결되어 있다. 그런데 이 과잉인구의 생산은 이미 고용된 노동자의 축출이라는 보다 두드러진 형태를 취하든 노동자 인구를 평상시의 루트를 통해 추가로 흡수하는 것을 곤란하게 하여 잘 드러나지는 않지만 효과는 그에 못지않은 형태를 취하든 마찬가지이다.[402] 이미 기능하고 있는 사회자본의 규모와 그 증가 정도에 따라서, 생산규모와 일하는 노동자의 수가 증가함에 따라서, 이들의 노동생산력이 향상됨에 따라서, 부가 그 모든 원천에서 보다 광대하고 풍부하게 분출됨에 따라서, 자본에 의한 더 많은 노동자의 끌어당김이 노동자의 더 강한 반발과 연관되어 있는 규모도 확장되며, 자본의 유기적 구성과

---

402) 잉글랜드와 웨일스의 인구조사는 특히 다음과 같은 사실을 보여준다. 농업에 종사하는 전체 인원(지주, 차지농장주, 원예가, 목동 등 포함)은 1851년에 2,011,147명이었는데 1861년에는 1,924,110명으로 87,337명이 줄었다. 소모사 직물공업에서는 1851년 102,714명, 1861년에는 79,242명, 견직공장에는 1851년 111,940명, 1861년에는 101,678명, 사라사 날염공은 1851년 12,098명, 1861년 12,556명인데 사업이 엄청나게 확장되었음에도 증가가 근소한 것은 고용된 노동자 수가 상대적으로 감소했기 때문이다. 모자 제조공은 1851년 12,098명, 1861년 12,556명, 밀짚모자 및 보닛 제조공은 1851년 20,393명, 1861년 18,176명, 엿기름 제조공은 1851년 10,566명, 1861년 10,677명, 양초 제조공은 1851년 4,949명에서 1861년 4,686명으로 감소했는데, 특히 가스조명이 증가했기 때문이다. 빗 제조공은 1851년 2,038명, 1861년 1,478명, 톱 제조공은 1851년 30,552명에서 1861년 31,647명으로 증가했는데, 이 증가 폭이 작은 이유는 기계톱의 비약적인 보급 때문이다. 못 제조공은 1851년 26,940명에서 1861년 26,130명으로 감소했는데, 기계와의 경쟁 때문이다. 주석 및 구리광산 노동자는 1851년 31,360명, 1861년 32,041명, 그와 반대로 면방적업 및 방직업은 1851년 371,777명, 1861년 456,646명, 탄광은 1851년 183,389명, 1861년 246,613명이다. "1851년 이후에는 기계장치가 아직 성공적으로 사용되지 않았던 부문에서 노동자 수의 증가가 일반적으로 가장 컸다."(《1861년 잉글랜드와 웨일스의 인구조사》, 3권, 런던, 1863, 35-39쪽)

자본의 기술적 형태의 변동속도가 빨라지며, 그리고 때로는 동시에 때로는 번갈아가면서 이 변동을 받게 되는 생산영역의 범위도 팽창한다. 따라서 노동자인구는 자신들이 만들어 낸 자본의 축적에 따라서 그들 자신을 상대적 과잉으로 만드는 수단을 더 큰 규모로 만들어낸다.[403] 이것이 바로 자본주의적 생산방식 특유의 인구법칙인데, 사실 모든 별개의 역사적 생산방식 또한 각각의 특별한, 역사적으로 타당한 인구법칙을 가지고 있다. 개념적으로 보편화된abstrakt 인구법칙은 식물과 동물에만 존재하는데, 그것도 인간이 역사적으로 간섭하지 않는 한에서 그러하다.

---

403) 몇 명의 고전파 경제학자는 가변자본의 상대적 크기의 누진적 감소의 법칙과 이 법칙이 임금노동자 계급의 상태에 미치는 영향을 이해했다기보다는 어렴풋이 느끼고 있었다. 이 점에 있어서는 존 바튼(John Barton)이 가장 큰 기여를 했다. 물론 그도 다른 고전파 경제학자들과 마찬가지로 불변자본과 고정자본을, 그리고 가변자본과 유동자본을 혼동하고 있다. 그는 다음과 같이 말한다. "노동에 대한 수요는 고정자본의 증가가 아니라 유동자본의 증가에 달려 있다. 이 두 가지 종류의 자본의 비율이 언제나 그리고 어떤 상황에서나 동일하다면, 이로부터 고용된 노동자의 수는 나라의 부에 따른다는 결론이 나온다. 그러나 이러한 주장은 실제로 있을 법한 일이 아니다. 자연과학이 발전하고 문명이 보급됨에 따라 고정자본이 유동자본에 비하여 점점 더 많이 증가한다. 한 필의 영국제 모슬린을 생산하는 데 사용된 고정자본의 액수는 같은 한 필의 인도제 모슬린을 생산하는 데 사용된 그것보다 적어도 백 배, 심지어 천 배는 더 클 것이다. 그리고 총 자본에서 유동자본이 차지하는 비율은 백 배 또는 천 배 적을 것이다. … 해마다 저축되는 총액이 고정자본에 추가된다면, 노동에 대한 수요를 증가시키는 데 아무런 영향도 미치지 않을 것이다."(존 바튼, 《사회의 노동자계급의 상태에 영향을 주는 여러 상황에 대한 고찰》, 런던, 1817, 16-17쪽) "어떤 나라의 순수입을 증가시키는 바로 그 원인이 인구를 남아돌게 만들고 노동자의 상태를 악화시킬 수 있다."(리카도, 앞의 책, 469쪽) 자본이 증가함에 따라 (노동에 대한) "수요는 상대적으로 하락한다."(같은 책, 480쪽의 주석) "노동을 유지하는 것으로 정해진 자본액은 자본 총액의 그 어떤 변화와도 상관없이 변할 수 있다. … 고용규모의 커다란 변동과 극심한 곤궁은 자본 자체가 풍부해짐에 따라 더 빈번해질 수 있다."(리처드 존스, 《정치경제학 입문 강의》, 런던, 1833, 12쪽) "(노동에 대한) 수요의 증가는 … 총자본의 축적에 비례하여 증가하지는 않을 것이다. … 따라서 재생산하는 것으로 정해진 한 나라의 자본의 그 어떤 증가도 사회적 진보가 진행됨에 따라 노동자의 상태에 점점 더 적은 영향을 미치게 된다."(램지, 앞의 책, 90-91쪽)

그러나 잉여 노동자인구가 축적 또는 자본주의적 토대에서의 부의 발전의 필연적 산물이라면, 이 과잉인구는 거꾸로 자본주의적 축적의 수단이 되며, 심지어 자본주의적 생산방식의 생존조건의 하나가 된다. 이 잉여 노동자인구는 자유로이 사용할 수 있는 산업예비군을 형성하는데, 마치 자본이 돈을 들여 키우기라도 한 것처럼 이 산업예비군은 전적으로 자본에 속한다. 이 잉여 노동자인구는 인구증가의 현실적인 한계와 무관하게 자본의 변동하는 가치증식욕구를 위해 언제나 준비되어 있는 착취 가능한 인간재료를 만들어낸다. 축적과 그에 수반하는 노동생산력이 발전함에 따라 자본의 돌발적인 팽창력이 증가하는 이유는, 기능하고 있는 자본의 탄력성이 증가하고, 자본이 단지 그 탄력적인 일부분을 이루고 있는 절대적 부가 증가하기 때문만이 아니며, 신용이 특별한 자극이 있을 때마다 이 부의 상당히 큰 부분이 잠깐 동안 추가자본으로서 생산에 쓰이기 때문만도 아니다. 생산과정 자체의 기술적 조건들, 즉 기계장치나 운송수단 등이 잉여가치를 대규모로 그것도 매우 빠르게 추가생산수단으로 바꾸어주기 때문이다. 축적이 진전됨에 따라 지나치게 부풀어 올라 추가자본으로 변할 수 있는 사회적 부의 양은 시장이 갑자기 확대된 오래된 생산부문이나, 오래된 생산부문이 발전함에 따라 그 수요가 생긴 새롭게 열린 철도 등과 같은 생산부문으로 밀려들어간다. 이 모든 경우에는 거대한 규모의 인간들이 갑작스럽게 그리고 다른 생산부문에 아무런 피해도 주지 않고 결정적인 시점에 다른 생산부문으로 투입될 수 있어야 한다. 과잉인구가 이러한 사람들을 공급한다. 근대산업이 지나는 특징적인 과정, 즉 중간 정도의 활황, 생산급증, 공황과 침체로 이루어지는 10년 주기의 순환과정은, 보다 작은 규모의 변동에 의해 중단되기는 하지만, 산업예비군 또는 과잉인구의 형성, 다소간의 흡수와 재형성에 그 근거를 두고 있다. 이 산업순환 국면들의 교체 자체가 과잉인구를 보충하며 이 과잉인구를 재생산하는 강력한 요인들 가운데 하나가 된다.

　　인류가 지나온 이전 시기에 마주치지 못했던 이러한 근대산업 특유의 순환과정은 자본주의적 생산의 유년기에도 있을 수 없었다. 자본의 구성은 매우 서서히 변했을 뿐이다. 즉 대체로 자본의 축적이 이루어지면 그에 걸맞게 노동에 대한 수요가 증가했다. 자본의 축적은 최근에 비해 천천히 진행되었지만, 축적은 착취 가능한 노동자인구라는 자연적 장벽에 부딪혔다. 그리고 이 장벽은 나중에 언급될 폭력적인 수단에 의해서만 제거될 수 있었다. 생산규모의 돌발적이고 급격한 팽창은 그 돌발적인 축소의 전제조건이다. 축소는 다시 팽창을 야기하지만, 팽창은 자유로이 사용할 수 있는 인간 재료 없이는, 인구의 절대적인 증가와 무관한 노동자의 증가 없이는 불가능하다. 이러한 노동자의 증가는 노동자들의 일부를 끊임없이 '방출하는' 단순한 과정에 의해서, 증가된 생산에 비해 고용노동자의 수를 줄이는 방법을 통해 이루어진다. 따라서 근대산업의 모든 운동 형태는 노동자인구의 일부분을 끊임없이 실업자나 반실업자로 변화시키는 데에서 생겨난다. 정치경제학의 천박함은 무엇보다도 산업순환의 주기적 변동을 나타내는 단순한 징후일 뿐인 신용의 팽창과 수축을 그것의 원인으로 보고 있는 데서 명백하게 드러난다. 일단 일정한 운동에 던져지면 동일한 운동을 끊임없이 반복하는 천체와 마찬가지로, 사회적 생산 역시 일단 확대와 축소가 번갈아 이루어지는 이 순환운동에 던져지자마자 그 운동을 끊임없이 되풀이한다. 결과가 이번에는 원인이 되며, 자신의 조건을 끊임없이 재생산하는 전체 과정의 국면들의 교체는 주기성의 형태를 취한다.[404] 이러한 주기성이 일단 확고해지자 정치경제학조차도 상대적 과잉인구, 즉 자본의 평균적인 증식욕구에 비해 남아도는 인구의 생산을 근대산업의 생존조건 으로 파악했다. 옥스퍼드 대학의 정치경제학 교수였다가 나중에 잉글랜드 식민성의 관리가 된 메리베일H. Merivale은 다음과 같이 말하고 있다.

"공황기에 국가가 수십만 명의 남아도는 빈민들을 해외 이주를 통해 처리하는 데 온 힘을 기울인다면, 그 결과는 어떻게 될 것인가? 노동에 대 한 수요가 회복되자마자 부족이 생기게 될 것이다. 인간이 얼마나 빠르게 재생산될지는 모르지만, 성인 노동자를 보충하기 위해서는 어쨌든 한 세대 라는 기간이 필요하다. 그런데 우리 공장주의 이익은 주로 호황기의 유리 한 시기를 이용하여 불황기의 손실을 메우는 능력에 달려있다. 그들에게 이러한 능력은 오로지 기계장치와 육체노동에 대한 지휘권을 통해 보장된 다. 그들은 자유로이 사용할 수 있는 노동자를 발견해야 한다. 공장주는 시 장의 상황에 따라서 필요한 때에는 노동자의 작업 활동을 강화하거나 느슨 하게 할 수 있어야 한다. 그렇지 않으면 그들은 경쟁몰이에서 이 나라 부의

---

404) 맑스가 전 권에 관여한 프랑스어 판에는 이 부분에 다음과 같은 문장이 삽입되어 있 다. "그러나 기계공업이 깊게 뿌리를 내려서 국민총생산에서 압도적인 영향을 미치게 되었 을 때, 기계공업으로 말미암아 해외무역이 국내 상업을 능가하기 시작했을 때, 세계시장이 신세계에서, 아시아에서 그리고 오스트레일리아에서 더 넓은 지역을 점차적으로 장악했 을 때, 마지막으로 경쟁에 참가한 공업국들이 수적으로 충분하게 많아졌을 때, 이 모든 일 이 벌어진 후에야 비로소 끊임없이 재생산되는 순환이 시작되었다. 이 순환에서 잇따르는 국면들은 몇 년에 걸쳐 지속되다가, 한 순환의 종점인 동시에 새로운 순환의 출발점인 일 반적 공황으로 귀착된다. 지금까지 이러한 순환의 주기는 10년 또는 11년이었지만, 이 숫 자가 고정된 것으로 간주할 근거가 전혀 없다. 그 반대로, 우리가 바로 앞에서 설명한 것처 럼, 자본주의적 생산의 법칙들로부터 우리는 이 숫자는 가변적이며 순환주기는 점차로 단 축된다고 결론지을 수 있다. -편집자

토대를 이루고 있는 우위를 결코 유지할 수 없다."[405]

맬서스도 자신의 고루한 사고방식에 따라 과잉인구를 노동자인구의 상대적 과잉화로 설명하지 않고 그 절대적 과잉번식으로 설명하고는 있지만, 과잉인구를 근대산업의 필요조건으로 인정하고 있다. 그는 다음과 같이 말한다.

"결혼과 관련된 신중한 습관이, 주로 매뉴팩처와 상업에 의존하고 있는 나라의 노동자계급 사이에서 일정한 수준으로 행해지면, 그 나라에 해로울 수 있다. … 인구의 본질상 특수한 수요로 인해 증가된 노동자가 시장에 공급되는 것은 16-18년이 지난 후에나 가능한데, 수입의 자본으로의 변화는 저축 때문에 그보다 훨씬 빠르게 진행될 수 있다. 한 나라는 언제나 그 나라의 노동기금이 인구보다 더 빠르게 증가하는 상황에 처해 있다."[406]

이렇게 노동자의 상대적 과잉인구의 끊임없는 생산을 자본주의적 축적의 어쩔 수 없는 운명이라고 설명한 후, 정치경제학은 적절하게도 자본

---

405) 메리베일, 《식민지와 식민지 개척에 관한 강의》, 런던, 1841과 1842, 1권, 146쪽.

406) "Prudential habits with regard to marriage, carried to a considerable extent among the labouring class of a country mainly depending upon manufactures and commerce, might injure it… From the nature of a population, an increase of labourers cannot be brought into market, in consequence of a particular demand, till after the lapse of 16 or 18 years, and the conversion of revenue into capital, by saving, may take place much more rapidly; a country is always liable to an increase in the quantity of the funds for the maintenance of labour faster than the increase of population."(맬서스, 《정치경제학 원리》, 215, 319-320쪽). 이 저작에서 맬서스는 드디어 시스몽디의 도움을 받아 자본주의적 생산의 아름다운 삼위일체, 즉 과잉생산-과잉인구-과잉소비를 발견했다. 이것은 실로 매우 다루기 어려운 괴물이다! 엥엘스, 《정치경제학 비판 개요》, 107쪽 이하를 참조하라.

가의 노처녀(아래에 인용한 해리엇 마티노를 말함 -옮긴이)의 모습을 빌려서 그의 '고결한 이상형'인 자본가에게 자신들의 창조물인 추가자본에 의해 길거리로 내몰린 '남아도는 인간들'에게 다음과 같은 말을 내뱉도록 했다.

"우리 공장주은 그대들을 먹여 살려야만 하는 자본을 늘림으로써 그대들을 위해서 우리가 할 수 있는 일을 하고 있다. 따라서 그대들은 남겨진 일, 즉 그대들의 수를 생계수단에 맞추어야 한다."[407]

자본주의적 생산은 인구의 자연적 증가가 공급하는 자유로이 사용할 수 있는 양의 노동력으로는 결코 충분하지 않다. 자본주의적 생산은 자유롭게 생산 활동을 하기 위해 이 자연적 장벽에 의존하지 않는 산업예비군이 필요하다.

지금까지 우리는 가변자본의 증감이 고용노동자의 증감과 정확히 일치한다고 가정했다.

그러나 개별노동자가 더 많은 노동을 제공하고 따라서 그의 임금이 증가한다면, 가변자본은 자신에 의해 지휘 받는 노동자의 수가 그대로 유지되는 경우나 심지어 줄어드는 경우에도 증가한다. 이는 노동가격이 그대로 유지되거나 또는 노동가격 자체가 노동의 양이 증가하는 것보다 더 천천히 하락하는 경우에도 그러하다. 이런 경우에 가변자본의 증가는 더 많은 노동의 지표가 되지 더 많은 고용노동자의 지표가 되지는 않는다. 모든 자본가의 절대적인 관심사는 일정한 양의 노동을 더 적은 수의 노동자에게

---

407) 헤리엇 마티노(Harriet Martineau), 《맨체스터 파업》, 1832, 101쪽.

짜내는 것이지, 같은 가격이나 더 싼 가격일지라도 더 많은 수의 노동자에게 짜내는 것이 아니다. 후자의 경우에는 불변자본의 비용이 활동하는 노동자의 수에 비례하여 증가하며, 전자의 경우에는 이보다 훨씬 완만하게 증가한다. 생산의 규모가 크면 클수록 이러한 동기는 더욱 결정적인 것이된다. 이 동기가 주는 압력은 자본이 축적됨에 따라 증가한다.

우리가 이미 본 것처럼, 자본주의적 생산방식의 발전과 노동생산력의 발전은 -축적의 원인인 동시에 결과- 자본가에게 동일한 비용을 들인 가변자본을 가지고도 개별노동력의 착취를 강화하거나 양적으로 확대함으로써 더 많은 노동을 움직일 수 있게 해준다. 또 이미 본 것처럼, 자본가는 순차적으로 미숙련노동자로 숙련노동자를, 미성숙한 노동자로 성숙한 노동자를, 여성노동자로 남성노동자를, 미성년이나 아동 노동력으로 성인 노동력을 밀어냄으로써 동일한 자본가치를 가지고 더 많은 노동력을 사들인다.

따라서 축적이 진행됨에 따라 한편으로 더 많은 가변자본이 더 많은 노동자를 고용하지 않고도 더 많은 노동을 움직이며, 다른 한편으로 동일한 크기의 가변자본이 동일한 양의 노동력을 가지고 더 많은 노동을 움직이며, 마지막으로 보다 높은 질의 노동력을 몰아냄으로써 더 낮은 질의 노동력을 더 많이 움직인다.

그러므로 상대적 과잉인구의 생산 또는 노동자의 해고는 축적의 진행과 더불어 가속화된 생산과정의 기술적 혁신과 이에 대응하는 자본의 불변부분에 대한 가변부분의 상대적 감소보다 더 빠르게 진행된다. 생산수단은 그 규모와 효력이 증가함에 따라 노동자의 고용수단이 되는 정도가 더 줄어드는데, 이 관계 자체는 노동생산력이 향상되는 정도에 따라 자본이 노동자에 대한 수요보다 노동의 공급을 더 빠르게 증가함으로써 수정된다. 노동자계급 가운데 고용된 부분의 과도한 노동은 일자리를 기다리는 대열을 늘리지만, 반대로 일자리를 기다리는 노동자대열이 경쟁을 통해 고용된 노동자계급에게 가하는 더 강화된 압력은 이들로 하여금 과도한 노동을 하지 않을 수 없게 하며 자본이 시키는 대로 하지 않을 수 없게 만든다. 노동자계급 한 부분의 과도한 노동에 의해 그 다른 부분에 강요된 나태함이라는 저주와 그 반대의 경우는 개별자본가의 치부수단이 되며,[408] 동시에 사회적 축적의 진전에 알맞은 규모로의 산업예비군의 생산을 촉진한다. 이 상황이 상대적 과잉인구의 형성에 얼마나 중요한가는 잉글랜드의 예가 증명하고 있다. 노동을 '절약'하기 위한 잉글랜드의 기술적 수단은 실로 거대하다. 그럼에도 당장 내일이라도 전반적으로 노동을 합리적인 수준으로 제한하고, 또한 노동자계급의 다양한 계층을 연령과 성별에 걸맞게 다시 차등화한다면, 현존하는 노동자 인구는 국민생산을 현재와 같은 규모로 계속

---

408) 1836년의 면화 기근 동안에도 블랙번의 면방적 노동자들의 한 팸플릿에는, 공장법이 성인 남성노동자에게만 적용하던 과도 노동을 격렬하게 비난하는 문구를 볼 수 있다. "어쩔 수 없이 놀고 있지만, 가족을 부양하고 노동형제가 과로로 요절하는 것을 막기 위해 노동시간의 일부분이라도 기꺼이 일하려고 하는 사람들이 많음에도 불구하고, 이 공장에서 성인노동자는 매일 12시간에서 13시간까지의 노동을 강요당하고 있다." 그리고 다음과 같이 계속된다. "우리는 규정된 시간 이상으로 일하는 관행이 주인과 '하인' 간의 그다지 싫지 않은 관계를 가능하게 하는지 묻고 싶다. 과도한 노동의 희생자들은 바로 그 때문에 놀도록 저주 받은 사람들과 마찬가지로 부당한 취급을 받는다고 느끼고 있다. 이 지방에서 노동이 공정하게 분배된다면, 모든 사람들을 부분적으로나마 고용할 수 있는 일은 충분하다. 일부는 규정된 시간 이상으로 노동을 하고 다른 일부는 일이 부족하기 때문에 자선으로 생계를 유지하게 하는 대신에, 적어도 지금의 상황이 계속 지속되는 한, 전반적으로 노동시간을 단축하라고 고용주에게 요청하는 것은 단지 하나의 권리에 대한 요구일 뿐이다."(《공장감독관 보고서》, 1863년 10월 31일, 8쪽) 《상공업에 관한 에세이》의 저자는 상대적 과잉인구가 고용된 노동자들에게 미치는 영향을 그에게 익숙한 일정한 부르주아적 본능을 가지고 파악하고 있다. "이 왕국에서 나태의 또 다른 원인은 노동자의 수가 충분하지 않다는 데 있다. 제품에 대한 어떤 특수한 수요로 인해 노동의 양이 부족해질 때마다, 노동자들은 자신들의 중요성을 감지하고 또 그것을 그들의 주인들에게도 느낄 수 있게 해주려고 한다. 이것은 놀라운 일이다. 그러나 이 녀석들의 마음씨가 아주 타락했기 때문에, 이런 경우에 이 노동자들은 무리를 지어 온종일 빈둥거림으로써 주인들을 곤경에 빠트리고 있다."(27-28쪽) 말하자면 이 녀석들은 임금인상을 요구하고 있었다.

하기에는 턱없이 부족하다. 현재의 '비생산적' 노동자들의 대부분이 '생산적' 노동자로 바뀌어야 한다.

　　대체로 임금의 일반적인 운동은 오직 산업순환의 주기변동에 부합하는 산업예비군의 팽창과 수축에 의해서만 규제된다. 따라서 임금의 일반적인 운동은 절대 노동자인구수의 운동이 아니라, 노동자계급이 현역과 예비군으로 나누어지는 비율의 변동에 의해, 과잉인구의 상대적 규모의 증감에 의해, 그리고 이 과잉인구가 때로는 흡수되고 때로는 다시 해고되는 정도에 의해 조절된다. 근대산업에는 10년마다의 순환과 그 주기적인 국면이 있는데, 이 국면은 더욱이 축적이 진행됨에 따라 점차 급속하게 잇달아 일어나는 불규칙한 진동에 의해 교체된다. 이 근대산업에서 노동의 수요와 공급이 자본의 팽창과 수축, 즉 노동시장에 때로는 자본의 팽창으로 말미암아 상대적인 공급 부족을 때로는 자본의 수축으로 말미암아 다시 공급과잉을 나타나게 하는 자본의 그때마다의 가치증식 욕구에 의해서 조정되지 않고, 거꾸로 자본의 운동이 인구수의 절대적 운동에 의존한다는 것은 실로 그럴싸한 법칙이다. 그러나 이것은 경제학의 도그마이다. 이 법칙에 따르면 자본축적의 결과로 임금이 상승한다. 이 상승된 임금은 노동자인구의 급속한 증가를 자극하며, 노동시장이 꽉 채워져 자본이 노동자 공급에 비해 상대적으로 부족해질 때까지 계속된다. 이제 임금은 하락하고, 반대 상황이 전개된다. 하락하는 임금으로 말미암아 노동자인구는 점차 줄어들어 노동자인구에 비해 자본이 다시 과잉상태가 된다. 또는 다른 사람들이 설명하는 것처럼, 하락하는 임금과 노동자에 대한 착취의 증가가 다시 축적을 촉진하지만 이와 동시에 낮은 임금은 노동자계급의 성장을 억제한다. 이렇게 되면 노동공급이 노동수요보다 낮아져 임금이 상승하는 상황으로 다시 진입한다. 등등. 이것은 발전된 자본주의적 생산에서는 아주 그럴 싸한 운동방식이다! 임금인상으로 인해 실제 노동 가능 인구의 그 어떤 양의 (플러스)성장이 일어나기 전에, 산업전쟁이 일어나 전투가 벌어지고 승패가 결정되지 않으면 안 될 기간을 여러 번 거쳐야 한다.

1849년에서 1859년 사이에 잉글랜드의 농업 지역에서 곡식 가격의 하락과 동시에 실제로 보면 그저 말뿐인 임금인상이 있었는데, 예를 들어 월트셔에서는 주급이 7실링에서 8실링으로, 도셋셔에서는 7내지 8실링에서 9실링으로 인상되었다. 이것은 전쟁수요, 엄청나게 확장된 철도 부설, 공장, 광산 등으로 인해 농업의 과잉인구가 이례적으로 유출된 결과였다. 임금이 낮으면 낮을수록 임금이 조금만 증가해도 그것을 나타내는 인상률은 더 커진다. 예를 들어 주급이 20실링에서 22실링으로 인상되면 인상률은 10%다. 반면에 7실링의 주급이 9실링으로 인상되면 인상률은 $28\frac{4}{7}$%로 매우 많이 인상된 것처럼 들린다. 아무튼 차지농장주들은 울부짖었으며, 런던 《이코노미스트》[409]조차 이 기아 수준의 임금에 대해 아주 진지하게 '전반적인 대단한 인상'이라고 떠들어댔다. 그런데 차지농장주들은 무엇을 했는가? 그들은 도그마에 빠진 경제학자들의 두뇌에 떠오르는 것처럼 이 훌륭한 지불로 인해 농업노동자가 증가하여 그들의 임금이 다시 하락할 때까지 기다렸는가? 그들은 더 많은 종류의 기계를 도입했으며, 노동자들은 순식간에 차지농장주들이 만족할 정도로 '남아돌게' 되었다. 이제 전보다 '더 많은 자본'이 더 생산적인 형태로 농업에 투하되었다. 그리하여 노동에 대한 수요는 상대적으로뿐만 아니라 절대적으로도 감소했다.

---

409) 《이코노미스트》, 1860년 1월 21일자.

이 경제학적 가설은 임금의 일반적 운동 또는 노동자계급, 즉 총노동력과 사회적 총자본 간의 관계를 규제하는 법칙과 노동자인구를 특수한 생산영역들에 분배하는 법칙을 혼동하고 있다. 예를 들어 호황으로 인해 축적이 어느 일정한 생산영역에서 특히 활발하게 이루어져, 이 영역에서의 이윤은 평균이윤보다 더 커서 추가자본이 그쪽으로 몰려 들어가면, 당연히 노동에 대한 수요는 증가하고 임금은 상승한다. 보다 높은 임금은 노동자인구 가운데 더 많은 부분을 이 호황영역으로 끌어당기고, 이 영역은 노동력으로 포화상태가 된다. 임금은 결국 다시 이전의 평균수준으로 하락하거나, 노동력의 유입이 지나치게 컸다면 평균수준 이하로 떨어진다. 그렇게 되면 이 문제의 사업부문으로의 노동자의 유입이 중지될 뿐만 아니라 유입이 유출에 자리를 내어주기까지 한다. 이러한 경우에 정치경제학자는 임금이 상승함에 따라 노동자가 절대적으로 증가하며, 그리고 노동자가 절대적으로 증가함에 따라 임금이 하락하는 '장소와 원인'을 볼 수 있다고 믿는다. 그러나 그는 사실은 그저 어떤 별개의 생산영역에서의 노동시장의 국지적인 변동을 보고 있을 뿐이며, 자본의 변동하는 욕구에 따라 상이한 자본의 투자 영역들로 노동자인구가 분배되는 현상을 보고 있을 뿐이다.

산업예비군은 침체기와 중간 정도의 호황기 동안에는 현역 노동자부대를 압박하고, 과잉생산기와 주기적 최호황기Paroxysmus에는 현역 노동자부대의 요구를 억제한다. 따라서 상대적 과잉인구는 노동의 수요와 공급의 법칙이 작동하는 배경이다. 상대적 과잉인구는 이 법칙의 작용범위를 자본의 착취욕과 지배욕에 전적으로 적합한 한계 내로 강제로 몰아넣는다. 여기가 우리가 경제학적 옹호론자들의 위업 가운데 하나로 돌아갈 적절한 지점이다. 우리가 기억하고 있듯이, 새로운 기계장치의 도입이나 낡은 기계장치의 확장으로 가변자본의 일부가 불변자본으로 바뀌면, 경제학적 옹호론자는 자본을 '속박'하고 또 바로 그렇게 함으로써 노동자를 '대기시키는' 이러한 조작을 거꾸로 노동자를 위해 자본이 대기하고 있다고 해석한다. 이제야 비로소 우리는 옹호론자의 뻔뻔스러움을 완전히 평가할 수 있다. 단지 기계에 의해서 직접 쫓겨난 노동자들뿐만이 해고되어 대기상태에 놓이게 되는 것이 아니라, 이들의 보충병 더 나아가 사업이 기존의 토대에서 익숙한 방식으로 확장될 때 규칙적으로 흡수되던 추가병력도 대기 상태에 놓이게 된다. 이제 이들 모두는 '대기 상태에 있으며', 기능하려고 하는 모든 새로운 자본은 이들을 자유롭게 사용할 수 있다. 새로운 자본이 끌어당기는 것이 그들이든 또는 다른 사람들이든 간에, 이 자본이 기계에 의해 시장으로 내던진 수와 동일한 수의 노동자를 시장에서 구출하는 데 충분하다면, 일반적인 노동수요에 미치는 영향은 없다. 이 자본이 더 적은 수의 노동자를 고용한다면 과잉된 노동자의 수는 증가하고, 더 많은 수의 노동자를 고용한다면 일반적인 노동수요는 고용된 노동자의 수가 '해고된 노동자'의 수를 넘어서는 만큼 증가한다. 따라서 투자할 곳을 찾고 있는 추가자본이 그렇지 않은 경우라면 끌어당길 수 있는 일반적인 노동수요의 증가는 기계에 의해 해고된 노동자로 충족될 수 있는 모든 경우에서 중단된다. 다시 말해서 자본주의적 생산의 메커니즘은 자본의 절대적인 증가가 이에 상응하는 일반적인 노동수요의 증가를 수반하지 않도록 힘을 다한다. 그리고 이것을 옹호자는 쫓겨난 노동자가 산업예비군으로 추방된 과도기 동안의 그들의 궁핍과 고통 또 있을 수 있는 죽음에 대한 보상이라고 부른다! 노동에 대한 수요는 자본의 증가와 같지 않고, 노동의 공급은 노동자계급의 증가와 매한가지가 아니다. 따라서 서로 독립된 두 개의 힘이 서로에게 영향을 끼친다. 주사위는 위조되어 있다. 자본은 양측에 동시에 작용한다. 자본의 축적이 한편에서 노동에 대한 수요를 증가시킨다면, 다른 한편에서는 노동자를 '대기시켜' 노동자의 공급을 증가시킨다. 이와 동시에 실업자의 압력은 현재 일하고 있는 사람들에게 더 많은 노동을 동원하도록 강제하며, 따라서 일정한 정도까지는 노동의 공급을 노동자의 공급과는 상관없게 만든다. 이런 토대에서 작동하는 노동의 수요와 공급의 법칙은 자본의 독재를 완성한다. 따라서 노동자는 그들이 더 많이 일하는 정도에 따라 더 많은 타인의 부를 생산하고, 그들의 노동생산력이 증가됨에 따라 자본의 증식수단으로서의 그들의 기능조차 점점 더 위태롭게 된다는 사실이 왜 그런가에 대한 비밀을 알게 되자마자, 또 노동자가 상대적 과잉인구가 가하는 압박 때문에 자신들 사이의 경쟁이 강화된다는 사실을 찾아내자마자, 노동조합 등을 통해 실업자와 노동자 사이의 체계적인 협력을 통해 이러한 자본주의적 생산의 자연법칙이 노동자계급에게 가하는 파멸적 결과를 분쇄하거나 약화시키려고 한다. 하지만 자본과 그의 아첨꾼인 정치경제학자는 이를 '영원한' 그리고 이른바 '신성한' 수요공급의 법칙에 대한 침해라고 떠들어댄다. 노동자와 실업자 사이의 그 모든 단결은 소위 수요공급의 법칙의 '순수한' 작용을 교란한다는 것이다. 그러나 다른 한편으로 예를 들어 식민지에서의 불리한 상황이 산업예비군의 창출을 방해하여 자본가계급에 대한 노동자계급의 절대적인 종속이 방해받자마자, 자본은 그의 세속적이며 충성스러운 하인인 정치경제학자 산초Sancho Pansa(돈키호테의 시종 -옮긴이)와 함께 '신성한' 수요공급의 법칙에 반기를 들고 강제수단을 통해 그 법칙에 개입하고자 한다.

4절
과잉인구의 다양한 존재형태
-자본주의적 축적의 일반법칙

상대적 과잉인구는 미세한 차이를 가진 가능한 모든 형태로 존재한다. 어떤 노동자라도 그가 불완전하게 고용되어 있거나 전혀 고용되지 않은 기간에는 상대적 과잉인구에 속한다. 산업순환의 국면 전환에 의해 각인되는 거대하고 주기적으로 반복되는 형태를 무시하면, 상대적 과잉인구는 공황기에는 급성으로 불황기에는 만성으로 나타난다. 이러한 상대적 과잉인구는 언제나 세 가지 형태 즉 유동적, 잠재적, 그리고 정체적 형태를 취한다.

근대산업의 중심인 공장, 매뉴팩처, 제련소, 광산 등에서 노동자는 때로는 쫓겨나고, 때로는 더 큰 규모로 다시 고용되기 때문에, 생산규모에 비해 그 비율이 끊임없이 낮아지지만, 대체로 그들의 수는 증가한다. 이 경우에 과잉인구는 유동적 형태로 존재한다.

진정한 공장뿐만 아니라 기계장치가 하나의 구성요소로 투입되거나 근대적 분업만이 실시되고 있는 모든 거대한 작업장에서도, 이곳에서 청소년기를 보내는 대량의 남성노동자가 필요하다. 일단 이 기간에 도달하면, 즉 성인이 되면 매우 적은 수만이 같은 산업 분야에서 사용 가능하며 대다수는 보통 해고된다. 이들은 산업규모와 더불어 증가하는 유동적 과잉인구의 한 요소를 이룬다. 이들 가운데 일부는 해외로 이주하는데, 사실상 해외로 이주하는 자본을 따라갈 뿐이다. 이 결과 중 하나는 여성인구가 남성인구보다 더 빠르게 증가한다는 사실인데 그 예를 잉글랜드가 보여준다. 노동자 수의 자연적인 증가가 자본의 축적 욕망을 충족시키지 못하면서 동시에 그것을 넘어선다는 것은 자본운동 자체의 하나의 모순이다. 자본은 더 많은 보다 어린 나이의 노동자를 필요로 하며 보다 적은 남성노동자를 필요로 하기 때문이다. 이에 못지않은 엄청난 모순은, 분업이 일정한 산업 부문에 그들을 묶어두기 때문에 수천 명이 해고되어 길거리를 헤매고 있는 바로 그 때에 일손이 부족하다고 한탄하는 것이다.[410] 게다가 자본이 노동력을 매우 빠르기 소비하기 때문에, 중년의 노동자는 대체로 이미 어느 정도는 쓸모없게 된다. 그는 과잉인구의 대열로 떨어지거나 더 높은 등급에서 더 낮은 등급으로 쫓겨난다. 우리는 바로 대공업의 노동자들의 경우에서 가장 짧은 수명과 마주친다.

"맨체스터의 위생관리인 리Lee 박사는 맨체스터에서 부유한 계층의 평균수명은 38세지만 노동자계급의 평균수명은 17세밖에 되지 않는다고 밝혔다. 리버풀에서 이들의 평균수명은 전자는 35세, 후자는 17세다. 따라서 특권층은 그들보다 혜택을 덜 받은 시민보다 두 배 이상의 수명을 가지고 있다."[411]

이러한 상황에서 프롤레타리아 계급 가운데 이 부분이 절대적으로

---

410) 1866년 후반기 동안 런던에서는 80,000-90,000명의 노동자들이 해고되었는데, 이 6개월에 대해 공장보고서 다음과 같이 쓰고 있다. "수요가 언제나 공급이 필요한 바로 그 때에 공급을 낳는다는 말은 절대적으로 옳은 것 같지는 않다. 노동에는 적합하지 않다. 지난해에 많은 기계장치가 노동력의 부족으로 멈출 수밖에 없었기 때문이다."(《공장감독관 보고서》, 1866년 18월 31일, 81쪽)

411) 공장보고서에 1875년 1월 14일 버밍엄 위생회의에서 당시 버밍엄 시장이었으며 현재(1883) 상무장관인 챔벌린(J. Chamberlain)이 행한 개회사.

증가하기 위해서는 그 구성요소가 빠르게 소모됨에도 그 수를 늘리는 방식이 필요하다. 따라서 노동자 세대가 빠르게 교체된다. (동일한 법칙이 인구의 나머지 계급에게는 타당하지 않다.) 이러한 사회적 요구는 대공업 노동자의 생활환경의 어쩔 수 없는 결과인 조혼과, 노동자 자녀에 대한 착취가 이들의 생산에 주는 특별수당에 의해 충족된다.

자본주의적 생산이 농업을 장악하면, 더 자세히 말해 자본주의적 생산이 농업을 장악해가는 정도에 따라서, 농업에서 기능하는 자본의 축적과 더불어 농촌의 노동자 인구에 대한 수요는 절대적으로 감소한다. 다른 산업에서와 마찬가지로 농업에서도 축출된 노동자가 더 많은 유입을 통해 보충되지 않기 때문이다. 따라서 농촌 인구의 일부는 항상 도시 프롤레타리아 계급이나 매뉴팩처 프롤레타리아 계급으로 이동하는 와중에 있으며, 더 유리한 조건에서 이동하고자 대기하고 있다. (여기에서 매뉴팩처는 농업이 아닌 모든 산업을 의미한다.)[412] 따라서 상대적 과잉인구의 이 원천은 끊임없이 흐른다. 농촌의 상대적 과잉인구가 도시로 끊임없이 유출되기 위해서는 농촌 자체에 잠재적 과잉인구가 계속 존재하고 있어야 한다. 이 잠재적 과잉인구의 규모는 도시로의 유출 경로가 예외적으로 넓게 열릴 때에만 눈에 띄게 된다. 따라서 농업노동자의 임금은 최저치까지 하락하며, 그의 한쪽 발은 언제나 엄청난 빈곤의 늪에 빠져 있다.

---

412) 1861년 인구조사에 따르면 잉글랜드와 웨일스의 "781개의 도시의 주민은 10,960,998명이었으며, 촌락과 농촌 교구의 주민은 9,105,226명에 지나지 않았다. … 1851년 인구조사에서는 580개의 도시가 있었는데, 그곳의 인구는 이들을 둘러싸고 있는 농촌 인구와 대략 같았다. 그러나 지난 10년 동안 농촌의 인구는 50만 명 증가하는 데 그쳤지만, 580개 도시에서는 1,554,067명이 증가했다. 농촌교구의 인구증가율은 6.5%, 도시는 17.3%였다. 증가율의 차이는 농촌에서 도시로의 이주 때문이었다. 총인구증가의 4분의 3은 도시에서 일어났다."(《잉글랜드와 웨일스의 인구조사》, 3권, 11-12쪽)

상대적 과잉인구의 세 번째 범주인 정체적 과잉인구는 노동자 현역 군의 일부를 이루고 있지만, 그들의 일자리는 전적으로 불규칙하다. 따라서 이들은 자본에게 자유로이 사용할 수 있는 노동력을 끊임없이 제공하는 마르지 않는 샘이다. 그들의 생활 상태는 노동자계급의 평균 수준 이하로 떨어지며, 바로 이러한 사실이 그들을 자본의 폭넓은 착취 부분을 이루는 토대로 만든다. 가장 긴 노동시간과 가장 낮은 임금이 그들을 특징짓는다. 우리는 이들의 주요 형태를 가내노동을 다룬 앞부분에서 이미 알게 되었다. 이 정체적 과잉인구는 대공업과 농업의 과잉노동자로 끊임없이 보충되는데, 특히 수공업방식의 생산이 매뉴팩처 방식의 경영에, 그리고 매뉴팩처 방식의 경영이 기계식 생산에 패배하여 몰락하고 있는 산업 부문에서 보충된다. 그들의 규모는 축적의 규모나 축적의 에너지와 더불어 '노동자 인구의 과잉화'가 진행됨에 따라 확장된다. 그러나 동시에 이 정체적 과잉인구는 노동자계급을 구성하는 요소들 가운데 스스로를 재생산하고 영구화하는 요소이며, 노동자계급의 총증가에서 다른 구성요소들보다 상대적으로 더 큰 비중을 차지한다. 실제로는 출생자와 사망자 수뿐만 아니라 가족의 절대적 크기도 임금수준, 즉 상이한 부류의 노동자가 처분할 수 있는 생활수단의 양에 반비례한다. 자본주의 사회의 이 법칙은 미개인들이나 심지어 문명화된 식민지 이주민에게 당치도 않은 소리로 들릴지 모른다. 이 법칙은 개체로서는 힘이 없어 많이 잡아먹히기 때문에 대량으로 재생산해야 하는 동물류를 연상시킨다.[413]

---

413) "빈곤은 생식에 유리한 듯 보인다."(아담 스미스) 친절하고 똑똑한 갈리아니(Galiani) 신부에 따르면 이것은 매우 현명한 신의 섭리이기까지 하다. "가장 유익한 일을 하도록 신의 부름을 받은 사람들을 대단히 풍부하게 태어나도록 한 것은 신의 섭리이다."(갈리아니, 앞의 책, 78쪽) "극도의 굶주림과 역병이라는 극단적인 수준까지의 빈곤은 인구의 증가를 억제하지 않고 오히려 증가시킨다."(랑(S. Laing), 《국민의 고통》, 1844, 69쪽) 랑은 이것을

상대적 과잉인구의 가장 낮은 층은 엄청난 빈곤의 세계에 살고 있다. 떠돌이, 범죄자 그리고 매춘부. 즉 간단히 말해서 룸펜 프롤레타리아 계급을 제외하면, 이 사회계층은 세 부류로 구성된다. 첫 번째 부류는 일할 능력이 있는 사람들이다. 잉글랜드 극빈층에 대한 통계를 얼핏 보기만 해도 극빈층의 수가 공황기마다 증가했다가 경기가 회복될 때마다 감소한다는 것을 알게 된다. 두 번째 부류는 고아와 극빈층의 자녀들이다. 이들은 산업예비군의 후보들이며, 예를 들어 1860년과 같은 대호황기에는 현역 노동자부대로 급속히 그리고 대량으로 편입된다. 세 번째 부류는 타락했거나 몰락한 자 그리고 일할 능력을 상실한 자들이다. 이들은 특히 분업으로 인해 (직업을 바꿀 -옮긴이)기동성을 상실하여 몰락한 사람들, 노동자의 평균 연령을 넘긴 사람들, 마지막으로 위험한 기계장치, 광산갱도, 화학공장 등과 더불어 그 수가 늘어난 불구자, 병자, 과부 등이다. 이러한 극빈층은 현역 노동자부대의 상이군 수용소이며 늘 고정된 산업예비군의 바닥을 구성한다. 이 극빈층의 생산은 상대적 과잉인구의 생산에 포함되며, 이들은 상대적 과잉인구와 운명을 함께하며, 상대적 과잉인구와 더불어 부의 자본주의적 생산과 발전의 존재조건을 이룬다. 이 극빈층은 자본주의적 생산의 쓸모없는 비용에 속한다. 그러나 자본은 이 비용의 대부분을 자신으로부터 노동자계급과 소부르주아 계급에게 전가하는 방법을 알고 있다.

사회적 부, 기능하고 있는 자본 그리고 그 증대의 규모와 에너지, 즉 프롤레타리아 계급의 절대적 크기와 그 노동생산력이 커지면 커질수록 산업예비군도 늘어난다. 마음대로 사용할 수 있는 노동력은 자본의 팽창력을

통계로 증명한 다음 계속 말한다. "만약 세상 사람 모두가 안락한 상태가 된다면, 얼마 안가 세계 인구는 감소할 것이다."

발전시키는 것과 동일한 원인에 의해 발전된다. 따라서 산업예비군의 상대적 크기는 부의 잠재력이 커짐에 따라 커진다. 그러나 이 예비군이 현역 노동자부대보다 커지면 커질수록 고정된 과잉인구도 그만큼 더 늘어나는데, 이들의 빈곤은 노동이 주는 고통에 반비례한다. 마지막으로 노동자계급의 극빈층과 산업예비군이 많으면 많을수록, 공식적인 극빈층도 늘어난다. 이 것이 자본주의적 축적의 절대적, 일반적 법칙이다. 이 법칙은 다른 모든 법칙들과 마찬가지로 현실적으로 작용할 때는 다양한 사정에 따라 수정되지만, 여기에서는 그 사정에 대해 분석하지 않는다.

노동자에게 그들의 수를 자본의 가치증식 욕구에 맞추라고 설교하는 경제학적 지혜의 어리석은 짓이 이제 이해가 된다. 자본주의적 생산과 축적의 메커니즘은 노동자의 수를 끊임없이 이러한 가치증식 욕구에 맞게 조절한다. 이러한 조절의 시작은 상대적 과잉인구 또는 산업예비군의 창출이며, 그 마지막은 현역 노동자부대 가운데 끊임없이 증가하는 계층의 빈곤과 고정된 극빈층 그 자체의 창출이다.

사회적 노동생산력이 향상된 덕분에, 점점 더 적은 인간의 힘을 지출하고도 점점 더 증가하는 양의 생산수단이 가동될 수 있다는 법칙. 이 법칙은 노동자가 노동수단을 사용하지 않고 노동수단이 노동자를 사용하는 자본주의적 토대에서는 노동생산력이 높으면 높을수록 그들의 고용수단에 가하는 노동자들의 압력이 그만큼 더 커지며, 따라서 그들의 생존조건, 즉 타인의 부를 늘리기 위해 또는 자본의 자기증식을 위해 자신들의 힘을 판매하는 것이 그만큼 더 어렵게 된다는 사실로 드러난다. 따라서 생산인구보다 노동수단과 노동생산력이 더 빠르게 증가했다는 사실은 자본주의적으로는 그 반대로 노동자인구가 자본의 가치증식 욕구보다 언제나 더 빠르게 증가했다는 사실로 드러난다.

우리는 4편에서 상대적 잉여가치의 생산을 분석할 때 다음과 같은 사실을 알게 되었다. 즉, 자본주의적 체제 내에서 노동의 사회적 생산력을 향상하려는 모든 방법들은 개별노동자의 희생으로 이루어지며, 생산을 발전시키기 위한 모든 수단은 생산자에 대한 지배수단과 착취수단으로 돌변하며, 노동자를 불완전한 인간으로 여기게 하며, 노동자의 품격을 기계의 부속품으로 떨어뜨리고, 노동을 고통으로 만들어 그 내용을 파괴하며, 노동과정에 과학이 독자적인 힘으로 결합되는 정도에 따라 노동과정에서의 지적 잠재력을 노동자로부터 멀어지게 한다. 또한 우리는 노동의 사회적 생산력을 향상시키려는 모든 수단은 노동자가 노동하는 조건을 손상시키며, 노동과정에 있는 동안에 그를 매우 비열하고 가증스러운 독재에 굴복시키며, 그의 생애를 노동시간으로 바꾸어버리며, 그의 부인과 자식을 자본이라는 거대한 바퀴Juggernaut-Rad 밑으로 밀어 넣어 희생을 강요한다는 사실을 알게 되었다. 그러나 잉여가치의 생산을 위한 모든 방법은 동시에 축적의 방법이며, 그리고 그 반대로 축적의 모든 확장은 잉여가치의 생산을 위한 수단이다. 따라서 자본이 축적됨에 따라 그가 받는 임금이 어떻든 간에, 즉 많든 적든 간에 노동자의 상태는 악화될 수밖에 없다는 결론이 나온다. 끝으로, 상대적 과잉인구 또는 산업예비군이 언제나 축적의 규모와 에너지와 균형을 이루게 하는 이 법칙은 헤파이스토스의 쐐기로 바위에 결박된 프로메테우스보다 더 단단하게 노동자를 자본에 결박시킨다. 이 법칙은 자본의 축적에 상응하는 빈곤의 축적을 요구한다. 따라서 한쪽 극에서의 부의 축적은 동시에 반대편 극에서의, 즉 자신의 생산물을 자본으로 생산하는 계급의 빈곤, 고통스러운 노동, 노예 상태, 무지, 포악 그리고 도덕적 타락의 축적이다.

이러한 자본주의적 축적의 적대성[414]은 정치경제학자들에 의해 여러 가지 형태로 언급되었다. 그렇지만 그들은 부분적으로는 유사하지만 본질적으로는 서로 다른 전자본주의적 생산방식의 현상들과 그것을 혼동하고 있다.

18세기의 위대한 경제학 저술가 중의 한 사람인 베니스의 수도사 오르테스Ortes는 자본주의적 생산의 적대성을 사회적 부의 일반적 자연법칙으로 파악하고 있다.

"한 나라에서 경제적 선과 경제적 악은 언제나 균형을 유지한다. 따라서 몇 사람들의 풍부한 재산은 언제나 다른 사람들의 부족한 재산을 의미한다. 몇 사람들의 거대한 부는 훨씬 많은 다른 사람들의 필수품에 대한 무조건적인 약탈을 수반한다. 한 나라의 부는 그 나라의 인구에 상응하며, 그 나라의 빈곤은 그 부에 상응한다. 몇 사람들의 근면은 다른 사람들을 놀고먹게 만든다. 부자와 부지런한 사람은 어쩔 수 없이 가난한 사람과 게으른 사람을 만들어낸다." 등등.[415]

---

414) "따라서 날이 갈수록 다음과 같은 사실은 더 명백해진다. 말하자면 부르주아 계급이 활동하는 생산관계는 하나의 단순한 성격이 아니라 이중성을 가지고 있다는 것, 즉 부가 생산되는 동일한 관계에서 빈곤이 생산된다는 것, 생산력이 발전하는 동일한 관계에서 억압하는 힘도 발전한다는 것, 그리고 이 모든 관계는 오로지 부르주아 계급을 구성하는 개별성원의 부를 끊임없이 파괴하며, 끊임없이 증가하는 프롤레타리아 계급을 창출함으로써 부르주아 계급의 부를 낳는다는 것이다."(맑스, 《철학의 비곤》, 116쪽)

415) 오르테스(G. Ortes), 《국민경제학에 관하여》, 전6권, 1774, 쿠스토디 엮음, 근대편, 21권, 6, 9, 22, 25쪽 등. 오르테스는 같은 책 32쪽에서 다음과 같이 말한다. "인민을 행복하게 해주는 데 쓸모없는 체계를 세우느니 나는 그들의 불행의 원인을 연구하는 일에 머무르고자 한다."

오르테스보다 약 10년 후 잉글랜드 고교회파의 프로테스탄트 목사인 타운센드는 극히 조잡한 방식으로 빈곤을 부의 필요조건이라고 찬미했다.

"법률로 일하도록 하는 것은 너무 큰 노력, 강제성과 잡음이 뒤따르지만, 굶주림은 평화롭고 조용하고 지속적인 압력일 뿐만 아니라, 가장 자연스러운 동기로서 일하는 데 전력을 투구하게 만든다."

따라서 모든 것은 노동자계급에게 굶주림을 영구화하는 것에 달려있으며, 타운센드에 따르면 특별히 빈민들 사이에 작용하는 인구법칙이 이를 충족시켜 준다.

"빈민은 어느 정도 앞날을 생각하지 않으며(금수저를 입에 물고 태어난 사람들처럼 앞날을 생각하지 않으며), 따라서 공동체에서 가장 굴욕적이고, 가장 더럽고, 가장 천박한 기능을 수행해야 하는 사람들이 늘 있다는 사실은 하나의 자연법칙처럼 보인다. 이로 인해 인간의 행복을 위한 기금은 증가하며, 좀 더 품위 있는 사람들은 고된 일에서 해방되어 아무런 방해도 받지 않고 더 고상한 직업에 몰두할 수 있다. … 구빈법은 신과 자연이 이 세상에 세운 이 제도의 조화와 아름다움, 균형과 질서를 파괴하는 경향이 있다."[416]

---

416) 타운센드 목사, 《구빈법에 관한 논문, 인류의 행복을 원하는 사람 지음》, 1786, 런던에서 재출간, 15, 39, 41쪽. 바로 앞에서 인용한 저서와 그의 스페인 여행기를 맬서스가 자주 몇 페이지에 걸쳐 베껴 썼는데, 이 '품위 있는' 목사는 그의 이론의 대부분을 제임스 스튜어트에게서 차용했다. 그런데 그나마도 타운센드는 스튜어트를 곡해하고 있다. 예를 들어 스튜어트가, "여기 노예제에서는 인간을 (일하지 않는 사람을 위해) 성실하게 일하게 하는 강제적인 방법이 존재했다. … 그 당시에는 사람들은 다른 사람의 노예였기 때문에 노동을(즉 다른 사람을 위한 무상노동) 강요당했다. 지금은 사람들은 자신의 욕망의 노예이

베니스의 수도사인 오르테스가 빈곤을 영구화하는 운명의 끝자락에서 그리스도적 자선과 독신생활, 수도원과 자선재단이 존재하는 의의를 발견했다면, 이 프로테스탄트 목사 타운센드는 그와 반대로 빈민들이 얼마 안 되는 공적 보조금을 받을 권리를 가지게 된 그 법률(구빈법)을 비난할 구실을 발견했다. 슈토르흐는 다음과 같이 말 한다.

"사회적 부의 진전은 저 유용한 사회계급을 만들어낸다. … 이 사회계급은 가장 지루하고, 가장 천박하고 가장 혐오스러운 일을 하며, 한 마디로 말하면, 삶을 불쾌하고 굴욕적으로 만드는 모든 것을 어깨에 짊어지고 있으며, 바로 그렇게 함으로써 다른 계급에게 여가와, 정신의 활력 그리고 관습적인(좋은 말이다!) 품격을 마련해 준다."[417]

슈토르흐는 스스로에게 묻는다. 그렇다면 도대체 대중의 빈곤과 타락을 가져오는 이 자본주의적 문명이 야만보다 나은 것은 무엇이란 말인가? 그는 단 하나의 답을 발견했다. 그것은 안전이다! 시스몽디는 다음과 같이 말한다.

"산업과 과학의 진보로 인해 모든 노동자는 날마다 자신들의 소비에 필요한 것보다 훨씬 많은 것을 생산할 수 있다. 그러나 그들의 노동이 부를

기 때문에 일하도록 (즉 일하지 않는 사람을 위한 무상노동) 강요당한다."라고 말하고 있지만, 스튜어트는 저 살찐 목사처럼 임금노동자가 늘 굶주림에 시달려야 한다는 결론을 내리지 않는다. 오히려 그는 임금노동자의 욕망을 증가시키려고 하며, 그렇게 함으로써 그들의 증가하는 욕망의 수가 '보다 품위 있는 사람들'을 위한 그들의 노동에 박차를 가하는 수단이 되길 바라고 있다.

417) 슈토르흐, 앞의 책, 3권, 223쪽.

생산하는 것과 동시에 이 부를 노동자들 스스로가 소비할 자격이 주어진다면, 이 부는 그들을 노동에 적합하지 않게 만들 것이다." 시스몽디에 따르면, "사람들이(말하자면 일하지 않는 사람들) 노동자의 노동과 마찬가지로 지속적인 노동을 통해 모든 기술적인 개량과 산업이 제공하는 모든 향락품을 사들여야 한다면, 그들은 아마 이것을 모두 포기할 것이다. … 오늘날 노력과 그에 따른 보상은 서로 분리되어 있다. 먼저 일을 하고 나서야 휴식을 취하는 사람은 없다. 그 반대로 어떤 사람이 일을 한다는 바로 그 이유 때문에 다른 사람은 쉬지 않을 수 없다. … 따라서 노동생산력의 끝없는 증가는 놀고먹는 부자들의 사치와 향락의 증가 이외에는 다른 결과를 가져올 수 없다."[418]

마지막으로 냉정한 부르주아 이론가인 데스튜트 드 트라시Destutt de Tracy는 잔인하게도 다음과 같이 언급한다.

"가난한 나라란 인민이 편하게 살고 있는 나라이며, 부유한 나라란 인민이 대체로 가난한 나라이다."[419]

---

418) 시스몽디, 앞의 책, 1권, 79-80, 85쪽.
419) 데스튜트 드 트라시, 앞의 책, 231쪽. "Les nations pauvres, c'est lä oü le peuple est ä son aise; et les nations riches, c'est lä oü il est ordinairement pauvre."

5절
자본주의적 축적의 일반법칙에 대한 예증

a) 1846-1866년의 잉글랜드

근대 사회의 어떤 시기도 최근 20년간 만큼 자본주의적 축적을 연구하는 데 좋은 시기는 없다. 이는 마치 포르투나투스가 돈이 절대로 떨어지지 않는 지갑을 발견한 것과 같은 시기이다. 그리고 모든 나라 가운데 잉글랜드가 다시금 그 전형적인 예를 제공하고 있는데, 그 이유는 세계시장에서 1위의 위치를 유지하고 있으며, 오로지 잉글랜드에서만 자본주의적 생산방식이 충분히 발전했고, 마지막으로 1846년 이래 자유무역의 천년왕국의 도래가 통속경제학의 최후의 피난처마저 봉쇄했기 때문이다. 이 20년간의 후반기 10년이 앞선 10년을 훨씬 능가하는 생산의 엄청난 진보는 이미 4편에서 충분히 지적했다.

최근 50년 동안 잉글랜드의 인구는 절대적으로는 크게 증가했지만 상대적인 성장률, 즉 증가율은 지속적으로 하락했다. 이러한 사실은 공식 인구조사에서 빌려온 표를 보면 알 수 있다.

연도	증가율
1811-1821	1.533%
1821-1831	1.446%
1831-1841	1.326%
1841-1851	1.216%
1851-1861	1.141%

그럼 다른 한편으로 부의 증가를 살펴보자. 부가 얼마나 증가했는지 알려주는 가장 확실한 근거는 소득세 부과대상인 이윤, 지대 등이다. 세금이 부과되는 이윤(차지농장주와 몇 가지 기타 항목은 포함되지 않았다)은 1853년부터 1864년까지 그레이트브리튼에서 50.47%(또는 연평균 4.58%) 증가했는데,[420] 이 동안에 인구는 약 12% 증가했다. 세금을 부과하는 것이 가능한 지대(가옥, 철도, 광산, 어장 등을 포함)는 1853년부터 1864년까지 38%, 연평균 3$\frac{5}{12}$% 증가했는데, 이 가운데 아래의 항목들이 가장 큰 비중을 차지하고 있다.[421]

	1853-1865 사이의 소득증가율	연간 증가율
가옥	38.60%	3.50%
채석장	84.76%	7.70%
광산	68.85%	6.26%
제철소	39.92%	3.63%
어장	57.37%	5.21%
가스제조소	120.02%	11.45%
철도	83.29%	7.57%

1853-1864년 간의 12년을 각 4년으로 나누어 비교해보면 소득 증가율은 지속적으로 증가한다. 예를 들어 이윤에서 나오는 소득의 증가율은 1853-1857년에는 연간 1.73%, 1857-1861년에는 연간 2.74% 그리고 1861-1864년에는 연간 9.30%이다. 영국에서 소득세 부과대상 소득의 총액은 1856년 307,068,898£, 1859년 328,127,416£, 1862년 351,745,241£, 1863년 359,142,897£, 1864년 362,462,279£ 그리고 1865년에는 385,530,020£

---

420) 《내국세 세무국 위원회의 10차 보고서》, 런던, 1866, 38쪽.
421) 같은 보고서.

에 달했다.[422]

자본의 축적은 동시에 자본의 집적과 집중을 수반했다. 잉글랜드의 농업에 대한 공식적인 통계는 존재하지 않지만(아일랜드 농업통계는 존재), 10개 주에서 임의로 제공한 통계가 있다. 이 통계에 의하면 이 10개 주에서는 1851년부터 1861년까지 100에이커 이하의 차지농장은 31,583개에서 26,567개로 감소하여, 5,016개의 차지농장이 더 큰 차지농장으로 합병되었다는 결과를 보여준다.[423] 1815년부터 1825년까지는 상속세가 부과된 1억 £ 이상의 동산은 한 건도 없었는데, 1825년부터 1855년까지는 8건, 1855년부터 1859년 6월, 즉 4년 반 동안 4건이 있었다.[424] 그러나 자본의 집중은 1864년과 1865년의 D항(차지농장주 등의 이윤을 제외한)의 소득세에 대한 간단한 분석을 통해 가장 잘 알 수 있다. 미리 지적해두고자 하는 것은, 이 원천소득은 60£ 이상의 모든 소득에 대해 세금이 부과된다는 사실이다. 이 종류의 세금을 낼 의무가 있는 소득은 잉글랜드, 웨일스, 스코틀랜드에서는 1864년에 95,844,222£, 1865년에는 105,435,787£이었으며,[425] 납세자

---

422) 이 숫자들은 비교하는 데는 충분하지만, 그 절대액수로 살펴보면 잘못된 통계다. 아마 매년 1억£의 소득이 '신고되지 않기' 때문이다. 특히 상공업자의 조직적인 속임수에 대한 내국세 조사위원들의 불평은 그들의 모든 보고서에서 되풀이되고 있다. 예를 들면 다음과 같다. "어떤 주식회사가 과세 가능한 이윤을 6,000£이라고 신고했지만, 사정관은 이 액수를 88,000£로 산정했으며, 결국 이 액수대로 세금이 납부되었다. 또 다른 회사는 190,000£을 신고했지만, 실제금액은 250,000£이라고 인정하지 않을 수 없었다."(같은 보고서, 42쪽)

423) 앞의 《인구조사》, 29쪽. 150명의 지주가 잉글랜드 토지의 절반을 소유하고 있고, 12명의 지주가 스코틀랜드 토지의 절반을 소유하고 있다는 존 브라이트의 주장은 아직까지 반박되지 않았다.

424) 《내국세 세무국 위원회의 4차보고서》, 런던, 1860, 17쪽.

425) 이것은 법적으로 인정되는 일정한 금액이 공제된 순소득이다.

수는 1864년에는 총인구 23,891,009명 가운데 308,416명, 1865년에는 총인구 24,127,00명 가운데 332,431명이었다. 2년간의 이 소득의 분포에 대해 아래의 표가 보여준다.

	1864년 4월 5일 마감		1865년 4월 5일 마감	
	이윤소득(£)	인원수	이윤소득(£)	인원수
총소득	95,844,222	308,416	105,435,787	332,431
그 가운데	57,028,290	22,334	64,554,297	24,075
그 가운데	36,415,225	3,619	42,535,576	4,021
그 가운데	22,809,781	822	27,555,313	973
그 가운데	8,744,762	91	11,077,238	107

영국에서 1855년에 생산된 석탄은 61,453,079톤에 그 가치가 16,113,267£이었으며, 1864년에는 92,787,873톤에 그 가치가 23,197,968£이었으며, 선철은 1855년에 3,218,154톤에 그 가치가 8,045,385£이었으며, 1864년에는 4,767,951톤에 그 가치가 11,919,877£이었다, 영국에서 경영되고 있는 철도는 1954년에 연장 8,054마일에 불입 자본은 286,068,794£이었으며, 1864년에는 12,789마일에 불입 자본은 425,719,613£에 달했다. 1854년에 영국의 총무역액은 268,210,145£이었으며, 1865년에는 489,923,285£이었다. 아래의 표는 수출액의 변동을 보여주고 있다.

영국 수출액의 변동[426]	
1847년	58,842,377£
1849년	63,596,052£
1856년	115,826,948£
1860년	135,842,817£
1865년	165,862,401£
1866년	188,917,563£

이 몇 개의 통계표만 보더라도 영국 '호적부 장관'의 다음과 같은 승리의 환호성을 이해할 수 있다.

"인구가 아무리 빠르게 증가하여도 산업과 부의 발전에는 보조를 맞추지 못했다."[427]

이제는 이러한 산업의 직접적인 담당자 또는 이러한 부의 생산자인 노동자계급에게 눈을 돌려보자. 글래드스톤Gladstone은 다음과 같이 말하고 있다.

"인민의 소비력은 줄어들고 노동자계급의 궁핍과 빈곤은 커지는데, 그와 동시에 상류계급의 부는 계속 축적되고 자본이 계속 증대되고 있다는 사실은 이 나라의 사회적 상황의 우울한 특징들 가운데 하나이다."[428]

이 점잔 빼는 장관은 1843년 2월 13일 하원에서 이렇게 말했다. 그 20

---

426) 1867년 3월, 바로 이 순간에도 인도와 중국시장은 영국 면업공장주의 위탁판매 제품으로 인해 다시 범람하고 있다. 1866년에는 면업노동자들의 임금이 5% 인하되기 시작했으며 1867년에는 이와 비슷한 조치 때문에 프레스턴에서 20,000명이 파업을 일으켰다. (엥엘스: 이것이 곧이어 들이닥칠 공황의 전주곡이었다.)

427) 앞의 《인구조사》, 11쪽.

428) 1863년 4월 16일 하원에서 행한 글래드스톤의 연설. "It is one of the most melancholy features in the social State of this country that we see, beyond the possibility of denial, that while there is at this moment a decrease in the consuming powers of the people, an increase of the pressure of privations and distress; there is at the same time a constant accumulation of wealth in the upper classes, an increase in the luxuriousness of their habits, and of their means of enjoyment." (《타임스》, 1843년 2월 14일자 – 2월 13일자 의회의사록)

년 후인 1863년 4월 16일에 그는 예산안 연설에서 다음과 같은 말을 했다.

"1842년부터 1852년까지 이 나라에서 세금을 부과할 수 있는 소득이 6% 증가했다. ··· 1853년부터 1861년까지의 8년간에는, 1853년을 기준으로 한다면 앞의 과세대상 소득은 20% 증가했다. 이러한 사실은 너무나 놀라운 일이기에 거의 믿을 수가 없다. ··· 이러한 감동적인 부와 힘의 증가는 ··· 전적으로 유산계급에만 한정되지만 ··· 그러나 그것은 일반 소비품의 가격을 낮추기 때문에 노동자인구에게도 간접적인 이익임에 틀림없다. 부자는 더 부유해졌고, 빈민 역시 덜 가난하게 되었다. 극도의 빈곤이 완화되었는가에 대해서는 나는 감히 말하지 않겠다."[429]

이 얼마나 옹색하고 실망스러운 결말인가! 노동자계급이 여전히 '가난'하게 머물러 있으며, 그들이 유산계급의 '감동적인 부와 힘의 증가'를 만들어 냄으로써 '덜 가난'해졌을 뿐이라면, 노동자계급은 여전히 상대적으로는 여전히 가난하다. 극도의 빈곤이 완화되지 않았다면 빈곤은 증가한 것이다. 극도의 부가 증가했기 때문이다. 생활수단의 가격이 인하된 것에 대해 말한다면, 공식통계, 예를 들어 런던 고아원의 통계자료는 물가가 1851-1853년의 3년 동안과 비교한 1860-1862년까지의 3년 동안 평균 20% 상승

---

429) "From 1842 to 1852 the taxable income of the country increased by 6 per cent··· In the 8 years from 1853 to 1861, it had increased from the basis taken in 1853, 20 percent! The fact is so astonishing as to be almost incredible··· this intoxicating augmentation of wealth and power··· entirely confined to classes of property··· must be of indirect benefit to the labouring population, because it cheapens the commodities of general consumption - while the rich have been growing richer, the poor have been growing less poor! at any rate, whether the extremes of poverty are less, I do not presume to say." (1863년 4월 16일에 하원에서 행한 글래드스톤의 연설, 4월 17일자《모닝스타》)

했으며, 그 다음 3년간인 1863에서 1865년 사이에는 육류, 버터, 우유, 설탕, 소금, 석탄과 그 밖의 많은 생필품의 가격이 점점 빠른 속도로 비싸지고 있음을 보여준다.[430] 다음 해인 1864년 4월 7일에 행한 글래드스톤의 예산안 연설은 부 만들기의 진전과 '빈곤'에 의해 줄어든 인민의 행복에 대한 열렬한 찬가였다. 그는 '극빈층이 되기 직전에 있는' 대중들과 '임금이 오르지 않은' 산업 부문에 대해 언급하고, 마지막으로 노동자계급의 행복을 다음의 한 마디로 요약하고 있다.

"인간의 삶은 십중팔구는 생존투쟁일 뿐이다."[431]

글래드스톤처럼 공식적인 입장을 고려할 필요가 없는 포세트Fawcett 교수는 다음과 같이 솔직하게 말한다.

---

430) 잉글랜드 의회보고서(청서)에 수록된 공식 통계를 보라.《영국의 각종 통계, 제6부》, 런던, 260-273쪽 사이의 이곳저곳. 고아원 등의 통계 대신에 왕실자녀의 결혼자금을 미리 밝혀두고자 한 내각 간행물에 수록된 연설문도 그 증거로 사용할 수 있다. 거기에도 생활수단의 가격 상승을 결코 잊지 않고 수록되어 있다.

431) "Think of those who are on the border of that region…." (pauperism), "wages … in others not increased … human life is but, in nine cases out of ten, a struggle for existence." (1864년 하원에서 행한 글래드스톤의 연설) 의회의사록에는 이 문구가 다음과 같이 쓰여 있다. "Again; and yet more at large, what is human life but, in the majority of cases, a struggle for existence."(그리고 더 나아가서 일반적으로 말하면, 인간의 삶은 대부분의 경우 생존투쟁이다.) 1863년과 1864년에 행한 글래드스톤의 예산안 연설에 지속적으로 나타난 심각한 모순을 한 잉글랜드의 작가는 보일로(Boileau, 1판에서 4판까지는 '몰리에르'로 쓰여 있다)에서 인용한 다음과 같은 문구로 특징짓고 있다.
"그는 백에서 흑으로 옮아가는 그런 사람이다.
그는 저녁에는 칭찬하고 아침에는 비난한다.
다른 사람들을 성가시게 굴고, 자기도 편하지는 않지만,
그는 옷을 바꿔 입듯이 생각도 바꾼다."(로이,《환전론》, 런던, 1864, 135쪽에서 재인용)

"물론 나는 이러한 자본의 증가(지난 수십 년 동안)와 더불어 화폐임금이 올랐다는 사실을 부인하지 않는다. 그러나 이같이 겉으로 보이는 이익은 대부분 다시 사라지고 만다. 많은 생필품이 비싸지기 때문이다. (그는 귀금속의 가치가 하락되기 때문이라고 생각한다.) … 부자는 빠르게 더 부유해지는 반면에, 노동자계급의 삶은 체감할 정도로 향상되지 않는다. … 노동자는 그들의 채권자인 소상인의 노예나 다름없게 되었다."[432]

노동일과 기계장치를 다룬 여러 편에서 영국의 노동자계급이 유산계급을 위해 '감동적인 부와 힘의 증가'를 만들어 낸 조건들이 드러났었다. 그러나 그 당시에 우리는 주로 사회적 기능을 하는 동안의 노동자를 다루었다. 축적의 법칙을 완전히 해명하기 위해서는 작업장 밖에서의 노동자의 상태, 즉 음식물 상태와 주거 상태도 자세히 살펴보아야 한다. 이 책의 한계 때문에 여기에서는 산업 프롤레타리아 계급과 농업노동자들 가운데서 특히 가장 임금이 낮은 부분, 즉 노동자계급의 다수를 고찰할 수밖에 없다.

그러나 그보다 먼저 공식적인 극빈층 또는 생존조건인 노동력의 판매를 상실하고 공적 구호품으로 어렵게 살아가고 있는 노동자계급의 부분에 대해서 한마디 하고자 한다. 잉글랜드에서는[433] 공식적인 극빈층 명부는 1855년에 851,369명, 1856년에는 877,767명 그리고 1865년에는 971,433명을 헤아리고 있다. 1866년의 면화기근으로 인해 이 수는 1863과 1864년에는 각각 1,079,382명과 1,014,978명으로 늘어났다. 런던을 가장 심하게

---

432) 포세트, 앞의 책, 67, 82쪽. 노동자가 소매상에게 더 의존하게 되는 이유는 일자리를 얻는 게 점점 불안정해지고 중단되기 때문이다.

433) 잉글랜드에는 언제나 웨일스가 포함된다. 그레이트브리튼은 잉글랜드, 웨일스 그리고 스코틀랜드 그리고 영국은 이 세 나라에 아일랜드가 포함된다.

타격한 1866년의 공황은 스코틀랜드 왕국의 인구보다 더 많은 세계시장의 본거지인 런던에서 극빈층의 수는 1865년과 비교해 1866년에는 19.5%, 1864년과 비교해서는 24.4% 증가했으며, 1866년과 비교해서 1867년의 처음 몇 개월 동안에 크게 증가했다. 극빈층 통계 분석에서는 다음의 두 가지 부분이 강조되어야 한다. 한편으로 극빈층 수의 감소와 증가는 산업순환의 주기적인 변동을 반영한다는 점과, 다른 한편으로 자본의 축적과 함께 계급투쟁이 발전하고, 그에 따라 노동자의 자의식이 발전함에 따라 극빈층의 실제 규모에 대한 공식통계는 점점 믿을 수 없게 된다는 점이다. 예를 들어 최근 2년 동안 잉글랜드의 신문(《타임스》와 《팔 말 가제트》)이 그렇게 떠들어댔던 극빈층에 대한 야만적 기사는 오래 전부터 있었던 일이다. 프리드리히 엥엘스는 1844년에 똑같은 잔악한 짓과 이 '선정적인 출판물'에 속하는 일시적이고 위선적인 비명을 확인한 바 있다. 그러나 최근 10년 동안 런던에서 굶어 죽는 사람 수의 엄청난 증가는 구빈원[434]의 노예 상태에 대한 노동자들의 혐오가 점점 더 커지고 있음을 확실하게 증명하고 있다.

b) 영국 산업노동자계급 가운데 낮은 임금을 받는 계층

이제 영국 산업노동자계급 가운데 낮은 임금을 받는 계층으로 눈을 돌려보자. 면화기근 때인 1862년 스미스 박사는 추밀원으로부터 랭커셔와 체셔의 쇠약해진 면공업 노동자의 영양상태를 조사할 것을 위탁받았다. 그는 여러 해에 걸친 관찰 끝에 다음과 결론에 도달하였다. 즉, '굶주림으

---

434) 아담 스미스가 때때로 구빈원을 작업장과 같은 의미로 사용했다는 사실은 그의 시대 이후에 이루어진 진보에 독특한 빛을 던져주고 있다. 예를 들어 그는 분업에 관한 장의 첫머리에서 다음과 같이 말하고 있다. "서로 다른 작업부문에서 일하고 있는 사람들이 같은 작업장(Workhouse)에 모여 있는 경우가 흔하다."(아담 스미스, 앞의 책, 6쪽 -편집자)

로 인한 질병을 예방하기 위해서는' 평범한 여성 한 명의 하루 음식물은 적어도 3,900그레인(1그레인=0.0648그램)의 탄소와 180그레인의 질소를, 평범한 남성의 하루 음식물은 적어도 4,300그레인의 탄소와 200그레인의 질소를 함유하고 있어야 한다. 즉 여성들에게는 질 좋은 2파운드의 밀가루 빵에 함유되어 있는 것과 대략 비슷한 양의 영양소가 필요하며, 남성은 그것보다 ⅑이 더 필요하며, 성인남녀에게 일주일에 평균 28,600그레인의 탄소와 1,330그레인의 질소가 필요하다. 그가 계산한 양은 위기(면화위기 -옮긴이)로 말미암아 면공업노동자들이 실제로 소비하고 있는 보잘것없는 음식물 양과 일치함으로써 놀랍게도 옳다는 것이 판명되었다. 그들은 1862년 12월에 일주일에 29,211그레인의 탄소와 1,295그레인의 질소를 섭취했다.

1863년에 추밀원은 잉글랜드 노동자계급 가운데 가장 영양상태가 안 좋은 부분의 빈곤상태에 대한 조사를 명령했다. 추밀원의 의무관인 사이먼 박사는 앞에서 이 일을 위해 앞에서 언급한 스미스 박사를 선택했다. 그의 조사는 한편으로 농업노동자. 다른 한편으로 견직공, 여성재봉사, 가죽장갑 제조공, 양말공, 장갑공 그리고 제화공까지 포괄하고 있다. 두 번째 부류 가운데 양말공을 제외하면 모두 도시노동자였다. 각 부류에서 가장 건강하고 상대적으로 좋은 상태에 있는 가족을 선택하는 것이 조사의 원칙이었다.

전반적인 결과는 다음과 같다.

"조사된 도시노동자 부류 가운데 굶주림으로 인한 병을 발생시킬 수 있는 질소 섭취량의 절대 최저치를 겨우 넘긴 경우는 단 한 부류에 불과했다는 것, 두 부류에서 질소와 탄소를 함유한 음식물의 공급이 부족했는데, 그 가운데 한 부류에서는 많이 부족했다는 것. 조사된 농업노동자 가족의 5분의 1 이상이 필수적으로 공급되어야 할 탄소 함유 음식물보다 적은 양을 섭취했으며, 3분의 1 이상이 필수적으로 공급되어야 할 질소 함유 음식물보다 적게 섭취하고 있었다는 것, 그리고 3개 주(버크셔, 옥스퍼드셔, 서머셋셔)에서는 질소 함유 음식물의 최저치에도 못 미치는 부족 현상이 일반적이었다는 것 등이다."[435]

농업노동자들 가운데는 영국의 가장 부유한 지역인 잉글랜드의 농업노동자의 영양 상태가 가장 나빴다.[436] 그들 가운데 영양실조에 걸린 사람들은 주로 여성과 아이들이었다. '성인남성은 일을 하기 위해 먹지 않을 수 없었기' 때문이다. 더 심각한 부족 현상은 조사된 도시노동자에게서 기승을 부리고 있었다. "그들의 영양 상태가 너무 나빠서, 비참하고 건강을 해치는 궁핍(이 모든 것은 자본가의 '절제', 즉 그의 일꾼들이 겨우 연명하는 데 절대적으로 필요한 생활수단을 지불하는 것에 대한 절제이다!)을 가져오는 많은 경우가 발생할 수밖에 없다."[437]

다음의 표는 위에서 언급된 도시노동자에 속하는 부류의 영양상태와 스미스 박사가 최저치라고 가정한 면공업 노동자들의 가장 곤궁했던 시기의 영양 상태를 비교하고 있다.[438]

(단위: 그레인)

남 녀	주 평균 탄소량	주 평균 질소량
5개 부문의 도시 사업장	28,876	1,192
실직한 랭커셔의 공장노동자	29,211	1,295
제안된 랭커셔 노동자의 최저 필요량(남녀 동수)	28,600	1,330

---

435) 《공중위생 제6차 보고서, 1863년》, 런던, 1864, 13쪽.

436) 같은 보고서, 17쪽.

437) 같은 보고서, 13쪽.

438) 같은 보고서, 부록 232쪽.

조사된 산업노동자 부류 125명 가운데 절반 가량인 60명은 전혀 맥주를 마시지 않았으며, 28%는 우유를 마시지 않았다. 액체 상태 식료품의 가족당 일주일 평균은 여성재봉사의 7온스에서 양말공의 24¾온스 사이를 오갔다. 우유를 마시지 않는 사람의 대다수가 런던의 여성재봉사였다. 일주일 동안 소비된 빵 재료의 양은 여성재봉사의 7¾파운드부터 제화공의 11¼파운드 사이에서 변동했으며, 성인의 주당 총평균은 9.9파운드였다. 설탕(당밀 등)의 일주일 소비량은 가죽장갑 제조공의 4온스에서 양말공의 11온스 사이를 오갔다. 모든 부류의 주당 총평균은 성인 1명당 8온스였다. 성인 1명이 일주일에 평균 5온스의 버터(지방 등)를 소비했다. 성인 1명의 육류(베이컨) 소비량은 견직공의 4¼온스로부터 가죽장갑 제조공의 18¼온스까지 변동했다. 다양한 부류의 총평균은 13.8온스였다. 성인 1명의 일주일 식사 비용의 일반적 평균은 다음과 같았다. 견직공 2실링 2½펜스, 여성 재봉사 2실링 7펜스, 가죽장갑 제조공 2실링 9½펜스, 제화공 2실링 7¾펜스, 양말공 2실링 6¼펜스였다. 메클즈필드의 견직공은 일주일 평균 겨우 1실링 8½펜스를 식사 비용으로 지출했다. 가장 영양 상태가 안 좋은 부류는 여성재봉사, 견직공 그리고 가죽장갑 제조공이었다.[439]

사이먼 박사는 그의 '종합 위생보고서'에서 이러한 영양 상태에 대해 다음과 같이 말했다.

"영양실조가 병을 일으키거나 악화시키는 경우가 무수히 많다는 사실은 빈민 의료사업이나 입원환자이든 외래환자이든 빈민 의료기관에 오는 환자를 잘 알고 있는 사람이라면 어느 누구라도 시인할 수밖에 없다. … 그

---

439) 같은 보고서, 232-233쪽.

러나 여기에 위생상의 관점에서 보면 또 하나의 매우 결정적인 상황이 추가된다. … 식량을 박탈당하는 것은 참아내기가 매우 어렵다는 사실, 그리고 대체로 심각하게 부족한 식사는 그에 앞서 다른 것들이 결핍된 후에야 뒤따라온다는 사실을 기억하고 있어야 한다. 영양실조가 건강에 중대한 영향을 미치기 훨씬 전부터, 생사의 갈림길이 되는 질소와 탄소의 그레인 수치를 생리학자가 생각해내기 훨씬 전부터 살림살이는 물적 안락을 주는 모든 것을 완전히 상실했다. 옷과 난방장치는 음식보다도 더 부족하다. 가혹한 날씨를 막을 보호 장치도 충분하지 않다. 거실은 병을 일으키거나 악화시킬 정도로 좁아 터졌으며, 세간과 가구는 거의 찾아볼 수 없다. 청결을 유지하는 것조차 사치스럽고 어려운 일이다. 아직 남아있는 자존심 때문에 청결을 유지하려는 노력은 오히려 굶주림으로 인한 고통만 가중시켰다. 가정은 숙소를 가장 저렴하게 살 수 있는 곳에 마련된다. 즉 위생경찰이 거의 단속할 수 없는, 하수시설은 전혀 쓸모가 없으며, 교통도 안 좋고, 쓰레기는 집 밖에 엄청나게 쌓여 있으며, 급수 상태는 아주 나쁘거나 거의 쓸모없는 그런 곳에, 도시에서는 햇빛과 공기가 부족한 그런 지역에 있다. 이러한 빈곤에 영양실조까지 겹친다면, 이 모든 것은 불가피하게 건강을 위협하게 된다. 이 모든 해악을 합치면 생명을 위협할 만큼 무시무시한 정도인데, 영양실조 그 자체만으로도 끔찍하다. … 특히 여기서 말하는 이러한 빈곤이 게으름 자체에 책임이 있는 그런 빈곤이 아니라는 사실을 염두에 두면 참으로 가슴 아픈 일이다. 이것이 노동자의 빈곤이다. 그렇다. 도시노동자들에 관해 말한다면, 한 입도 안 되는 식량을 사기 위해 그들의 노동은 대개는 지나칠 정도로 연장된다. 그런데도 이러한 노동으로 스스로를 보존할 수 있다는 것은 매우 제한적인 의미에서일 뿐이다. … 대부분의 경우에 이러한 말뿐인 자기보존은 단지 구호가 필요한 극빈층으로 가는 우회로일 뿐이다."[440]

　　가장 부지런한 노동자계층의 굶주림으로 인한 고통과 자본주의적 축적에 근거한 부자들의 상스럽거나 세련된 사치성 소비 사이의 내적 연관성은 경제법칙을 알게 되었을 때만 드러난다. 주거 상태는 이와 전혀 다르다. 편견이 없는 관찰자라면 누구나 알아차리듯이, 집중된 생산수단의 양이 클수록 같은 공간에 모여드는 노동자들도 더욱 많아지고, 자본주의적 축적이 빠를수록 노동자의 주거상태는 더 비참해진다. 부의 증가에 따른 불량주택지구의 철거, 은행과 백화점 등이 입주하는 화려한 건물의 신축, 거래를 위한 왕래와 호화스러운 마차를 위한 도로 확장, 마차가 다니는 길의 설치 등에 의한 도시의 '개량'은 빈민을 계속 더 열악하고 더 비좁은 빈민굴로 몰아낸다. 다른 한편, 질이 안 좋을수록 집값은 비싸지고, 투기꾼들은 가난이라는 광산에서 볼리비아 포토 시의 은광에서보다 더 적은 비용으로 더 많은 이윤을 착취하고 있다는 사실을 누구나 알고 있다. 자본주의적 축적, 따라서 자본주의적 소유관계 일반[441]의 적대성은 이러한 주택문제에서 매우 명확하기 드러나기 때문에, 이 문제에 관한 잉글랜드 정부의 공식보고서조차도 '소유와 소유권'에 대한 일반적이지 않은 결론으로 가득 차 있다. 산업의 발달, 자본의 축적 그리고 도시의 성장과 '미화'와 보조를 맞추어 이러한 해악도 증가하기 때문에, '지체 높은 양반들'도 보호하지 않는 전염병에 대한 적나라한 공포로 말미암아 1847년부터 1864년 사이에 10개 남짓한 위생경찰 관련 조

---

440) 같은 보고서, 14-15쪽.

441) "노동자계급의 거주상태에서 보다 노골적이고 파렴치하게 인간의 권리를 소유권에 희생시킨 경우는 어디에도 없다. 어떤 대도시든 인간을 제물로 바치는 장소이며, 해마다 수천 명이 탐욕의 신(Moloch)을 위해 살육되는 제단이다."(랑, 앞의 책, 150쪽)

례가 의회에서 제정되었으며, 리버풀과 글래스고 등 몇 개의 도시에서는 공포에 사로잡힌 시민들이 시당국을 통해 이 문제에 영향력을 행사하기도 했다. 그럼에도 사이먼 박사는 1865년 자신의 보고서에서 '일반적으로 말하면 잉글랜드에서의 해악은 통제되지 않고 있다'고 호소하고 있다. 추밀원의 명령으로 1864년에는 농업노동자 그리고 1865년엔 도시빈민 계층의 주거상태에 대한 조사가 실시되었다. 줄리안 헌터Julian Hunter 박사의 탁월한 작업은 '공중위생'에 관한 7차와 8차 보고서에서 볼 수 있다. 농업노동자에 관해서는 나중에 서술하겠다. 도시의 주거상태에 대해서는 이 문제 전체에 대한 사이먼 박사의 발언을 먼저 말하겠다. 그는 다음과 같이 말하고 있다.

"내가 공적으로 이 문제를 바라보는 입장은 오로지 의학적인 관점에 서지만, 가장 평범한 사람으로서도 이러한 해악의 다른 측면을 모르는 체할 수 없다. 이러한 해악의 정도가 심해지면 거의 필연적으로 인간이라기보다는 짐승처럼 예의범절을 전혀 지키지 않고, 몸과 신체적 기능이 음란하게 뒤섞이고, 성적 무지가 그대로 드러난다. 이러한 상황의 영향을 받는다는 것은 곧 타락을 의미하는데, 이러한 타락이 오랫동안 지속될수록 헤어나지 못하게 된다. 저주 받은 운명을 가지고 태어난 아이들에게 이러한 저주는 파렴치한 언행으로 가는 세례이다. 이러한 상황에 놓인 사람들에게 육체적 도덕적 순결을 본질로 삼고 있는 문명의 분위기를 바라는 것은 너무 지나치다."[442]

인간이 살아가기에 도저히 불가능하게 사람들로 넘쳐나는 주거 상태

---

442) 《공중위생 8차 보고서》, 런던, 1866, 14쪽의 주석.

라는 점에서는 런던이 1위를 차지하고 있다. 헌터 박사는 다음과 같이 말하고 있다.

"두 가지 점은 확실하다. 첫째로, 런던에는 각 1만 여명이 살고 있는 20개의 커다란 거주지가 있고, 그 참담한 상황은 지금까지 잉글랜드의 그 어디서도 찾아볼 수 없을 정도인데, 이러한 참상은 거의 전적으로 열악한 주거 시설의 결과라는 점이다. 둘째, 이 거주지의 집들이 사람들로 가득 차고 낡아버린 상태는 20년 전보다 훨씬 악화되었다는 점이다."[443] "런던과 뉴캐슬의 여러 지역에서의 삶은 지옥과 같다고 말해도 과언이 아니다."[444]

런던에서는 '개량'으로 인해 낡은 거리와 집들이 계속 철거됨에 따라, 그리고 도시의 중심부에 공장과 사람의 유입이 증가함에 따라, 마지막으로 집세가 도시의 지대와 함께 오름에 따라, 노동자계급 가운데 비교적 처지가 더 나은 부분도 소상인과 하층 중간계급을 이루는 그 밖의 다른 계층과 함께 점차 이처럼 보잘것없는 주거상태의 저주 속으로 전락했다.

"집세는 단칸 방 하나 이상 지불할 수 있는 노동자가 거의 없을 정도로 엄청나게 올랐다."[445]

---

443) 같은 보고서, 89쪽. 이 거주지의 아이들에 관해 헌터 박사는 다음과 같이 말하고 있다. "빈민이 이렇게 밀집되고 비좁게 살기 이전의 시대에는 아이들을 어떻게 키웠는지 모른다. 아이들이 이 나라에서는 비교도 할 수 없는 이러한 상황에서 술에 취하고, 음란하며, 호전적인 온갖 연령층의 사람들과 밤늦게까지 어울리면서, 위험한 계급으로서 미래의 실천을 위한 교육을 받고 있다. 이런 아이들로부터 어떤 몸가짐을 예언하려는 사람은 무모한 예언가일 것이다."(같은. 보고서, 56쪽)
444) 같은 보고서, 62쪽.
445) 《세인트 마틴스 인 더 필드의 위생관리 보고서》, 런던, 1866, 91쪽.

런던 사람의 집에 대한 소유권은 거의 모두가 수많은 중개인에게 저당 잡혀 있는 것이나 마찬가지였다. 런던의 토지 가격은 늘 그 토지의 연간수입에 비해 매우 높았다. 런던의 토지를 구매하는 사람은 누구나 이 토지를 조만간 사정가격$_{Jury\ Price}$(토지 수용 시에 사정관에 의해 확정된 가격)으로 되팔아버리거나 또는 토지 부근에 어떤 대기업이라도 들어서면 일어날 수 있는 토지가치의 엄청난 상승을 사취하기 위해 투기했기 때문이다. 그 결과는 만기가 얼마 남지 않은 임대계약의 매입이 일상적인 거래가 되었다는 것이다.

"이런 일을 하고 있는 신사 양반들에게 기대할 수 있는 것은 지금 하는 짓을 계속 하리라는 것, 즉 세든 사람으로부터 가능한 많은 것을 뽑아내고 집 자체는 가능한 한 비참한 상태로 다음 거주자에게 넘겨준다는 것이다."[446]

집세는 매주 내게 되어 있어서 주인 양반에게는 아무런 위험이 따르지 않는다. 시내에 부설된 철도로 인해,

"최근 런던의 동부에서는 그들의 낡은 집에서 쫓겨난 몇몇 가족이 어느 토요일 자질구레한 세간들을 등에 짊어지고 구빈원 외에는 의지할 곳이 없이 방황하는 모습을 볼 수 있었다."[447]

구빈원은 이미 들어설 자리가 없었고, 의회에서 승인된 '개량'도 이제

---

446) 《공중위생 8차 보고서》, 런던, 1866, 91쪽.
447) 같은 보고서, 88쪽.

막 시작되었을 뿐이다. 노동자는 그들의 살던 낡은 집이 헐려 쫓겨나더라도, 그들의 교구를 떠나지 않거나 기껏해야 그 교구와 경계한 다른 교구에 정착한다.

"당연히 그들은 할 수 있다면 일터 부근에 살고자 한다. 그 결과는 한 가족이 방 두 개 대신에 단칸방을 얻어야 한다. 더 높은 집세를 내고도 그들의 주거상태는 그들이 쫓겨난 집보다 더 나빠진다. 스트랜드Strand에 거주하는 노동자의 절반은 이제 일터까지 2마일을 걸어가야 한다."

이 스트랜드의 주요 거리를 바라보는 외부인은 런던의 부가 으리으리하다는 인상을 받지만, 이 거리는 런던이 얼마나 많은 사람들로 채워져 있는가에 대한 하나의 예가 될 수 있다. 위생 관리의 계산에 따르면 스트랜드의 한 교구에는 1에이커에 581명이 거주하고 있는데, 그것도 이 계산에 포함된 1에이커의 절반은 템스 강에 속했다. 지금까지 런던에서 벌어진 것처럼, 쓸모없는 집을 철거함으로써 일정한 지역에서 노동자를 쫓아내는 위생경찰의 조치는 이들을 다른 지구에 더 **빽빽**하게 채우는 역할을 할 뿐이라는 것이 분명하다. 헌터 박사는 다음과 같이 말한다.

"이 말도 안 되는 어리석은 모든 조치는 반드시 중단되어야 하거나, 또는 이제는 국민적 의무라고 불러도 지나치지 않는, 즉 돈이 없어 자신의 집을 장만할 수 없지만 정기적으로 집세를 지불할 수 있는 사람들에게 집을 마련해 주기 위해 공공의 동정심(!)을 불러일으켜야 한다."[448]

---

448) 같은 보고서, 89쪽.

이 얼마나 감탄할 만한 자본주의적 정의인가! 지주, 집주인 그리고 사업가는 철도부설과 도로의 신설 등의 '개량'으로 그들의 소유물이 수용되면 충분한 보상을 받을 뿐만 아니라, 이 보상 외에도 강요된 '절제'에 대해 신의 이름으로 그리고 법률상 막대한 이윤을 챙김으로써 위로받아야 한다. 노동자는 등에 세간을 짊어지고 처자식과 함께 길거리로 내몰리며, 시당국이 각별히 신경쓰고 있는 지역에 떼거리로 몰려들어가 위생경찰의 박해를 받는다!

19세기 초반에 잉글랜드에서 런던만이 유일하게 10만 이상의 인구를 가지고 있었다. 5만 이상의 인구를 가진 도시도 5개에 불과했다. 현재 잉글랜드에서는 5만 이상의 인구를 가진 도시가 28개이다.

"이러한 변화는 도시인구의 엄청난 증가뿐만 아니라 인구가 조밀한 오래된 소도시들이 사방으로 건물이 들어차서 어느 방향으로도 신선한 공기가 통하지 않는 중심부가 된 결과를 야기했다. 이러한 도시의 중심부는 부자에게 더이상 쾌적하지 않게 되어 그들은 이곳을 떠나 교외로 이주했다. 이들이 떠난 커다란 집에 이사 온 사람들은 한 가족이 방 하나씩을 차지하며, 그 방을 재차 세 얻은 사람들과 나누는 경우도 흔했다. 따라서 이곳 주민들은 그들과 인연도 없고 전혀 적합하지 않은 집으로 밀려들어가는데, 이 집의 주변은 성인들에게는 매우 굴욕적이며 아이들에게는 파멸적이다."[449]

자본이 어떤 공업도시나 상업도시에 더 급속하게 축적될수록, 착취

---

449) 같은 보고서, 56쪽.

할 수 있는 인적 자원은 더 급속하게 밀려들어오고, 별 준비 없이 세워진 이들의 주거상태는 더욱 더 비참해진다. 따라서 점점 산출량이 늘어나고 있는 탄광과 광산지방의 중심지인 뉴캐슬 업 타인은 런던에 이어 주택지옥에서는 2위 자리를 확보하고 있다. 이곳에서는 34,000명 남짓의 사람이 단칸방에 살고 있다. 최근 뉴캐슬과 게이츠헤드에는 상당한 수의 집이 공동체에 전적으로 해가 된다는 이유로 경찰에 의해 철거되었다. 새 집을 짓는 일은 매우 더디게 진행되는 반면에 사업은 매우 빠르게 번창한다. 따라서 이 도시는 1865년에 이전의 그 어느 때보다도 더 많은 사람들로 넘쳐났다. 단칸방 하나도 빌릴 수가 없었다. 뉴캐슬 열병병원의 엠블턴 박사는 다음과 같이 말했다.

"티푸스가 계속 만연하고 있는 원인이 사람들이 지나치게 몰려 살며 그들의 주거시설이 불결하다는 데 있다는 것은 의심할 여지가 없다. 노동자들이 살고 있는 집은 고립된 뒷골목이나 울타리로 둘러싸인 곳에 있는 경우가 흔하다. 그들의 집은 빛, 공기, 공간, 청결이라는 면에서는 결핍과 비위생의 진정한 본보기이며, 모든 문명국가의 치욕이다. 밤에는 그곳에서 성인남녀와 아이들 할 것 없이 뒤섞여 잠을 잔다. 성인남자의 경우 야간조와 주간조가 끊임없이 번갈아 자기 때문에 침대가 식을 시간이 없다. 이들 집은 급수가 잘 안 되고, 화장실은 더 불결하며, 추잡하고 통풍도 되지 않아 지독한 악취를 내뿜는다."[450]

---

450) 같은 보고서, 149쪽.

이러한 빈민굴의 일주일 가격은 8펜스에서 시작하여 3실링까지 상승한다. 헌터 박사는 다음과 같이 말하고 있다.

"뉴캐슬 업 타인은 우리 동포 가운데 우수한 종족 하나가 집이나 길 같은 외부 환경 때문에 흔히 야만에 가까운 타락 상태로까지 빠지고 만다는 실례를 보여주고 있다."[451]

자본과 노동이 밀려들어오고 밀려나감에 따라 한 공업도시의 주거상태는 오늘은 견딜 만하다가 내일은 도저히 참을 수 없게 된다. 또 건물과 도로 등을 담당하는 시 부서가 마침내 가장 심각한 폐해를 제거하는 데 온 힘을 기울일 수도 있다. 그러나 내일이 되면 누더기를 걸친 아일랜드 사람이나 몰락한 잉글랜드 농업노동자가 메뚜기 떼처럼 몰려든다. 그들은 지하실이나 헛간으로 밀려들어가거나, 또는 이전에 꽤 훌륭한 노동자의 집으로 밀려들어가 그 집을 30년 전쟁 당시의 병영처럼 거주자가 자주 바뀌는 싸구려 여인숙으로 만든다. 이러한 예가 브래드포드이다. 그곳에는 속물인 시당국 관리가 도시개량을 진행하고 있었다. 게다가 그곳에는 1861년 빈집이 1,751채나 있었다. 그런데 이제 온건한 자유주의자이자 흑인의 벗인 포스터Charles Forster, 1815-1891(잉글랜드의 자유주의 정치가, 1852년부터 1891년까지 하원의원, 준남작 작위를 받음 -옮긴이)가 최근에 그렇게도 점잖게 환성을 올린 호경기가 도래했다. 호경기와 더불어 늘 인파를 이루고 있는 '산업예비군' 또는 '상대적 과잉인구'가 당연히 범람했다. 헌터가 어떤 보험회

---

451) 같은 보고서, 50쪽.

사의 대리인에게서 입수한 표[452]에 기재된 바에 따르면, 소름끼치는 지하실과 작은 방에는 대개 높은 임금을 받는 노동자들이 살고 있었다. 그들은 더 나은 집을 얻을 수만 있다면 기꺼이 더 지불할 의사가 있다고 말했다. 온건 자유주의 하원의원인 포스터가 자유무역의 축복과 저명한 소모사 직물업계의 우두머리들의 이윤에 감격의 눈물을 흘리는 사이에 그들은 몽땅 거지가 되고 병들어 버렸다. 1865년 9월 5일 한 보고서에서 브래드포드의 구빈원에서 근무하는 의사 가운데 하나인 벨 박사는 자기 담당구역의 열병환자의 끔찍한 사망률을 그들의 주거상태를 들어 다음과 같이 설명하고 있다.

"1,500입방피트의 지하실에 10명이 살고 있다. … 빈센트 스트리트, 그린 에어 플레이스와 리스에는 1,450명의 거주자, 435개의 침대 그리고

---

452) 브래드포드의 한 노동자 보험회사 대리인의 표

가옥			지하실		
주소	방 수	거주자	주소	방 수	거주자
발칸 스트리트 122번지	1	16	리전트 스퀘어	1	8
럼리 스트리트 13번지	1	11	에이커 스트리트	1	7
바우어 스트리트 41번지	1	11	로버츠 코트 33번지	1	7
포트랜드 스트리트 122번지	1	10	백 프레트 스트리트(놋그릇 제작소)	1	7
하디 스트리트 17번지	1	10	이브니저 스트리트 27번지	1	6
노스 스트리트 18번	1	16			
노스 스트리트 17번지	1	13			
와이머 스트리트 19번지	1	성인 8			
조에트 스트리트 56번지	1	12			
조지스트리트 150번지	1	3가족			
라이플 코트, 메리게이트 11번	1	11			
마살 스트리트 28번지	1	10			
마살 스트리트 49번지	3	3가구			
조지 스트리트 128번지	1	18			
조지 스트리트 130번지	1	16			
에드워드 스트리트 4번지	1	17			
조지 스트리트 49번지	1	2가족			
요크 스트리트 34번지	1	2가족			
솔트 파이 스트리트	2	26			

36개의 화장실을 가진 223채의 집이 있다. 침대라고 해봤자 더러운 누더기를 말아 놓은 것이나 한줌의 톱밥에 불과한데, 이 침대도 평균 3.3명, 때로는 4-6명을 사육한다. 젊은 남녀, 기혼자나 미혼자나 모두 뒤섞여 침대도 없는 맨바닥에서 옷을 입고 잠을 잔다. 이들의 주거지라는 것이 대개는 사람이 거주하기에 전혀 적합하지 않은 어둡고, 습기 차고, 더럽고 냄새나는 누추한 곳이라는 사실을 꼭 더 말할 필요가 있겠는가? 그곳은 질병과 죽음이 시작되는 진원지이며, 이러한 종양이 우리 도시의 한 가운데서 곪아가도록 허용한 잘 사는 사람들 사이에서도 희생자가 나온다."[453]

브리스톨은 주택 사정이 비참하다는 점에서는 런던 다음으로 3위를 확보하고 있다.

"유럽에서 가장 부유한 도시 가운데 하나인 이곳 브리스톨에서 가장 적나라한 빈곤과 거주지의 비참함이 흘러넘친다."[454]

c) 유랑민

이제 농촌 출신이면서 대부분 공업에 종사하는 주민층에 눈을 돌려보자. 이들은 자본의 필요에 따라 때로는 이곳으로 때로는 저곳으로 옮겨다니는 중무장을 하지 않은 보병이다. 행군하지 않을 때에는 이들은 '야영'을 한다. 유랑 노동은 여러 가지 건설공사, 배수공사, 벽돌제조, 석회굽기, 철도부설 등에 사용된다. 그들은 전염병을 운반하는 부대로서, 그들이 진

---

453) 같은 보고서, 114쪽.
454) 같은 보고서, 50쪽.

을 치고 있는 부근에 천연두, 티푸스, 콜레라, 성홍열 등을 가지고 들어온다.[455] 철도 부설 등과 같이 상당한 자본을 투자한 기업에서는 대개 기업가 자신이 자기의 군대에 나무로 된 오두막 같은 것을 제공하는데, 이는 위생 시설이라곤 전혀 없는 급조된 부락으로 지방관청의 통제 밖에 있으며, 노동자들을 산업병사이자 임차인으로 이중으로 착취하는 청부업자 양반들에게는 매우 유리하다. 이 나무로 된 오두막에 좁고 어두운 방이 하나인가, 둘인가 셋인가에 따라 공사 인부 등의 거주자는 매주 2실링, 3실링 또는 4실링을 지불해야 한다.[456] 한 가지 예를 드는 것으로 충분할 것이다. 사이먼 박사의 보고에 따르면, 1864년 9월에 세븐옥스 교구의 공중위생위원회 위원장에게서 다음과 같은 고발장이 내무부장관 조지 그레이에게 송달되었다.

"약 12개월 전까지만 해도 천연두는 이 교구에 전혀 알려지지 않았다. 그 바로 직전에 루이스햄으로부터 턴브리지로 가는 철도부설이 시작되었다. 그런데 주요 공사가 이 도시의 바로 인근에서 수행된 데다가 총공사를 위한 주요 창고도 이 도시에 설치되었다. 따라서 이곳에 많은 수의 사람이 일을 하게 되었는데, 이들 모두를 수용할 오두막이 없었기 때문에, 청부업자 제이는 철도선로를 따라서 이곳저곳에 노동자들이 거주할 임시숙소를 짓게 했다. 이것들은 환기장치도 하수구도 없었으며, 게다가 사람으로 가득차지 않을 수 없었다. 입주자는 자신의 가족이 몇 명이든 간에 그리고 임시숙소의 방이 2개밖에 안 됨에도 다른 하숙인을 받아야만 했기 때문이다. 우리가 입수한 의사의 보고서에 따르면, 이 가련한 사람들은 밤중에

455) 《공중위생 7차 보고서》, 런던, 1865, 18쪽.
456) 같은 보고서, 165쪽.

는 더러운 물구덩이와 창문 바로 아래 있는 화장실에서 풍기는 악취를 마시지 않기 위해 숨 막히는 고통을 참아야 했다. 마침내 이 임시숙소를 방문할 기회를 가졌던 한 의사가 본위원회에 고소장을 제출했다. 그는 이러한 주거상태에 대해 신랄한 표현을 써가면서 말했다. 그리고 몇 가지 위생수단이 강구되지 않으면 매우 심각한 결과를 초래할 것이라고 우려를 표명했다. 약 1년 전에 청부업자 제이는 그가 고용한 사람들이 전염병에 걸린 경우 곧바로 격리시킬 수 있는 집을 짓겠다고 약속했다. 그는 이 약속을 지난 7월에 되풀이했지만, 그 이후로 여러 건의 천연두가 발병하여 그 가운데 두 명이 목숨을 잃었는데도, 이 약속을 수행할 아무런 조치도 하지 않았다. 9월 9일 켈슨은 같은 임시숙소에서 또 다른 천연두가 발생했다고 보고했으며, 그들의 상태가 끔찍하다고 묘사했다. 귀하(장관)에게 덧붙여 알려드리고 싶은 것은, 우리 교구에는 전염병을 앓고 있는 교구민이 치료를 받는 이른바 페스트하우스Pesthaus라는 격리소가 있다는 사실이다. 그런데 이 격리소는 현재 수개월 전부터 계속 환자들로 넘쳐나고 있다. 어떤 가족의 아이 5명은 천연두와 열병으로 죽었다. 올해 4월 1일부터 9월 1일 까지 천연두로 인해 10여건의 사망이 발생했는데, 4건의 전염병의 진원지인 위에서 언급한 임시숙소에서 발생했다. 병이 발병한 가족은 그 사실을 되도록 숨기려고 하기 때문에, 환자의 수를 정확하게 명시할 수 없다."[457]

---

457) 같은 보고서, 18쪽의 주석. 샤펠-앙-르-프리츠(Chapel-en-le-Frith) 교구 연합의 구빈원은 등기소 소장에게 다음과 같이 보고했다. "도브홀스에는 석회가루로 된 큰 언덕에 다수의 동굴이 만들어져 있다. 이 굴들은 토목공사나 철도부설에 필요한 다른 공사에서 일하는 노동자의 거주지로 사용되고 있다. 굴은 비좁고, 습하며, 불순물을 내보낼 하수구나 화장실이 없다. 굴뚝으로 사용되는 둥근 천장의 작은 구멍을 제외하면 환기구가 없다. 이러한 주거 상태로 인해 천연두가 창궐하여 (굴에 사는 사람들 가운데) 이미 몇 명의 사망자가 나왔다."(같은 보고서, 주석2)

탄광노동자와 기타 광산노동자는 영국 프롤레타리아 계급에서 임금이 가장 높은 부류에 속한다. 그들이 어떠한 대가를 지불하고 그들의 임금을 받는가에 대해서는 앞에서 보여주었다.[458] 여기에서는 그들의 주거 상태를 빠르게 훑어보겠다. 보통 광산의 채굴업자는 광산의 소유주이든 임차인이든 간에 자신의 일꾼을 위한 일정한 수의 오두막을 짓는다. 일꾼은 오두막과 불을 지피기 위한 석탄을 '공짜로' 얻는다. 말하자면 석탄은 임금 가운데 현물로 지급되는 부분이다. 이러한 방식으로 숙소를 제공받지 못하는 일꾼은 그 대신 연간 4£을 받는다. 광산 지역은 광부와 그들 주변에 모여든 수공업자와 소상인 등으로 구성된 많은 인구를 끌어당긴다. 인구밀도가 높은 곳이면 어디나 그렇듯이 이곳에서도 역시 지대가 높다. 따라서 광산 경영자는 갱도 입구 부근의 가능한 한 좁은 부지에 자신의 일꾼과 그 가족을 밀어넣기에 꼭 필요한 만큼의 오두막을 쌓아 올리려고 한다. 근처에 새로운 갱이 개발되거나 낡은 갱에서 채굴이 다시 시작되면 더욱 붐비게 된다. 오두막 건설을 지배하는 단 하나의 관점은 절대로 피할 수 없는 것 이외의 현금지출에 대한 자본가의 '절제'이다. 줄리안 헌터 박사는 다음과 같이 말하고 있다.

"노섬벌랜드와 더럼의 탄광에 매여 있는 광부와 기타 노동자의 거주지는, 이와 유사한 몬머스셔의 지역을 제외하면, 대체로 잉글랜드에서 대규모로 제공되고 있는 이러한 종류의 거주지를 가운데 아마 가장 열악하고 또한 가장 비싸다. 더없이 나쁜 점은 너무 많은 사람들이 방 하나를 채우고

---

458) 이 책 460쪽(본 번역본에서는 179쪽부터 수록 -옮긴이) 이하에 인용한 상세한 내용은 특히 탄광노동자에 관한 것이다. 한층 더 열악한 금속광산의 상태에 관해서는 1864년 왕립위원회의 양심적인 보고서를 참조하기 바란다.

있다는 것, 좁은 부지에 너무 많은 수의 집을 지었다는 것, 물이 부족하고 화장실이 없다는 것, 집을 첩첩히 세우든가 몇 층으로(따라서 여러 오두막이 위아래로 겹쳐진 층을 이루는) 나누어 세운다는 것 등이다. 경영자들은 집단 거주지 전체를 사람이 사는 곳이 아니라 야영(잠시 머무는 곳)하는 곳으로 취급하고 있다."[459]

스티븐슨 박사는 다음과 같이 말하고 있다.

"나에게 내려진 지시를 수행하면서 나는 더럼 연합교구의 커다란 광산 부락의 대부분을 방문했다. … 극소수를 제외하면 거의 대부분의 부락에서 거주자의 건강을 위한 그 어떤 수단도 마련되어 있지 않다. … 모든 광부는 광산임차인이나 광산소유자에게 12개월간 묶여있다. ('bound'라는 표현은 bondage처럼 농노신분의 시대에서 유래했다.) 그들이 불만을 터뜨리거나 어떤 방식으로든 감독에게 성가시게 굴면, 감독은 감독명부에 있는 그들의 이름에 표시나 기록을 해두었다가 해마다 있는 새로운 계약 때 그들을 해고한다. … 그 어떤 종류의 현물 급여제도라도 인구가 조밀한 이 지역에 퍼져 있는 제도보다 더 나쁠 수 없어 보인다. 노동자는 임금의 일부를 악취를 뿜어내는 주변으로 둘러싸인 집으로 받아야만 한다. 그는 어쩔 도리가 없다. 그 어떤 사정을 고려해보아도 그는 농노이다. 그의 소유자 이외의 어떤 사람이 그를 구할 수 있는지 의심스럽다. 그리고 이 고용주는 우선 그의 손익계산서만을 참조하기 때문에 그 결과는 거의 뻔하다. 노동자는 소유자로부터 물도 공급받는다. 나쁘든 좋든 간에, 공급되든 중단되든 간

---

459) 같은 보고서, 180, 182쪽.

에, 노동자는 대가를 지불해야 한다. 더 구체적으로 말하면 임금에서 그만큼이 공제된다."[460]

'여론'이나 위생경찰과 충돌하는 경우에도 자본은 자신이 노동자의 작업과 가정생활에 강요한 위험하고 굴욕적인 조건을 더 많은 이윤을 얻기 위해 노동자를 착취하는 데 필요하다는 이유로 '정당화하는 것'을 전혀 부끄럽게 여기지 않는다. 그렇다. 자본은 공장에서 위험한 기계장치에 대한 보호 장치를 줄이거나, 광산 등에서의 환기시설이나 안전장치를 줄인다. 등등. 이곳 광산노동자의 주거에서도 그러하다. 추밀원 의무관인 사이먼 박사는 자신의 공식보고서에서 다음과 같이 말하고 있다.

"열악한 주택시설을 변명하는 이유로는, 광산이 보통 임차방식으로 채굴된다는 것, 임차기간(탄광의 경우 대개 21년)이 너무 짧기 때문에, 그 기업이 끌어 모으는 노동자나 수공업자 등에게 훌륭한 주거시설을 제공하는 것이 임차인에게 별 노력할 가치가 없다는 것, 임차인 자신은 좀 더 나은 방향으로 처리하고자 하여도 지주에 의해 수포로 돌아간다는 것 등을 들었다. 즉, 지주는 땅속에 있는 재산을 채굴하는 노동자를 살게 하기 위해 땅위에 반듯하고 안락한 부락을 설치하는 특권에 대해 곧바로 도가 지나친 지대를 추가로 요구하려고 한다. 직접적인 금지는 아니더라도, 예방 효과를 갖는 이 가격은 추가 지대가 없다면 집을 지었을 다른 사람들에게 겁을 주어 집을 짓지 못하게 한다. … 나는 이러한 변명의 가치를 더이상 알아볼 생각이 없으며, 또한 번듯한 주거상태를 위한 추가 비용이 결국은 도대체 누

460) 같은 보고서, 515, 517쪽.

구의 부담될 것인가, 지주인가, 광산임차인인가, 노동자인가, 또는 대중인가에 대해서도 조사할 생각이 없다. … 그러나 (헌터 박사와 스티븐스 박사 등의) 첨부된 보고서에 폭로되어 있는 여러 부끄러운 사실을 고려하여, 이러한 것을 제대로 만들 수단이 강구되어야 한다. … 토지소유권은 공공연하게 막대한 부정을 저지르는 데 이용되고 있다. 지주는 땅속에 있는 광산의 소유자 자격으로 자신의 소유지에서 노동을 하도록 공업 부락을 불러들인 다음, 그 지면의 소유자 자격으로 그가 끌어 모은 노동자가 그들의 삶에 없어서는 안 될 적절한 주거시설을 찾지 못하게 만든다. 광산임차인(자본주의적 채광업자)은 이러한 사업상의 분할에 반대할 금전상의 이해 관계가 전혀 없다. 그는 지주의 두 번째 요구가 지나치긴 하지만 그 결과가 그의 부담이 되지 않는다는 것, 그 부담을 지는 노동자들은 그들의 위생에 대한 권리를 알 만큼 교육받지 못했다는 것, 아무리 주거시설이나 식수가 불결해도 그로 인한 파업은 단 한 번도 일어나지 않았다는 것을 잘 알고 있기 때문이다."[461]

d) 노동자계급 가운데 최고 임금을 받는 부분에 공황이 미치는 영향

원래 의미의 농업노동자로 넘어가기 전에 하나의 예를 통해, 공황이 노동자계급 가운데 최고 임금을 받는 부분, 즉 노동자계급의 귀족(노동귀족)에게 미치는 영향을 분명히 밝히고자 한다. 우리가 기억하고 있듯이, 1857년 각 산업순환이 항상 종결되는 대공황이 발생했다. 그 다음 주기는 1866년에 끝났다. 원래의 공업 지역에서는 많은 자본을 일상적인 투자 영역에서 화폐시장의 주요 중심지로 몰아낸 면화기근으로 인해 공황이 이미 수그러들었기 때문에, 공황은 이번에는 주로 금융공황의 성격을 띠었다.

---

461) 같은 보고서, 16쪽.

1866년 5월에 일어난 이 공황으로 인해 런던의 한 대형은행의 파산을 신호로 하여 수많은 금융권의 유령회사들의 도산이 뒤따랐다. 파국으로 치달은 런던의 거대한 산업부문 중 하나는 철제조선소였다. 대규모 조선소는 이 극도의 호황기 동안 지나친 과잉생산을 했을 뿐만 아니라, 더구나 신용의 샘이 앞으로도 여전히 풍부하게 흐른다고 추측하고 엄청난 공급계약을 떠맡았다. 이제 런던의 다른 공업[462]에도 예기치 못한 끔찍한 일이 벌어져 지금까지, 즉 1867년 3월 말까지 계속되었다. 노동자들이 어떻게 살아가는지 살펴보기 위해 1867년 초에 곤경의 중심지를 방문한 《모닝스타》지의 한 통신원의 상세한 보도에서 다음과 같은 구절을 인용한다.

"런던 동부에 있는 포플라, 밀월, 그리니치, 뎁트포드, 라임하우스, 캐닝타운 등의 지방에는 적어도 15,000명의 노동자와 그의 가족들이 극도의 궁핍 상태에 놓여 있는데, 그 가운데 3,000명 이상은 숙련기계공이다. 그들의 예비금은 6개월에서 8개월간의 실업으로 다 떨어졌다. … (포플라) 구빈원의 문 앞까지 가기도 매우 힘들었다. 굶주린 무리가 구빈원을 둘러싸고 있었기 때문이다. 그들은 빵 배급표를 기다리고 있었지만 아직 배급시간이 되지 않았다. 마당은 사각형을 이루고 있었는데, 마당을 둘러싼 담

---

462) 런던 빈민의 대규모 굶주림! … 최근 며칠 사이에 런던의 담벼락에는 커다란 벽보가 나붙었는데 거기에는 다음과 같은 눈길을 끄는 문구가 있다. '살전 황소와 굶주린 인간! 살전 황소들은 으리으리한 저택에 사는 부자를 살찌우려고 그들의 유리성을 떠나는데 굶주린 사람들은 그들의 비참한 빈민굴에서 썩어 죽어가고 있다.' 이러한 상서롭지 못한 문구가 적힌 벽보는 끊임없이 나붙었다. 하나의 벽보가 제거되고 덧붙여지기도 전에 곧바로 새로운 벽보가 같은 장소나 그만큼 눈에 잘 띄는 공공장소에 다시 나타난다. … 이것은 프랑스 인민이 1789년의 사건을 준비한 조짐을 기억나게 한다. … 잉글랜드 노동자가 처자식과 함께 추위와 굶주림으로 죽어가고 있는 바로 이 순간에도 잉글랜드 노동의 산물인 수백만의 잉글랜드의 화폐는 러시아, 스페인, 이탈리아 그 밖의 다른 국가에 차관으로 투자되고 있다.

에는 달개지붕이 쭉 이어져 있었다. 큰 눈 더미가 마당 중간에 도로포장용 돌을 덮고 있었다. 이곳에는 양 치는 우리처럼 버드나뭇가지를 엮어 만든 울타리로 격리된 몇 개의 좁은 터가 있었는데, 사람들은 날씨가 좋을 때는 그곳에서 일을 한다. 내가 방문한 날에는 눈이 많이 와서 아무도 그 안에 앉아있을 수가 없었다. 그런데도 사람들은 처마 아래서 매커덤(발명자인 MacAdam의 이름을 딴 도로포장용 돌 - 옮긴이) 만드는 작업을 하고 있었다. 그들은 두꺼운 도로포장용 돌에 걸터앉아 서리 맞은 화강암을 무거운 망치로 두들겨 5부셸이 될 때까지 잘라내었다. 그런 다음 그는 하루 일과를 마치고 3펜스(은화 2그로셴, 6페니히)와 배급표를 받는다. 마당의 다른 쪽에는 곧 무너질 것 같은 조그만 목조건물이 있었다. 문을 열었을 때 그곳은 사람들로 가득 차 있었는데, 그들은 온기를 유지하기 위해 서로 어깨를 맞대고 모여 있었다. 그들은 뱃밥을 만들면서 그들 가운데 누가 가장 적게 먹으면서 가장 오래 일을 할 수 있는지 입씨름을 하고 있었다. 끈기가 바로 명예이기 때문이다. 이 하나의 구빈원에만 7,000명이 구호를 받고 있었는데, 그들 가운데 수백 명은 6-8개월 전까지만 해도 이 나라에서 가장 높은 임금을 받던 숙련노동자들이었다. 모아 놓은 돈이 다 떨어졌음에도 아직 저당 잡힐 것이 남아 있는 한, 교구에 의존하는 것을 꺼리는 사람들이 그렇게 많지 않았다면, 그 수는 아마 두 배가 되었을 것이다. … 구빈원을 나와서 나는 포플라에서 흔히 볼 수 있는 단층집으로 둘러싸인 거리를 돌아다녔는데 나를 안내한 사람은 실업자대책위원회의 일원이었다. 우리가 들어선 첫 번째 집은 27개월 전부터 실직상태인 어느 제철공의 집이었다. 그 남자는 온 가족과 함께 뒷방에 앉아 있었다. 그 방에는 아직 가구가 남아 있었으며, 화로도 있었다. 혹독하게 추운 날이었기 때문에 맨 발의 아이들이 동상에 걸리지 않게 하기 위해 불이 필요했기 때문이다. 화로의 건너편의 쟁반에는 삼이 놓여 있었는데, 부인과 아이들이 구빈원에서 받은 빵에 대한 대가로 치러질 뱃밥을 만들고 있었다. 그 남자는 위에서 언급한 구빈원의 마당에서 빵 배급표와 일당 3펜스를 받고 일한다. 그는 쓴웃음을 지으면서 배가 너무 고파 점심을 먹기 위해 이제 막 집에 왔다고 말했다. 그의 점심은 기름 바른 빵 몇 조각과 우유를 넣지 않은 한 잔의 차였다. … 우리가 문을 두들긴 다음 집은 한 중년 여성이 문을 열어주었는데, 그는 아무 말도 없이 우리를 작은 뒷방으로 인도했다. 거기에는 그의 온 가족이 죽어가는 불을 바라보면서 아무 말 없이 앉아있었다. 다시는 보고 싶지 않은 황폐함과 절망이 이 가족과 그들의 작은 방에 드리워져 있었다. 그는 아이들을 가리키면서 '저 아이들은 26주 동안 아무런 벌이가 없었습니다. 우리 부부가 불경기를 대비해 경기가 좋은 시절에 모아두었던 돈도 몽땅 다 없어졌습니다. 좀 보아주세요.' 라고 거의 울다시피 소리치면서, 우리에게 입금과 출금이 정확하게 기재된 은행통장을 가져왔다. 우리는 이 보잘것없는 재산이 최초 5실링의 예금으로 시작하여 점차 20£까지 늘어났으며, 또 그때부터 파운드에서 실링으로 줄어들어, 마지막 기입은 통장을 종잇조각과 다름없는 무용지물로 만든 것을 알 수 있었다. 이 가족은 구빈원에서 하루에 한 번씩 보잘것없는 식사를 받았다. … 우리의 다음 방문지는 조선소에서 일하던 한 아일랜드 사람의 집이었다. 그는 영양실조로 병에 걸려 옷을 입은 채 한 조각의 포대기를 덮고 매트리스 위에 등을 대고 누워있었다. 침구를 모두 전당포에 잡혔기 때문이다. 불쌍한 아이들이 그를 돌보고 있었지만, 오히려 그 아이들이 엄마의 보살핌이 필요한 것 같았다. 어쩔 수 없는 19주 동안의 실직이 그들을 이 정도까지 망가지게 했으며, 그는 힘든 지난날을 이야기 하면서 더 나은 미래에 대한 희망이 사라진 것처럼 한숨을 내쉬었다. … 그 집을 나오자 젊은 친구 하나가 우리에게 달려와 자기 집으로 가서 그를 위해 무엇인가 해줄 게 있는지 보아달라고 부탁했다. 젊은 처, 두 명의 귀여운 아이들, 한 묶음의 전당표 그리고 완전히 텅 빈 방, 이것이 그가 우리에게 보여줄 수 있는 모든 것이었다."

1866년 공황이 남겨 놓은 고통에 대해서는 토리당 계의 한 신문에서 발췌한 글이 있다. 이 발췌문에서 언급되고 있는 런던의 동부는 앞서 언급한 철제 선박건조업의 소재지일 뿐만 아니라, 늘 최저치 이하의 임금을 받는 '가내노동'의 소재지이기도 하다는 사실을 잊어서는 안 된다.

"어제는 수도의 한 부분에서 놀라운 구경거리가 벌어졌다. 이스트엔드의 수천 명의 실업자들이 흑색 조기를 들고 대규모로 행진한 것은 아니지만, 이목을 끌기에는 충분한 인파였다. 이 사람들이 얼마나 고통 받고 있는가를 생각해보자. 그들은 굶주림에 죽어가고 있다. 이것은 분명하면서도 무서운 사실이다. 이러한 사람들이 4만 명이나 된다. ⋯ 우리 앞에서, 이 굉장한 수도의 한 지역에서, 세계에서 그 유래가 없는 엄청난 부의 축적 바로 옆에서 4만 명이 아무런 도움 없이 굶어죽고 있다! 이 수천 명이 이제 다른 지역으로 침입하고 있다. 늘 거의 굶주리고 있는 그들은 우리의 귀에 그들의 고통을 호소하며, 하늘을 향해 절규한다. 그들은 일거리를 찾는 것이 불가능하고 구걸을 해도 소용이 없는 고통에 휩싸인 그들의 거주지에 대해 말하고 있다. 지방의 구빈세 납부의무자들은 교구가 요구하는 구빈세 부담 때문에 그들 자신이 극빈층이 될 지경이다."(《스탠다드》, 1867년 4월 5일)

벨기에에서는 '노동의 자유' 또는 같은 말이지만 '자본의 자유'가 노동조합의 전횡이나 공장법에 의해 침해 받지 않기 때문에 벨기에를 노동자의 낙원으로 묘사하는 것이 잉글랜드 자본가 사이에서 유행하므로, 여기에서 벨기에 노동자의 '행복'에 대해 몇 마디 하겠다. 벨기에의 감옥과 자선시설의 총감독관이자 벨기에 통계중앙위원회의 위원이었던 고故 뒤크패시오 Ducptiaux보다 이 행복의 비밀을 더 철저하게 털어 놓은 사람은 없다. 1855년 브뤼셀에서 간행된 그의 저서《벨기에 노동자계급의 가계예산》을 살펴보자. 이 저서에는 특히 벨기에의 평범한 노동자가족의 연간 지출과 수입이 매우 정확한 자료에 의해 계산되어 있고, 그 영양 상태가 병사, 해병 그리고 죄수의 그것과 비교되어 있다. 이 가족은 '부모와 네 명의 자녀'로 이루어져 있다. 이들 6명 가운데 '4명은 일 년 내내 돈벌이를 할 수 있다.' 그들 가운데 '병자도 노동 불능자도 없고' 또 '매우 작은 액수의 교회헌금을 제외하면 종교적, 도덕적, 지적인 목적에 쓰이는 지출도 없으며', 또 '저축이나 연금에 들어가는 분담금도 없으며' 또 '사치와 그 밖의 불필요한 지출'도 없다는 것이 전제되어 있다. 그러나 아버지와 장남은 담배를 피워야 하며 일요일에는 술집에 갈 수 있는데, 이를 위해 일주일에 꼭 86상팀(1벨가의 100분의 1, 1벨가는 5벨기에 프랑 -옮긴이)이 지출된다.

"여러 사업 부분의 노동자가 받는 임금을 종합해 보면, … 하루 임금의 최고평균은 성인남성은 1프랑 56상팀, 성인여성은 89상팀, 소년은 56상팀 그리고 소녀는 55상팀이다. 이에 따라 계산해보면, 이 가족의 최고수입은 연간 많아봤자 1,068프랑에 달할 것이다. … 전형적인 것으로 가정한 이 가계에서 우리는 모든 수입을 합산했다, 그런데 어머니의 임금도 계산에 넣는다면, 이는 가사에서 그의 역할을 빼는 것이다. 누가 집안과 아이들을 보살필 것인가? 누가 요리하고 빨래를 하고 옷을 수선한단 말인가? 노동자는 날마다 이러한 딜레마에 부딪힌다."

이 가족의 예산은 다음과 같다.

가족	일당(프랑)	노동일수(일)	총수입(프랑)
아버지	1.56	300	468
어머니	0.89	300	267
아들	0.56	300	168
딸	0.55	300	165
	합계		1,068

노동자가 병사, 해병 그리고 죄수와 같은 식사를 한다면, 가족의 연간 지출과 그 부족액은 다음과 같다.

	연간 지출(프랑)	부족액(프랑)
해병과 같은 식사를 할 경우	1,828	760
병사와 같은 식사를 할 경우	1,473	405
죄수와 같은 식사를 할 경우	1,112	44

"해병이나 병사는 물론이고 죄수만큼의 식사도 마련할 수 있는 노동자가족은 거의 없다는 사실을 알 수 있다. 1847-1849년에 벨기에서 죄수 1명은 하루 평균 63상팀의 비용이 들었는데, 이것은 노동자의 하루 생계비와 비교해도 13상팀의 차이가 난다. 죄수의 관리와 감시에 들어가는 비용은 죄수가 집세를 내지 않으므로 서로 상쇄된다. 그러나 다수의 노동자, 아니 대다수라고도 말할 수 있는 노동자가 죄수보다 더 검소하게 살아가고 있는 원인은 무엇인가? 그것은 노동자만이 그 비결을 알고 있는 궁여지책을 취하기 때문이다. 즉 그들은 매일 먹는 양을 줄임으로써, 밀빵 대신에 호밀빵을 먹고, 육류를 조금 먹거나 전혀 안 먹는 것과 마찬가지로 버터와

양념은 거의 사용하지 않는다. 노동자는 가족을 방 한 두 개에 밀어넣는데, 그곳에서 소녀와 소년이 함께 그것도 한 이부자리에서 자게 함으로써 옷, 세탁 그리고 청소도구를 절약하며, 일요일의 즐거움을 포기한다. 간단히 말해 가장 고통스러운 궁핍한 생활을 할 각오를 함으로써 그렇게 살아가는 것이다. 일단 이 마지막 한계에 도달하면 식량의 가격이 조금만 올라도, 잠시 일을 못하여도 그리고 병이라도 걸리면 노동자의 빈곤은 더 악화되어 결국에는 완전히 파멸하고 만다. 빚은 쌓이고, 외상은 거절당하고, 옷이나 없어서는 안 될 가구는 전당포로 보내진다. 그리고 마침내 그 가족은 빈민 명부에 등록해 달라고 요구하게 된다."[463]

실제로 이 '자본가의 낙원'에서는 생활필수품의 가격이 조금이라도 변하면 사망자수와 범죄건수의 변화가 일어난다!(《플랑드르 사람들이여 앞으로!, 협회 선언문》, 브뤼셀, 1860, 12쪽을 보라) 전체 벨기에의 가구 수는 930,000인데, 공식 통계에 따르면 그 가운데 9만 가구가 부자(유권자)인데, 그 수가 450,000명이다. 39만 가구는 도시와 농촌의 하층중간 계급인데 계속 프롤레타리아 계급으로 전락하고 있다. 이들의 수는 195만 명이다. 마지막으로 45만의 노동자 가족은 모두 225만 명인데, 이 가운데 모범적인 가족은 듀크페시오가 묘사한 행복을 누리고 있다. 이 45만 가구 가운데 20만 가구 이상이 빈민 명부에 올라 있다!

e) 영국의 농업 프롤레타리아 계급
자본주의적 생산과 축적의 적대성이 잉글랜드 농업(목축을 포함)의

---

463) 듀크페시오, 앞의 책, 151, 154, 155-156쪽.

진보와 잉글랜드 농업노동자의 퇴보에서보다 더 잔인하게 나타나는 곳은 없다. 나는 잉글랜드 농업노동자의 현재 상태로 넘어 가기 전에 과거에 어떤 일이 벌어졌는지를 잠시 되돌아보겠다. 잉글랜드에서 근대식 농업은 18세기 중엽에 시작되었다. 그렇지만 그 토대로서의 변화된 생산방식의 출발점이 되는 토지소유관계의 변혁은 그보다 훨씬 이전에 시작되었다.

어설픈 사상가이지만 정확한 관찰자였던 아서 영Arthur Young의 1771년 농업노동자에 관한 진술에 따르면, 그들은 "도시와 농촌에서 잉글랜드 노동자의 황금시대"였던 15세기는 말할 것도 없고, "풍요롭게 살면서 부를 축적할 수 있었던"[464] 14세기 말의 선조들에 비해 매우 비참한 역할을 했다. 그러나 우리는 그렇게 멀리까지 되돌아갈 필요가 없다. 매우 내용이 풍부한 1777년의 한 저서에는 다음과 같이 쓰여 있다.

"대大차지농장주는 거의 귀족Gentleman의 수준까지 올라갔지만, 가난한 농업노동자는 거의 바닥까지 떨어졌다. 그의 불행한 상태는 그의 현재 상태와 40년 전의 상태를 비교하는 표를 보면 명확해진다. … 지주와 차지농장주는 노동자를 억압하기 위해 손을 맞잡고 있다."[465]

그런 다음 저자는 농촌에서의 실질임금이 1737년부터 1777년까지 거의 ¼, 즉 25%나 하락했다는 사실을 상세하게 증명하고 있다. 같은 시기

---

464) 제임스 로저스(James E. Rogers, 옥스퍼드 대학의 정치경제학 교수), 《잉글랜드의 농업과 물가의 역사》, 옥스퍼드, 1866, 1권, 690쪽. 이 역작은 지금까지 간행된 두 권의 책에서 1259-1400년의 기간만을 다루고 있다. 2권은 통계자료만을 싣고 있다. 이 저작은 우리가 그 시대에 관하여 가지고 있는 최초의 신뢰할 만한 '물가의 역사'이다.
465) 《최근의 구빈세 증가의 원인, 또는 노동가격과 식량가격의 비교 관찰》, 런던, 1777, 5, 11쪽.

에 리처드 프라이스 박사는 다음과 같이 말하고 있다.

"최근의 정치는 국민 가운데 상층계급을 비호한다. 그 결과 조만간 이 왕국 전체가 젠틀맨과 거지, 귀족과 노예만으로 이루어지게 될 것이다."[466]

그런데도 1770년부터 1780년까지 잉글랜드 농업노동자의 상태는 그의 식생활을 보나 주거 상태를 보나 그리고 그의 자존심이나 여흥을 보나 나중에라도 다시 도달할 수 없는 상황이다. 1770-1771년의 농업노동자의 평균임금을 밀의 양으로 나타내면 90파인트(1파인트는 약 0.57리터 -옮긴이)였지만, 이든 시대(1797년)에는 65파인트에 불과했으며 1808년에는 겨우 60파인트였다.

반反자코뱅 전쟁 동안 토지귀족, 차지농장주, 공장주, 상인, 은행가, 주식투기꾼, 군수품 공급자 등은 엄청난 부자가 된 반면, 전쟁이 끝날 무렵의 농업노동자의 상태는 이미 앞에서 언급한 바와 같다. 명목임금은 부분적으로는 은행권의 가치저하와, 부분적으로는 이와 관계없는 가장 중요한 생필품 가격의 상승으로 인해 올랐다. 그러나 임금의 실제 변동은 여기에서는 허용되지 않는 상세한 내용에 의존하지 않고도 간단한 방식으로 확인할 수 있다. 1814년의 구빈법과 그 관리는 1795년의 그것과 같았다, 이 법이 농촌에서 어떻게 집행되었는지 생각해보자. 즉 노동자가 겨우 생명을 이어가는

---

466) 리처드 프라이스 박사, 《후불제에 관한 고찰》, 제6판, 모건(W. Mogan) 편집, 런던, 1803, 2권, 158-159쪽. 프라이스는 159쪽에서 다음과 같이 적고 있다. "일용직 노동자의 노동에 대한 명목 가격은 현재 1514년의 4배, 높아봤자 5배에 지나지 않는다. 그러나 곡식 가격은 7배, 육류와 옷 가격은 약 15배나 올랐다. 따라서 노동 가격은 생활비의 증가를 전혀 따라가지 못하기 때문에, 지금은 생활비에 대한 노동 가격의 비율이 이전의 절반에도 미치지 못하는 것처럼 보인다."

데 필요한 명목 액수가 되도록 교구가 구호품의 형태로 노동자의 명목 임금을 보조해 주는 방식으로 집행되었다는 것을 생각해 보자. 차지농장주에 의해 지불된 임금과 교구에 의해서 보조된 부족액 사이의 비율은 우리에게 두 가지 사실을 보여준다. 첫째, 임금이 그 최저치 이하로 하락했다는 것과, 둘째, 어떤 비율로 임금노동자와 구호 빈민이 농업노동자를 구성하고 있는가, 또는 어느 정도까지 농업노동자가 교구에 예속된 신분으로 전락했는가를 보여준다. 다른 모든 주의 평균 상태를 대표하는 하나의 주를 선택해보자. 1795년 노샘프턴셔의 평균 주급은 7실링 6펜스였고, 6인 가족의 연간 총지출액은 36£ 12실링 5펜스, 총수입은 29£ 16실링이었으므로 교구가 보조해 준 부족액은 6£ 14실링 5펜스였다. 이곳에서 1814년 주급은 12실링 2펜스, 5인 가족의 연간 총지출액은 54£ 18실링 4펜스, 총수입은 16£ 2실링, 따라서 교구가 보조해 준 부족액은 18£ 6실링 4펜스였다.[467] 1795년에는 부족액이 임금의 ¼보다 작았는데, 1814년에는 그 절반이 넘었다. 이러한 상황에서 이든 시대에 농업노동자의 오두막에서 볼 수 있었던 사소한 위안조차도 1814년에는 사라져버렸다는 것이 분명하다.[468] 그 때부터 차지농장주가 사육하는 동물 가운데 말하는 도구인 노동자는 가장 혹사당하고 가장 나쁜 것을 먹으며 또 가장 잔혹하게 다루어지는 존재로 남아있다.

이러한 상황은, "1830년의 스윙봉기(탈곡기의 사용을 반대하고 임금인상을 요구한 1830-1833년까지의 잉글랜드 농업노동자의 봉기. 이들을 요구조건을 달성하기 위해 '캡틴 스윙'이라는 가명으로 지주와 차지농장주에게 협박편지를 보내거나 탈곡기와 곡식더미를 불태웠다. -편집자)가 곡식더미에서 활활 타오르

---

467) 바튼, 앞의 책, 26쪽. 18세기 말에 대해서는 앞에서 인용한 이든의 책을 참조하라.
468) 패리, 앞의 책, 80쪽.

는 불빛으로 잉글랜드의 공업지역에서와 마찬가지로 농업지역에서도 비참과 암울하고도 불온한 불만이 사납게 타오르고 있다는 것을 우리에게(지배계급에게) 폭로"[469] 할 때까지 평화롭게 지속되었다.

그 당시에 새들러는 하원에서 농업노동자 '백인 노예'라고 명명했으며, 한 주교는 이 수식어를 상원에서 그대로 사용했다. 그 당시에 가장 저명한 정치경제학자인 웨이크필드는 다음과 같이 말했다.

"남쪽 지방의 농업노동자는 노예도 자유인도 아니다, 그는 가난뱅이일 뿐이다."[470]

곡물법이 폐지되기 바로 직전의 시기는 노동자의 상태에 새로운 빛을 던져주었다. 한편으로 부르주아 선동가의 관심사는 곡식의 수입을 금지하는 법이 실제 곡식생산자를 거의 보호하지 못하고 있다는 것을 증명하는 데 있었다. 다른 한편으로 공업 부르주아 계급은 토지귀족 측에서의 공장상태에 대한 비난에 대해, 뼛속까지 부패하고 몰인정하고 점잔빼는 이 놀고먹는 양반들의 공장노동자의 고통에 대한 거짓 동정과 공장입법을 위한 그들의 '외교적인 열의'에 대해 몹시 격노하고 있었다. '두 도적 간에 사이가 틀어지면, 언제나 어떤 좋은 일이 생긴다'는 잉글랜드의 옛 속담이 있다. 사실, 지배계급의 두 분파 가운데 어느 편이 더 파렴치하게 노동자를 착취하는가라는 문제에 대한 소란스럽고 격렬한 싸움은 그 어느 쪽이든 진실을 밝히는 데 도움이 되었다. 샤프츠베리 백작, 즉 애슐리 경은 귀족편의 박애주의적

---

469) 랭, 앞의 책, 62쪽.

470) 《잉글랜드와 아메리카》, 런던, 1833, 1권, 47쪽.

반공장전선의 선봉이었다. 따라서 그는 1844년부터 1845년에 걸쳐 농업노동자의 상태에 관한《모닝 크로니클》의 폭로 기사에서 화제의 인물이 되었다. 당시 자유주의자의 가장 유력한 기관지였던 이 신문은 농촌으로 특파원들을 파견했는데, 이들은 평범한 서술이나 통계만으로는 전혀 만족하지 않고, 조사한 노동자 가족과 지주의 이름을 신문에 실었다. 다음 표는[471] 블랜포드, 웜본, 풀 부근의 세 촌락에서 지불된 임금을 보여주고 있다.

아동 수	가족 수	성인 남자의 주급	아동의 주급	가족의 주급	일주일 집세	집세를 공제한 주수입	1인당 주급
제 1 촌락							
2	4	8실링		8실링	2실링	6실링	1실링 6펜스
3	5	8실링		8실링	1실링 6펜스	6실링 6펜스	1실링 3½펜스
2	4	8실링		8실링	1실링	7실링	1펜스 9실링
2	4	8실링	8실링	1실링	7실링	1펜스 9실링	
6	8	7실링	1실링 6펜스	10실링 6펜스	2실링	8실링 6펜스	1실링 ¾펜스
3	5	7실링	2실링	7실링	1실링 4펜스	5실링 8펜스	1실링 1½펜스
제 2촌락							
6	8	7실링	1실링 6펜스	10	1실링 6펜스	8실링 6펜스	¾펜스
6	8	7실링	1실링 6펜스	7	1실링 3½펜스	5실링 8½펜스	8½펜스
8	10	7실링		7	1실링 3½펜스	5실링 8½펜스	7펜스
4	6	7실링		7	1실링 6½펜스	5실링 5½펜스	11펜스
3	5	7실링		7	1실링 6½펜스	5실링 5½펜스	1실링 1펜스
제 3촌락							
4	6	7실링		7실링	1실링	6실링	1실링
3	5	7실링	2실링	11실링 6펜스	10펜스	10실링 8펜스	2실링 1½펜스
0	2	5실링	2실링 8펜스	5실링	1실링	4실링	2실링

471) 런던《이코노미스트》, 1845년 3월 29일자, 290쪽.

이 촌락은 뱅크스와 샤프츠베리 백작의 소유이다. 이 '저교회파'의 교황, 즉 잉글랜드 경건파의 우두머리인 샤프츠베리 백작이 그의 동료 뱅크스와 마찬가지로 집세라는 구실로 노동자의 이 형편없는 임금에서 상당 부분을 챙긴다는 사실이 지적되어야 한다.

곡물법의 폐지는 잉글랜드 농업에 엄청난 충격을 주었다. 거대한 규모의 배수,[472] 축사에서의 가축 사육과 사료작물의 인공재배라는 새로운 제도의 도입, 비료 주는 기계장치의 도입, 점토성분 토양에 대한 새로운 처리법, 광물성 비료사용의 증가, 증기기관과 각종 새로운 기계장치의 사용 등 일반적으로 보다 집약적인 경작이 이 시대를 특징짓고 있다. 왕립농업협회 회장인 퓨지는 새로 도입된 기계장치에 의해 농장을 경영하는 데 들어가는 (상대적) 비용이 거의 절반으로 줄어들었다고 주장하고 있다. 다른 한편 토지수확은 실제로도 급속하게 증가했다. 1에이커 당 자본투자의 증가, 즉 차지농장의 가속화된 집적 역시 이 새로운 방식의 근본조건이었다.[473] 동시에 토끼 사육장과 가축을 방목하던 목초지에서 순식간에 기름진 경작지로 탈바꿈한 동부 여러 주의 광대한 토지는 말할 것도 없고, 경작면적은 1846

---

472) 이 목적을 위해 토지귀족은 직접 국고에서, 물론 의회를 통해서 지만, 매우 낮은 금리로 자금을 대부받았는데, 이 자금을 차지농장주들에게 그 두 배의 금리로 빌려주었다.

473) 중간 규모 차지농장주의 감소는 특히 인구조사 항목들 가운데, '차지농장주의 아들, 손자, 조카, 딸, 손녀, 자매, 조카딸', 간단히 말해 차지농장주에 의해 고용된 자신의 가족성원을 보면 미루어 짐작할 수 있다. 이들 항목은 1851년에는 216,851명을 헤아렸지만 1861년에는 176,151명에 불과했다. 1851년부터 1871년까지 잉글랜드에서는 20에이커 이하의 차지농장이 900개 이상 감소했으며, 20에이커에서 75에이커 사이의 차지농장은 8,253개에서 6,370개로 줄어들었다. 100에이커 이하의 다른 차지농장에서도 이와 유사하다. 그 반대로 같은 20년 동안 대규모 차지농장의 수는 증가했다. 300-500에이커의 차지농장은 7,771개에서 8,410개로, 500에이커가 넘는 차지농장은 2,755개에서 3,914개로, 100에이커가 넘는 차지농장은 492개에서 582개로 증가했다.

년부터 1856년까지 464,119에이커가 확장되었다. 이와 동시에 농업에 종사하는 사람의 총수는 감소했다는 사실을 우리는 이미 알고 있다. 남녀노소를 막론한 진짜 농업노동자의 수는 1851년의 1,241,269명에서 1861년에는 1,163,217명으로 감소했다.[474] 따라서 잉글랜드 호적부 장관이, "1801년 이후로 차지농장주와 농업노동자의 증가는 농업생산물의 증가와 전혀 균형이 맞지 않는다."[475]라고 하는 것은 맞는 말이다. 그런데 이러한 불균형은, 경지면적의 확대, 보다 집약적인 경작, 토지에 투하되어 토지경작에만 사용되는 자본의 전례 없는 축적, 잉글랜드 농업의 역사에서 그 유례를 찾을 수 없는 토지생산물의 증가, 지주의 지대수입의 증가, 자본주의적 차지농장주 부의 팽창 등이 농업노동자 인구의 실질적인 감소와 함께 일어난 최근의 시기에 더욱 심화되었다. 이러한 사실을 도시에 판매시장이 급속하게 확장되었으며 자유무역이 압도적인 위치를 차지하고 있다는 사실과 결부시켜 생각해보면, 농업노동자는 수많은 우여곡절 끝에 마침내 법칙에 따라 행복에 도취될 수밖에 없는 그런 상태에 놓여있어야 했다.

그러나 로저스 교수는, 오늘날의 잉글랜드 농업노동자는 14세기 후반과 15세기의 그의 선조들은커녕, 1770-1789년의 그의 선조들에 비해서도 그 상태가 엄청나게 악화되었으며, "농부는 도로 농노가 되었으며", 더군다나 더 나쁜 음식을 먹고 더 나쁜 집에 거주하는 농노가 되었다는 결론에 도달했다.[476] 줄리안 헌터 박사는 농업노동자의 주거상태에 관한 그의

---

474) 양치기의 수는 12,517명에서 25,559명으로 증가했다.

475) 《인구조사》, 앞의 책, 36쪽.

476) 로저스, 앞의 책, 693쪽. "The peasant has again become a serf."(같은 책, 10쪽) 로저스는 자유주의학파에 속하며 콥덴(Cobden)과 브라이트(Bright)의 친구였다. 따라서 그는

획기적인 보고서에서 다음과 같이 말하고 있다.

"하인드hind(농노제시대에서 유래한 농업노동자의 명칭)의 생활비는 그가 먹고 살 수 있는 가장 낮은 액수로 고정되어 있다. ··· 그의 임금과 주거지는 그의 노동에 의해 생기는 이윤을 근거로 계산되지 않는다. 그는 차지농장주의 계산에서는 제로이다.[477] ··· 그의 생계수단은 언제나 고정된 양으로 간주된다."[478] "그의 소득이 더 삭감되는 것에 관하여 말한다면, 그는 가진 것이 없으니 아무 걱정도 없다고 말할 수 있다. 살아가는 데 절대적으로 필요한 것 이외에는 아무것도 가진 것이 없기 때문에 그는 미래에 대해 아무런 걱정이 없다. 그는 차지농장주의 계산이 시작되는 영점까지 도달해 있다. 무엇이 어떻게 되든 간에 그의 행복과 불행에는 전혀 영향을 주지 않는다."[479]

1863년 유형과 징역형에 처해진 죄수의 영양과 노역 상태에 관한 공식조사가 있었다. 그 결과는 두 권의 두꺼운 추밀원 보고서에 기록되어 있는데, 특히 다음과 같이 쓰여 있다.

"잉글랜드의 감옥에 있는 죄수의 음식과 이 나라의 구빈원의 극빈층

과거에 대한 찬양자는 아니었다.
477) 《공중위생 7차 보고서》, 런던, 1865, 242쪽. "The cost of the hind is fixed at the lowest possible amount on which he can live··· the supplies of wages or shelter are not calculated on the profit to be derived from him. He is a zero in farming calculations." "따라서 어떤 노동자가 좀 더 벌었다는 이야기를 듣자마자 집 주인이 집세를 올린다거나, 노동자의 처가 일자리를 찾았다고 차지농장주가 그 노동자의 임금을 인하하는 일은 전혀 이상하지 않다."(같은 보고서)
478) 같은 보고서, 135쪽.
479) 같은 보고서, 134쪽.

과 자유로운 농업노동자의 그것을 꼼꼼하게 비교해보면, 죄수가 다른 두 계급보다 훨씬 잘 먹고 있다는 사실이 확실하게 드러난다."[480] 그런데, "징역에 처해진 자에게 요구되는 노동양은 평범한 농업노동자가 수행하는 노동양의 약 절반이다."[481]

에든버러 감옥소장인 존 스미스의 몇 가지 특징적인 증언을 들어보자.

"잉글랜드 감옥의 음식은 평범한 농업노동자의 음식보다 훨씬 좋다."(5056번)

"스코틀랜드의 평범한 농업노동자가 고기라고는 거의 먹지 못한다는 것은 사실이다."(5057번)

"당신은 죄수가 평범한 농업노동자보다 더 잘 먹어야 하는 어떤 이유를 알고 있나요? 분명히 모를 것이다."(3047번)

"징역에 처해진 죄수의 음식을 자유로운 농업노동자의 음식에 근접하도록 만들기 위한 실험을 계속하는 것이 적절하다고 생각하십니까?"(3048번)[482]

농업노동자는 다음과 같이 말할 수도 있다. "나는 죽도록 일하지만 먹을 것을 충분히 가지고 있지 않다. 내가 감옥에 있을 때, 그렇게 힘든 일을 하지 않았는데도 충분히 먹을 수 있었다. 따라서 밖에 있는 것보다 감옥에

---

480) 《유형 및 징역형에 관한 … 위원들의 보고서》, 런던, 1863, 42쪽. 50번.
481) 같은 보고서, 77쪽. 《수석재판관의 비망록》.
482) 같은 보고서, 2권, 증언.

있는 것이 더 낫다."[483]

이 보고서 1권에 첨부된 표들로부터 다음과 같은 비교표가 작성된다.

일주일 영양량[484]

구분	질소성분	비질소성분	광물성 성분	총량
포틀랜드 감옥의 죄수	28.95	150.06	4.68	183.69
해군 수병	29.63	152.91	4.52	187.06
사병	25.55	114.49	3.94	143.98
마차제조 노동자	24.53	162.06	4.23	190.82
식자공	21.24	100.83	3.12	125.19
농업노동자	17.73	118.06	3.29	139.08

국민 가운데 영양상태가 가장 안 좋은 계급에 관한 1863년의 보건조사위원회의 일반적인 결과를 독자는 이미 알고 있다. 독자는 농업노동자 가족의 대부분의 음식이 '굶주림으로 인한 질병을 방지하기 위한' 최저치였다는 사실도 기억하고 있을 것이다. 특히 콘월, 데본, 서머셋, 윌츠, 스태퍼드, 옥스퍼드, 벅스, 허츠 등 농사만을 하는 모든 지방에서 그러하다. 스미스 박사는 다음과 같이 말하고 있다.

"농업노동자가 섭취하는 영양은 평균보다 더 많다. 그 자신은 음식물 가운데 노동에 필수불가결한 부분을 다른 가족성원보다 더 많이 섭취하고 있으며, 더 가난한 지방에서는 육류와 지방질을 거의 독차지하고 있기 때문이다. 거의 모든 주에서 그의 처와 한창 자라고 있는 아이에게 돌아가는

---

483) 같은 보고서, 1권, 부록 280쪽.
484) 같은 보고서, 274-275쪽.

영양의 양이 부족한데, 주로 질소가 부족하다. "[485]

차지농장주에 기숙하는 남녀 하인은 충분한 영양을 섭취한다. 그들의 숫자는 1851년에는 288,277명이었으나 1861년에는 204,962명으로 감소했다. 스미스 박사는 다음과 같이 말하고 있다.

"여성의 야외 노동은 그 어떠한 손해를 가져오더라도 현재의 상황에서는 가족에게 대단히 유익하다. 이 노동은 가정에 신발과 옷 그리고 집세를 보탤 수입을 가져다주어, 더 잘 먹을 수 있게 해주기 때문이다. "[486]

이 조사의 가장 주목할 만한 결과의 하나는 아래의 표가 보여주고 있듯이 잉글랜드의 농업노동자가 영국의 다른 지역의 농업노동자보다 훨씬 영양이 나쁘다는 사실이다.

---

485) 《공중위생 제6차 보고서》, 1863, 238, 249, 261-162쪽.

486) 같은 보고서, 262쪽.

487) 같은 보고서, 17쪽. 잉글랜드 농업노동자는 아일랜드 농업노동자가 섭취하는 우유의 ¼ 그리고 빵의 ½의 양밖에 먹지 못한다. 아일랜드 농업노동자의 더 좋은 영양 상태에 관해서는 이미 금세기 초에 영(A. Young)이 자신의 《아일랜드 여행기》에서 서술했다. 그 이유는 간단하다. 가난한 아일랜드의 차지농장주가 부유한 잉글랜드 차지농장주보다 비교할 수 없을 정도로 더 인간적이기 때문이다. 표에 제시된 웨일스에 대한 수치는 그 남서지역에는 해당되지 않는다. "그곳의 모든 의사들은 결핵과 연주창 등으로 인한 사망률의 심각한 증가는 주민의 신체상태의 악화와 더불어 증가했다는 사실에 의견의 일치를 보았으며, 빈곤의 악화가 이러한 상태를 가져왔다고 말했다. 그곳에서 농업노동자의 하루 생계비는 어림잡아 5펜스이지만, 많은 지방에서는 (자신이 가난한) 차지농장주가 그보다 더 적게 지불한다. 마호가니처럼 단단하게 건조되어 있고 소화시키기 매우 어려운 소금에 절인 한 조각의 고기나 지방질이 밀가루와 부추로 만들어진 많은 양의 수프와 귀리죽의 양념으로 사용되는데, 이것이 농업노동자가 날마다 먹는 점심이다. … 이곳과 같이 사납고 습한 기후에서 사는 농업노동자에게 산업의 진보는 집에서 짠 견고한 면포가 싸구려 면제품에 의해 밀려나고, 진한 음료수가 '이름뿐인' 차에 의해 밀려난 결과를 가져왔다. … 오랫동안 비

(단위: 그레인)

	탄소	질소
잉글랜드	40,673	1,594
웨일스	48,354	2,031
스코틀랜드	48,980	2,348
아일랜드	43,366	2,434

사이먼 박사는 자신의 공식 위생보고서에서 다음과 같이 말하고 있다. "헌터 박사 보고서의 어느 곳을 보아도 그의 보고서는 우리 농업노동

바람을 맞은 후에 오두막으로 돌아온 농부는 덜 탄화된 석탄불이나 진흙과 석탄가루를 섞어 만들었기 때문에 탄산가스와 유황가스 연기를 뿜어내는 불덩이 옆에 걸터앉는다. 오두막의 벽은 진흙과 돌로 이루어져 있으며, 바닥은 집을 세우기 전에 있던 그대로의 맨 흙바닥이며, 지붕은 느슨하게 엮인 부풀어 오른 짚더미다. 오두막은 보온을 위해 틈이란 틈이 모두 메워져 있으며, 극심한 악취 속에서, 진흙바닥에 앉아, 단 한 벌뿐인 옷을 몸에 걸치고 말리면서 그는 처자식과 함께 저녁을 먹는다. 이러한 오두막에서 밤 한때를 보내야만 했던 산파는 그들의 발이 방바닥의 진흙에 빠졌으며, 혼자라도 조금 숨을 쉬기 위해 벽에 구멍을 뚫는 가벼운 노동을! 할 수밖에 없었다고 쓰고 있다. 다양한 지위에 있는 증인들은 영양실조에 걸린 농민이 밤마다 건강에 해로운 이런저런 영향을 받는다고 증언하고 있으며, 그 결과로 사람들이 약해지고 연주창에 걸린다는 것을 증명하는 데 부족하지 않다. … 캐마르댄서와 카디간서 교구관리의 진술은 이러한 상태를 분명하게 보여주고 있다. 게다가 백치가 많이 생겨난다는 엄청난 재앙이 추가된다. 그렇다면 기후상태는 어떤가? 1년 중 8-9개월 동안 세찬 서남풍이 웨일스 전체에 계속 불며, 이를 동반하는 폭우는 주로 구릉의 서쪽 경사면에 쏟아진다. 이 폭풍우를 피할 수 있는 은폐된 곳에는 나무가 드물게 자라며, 그렇지 않은 곳에서는 흔적도 없이 날아가 버린다. 오두막은 대개 산기슭 아래, 흔히 좁은 골짜기와 채석장에 숨어 있으며, 목초지에는 아주 작은 양과 토종 뿔 달린 가축만이 살 수 있다. … 젊은이들은 글래모건과 본머스의 동쪽에 있는 광산지역으로 이주한다. … 캐마르댄서는 광산주민의 양성소이며 장애인 수용소이다. … 주민 수는 가까스로 유지되고 있다. 예를 들어 카디간서의 주민 수는 다음과 같다.

	1851년	1861년
남성	45,155	44,446
여성	52,459	52,955
합계	97,614	97,401

(《공중위생 7차 보고서, 1864》, 런던, 1865, 498쪽-502쪽 사이의 이곳저곳에 있는 헌터 박사의 보고 내용)

자의 주거상태는 양적으로 부족하고 질적으로 비참하다는 것을 증명하고 있다. 그리고 수년 전부터 농업노동자의 주거상태는 계속 악화되었다. 지난 몇 백 년 동안에 비해 농업노동자가 주거공간을 구하기가 요사이 훨씬 어려워졌으며, 집을 구한다고 해도 그 집은 그의 요구에 훨씬 못 미친다. 특히 최근 20-30년 사이에 이 해악은 급속하게 증가하고 있으며, 농업노동자의 주택사정은 현재 가장 비참하다. 농업노동자의 노동에 의해 부자가 된 사람들이 그에게 일종의 동정어린 아량을 베푸는 것을 보람 있는 일이라고 생각하지 않는 한, 그는 이 일에 있어서는 전혀 기댈 곳이 없다. 자신이 경작하는 농촌에서 거처를 구하느냐 구하지 못하느냐, 구한 집이 인간에게 적합한가 아니면 돼지나 살 만한가, 가난이 주는 압박을 덜어 줄 작은 텃밭이 있는가 없는가, 이 모든 것은 이에 적절한 집세를 낼 그의 용의나 능력에 달린 것이 아니라, 다른 사람이 '자신의 재산을 자신이 원하는 대로 할 수 있는 권리'를 어떻게 행사하는지에 달려 있다. 한 차지농장이 아무리 크다고 해도, 거기에 살만한 버젓한 노동자주택이 있어야 한다는 법은커녕 일정한 수의 노동자주택이 있어야 한다는 법조차도 없다. 토지에 비와 햇빛처럼 노동도 없어서는 안 되지만 법은 노동자에게 토지에 대한 작은 권리도 마련해 두지 않았다. … 하나의 악명 높은 사정이 노동자에게 매우 불리하게 작용하고 있다. … 주거와 구빈세 부담에 대해 규정하고 있는 구빈법의 영향이 그것이다.[488] 이러한 구빈법의 영향으로 모든 교구는 그 교구에 거주하는 농업노동자의 수를 최소한으로 제한하는 데 금전상의 이해관계를 가지게 된다. 농업노동은 힘들게 일하는 노동자와 그 가족에게 확실하고 영구적인 독립성을 보장하는 대신에, 불행하게도, 그 기간에는 차이

---

488) 이 구빈법은 1865년 약간 개선되었다. 이러한 미봉책이 아무런 도움도 되지 않는다는 것을 얼마 안 가서 경험을 통해 알게 될 것이다.

가 있지만, 대개는 구휼을 받아야 하는 극빈층으로 인도하고, 그리고 이 극빈층으로 가는 동안에 닥칠 수 있는 질병이나 일시적인 실업도 거의 교구의 즉각적인 구호를 필요로 하며, 따라서 어느 한 교구에 농업인구가 거주하는 것 자체가 분명히 그 교구의 구빈세를 증가시키기 때문이다. … 대지주[489]가 자신들의 토지에 노동자 주택을 세우지 않겠다는 결심만 하면, 그들이 빈민을 위해 져야 할 책임의 절반은 면제된다. 잉글랜드 헌법과 법률이 '자신의 재산을 자신이 원하는 대로 할 수 있는' 지주에게 토지 경작자를 이방인으로 취급하여 그들을 자신의 영토에서 내쫓을 수 있게 하는 토지에 대한 절대적인 소유권을 어느 정도까지 인정할 의도인가는 내가 토론할 문제가 아니다. … 이러한 추방할 수 있는 권력은 단순한 이론이 아니다. 이 권력은 실제로도 매우 대규모로 행사되고 있다. 그것은 농업노동자의 주거상태를 지배하는 사정들 가운데 하나이다. … 이 폐해의 규모는 최근의 인구조사를 통해 판단할 수 있는데, 이에 따르면, 최근 10년 동안 지방에서의 주택수요가 증가했음에도 잉글랜드의 821개 지역에서 주택의 파괴가 계속되었으며, 이로 인해 어쩔 수 없이 비거주자(즉 자신이 일하는 교구에서)가 된 사람들을 제외하고도, 1861년에는 1851년에 비해 $5\frac{1}{3}$% 더 많은 인구가 $4\frac{1}{2}$% 줄어든 주거공간으로 떠밀려 들어갔다. … 헌터 박사의 말에 따르면, 인구가 감소하여 바라던 목적을 달성하게 되자 그 결과로 전시용 촌락이 만들어졌다. 그곳에는 오두막 몇 채밖에 남지 않았으며, 그곳에 살도록 허락된 사람들은 양치기, 정원사 또는 사냥터 관리인처럼 자비로운 주인에게서 습관적으로 그 직분에 따른 좋은 대접을 받는 정규직 고용인뿐이

---

489) 다음에 말하는 것에 대한 이해를 돕기 위해 미리 밝혀둔다. 폐쇄촌락은 한 명이나 몇 명의 대지주가 소유하고 있는 촌락을 말하며, 개방촌락은 수많은 소지주들이 소유하고 있는 촌락을 말한다. 집 투기꾼이 오두막과 숙박소를 세울 수 있는 곳은 개방촌락이다.

다.[490] 그러나 토지는 경작되어야 하며, 토지에 고용된 노동자는 지주의 토지에 거주하는 사람들이 아니며, 3마일 정도 떨어진 개방촌락, 즉 농업노동자들이 거주하던 폐쇄 촌락의 오두막이 파괴된 후에 수많은 작은 집의 주인이 그들을 받아들인 개방촌락에서 오는 사람들이라는 사실을 알게 된다. 일이 이 지경으로 나아가고 있는 곳에서는 대부분 오두막의 비참한 모습만 보더라도 그들의 저주받은 운명을 알게 해준다. 이 오두막들은 정도는 다르지만 자연스럽게 붕괴되고 있다. 지붕이 붙어있는 한, 노동자에게 빌려줄 수 있으며, 집세를 멀쩡한 집 가격만큼 지불해야함에도 불구하고, 그 집을 빌릴 수 있다는 것만으로도 매우 기뻐하는 경우도 흔하다. 그러나 한푼도 없는 입주자가 스스로 할 수 있는 것을 제외하면 그 어떤 수리나 보수도 없다. 마침내 사람이 절대로 살 수 없는 지경에 이르면, 파괴된 오두막이 하나 더 늘어날 뿐이며, 그만큼 앞으로의 구빈세가 줄어들 뿐이다. 이렇게 대지주들은 자신들이 통제하는 토지에 거주하는 인구를 감소시켜 구빈세를 내야하는 짐을 덜어버리는 반면에, 인접한 소도시나 개방촌락은 내쫓긴 노동자를 받아들이는 것이다. 나는 '인접한'이라고 말하고는 있지만, 이는 노동자가 매일 죽으라고 일하는 차지농장으로부터 3-4마일이나 떨어진 곳일 수도 있다. 따라서 그의 하루일과에는 하루 빵 값을 벌기 위해 6-8마일을 걸어야만 하는 것이 아무일도 아닌 것처럼 추가된다. 그의 처자식이 하는 농업노동 역시 이러한 어려운 사정에 처해있다. 그리고 이러한 먼

---

490) 이러한 전시용 촌락은 멀쩡해 보이지만, 카타리나 3세가 크리미아 반도로 여행했을 때 보았던 촌락만큼 진짜는 아니다. 최근에는 양치기도 이 전시용 촌락에서 자주 추방당했다. 예를 들어 하보로 시장 부근에는 단 한 명의 양치기가 필요한 약 500에이커의 양을 치는 목장이 있다. 레스터와 노샘프턴의 아름다운 목초지인 이 벌판을 가로질러 오래 걸어야 하는 수고를 덜기 위해 양치기는 늘 낙농지에 있는 오두막을 얻었다. 그러나 지금은 그에게 13분의 1실링의 집세가 지급되는데, 그는 이 돈을 가지고 멀리 떨어진 개방촌락에서 거처를 마련해야만 한다.

거리가 노동자에게 가해지는 해악의 전부는 아니다. 개방촌락에서 집 투기꾼이 조그만 땅을 사들여, 가능한 한 돈을 적게 들여 더이상 누추할 수 없는 가축우리 같은 집을 빽빽하게 짓는다. 이러한 이유로 탁 트인 땅에 접해 있으면서도 가장 나쁜 도시주택의 최악의 특징들을 가지고 있는 이 비참한 주거시설에 잉글랜드 농업노동자들이 처박혀있다.[491] ··· 다른 한편 자기가 경작하고 있는 토지에서 살고 있는 노동자도 그의 생산적인 근면한 노동에 걸맞은 주거시설을 찾는다는 것은 상상조차 못할 일이었다. 아무리 풍요로운 농장에서도 농업노동자의 오두막은 매우 비참한 경우가 흔하다. 노동자와 그 가족에게는 가축우리로도 충분하다고 생각하고, 그럼에도 그곳에서 집세를 되도록 많이 뽑아내는 것을 부끄러워하지 않는 지주도 있다.[492]

---

491) "노동자의 집(물론 언제나 사람들로 가득 차 있는 개방촌락에 있는)은 집 투기꾼이 자기 땅이라고 부르는 땅 조각의 가장 끝부분을 등에 지고 나란히 세워진다. 따라서 집 앞 말고는 햇빛과 공기가 들어올 틈이 없다."(헌터 박사의 보고, 같은 보고서, 135쪽) "촌락의 맥주집 주인이나 구멍가게 주인이 집주인을 겸하는 경우가 매우 흔하다. 이런 경우에는 농업노동자는 이들을 차지농장주 다음의 제2의 주인으로 여기게 된다. 농업노동자는 동시에 그들의 고객이 되어야 한다. 주급으로 10실링을 받아 일 년 동안의 집세 4£을 제한 후 농업노동자는 약간의 차, 설탕, 밀가루, 비누, 초와 맥주를 구멍가게 주인이 제멋대로 부르는 가격을 주고 사야만 한다."(같은 보고서, 132쪽) 이 개방촌락은 잉글랜드 농업 프롤레타리아 계급의 '유형지'이다. 수많은 오두막은 그저 잠자는 곳에 불과하며, 인근의 이리저리 떠돌아다니는 불량배들이 그곳을 지나다닌다. 이 더러운 환경에서도 진짜 놀랄 정도로 우수하고 청결한 품성을 유지했던 농업노동자와 그의 가족은 이곳에서는 어쩔 수 없이 타락하고 만다. 물론 고상한 척 하는 샤일록(고리대금업자)들 사이에는 집 투기꾼과 보잘것없는 집주인 그리고 개방촌락에 대해 위선적으로 어깨를 움츠리는 것이 유행했다. 그들은 '폐쇄촌락과 전시용 촌락'이 '개방촌락'의 탄생지이며, 그것들 없이는 존재할 수 없다는 것을 잘 알고 있었다. "개방촌락의 이 보잘것없는 집주인이 없다면 농업노동자의 대부분은 그들이 일하고 있는 농장의 나무 아래에서 자야만 한다."(같은 보고서, 135쪽) '개방촌락'과 '폐쇄촌락' 제도는 잉글랜드 중부의 모든 주와 동부 전역에 걸쳐 널리 시행되고 있다.

492) "집주인(차지농장주나 지주)은 그가 주급으로 10실링을 지급하는 남자의 노동을 통해 직간접적으로 부를 늘리며, 그런 다음 이 불쌍한 녀석에게서 다시 일 년 집세로 4-5£을 쥐어짜낸다. 그런데 이 집은 공개 시장에서 20£도 나가지 않지만, '내 집을 빌리든가 아니면 당장 꺼져서 나의 노동증명서 없이 어디 다른 곳에서 일자리를 찾아 봐.'라고 말할 수 있

침실 하나만 있을 뿐, 난로도 화장실도 여닫이 창문도 없으며, 도랑 이외에는 급수시설도 없으며, 마당도 없는 다 쓰러져가는 오두막일지라도 노동자는 이러한 부당함에 어찌해 볼 도리가 없다. 그리고 위생경찰법The Nuisances Removal Acts(폐단제거법)은 완전히 사문화되었다. 이 법의 시행은 하필이면 이러한 동굴 같은 방을 빌려주는 집주인에게 위임되었다. … 우리는 잉글랜드 문명의 오점인 이러한 사실들이 압도적으로 우세하다는 것을 행복해 보이는 몇 가지 예외적인 광경으로 인해 간과해서는 안 된다. 현재 거주지가 말도 안 되는 상태임이 분명한데도, 권한을 가진 관찰자들은 하나같이 주택의 전반적인 열악함도 단순한 수적 부족에 비하면 아직 훨씬 덜 중요한 해악이라는 최후결론에 도달했다는 사실은 참으로 끔찍한 일이다. 수년 전부터 지나치게 밀집된 농업노동자의 주택은 위생을 중시하는 사람뿐만 아니라, 바른 행실과 도덕적인 삶을 중시하는 사람들에게도 심각한 우려의 대상이었다. 농촌에서의 전염병의 확산에 관해 보고한 사람들은 일단 발생한 전염병의 확산을 막으려는 그 모든 시도를 완전히 좌절시킨 하나의 원인으로 마치 판에 박은 듯 똑같은 어조로, 지나치게 빽빽하게 들어선 집이라고 되풀이하여 비난하여 왔기 때문이다. 또한 전원생활이 건강에 미치는 많은 좋은 영향에도 불구하고 전염병의 만연을 촉진하는 과밀상태가 전염되지 않는 병의 발생도 조장한다는 사실이 거듭 지적되었다. 그리고 이러한 상태를 비난해 온 사람들은 다른 해악에 대해서도 침묵하지 않았다. 그

는 집주인의 횡포로 인위적인 가격이 유지된다. … 한 남자가 형편이 좀 나아지려는 희망에 철도 레일을 까는 노동자가 되거나 채석장에 나가도 똑같은 횡포가 그를 기다리고 있다. '이 낮은 임금으로 나를 위해 일하든지 일주일 전에 그만 둔다는 것을 미리 알리고 꺼져라. 돼지가 있다면 가지고 가라. 그리고 너의 텃밭에서 키운 팔 수 있는 감자가 있다면 한번 보기나 하자'라고 말한다. 그러나 나가지 않는 편이 더 낫다고 머무르면, 집주인(또는 차지농장주)은 자신에게 헌신하는 것을 그만두고 도망가려고 한 괘씸죄로 집세를 올리는 경우도 가끔 있다."(헌터 박사, 같은 보고서, 132쪽)

들이 다루는 것이 위생문제인 곳에서조차 그들은 이 문제의 다른 측면도 관여하지 않을 수 없었다. 그들의 보고서는 비좁은 침실에 기혼이거나 미혼인 성인 남녀들이 뒤섞여 자는 일이 얼마나 자주 발생하는가를 지적함으로써, 수치심과 예의범절은 모조리 손상되고 모든 도의가 어쩔 수 없이 무너지고 만다는 확신을 불러일으킬 수밖에 없었다.[493] 예를 들어 나의 최근 보고서의 부록에는 버킹검셔의 윙에서 발생한 열병에 관한 오드 박사의 보고 내용이 수록되어 있는데, 그는 어떻게 한 소년이 열병을 윈그레이브에서 그곳으로 가지고 왔는지에 대해 언급하고 있다. 발병한 후 며칠 동안 그는 다른 9명과 한 방에서 잤다. 2주 만에 그들 가운데 몇 명이 열병에 걸렸으며, 몇 주가 지난 후 9명 가운데 5명이 열병으로 쓰러져 한 명이 죽었다! 이 전염병이 유행하던 시기에 개인 진료를 위해 윙을 방문했던 성 조지 병원의 하비 박사도 나에게 같은 견해의 보고를 했다. '열병에 걸린 한 젊은 여자가 밤에는 같은 침실에서 아버지, 어머니, 자신의 사생아, 두 명의 젊은 형제 그리고 각각 한 명의 사생아를 가진 두 자매, 모두 10명과 함께 잤다. 몇 주 전만 해도 이 방에는 13명의 사람들이 잤다."[494]

헌터 박사는 순수한 농업 지방뿐만 아니라 잉글랜드의 모든 주에서

---

493) "신혼부부가 침실을 함께 쓰고 있는 상황은 다 큰 형제자매들에게는 유익하지 않다. 실제 예가 기록되어서는 안 되지만, 근친상간을 범한 여자 쪽의 운명은 엄청난 고통을 당하거나 죽음에 이르는 경우도 흔하다는 주장을 입증할 수 있는 자료는 충분하다."(헌터 박사, 같은 보고서, 137쪽) 수년 동안 런던의 가장 불량한 지구에서 형사로 일한 적이 있는 한 농촌경찰관은 자기 촌락의 처녀들에 관해 다음과 같이 말하고 있다. "그들의 불량한 품행과 건방과 뻔뻔스러움은 내가 런던의 가장 불량한 지구에서 경찰생활을 할 때에도 겪어보지 못했다. … 그들은 돼지처럼 더럽게 살고 있으며, 다 큰 아들딸, 어머니와 아버지가 같은 침실에서 함께 잔다."(《아동고용조사위원회 6차 보고서》, 런던, 1867, 부록 77쪽, 155번)
494) 《공중위생 7차보고서》, 1864, 9-14쪽 이곳 저곳.

농업노동자의 오두막 5,375채를 조사했다. 이들 가운데 2,195채는 단 하나의 침실(거실 겸용)을, 2,930채는 겨우 2개, 250채는 2개 이상의 침실을 가지고 있었다. 나는 12개 주에서 골라낸 내용을 간략하게 보여주고자 한다.

1. 베드포드셔Bedfordshire

레슬링워스Wrestlingworth: 더 작은 것도 많기는 하지만 침실은 길이가 대략 12피트이고 넓이는 약 10피트이다. 작은 단층오두막은 흔히 널빤지를 이용하여 2개의 침실로 나눠져 있으며, 부엌에 높이 5피트 6인치의 침대가 놓여있는 곳도 흔하다. 집세는 3£이다. 세든 사람이 자신의 화장실을 만들어야 하며, 집주인은 웅덩이 하나만 제공한다. 어떤 사람이 화장실을 만들면 그때마다 이웃 사람들 모두가 사용한다. 리처드슨 가족의 집은 다른 집들이 도저히 따라올 수 없을 정도로 뛰어났다. 그 집의 석회벽은 무릎을 구부렸을 때의 부인복처럼 헐거웠다. 뾰족지붕의 한 쪽 끝은 튀어나오고 다른 쪽은 옴팍했는데, 하필이면 이 옴팍한 부분에 코끼리 코같이 구부러진 모양의 나무와 진흙으로 만든 굴뚝이 서 있었다. 굴뚝이 쓰러지는 것을 막기 위해 긴 막대기가 굴뚝을 받치고 있었다. 출입문과 창문은 마름모꼴로 찌그러져 있었다. 방문한 17채의 집 가운데 겨우 4채가 1개 이상의 침실을 가지고 있었으며, 이 4채는 사람들로 발 디딜 틈 없이 가득 차 있었다. 침실이 하나밖에 없는 오두막에 어른 3명과 아이 3명이 살거나 6명의 아이들을 가진 부부가 살고 있었다. 등등.

던튼Dunton: 4£에서 5£에 이르는 높은 집세, 성인 남자의 주급은 10실링. 그들은 밀짚세공으로 집세를 뽑아내기를 바라고 있다. 집세가 높으면 높을수록 집세를 지불하기 위해 연대해야 할 사람들의 수도 늘어난다. 4명의 아이를 가진 6명의 어른들이 한 개의 침실을 사용하며, 3£의 집세를 지불한다. 던튼에서 가장 싼 집은 길이가 15피트 폭이 10피트인데 집세가 3£이다. 조사된 14채의 집 가운데 단 한 채만이 2개의 침실을 가지고 있었다. 마을 변두리의 집에 사는 사람들은 바깥쪽 담벼락 앞에서 대소변을 보았으며, 출입문의 아래 9인치는 완전히 썩어 없어졌으며, 밤이 되어 문을 닫을 때는 안쪽으로부터 벽돌 몇 개를 능숙하게 쌓아올리고 거적 같은 것으로 덮어 가린다. 창문의 반은 유리나 창살 할 것 없이 모두 깨져있었다. 이곳에서 가구도 없이 어른 5명과 아이 5명이 뒤섞여 살고 있다. 그래도 던튼은 비글스웨이드Biggleswade 교구연합의 나머지 구역보다 더 나쁘지 않다.

2. 버크셔Berkshire

빈햄Beenham: 1864년 6월 한 부부와 아이 4명이 코트(단층 오두막)에 살고 있었다. 딸 하나가 일터에서 성홍열에 걸려 집으로 돌아왔으나 죽었다. 다른 아이도 병에 걸려 죽었다. 헌터 박사가 불려갔을 때에는 엄마와 다른 아이가 티프스를 앓고 있었다. 아버지와 한 아이는 집 밖에서 잤지만, 이곳에서는 확실하게 격리하기 어렵다는 것을 알게 되었다. 열병에 걸린 집의 아마로 만든 옷가지들이 빨지도 않은 채 이 가난한 마을의 장터를 가득 채우고 있었기 때문이다. H의 집세는 주당 1실링이었는데, 하나의 침실에 부부가 아이 6명과 함께 잤다. 어떤 집은 8펜스(주당)에 임대되었는데, 길이 14피트 6인치, 폭 7피트, 부엌 높이 6피트로 침실에는 창문, 난로도 없었으며, 복도로 나가는 틈 외에는 입구나 출입문도 없었으며 마당도 없었다. 이곳에는 얼마 전까지 한 남자가 두 명의 과년한 딸 그리고 한 명의 다 큰 아들을 데리고 살고 있었다. 아버지와 아들은 침대에서 잤으며 딸들은 복도에서 잤다. 그 가족이 이곳에 살고 있던 동안에 딸 둘은 아이를 가졌는데,

딸 하나는 구빈원에 가서 출산을 한 후 집으로 돌아왔다.

3. 버킹검셔Buckinghamshire

이곳에는 1,000에이커의 대지에 있는 30채의 오두막에 약 130-140명의 사람들이 살고 있다. 브렌든햄 교구는 넓이가 1,000에이커인데, 1851년에는 36채의 집에 남자 84명과 여자 54명이 거주하고 있었다. 이 남녀 불균등은 완화되어 1861년에는 남자 98명과 여자 87명을 헤아리게 되었다. 즉 10년 만에 남자 14명과 여자 33명이 증가했다. 그러나 같은 기간에 집은 한 채 줄었다.

윈슬로우winslow: 이곳의 대부분의 집은 보기 좋게 새로 지어졌다. 매우 허술한 코트가 1실링 또는 1실링 3펜스로 임대되는 것으로 보아, 집에 대한 수요가 상당해 보인다.

워터 이튼Water Eaton: 이곳에서는 지주들이 인구가 증가하는 것을 보고 기존 가옥의 약 20%를 헐어버렸다. 일터까지 4마일이나 걸어다녀야 하는 한 가난한 노동자에게, 그가 가까운 곳에 코트를 구할 수 없었느냐고 묻자, '없었다. 그들은 나같은 대가족을 거느린 남자를 받아들이기를 지독하게 꺼린다'고 대답했다.

윈슬로우 근처의 팅커즈 앤드Thinker's End: 어른 4명과 아이 5명이 자는 한 침실은 길이가 11피트, 폭이 8피트, 가장 높은 곳이 6피트 5인치이다. 또 다른 침실은 길이가 11피트 7인치, 폭이 9인치, 높이가 5피트 10인치인데 6명이 살고 있었다. 이들 가족 한 명이 차지하고 있는 공간은 갤리선의 노를 젓기 위해 죄수 한 명이 필요했던 것보다 더 작았다. 한 개 이상의 침실을 가진 집은 없으며, 뒷문이 있는 집도 없다. 물은 매우 귀하다. 주당 집세는 1실링 4펜스에서 2실링 사이이다. 조사된 16채의 집 가운데 주당 10실링을 버는 사람은 단 한 명뿐이었다. 위에서 언급된 경우에는 한 사람에게 허용된 공기 양은 그가 밤에 4입방피트의 닫힌 상자 안에 있는 양과 일치한다. 물론 낡은 오두막은 자연적으로 많은 양의 공기를 제공한다.

4. 캐임브리지셔Cambridgeshire

갬블링게이Gamblinggay: 몇 명 지주의 소유이다. 그곳에는 그 어디서나 볼 수 있는 가장 허름한 코트들이 있다. 밀짚세공을 많이 한다. 극단의 무기력, 오물더미에서 모든 것을 체념한 듯한 절망이 갬블링게이에 만연하고 있다. 이곳 중심가에는 집들이 내버려져 있으며, 군데군데 썩어 있는 집들이 있는 북쪽이나 남쪽으로 가면 극도로 고통스럽게 된다. 부재지주들은 이 빈민굴로부터 고혈을 짜낸다. 집세는 매우 높다. 8-9명의 사람들을 침실 하나에 몰아넣는다. 어른 6명이 각각 아이 1-2명과 함께 조그만 침실에서 자는 경우도 둘이나 있다.

5. 에섹스Essex

이 주의 많은 교구에서는 사람과 오두막이 함께 감소하고 있다. 그러나 22개 남짓한 교구에서는 집을 헐어도 인구의 증가를 막지 못했으며 또한 '도시로의 이주'라는 이름하에 도처에서 진행되고 있는 추방도 별 효과를 가져오지 못했다. 그 넓이가 3,443에이커에 달하는 교구인 핀그링호Finglinghoe에는 1851년 145채의 집이 있었는데, 1861년에는 겨우 110채가 남았다. 그러나 주민은 떠나려 하지 않았으며, 이러한 취급을 받으면서도 오히려 증가했다. 램즈든 크레이즈Ramsden Crays에는 1852년 61채의 집에 252명이 살았지만, 1861년에는 49채의 집에서 262명이 비좁게 살고 있었다. 바실던Basildon에는 1851년 1,827에이커의 땅에 있는 49채의 집에 262명이 살았는데, 10년 뒤에는 27채의 집에 180명이 살게 되었다. 핀그링호, 사우스 팸브리지South Fambridge, 위드포드Widford, 바실던 그리고 램즈든 크레이즈에는 1851년 8,449에이커의 대지에 있는 316채의 집에서 1,392명이 살았는데, 1861년에는 같은 면적에 있는 249채의 집에서 1,473명이 살았다.

6. 히어포드셔Herefordshire

이 조그만 주는 잉글랜드의 그 어느 주보다도 '추방정신' 때문에 고통을 더 받았다. 매들리Madley에서는 대개 2개의 침실을 가진 사람들로 발 디딜 틈 없이 가득 찬 오두막이 대부분 차지농장주의 것이다. 그들은 이 집을 걸핏하면 1년에 3£이나 4£에 임대하면서 9실링의 주급을 지급한다!

7. 헌팅던셔Huntingdonshire

하트포드Hartford: 1851년 87채의 집이 있었는데, 얼마 가지 않아 1,720에이커에 달하는 이 조그만 교구에서 19채의 오두막이 헐렸다. 거주자는 1831년 452명, 1851년 382명 그리고 1861년 341명이었다. 침실 한 개를 가지고 있는 14채의 코트가 조사되었다. 한 코트에는 한 쌍의 부부와 3명의 다 큰 아들, 과년한 딸 하나 그리고 아이 4명 등 모두 10명이 살고 있었으며, 다른 코트에는 어른 6명과 아이 6명이 살고 있었다. 8명이 잠을 자는 방 하나는 길이가 12피트 10인치, 폭이 12피트 3인치 높이가 6피트 9인치였다. 1인당 평균용적은 튀어나온 부분을 제하더라도 약 130입방피트였다. 14개의 침실에 어른 34명과 아이 33명이 잠을 잤다. 작은 텃밭이라도 갖춘 오두막은 드물었지만, 많은 거주자들은 루드당(¼에이커) 10 내지 12 실링으로 땅뙈기를 빌릴 수 있었다. 이 분할지는 화장실이 없는 집에서 멀리 떨어져 있었다. 가족은 배설하기 위해 그들의 분할지로 가거나, 말하기도 좀 그렇지만 장롱의 서랍을 배설물로 채우는 일이 이곳에서 실제로 일어난다. 서랍이 꽉 차면 그것을 빼서 그 내용물이 필요한 곳에서 비워버린다. 일본에서도 일상 생활은 이보다 더 청결하게 이루어진다.

8. 링컨셔

랑토프트Langtoft: 라이트라는 사람의 집에 한 남자가 처와 어머니 그리고 아이 5명과 살고 있다. 이 집의 전면에는 부엌, 설거지 방 그리고 부엌 위에 침실이 있었다. 부엌과 침실은 12피트 2인치, 폭은 9피트 5인치, 그리고 아래층의 전체 면적은 길이 21피트 3인치, 폭이 9피트 5인치이다. 침실은 다락방이다. 벽은 세모꼴로 되어 천장에서 서로 맞닿으며, 전면에는 들창이 하나 나 있다. 그는 왜 이곳에 살고 있을까? 텃밭 때문일까? 텃밭은 매우 좁다. 집세 때문일까? 집세는 주당 1실링 3펜스로 높다. 일터에서 가깝기 때문일까? 아니다. 6마일이나 떨어져 있기 때문에 그는 매일 왕복 12마일을 쓸데없이 걸어야 한다. 그가 그곳에 사는 이유는 그 집이 임대 가능했던 코트였으며, 또한 그것이 어디에 있든 가격이 얼마든 상태가 어떻든 그가 자신만의 코트를 가지기를 원했기 때문이다. 아래의 표는 침실 12개에 어른 38명과 아이 26명이 살고 있는 랑토프트의 12채의 집에 관한 통계이다.

랑토프트의 12채의 집

집	침실	어른	아이	합계	집	침실	어른	아이	합계
1	1	3	5	8	1	1	3	3	6
1	1	4	3	7	1	1	3	2	5
1	1	4	4	8	1	1	2	0	2
1	1	5	4	9	1	1	2	3	5
1	1	2	2	4	1	1	3	3	6
1	1	5	3	8	1	1	2	4	6

9. 켄트Kent

케닝턴Kennington: 디프테리아가 출현하여 교구의사가 가난한 인민계층의 상태에 관한 공적인 조사를 실시했던 1859년에 인구가 가장 심각한 과밀 상태였던 곳이다. 교구의사는 많은 노동이 필요한 이 지역에서 여러 채의 코트가 헐렸지만 새로운 코트는 세워지지 않았다는 사실을 알게 되었다. 한 구역에는 새장이라고 불리는 집이 네 채 있었는데, 각 집에는 다음과 같은 길이와 폭을 가진 네 개의 방이 있었다.

부엌　　　9피트 5인치 × 8피트 11인치 × 6피트 6인치

설거지 방　8피트 6인지 × 4피치 6인치 × 6피트 6인치

침실　　　8피트 5인치 × 5피트 10인치 × 6피트 3인치

침 실　　　8피트3 인치 × 8피트 4인치 × 6피트 3인치

10. 노샘프턴셔Northamptonshire

브릭스워스Brixworth, 피츠포드Pitsford 그리고 플로어Floore: 이들 촌락에서는 겨울에 일자리가 없어 20-30명의 남자들이 길거리에서 빈둥대고 있다. 차지농장주는 곡식경작지와 뿌리채소를 심는 밭을 언제나 충분히 갈지

않으며, 지주는 그가 빌려준 모든 토지를 2-3개로 한데 모으는 것이 딱 들어맞는다는 것을 알게 되었다. 그 까닭에 일자리가 부족하다. 도랑의 한편에서는 밭이 노동을 달라고 부르짖고 또 다른 한편에서는 기만당한 노동자들이 그 밭은 향해 연모의 눈길을 보내고 있다. 여름에는 미친 듯이 과도하게 일하고 겨울에는 거의 굶주림에 시달리는 노동자들이 그들 특유의 사투리로 '교구의 목사양반들과 부농양반들이 서로 짜고 우리를 죽도록 닦달하고 있다'고 말하는 것은 조금도 이상한 일이 아니다.

플로어에서는 아주 작은 침실에서 부부가 4, 5, 6명의 아이와 함께 살고 있는 사례, 또는 어른 3명이 아이 5명과 함께 사는 사례, 또는 부부가 조부와 성홍열에 걸린 아이 6명과 함께 사는 사례가 있다. 침실이 2개인 2채의 집에서 각각 어른 8명과 어른 9명으로 이루어진 두 가족이 살고 있다.

11. 윌트셔

스트래튼Stratton: 방문한 31채의 집 가운데 8채에는 침실이 단 하나뿐이었다. 같은 교구의 펜힐Penhill에는 주당 1실링 3펜스로 아이 4명이 딸린 어른 4명에게 빌려준 한 코트는 상태가 좋은 벽 외에는 거칠게 다듬은 돌로 만든 마루로부터 짚으로 만든 썩은 지붕에 이르기까지 괜찮은 것이라곤 하나도 없다.

12. 우스터셔Worcestershir

이곳에서는 집을 그리 심하게 허물지는 않았다. 하지만 1851년에서 1861년 사이에 집 1채당 사람 수는 4.2명에서 4.6명으로 증가했다.

배드시Badsey: 이곳에는 코트와 텃밭이 많다. 몇몇 차지농장주는, '코트는 가난한 사람들을 불러 모으기 때문에 큰 골칫거리'라고 말한다. 한 젠틀맨의 의견을 들어보자.

"이 때문에 빈민은 더 나아지지 않는다. 코트 500채를 지으면 곧바로 부족하게 된다. 사실 코트를 더 많이 지으면 지을수록 더 많이 필요하게 된다."

그에 따르면 집이 거주자를 불러 모으며, 이들이 자연법칙처럼 '거주수단'을 압박한다. 헌터 박사는 다음과 같이 말하고 있다.

"그런데, 이 빈민들은 어디에선가 온 게 틀림없다. 그리고 베드 시에는 자선금같이 그들을 특별히 끌어 당길만한 것이 없기 때문에, 그들을 이곳으로 몰아내는 더 불편한 곳이 존재함이 틀림없다. 어느 누구라도 자신의 일터 부근에 코트와 한 뙈기의 땅을 구할 수 있다면, 손바닥만한 땅에 대해 차지농장주가 지불하는 것보다 두 배나 더 지불해야 하는 배드시보다는 그곳을 선호할 것이다."

도시로의 지속적인 이주, 차지농장의 집적, 농경지의 목초지화, 기계장치 등으로 인해 농촌에서의 지속적인 '과잉인구의 형성' 그리고 오두막의 파괴를 통한 농촌인구의 지속적인 추방은 동시에 일어난다. 한 지역의 인구가 줄어들면 줄어들수록 그곳의 '상대적 과잉인구'는 그만큼 많아지며, 고용수단에 대한 그들의 압력이나 거주수단을 넘어서는 농촌인구의 절대적 과잉은 그만큼 더 커지며, 이로 인해 촌락에서는 국지적 과잉인구와 악취를 뿜어내는 과밀한 인간꾸러미도 그만큼 더 커진다. 인간무리가 흩어져 있는 소규모 촌락과 작은 시골 마을로 조밀하게 몰려드는 것은 농촌에서의 폭력적인 인간 추방에 따른 것이다. 농업노동자의 수는 감소하고 그들이 생산하는 양은 증가하는데도, 그들이 끊임없이 '과잉되는 것'은 그들에게 극심한 곤궁을 가져오는 원천이다. 결국에는 도래할 이들의 극빈상태는 그들을 추방하는 동기 가운데 하나이며, 그들의 주택난의 주된 근원인데, 이 주택난은 그들의 최후의 저항력마저 꺾어버려 그들을 지주[495]나 차지농장주의 노예나 다름없게 만들어버려, 임금의 최저치가 그들에게는 자연법칙인 양 고정되어 버린다. 다른 한편 농촌에는 '상대적 과잉인구'가 항상 존재하고 있으면서도 동시에 인구가 모자란다. 이러한 현상은 도시, 광산, 철도공사 등으로 인구유출이 급속하게 진행되는 시점에서 국지적으로 나타날 뿐만 아니라, 봄이나 여름은 물론 추수기에도 도처에서 나타나며, 매우 치밀하고 집약적인 잉글랜드 농업이 임시노동자가 필요한 많은 시기에도 나타난다. 평상시의 경작이 요구하는 것보다는 언제나 너무 많고, 예외적이고 일시적인 경작이 요구하는 것보다는 늘 많이 모자라는 것이 농업노동자다.[496] 따라

---

495) "농업노동자의 천부적인 일은 그의 지위에도 그 권위를 부여한다. 그는 노예가 아니라 평화의 병사이다. 따라서 그는 지주에게서 결혼한 남자에 합당한 주택을 제공받을 자격을 가지고 있다. 지주는 국가가 병사에게 요구하는 것과 유사하게 농업노동자에게 일을 강제할 수 있는 권력을 가지고 있기 때문이다. 농업노동자는 병사와 마찬가지로 자신의 노동에 대한 시장가격을 받지 못한다. 그는 병사와 똑같이 그가 자신의 직업과 고향만을 알고 있는 아직 어리고 무지할 때에 붙잡힌다. 조혼과 거주에 관한 각종 법률이 그에게 미치는 영향은 모병과 군법이 병사에게 미치는 영향과 같다."(헌터 박사, 같은 보고서, 132쪽) 때로는 다른 지주와는 다르게 마음이 여린 지주가 자신이 만들어 낸 황폐함에 슬픔을 느끼기도 한다. 흘컴(Holkham)의 저택이 완성되어 축하를 받았을 때 레스터 백작은 다음과 같이 말했다. "자기의 영지에 홀로 있다는 것은 우울한 일이다. 주위를 둘러보아도 나는 나의 저택밖에 볼 수 없다. 나는 거대한 성의 거인처럼 나의 이웃사람 모두를 잡아먹었다."
496) 최근 수십 년 동안 자본주의적 생산이 농업을 장악함에 따라 '과잉된' 농촌인구가 도시로 내몰린 프랑스에서도 잉글랜드와 유사한 변동이 일어나고 있다. 이곳 프랑스에서

서 공식문서에서도 같은 시간 같은 장소에서 노동부족과 노동과잉에 대한 모순적인 불만이 기록되어 있다. 일시적이거나 국지적인 노동 부족은 임금을 인상하지 않고 여성과 아동에게 농사일을 강제하고 또한 노동연령을 계속 낮추기만 한다. 여성과 아동에 대한 착취가 대규모로 이루지면 그것은 남성농업노동자의 과잉화와 그의 임금을 인하하는 새로운 수단이 되어 버린다. 잉글랜드 동부에서는 이러한 악순환의 대단한 성과인 소위 작업조제도Gangsystem가 성행하고 있는데, 여기에서 간단히 짚고 넘어가겠다.[497]

링컨셔, 캐임브리지셔, 노프셔, 서폴크, 노팅검셔에서는 거의 작업조제도만 시행되고 있으며, 인접한 노샘프턴, 베드포드아 루트란드의 여러 주에서는 간헐적으로 시행되고 있다. 여기서는 하나의 예로 링컨셔를 들어보자. 이 주의 대부분은 이전에 습지였던 새로운 토지이거나 앞에서 언급한 동부의 여러 주와 마찬가지로 최근에 바다를 메워 얻은 간척지이다. 증기기관은 물 빼는 작업에서 기적을 행했다. 이전의 습지나 모래땅이었던 곳이 이제는 엄청난 양의 곡식을 생산하고 가장 높은 지대地代를 낳고 있

____

도 잉글랜드와 마찬가지로 '과잉인구'의 근원지에서 주거 상황과 그 밖의 상황이 악화되었다. 토지분할 제도가 낳은 독특한 '농촌 프롤레타리아 계급'에 관해서는 무엇보다도 앞에서 인용한 꼴랑(Colins)의 저서와 맑스의 《루이 보나파르트 브뤼메르 18일》, 2판, 함부르크, 1869, 88쪽 이하를 보라. 1846년 프랑스에서는 도시인구가 24.42%이고 농촌인구가 75.58%였는데, 1861년에는 도시인구가 28.86%이고 농촌인구가 71.14%였다. 최근 5년간 백분율로 본 농촌인구의 감소는 더 크다. 이미 1846년에 삐에르 뒤퐁(Pierre Dupont)은 그의 《노동자들》에서 다음과 같이 말했다.

"남루한 옷을 걸치고 누추하고 좁은 방에서,
다락방에서 쓰레기 더미에서,
우리는 올빼미와 도둑과 함께 살고 있다,
어둠을 벗 삼아."

497) 1867년 3월 말에 공포된 아동고용 조사위원회의 제6차 최종보고서는 농업에서의 작업조제도만을 다루고 있다.

다. 액스홈 섬과 트렌트 강변의 다른 교구에서와 같이 인공적으로 얻은 충적지도 이와 마찬가지이다. 새로운 차지농장이 만들어짐에 따라 새로운 오두막이 지어지기는커녕 낡은 오두막조차 허물어졌기 때문에, 노동은 구릉을 끼고 굽이굽이 이어진 시골길을 따라 몇 마일이나 떨어져 있는 개방촌락에서 공급되었다. 이곳은 이전에는 주민들이 오랫동안 지속되는 겨울 홍수를 피할 유일한 안식처였다. 400에서 600에이커의 차지농장에 정착한 노동자는 (이들은 '갇힌 노동자confined labourer'라고 불린다) 말을 사용하는 매우 힘든 농업노동에만 사용된다. 100에이커(1에이커=40,49야드 또는 1.584 프로이센 모르겐)마다 겨우 평균 1채의 오두막이 있을까 말까이다. 펜란드 Fenland(잉글랜드 동부의 습한 지역 -옮긴이)의 차지농장주 한 명은 조사위원회에서 다음과 같이 진술했다.

"나의 차지농장은 320에이커인데 모두 곡식경작지이다. 농장에는 오두막이 하나도 없다. 한 노동자가 현재 나와 함께 살고 있다. 나는 농장 주변에 거주하는 4명의 마부를 소유하고 있다. 많은 일꾼을 필요로 하는 가벼운 작업은 작업조가 해치운다."[498]

경작지는 김매기, 괭이질, 약간의 비료주기, 돌 주워내기 등의 많은 밭일을 필요로 한다. 개방촌락에 거주하는 작업조, 구체적으로 말하면 조직된 무리가 이러한 밭일을 한다.

하나의 작업조는 10명에서 40-50명으로 이루어지며, 성인여성과 소

---

498) 《아동고용조사위원회 제6차 보고서》, 증언, 37쪽, 173번.

년소녀(13-18세) -소년은 대개 13세가 되면 배제되지만- 마지막으로 남녀 아이(6-13세)로 구성된다. 이 작업조의 우두머리는 보통 평범한 농업노동자인데, 대개는 소위 못 믿을 인간이며 빈둥거리는 주정뱅이지만, 일정한 기업가 정신과 수완을 가지고 있다. 그가 모집하는 작업조는 차지농장주가 아니라 그의 밑에서 일을 한다. 그는 대개는 차지농장주와 도급계약을 체결한다. 그의 수입은 평범한 농업노동자의 평균수입보다 그리 높지 않으며,[499] 그의 수입은 전적으로 되도록 짧은 시간에 가능한 많은 노동을 자신의 작업조로부터 뽑아낼 수 있는 솜씨에 달려 있다. 차지농장주는 여성들은 남자가 감독할 때만 제대로 일을 하는데, 푸리에가 이미 알고 있던 것처럼, 여성과 아이는 일단 일을 시작하면 온 힘을 다하여 매우 독하게 일을 하는 반면에 성인 남성노동자는 매우 교활하여 최대한 힘을 절약하려 한다는 사실을 발견했다. 작업조의 우두머리는 농장을 옮겨 다니면서 그의 작업조에게 대개는 1년에 6-8개월 일을 시킨다. 따라서 노동자 가족에게는 때에 따라서만 아이를 고용하는 차지농장주보다 우두머리와 거래하는 것이 훨씬 더 유리하고 확실하다. 이러한 상황이 개방촌락에서 그의 영향력을 더 강화시켜, 아이들은 대개 그를 통하지 않고는 일자리를 얻을 수 없을 정도이다. 아이를 작업조에서 분리해 개별적으로 빌려주는 것은 그의 부업이다.

이 제도의 '어두운 면'은 아이들과 소년소녀들의 과도한 노동, 매일 5-7마일 떨어진 농장을 오가야 하는 엄청난 행군, 마지막으로 '작업조'의 풍기문란이다. 몇몇 지방에서는 '몰이꾼'이라고 불리는 우두머리가 기다란 몽둥이로 무장하고 있기는 하지만, 그것을 거의 사용하지 않기 때문에 학

---

499) 그러나 500에이커의 차지농장주나 상당히 많은 집의 소유자로 자수성가한 우두머리도 몇 있었다.

대를 호소하는 일은 거의 없다. 그는 민주적인 황제이거나 일종의 '민중의 선동자'Rattenfänger von Hameln(하멜른의 쥐잡이란 뜻으로 피리를 불어 마을의 쥐를 몰아내 주었는데 그 대가가 없자 마을의 어린이들을 모두 유괴했다는 독일 중세의 전설, 브라우나우의 쥐잡이는 히틀러를 가리킴 -옮긴이)일 뿐이다. 따라서 그는 자신을 따르는 사람들에게 인기가 필요했으며, 자신의 비호 아래 이루어지는 생기발랄한 집시생활을 통해 그들을 자신에게 묶어둔다. 상스러운 방종, 제멋대로 즐기기와 음란한 언행은 이 작업조에 날개를 달아준다. 대개의 경우 우두머리가 술집에서 가격을 치르고 나면, 옹골찬 두 여자에게 좌우에서 자신을 부축하게 하고, 기분 좋게 비틀거리면서 행렬의 맨 앞에서 집으로 돌아오는데, 아이들과 소년소녀들이 야단법석을 떨면서, 서로 비아냥거리며 음란한 노래를 부르면서 뒤따라온다. 돌아오는 길에는 푸리에가 '파네로가미에'Phanerogamie라고 부른 문란한 성행위가 매일 벌어진다. 13살이나 14살의 소녀가 그들과 동년배인 남자의 아이를 가지는 경우도 흔하다. 작업조에 인원을 충당하고 있는 개방촌락에서는 소돔과 고모라[500]가 되어 왕국의 다른 지방보다 두 배 더 많은 사생아를 만들어낸다. 이 모양의 학교에서 사육된 소녀가 결혼한 여자로서 도덕적으로 어떤 행동을 할 것인가는 이미 앞에서 암시했다. 아편이 그의 아이들을 죽이지 않는 한, 그들은 태어나면서부터 작업조에 들어올 신병이다.

바로 앞에서 서술된 전형적인 형태의 작업조는 공공 작업조, 일반 작업조 그리고 이동 작업조라고 불린다. 그리고 사적 작업조도 있다. 이 작업조는 일반 작업조와 똑같이 구성되지만, 그 수가 적으며 우두머리가 아니

---

500) "루드포드에서는 소녀의 절반이 작업조에 의해 몸을 망쳤다."(같은 보고서, 6쪽, 32번)

라 다른 데에서는 더이상 써먹을 수 없는 차지농장주의 늙은 일꾼 밑에서 일을 한다. 여기에서는 집시생활의 즐거움은 사라지고, 모든 증언에 따르면 아이들에 대한 임금이나 대우는 더 나빠진다.

최근 수년 이래로 계속 증가하고 있는[501] 작업조제도는 분명히 우두머리를 위해 존재하지 않는다. 이 제도는 대규모의 차지농장주[502] 또는 대지주[503]의 치부를 위해 존재한다. 차지농장주에게는, 평균 수준 이하로 노동성원을 유지하면서도, 임시작업이 필요할 때마다 늘 일손을 준비해두며, 가능한 한 적은 돈으로 가능한 한 많은 노동을 뽑아내고[504] 성인남성노동자를 '남아돌게' 만드는 제도로서 이 작업조제도보다 더 의미심장한 제도는 없다. 지금까지의 분석에 따르면, 많든 적든 간에 농업노동자가 실업상태에 있음에도 성노동자가 부족하고 또한 이들이 도시로 이동하기 때문에 작업조제도가 '꼭 필요하다고' 밝히는 것이 충분히 이해된다.[505] 링컨서 등의

---

501) "이 제도는 최근 몇 년 동안 상당히 증가했다. 최근에서야 이 제도를 도입한 곳도 있지만, 오래 전에 도입된 곳에서는 나이가 어린 아이들이 더 많이 작업조로 편입되고 있다."(같은 보고서, 79쪽, 174번)

502) "소규모의 차지농장주는 작업조의 노동을 사용하지 않는다."(같은 보고서, 17쪽) "이 제도는 빈약한 토지가 아니라, 1에이커당 2£에서 2£ 10실링의 지대를 낳는 토지에서 사용된다."(같은 보고서, 14쪽)

503) 자신이 받는 지대에 맛을 들인 한 지주는 조사위원회에게 격분하여 이 모든 비난의 목소리는 단지 이 제도의 이름 때문이라고 말했다. '갱' 대신에 '자기보존을 위한 농공업에서의 청소년협동연맹'이라는 이름을 붙인다면 모든 것이 괜찮아질 것이다.

504) "작업조 노동은 다른 노동보다 저렴하다. 바로 이것이 작업조노동이 사용되는 원인이다."라고 이전의 작업조 우두머리가 말했다.(같은 보고서, 17쪽, 14번) 한 차지농장주가 말하기를, "작업조제도가 가장 저렴하다는 점이 차지농장주에게 결정적인 것이며, 마찬가지로 아이들에게는 그들의 몸을 가장 많이 해친다는 점에서 결정적이다."(같은 보고서, 16쪽, 3번)

505) "현재 작업조의 아이가 하는 많은 일은 이전에는 성인남녀가 하던 일이었다는 것은 의심할 여지가 없다. 여성이나 어린이가 사용되는 곳에서는 더 많은 성인남성이 실업자가 되었다."(같은 보고서, 43쪽, 202번) 이와 반대로, "많은 농업 지역, 특히 곡식을 생산하는

잡초가 전혀 없는 밭과 인간잡초는 자본주의적 생산의 극과 극이다. [506]

f) 아일랜드

이 절의 마무리로서 우리는 잠시 아일랜드로 이동해야 한다. 우선 아일랜드에서 문제가 되는 사실을 들어보자.

아일랜드의 인구는 1841년에 8,222,664명까지 증가했었는데, 1851년에

지역에서의 노동문제는 철도가 멀리 떨어져 있는 대도시로 쉽게 갈 수 있도록 해준 까닭에 매우 심각하다. 이런 이유로 나는('나'는 한 대지주의 마름이다) 아동노동이 절대적으로 필요하다고 생각한다."(같은 보고서, 80쪽, 180번) 즉 잉글랜드 농업 지역에서의 노동문제는 다른 문명 세계와는 다르게 지주와 차지농장주의 문제를 의미하는데, 그 문제는 어떻게 하면 농촌 인구의 유출이 끊임없이 증가함에도 농촌에서 충분한 '상대적 과잉인구'를 영원히 유지함으로써 농업노동자의 '임금을 최저치'로 영원히 유지할 수 있는가 하는 것이다.

506) 내가 앞에서 인용한《공중위생보고서》는 아동사망률을 다루는 기회를 이용하여 일시적으로 작업조제도를 언급하고 있는데, 언론에 실리지 않았기 때문에 잉글랜드 대중에게는 알려지지 않았다. 그와는 반대로 '아동고용위원회'의 최근 보고서는 '환영할 만한 자극적인' 기사거리를 제공했다. 자유주의 신문은 링컨셔에 우글거리는 우아한 신사숙녀와 국교회의 성직자, 즉 '남태평양의 미개인의 풍속을 개선하기 위한 선교사를 지구의 반대쪽까지 파견하고 있는 인물들이 도대체 어떻게 해서 이러한 제도를 그들의 농장에서 그들의 눈앞에서 성장하게 놔둘 수 있는가?'라고 질문하고 있다. 반면에 고상한 신문은 자식을 이러한 노예상태로 팔아넘길 수 있는 농촌사람들의 야비한 타락에 관해서만 다루고 있다! '이 고상한 사람들'이 농촌사람을 꼼짝 못하게 만들어 놓은 이 저주받은 상황에서는 그가 자식을 잡아먹는다고 해도 놀랄 일이 아니다. 진짜 놀라운 일은 오히려 이 농촌사람이 거의 항상 유지하고 있는 그의 강인한 품성이다. 공식 통신원들은 작업조가 존재하고 있는 지역에서조차 부모들은 이 제도를 혐오하고 있다고 증명하고 있다. "우리가 수집한 증언에서 충분한 증거를 찾을 수 있는 것처럼, 부모들은 그들이 자주 빠져드는 유혹과 압력에 저항할 수 있도록 해주는 강제법이라도 매우 감사할 것이다. 때로는 교구의 관리가 때로는 고용주가 부모 자신들을 해고하겠다고 위협하기 때문에, 아이들을 학교가 아니라 돈벌이를 시켜야 한다. … 엄청난 시간과 힘의 낭비, 과도하고 헛된 피로가 농촌사람과 그 가족에게 주는 엄청난 고통, 부모들이 자식의 도덕적 파멸을 오두막의 과밀상태와 작업조제도의 추잡한 영향 탓으로 돌리는 모든 경우들, 이 모든 것들이 가난한 노동자들의 가슴 속에 어떤 감정을 불러일으킬 것인가는 우리가 잘 알고 있기에 상세하게 언급할 필요가 없다. 그들에게 아무런 책임이 없으며, 그들에게 힘이 있었다면 결코 동의하지 않았을, 그리고 그것에 대항하여 싸우기에는 그들에게 아무런 힘도 없는 그러한 사정들이 그들에게 육체적 정신적 고통을 가하고 있다는 사실을 그들은 의식하고 있다."(같은 보고서, 부록, 20쪽, 82번 및 부록 23쪽, 96번)

는 6,623,985명으로 줄어들고, 1861년에는 5,850,309명, 1866년에는 550만 명으로 대략 1801년의 수준까지 줄어들었다. 이러한 인구의 감소는 엄청난 굶주림이 몰아닥친 1846년에 시작되었다. 아일랜드는 20년도 채 못 되는 기간에 그 인구의 16분의 5를 잃었다.[507] 1851년 5월부터 1865년 7월까지 아일랜드의 이민자 총수는 1,591,487명이었는데, 그 가운데 최근 5년간인 1861-1865년 사이에 50만 명이 넘는 사람들이 아일랜드를 떠났다. 1851-1861년 사이에 빈집이 52,999채나 늘었다. 같은 기간 동안 15-30에이커 규모의 차지농장의 수가 61,000개 증가했으며, 30에이커가 넘는 차지농장의 수는 109,000개 증가한 반면에 차지농장의 총수는 120,000개 감소했는데, 이 감소는 전적으로 15에이커 이하의 차지농장의 소멸, 즉 차지농장들의 집중에 그 원인이 있다.

인구수의 감소는 물론 대개는 생산물량의 감소를 가져온다. 우리의 목적을 위해서는 50만 명 이상이 아일랜드를 떠나서 인구의 절대수가 ⅓백만 명 이상 감소한 1861-1865년의 5년 동안을 살펴보는 것으로 충분하다. (표 A를 보라)

표 A: 가축 수(감소, 증가는 +)

연도	말		소		양		돼지	
	총수	증감	총수	증감	총수	증감	총수	증감
1860	619,811	-	3,606,374	-	3,542,080	-	1,271,072	-
1861	614,232	5,579	3,471,688	134,686	3,556,050	+13,970	1,102,042	169,030
1862	602,894	11,338	3,254,890	216,798	3,456,132	99,918	1,154,324	+52,282
1863	579,978	22,916	3,144,231	110,659	3,308,204	147,928	1,067,458	86,866
1864	562,158	17,820	3,262,294	+118,063	3,366,941	+58,737	1,058,480	8,978
1865	547,867	14,291	3,493,414	+231,120	3,688,742	+321,801	1,299,893	+241,413

---

507) 아일랜드의 인구는 1801년 5,319,867명, 1811년 6,084,996명, 1821년 6,869,544명, 1831년 7,828,347명 그리고 1841년 8,222,664명이었다.

이 표로부터 다음과 같은 결과가 나온다.

말, 소, 양 그리고 돼지의 절대 수는 각각 71,944, 112,960, 146,662 그리고 28,821마리 감소했다.[508]

가축과 인간에게 식량을 공급하는 농사일로 눈을 돌려보자. 다음의 표 B에는 매해의 증감이 바로 이전의 해와 비교해 계산되어 있다. 곡식류는 밀, 귀리, 보리, 호밀, 콩과 완두를 포함하고 있으며, 채소류는 감자, 무, 사료용 사탕무와 사탕무, 양배추, 당근, 파스닙과 살갈퀴 등을 포함한다.

표 B: 경지 및 초지(목장)로 이용되는 토지면적의 증감

(단위: 에이커)

연도	곡식류	채소류	목초 및 클로버	아마	총농경지 및 목축지
1861	-15,701	-36,794	-47,969	+19,271	-81,273
1862	-72,734	-74,785	+6,623	+2,055	-138,841
1863	-144,719	-19,358	+7,724	+63,922	-92,431
1864	-122,437	-2,317	+47,486	+87,761	+10,493
1865	-72,450	+25,421	+68,970	-50,159	-28,218
1861-65	-428,041	-108,013	+82,834	+122,850	-330,370

1865년에는 '목초지' 항목에 127,470에이커가 추가되었는데, 그 중요한 이유는 '이용되지 않는 황무지나 늪지'가 101,543에이커 감소했기 때문이다. 1865년을 1864년과 비교하면, 곡식류의 감소는 246,667쿼터로 그 가운데 48,999쿼터의 밀, 166,605쿼터의 귀리, 29,892쿼터의 보리 등이 감소

---

508) 더 이전으로 올라가면 그 결과는 더 악화된다. 즉 양은 1865년에 3,688,742마리였는데 1856년에는 3,694,294마리였으며, 돼지는 1865년에 1,299,893마리, 1858년에는 1,409,883마리였다.

한 것으로 나타나고 있다. 경작지가 늘어났음에도 감자는 446,398톤이나 감소했다. (표 C를 보라)

표 C: 경작지면적의 증감, 에이커당 생산물의 증감
그리고 1864년과 비교한 1865년의 총생산물의 증감

생산물	경작지 면적			1에이커당 생산물			
	1864년	1865년	증감	1864년	1865년	증감	단위
밀	276,483	266,989	-9,494	13.3	13.0	-0.3	젠트너
귀리	1,814,886	1,745,228	-69,658	12.1	12.3	+0.2	"
보리	172,700	177,102	+4,402	15.9	14.9	-1.0	"
맥주용 호밀	8,894	10,091	+1,197	16.4	14.8	+1.6	"
호밀				8.5	10.4	+1.9	"
감자	1,309,724	1,066,260	+26,536	4.1	3.6	-0.5	톤
사료용 사탕무	337,355	334,212	-3,143	10.3	9.9	-0.4	"
사탕무	14,073	14,389	+316	10.5	13.3	+2.8	"
양배추	31,821	33,622	+1,801	9.3	10.4	+1.1	"
아마	301,693	251,433	-50,260	34.2	25.2	-0.9	스톤(14파운드)
건초	1,609,569	1,678,493	+68,924	1.6	1.8	+0.2	톤

생산물	총생산물			
	1864년	1865년	증감	단위
밀	875,782	826,783	-48,999	쿼터
귀리	7,826,332	7,659,727	-166,605	〃
보리	761,909	732,017	-29,892	〃
맥주용 호밀	15,160	13,989	-1,171	〃
호밀	12,680	18,364	+5,684	〃
감자	4,312,388	3,865,990	-446,398	톤
사료용 사탕무	3,467,659	3,301,683	-165,976	〃
사탕무	147,284	191,937	+44,653	〃
양배추	297,375	350,252	+52,877	〃
아마	64,506	39,561	-24,945	〃
건초	2,607,153	3,068,707	+461,554	〃

아일랜드의 인구와 토지생산의 변동으로부터 아일랜드 지주, 대차지 농장주 및 산업자본가의 돈주머니에는 어떤 변동이 있었는지 살펴보자. 이 변동은 소득세의 증감에 반영되어 있다. 아래의 표 D를 이해하기 위해 지적해 둘 점은, 항목 D(차지농장주의 이윤을 제외한 이윤)는 이른바 '전문직 종사자'의 이윤, 즉 변호사나 의사 등의 소득도 포함되어 있으며, 이 표에서 특별하게 열거하지 않은 C항과 D항에는 공무원, 장교, 무임소관리, 국채소유자 등의 소득이 포함되어 있다는 점이다.

표 D: 소득세가 부과된 소득[509]

(단위: £)

	1861	1861	1862	1863	1864	1865
A. 지대	12,893,829	13,003,554	13,398,938	13,494,091	13,470,700	13,801,616
B. 차지농장주의 이윤	2,765,387	2,773,644	2,937,899	2,938,823	2,930,874	2,946,072
D. 산업자본가들의 이윤	4,891,562	4,836,203	4,858,800	4,846,497	4,546,147	4,850,199
A에서 E까지의 총액	22,962,885	22,998,394	23,597,574	23,658,631	23,236,298	23,930,340

D항에서는 1853-1864년 사이에 연평균 소득증가가 0.93%에 지나지 않았는데, 같은 기간에 그레이트브리튼에서는 4.58%였다. 다음의 표 E는 1864년과 1865년의 이윤의 분배(차지농장주의 이윤은 제외)를 보여주고 있다.

---

509) 《국세청위원회, 10차보고서》, 런던, 1866.

표 E: 아일랜드에서의 D항의 이윤소득(60£이상)[510]

	1864		1864	
	£	분배인 수	£	분배인 수
1864년과 1865년의 연간총소득	4,368,610	17,467	4,669,979	18,081
60£-100£의 연소득	238,726	5,015	222,575	4,703
연간총소득	1,979,066	11,321	2,028,571	12,184
연간총소득 잔액	2,150,818	1,131	2,418,833	1,194
	1,073,906	1,010	1,097,927	1,044
	1,076,912	121	1,320,906	150
연간총소득 잔액의 분배	430,535	95	584,458	122
	646,377	26	736,448	28
	262,819	3	274,528	3

발전된 자본주의적 생산국이며, 특히 공업이 발달한 잉글랜드에서는 아일랜드와 같은 인구유출은 치명적일 수 있다. 그러나 아일랜드는 현재 폭넓은 도랑(그레이트브리튼과 아일랜드 사이의 해협 -옮긴이)으로 구분된 잉글랜드의 농업지역에 불과하며, 잉글랜드에 곡식, 양털, 가축을 공급하며 또한 잉글랜드의 공업과 군대에 신병을 공급하고 있을 뿐이다.

인구의 감소로 많은 토지가 경작되지 않은 채로 내팽개쳐져 토지생산물은 크게 감소했으며,[511] 그리고 가축을 치는 면적은 증가했음에도 몇몇 목축부문에서는 그 수가 절대적으로 감소했으며, 그 밖의 목축부문에서는 지속적인 퇴보에 의해 중단된 언급할 가치조차 없는 진보가 이루어졌다. 그렇지만 인구수의 감소와 더불어 지대와 차지농장주의 이윤은 증가했

---

510) D항의 연간총소득이 표 D와 차이가 나는 것은 법률상 허용된 약간의 공제 때문이다.
511) 1에이커당이라는 상대적 비율로도 생산물이 감소하고 있다면, 잉글랜드가 아일랜드의 농민에게 토지성분을 보전할 수단조차 제공하지 않고 150년 동안 아일랜드의 토지를 간접적으로 수출했다는 것을 잊어서는 안 된다.

는데, 후자는 전자만큼 지속적으로 증가하지는 않았다. 그 이유는 쉽게 이해할 수 있다. 한편으로 차지농장들이 통합되고 농경지가 목장으로 바뀜에 따라 총생산물 가운데 더 많은 부분이 잉여생산물로 바뀌었다. 잉여생산물이 한 부분을 이루고 있는 총생산물이 줄어들었는데도 잉여생산물은 증가했다. 다른 한편 최근 20년 동안, 특히 최근 10년 동안 잉글랜드에서 육류와 양털의 시장가격이 계속 상승했기 때문에, 이 잉여생산물의 화폐가치는 더욱 급속하게 상승했다.

다른 사람의 노동과 합쳐져 가치를 증식하지 않고 생산자 자신에게 일하는 수단과 생계수단으로 사용되는 분산된 생산수단은 그 생산물을 생산한 생산자에 의해 소비되는 생산물이 상품이 아닌 것과 마찬가지로 자본이 아니다. 인구수의 감소와 더불어 농업에 사용되는 생산수단의 양이 감소했는데도, 이 농업에 사용된 자본의 양은 증가했다. 이전에 분산되어있던 생산수단의 일부분이 자본으로 변했기 때문이다.

농업 이외에 상공업에 투하된 아일랜드의 총자본은 최근 20년 동안 서서히 그리고 끊임없이 큰 변동을 보이면서 축적되었다. 그 반대로 총자본을 구성하는 자본의 집적은 더 급속하게 전개되었다. 궁극적으로는, 총자본이 절대적으로는 아무리 작게 증가하더라도, 상대적으로는 줄어든 인구수에 비해서 팽창했다.

따라서 여기 우리의 눈앞에서 대규모로 전개되고 있는 과정은, 빈곤은 인구의 절대수가 지나치게 많기 때문에 발생하며 따라서 균형은 인구가 감소함으로써 회복된다는 도그마를 정통파 경제학이 확인할 수 있는 더할 나위 없는 증거를 제공하고 있다. 이것은 맬서스주의자들이 그렇게도 찬양한 14세기 중엽의 흑사병과는 전혀 다른 아주 중요한 실험이다. 덧붙여 말하자면, 19세기의 생산관계와 이에 대응하는 인구관계에 14세기의 척도를 들이대는 것 자체가 훈장 티가 나게 순진해빠진 시도인데, 게다가 이러한 천진난만한 생각은 흑사병과 그에 따른 인구의 급속한 감소가 해협의 이쪽 잉글랜드에서는 농민의 해방과 치부를 가져왔다면, 해협의 저쪽인 프랑스에서는 더 지독한 예속과 빈곤을 가져왔다는 사실을 간과하고 있다.[512]

1846년 아일랜드에서는 기근으로 100만 이상의 사람이 죽었는데, 그들은 모두 가난뱅이들이었다. 이 기근은 아일랜드의 부에는 전혀 손해를 끼치지 않았다. 그 후 20년 동안 그리고 지금도 계속 늘어나고 있는 대탈출은, 30년 전쟁과는 달리 인간과 동시에 그 생산수단을 급속하게 감소시키지 않았다. 아일랜드의 독창성은 빈민을 빈곤의 무대에서 수천 마일 떨어진 곳으로 빠르게 내쫓을 수 있는 새로운 방법을 고안해 내었다. 미국으로 건너간 이주민은 남아있는 가족을 위한 여행경비로 해마다 일정한 금액을 고향으로 송금했다. 어느 해에 이주한 집단은 그 다음 해에 다른 집단을 불러들인다. 이리하여 이민은 아일랜드에게 가장 큰 이익을 가져오는 수출업의 하나가 되었다. 결국 이민은, 어쩌면 일시적으로 인구수에 구멍을 내는 것이 아니라, 해마다 출생한 아이들이 보충하는 것보다 더 많은 사람들을 그 인구수에서 퍼내버려 인구의 절대적 수준을 해마다 줄이는 하나의 체계

---

512) 아일랜드가 '인구법칙'을 보여주는 약속의 땅으로 간주되기 때문에, 새들러는 인구에 대한 그의 저서를 출간하기 전에 자신의 유명한 책인 《아일랜드, 그 빈곤과 구제책》(2판, 런던, 1829)을 발표했다. 이 책에서 새들러는 아일랜드 각 지방과 각 주의 통계를 비교함으로써 빈곤은 맬서스가 바라듯이 인구수에 비례하지 않고 인구수에 반비례하여 창궐하고 있다는 것을 증명하고 있다.

적인 과정이 되었다.[513]

아일랜드에 남은, 즉 과잉인구로부터 해방된 아일랜드 노동자에게
는 어떤 결과가 나타났을까? 상대적 과잉인구는 지금도 1846년 이전과 마
찬가지로 여전히 크다는 것, 임금은 여전히 낮으며 노동착취는 증가했다는
것, 농촌의 곤궁이 다시 새로운 위기로 내몰고 있다는 것 등이 그 결과이
다. 그 원인은 단순하다. 농업혁명이 이민과 동시에 진행되었기 때문이다.
상대적 과잉인구의 생산이 절대적 인구감소보다 더 빠르게 진행되었다. 표
B를 얼핏 보아도 알 수 있듯이, 농경지를 목장으로 바꾸는 일이 잉글랜드
보다 아일랜드에서 더 긴박하게 이루어지고 있다. 잉글랜드에서는 목축과
함께 채소재배가 증가하고 있지만, 아일랜드에서는 감소하고 있다. 이전
에 경작지의 막대한 부분이 휴경지가 되거나 만년초지가 되고 있는 한편,
이전에 사용되지 않던 황무지나 토탄층의 상당한 부분이 목축을 늘리는 데
사용되고 있다. 중소 차지농장주는 -나는 100에이커를 넘지 않는 토지를
경작하는 모든 차지농장주를 여기에 포함 시킨다- 아직도 전체 차지농장주
수의 %10을 차지하고 있다.[514] 이 중소 자치농장주는 자본주의 방식으로 경
영되는 농업에 의해 이전과는 전혀 다른 정도의 심한 압력을 받아 임금노
동자 계급에 끊임없이 신병을 공급하고 있다. 아일랜드의 유일한 대공업인
아마포 제조업에서는 상대적으로 적은 성인남성을 필요로 했으며, 그리고
1861-1866년의 면화의 가격이 비싸진 이후 팽창했음에도 불구하고, 인구
가운데 비교적 적은 부분만을 고용하고 있다. 다른 모든 대공업과 마찬가

---

513) 1851년부터 1874년까지의 이주민의 총수는 2,325,922명에 달했다.
514) 2판의 주석. 머피(Murphy)의 《아일랜드, 산업, 정치와 사회》,(1870)에 있는 표에 따르
면 100에이커 미만의 차지가 토지의 94.6%, 100에이커 이상의 차지는 5.4%이다.

지로 아마포 제조업도 그것이 흡수하는 인원이 절대적으로 증가하는 때조차 그 자체의 끊임없는 변동으로 말미암아 상대적 과잉인구를 계속 만들어 낸다. 농촌 주민의 비참한 삶은 대규모 셔츠공장 등의 토대를 이루고 있는데, 그 공장의 노동자 부대는 대부분 농촌에 흩어져 살고 있다. 우리는 이곳에서 임금은 덜 주고 일은 과도하게 시키는 것을 '인구 과잉화'의 수단으로 삼고 있는 우리가 앞에서 서술했던 가내노동제도를 다시 볼 수 있다. 마지막으로 아일랜드에서는 인구감소가 발전된 자본주의적 생산이 발달한 나라에서처럼 파괴적인 결과를 가져오지는 않을지라도, 언제나 국내 시장에 지속적인 영향을 미친다. 이민이 만들어 놓은 빈틈은 지방에서의 노동에 대한 수요를 축소시킬 뿐만 아니라, 소매상, 수공업자, 소규모 자영업자 일반의 소득을 감소시킨다. 따라서 표 E에서 60-80£사이의 소득이 감소하는 원인을 제공한다.

  아일랜드의 농촌 일용직 노동자의 상태에 대한 알기 쉬운 서술은 아일랜드 구빈원 감독관의 보고서(1870년)에 있다.[515] 총칼과 때로는 공공연한 때로는 위장된 계엄 상태에 의해서만 그 지위를 유지하는 정부 관리들은 잉글랜드에 있는 그들의 동료들이 경멸하는 용어문제를 고려해야만 한다. 그럼에도 그들은 그들의 정부가 환상에 빠지게 하지는 않는다. 그들에 따르면 농촌에서 지불되는 임금은 여전히 매우 낮지만, 최근 20년 동안 50-60% 올라 이제는 주당 6-9실링이다. 그러나 인상된 것처럼 보이는 임금의 배후에는 임금의 실질적 하락이 은폐되어 있다. 이만큼 인상된 임금이 20년 동안 이루어진 생필품의 가격상승을 전혀 메워줄 수 없기 때문이다. 그

---

515) 《아일랜드 농업노동자의 임금에 관한 구빈원 감독관 보고서》, 더블린, 1870. 《농업노동자(아일랜드)에 관한 보고서》,1861년 3월 8일을 참조하라.

증거로서 한 아일랜드 구빈원의 공식통계에서 발췌한 아래의 숫자를 들 수 있다.

1인당 주간 평균생활비

연도	음식물	옷	합계
1848년 9월 29 - 1849년 9월 29일	1실링 3¼펜스	3펜스	1실링 6¼펜스
1868년 9월 29 - 1869년 9월 29일	2실링 7¼펜스	6펜스	3실링 1¼펜스

즉 생필품의 가격은 거의 두 배가 되었으며, 옷의 가격은 20년 전보다 꼭 2배가 되었다.

이러한 임금인상과 생필품 가격상승 사이의 불균형은 무시하고라도, 화폐로 표현된 임금수준을 비교하는 것만으로는 여간해서 올바른 결론이 나올 수 없다. 아일랜드 대기근 이전에는 농촌 임금의 대부분은 현물로 지불되었으며, 화폐로는 매우 적은 부분만이 지불되었다. 현재는 화폐지불이 일반적이다. 이러한 사실만으로도 실질임금의 변동이 어떻든 간에 임금 가운데 화폐로 지불되는 비율은 오르지 않을 수 없었다.

"대기근 전에는 농업에 종사하는 일용직 노동자는 조그만 땅뙈기를 가지고 있었으며, 그곳에 감자를 재배하거나 돼지나 가금류를 길렀다. 오늘날 그는 자신이 먹고 살아야 하는 모든 식량을 구매해야 할 뿐만 아니라, 돼지, 가금류나 알을 팔아서 얻는 수입도 사라졌다."[516]

---

516) 같은 보고서, 29, 1쪽.

사실 이전에는 농업노동자는 소규모 차지농장주를 겸하고 있었는데, 그 대부분은 그들이 일자리를 찾았던 중간규모나 대규모 차지농장의 지원 부대일 뿐이었다. 1846년의 대재앙 이후에야 비로소 그들은 순수한 노동 자계급의 한 부분, 즉 노동의 대가를 주는 주인과 화폐 관계로만 연결된 특별한 신분이 되기 시작했다.

1846년의 그들의 주거상태가 어떠했는가는 우리는 잘 알고 있다. 그 이후 주거상태는 더 악화되었다. 그 수가 날이 갈수록 줄어들기는 했지만, 농업에 종사하는 일용직 노동자의 일부분은 여전히 차지농장주의 토지에 있는 발 디딜 틈이 없는 오두막에 살고 있었는데, 그 끔찍함은 우리가 보여준 잉글랜드 농촌 지방에서의 최악의 상태를 훨씬 능가했다. 이러한 상태는 울스터의 몇몇 지역을 제외하고는 일반적이다. 남부에서는 코크, 리머릭, 킬케니 등의 주가, 동부에서는 위클로, 웩스포드 등이, 중부에서는 킹즈 앤드 퀸즈 카운티, 더블린 등, 북부에서는 다운, 앤트림, 티론 등이, 서부에서는 슬리고, 로스커먼, 마요, 갤웨이 등이 그러했다. 한 감독관은 "이러한 주거상태는 이 나라의 종교와 문명에 대한 치욕이다."[517]라고 외치고 있다. 일용직 노동자를 그들의 움막에서의 주거상태를 어지간히 참고 살게 만들기 위해, 아주 오랜 옛날부터 움막에 딸려 있는 땅뙈기조차 체계적으로 수탈해버린 것이다.

"지주나 그의 관리인에게서 이러한 취급을 받고 있다는 농업 일용직 노동자의 자각은, 자신에게 아무런 권리도 없는 종류의 인간으로 취급당하

---

517) 같은 보고서, 12쪽.

고 있다는 감정을 갖도록 만든 자들에 대한 적대감와 증오심을 불러 일으켰다."[518]

농업혁명의 제1막은 경작지에 있는 오두막을 마치 위에서 내리는 신호에 따라하듯이 대규모로 쓸어버리는 것이었다. 따라서 수많은 노동자들이 촌락이나 도시에서 피난처를 찾을 수밖에 없었다. 이곳에서 그들은 잡동사니처럼 다락방, 움막, 지하실과 가장 나쁜 지역의 후미진 곳으로 내던져졌다. 민족적 편견에 사로잡혀 있는 잉글랜드인의 증언에 의하더라도, 가정에 대한 보기 드문 애착과 걱정이라곤 없는 쾌활함 그리고 청결한 가정생활로 유명한 수천의 아일랜드 가족이 갑자기 죄악의 온실로 이식된 것이다. 이제 남자들은 부근의 차지농장에서 일자리를 구해야 했으며, 그것도 일용직으로만 가장 불안정한 임금형태로 일자리를 얻었다. 게다가,

"그들은 이제 차지농장까지 먼 길을 오가야 한다. 비 맞은 생쥐 꼴이 되는 경우도 흔하고 다른 곤경을 겪기도 하며, 허약해져 병들게 되어 곤궁에 빠지는 일도 흔하다."[519]

'도시는 해마다 농촌지방에서 남아도는 노동자로 간주되는 사람들을 수용해야 했으며'[520], 그래서 사람들은 '도시와 촌락에는 노동자들이 남아도는데 농촌에서는 노동자의 부족이 만연하고 있다는 사실!'[521]을 이상하게

---

518) 같은 보고서, 12쪽.
519) 같은 보고서, 25쪽.
520) 같은 보고서, 27쪽.
521) 같은 보고서, 26쪽.

생각하고 있다. 사실은 이 부족은 '농번기인 봄과 가을뿐이고, 나머지 계절에는 많은 일꾼들이 놀고 있으며,'[522] '추수 후인 10월부터 봄까지는 그들에게는 거의 일거리가 없으며,'[523] 그들은 고용기간 동안에도 '며칠씩이나 노는 일이 흔하고 온갖 종류의 작업 중단을 겪기도'[524] 한다.

농경지의 목장화, 이런저런 기계의 사용, 가차 없는 노동절약이라는 농업혁명의 결과는 자신들의 지대를 외국에서 다 써버리지 않고 아일랜드에 있는 자신들의 영지에서 살고 있을 정도로 자비로운 모범지주들에 의해 더욱 심화된다. 수요공급의 법칙이 완전히 손상되지 않게 하기 위해, 이들 지주는,

"이제 자기들에게 필요한 노동의 거의 전부를 자신의 소작농에게서 끌어내고 있는데, 이들은 일반적으로 보통의 일용직 노동자보다 더 적은 임금을 받고 자신들의 지주를 위해 열심히 일할 수밖에 없으며, 파종기나 수확기에 그들의 밭을 내버려둘 수밖에 없기 때문에 발생하는 불편함이나 손실에 대해 그 어떤 고려도 할 수 없다."[525]

따라서 구빈원 감독관들의 보고서에는 이러한 불안정하고 불규칙적인 고용과 장기간 반복되며 지속되는 실업 등 상대적 과잉인구로 인한 이 모든 증상들이 아일랜드 농업 프롤레타리아 계급의 고통으로 나타나고 있

---

522) 같은 보고서, 1쪽.
523) 같은 보고서, 32쪽.
524) 같은 보고서, 25쪽.
525) 같은 보고서, 30쪽.

다. 우리는 잉글랜드 농업 프롤레타리아 계급의 경우에도 이와 유사한 현상과 마주친 것을 기억하고 있다. 그러나 그 차이는, 공업국인 잉글랜드에서는 산업예비군이 농촌에서 충원되는 반면에, 농업국인 아일랜드에서는 농업예비군이 쫓겨난 농업노동자의 피난처인 도시에서 충원된다. 잉글랜드에서는 농업에서 과잉된 노동자들이 공장노동자가 되며, 아일랜드에서는 도시로 내몰린 사람들이 여전히 농업노동자인데, 그들은 도시의 임금에 압박을 가하는 동시에 일자리를 찾아 끊임없이 농촌으로 되돌아온다.

공식보고서 작성자는 농업에 종사하는 일용직 노동자의 물적 상태에 관해 다음과 같이 요약하고 있다.

"그들이 매우 검소하게 살고 있음에도 그들의 임금은 그들과 가족이 먹고 자는 비용을 겨우 맞출 수 있을 뿐이다. 옷을 사 입기 위해서는 더 많은 소득이 필요하다. … 다른 결핍들과 아울러 그들의 주거환경은 이 계급을 티푸스와 폐병에 걸리기 쉽게 방치하고 있다."[526]

이 때문에, 보고자들의 한결같은 증언들에 따르면, 암울한 불평불만이 이 계급의 다수에 스며들어 있다는 것, 이 계급이 과거로 돌아가고 싶어 하고, 현재를 증오하며, 미래에 절망적이기에, '선동가들의 사악한 영향에 자신을 내맡긴다는 것', 그리고 아메리카로 이주해야겠다는 단 하나의 고정관념을 가지게 되는 것은 전혀 이상한 일이 아니다. 위대한 맬서스의 만병통치약인 인구감소가 푸르른 에린Erin(아일랜드의 옛 이름 -옮긴이)을 놀고

---

526) 같은 보고서, 21, 13쪽.

먹는 세상으로 만들어버렸다!

매뉴팩처에서 일하는 아일랜드 노동자가 얼마나 안락한 삶을 꾸려나가는지는 다음의 한 가지 예를 드는 것으로 충분하다. 잉글랜드의 공장감독관 로버트 베이커는 다음과 같이 말하고 있다.

"최근 아일랜드의 북부를 시찰했을 때 한 아일랜드 숙련노동자가 사는 게 매우 어려운데도 그의 자식들을 공부시키려 애쓰는 모습을 보고 놀랐다. 나는 그가 말한 그대로 그의 진술을 전하고자 한다. 그가 숙련공이라는 사실은 그가 맨체스터 시장으로 보내질 상품을 생산하는 데 고용되었다는 사실로 알 수 있다. 존슨이라 불리는 그는 다음과 같이 말했다. 나는 천을 다듬질Beetler하는 데 월요일부터 금요일까지는 아침 6시부터 밤 11시까지 일하며, 토요일에는 저녁 6시에 일을 마치며, 식사와 휴식은 3시간이다. 자식은 5명이다. 이 노동의 대가로 나는 일주일에 10실링 6펜스를 받는다. 나의 부인 역시 일하는데 일주일에 5실링을 번다. 12살 먹은 큰딸이 집안일을 돌본다. 그가 우리의 요리사이며 유일한 가사도우미이다. 그 애가 동생들이 학교 갈 준비를 해준다. 나의 부인은 나와 같이 일어나 함께 일터로 나간다. 우리집을 지나가는 소녀가 아침 5시 30분에 나를 깨워준다. 일하러 가기 전에는 아무것도 먹지 않는다. 12살 먹은 아이가 어린 동생들을 하루 종일 돌본다. 우리는 8시에 아침을 먹기 위해 집으로 간다. 차는 일주일에 한 번 마신다. 그 외의 경우에는 죽을 먹는데, 구할 수 있는 대로 귀리죽을 먹기도 하고 옥수수죽을 먹기도 한다. 겨울에는 옥수수 가루에 약간의 설탕과 물을 넣는다. 여름에는 조그만 텃밭에서 약간의 감자를 수확하는데, 그것이 떨어지면 다시 죽을 먹는다. 날마다, 일요일이든 평일이든 일

년 열두 달이 그렇게 지나간다. 나는 하루 일과를 마친 날 저녁에는 늘 파김치가 된다. 어쩌다가 고기 구경을 할 때도 있지만 이는 매우 드문 일이다. 3명의 자식들은 학교에 다니는데, 매주 일인당 1페니를 지불한다. 집세는 1주일에 9펜스이며, 연료용 토탄 값으로 2주에 최소한 1실링 6펜스가 들어간다.”[527]

이것이 아일랜드의 임금이며 아일랜드의 삶이다!

사실상 아일랜드의 빈곤은 다시금 잉글랜드의 당면한 문제가 되었다. 1866년 말과 1867년 초에 아일랜드 거대 지주 가운데 하나인 더퍼린은 《타임스》에서 이 문제를 해결하고자 했다. 이 훌륭한 양반의 인간다움이란!

우리가 표 E에서 본 것처럼, 1864년에는 4,386,610£의 총이윤 가운데 3명의 자본가Plusmacher가 262,819£을 챙긴 반면에, 1865년에는 같은 3명의 '절제'의 대가가 4,669,979£의 총이윤 가운데 274,528£을 챙겼다. 1864년에 26명의 자본가가 646,377£을 1865년에는 28명의 자본가 736,448£을, 1864년에 121명의 자본가가 1,076,912£을, 1865년에는 150명의 자본가가 1,320,906£을, 그리고 1864년에 1,131명의 자본가들이 2,150,818£을, 즉 연간 총이윤의 거의 절반을, 1865년에는 1,194명의 자본가가 2,418 833£을, 즉 연간 총이윤의 절반 이상을 챙겼다. 연간 전국지대 가운데 잉글랜드와 스코틀랜드 그리고 아일랜드의 한 줌도 안 되는 거대지주가 삼켜버리는 몫은 대단히 크기 때문에, 현명한 잉글랜드 정부는 지대 분배에

---

527) 《공장감독관 보고서》, 1866년 10월 31일,자 96쪽.

대해서는 이윤 분배와 똑같은 통계 자료를 제공하지 않는 것이 적절하다고 보고 있다. 러퍼린은 이러한 거대지주 가운데 하나이다. 그에게는 언젠가 기대와 이윤이 '과다'할 수 있다든가, 지대와 이윤의 과다가 지나친 인민의 곤궁과 어떻게든 관련되어 있다든가 하는 것은 당연히 '불명예스럽고'도 '건전하지 못하다'는 생각이다. 그는 사실에 집착하고 있다. 이 사실이란 아일랜드 주민수가 감소함에 따라 아일랜드의 지대는 불어난다는 것, 인구 감소는 지주에게 '좋은 일'이며, 따라서 토지에게도, 따라서 토지의 부속품에 불과한 인민에게도 좋은 일이라는 것이다. 따라서 그는 아일랜드는 여전히 인구과잉이며 이민의 흐름은 아직 지나치게 완만하다고 단언하고 있다. 완벽한 행복을 누리려면, 아일랜드는 아직도 최소한 1/3백만 명의 노동자를 방출해야 한다. 게다가 풍류를 아는 이 양반을, 환자가 호전되지 않은 것을 발견할 때마다 계속 피를 빼라고 처방하여 환자의 피와 병이 모두 사라질 때까지 피를 빼내는 저 상그라도Sangrado 일파에 속한 의사라고 생각하지 마라. 더퍼린은 약 200백만 명쯤이 아니라 1/3백만 명 가량의 새로운 방출을 요구하고 있지만, 실제로는 2백만 명을 방출하지 않고서는 에린에 천년왕국이 세워질 수 없다. 그 증거는 다음과 같이 쉽게 제시된다.

1864년 아일랜드의 차지농장의 수와 규모

농장 규모(에이커)	수	전체 면적(에이커)
1에이커 미만	48,653	25,394
1-5	82,037	288,916
6-15	176,368	1,836,310
16-50	136,578	3,051,343
31-50	71,961	2,906,274
51-100	54,247	3,983,880
101 이상	31,927	8,227,807
총계	-	26,319,924

1851년부터 1861년까지의 집중은 주로 첫 3부류인 15에이커 미만의 차지농장을 없애버렸다. 이 부류의 차지농장이 가장 먼저 사라질 수밖에 없었다. 그 결과 차지농장주 307,058명이 '과잉'되었는데, 그 가족 평균수를 4명으로 낮게 잡아 계산해도 1,228,232명의 '과잉된' 사람이 생겨났다. 말도 안 되는 가정이지만 이 가운데 ¼이 농업혁명이 완성된 후 다시 흡수될 수 있다면, 921,174명은 이주해야 할 사람들로 남게 된다. 16-100에이커에 속하는 4, 5, 6부류는, 이미 오래 전부터 잉글랜드에서는 알고 있는 것처럼, 자본주의적 곡식재배에는 너무 작고 더욱이 양치기를 하기에는 말도 안 되는 작은 크기이다. 따라서 이 가운데 ¼이 다시 흡수된다는 동일한 가정 하에서는 788,358명이 더 이민을 가야 한다. 따라서 이민 갈 사람들의 합계는 1,709,532명이다. 그리고 욕심에는 한이 없기 때문에, 이 거대지주의 눈은 머지않아, 인구 350만 명의 아일랜드는 여전히 가난하며, 그리고 인구가 많기 때문에 가난하다는 사실을, 따라서 잉글랜드의 양목장과 가축목장으로서의 아일랜드의 진정한 사명을 다하기 위해서는 인구가 훨씬 더 많이 감소되어야 한다는 사실을 머지않아 발견하게 될 것이다.[528]

---

528) 농업혁명을 폭력적으로 관철하고 아일랜드의 인구를 지주의 마음에 드는 정도로 희박하게 만들기 위해, 지주와 잉글랜드의 입법이 어떻게 대기근과 대기근이 초래한 상황을 계획적으로 이용했는가에 대해서는 이 책 3권의 토지소유를 다루는 곳에서 상세하게 증명하겠다. 그리고 같은 곳에서 나는 소규모 차지농장주와 농업노동자의 관계 역시 다시 다룰 것이다. 여기서는 하나만 인용하고자 한다. 시니어는 그가 죽고 난 후 2권으로 출간된 저서 《아일랜드에 관한 일기, 대화 및 에세이》(런던, 1868, 2권, 282쪽)에서 특히 다음과 같이 말하고 있다. "G박사는 '우리가 가지고 있는 구빈이 지주에게 승리를 안겨줄 강력한 도구이다. 다른 또 하나의 도구는 이민이다'라고 적절하게 지적하고 있다. 아일랜드의 벗이라는 그 누구도 (지주들 켈트족인 소규모 차지농장주들 사이의)전쟁이 계속되기를 바라지 않을 것이며, 더욱이 차지농장주의 승리로 끝나기를 바라지 않을 것이다. … 이 전쟁이 빠르게 끝날수록, 아일랜드가 방목국(Grazing country)이 필요로 하는 정도의 작은 인구를 갖는 것이 빠를수록, 모든 계급에게 그만큼 더 좋은 것이다." 1815년의 잉글랜드 곡물법은 그레이트브리튼으로의 자유로운 곡식수출 독점권을 아일랜드에게 보장했다. 따라서 곡

세상 모든 일이 뜻대로 안 되는 것처럼 이 생산적인 방법에도 결점이 있다. 아일랜드에서 지대가 축적됨과 더불어 아메리카에서 아일랜드 사람들의 축적도 진행된다. 양과 소에 의해 제거된 아일랜드인은 대양의 저편에서 페니어Fenier(아일랜드의 독립을 위한 비밀결사회원 - 옮긴이)로 다시 태어난다. 그리고 늙은 바다의 여왕에 대항하여 젊은 거대한 공화국이 점점 더 위협적으로 일어서고 있다.

가혹한 운명이 로마인을 괴롭히고
혈육 살해의 죄악이 벌어지고 있다.

물법은 아일랜드의 곡식 재배를 인위적으로 조장했다. 이 독점권은 1846년 곡물법 폐지와 함께 갑자기 없어졌다. 다른 모든 사정을 무시하고서라도, 이 사건 하나만으로도 아일랜드 경작지의 목장화, 차지농장의 집중과 소농을 추방하는 데 강력한 활기를 주기에는 충분했다. 1815년부터 1846년까지 아일랜드 토지의 비옥함이 찬양되고, 밀 재배를 위한 천혜의 토지라고 소리 높여 외치던 잉글랜드의 농학자, 경제학자 그리고 정치가들은 곡물법이 폐지된 후, 아일랜드의 토지는 생풀사료의 생산하는 것 이외에는 그 어느 것에도 적합하지 않다는 사실을 갑자기 발견했다! 레옹 드 라베르뉴(Léonce de Lavergne) 해협의 저편(프랑스 - 옮긴이)에서 이러한 주장을 서둘러 되풀이하고 있다. 이러한 유치함에 사로잡히는 것은 라베르뉴와 같은 '진정한' 남자에게나 어울리는 일이다.

24장 | 이른바 본원적 축적

1절
본원적 축적의 비밀

우리는 어떻게 화폐가 자본이 되는지, 자본에 의해 어떻게 잉여가치가 만들어지는지 그리고 잉여가치로부터 어떻게 더 많은 자본이 만들어지는지를 보았다. 그런데 자본의 축적은 잉여가치를 전제로 하며, 잉여가치는 자본주의적 생산을 전제로 한다. 그러나 자본주의적 생산은 상품생산자의 수중에 많은 양의 자본과 노동력의 존재를 전제로 한다. 따라서 이 모든 운동은 불완전하게 순환하는 것처럼 보인다. 우리는 자본주의적 축적에 선행하는 '본원적 축적'(아담 스미스의 경우 '이전의 축적'), 곧 자본주의적 생산방식의 결과가 아니라 그 출발점인 어떤 축적을 가정함으로써만, 이 불완전한 순환으로부터 빠져나올 수 있다.

이 본원적 축적이 정치경제학에서 하는 역할은 원죄가 신학에서 하는 역할과 거의 같다. 아담이 사과를 깨물었기 때문에 인류에게 죄가 내렸다. 본원적 축적의 기원도 그것을 과거의 일화로 이야기함으로써 설명된다. 아득히 먼 옛날에 한편에는 부지런하고 총명하며 특히 검소한 엘리트가 있었고 다른 한편에는 게으름뱅이며 자신이 가진 모든 것 또는 그 이상을 탕진해 버리는 타락한 인간(룸펜)이 있었다. 신학에서 말하는 원죄에 관한 이야기는 물론 우리에게 '왜 인간이 이마에 땀을 흘려야만 빵을 먹을 수 있다는 저주를 받았는지'를 말해주지만, 경제학에서 말하는 원죄의 역사는 우리에게 '왜 이마에 땀을 흘릴 필요로 전혀 없는 사람들이 존재하는가?'에 대한 답을 알려준다. 아무튼 엘리트는 부를 축적했으며, 룸펜은 결국 그들 자신의 몸 이외에 팔 것이라고는 아무 것도 없는 상태가 되었다. 그리고 이러한 원죄가 일어나는 시점에서 아무리 일을 하여도 여전히 자신 이외에는 팔 것이라곤 아무것도 없는 대중의 빈곤과 오래 전부터 노동을 그만두었는데도 계속 증가하는 소수의 부가 시작되었다. 예컨대 띠에르Louis Adolphe Thiers, 1797-1877(프랑스의 정치가이자 역사학자 -옮긴이)와 같은 양반이 소유권을 옹호하기 위해, 한때는 그렇게 똑똑했던 프랑스인에게 이렇게 김 빠진 유치한 이야기를 정치가다운 엄숙함을 가지고 차근차근 설명해주고 있다. 그러나 소유권 문제가 개입하자마자 이 어린애 교과서 같은 관점을 모든 연령층과 모든 발육단계에 유일하게 꼭 들어맞는 관점으로 고수하는 것이 신성한 의무가 되어버린다. 잘 알려진 바와 같이 실제 역사에서는 정복, 압제 그리고 약탈과 살인, 간단히 말하면 폭력이 중요한 역할을 하고 있다. 온건한 정치경제학에서는 옛날부터 소박한 평화로움이 지배적이었다. 물론 매번 '올해'만은 예외라는 단서를 달았지만 정의와 '노동'은 옛날부터 유일한 치부 수단이었다. 실제로 본원적 축적방법들은 전혀 달랐으며, 절대로 소박하고 평화롭지 않았다.

생산수단과 생활수단과 마찬가지로 화폐와 상품은 처음부터 자본이 아니었다. 이것들은 자본으로 변할 필요가 있다. 그러나 이러한 변화 자체는 일정한 상황에서만 진행될 수 있다. 즉, 두 종류의 전혀 다른 상품소유자, 한편으로 자신이 소유한 가치액을 타인의 노동을 통해 증식해야하는 화폐와 생산수단 그리고 생활수단의 소유자가 다른 한편으로 자신의 노동력의 판매자인 자유로운 노동자와 서로 대면하여 접촉하는 상황을 애타게 기다려야만 한다. '자유로운 노동자'라는 것은, 노예와 농노처럼 그들 자신이 생산수단의 일부가 아니고 자영농의 경우에서처럼 생산수단이 그들의 소유가 아니기 때문에 오히려 생산수단으로부터 분리되어 자유롭다는 두 가지 의미를 갖는다. 상품시장의 이러한 양극화와 함께 자본주의적 생산의 기본 조건들이 주어진다. 자본관계는 '노동자'와 '노동을 실현하는 조건의 소유'의 분리를 전제로 한다. 자본주의적 생산이 일단 제 발로 서게 되면, 자본주의적 생산은 이러한 분리를 유지할 뿐만 아니라 계속 확대되는 규모로 재생산한다. 따라서 자본관계를 만들어내는 과정은 노동자를 그의 노동조건의 소유로부터 분리하는 과정일 뿐이다. 즉 한편으로 사회적 생활수단과 생산수단을 자본으로 변화시키며, 다른 한편으로 직접적 생산자를 임금노동자로 바꾸는 과정일 뿐이다. 따라서 이른바 본원적 축적은 생산자와 생산수단의 역사적 분리과정일 뿐이다. 이 분리과정이 '본원적'인 것으로 나타나는 까닭은 그것이 자본과 자본에 대응하는 생산방식의 전사前史를 이루고 있기 때문이다.

자본주의 사회의 경제적 구조는 봉건사회의 경제적 구조에서 생겨났다. 봉건사회의 해체가 자본주의 사회의 요소들을 해방시켰다.

직접적 생산자인 노동자는 더이상 토지에 속박되지 않고 다른 사람의 농노나 노예이기를 멈춘 후에야 비로소 자신의 몸을 자유롭게 처분할수 있었다. 노동력이 시장을 발견하는 그 어느 곳이든 자신의 상품인 노동력을 가지고 가서 그것을 자유롭게 판매할 수 있으려면, 그는 더 나아가 길드의 지배와 그 도제제도와 직인제도 그리고 그 밖의 장애가 되는 노동규약에서 벗어나야만 했다. 따라서 생산자를 임금노동자로 바꾸는 역사적 운동은 한편으로는 생산자가 농노적 예속과 길드에 가입해야 하는 의무로부터의 해방으로 나타나는데, 우리의 부르주아 역사가에게는 오직 이 측면만이 존재한다. 그러나 다른 한편으로 이 새로이 해방된 사람들은 그들의 모든 생산수단과 낡은 봉건제도가 제공하던 일체의 생존보장을 박탈당한 후에야 비로소 그들 자신의 판매자가 된다. 그래서 그들에 대한 수탈의 역사는 피에 얼룩진 정열적인 문자로 인류사의 연대기에 기록되어 있다.

산업자본가라는 새로운 지배자의 입장에서는 길드의 우두머리뿐만 아니라 부의 원천을 장악하고 있는 봉건영주를 몰아내야만 했다. 이런 측면에서 보면 이들의 부상은 봉건세력과 그 가증스러운 특권에 대항한, 그리고 길드와 길드가 생산의 자유로운 발전과 인간에 의한 인간의 자유로운 착취에 채운 족쇄에 대항하여 승리한 투쟁의 성과였다. 그러나 산업의 기사들은 그들이 전혀 관여하지 않은 사건들을 이용함으로써만 칼을 찬 기사들을 몰아낼 수 있었다. 그들은 로마의 노예 신분에서 해방된 사람들이 한때 자신들을 비호하던 귀족Patron의 주인이 되기 위해 사용했던 것과 똑같은 비열한 수단을 통해 급격하게 부상했다.

노동자의 예속 상태는 임금노동자 계급과 자본가 계급을 만들어내는 발전의 출발점이었다. 이 발전은 노동자의 예속형태의 변화, 즉 봉건적 착취를 자본주의적 착취로 바꾸는 것으로 계속 진행되었다. 이러한 변화의 과정을 이해하려면 그리 먼 과거로 돌아갈 필요는 전혀 없다. 이미 14-15세기에 지중해 연안의 몇몇 도시에서 자본주의적 생산의 최초의 모습이 간헐적으로 나타나기는 하지만, 자본주의 시대는 16세기 이후에야 비로소 시작되었다. 자본주의 시대가 출현한 곳은 이미 오래 전에 농노제가 완전히 폐지되고 중세의 절정인 자치도시의 존립이 오래 전부터 퇴색하던 곳이었다.

본원적 축적의 역사에서 획기적인 사건은 형성되고 있던 자본가 계급에게 지렛대 역할을 한 모든 변혁들이었지만, 그 가운데에서도 특히 수많은 사람들이 갑자기 그리고 폭력적으로 그들의 생계수단으로부터 분리되어 아무런 보호도 받지 못하는 프롤레타리아로 노동시장으로 내던져진 순간이 가장 획기적이었다. 농촌의 생산자인 농민으로부터의 토지 수탈은 이 모든 과정의 토대를 이루고 있다. 이 토지 수탈의 역사는 나라마다 다른 성향을 가지며, 이 역사의 통과하는 다양한 국면들은 나라마다 순서도 다르고 그 시대 역시 다르다. 그것이 전형적인 형태를 취하고 있는 곳은 잉글랜드뿐이며, 따라서 잉글랜드를 예로 들고자 한다.[529]

---

529) 자본주의적 생산이 가장 일찍 발전한 이탈리아에서는 농노관계도 가장 먼저 해체된다. 이탈리아에서 농노는 토지에 대한 그 어떤 시효권도 확보하지 못한 채 해방되었다. 따라서 농노들은 해방되자마자 곧바로 아무런 보호도 받지 못하는 프롤레타리아가 되었으며, 게다가 이들은 이미 로마시대부터 내려오던 대부분의 도시에 새로운 주인이 준비되어 있음을 발견했다. 15세기 말의 세계시장의 혁명이 북부 이탈리아의 상업 패권을 없애버렸을 때, 반대 방향으로의 운동이 일어났다. 즉 도시 노동자들이 대규모로 농촌으로 내몰려 그곳에서 원예 방식으로 경영되는 소규모 경작을 일찍이 보지 못했던 정도로 발전시켰다.

2절
농촌 주민의 토지 수탈

잉글랜드에서 농노제는 사실상 14세기 말에 사라졌다. 그 당시에는 인구[530]의 압도적 다수가, 15세기에는 그보다 더 많은 수가, 그들의 소유권이 봉건제라는 간판에 의해 아무리 은폐되어 있다 하더라도, 자유로운 자영농으로 구성되어 있었다. 비교적 대규모의 영지에서는 이전에는 그 자신도 농노였던 토지관리인Vogt이 자유로운 차지농민에 의해 축출되었다. 농업분야의 임금노동자 가운데 일부는 틈날 때마다 대지주의 토지에서 일하는 농민, 다른 일부는 상대적으로나 절대적으로나 그 수가 적은 진짜 임금노동자인 독자적인 계급으로 구성되었다. 그런데 후자 역시 사실상은 자영농이기도 했다. 그들은 임금 이외에 4에이커나 그 이상의 경작지와 오두막을 할당 받고 있었기 때문이다. 그 이외에도 그들은 진짜 농민과 똑같이 공유지의 이용권을 가지고 있었는데, 그곳에는 그들의 가축이 방목되었으며, 또한 연료가 되는 나무, 토탄 등이 그곳에서 조달되었다.[531] 유럽의 모든 나

---

530) "당시에는 자신의 밭을 스스로 경작하여 분수에 맞는 풍요로움을 향유하고 있던 소규모 토지의 소유자는 국민 가운데 지금보다 훨씬 중요한 부분을 이루고 있었다. … 가족을 합치면 틀림없이 총인구의 7분의 1 이상을 차지하고 있던 160,000명이 넘는 토지 소유자는 자신들의 작은 자유보유지(freehold, 토지에 대한 소유권이 완전한 토지)를 경작하며 살고 있었다. 이들의 평균소득은 … 60-70£로 추정된다. 자신의 소유지를 경작하는 사람의 수는 타인의 토지를 경작하는 차지농민의 수보다 더 많은 것으로 추산된다."(매콜리, 《잉글랜드의 역사》, 10판, 런던, 1854, 1권, 333-334쪽) 1670년경에도 잉글랜드 인구의 ⅘는 농민이었다.(같은 책, 413쪽) 내가 매콜리를 인용하는 이유는 그가 역사를 체계적으로 왜곡하여 이러한 종류의 사실들을 가능한 한 '축소'하기 때문이다.

531) 절대로 잊어서는 안 되는 것은, 비록 공납의 의무가 있는 소유자이긴 했지만 농노조차 자신의 집에 딸린 땅뙈기의 소유자였을 뿐만 아니라, 공유지의 공동소유자이기도 했다

라에서 봉건적 생산의 특징은 가능한 한 많은 가신에게 토지를 분할해 주는 것이었다. 모든 군주와 마찬가지로 영주의 권력은 지대의 크기가 아니라 가신의 수에 근거하고 있었으며, 이 가신의 수는 자영농의 수에 달려 있었다.[532] 따라서 노르만의 정복 이후 잉글랜드의 토지가 거대한 남작의 영지로 분할되어, 그 가운데 단 하나의 영지가 흔히 구舊앵글로색슨 귀족령의 900개를 포괄하는 것도 흔했지만, 잉글랜드 토지는 소규모 농장들로 뒤덮여 있었으며, 비교적 대규모의 영지가 군데군데 끼어 있었다. 이러한 상황은, 15세기를 특징짓는 도시의 번영과 함께, 대법관 포테스큐John Fortescue, 1394-1476(르네상스 시대의 잉글랜드의 법률가 -옮긴이)가 그의 《잉글랜드 법의 찬양》에서 그렇게 의미심장하게 묘사하고 있는 인민의 부를 허락했지만, 자본의 부를 허락하지는 않았다.

자본주의적 생산의 토대를 만든 변혁의 전주곡은 15세기의 마지막 1/3기와 16세기 초 수십 년 동안에 연주되었다. 제임스 스튜어트가 올바르게 지적하고 있듯이 "곳곳에서 쓸모없는 집과 농장을 가득 채우고 있던"(《정치경제학 원리》, 1권, 더블린, 1770, 52쪽) 봉건적 가신집단이 해체됨으로써 보호받지 못하는 대규모 프롤레타리아가 노동시장으로 내몰렸다. 그 자체가 하나의 부르주아적 발전의 산물인 왕권이 절대적 통치권을 얻으려고 애쓰는

는 사실이다. "농민은 그곳(쉴레지엔, 현재 폴란드의 한 지방)에서는 농노이다. 그럼에도 이 농노들은 공유지를 가지고 있다. 아직까지 쉴레지엔 사람들에게 공유지를 분할하게 할 수는 없었지만, 노이마르크(Neumark, 독일 튀링겐 주의 한 지역 -옮긴이)에는 토지 분할이 최대한 성공리에 수행되지 않은 촌락이 거의 한 군데도 없었다."(미라보, 《프로이센 왕국에 대해》, 런던, 1788, 2권, 125-126쪽)

532) 토지 소유에서 순전히 봉건제적 조직과 발전된 소규모 농장을 가지고 있는 일본은 대개 부르주아적 편견으로 서술된 우리의 모든 역사서보다 중세 유럽에 대한 훨씬 소중한 모습을 보여주고 있다. 중세를 희생시켜 '자유주의자'가 되는 것은 너무나도 쉬운 일이다.

과정에서 이 가신집단의 해체를 강압적으로 촉진했다고는 하지만, 그것이 결코 유일한 원인은 아니었다. 오히려 왕권과 의회에 완강하게 대항한 대영주가 토지에 대해 자신과 동일한 봉건적 권리를 가지고 있던 농민을 강압적으로 토지로부터 내쫓고, 그들의 공유지를 강탈함으로써 비교도 할 수 없는 만큼 더 많은 프롤레타리아 계급을 만들어내었다. 잉글랜드에서 이에 직접적인 자극을 준 것은 특히 플랑드르의 양모 매뉴팩처의 번영과 그에 따른 양모 가격의 상승이었다. 대규모 봉건전쟁이 이전의 봉건귀족을 휩쓸어버렸으며, 새로운 귀족은 화폐가 권력 중의 권력이 된 시대가 낳은 사람이었다. 따라서 경작지의 목양지화가 그들의 슬로건이 되었다. 해리슨은 그의 저서 《잉글랜드의 기록, 홀린세드 연대기의 서문》에서 소농민의 수탈이 나라를 어떻게 황폐화시켰는가를 잘 묘사하고 있다. '우리의 대약탈자들이 무엇을 배려하겠는가!' 농민의 집과 노동자의 오두막은 강제로 철거되었거나 썩도록 방치되었다. 해리슨은 다음과 같이 말하고 있다.

"어떤 기사령의 지난 재산목록을 비교해보면, 수많은 집과 소규모 농장이 사라졌다는 것, 농촌이 훨씬 적은 사람을 부양한다는 것, 몇몇 새로운 도시가 번영하고 있지만 많은 도시가 몰락했다는 것 등을 알게 될 것이다. … 목양지를 만들기 위해 파괴되었으며 이제는 영주의 집만이 서있는 도시와 촌락에 대해서도 말하지 않을 수 없다."

지난 연대기에 나타나 있는 푸념은 늘 과장되어 있긴 하지만, 그것은 생산관계에서의 혁명이 동시대의 사람들에게 준 인상을 정확하게 묘사하고 있다. 대법관 포테스큐와 토마스 모어Thomas Morus의 저서를 비교해보면 15세기와 16세기의 차이를 확실하게 알 수 있다. 쏜튼William Thomas Thornton,

1813-1880(19세기의 저명한 잉글랜드 정치경제학자 -옮긴이)이 올바르게 말하고 있듯이, 잉글랜드의 노동자계급은 그 어떤 과도기도 거치지 않고 그들의 황금시대에서 철기시대로 전락했다.

이러한 변혁에 입법은 깜짝 놀랐다. 입법은 아직 '국부', 즉 자본형성과 민중에 대한 가차 없는 착취와 빈곤화가 모든 국가정책의 궁극적인 목표Ultima Thule로 간주되는 그러한 문명 수준에는 도달하지 못했다. 베이컨은 자신의 저서인《헨리 7세의 역사》에서 다음과 같이 말하고 있다.

"그 당시(1489년)에는 경작지가 몇 명의 양치기에 의해 쉽게 관리될 수 있는 목장(양을 키우는 목장 등)으로 변하는 것에 대한 불평이 늘어났다. 종신계약이나 1년 계약 등의 기간을 정한 차지농장(자영농의 대부분이 이곳에 살았다)이 영주의 직영지로 변했다. 이로 말미암아 인민은 몰락했으며, 그 결과로 도시, 교회 그리고 십일조도 몰락했다. … 이러한 폐해를 시정하는 데 당시의 왕과 의회의 지혜는 실로 놀랄 만했다. … 그들은 인구를 감소시키는 공유지의 사유화inclosure와 그에 뒤이은 목장경영을 저지하기 위한 방책을 강구했다."

1489년 헨리 7세가 내린 칙령의 19장에 의해 적어도 20에이커의 토지가 딸려 있는 모든 농가의 파괴가 금지되었다. 헨리 8세의 통치 25년의 한 칙령에서는 위의 규정을 갱신했다. 거기에는 특히 다음과 같이 쓰여 있다.

"수많은 차지농장과 거대한 가축 떼, 특히 양떼가 소수의 수중으로 쌓이고 있으며, 그로 인해 지대가 크게 오르고 경작지는 매우 황폐화되었으며, 교회와 집이 철거되어, 매우 많은 인민대중이 자신과 가족을 부양할 수 없게 되었다."

이런 까닭에 이 법령은 황폐화된 농장을 재건하라고 명령하고 있으며 경작지와 목초지 사이의 비율 등을 정해놓았다. 1533년의 어떤 칙령은 몇 명이 24,000마리의 양을 소유하고 있다고 개탄하면서 그 수를 2,000마리로 제한했다.[533] 인민의 호소도 그리고 헨리 7세 이래 150년 동안 지속된 소규모 차지농장주와 농민의 수탈에 대항한 입법도 모두 성과를 거두지 못했다. 이것들이 실패한 비밀을 베이컨은 무심결에 우리에게 누설하고 있다. 베이컨은 자신의 저서인 《수필집, 예의와 도덕Essays, civil and moral》 29절에서 다음과 같이 말하고 있다.

"헨리 7세의 칙령은 농장과 농가에 대한 일정한 기준치를 만들어 내었다는 점에서 사려 깊고 놀랍다. 즉 농장과 농가에 일정한 비율의 토지를 가지게 함으로써 신민들이 충분한 부를 가지고 예속된 상태에서 살지 않게 하고, 쟁기(생산수단 -옮긴이)를 고용된 하인이 아닌 소유주만이 가질 수 있게 했다."[534]

---

533) 토마스 무어는 《유토피아》에서 '양이 인간을 다 먹어치우는' 이상한 나라에 대해 이야기하고 있다.(《유토피아》, 로빈슨 역, 아버 엮음, 런던, 1869, 41쪽)

534) 베이컨은 유복한 자유농과 우수한 보병 사이의 관계를 설명하고 있다. "유능한 사람들이 근심 없는 삶을 유지하기에 충분한 정도의 차지농장을 보유하고, 왕국토지의 큰 부분을 자영농민층, 즉 귀족과 오막살이 농민 및 농가일꾼의 중간 위치에 사람들의 소유로 단단히 묶어 두는 것은 왕국의 위세와 위용에 매우 중요한 요소였다. … 군대의 주력이 보병에 있다는 사실은 가장 권위 있는 군사전문가들의 일반적인 의견이기 때문이다. 그런데 우수한 보병을 만들기 위해서는 예속되고 궁핍하게 자란 사람들이 아니라, 자유롭고 어느 정도 풍요롭게 자란 사람들이 필요하다. 따라서 어떤 나라가 귀족과 부농만을 지나치게 위하는 반면, 농촌사람과 농부는 그들의 노동자나 일꾼에 불과하거나, 거주할 집은 있으나 거지

그러나 자본주의 체제가 요구했던 것은 이와 반대로 인민대중의 예속 상태, 즉 그들을 돈 때문에 일하는 녀석으로 만들고 그들의 생산수단을 자본으로 만드는 것이다. 이 과도기에 제정된 법률은 농촌 임금노동자의 오두막에 딸려 있는 4에이커의 토지를 유지하고자 했으며, 노동자가 그의 오두막에 하숙인을 받아들이는 것을 금지했다. 게다가 찰스 1세의 통치하에 있던 1627년에는 펀트밀의 로져 크로커는 고정된 부속지가 없는 4에이커의 폰트밀 영지에 오두막을 지었다는 이유로 처벌되었다. 여전히 찰스 1세가 다스리던 1638년 이미 공포된 법령들, 특히 4에이커 토지에 관한 법률을 강제로 시행하기 위해 왕립위원이 임명되었다. 크롬웰 또한 런던 주변 4마일 이내에 4에이커의 토지가 딸리지 않은 집을 짓는 것을 금지했다. 18세기 전반에도 농업노동자의 오두막에 1내지 2에이커의 부속지가 없는 경우에는 고소를 당했다. 그런데 오늘날에는 오두막에 작은 정원이 딸려 있거나 오두막에서 멀리 떨어진 곳에 작은 땅뙤기라도 빌릴 수 있다면 그는 운이 좋은 사람이다. 헌터 박사는 다음과 같이 말하고 있다.

　　"이 점에 있어서는 지주와 차지농장주가 서로 협력한다. 오두막에 딸린 몇 에이커의 땅도 노동자를 지나치게 독립시킬 수 있기 때문이다."[535]

처럼 사는 오막살이 농부에 불과하다면, 군대는 우수한 기병을 가질 수는 있지만 결코 안정적인 우수한 보병을 가질 수 없을 것이다. … 이것은 프랑스, 이탈리아 그리고 그 밖의 몇몇 외국에서 볼 수 있는데, 그곳에서는 실제로 모든 사람들이 귀족 아니면 가난한 농민층이며 … 그런 까닭에 스위스 사람이나 기타 외국인으로 구성된 용병부대를 자국의 보병대대로 사용하지 않을 수 없었다. 이런 까닭에 이들 나라는 많은 국민과 적은 병사를 가지게 되었다."(《헨리 7세의 치세》, 케네트, 《잉글랜드》, 1719년판의 복제판, 런던, 1879, 308쪽)

535) 헌터, 같은 보고서, 134쪽. "(구(舊)법에 의해) 할당된 토지의 양이 오늘날 노동자에게는 지나치게 커서 오히려 그들을 소규모 차지농장주로 만드는 데 적절하다고 생각할 수

16세기에는 종교개혁과 그 결과인 교회에 딸린 토지의 엄청난 강탈은 인민대중에 대한 폭력적인 수탈에 새롭고 끔찍한 자극을 주었다. 종교개혁 당시 가톨릭교회는 잉글랜드 토지의 거대한 부분을 차지하고 있던 봉건소유자였다. 수도원 등에 대한 탄압으로 가톨릭교회에 딸린 토지의 거주자들은 급속하게 프롤레타리아 계급이 되었다. 교회에 딸린 토지 자체는 대부분은 왕에 빌붙어 사는 탐욕적인 인간들에게 선물로 주어지거나 터무니없이 싼 가격으로 투기꾼인 차지농장주와 도시에 거주하는 부르주아에게 팔아 넘겨졌는데, 이들은 이전의 세습 소작인을 대거 몰아내고 이들의 농장을 합쳐버렸다. 교회의 십일조의 일부분에 대해 법으로 보장된 가난한 농촌사람의 소유권은 암암리에 수탈되었다.[536] 엘리자베스 여왕은 잉글랜드를 돌아본 후 "도처에 빈민이다!"라고 외쳤다. 그의 재위 43년에 결국 구빈세를 도입함으로써 사회적 차원의 빈궁을 공식적으로 인정하지 않을 수 없었다.

"이 법률의 입안자는 이 법률을 만든 이유를 말하는 것이 수치스러워서 관례를 완전히 무시하고 아무런 전문도 달지 않고 법률을 공포했다."[537]

이 법률은 찰스 1세 16년의 4번째 칙령에 의해 영구적인 법률로 선언

도 있다."(조비 로버츠, 《지난 수세기 동안 잉글랜드 남부지방 주민의 사회사》, 런던, 1856, 184쪽)

536) "십일조의 분배에 참여하는 빈민의 권리는 구법령에 의해 확정되어 있었다."(터켓, 앞의 책, 2권, 804-805쪽)

537) 윌리엄 코벳, 《프로테스탄트 종교개혁의 역사》, 471절.

되었으나 실제로는 1834년에서야 비로소 새롭고도 엄격한 형식을 갖추게 되었다.[538] 종교개혁의 이러한 직접적인 영향이 그것의 가장 오래 지속된 영향은 아니었다. 교회에 속한 토지는 고대적인 토지 소유관계의 종교적 보루였다. 이 보루가 무너짐에 따라 그 토지 소유관계도 더이상 유지될 수 없었다.[539]

---

538) 특히 다음과 같은 사실로부터 프로테스탄트 '정신'을 알아차릴 수 있다. 잉글랜드 남부지방에서는 몇몇 지주와 부유한 차지농장주가 서로 머리를 맞대고 엘리자베스 구빈법에 대한 올바른 해석을 위해 10개의 질문을 작성했다. 그들은 이 질문서를 평가해 달라고 당시 유명한 법률가 중 한 명이었던 최고위 법정 변호사 스니지(나중에 제임스 1세의 치하에서 판사가 된다)에게 제출했다. "9번째 질문: 이 교구의 부유한 몇몇 차지농장주는 이 칙령의 시행에 따르는 모든 혼란을 제거할 묘안을 짜냈다. 그들은 교구에 감옥을 세울 것을 제안했다. 앞에서 말한 감옥에 갇히기를 원하지 않는 모든 빈민에게는 구제가 거부된다. 다음으로, 이 교구의 빈민을 빌려 쓰려는 사람은 누구나 자신이 원하는 최저가격을 적은 봉인된 신청서를 일정한 날에 제출해야 한다는 광고를 근처에 낸다. 이 계획을 처음 짜낸 사람들은 인근의 여러 주에는 일할 생각도 없고 땅을 빌리거나 배를 사들일 재산도 신용도 없지만 일하지 않고는 살 수 없는 사람들이 있다는 것을 가정하고 있다. 이러한 사람들은 교구에 매우 이득이 되는 제안을 하는 경향이 있다. 여기저기에서 계약자의 보호 하에 있는 빈민이 죽는다면, 그 죄는 계약자가 져야 한다. 교구는 그 빈민에 대해 의무를 다했기 때문이다. 그러나 작금의 칙령이 이러한 종류의 현명한 조치를 허용하게 될까 두렵다. 그러나 당신이 알고 있어야 할 것은, 이 주와 다른 인근 주에서 토지를 자유롭게 보유하고 있는 나머지 사람들도, 그들의 하원의원에게 하나의 법안, 즉 '빈민의 구금과 강제노동을 허용하여 구금에 반항하는 자는 누구나 구제받을 권리를 주지 않는다'는 법안을 제출하도록 재촉하기 위해 우리와 합류하게 될 것이라는 사실이다."(블레이키, 《아주 오랜 옛날부터의 정치문헌의 역사》, 런던, 1885, 2권, 84-85쪽) 스코틀랜드에서는 농노제의 폐지가 잉글랜드보다 수백 년 늦게 이루어졌다. 1689년에도 살툰의 플레처는 스코틀랜드의 의회에서 다음과 같이 선언했다. "스코틀랜드에서는 거지의 수가 200,000명 이상으로 추정된다. 신조 있는 공화주의자인 내가 제안할 수 있는 유일한 구제책은 농노제를 이전의 상태로 복구하고 자신들의 생계를 돌보지 못하는 모든 사람들을 노예로 만드는 것이다." 또한 이든(앞의 책, 2권, 1장, 60-61쪽)도 다음과 같이 말하고 있다. "사회적 빈궁은 농민의 자유로부터 시작되었다. … 매뉴팩처와 상업은 우리나라 빈민의 진정한 부모이다." 스코틀랜드의 신조 있는 공화주의자와 마찬가지로 이든은 농노제의 폐지가 아니라 토지에 대한 농민소유의 폐지가 농민을 프롤레타리아나 극빈자로 만든다는 점을 잘못 알고 있다. 수탈이 다른 방식으로 이루어졌던 프랑스에서 잉글랜드의 구빈법에 상응하는 법은 1566년의 믈랭(Moulin)의 법령과 1656년의 칙령이다.

539) 로저스는 그 당시 프로테스탄트 정통파의 메카인 옥스퍼드 대학의 정치경제학 교수

17세기의 마지막 수십 년 동안에도 독립농민인 자영농민층은 여전히 차지농장주 계급보다 그 수가 더 많았다. 그들은 크롬웰의 주력 부대를 이루고 있었으며, 매콜리의 고백에 의하더라도, 빌어먹을 주정뱅이 지주 양반이나 그들에게 고용되어 주인의 '애첩인 하녀'와 결혼해야 했던 시골 목사에 비하면 더 유리한 상태에 있었다. 게다가 농촌 임금노동자도 공유지의 공동 소유자였다. 1750년경에는 자영농민층이 사라졌으며,[540] 18세기의 마지막 수십 년 동안에 농민의 공유지는 아무런 흔적도 남기지 않고 사라졌다. 우리는 여기에서 농업혁명을 가져온 순수한 경제적 원동력은 무시하고, 이 농업혁명의 폭력적 수단만을 문제로 삼을 것이다.

스튜어트 왕조가 복구되자 지주들은 유럽 대륙의 어디에서나 법적인 절차도 없이 자행된 토지횡탈이 잉글랜드에서는 법적으로 용인되었다. 그들은 봉건적 토지제도를 폐지했다. 즉, 토지를 받는 대가로 국가에 해야 하는 의무를 벗어던졌으며, 그 대신에 농민과 그 밖의 인민대중에게 세금을 부과함으로써 국가에 '보상'하고, 또한 그들이 봉건적 권리만을 가지고 있던 토지에 대해 근대적 사유재산권을 요구했으며, 마지막으로 거주 이전의

였음에도 그의 저서 《잉글랜드 농업과 물가의 역사》서문에서 종교개혁으로 인한 인민대중의 극빈층화를 강조하고 있다.

540) 《식량의 높은 가격에 대해, 번버리(T. C. Bunbury) 경에게 보내는 편지, 서포크의 한 신사 지음》, 입스위치, 1795, 4쪽. 대규모 차지농장제도에 대한 광적인 옹호자이자 《식량의 현재 가격과 농장규모의 관계에 대한 연구》, (런던, 1773)의 저자인 아버스넛(J. Arbuthnot)도 139쪽에서 다음과 같이 말하고 있다. "이 나라의 독립을 실제로 유지했던 무리 가운데 하나인 자영농민을 상실했다는 사실이 가장 나를 슬프게 한다. 이들의 토지가 이제는 독점적인 지위를 획득해가는 지주의 수중에서, 곤란한 일이 생길 때마다 불려가는 신하와 다름없는 조건으로 그들의 임대차계약을 유지하는 소규모 차지농장주에게 임대되고 있는 모습을 보고 있자니 유감이다."

자유를 박탈하는 정주법Law of Settlement을 강요했는데, 이 법이 잉글랜드 농민에게 미친 영향은, 변한 상황을 고려한다면, 타타르인 보리스 고두노프Boris Godunow의 칙령이 러시아의 농민에게 미친 영향과 거의 같았다고 할 수 있다.

'명예혁명'은 오렌지 공公인 윌리엄 3세[541]와 더불어 이윤을 추구하는 지주와 자본가를 지배자로 만들었다. 그들은 그때까지 알게 모르게 해오던 국유지에 대한 강탈을 거대한 규모로 자행함으로써 새로운 시대를 열었다. 이들 땅덩어리는 증여되기도 하고, 터무니없는 가격에 팔아넘기거나 또는 직접적인 약탈을 통해 사유지에 병합되었다.[542] 이 모든 일에 법적인 절차 따위는 전혀 고려하지 않았다. 이렇게 사기를 쳐서 취득한 국유지는 교회로부터 강탈한 토지와 함께, 그것을 공화주의 혁명 동안에 상실하지 않았다면, 잉글랜드에서 과두지배를 하고 있는 현재 군주령의 토대가 된다.[543] 부르주아 출신의 자본가는 이러한 토지강탈 작전을 지지했는데, 그것은

---

541) 이 부르주아 영웅의 개인적 도덕관에 관해서는 특히 다음과 같은 이야기를 보면 알 수 있다. "1695년에 아일랜드의 오크니 부인에게 커다란 땅덩어리를 기부한 것은 국왕의 총애와 부인의 세력에 대한 공개적인 증거이다. … 오클리 부인의 근사한 봉사는 추잡한 입술의 봉사였을 것이다."(대영박물관 소장품 4224번, 솔론(Sloane) 수고집. 이 수고는 '서머스, 핼리팩스, 옥스퍼드, 버넌 국무장관 등이 슈르스베리 공작에게 보낸 편지의 원본에 나타나 있는 윌리엄 왕, 선더랜드 등의 성격과 행실'이라는 제목이 붙어 있다. 굉장히 진귀한 물건이다.)

542) "일부는 매각하고 일부는 증여된 황실소유지의 불법 양도는 잉글랜드의 역사에서 파렴치한 사건이었다. … 국민에 대한 어마어마한 사기였다."(뉴먼, 《정치경제학 강의》, 런던, 1851, 129-130쪽)[오늘날의 잉글랜드의 대토지소유자들은 어떻게 그 토지를 소유하게 되었는가는 에반스, 《우리나라의 구(舊)귀족》, 고귀한 신분을 가진 자 지음, 런던, 1879에서 자세한 내용을 찾아볼 수 있다.]

543) 예를 들면 베드포드(Bedford) 공작의 일가에 대한 브루(E. Brue)의 소책자를 읽어보라. '자유주의의 굴뚝새'인 존 러셀(John Russel)은 이 집안의 자손이다.

특히 토지를 순수한 거래대상으로 만들고, 대규모로 경영되는 농업 분야를 확대하며, 농촌으로부터 법적 보호를 받지 못하는 프롤레타리아의 공급을 늘리는 등의 목적을 가지고 있었다. 게다가 신생 토지귀족은 신생 은행귀족, 방금 전에 알을 깨고 나온 대규모 금융자본가 및 그 당시 보호관세의 보호를 받고 있던 대규모 매뉴팩처 주인들의 태생적인 동맹자였다. 잉글랜드 부르주아 계급은 자신들의 이익을 위해 스웨덴의 도시 부르주아와 똑같이 매우 적절하게 행동했다. 그러나 스웨덴의 도시 부르주아는 잉글랜드 부르주아 계급과는 달리 그들의 경제적 보루인 농민층과 손을 잡고, 과두지배층으로부터 왕실소유지를 폭력적으로 되찾는 과정에서 국왕(1604년 이후, 그 후에는 칼 10세와 칼 11세 치하에서)을 도왔다.

바로 앞에서 살펴본 국유지와 전혀 다른 공유지는 봉건제를 빙자하여 존속한 하나의 고대 게르만적 제도였다. 이미 본 바와 같이 공유지의 폭력적인 강탈은 대개는 경작지의 목장화를 동반하면서 15세기 말에 시작되어 16세기까지 계속되었다. 그러나 당시에 이 과정은 개인적인 폭력 행위 정도로 수행되었지만, 이에 대해 입법은 150년 동안이나 헛된 싸움을 계속했다. 18세기의 진보는 법률 자체가 인민공유지의 강탈수단이 되었다는 점에서 명확하게 드러난다. 대규모 차지농장주는 여전히 별거 아닌 그들의 독자적인 사적 수단을 이 법률과 더불어 사용했다.[544] 이러한 강탈의 의회 형식은 '공유지의 사유지화(인클로저) 법안', 바꾸어 말하면 지주가 인민공

---

544) "차지농장주는 오두막 거주자가 가축이나 가금류를 기르게 되면 곡식 창고에서 사료를 훔칠 수도 있다는 점을 구실삼아, 자신들 이외에는 그 어떤 생명체도 기르지 못하게 했다. 또한 그들은 오두막 거주자가 계속 가난해야 계속 부지런히 일할 것이라고 말하기도 한다. 그러나 분명한 사실은 그렇게 함으로써 차지농장주는 공유지에 대한 모든 권리를 강제로 빼앗는다는 것이다."(《황무지 울타리치기의 결과에 대한 정치적 연구》, 런던, 1785, 75쪽)

유지를 사유지로 그들 자신에게 증여하는 법령, 인민에 대한 수탈의 법령이었다. 이든은 공유지를 봉건영주를 대신해 등장한 대토지 소유자의 사유지로 설명하려고 하는 자신의 교활한 변론에 대해 스스로 반박하고 있다. 즉, 그 자신이 '공유지의 사유지화를 위한 의회의 일반법'을 요구하고 있다. 따라서 그는 공유지를 사유지로 만들기 위해 의회의 쿠데타가 필요하다는 것을 인정하고 있지만, 다른 한편으로 토지를 징수당한 빈민을 위한 '손해배상'을 입법부에 요구하고 있다.[545] 독립자영농 대신에 1년의 계약기간으로 작은 토지를 빌리며, 따라서 지주 맘대로 할 수 있는 예속된 무리인 소작농tenants-at-will이 등장했으며, 다른 한편으로 국유지에 대한 약탈과 더불어 매우 체계적으로 자행된 공유지에 대한 도둑질은 18세기에 자본농장[546]이나 상인농장[547]으로 불렸던 대규모 차지농장이 팽창하는 데 도움을 주었으며, 또한 농촌인구를 공업을 위한 프롤레타리아 계급으로 '대기시키는 것'을 도왔다.

그러나 18세기에는 아직 국가의 부와 인민의 빈곤이 일치한다는 사실을 19세기와 같은 정도로까지는 파악하지 못했다. 이러한 이유로 당시의 경제학 문헌에는 '공유지의 사유지화'에 대한 격렬한 논쟁이 발견된다. 내 앞에 놓여 있는 방대한 자료 가운데 몇 구절만 인용해보자. 그러면 당시의 상황이 생생하게 그려질 것이기 때문이다. 한 격분한 필자는 다음과 같

---

545) 이든, 같은 책, 서문, 17, 19쪽.

546) "capital farms"(《곡식 가루 거래와 곡식의 높은 가격에 관한 2장의 편지, 어느 실업가 지음》, 런던, 1767, 19-20쪽)

547) "Merchant-farms"(《현재 식량의 높은 가격에 대한 연구》, 런던, 1767, 111쪽, 주석). 익명으로 출간된 이 훌륭한 저서는 나다니엘 포스터(Nathaniel Forster) 목사가 쓴 것이다.

이 쓰고 있다.

"하트포드셔의 많은 교구에서는 평균 50-150에이커에 달하는 차지농장 24개가 3개의 차지농장으로 줄어들었다."[548] "노샘프턴셔와 링컨셔에는 공유지의 인클로저가 성행했으며, 이로 인해 생긴 새로운 영지의 대부분은 목장이 되었다. 그 결과 이전에는 1,500에이커나 경작되던 많은 영지가 이제는 50에이커도 경작되지 않고 있다. … 이전의 주택, 곡식창고, 외양간 등"의 폐허가 이곳에 살던 사람들이 살았다는 유일한 흔적이다. "많은 곳에서는 100호의 집과 가족이 … 8이나 10호로 감소했다. 비로소 15내지 20년 전에 인클로저가 진행된 대부분의 교구에서 지주의 수는 개방된 상태에서 토지가 경작되던 당시와 비교하면 매우 적다. 4-5명의 부유한 목축업자가 이전에 20-30명의 차지농장주, 같은 수의 소지주나 거주민의 수중에 있었으며 최근에 울타리가 쳐진 대규모 영지를 강탈하는 모습을 보는 것은 전혀 드문 일이 아니다. 이들 모두는 자기의 가족과 또 자신들이 고용하여 먹여 살린 많은 다른 가족과 함께 그들의 토지와 집으로부터 내쫓겼다."[549]

휴경지뿐만 아니라, 공동체에 일정한 액수를 지급하고 경작하거나 또는 공동으로 경작되던 토지까지도 인클로저라는 구실 하에 인근의 지주에 의해 합병되는 경우도 흔했다.

---

548) 토머스 라이트(Thomas Wright), 《대규모 농장의 독점에 관한 짧은 대중연설》, 1779, 2-3쪽.
549) 애딩턴(Addington) 목사, 《개방지 인클로저의 찬성과 반대에 관한 연구》, 런던, 1772, 37-43쪽의 이곳저곳.

"나는 여기에서 개방지나 이미 개간된 토지의 인클로저에 대해 이야기하고 있다. 인클로저를 옹호하고 있는 저술가들조차 인클로저가 대규모 차지농장의 독점을 강화하고, 생활수단의 가격을 상승시키고 인구를 감소시킨다는 것을 인정하고 있다. 현재 진행되고 있는 황무지의 인클로저조차도 빈민에게서 생계 수단의 일부를 빼앗고 이미 지나치게 커진 차지농장을 더욱 크게 만든다."[550]

프라이스 박사는 다음과 같이 말하기도 한다.

"토지가 몇몇 적은 수의 차지농장주의 수중에 떨어진다면, 소규모 차지농장주(프라이스는 앞부분에서 '이들을 그들이 경작하는 토지의 생산물과 공유지에 보내 놓은 양, 가금류, 돼지 등으로 자기 자신과 가족을 부양하기 때문에 생계 수단을 사들일 이유가 거의 없는 소규모 토지소유자와 소규모 차지농장주'라고 불렀었다)는 다른 사람을 위한 노동을 통해 자신의 생계비를 벌어들일 수밖에 없으며 그들이 필요로 하는 모든 것을 시장에서 구입해야만 하는 사람이 될 것이다. … 아마도 그는 더 많은 노동을 할 것이다. 더 많은 노동을 할 수밖에 없기 때문이다. … 도시와 매뉴팩처는 증가할 것이다. 일자리를 찾는 더 많은 사람들이 그곳으로 몰려갈 것이기 때문이다. 이것이 차지농장의 집적이 작동하는 당연한 방식이었으며, 이 왕국에서는 수년 전부터 실제로 이러한 방식의 집적이 이루어졌다."[551]

---

550) 프라이스(R. Price) 박사, 앞의 책, 2권, 155-156쪽. 포스터, 애딩턴, 켄트, 프라이스와 제임스 앤더슨을 읽고 맥컬럭의 목록에 들어 있는 《정치경제학의 참고문헌》(런던, 1845) 중의 비열한 아첨꾼의 헛소리와 비교하라.

551) 프라이스, 같은 책, 147-148쪽.

프라이스는 인클로저의 일반적인 결과를 다음과 같이 요약하고 있다.

"대체로 하층 인민계급의 상태는 거의 모든 면에서 악화되었으며, 소규모 토지소유자와 소규모 차지농장주는 일용직 노동자 아니면 어떤 일이든 시키는 대로 하는 노동자의 수준까지 떨어졌으며, 이와 동시에 이러한 상태에서 생계를 유지하는 것조차 더 어려워졌다."[552]

실제로 공유지의 강탈과 이에 따른 농업혁명은 농업노동자에게 심각한 영향을 미쳤는데, 이든의 말에 따르더라도, 1765년과 1780년 사이에 그들의 임금은 최저치 밑으로 떨어지기 시작했으며 공적 빈민구제로 보충되어야 했다. 이든은 그들의 임금은 "없어서는 안 될 생필품만을 충족시켰다."고 말하고 있다.

---

552) 프라이스, 같은 책, 159-160. 이 점에서는 고대 로마를 생각나게 한다. "부자들은 분할되지 않은 토지의 대부분을 제 것으로 삼았다. 그들은 당시의 정세로 보아 자신들의 토지를 다시 빼앗기지 않을 것이라고 확신했기 때문에, 인근에 있는 빈민의 땅뙈기를 합의 하에 사들이거나 강제로 빼앗았다. 그리하여 그들은 두서넛의 작은 경작지가 아니라 훨씬 넓은 국유지를 경작하게 되었다. 그 당시 그들은 경작과 목축에 노예를 사용했다. 자유민은 전쟁 시에는 군복무를 위해 일을 못할 수도 있기 때문이었다. 노예는 병역에서 면제되어 있었기 때문에 안전하게 번식할 수 있었으므로 많은 자식을 얻기만 한다면, 노예를 소유하는 것은 이들에게 커다란 이익을 가져다주었다. 이리하여 힘 있는 자들은 모든 부를 끌어모았으며, 로마 전체가 노예로 우글거렸다. 이와 반대로 이탈리아 사람들은 빈곤과 조세 그리고 병역 등에 지쳐서 그 수가 계속 줄어들었다. 그리고 평화로운 시기가 도래한다고 해도 그들은 전혀 할 일이 없을 수밖에 없었는데, 부자들이 토지를 소유하고 있었으며, 자유민 대신에 노예를 경작에 사용했기 때문이었다."(아피안(Appian)《로마의 내전》, 1부, 7장) 이 구절은 리키니우스 법이 제정되기 이전의 시대와 관련되어 있다. 고대 로마 평민의 급격한 몰락을 촉진한 병역은 샤를마뉴 대제가 독일의 자유농민을 급속하게 예속된 농민과 농노로 만든 주요한 수단의 하나이기도 했다.

잠시 동안 인클로저의 옹호자이자 프라이스 박사의 반대자인 한 사람의 말을 들어보자.

"개방지에서 자신의 노동을 낭비하는 사람들이 더이상 보이지 않는다고 해서 인구가 감소하고 있다는 결론을 내리는 것은 올바르지 않다. … 소농이 다른 사람을 위해 일해야만 하는 사람이 되어 더 많은 일을 열심히 한다면, 이것이야말로 국민(이 국민에는 소농이 된 사람들은 당연히 포함되지 않는다)이 원해야만 하는 이익이다. … 그들의 결합된 노동이 하나의 차지 농장에서만 사용된다면, 생산물은 더 커질 것이다. 즉 매뉴팩처를 위한 잉여생산물이 형성될 것이기 때문에, 이 나라 국민의 보고 가운데 하나인 매뉴팩처가 생산된 곡식 양에 비례하여 증가할 것이다."[553]

'신성한 소유권'에 대한 아무리 파렴치한 모독, 인간에 대한 아무리 난폭한 폭력 행위도 자본주의적 생산방식의 토대를 만드는 데 필요하게 되는 즉시, 정치경제학자 관점인 스토아학파적인 느긋함을 우리에게 보여주는 사람은 누구보다도 아직까지는 토리주의자인 것처럼 보이는 '박애주의자' 이든 경이다. 15세기의 마지막 ⅓기부터 18세기 말까지 인민의 토지수탈을 가져온 수많은 일련의 도적질, 잔악한 행위와 인민에 대한 압제도 이든으로 하여금 최종적으로 다음과 같은 '편안한' 생각을 하게 할 따름이었다.

---

553) 아버스넛, 《식량의 현재 가격과 농장규모 사이의 관계에 대한 연구》, 124-129쪽. 이와 유사하면서도 상반되는 의도를 가지고 있는 다른 저자는 다음과 같이 쓰고 있다. "노동자는 그의 오두막에서 내몰려 도시에서 일자리를 찾을 수밖에 없다. 그러나 그렇게 되면 더 많은 잉여를 얻게 되며 따라서 자본은 증가한다."(실리(R. B. Seeley), 《국가의 위험》, 2판, 런던, 1843, 14쪽)

"경작지와 목축지 사이에 적절한 비율이 회복되어야만 했다. 14세기 내내 그리고 15세기의 대부분에 걸쳐 2, 3에이커 심지어는 4에이커의 경작 지에 대한 목축지의 비율은 고작 1에이커였다. 16세기 중엽에는 이 비율이 2에이커의 경작지에 대해 2에이커의 목축지로, 나중에는 1에이커의 경작 지에 대해 2에이커의 목축지라는 비율로 변했으며, 드디어 경작지 1에이커 에 대해 3에이커의 목축지라는 적절한 비율이 되었다."

19세기에는 물론 경작지와 공유지 사이의 연관성에 대한 기억조차 사라졌다. 한참 뒤에 대해서는 전혀 말하지 않더라도, 1801년에서 1831년 사이에 농촌 주민에게서 약탈되어 지주로 구성된 의회에 의해 지주에게 증 여된 3,511,770에이커의 공유지에 대해 농촌주민이 단 한 푼의 배상이라도 받은 적이 있는가?

토지경작자로부터 토지를 빼앗은 마지막 대규모 토지수탈 과정은 이 른바 "사유지 싹쓸이"Clearing of Estates(실제로는 농장으로부터 인간을 쓸어버린 것 이다)이다. 지금까지 살펴본 모든 잉글랜드 방식은 이 '싹쓸이'에서 그 절정 에 달했다. 앞장에서 서술한 최근의 상황에서 본 것처럼, 이제 더이상 쓸어 낼 자영농이 없는 곳에서는 오두막의 '싹쓸이'로 계속되었는데, 그리하여 농업노동자는 자신의 경작지에서조차 거주하는 데 필요한 공간을 더이상 발견할 수 없었다. 그런데 진정한 의미에서의 '사유지 싹쓸이'가 무엇을 뜻 하는가는 근대 낭만주의 문학의 약속의 땅인 스코틀랜드의 고지에서만 알 수 있을 뿐이다. 이곳에서 이 과정은 그 체계적인 성격과, 단번에 완성된 그 규모의 크기(아일랜드에서는 지주들이 몇 개의 촌락을 동시에 쓸어버릴 정도 였지만, 스코틀랜드에서는 독일공국 만한 지면이 쓸려나갔다), 마지막으로 수탈된 토지의 특별한 형태에서 그 특징이 드러난다.

스코틀랜드 고지의 켈트족은 씨족으로 구성되어 있었으며, 각 씨족은 그들이 거주하던 토지의 주인이었다. 씨족의 대표, 씨족의 우두머리 또는 '위대한 인물great man'은, 잉글랜드 여왕이 전 국토의 명목상의 소유자인 것과 마찬가지로, 이 토지의 명목상의 소유자일 뿐이었다. 잉글랜드 정부가 이 위대한 인물들 간의 내전과 스코틀랜드 저지대에 있는 평야로의 그들의 끊임없는 침입을 제압하는 데 성공했을 때에도 이들 씨족장은 그들의 오래된 도적질을 결코 포기하지 않았다. 그저 형식만 바꾸었을 뿐이다. 그들은 자신들의 권위를 이용하여 명목상의 소유권을 사적소유권으로 바꾸었으며, 씨족 구성원이 이에 저항하자 공공연한 폭력으로 그들을 몰아내기로 결심했다.

"잉글랜드의 어떤 왕도 그의 신민을 바다로 몰아낼 수 있는 동일한 권리를 요구할 수도 있다."라고 뉴먼 교수는 말하고 있다. [554]

스코틀랜드에서는 왕위를 침탈하려는 자들의 최후의 반란이 일어난 후(1756-46년)에 이 혁명이 시작되었는데, 그 초기 단계를 제임스 스튜어트[555]

---

554) "A king of England might as well claim to drive his subjects into the sea."(뉴먼, 같은 책, 142쪽)

555) 스튜어트는 다음과 같이 말하고 있다. "이곳 토지의 지대(그는 지대라는 경제적 범주를 씨족장에게 내는 부하들의 공납으로 잘못 사용하고 있다)는 그 규모에 비해 매우 적지만, 한 차지농장이 부양하는 인원수로 보면, 스코틀랜드 고지의 한 뙈기의 땅이 가장 비옥한 지방에서 같은 가치를 가지고 있는 토지보다 10배 더 많은 사람들을 부양한다는 사실을 알 게 될 것이다."(앞의 책, 1권, 16장, 104쪽)

와 제임스 앤더슨[556]의 저서에서 추적할 수 있다. 18세기에는 토지에서 내쫓긴 게일인(스코틀랜드의 고지대 거주자 - 옮긴이)의 해외이주가 금지되었는데, 이는 그들을 글래스고Glasgow나 다른 공업도시로 강제로 몰아넣기 위해서였다.[557] 19세기에 만연했던 싹쓸이 방법[558]의 한 예로서 서덜랜드 여공작의 '싹쓸이'를 드는 것으로 충분하다. 이 경제적으로 훈련된 인물은 공작의 지위에 오르자마자 경제적인 문제를 뿌리째 뽑을 치유책을 실시하기로 결심했으며, 이전의 유사한 과정을 거쳐 이미 거주자가 15,000명으로 줄어든 자신의 영지 전체를 목양지로 바꾸어버렸다. 1814년부터 1820년까지 이 15,000명의 주민, 약 3,000호의 가구를 체계적으로 내몰아 없애버렸다. 그들의 모든 촌락은 파괴되고 소각되었으며 모든 경작지는 목초지로 변했다. 영국의 군인들이 이 일을 집행하기 위해 파견되었으며 본토박이와 충돌했

---

556) 제임스 앤더슨, 《국민의 근면성을 자극하는 수단에 관한 고찰》, 에든버러, 1777.

557) 1860년 강제로 토지를 수탈당한 사람들은 거짓 약속에 속아 캐나다로 팔려 나갔다. 몇몇 사람은 인근 섬으로 도망갔다. 그들은 경찰의 추격을 받았으며, 그들과 주먹다짐 끝에 달아났다.

558) 아담 스미스의 해설가인 뷰캐넌은 1814년 다음과 같이 말하고 있다. "이 스코틀랜드의 고지에서는 오래된 소유상태가 날마다 폭력적으로 변혁되고 있다. … 지주는 세습 차지 농장주(이것도 여기에서는 잘못 사용된 범주이다)를 전혀 고려하지 않고 가장 높은 가격을 부르는 자에게 토지를 내놓는다. 그가 개량된 농법을 사용하는 사람이라면 그는 곧바로 새로운 경작 방식을 도입한다. 이전에는 소농으로 뒤덮여 있던 토지는 그 생산물에 따른 인구가 살았는데, 개량된 새로운 경작방식과 높아진 지대에서는 가능한 한 적은 비용으로 많은 생산물을 얻으려고 하며, 이 목적을 위해 이제는 쓸모없게 된 일손이 제거되었다. … 고향에서 내던져진 사람들은 공업도시 등에서 살아나갈 방도를 찾는다."(데이비드 뷰캐넌, 《아담 스미스의 국부론에 관한 고찰》, 4권, 에든버러, 1814, 114쪽) "스코틀랜드의 귀족은 잡초를 뽑듯이 농민가족의 토지를 수탈했으며, 인도인이 복수심에 가득 차 야수의 소굴을 다루듯이 촌락과 그 주민을 다루었다. … 인간이 양가죽이나 양의 허벅다리 고기, 심지어는 더 값어치가 적은 것의 대가로 팔려나간다. 중국의 북부 지방에 침입했을 당시 몽고인의 회의에서 주민을 말살하고 그들의 토지를 목초지로 바꾸자는 제안이 있었다. 이러한 제안을 스코틀랜드 고지의 많은 지주들이 자신들의 토지에서 자국민을 상대로 실행했다."(조지 앤서(George Ensor), 《국가의 인구에 관한 연구》, 런던, 1818, 215-216쪽)

다. 한 노파는 오두막을 떠나는 것을 거부하고 화염 속에서 타 죽었다. 이러한 방식으로 이 귀부인은 아득히 먼 옛날부터 씨족에 속한 794,000에이커의 땅을 자신의 것으로 만들었다. 그는 내쫓긴 본토박이에게 해안가에 있는 약 600에이커의 토지를, 가족당 2에이커씩 나눠주었다. 이 600에이커의 땅은 지금까지 황폐된 채로 방치되어 있었으며, 소유주인 그에게 아무런 소득도 가져다주지 못했다. 이 여공작은 그의 고귀한 심정으로 수백 년 전부터 그의 집안을 위해 피를 흘린 씨족 구성원에게 에이커당 평균 2실링 6펜스를 받고 빌려주었다. 약탈한 씨족의 땅은 모두 29개의 거대한 목양지로 분할되어 소작되었는데, 각 목양지에는 대개는 잉글랜드 출신의 일꾼 1가족만이 거주했다. 1825년에는 벌써 15,000명의 게일인이 131,000마리의 양으로 교체되었다. 본토박이 가운데 해안가로 내몰린 사람들은 고기잡이로 생계를 유지하고자 했다. 그들은 양서류가 되었으며, 한 잉글랜드 저술가의 말처럼, 반은 땅 위에서 반은 물 위에서 살았는데, 둘 다 합쳐도 살아가는 데 필요한 몫의 절반밖에 벌지 못했다.[559]

그러나 착하기 그지없는 게일인들은 씨족의 '위대한 인물'에 대한 그들의 신비적인 우상숭배에 대한 죗값을 더 혹독하게 치러야만 했다. 생선 냄새가 이 위대한 인물들의 코를 찔렀다. 그들은 고기잡이가 돈벌이가 된다는 것을 알아차리고는 해안가를 런던의 큰 생선장수들에게 임대해버렸

---

559) 서덜랜드의 현 여공작이 아메리카 공화국(amerikanische Republik)의 흑인노예에 대한 그의 동정심을 보여주기 위해 -잉글랜드의 모든 '고귀한' 영혼이 흑인노예를 동정했던 남북전쟁 당시에는 그는 동료 귀족과 함께 지극히 현명하게 행동했다《톰 아저씨의 오두막》의 저자 비처 스토우 부인을 런던에서 매우 화려하게 대접했을 당시, 나는《뉴욕 트리뷴》에 서덜랜드의 노예의 상태에 관한 기사를 썼다. (이 가운데 일부는 커레이(Carey)의 《노예무역》, 필라델피아, 1853, 202-203쪽에 인용되었다.) 나의 기사는 스코틀랜드의 한 신문에 게재되어 이 신문과 서덜랜드의 아첨꾼 사이에 엄청난 논쟁을 불러일으켰다.

다. 게일인들은 다시 한번 쫓겨났다.[560]

그러나 결국에는 목양지의 일부가 이번에는 사냥터로 바뀌었다. 아시다시피 잉글랜드에는 제대로 된 숲이 없다. 귀족의 저택에 딸린 커다란 정원에 있는 사냥감은 체질상 가축과 다름 없었으며, 런던 참사회원들처럼 살이 쪄 있다. 따라서 스코틀랜드는 사냥에 대해 '고귀한 열정'을 가진 귀족들의 마지막 도피처였다. 1848년 서머스Somers는 다음과 같이 말하고 있다.

"스코틀랜드 고지대에는 숲이 엄청나게 확장되었다. 가이크Gaick의 이쪽 편에는 글렌페시Glenfeshie 숲이 새로 생겼으며, 저쪽 편에는 아드베리키Ardverikie의 새로운 숲이 생겼다. 같은 방향에 최근에 만들어진 광대한 황무지인 블릭 마운트Bleck-Mount가 있다. 오늘날에는 애버딘Aberdeen 부근에서 오반Oban의 절벽까지, 동쪽에서 서쪽으로 길게 이어진 숲이 있으며, 고지대의 다른 지방에는 로크 아르케이그Loch Archaig, 글렝개리Glengarry와 글렌모리스톤Glenmoriston 등의 새로운 숲이 있다. … 그들의 토지가 양을 키우는 목장으로 변하면서, … 게일인들은 척박한 토지로 내몰렸다. 이제 붉은 사슴이 양을 몰아내기 시작했으며 그들은 더 비참한 곤궁으로 몰아넣었다. … 사슴 사냥터[561]와 주민은 공존할 수 없다. 어쨌든 둘 중에 하나는 자리를 비워

---

560) 이 생선 거래에 대한 재미난 이야기는 데이비드 어커트 씨의 《상품목록, 새 시리즈》에서 볼 수 있다. 시니어는 앞에서 인용한 유고에서 "서덜랜드서에서의 방식이 유사 이래로 가장 인자한 싹쓸이 가운데 하나"로 특징짓고 있다. (《아일랜드에 관한 일기, 대화 및 에세이》, 런던, 1868, 282쪽)

561) 스코틀랜드의 사슴사냥터에는 단 한 그루의 나무도 없다. 사람들은 양을 몰아낸 벌거벗은 산으로 사슴을 몰아넣고 '사슴사냥터'라고 부른다. 따라서 이곳에는 나무를 심어 숲은 만드는 일이라곤 없다!

줘야 한다. 사냥터의 수나 크기가 앞으로 25년 동안 지난 25년간에 증가한 것만큼 증가한다면, 단 한 명의 게일인도 그의 고향땅에서 볼 수 없을 것이다. 고지대의 지주들 사이에서 벌어지고 있는 이러한 운동은 한편으로는 귀족적인 욕망을 잘 보여주며 현재 유행하고 있는 취미인 사냥 등에 그 원인이 있지만, 다른 한편으로는 그들이 오직 이윤을 향한 시선을 가지고 사슴을 거래하고 있다는 데 그 원인이 있다. 산악지대에 있는 한 뙈기의 땅이라도 사냥터가 설치되면 대개의 경우 목양지와는 비교도 안 될 만큼 이익이 되기 때문이다. … 사냥터를 찾는 애호가는 그의 돈주머니가 허용하는 범위 내에서 얼마든지 값을 치른다. … 이 고지대에 가해진 고통은 노르만 왕들의 정책이 잉글랜드에 가했던 고통에 못지않게 가혹했다. 붉은 사슴들은 갈수록 자유로운 놀이터를 얻은 반면에, 사람들은 갈수록 더 좁은 울타리로 내몰렸다. … 주민의 자유는 하나씩 사라져갔다. … 그리고 억압은 나날이 심해지고 있다. 농업상 필요하다는 이유로 아메리카와 오스트레일리아의 황야에서 나무와 덤불이 싹쓸이 되는 것과 마찬가지로, 지주들은 확고한 신조를 가지고 주민을 싹쓸이해 몰아내고 있다, 그리고 이 작업은 조용히 사무적으로 진행되고 있다."[562]

---

562) 로버트 서머스, 《고지로부터의 편지. 또는 1847년의 기근》, 런던, 1848, 12-28쪽의 이 곳저곳. 이 편지는 원래 《타임스》에 실렸다. 물론 잉글랜드 경제학자는 1847년 게일인의 기근을 그들의 과잉된 인구로 설명했다. 어찌되었든 과잉된 인구가 그들의 식량을 '압도했'다는 것이다. '토지 싹쓸이' 또는 독일에서 말하는 '농민소유지 몰수'는 특히 30년 전쟁 이후에 성행하였으며, 1790년에도 선거제후국인 작센에서 농민봉기를 불러일으켰다. 그것은 특히 동부 독일에서 성행했다. 프로이센의 대부분의 지방에서는 프리드리히 2세에 이르러서야 농민에게 소유권을 보증했다. 쉴레지엔을 정복한 후 그는 지주에게 오두막과 곡식창고 등을 재건하고, 농민소유지에 가축과 농기구를 제공하도록 강요했다. 그는 자신의 군대를 위해 병사가 필요했으며 자신의 국고를 채울 납세의무자가 필요했다. 그건 그렇고, 프리드리히의 재정적인 횡포, 또 전제주의와 관료주의 그리고 봉건주의의 혼합정부 하에서 농민이 얼마나 행복한 삶을 영위했는가는 그의 찬미자인 미라보의 다음과 같은 구절에서 알아차릴 수 있다. "따라서 아마는 북부 독일에서 농민의 가장 커다란 부 가운데 하나이

다. 인류에게는 불행한 일이지만 그것은 빈곤을 방지할 구제 수단에 불과할 뿐이며 물적 풍요로 가는 수단은 아니었다. 직접세와 부역 그리고 온갖 종류의 강제노역이 독일 농민을 몰락시켰으며, 특히 그가 구입하는 모든 것에 대해 간접세를 내지 않으면 안 되었다. … 그리고 독일 농민의 몰락을 완성시킨 것은, 그가 그의 생산물을 그가 원하는 곳에서 원하는 조건으로 판매할 수 없었다는 점이다. 또한 그는 그가 필요로 하는 것을 가장 싼 가격으로 제공할 수 있는 상인에게서 구입할 수도 없었다. 이 모든 이유로 인해 그는 천천히 그렇지만 확실하게 몰락했다. 그리고 방적업이 없었다면 그는 직접세를 만기일에 낼 수 없었을 것이다. 방적업은 그의 처자식, 그의 하녀와 일꾼 그리고 그 자신에게 쓸모 있는 일을 줌으로써 그에게 부수입을 제공한다. 그러나 이러한 부수입에도 불구하고 이 얼마나 비참한 삶인가! 여름에 그는 죄수처럼 밭을 갈고 수확한다. 자신의 일을 완성하기 위해 그는 9시에 자려고 누워 2시에 일어난다. 겨울에 그는 긴 휴식을 통해 기운을 되찾아야 한다. 그가 세금을 내기 위해 토지수확물을 팔아치운다면, 빵과 씨앗으로 쓸 곡식이 모자랄 수 있다. 따라서 이 부족분을 메우기 위해 그는 실을 자을 수밖에 없다. … 그것도 엄청난 끈기를 가지고. 그러므로 농민은 겨울에 자정이나 1시에 자고 아침 5시나 6시에 일어난다. 또는 밤 9시에 자려고 누워 새벽 2시에 일어나는데, 이 생활을 일요일 빼고는 죽을 때까지 계속한다. 이러한 수면 부족과 과도한 노동은 사람의 힘을 다 소진해 버린다. 남자든 여자든 농촌에서는 도시에서보다 훨씬 먼저 늙어버리게 된다."(미라보, 앞의 책, 3권, 212쪽 이하)

2판의 보충: 앞에서 인용한 서머스의 저서가 출간된 지 18년 후인 1866년 3월에 레온 레비(Leone Levi) 교수는 목양지를 사냥터로 만드는 것에 관해 '기술협회'에서 강연을 했다. 이 강연에는 그가 스코틀랜드의 고지대에서 진행되고 있는 황폐화를 묘사하는 부분이 포함되어 있다. 그는 특히 다음과 같이 말하고 있다. "인구를 감소시켜 그저 목양지로 만드는 것은 비용 없이 수입을 얻기 위한 가장 편리한 수단을 제공했다. … 목양지를 사슴사냥터로 바꾸는 것은 고지대에서는 흔히 있는 일이다. 이전에 사람이 양에게 자리를 내어주기 위해 내몰린 것처럼, 이제 양이 야수에게 자리를 내주기 위해 내몰리고 있다. 포파셔(Forfarshire)의 달하우지(Dalhousie) 백작의 영지로부터 존 오그르츠(John o'Groats)까지 숲이 계속 이어져 있다. 이 숲의 많은 곳에는 여우, 살쾡이, 족제비, 담비, 스컹크, 산토끼 등이 번식하고 있으며, 최근에는 집토끼와 다람쥐 그리고 쥐도 발견된다. 스코틀랜드의 통계에 유달리 비옥하고 넓은 목장으로 나타나 있는 광활한 지대가 이제는 일체의 경작과 개량에서 제외되어 전적으로 몇몇 인간들의 사냥놀이-그것도 일 년 중 짧은 기간 동안만-에 바쳐졌다."

1866년 6월 2일자 런던 《이코노미스트》는 다음과 같이 적고 있다. "지난 주에 한 스코틀랜드 신문은 다른 뉴스와 함께 다음과 같이 보도하고 있다. '서덜랜드셔의 가장 훌륭한 임대목양지 가운데 한 곳에, 현재의 임대계약이 만료가 되면 1년에 1,200£ 지대를 제공하겠다는 제안이 최근에 있었는데, 그 목양지는 사슴 사냥터가 되어버렸다!' 노르만의 정복자가 새로운 숲을 만들기 위해 30개의 촌락을 파괴한 당시와 같이, … 봉건적 본능이 작동하였다. … 스코틀랜드의 기장 비옥한 몇 개의 지역을 포함하는 2백만 에이커의 땅이 완전히 황폐하게 방치되어 있다. 글렌 틸트(Glen Tilt)의 야생초는 퍼스(Perth)주에서 가장 양분이 많은 풀로 꼽혔다. 밴 올더(Ben Aulder)의 사슴 사냥을 하는 숲은 바데노흐(Badenoch)

교회령의 약탈, 국유지의 사기방식의 양도, 공유지의 도적질 그리고 무자비한 폭력과 불법적인 강탈로 이루어진 봉건적 소유권과 씨족소유권의 근대적인 사적 소유권으로의 전환, 이 모든 것들은 본원적 축적의 평화로운 방법들이었다. 이 모든 것들은 자본주의적 농업을 위한 경작지를 빼앗았으며, 토지를 자본에 합체시켰으며, 도시공업에 필요한 아무런 보호도 받지 못하는 프롤레타리아 계급을 공급했다.

지역에서 가장 훌륭한 풀밭이었다. 블랙 마운트 숲의 일부는 얼굴이 검은 양을 키우기에는 스코틀랜드에서는 가장 우수한 목초지였다. 순전히 사냥놀이를 위해 황폐화된 토지가 얼마나 큰가는, 그것이 퍼스 전체보다 훨씬 커다란 면적을 차지하고 있다는 사실로부터 상상할 수 있을 것이다. 이러한 강제적인 황폐화로 인한 생산 본거지의 손실은, 밴 올더 숲에 있는 토지에서 15,000마리의 양을 기를 수 있었지만, 그것이 스코틀랜드 전체 사냥터의 30분의 1밖에 안 된다는 사실로부터 미루어 짐작할 수 있을 것이다. … 이 모든 사냥터는 매우 비생산적이다. … 북해의 물속으로 잠겨버리는 것과 마찬가지일 수 있다. 이러한 아무런 준비도 되지 않은 황폐화 또는 황무지는 법을 만들어 강력하게 개입함으로써 최후의 일격을 가해야 한다."

3절
15세기 이후 토지를 강제로 수탈당한 자에 대한 피의 입법
-임금 인하를 위한 법률

봉건적 가신 집단의 해체와 한꺼번에 이루어진 폭력적인 토지 수탈에 의해 내쫓긴 사람들, 이 아무런 보호도 받지 못하는 프롤레타리아 계급은, 그들이 생성되는 것과 같은 속도로 신흥 매뉴팩처에 의해 흡수될 수 없었다. 또 다른 측면에서 보면 그들이 늘 해왔던 인생의 행로에서 갑자기 내몰린 사람들은 새로운 상황이 요구하는 규율에 갑자기 적응할 수도 없었다. 그들은 무리를 지어 거지, 도적 그리고 부랑자가 되었는데, 그 가운데 일부는 그렇게 하고 싶어서 그렇게 되었지만, 대개는 상황에 의해 강제된 것이었다. 이에 15세기 말과 16세기 전 기간에 걸쳐 서유럽 전역에서는 부랑을 금지하는 잔인한 법이 제정되었다. 오늘날의 노동자 계급의 조상은 우선 어쩔 수 없이 부랑자나 극빈자가 된 것 때문에 벌을 받았다. 제정된 법은 그들을 '자발적' 범죄자로 다루었으며, 더이상 존재하지도 않는 낡은 조건에서 일을 계속 하는 것은 그들의 선량한 의지에 달려있다고 보았다.

잉글랜드에서는 부랑을 금지하는 법이 헨리 7세의 치하에서 제정되기 시작되었다.

헨리 8세, 1530년: 늙어서 일을 할 능력이 없는 거지는 구걸할 수 있는 면허증을 받는다. 그 반대로 건장한 부랑자는 채찍질을 받거나 구금되었다. 그들은 수레 뒤에 묶여 피가 날 때까지 채찍질을 받은 후, 그들의 출생지나 최근 3년 동안 살던 곳으로 돌아가 '일을 하겠다'는 맹세를 한다. 이런 말도 안 되는 잔혹한 일이 있단 말인가! 헨리 8세 27년에는 이전의 칙령이 반복되었지만 새로운 조항이 추가되어 강화되었다. 두 번째로 체포되면 다시 한번 채찍질을 당하고 한 쪽 귀가 잘렸으며, 세 번 누적되면 그는 중범죄자나 공공의 적으로 간주되어 처형되었다.

에드워드 6세: 그가 즉위한 해인 1547년의 한 칙령은, 어떤 사람이 일하기를 거부하면, 그를 게으름뱅이로 고발한 사람의 노예로 선고할 것을 규정하고 있다. 주인은 자신의 노예를 빵과 물, 멀건 죽과 그에게 적당하다고 생각되는 고기찌꺼기로 부양해야 한다. 주인은 아무리 구역질나는 일이라도 채찍과 쇠사슬을 이용하여 시킬 수 있는 권리를 갖는다. 노예가 도주한 지 2주가 되면 그는 종신노예로 선고되며, 이마와 등에 S자의 낙인이 찍히며, 그가 세 번째로 도망가면 국가반역자로 사형에 처해졌다. 주인은 동산이나 가축과 똑같이 노예를 팔거나 상속하거나 일정한 조건으로 노예로 빌려줄 수 있다. 노예가 주인에 반하는 어떤 일을 꾀하기만 하여도 역시 사형에 처해질 수밖에 없었다. 치안판사는 신고가 있을 경우에는 반드시 이 녀석을 추적해야 한다. 부랑자가 3일 동안 어슬렁거린 것이 밝혀지면, 그는 출생지로 끌려가 가슴에 불에 달군 인두로 V자 낙인이 찍히며, 그곳에서 쇠사슬에 묶인 채 도로작업이나 다른 일에 사용된다. 출생지를 거짓으로 알려 준 부랑자는 그곳의 주민이나 단체의 종신노예가 되며 S자의 낙인이 찍힌다. 누구나 부랑자에게서 그의 자녀를 빼앗아 남자는 24세까지 여성은 20세까지 도제로 구속할 권리를 갖는다. 그들이 도주하면 위의 나이가 될 때까지 장인의 노예가 되어야 하는데, 장인은 그들을 쇠사슬에 묶든지 채찍으로 때리든지 마음대로 할 수 있다. 주인이면 누구나 분간하기 쉽

고 자신의 소유임을 확실하게 하기 위해 그의 노예의 목이나 팔다리에 쇠
고랑을 채울 수 있다.[563] 이 칙령의 마지막 부문은 빈민에게 먹을 것과 마실
것을 주고 일자리를 찾아주려고 하는 지역이나 개인이 그 빈민을 사용될
수 있다고 규정하고 있다. 이러한 종류의 교구 노예는 잉글랜드에서 늦은
19세기까지 '떠돌이'라는 이름으로 유지되었다.

엘리자베스, 1572년: 14세 이상의 면허를 받지 않은 거지는, 어느 누
구도 2년 동안 그를 사용하려 하지 않는다면, 가혹한 채찍질을 당하고 왼
쪽 귓불에 낙인이 찍힌다. 재범인 경우, 그가 18세 이상인데도 아무도 그들
을 사용하려고 하지 않는다면, 사형에 처해졌다. 3번째 재발하면 국가반역
자로 무자비하게 처형된다. 엘리자베스 재위 18년의 칙령 13장과 1597년
의 칙령에도 이와 유사한 규정이 있다.[564]

---

563) 《상공업에 관한 에세이》의 저자는 1770년에 다음과 같이 지적하고 있다. "에드워드 6
세의 치하에서 잉글랜드인들은 성심성의껏 매뉴팩처를 장려하고 빈민에게 일을 시키려고
했던 것처럼 보인다. 이러한 사실은 모든 부랑인에게 낙인을 찍어야 한다는 이상한 법규를
보면 알 수 있다."(같은 책, 5쪽)

564) 토마스 모어는 그의 《유토피아》(41-42쪽)에서 다음과 같이 말하고 있다. "이리하여
자기 고향의 진정한 재앙인 탐욕스럽고 만족할 줄 모르는 대식가가 수천 에이커의 땅을 한
데 묶어 담이나 가시덤불로 울타리를 치거나, 폭력이나 부당한 방법으로 그 소유자를 괴
롭혀 그가 모든 것을 팔지 않을 수 없게 만드는 일이 벌어지고 있다. 무슨 짓을 해서라도,
그리고 그 어떤 상황에서라도, 이 가난하고 우매하며 비참한 사람들은 어쩔 수 없이 떠나
야만 한다. 남자든 여자든, 남편이든 아내든, 아버지가 없는 아이든, 과부든, 젖먹이가 딸
린 불쌍한 어미든, 그리고 농사일이 많은 일손을 필요로 했기 때문에 가진 것이 없고 식구
수가 많은 세대는 모두 떠나야만 했다. 익숙하고 정든 고향을 떠나 쉴 곳조차 없이 무거운
발걸음을 옮긴다. 그들의 가재도구는 값어치가 나가지는 않지만 다른 조건으로 팔면 웬만
한 수익을 가져다 줄 수 있었다. 하지만 갑자기 쫓겨났기 때문에 터무니없는 가격으로 처
분할 수밖에 없었다. 그리하여 한푼도 남김없이 다 써버릴 때까지 헤매어 다닌 후에는, 도
둑질을 하여 이런저런 법에 의해 당연히 교수형을 당하거나, 구걸하러 돌아다는 것 이외에
그들이 무엇을 할 수 있겠는가? 구걸하러 나선다고 해도 방황하며 일을 하지 않는다는 이
유로 부랑자로서 감옥으로 내동댕이쳐진다. 그들이 그렇게 애타게 일을 하려고 간청하더

제임스 1세: 이곳저곳 헤매면서 구걸하는 자는 방랑자나 부랑인으로 선고된다. 즉결재판소Petty Sessions의 치안판사는 그를 공개석상에서 채찍질을 받게 하거나 초범인 경우 6개월, 재범인 경우 2년 간 감옥에 가둘 수 있는 전권을 부여 받는다. 감옥에 있는 동안 그는 치안판사가 유익하다고 생각할 때마다 적절한 수의 매를 맞는다. … 교정이 불가능한 위험한 방랑자는 왼쪽 어깨에 R자 낙인이 찍히며 강제 노동에 처해진다. 다시 구걸하다가 붙잡히면 무자비하게 처형된다. 이들 규정은 18세기 초반까지 합법적이었으며, 앤 여왕 12년의 칙령 23호에 의해 비로소 폐지되었다.

17세기 중반 파리에 부랑자의 왕국이 세워졌을 때 이와 유사한 법률이 프랑스에도 있었다. 루이 16세 시대의 초기(1777년 7월 13일자 칙령)에도 16세에서 60세까지의 건장한 사람으로 생계수단이 없거나 일정한 직업이 없는 자들은 모두 갤리선으로 보내졌다. 이와 유사한 예는 1537년 10월의 홀란드에 적용된 샤를마뉴 5세의 칙령, 1614년 3월 19일 홀란드의 여러 주와 도시에 포고된 제1칙령 그리고 연합주에 적용된 1649년 6월 25일자 포

라도 그 누구도 일자리를 주려고 하지 않는다." 토마스 모어가 말하고 있는 이 가련한 난민 가운데 어쩔 수 없이 도둑질은 한 "72,000명이 헨리 8세의 치하에서 크고 작은 도둑질로 처형당했다."(홀린쉐드(R. Holinshed), 《잉글랜드에 관한 서술》, 1권, 186쪽) "엘리자베스 시대에는 부랑인들이 줄을 지어 교수형에 처해졌다. 300-400명이 교수대에 오르지 않고 지나간 해는 거의 없었다."(스트라이프(Strype), 《엘리자베스 여왕의 행복한 치세하의 종교개혁과 국교의 확립 그리고 잉글랜드 교회에서의 다양한 사건의 연대기》, 2판, 1725, 2권) 스트라이프에 따르면 섬머셋에서는 단 1년 동안 40명이 사형을 당했고, 35명이 낙인을 찍혔으며, 37명이 채찍질을 당했으며, 183명이 '구제 불가능한 나쁜 놈'으로 풀려났다. 그럼에도 그는 "이처럼 많은 수의 피고에는 치안판사의 태만과 주민의 하찮은 동정심 덕분에 형사상의 범죄자의 5분의 1도 포함되어 있지 않다"고 말하면서, "잉글랜드의 다른 주도 섬머셋보다 더 나은 상태가 아니며 많은 주에서는 상황이 더 나쁘기까지 하다"고 덧붙이고 있다.

고령 등이 있다.

이리하여 토지를 수탈당하고 내쫓겨 부랑자가 된 농촌 주민은 엽기적이고 공포를 조장하는 법령을 통해 임금노동제도에 필요한 규율에 익숙해지도록 채찍을 맞고 낙인을 찍히고 고문을 받으면서 훈육되었다.

노동조건이 한쪽에서 자본으로 등장하고 다른 쪽에서 팔 것이 노동력 이외에는 아무 것도 없는 사람이 등장하는 것만으로는 충분하지 않다. 이러한 사람들이 자신을 자발적으로 팔도록 하는 것만으로도 아직 충분하지 않다. 자본주의적 생산이 진행됨에 따라 교육, 전통 그리고 관습으로 말미암아 자본주의적 생산방식이 요구하는 것을 확실한 자연법칙으로 인정하는 노동자 계급이 발전한다. 완성된 자본주의적 생산과정의 조직은 일체의 저항을 굴복시키고, 상대적 과잉인구의 끊임없는 창출은 노동에 대한 수요공급의 법칙을 작동시켜 임금을 자본의 가치증식 욕구에 적합한 한계 내에 유지시키며, 경제 관계에서 무언의 강제는 노동자에 대한 자본의 지배를 확실하게 만든다. 경제 외적 강제는 여전히 사용되지만, 다만 예외적인 경우에 한해서이다. 자본주의적 생산 과정이 정상적으로 진행되면 노동자는 '생산의 자연법칙'에 맡겨놓으면 된다. 즉 생산 조건 자체에서 발생하며, 그것에 의해 영구히 보장되는 노동자의 자본에 대한 종속에 맡겨두면 된다. 자본주의적 생산의 역사적 생성기 동안에는 다르다. 신흥 부르주아 계급은 임금을 '통제'하기 위해, 즉 임금을 이윤증식을 약속하는 범위 내로 강제하기 위해, 노동일의 연장하기 위해 그리고 노동자 자신의 종속 정도를 정상적인 수준으로 유지하기 위해 국가권력이 필요했으며 또한 국가권력을 이용했다. 이것이야말로 이른바 본원적 축적의 결정적인 요인이다.

14세기 후반기에 생성된 임금노동자 계급은 그 당시와 뒤이은 100년 동안에도 주민 가운데 매우 작은 부분을 차지했을 뿐이며, 농촌의 자영농장과 도시의 길드 조직에 의해 강력한 보호를 받고 있었다. 농촌과 도시에서 주인과 노동자는 사회적으로 비슷한 지위에 있었다. 자본에 대한 노동의 종속은 형식적인 것에 불과했다. 즉 생산방식 자체가 아직 특유한 자본주의적 성격을 가지고 있지 않았다. 자본의 가변부분이 그 불변부분보다 비중이 훨씬 컸다. 따라서 임금노동에 대한 수요는 자본의 축적이 진행됨에 따라 급속하게 증가한 반면에, 임금노동의 공급은 그저 완만한 속도로 뒤따라갔을 뿐이다. 나중에 자본의 축적기금이 되는 국민생산물의 대부분은 그 당시에는 아직 노동자의 소비기금으로 들어갔다.

임금노동에 관한 입법은 처음부터 노동자의 착취를 노리고 있으며, 그 진행은 늘 변함없이 노동자에 적대적이었는데,[565] 잉글랜드에서 이러한 입법은 에드워드 3세 치하인 1349년의 노동자법령Statute of labourer으로 시작되었다. 프랑스에서 이에 상응하는 법은 쟝Jean 왕의 이름으로 포고된 1350년의 칙령이다. 잉글랜드와 프랑스의 입법은 나란히 진행되었으며 그 내용도 동일하다. 이 노동자법령이 노동일을 강제로 연장하려고 하는 부분에 대해서는 다시 언급하지 않겠다. 이 점에 대해서는 이미 (8장, 5절)에서 상세하게 다루었기 때문이다.

노동자법령은 하원의 간절한 호소에 의해 선포되었다. 한 토리당원

---

565) 아담 스미스는 "입법부가 고용주와 그의 노동자 사이의 분쟁을 조정하려고 할 때는 입법부의 조언자는 언제나 고용주"라고 말했다. 랑게는 "법의 정신은 소유다"라고 말했다.

은 순진하게도 다음과 같이 말했다.

"이전에 빈민은 산업과 부를 위협할 정도의 높은 임금을 요구했다. 이제는 그들의 임금이 너무 낮아서 역시 산업과 부를 위협하고 있는데, 이전과는 사정이 다르며, 아마 임금이 지나치게 높았을 때보다 더 위험하다."[566]

도시와 농촌, 개수임금 노동과 일급 노동에 대한 법정 임금률이 정해졌다. 농업노동자는 1년을 기간으로 그리고 도시노동자는 '공개시장'에서 고용되어야 한다. 법령이 정한 임금보다 더 많이 지불하면 금고형에 처해졌으며, 더 많은 임금을 받는 것은 임금을 주는 것보다 더 엄하게 처벌된다, 예를 들어 엘리자베스의 도제법 18조와 19조에 따르면 정해진 임금보다 더 많이 지불하는 자는 10일간의 금고형에 처해지지만, 그 임금을 받은 자는 21일간의 금고형에 처해진다. 1360년의 한 칙령은 형벌을 강화했는데, 심지어 육체적 강제수단을 통해서까지 법으로 정해진 임금률로 노동을 짜낼 수 있는 권한까지 고용주에게 부여했다. 미장이와 목수가 서로 연합하여 맺은 모든 결사체, 계약, 서약 등은 무효로 선언되었다. 14세기부터 단결금지법이 폐지된 1825년까지 노동자의 단결은 중범죄로 취급되었다. 1349년의 노동자법령과 그 뒤에 제정된 모든 법의 정신은 임금의 최고치는 국가에 의해 강제로 규정되었지만 그 최저치는 결코 규정하지 않았다는 점에서 명확하게 드러난다.

---

566) 바일즈(Byles), 《자유무역의 궤변, 한 법정 변호사 지음》, 런던, 1850, 206쪽. 그는 빈정대듯이 다음과 같이 덧붙인다. "우리는 항상 고용주의 편에 서서 간섭했다. 이제 피고용자를 위해 할 수 있는 것이 아무것도 없는가?"

보다시피 16세기에 노동자의 상태는 매우 악화되었다. 화폐 임금은 인상되었지만, 화폐의 구매력 저하(가치하락)와 이에 따른 상품가격의 상승에 비례하여 인상되지는 않았다. 따라서 임금은 실제로는 하락했다. 그런데도 '일자리를 주려는 사람이 없는' 자들의 귀 자르기와 낙인찍기와 더불어 임금 인하를 위한 법률이 계속 존재했다. 엘리자베스 5년의 도제법 3장에 의해 일정한 임금을 확정하고 계절과 상품가격에 따라 그것을 변경시킬 수 있는 권한이 치안판사에게 주어졌다. 제임스 1세는 이 노동규제를 직공, 방적공 및 모든 가능한 노동자 부류로 확대했으며,[567] 조지 2세는 노동자단결권을 금지하는 법령을 모든 매뉴팩처로 확대했다.

매뉴팩처 시대의 전성기에는 자본주의적 생산방식이 임금에 대한 법적 규제를 실행 불가능하고 불필요하게 만들 수 있을 정도로 충분히 강해졌지만, 만일의 경우를 대비해 낡은 무기고의 무기를 없애려고 하지 않았다. 조지 2세 재위 8년의 칙령도 런던과 그 인근의 재봉공에게 국상을 당

---

567) 제임스 1세 2년의 법령 6장의 한 조항에서 알아차릴 수 있듯이, 어떤 직물업자는 치안판사로서 자신의 임금률을 공적으로 지시하는 뻔뻔스러운 짓을 하기도 했다. 독일에서는 특히 30년 전쟁 후에 임금을 억제하기 위한 법령들이 자주 포고되었다. "인구가 희박한 토지에서 하인과 노동자의 부족은 지주에게는 매우 골치 아픈 일이었다. 모든 촌락거주자는 독신 남녀에게 방을 빌려주는 것이 금지되었으며, 모든 동거인을 관청에 신고해야 했다. 그리고 그들이 하인이 되려고 하지 않는다면, 날품팔이로 농부를 위해 파종을 하거나 곡식을 매매하거나 하는 다른 일로 생계를 꾸리고 있는 경우에도, 투옥되어야만 했다."(《쉴레지엔에 관한 황제의 특권과 제재 규정》, 1장, 125조) "한 세기 내내, 엄격한 조건에 순응하지 않고 법정 임금에 만족하지 않으려 하는 교활하고 방자한 무뢰한에 대한 신랄한 불평이 군주들의 법령에서 계속 되풀이되었다. 나라에서 정한 임금보다 더 많이 주는 것이 개별 영주들에게 금지되었다. 그렇지만 전쟁 후의 노농 조건은 100년 후의 그것보다 때때로 더 좋았다. 1652년 쉴레지엔에서 하인은 일주일에 두 차례 고기를 받았는데, 금세기에는 같은 쉴레지엔에서 하인은 일 년에 세 번밖에 고기를 받지 못하는 지방도 있었다. 하루 임금도 전쟁 후가 그 뒤의 몇 세기 동안보다 높았다."(구스타브 프라이타크, 독일인의 새로운 생활 모습, 라이프치히, 1862, 34-35쪽) 책 에는 프라이타크만 명시됨.

한 경우를 제외하고는 일당으로 2실링 7½펜스 이상 지급하는 것을 금지했다. 조지 3세 재위 13년의 칙령 68장도 견직공의 임금에 대한 규제를 치안판사에게 넘겼다. 1796년에도 여전히 임금에 대한 치안판사의 명령이 비농업 노동자들에게도 효력을 가지고 있는지 없는지를 결정하기 위해 두 번에 걸친 상급법원의 판결이 필요했다. 1799년에도 한 의회법률은, 스코틀랜드 광부의 임금이 엘리자베스의 한 칙령과 1661년과 1671년의 2개의 스코틀랜드 조례에 의해 규제되고 있다는 사실을 확인했다. 이런저런 일이 벌어지는 사이에 상황이 얼마나 획기적으로 변했는지는 잉글랜드 하원에서 일어난 전대미문의 사건이 증명하고 있다. 절대로 넘어서는 안 될 임금의 최대치에 대한 법률만을 400년 이상 만들어 온 이 곳 잉글랜드 하원에서, 1796년 화이트브레드Samuel Whitbread, 1764-1815(영국의 정치가 -옮긴이)는 농업 일용직노동자에 대한 최저임금을 제안했다. 피트William Pitt, 1759-1806(그레이트브리튼의 수상을 2번 역임한 영국의 정치가 -옮긴이)는 이에 반대했지만, "빈민의 상태가 참혹하다"는 사실은 인정했다. 마침내 1813년에 임금을 규제하는 법률이 폐지되었다. 자본가가 공장을 사적으로 만든 법으로 통제하고 구빈세가 농업노동자의 임금을 꼭 필요한 최저치까지 채워주게 되면서부터 이러한 법령들은 우스꽝스러운 변칙이 되어버렸다. 고용주와 임금노동자 사이의 계약, 유예기간을 둔 계약 해지 등에 관한 노동자 법령(3판과 4판에는 노동법령)의 규정들은, 계약을 위반한 고용주에 대해서는 민사소송만을 그리고 계약을 위반한 노동자에게는 형사소송까지 제기하는 것을 허용하고 있는데, 아직도 완전한 효력을 가지고 있다.

단결을 금지하는 가혹한 법령들은 1825년 프롤레타리아 계급의 위협적인 행동에 굴복했다. 그러나 그 일부만 폐지되었을 뿐이다. 잔재하고 있던 구법령들의 상당한 부분은 1859년이 되어서야 사라졌다. 마침내 1871년 6월 29일의 의회법률은 노동조합을 법적으로 승인하여 이러한 부류의 입법의 마지막 흔적을 제거할 것을 요구했다. 그러나 같은 일자의 의회법률(폭력, 협박, 방해에 관한 형법개정법)은 사실상 이전의 상태를 새로운 형태로 복구한 것에 불과했다. 이러한 의회의 기만책에 의해 파업이나 공장폐쇄Lock-out(동시에 공장을 폐쇄하는 단결한 공장주의 파업)가 발생한 경우에 노동자가 이용할 수 있는 수단은 일반법이 아니라 특별형법의 적용을 받았는데, 이것에 대한 해석은 전적으로 치안판사 자격을 가진 공장주들에게 달려있었다. 2년 전에 바로 그 하원과 동일한 글래드스턴은 잘 알려진 공정한 방식으로 노동자계급에 적대적인 일체의 특별형법의 폐지를 위한 법안을 상정했다. 그러나 이 상정된 법안은 단 두 번만 심의된 후(중요한 법안은 보통 3번 심의됨 -옮긴이) 더이상의 진전이 없었다. 이렇게 이 법안은 시간을 질질 끌다가 마침내 토리당과 연합한 '위대한 자유당'이 용기를 얻어 당을 집권시켜준 프롤레타리아 계급에 적대적인 결정을 내렸다. 이러한 배신에 만족하지 않고 '위대한 자유당'은 지배계급에 봉사하면서 그들에게 늘 아부하는 잉글랜드 재판관들이 시효가 지난 '음모 단속법'을 다시 발굴하여 노동자의 단결에 적용하는 것을 허용했다. 잉글랜드 의회는 대중의 압력에 굴복하여 마지못해 파업과 노동조합에 적대적인 법률을 양보했지만, 그것은 의회 자체가 500년 내내 노동자에 대항하는 자본가의 상설조합으로서의 지위를 뻔뻔스러운 이기주의로 유지해 온 후의 일이었다.

혁명의 폭풍이 치자마자 바로 프랑스의 부르주아 계급은 이제 막 가까스로 쟁취한 단결권을 노동자로부터 다시 빼앗기로 각오했다. 프랑스 부르주아 계급은 1791년 6월 14일의 포고를 통해 모든 종류의 노동자 단결이

'자유와 인권선언을 위반하는 행위'이며, 500리브르의 벌금과 1년간 시민권이 박탈되는 처벌을 받을 수 있다고 선언했다.[568] 이 법률은 자본과 노동 사이의 경쟁을 국가의 경찰력으로 자본에 유리한 일정한 한계 내로 속박하는데, 몇 차례의 혁명과 왕조의 교체를 거치면서까지 존속했다. 공포정치(1793년 6월부터 1794년 6월까지의 자코뱅당 독재정권 -옮긴이)조차 이 문제는 건드리지 않았다. 이것은 최근에야 비로소 형법Code Pénal에서 삭제되었다. 이 부르주아의 쿠데타 구실보다 더 특징적인 것은 아무것도 없다. 보고자인 르 샤프리에Le Chapelier 다음과 같이 말하고 있다. "임금이 지금보다 더 상승하여 임금을 받는 자가 생필품의 부족으로 인한 거의 노예의 종속에 가까운 절대적인 종속 상태를 벗어나는 것은 바람직한 일이지만," 그럼에도 노동자들이 그들의 이익에 관하여 상의하고 공동으로 행동함으로써 "거의 노예 상태나 다름없는 절대적인 노예 상태"를 완화하도록 허용해서는 안 된다. 그렇게 함으로써 "노동자들의 이전의 자신들의 주인, 즉 현재 기업가들의 자유"(노동자를 노예 상태로 유지시키는 자유!)를 침해해서는 안 되기 때문이며, 또 이전의 길드장인의 독재에 반대하는 단결은 -한번 맞춰 보라!- 프랑스 헌법에 의해 폐지된 길드(1791년 3월 2일 -옮긴이)의 재건이기 때문이다![569]

---

568) 이 법률의 1조는 다음과 같다. "동일한 지위와 직업을 가진 시민의 모든 종류의 단결을 금지하는 것이 프랑스 헌법의 기초 중 하나이기 때문에, 그 어떤 구실이나 어떤 형태로도 이를 다시 복구하는 것을 금지한다." 4조는 다음과 같이 선언하고 있다. "동일한 직업, 자영업 또는 수공업에 속하는 시민이 공동으로 자신들의 상업상의 활동이나 노동을 거부하거나 단지 일정한 가격으로만 제공할 목적으로 서로 협약하거나 협약을 체결했다면, 이러한 협의와 협약은 … 헌법 위반이며 자유와 인권선언에 대한 위반 행위로 선고받아야 한다." 즉, 이전의 구노동자법령에서와 똑같이 국사범이 된다. (《파리혁명》, 1791, 3권, 523쪽)

569) 뷰세(Buchez)와 루(Roux), 《의회사》, 10권, 193-195쪽. 이곳저곳.

4절
자본주의적 차지농장주의 기원

우리는 지금까지 아무런 보호도 받지 못하는 프롤레타리아의 폭력적 창출, 그들을 임금노동자로 만든 잔악한 훈육, 경찰력을 동원하여 노동에 대한 착취도를 강화함으로써 자본의 축적을 증진한 군주와 국가의 비열한 행동을 살펴보았다. 이제 알아봐야 될 것은 '어디에서 자본가가 유래했는가?' 하는 점이다. 농촌 주민의 토지수탈은 직접적으로는 대지주를 만들어냈기 때문이다. 차지농장주의 발생에 관해 말한다면, 우리는 이른바 암중모색을 해야 한다. 차지농장주의 발생은 수세기에 걸쳐 완만하게 진행된 과정이었기 때문이다. 농노 자신이나 소지주도 매우 상이한 소유관계에 놓여있었으며, 따라서 그들은 매우 상이한 경제적 조건으로 해방되었다.

잉글랜드에서는 최초의 차지농장주 형태는 자신 역시 농노인 베일리프Bailiff(영주의 토지관리인)이다. 그의 지위는 고대 로마의 빌리쿠스Villicus와 비슷했으며, 활동 범위가 더 좁았을 뿐이다. 14세기 후반기 동안에 베일리프는 지주로부터 종자, 가축 그리고 농기구를 공급 받는 차지농장주에 의해 교체되었다. 이 차지농장주의 상태는 자영농의 상태와 그리 많이 다르지 않았다. 그는 더 많은 임금노동자를 사용했을 뿐이다. 얼마가지 않아 그는 메떼예métayer, 즉 반타작 소작농이 된다. 농업 자본의 일부는 그가 내고 나머지 부분은 지주가 낸다. 두 사람은 계약에 의해 정해진 비율로 총생산물을 나눠 갖는다. 이 형태는 잉글랜드에서는 급속하게 사라지고, 진정한 형태의 차지농장주에게 그 자리를 양보한다. 이 진짜 차지농장주는 임금노동자를 사용하여 자신의 자본을 증식하며, 잉여생산물의 일부를 화폐나 현물로 지주에게 지대로 지불한다.

독립농민과 임금노동, 동시에 자작도 하는 농가의 일꾼이 자신의 노동만으로도 부를 얻고 있는 15세기 동안에는, 차지농장주의 형편과 그의 생산 분야는 여전히 어중간한 상태를 유지했다. 15세기의 마지막 ⅓기에 시작되어 16세기 전 기간(마지막 십여 년은 제외하고)에 걸쳐 지속된 농업혁명은 급속도로 농촌주민을 가난하게 만들었을 뿐만 아니라 차지농장주를 부유하게 만들었다.[570] 공유 목초지 등의 강탈이 그에게 거의 비용을 들이지 않고 가축 수를 크게 늘리게 해주었으며, 이 가축은 토지경작에 필요한 충분한 비료를 공급했다.

16세기에는 결정적으로 중요한 계기가 하나 추가된다. 그 당시 임대차계약 기간은 길었으며 99년간 지속되는 경우도 흔했다. 귀금속 가치의 지속적인 하락에 따른 화폐가치의 지속적인 하락은 차지농장주에게 엄청난 이익을 가져다주었다. 앞에서 언급한 여러 상황을 무시하고서라도, 이러한 화폐가치의 하락은 무엇보다도 임금의 인하를 야기했다. 이 인하된 임금의 일부분이 차지농장주의 이윤에 가산되었다. 차지농장주는 곡식, 양모, 육류 등 한마디로 농업생산물의 가격의 지속적인 상승으로 인해 아무런 일도 하지 않고 그의 화폐자본을 증가시킨 반면에, 그가 지불해야 했던

---

570) 해리슨은 자신의 《잉글랜드에 관한 서술》에서 다음과 같이 말했다. "이전에 4£의 지대를 지불하는 것도 어려웠던 차지농장주는 현재 45, 50, 100£을 지불하고 있는데도, 임대차계약이 종료된 후 6-7년의 지대를 남기지 않는다면 돈벌이가 시원찮은 것으로 생각하고 있다."

지대는 이전의 화폐가치로 계약되어 있었다.[571] 이리하여 그는 그의 임금노동자와 지주의 희생으로 부유해졌다. 따라서 잉글랜드가 16세기 말 당시의 상황에서 부유한 '자본주의적 차지농장주'라는 계급을 가지고 있었다는 것은 놀라운 일이 아니다.[572]

---

571) 16세기의 화폐의 가치 하락이 사회의 상이한 계급에 미친 영향에 관해서는 W. S. 젠틀맨의 저서 《오늘날 우리나라 각계각층의 일상적인 불평 내용 및 이에 대한 간단한 고찰》, (런던, 1581)을 보라. 이 책은 대화체 때문에 오랫동안 셰익스피어 작품으로 알려졌으며 1751년에도 셰익스피어 이름으로 새로 출간되었다. 이 책의 저자는 윌리엄 스태포드(William Stafford)이다. 이 책의 어느 한 대목에서 기사는 다음과 같은 불평을 늘어놓고 있다. 기사: "나의 이웃인 농부, 상인, 대부 구리 대장장이와 그 밖의 다른 수공업자여. 여러분은 전혀 어려울 것이 없습니다. 모든 물건이 이전보다 비싸지는 만큼 여러분은 여러분이 다시 파는 상품과 노동의 가격을 그만큼 올려 받을 수 있기 때문입니다. 그러나 우리는, 가격을 올려 팔아서 우리가 살 때 입은 손실을 메울 수 있는 물건을 전혀 가지고 있지 않습니다." 또 다른 대목에서 기사는 박사에게 묻는다. "당신이 말하고 있는 인간집단에 대해 말해 주십시오. 그리고 첫째로 당신 의견에 따르면 어떤 인간집단이 이 경우 손해를 보지 않았는가요?" 박사: "나는 장사해서 먹고 사는 모든 사람들이 그렇다고 생각하네. 그들은 비싸게 사도 그만큼 비싸게 팔아먹기 때문이지." 기사: "이 경우에 당신이 말한 것처럼 이익을 보게 될 다음 인간집단은 누구입니까?" 박사: "그야 자기들이 빌려서 경작하는 땅에 대해 이전과 똑같은 지대를 지불하는 차지농장주나 농장주들이지. 그들은 옛날 가격으로 지불하고 새로운 가격으로 팔기 때문이지. 말하자면 자신들이 빌린 땅에 대해서는 진짜로 적게 지불하고 그곳에서 자라는 모든 것을 비싸게 팔기 때문이지." 기사: "이 경우에 어떤 인간집단이 이익을 보았던 것보다 더 큰 손실을 보게 됩니까?" 박사: "모든 귀족과 지주 그리고 고정된 지대와 봉급으로 살거나 자신의 토지를 스스로 경작하지 않거나 장사하지 않는 모든 자들이지."

572) 프랑스에서는 중세 초기에 영주에게 바치는 공납의 징수 관리하던 레지쎄르(Régisseur)가 얼마 안 가서 사업가(homme d'affaires)가 되었으며, 이들은 공갈과 사기 등을 통해 일약 자본가로 성장했다. 그들 가운데는 자신이 귀족이었던 경우도 종종 있었다. 예를 들면, "1359년 12월 25일부터 1360년 12월 28일까지의 이 계산서는 기사인 쟈크 드 또레스가 브장송(Besançon) 성주인 자신의 영주에게 제출한 것인데, 이 영주는 디죵(Dijon)에서 이 브장송의 주인인 부르고뉴(Burgund)의 공작과 백작을 위해 회계를 맡고 있다."(몽테이유(Alexis Monteil), 《필사(筆寫)된 자료의 역사》, 1권, 234-235쪽) 이미 이 사례에서 사회 생활의 모든 영역에서 어떻게 가장 큰 몫이 중개자에게 돌아가는지 명확해진다. 예컨대 경제 영역에서는 금융업자, 주식 중개업자, 상인, 소매상이 상거래에서의 단물을 빼 먹는다. 민법에서는 변호사가 재판 당사자를 쥐어짜고, 정치에서는 대리자가 유권자보다 더 중요하며, 군주보다 대신이 더 중요하다. 종교에서는 신이 '중개자'에 의해 뒷전으

5절
농업혁명이 공업에 미친 영향
-산업자본을 위한 국내 시장의 형성

이미 살펴본 바와 같이, 조금씩이지만 계속 반복된 농촌 주민으로부터의 토지 수탈과 그들의 추방은 완전히 길드 관계 밖에 있는 프롤레타리아 대중을 반복적으로 도시공업에 공급했는데, 이러한 유리한 상황은 늙은 아담 앤더슨(제임스 앤더슨과 혼동하지 말 것)으로 하여금 그의 《상업의 역사》에서 이러한 상황을 신의 직접적인 간섭이라고 믿게 만들었다. 우리는 본원적 축적의 이 요소에 대해 잠시 더 생각해 보아야 한다. 독립자영농의 분산화는, 조프루아 생틸레르Geoffroy Saint-Hilaire가 한쪽에서의 우주 물질의 조밀화를 다른 쪽에서의 분산화를 통해 설명한 것처럼,[573] 공업 프롤레타리아 계급의 조밀화만을 가져온 것이 아니다. 경작자의 수가 줄어들었음에도 토지는 여전히 같거나 더 많은 양의 생산물을 산출했는데, 토지소유관계의

로 밀려나고, 이 중개자는 다시 목사에 의해 밀려난다. 이 목사는 선한 양치기와 그의 양떼 사이에 없어서는 안 될 중개자이다. 잉글랜드에서처럼, 프랑스에서도 거대한 봉건영지가 무수히 많은 작은 농장으로 분할되었지만, 농촌 주민에게는 그 무엇과 비교도 안 될 만큼 불리한 조건에서 분할이 이루어졌다. 14세기에 걸쳐 차지농장(ferme 또는 terrier)이 나타났다. 그 수는 계속 증가하여 10만 개를 훨씬 넘었다. 그들은 12분의 1에서 5분의 1 사이의 지대를 화폐나 현물로 지불했다. 떼리에르(teriier)는 토지의 가치나 규모에 따라 봉토(fief) 또는 부속봉토(arrière-fief)로 불리었는데, 그 가운데는 몇 아르팡(Arpent, 약 1에이커 -옮긴이)에 불과한 것도 많았다. 이 차지농장주는 모두 그 땅의 거주자에 대해 4단계 등급의 재판권을 가지고 있었다. 이러한 작은 폭군 밑에서 농촌 주민이 받은 압박을 이해할 수 있을 것이다. 몽테이유는 오늘날에도 4,000개의 재판소(치안재판소를 포함하여)로 충분한데 당시에는 160,000개의 재판소가 있었다고 말한다.

573) 그의 저서 《자연철학입문》, 파리, 1838.

혁명이 개량된 경작 방식과 확대된 협업, 생산수단의 집적 등을 수반했기 때문이며, 또한 농업 임금노동자가 더 강도 높은 노동을 강요당했을 뿐만 아니라,[574] 그가 자신을 위해 노동하는 생산 분야가 점점 더 줄어들었기 때문이다. 따라서 농촌주민의 일부가 토지에서 쫓겨나 대기상태가 되면서 그들을 먹여 살리던 식량도 대기하게 되었다. 이것은 이제 가변자본을 구성하는 물적 요소가 되었다. 내쫓긴 농민은 생활수단의 가치를 임금의 형태로 새로운 주인인 산업자본가로부터 얻어야 한다. 국내 농업에서 생산되는 공업원료의 사정도 생활수단과 마찬가지였다. 그것은 불변자본을 구성하는 요소가 되었다.

예를 들어, 프리드리히 2세의 시대에 비단은 아닐지언정 아마로 실을 잣던 베스트팔렌 자작농 가운데 일부가 토지를 폭력적으로 수탈당하고 토지에서 내쫓기고, 남은 자작농은 대규모 차지농장주의 일용직 노동자가 되었다고 해보자. 동시에 커다란 아마방적공장과 방직공장이 생겨 '내쫓겨 대기하고 있던 사람들'이 그곳에서 임금노동을 한다고 가정해보자. 아마의 모습은 이전과 똑같다. 아마는 섬유질 하나도 변하지 않았지만, 새로운 사회적 영혼이 아마의 몸으로 스며들었다. 이제 아마는 매뉴팩처 주인의 불변자본의 한 부분이 된다. 이전에 아마는 직접 재배하여 작은 양을 가족과 함께 실을 잣던 무수히 많은 소생산자들에게 분할되어 있었지만, 이제는 다른 사람에게 실을 잣게 하고 천을 짜게 하는 어떤 자본가의 수중에 집적되어 있다. 아마방적에 소진된 특별노동은 이전에는 수많은 농부가족의 특별수입이나 프리드리히 2세의 시대에는 프로이센 왕을 위한 조세로 실현

---

574) 이 점을 제임스 스튜어트가 강조하고 있다.

되었다. 이제 아마방적은 소수 자본가의 이윤으로 실현된다. 방추와 베틀은 이전에는 농촌 일대에 분산되어 있었지만, 이제는 노동자 그리고 원료와 마찬가지로 소수의 커다란 작업장에 밀집되어 있다. 그리고 방추와 베틀 그리고 원료는 이전에는 방적공과 방직공의 독자적인 생존수단에서 이제는 그들을 지휘하고[575] 그들에게서 미지불노동을 짜내는 수단이 되었다. 대규모 매뉴팩처나 대규모 차지농장을 보면 이것들이 수많은 소규모 작업장이 하나로 결합된 것이며 또 수많은 소규모 자영생산자의 토지를 수탈하여 형성되었다는 사실을 알아차릴 수 없다. 그러나 편견을 버리고 바라보면 현혹되지 않을 수 있다. 혁명의 큰 인물인 미라보의 시대에 대규모 매뉴팩처는 우리가 합병 경작지라고 부르는 것과 마찬가지로 합병 매뉴팩처 또는 합병 작업장이라고 불리었다. 미라보는 다음과 같이 말한다.

"사람들의 눈에는 수백 명의 사람들이 한 명의 감독 밑에서 일하며 보통 합병 매뉴팩처라고 불리는 대규모 매뉴팩처만 보인다. 그 반대로 매우 많은 수의 노동자들로 분산되어 각자 자신의 책임 하에 일하는 작업장은 눈길 한번 줄 가치도 없다고 생각한다. 그것들은 완전히 뒷전으로 밀려난다. 이것은 큰 잘못이다. 그것들만이 인민의 부를 구성하는 진짜 중요한 부분이기 때문이다. … 합병 공장은 한두 명의 기업가를 엄청난 부자로 만들지만, 노동자는 임금을 더 받거나 덜 받는 일용직에 지나지 않으며 기업가의 행복을 나눠받지 못한다. 이에 반해 분산된 공장에서는 아무도 부자가 되지 않지만 많은 노동자들이 행복하다. … 근면하고 검소한 노동자의

---

575) 자본가는 말한다. "내가 너희에게 명령하는 노력에 대한 대가로 너희에게 남아 있는 얼마 안 되는 것을 나에게 넘겨준다는 조건에서, 나는 너희가 나에게 봉사할 영예를 갖는 것을 허락한다."(루소, 《정치경제학에 관한 담론》, 제네바, 1760, 70쪽.

수는 증가할 것이다. 그들은 현명한 삶의 방식, 즉 근면이 그들의 상태를 본질적으로 개선할 수 있는 방법이라는 것을 깨닫고, 기껏해야 입에 풀칠하며 근근이 살아가는 것을 좀 더 낫게 할 뿐인 하찮은 임금인상을 얻어내는 것은 결코 미래를 위한 중요한 목표가 될 수 없다고 생각하기 때문이다. 대부분의 경우에는 소규모 농업과 결합되어 있는 분산된 개별 매뉴팩처만이 자유로운 매뉴팩처이다."[576]

농촌주민 일부의 토지수탈과 추방은 산업자본을 위한 노동자와 함께 그들의 생활수단뿐만 아니라 그들의 노동 재료까지 대기시키며, 내부시장을 창출한다.

실제로 소농을 임금노동자로 만들고 그들의 생활수단과 노동수단을 자본의 물적 요소로 만들어버리는 사건은 동시에 자본에게 내부시장을 창출한다. 이전에는 농부 가족이 생활수단과 원료를 생산하고 가공하여, 나중에 그 대부분을 직접 소비했다. 이제 이 원료와 생활수단은 상품이 되어버렸다. 대규모 차지농장주는 이것들을 파는데, 매뉴팩처에서 물건을 팔 만한 시장을 발견한다. 실, 아마포, 조잡하게 가공된 양털 등, 원료로서 각 농민 가족의 테두리에 존재하면서 직접 소비하기 위해 그들에 의해 실로 자아지고 직물로 짜졌던 물건이 이제는 매뉴팩처 제품이 되었으며, 그 판매시장은 다름 아닌 농촌지방이다. 지금까지는 자신의 예측으로 일하던 다

---

576) 미라보, 같은 책, 3권, 20-109쪽, 이곳저곳. 미라보가 분산된 작업장을 '합병된' 작업장보다 더 경제적이고 더 생산적이라고 간주하고, 합병된 작업장을 정부의 보호를 받고 있는 순전히 인공적인 온실 속의 식물로 보고 있는 것은 당시 유럽 대륙 매뉴팩처 대부분의 상태로부터 설명된다.

수의 소생산자에 의존하던 수많은 분산된 고객이 이제는 산업자본에 의해 공급되는 하나의 거대한 시장으로 집중되었다.[577] 이리하여 농촌 부업의 파괴와 매뉴팩처와 농업의 분리과정이 이전의 자영농의 토지 수탈과 그들의 생산수단으로부터의 분리가 나란히 진행된다. 그리고 농촌 가내공업이 파괴되어야만 한 나라에 자본주의적 생산방식이 요구하는 규모의 국내시장과 이의 견고한 존립이 가능하게 된다.

그러나 진정한 매뉴팩처 시대는 그 어떤 발본적인radikal 변혁도 일으키지 못한다. 우리가 기억하고 있는 것처럼, 매뉴팩처는 국내 생산을 매우 조금씩 장악할 뿐이며 늘 도시의 수공업과 농촌의 가내부업을 광범위한 배경으로 하여 지탱된다. 매뉴팩처가 농촌 가내부업을 일정한 방식으로 특별한 사업 부분에서 그리고 일정한 곳에서 파괴한다면, 그것은 다른 곳에서 바로 그 농촌 가내부업을 다시 불러일으킬 것이다. 매뉴팩처는 원료의 가공을 위해 이러한 가내부업을 일정한 정도까지는 필요로 하기 때문이다. 따라서 매뉴팩처는 새로운 소규모 농민계급을 만들어내는데, 그들은 토지 경작을 부업으로 하면서 직접이나 상인을 통해 간접적으로 매뉴팩처에 판매할 공업노동을 주업으로 한다. 이러한 사실은 잉글랜드 역사에 관한 연구자를 당분간 혼란에 빠트리는 주요 원인은 아니더라도 하나의 원인은 된다. 연구자는 15세기의 마지막 ⅓기부터 농촌에서 자본주의적으로 경영되

---

577) "다른 일을 하는 막간을 이용하여 눈에 띄지 않게 조금씩 부지런하게 20파운드의 양모를 가지고 노동자가족이 1년 동안 입을 수 있는 옷을 만든다면, 이는 아무런 주목도 끌지 못한다. 그러나 이 양모를 시장에 내놓거나 공장으로 보내고 난 후, 중개인을 통해 상인에게 보내지면, 많은 상행위가 이루어지며 이 상행위에 사용되는 명목자본은 처음의 20파운드의 20배가 될 것이다. … 이렇게 노동자계급은 비참해진 공장주민, 기생계급인 상인 및 허구적인 산업제도, 화폐제도와 금융제도를 유지하기 위해 착취당한다."(데이비드 어커트, 앞의 책, 120쪽)

는 농장의 증가와 농민층의 몰락에 대한 일정한 간격을 두고 중단되지만 끊임없는 불평불만을 발견한다. 다른 한편으로 그 수는 줄어들고 점점 더 악화된 상태지만 그는 이 농민층을 계속 되풀이하여 발견한다.[578] 그 주요 원인은 잉글랜드는 시대가 변함에 따라 어떤 때는 곡식경작자를, 어떤 때는 목축업자를 우선시했으며, 그 변천에 따라 영농 규모가 변했기 때문이다. 비로소 대공업은 기계를 통해 자본주의적 농업에 확고한 토대를 제공하고, 엄청난 수의 농촌주민을 철저하게 수탈하며, 농촌 가내공업인 방직업과 방적업의 뿌리를 뽑아버림으로써 농업과 농촌 가내공업 사이의 분리를 완성했다.[579] 따라서 대공업만이 산업자본에게 국내시장 전체를 정복하게 한다.[580]

---

578) 이 점에 있어서 크롬웰 시대는 예외이다. 공화국이 유지되고 있던 동안에는 잉글랜드의 인민대중의 모든 계층은 튜더왕조 하에서 빠졌던 파멸 상태에서 벗어나 있었다.

579) 터켓(Tuckett)은 대규모 양모공업이 기계의 도입과 더불어 진정한 매뉴팩처로부터 그리고 농촌 매뉴팩처와 가내 매뉴팩처를 파괴함으로써 발생했다는 사실을 알고 있다. (터켓, 앞의 책, 1권, 139-144쪽) "쟁기와 멍에는 신의 발명품이며 영웅들이 사용한 것이었다. 그런데 베틀과 방추 그리고 물레는 그만 못한 고귀한 혈통을 가지고 있단 말인가? 물레와 증기를 서로 떼어 놓고, 방추와 멍에를 서로 떼어 놓으면, 공장과 구빈원, 신용과 공황, 농민과 상인이라는 두 적대적 국민을 갖게 될 것이다."(데이비드 어커트, 같은 책, 122쪽) 그러나 이제 커레이가 나타나서, 잉글랜드가 다른 모든 나라를 단순한 농업국으로 만들어 버리려고 하며, 잉글랜드가 그 공장주가 되려 한다고 비난하여도 절대로 부당하지 않다. 그는 이러한 방식으로 터키가 황폐화되었다고 주장한다. '(터키에서) 토지소유자와 경작자가 쟁기와 베틀, 망치와 써레를 자연스럽게 결합함으로써 자신들을 강화하는 것이 (잉글랜드에 의해) 허용되지 않았기' 때문이다. (《노예무역》, 125쪽) 그에 따르면 터키에서 잉글랜드의 이익을 위해 자유무역을 선전한 어커트 자신도 터키를 황폐화시킨 주모자 가운데 하나이다. 가장 훌륭한 점은 러시아의 대단한 충복이기도 한 커레이가 이 분리 과정을 촉진한 바로 그 보호무역 제도를 통해 이 분리 과정을 막아보려고 하는 것이다.

580) 밀, 로저스, 골드윈 스미스, 포셋 등과 같은 잉글랜드의 박애주의적인 경제학자와 존 브라이트 일파와 같은 자유주의 공장주들은 신이 카인에게 그의 동생 아벨의 행방에 관해 물어보듯이, 잉글랜드의 토지귀족에게 '수천 명에 달하는 우리의 자유농민은 어디로 갔는가?'라고 묻는다. 그러나 그대들은 도대체 어디서 왔는가? 저 자유농민의 파멸에서 온 것이 아닌가? 그렇다면 왜 당신들은 독립되어 일하던 방적공과 방직공 그리고 자영수공업자는

6절
산업자본가의 발생

산업[581]자본가의 발생은 차지농장주의 발생처럼 점진적으로 진행되지 않았다. 의심할 것도 없이 많은 수의 길드장인과 더 많은 수의 소규모 자영수공업자 그리고 임금노동자까지도 소小자본가가 되었으며, 점차적으로 확대된 임금노동 착취와 그에 상응하는 축적을 통해 명실상부한 자본가가 되었다. 중세도시의 유아기에 도망친 농노 가운데 누가 주인이 되고 누가 하인이 되는가 하는 문제는 누가 더 먼저 도망쳤는가에 의해 결정된 것과 마찬가지로, 자본주의적 생산의 유아기에도 그런 경우가 빈번하다. 그러나 이러한 방식의 느림보 걸음으로는 15세기 말의 대발견이 만들어 놓은 새로운 세계시장의 상업적 요구에 결코 대응하지 못했다. 그러나 중세는 매우 상이한 경제적 사회구성체에서 성숙하고 자본주의적 생산방식 이전에도 어쨌든 자본으로 간주되던 서로 다른 형태의 두 가지 자본을 남겨놓았는데, 고리대자본과 상인자본이 그것이다.

"오늘날에는 사회의 모든 부는 우선 자본가의 수중으로 들어간다. … 자본가는 지주에게 지대를, 노동자에게 임금을, 조세와 십일조 징수자에게 그들이 요구하는 금액을 지불하며, 노동의 연간 생산물 가운데 큰 부분, 실제로는 가장 큰 부분이자 나날이 증가하는 부분을 자신을 위해 보유한다.

어디로 가버렸느냐고 계속 묻지 않는가?

581) 여기에서 산업은 농업과 대립하고 있다. '절대적(kategorisch)' 의미에서는 차지농장주도 공장주와 마찬가지로 산업자본가이다.

그 어떤 법도 그에게 그러한 권리를 넘겨준 적이 없지만, 자본가는 이제 사회적 부의 전부에 대한 첫 번째 소유자로 여겨질 수 있다. … 소유에서의 이러한 변화는 자본에 대한 이자를 받음으로써 생겨났다. … 그리고 전 유럽의 입법자가 고리대금업에 반대하는 법률을 통해 이것을 저지하려고 했다는 사실은 적잖은 주목할 가치가 있다. … 나라 전체의 부에 대한 자본가의 권력은 소유권에 있어서는 완전한 혁명인데, 어떤 법률 또는 어떤 일련의 법률에 의해 이러한 혁명이 야기되었는가?"[582]

저자는 혁명이 법률에 의해 수행된 것이 아니라고 자문했어야 한다.

농촌에서의 봉건제도와 도시에서의 길드제도는 고리대와 상업에 의해 형성된 화폐자본이 산업자본이 되는 것을 방해했다.[583] 이런 장벽은 봉건적 가신집단의 해체, 토지수탈 및 일부 농촌주민의 추방으로 제거되었다. 새로운 매뉴팩처가 해안의 수출항이나 오래된 도시와 길드제도의 통제 밖에 있는 농촌 지역에 세워졌다. 이 때문에 잉글랜드에서는 이들 새로운 공업양성소에 반대하는 자치도시의 매우 격렬한 투쟁이 일어났다.

아메리카에서의 금은 매장지의 발견, 원주민의 섬멸과 노예화 그리고 광산으로의 매장, 동인도의 정복과 약탈의 개시, 아프리카의 상업용 흑인 사냥터화 등은 자본주의적 생산시대의 시작을 알려주는 특징이다. 이러

---

582) 《자연적 소유권과 인위적 소유권의 비교》, 런던, 1832, 98-99쪽. 이 익명의 저서의 저자는 토머스 호지스킨이다.
583) 1794년에도 리즈의 소규모 직물업자가 상인이 공장주가 되는 것을 금지하는 법률을 청원하기 위해 의회에 대표단을 파견했다. (에이킨 박사, 앞의 책)

한 평화로운 과정이 본원적 축적의 주요한 계기들이다. 지구 전역을 무대로 하는 유럽국가들 간의 무역 전쟁이 그 뒤를 따랐다. 이 무역 전쟁은 홀란드가 스페인을 배반함으로써 시작되었으며, 잉글랜드의 반反쟈코뱅 전쟁으로 거대한 규모로 확대되었으며, 중국과의 아편전쟁 등으로 아직도 계속되고 있다.

이제 본원적 축적의 상이한 계기들은, 차이는 있지만 시간적인 순서에 따라, 스페인, 포르투갈, 홀란드, 프랑스 그리고 잉글랜드 등으로 퍼져 나갔다. 잉글랜드에서는 이러한 계기들이 17세기 말에 식민제도, 국채제도, 근대적 조세제도와 보호무역제도 등으로 체계적으로 통합되었다. 이러한 방법들은 부분적으로는 예컨대 식민제도처럼 매우 잔인한 폭력에 근거했다. 그러나 이 모든 방법은 봉건적 생산방식의 자본주의적 생산방식으로의 변화 과정을 인위적으로 더 빠르게 촉진하고 과도기를 단축시키기 위해 사회의 집중되고 조직된 힘인 국가권력을 사용했다. 폭력은 새로운 한 사회를 잉태하고 있는 모든 낡은 사회의 산파이다. 폭력 그 자체가 하나의 경제적 잠재력이다.

그리스도교를 전공한 호위트H. Howitt는 그리스도교에 걸맞은 식민제도에 대해 다음과 같이 말하고 있다.

"이른바 그리스도교를 믿는 인종이 그들이 정복할 수 있었던 세계의 모든 지역이나 모든 주민에 대해 자행한 만행과 무자비한 잔악 행위는 세계 역사상 그 어떤 시대에도, 아무리 난폭하고 미개하고 몰인정하고 파렴치한 그 어떤 인종에서도 그 유례를 찾을 수 없다."[584]

홀란드의 식민지 경영의 역사는 -홀란드는 17세기의 전형적인 자본주의 국가였다- "유례없는 배신과 매수, 암살과 비열함으로 전개되었다."[585] 그 어떤 인간 약탈제도도 자바Java에서 부려먹을 노예를 얻기 위해 홀란드가 셀레베스Celebes섬에서 행한 제도보다 더 독특하지는 않다. 이를 위해 인간사냥꾼이 길들여졌다. 도적과 통역 그리고 판매자가 이 거래의 핵심요원이었으며, 원주민 왕족이 주요 판매자였다. 낚아채 온 소년을 노예선으로 운반할 수 있을 정도로 성장할 때까지 셀레베스의 비밀감옥에 숨겨두었다. 한 공식보고서에는 다음과 같이 쓰여 있다.

"예컨대 마카싸르라는 이 도시는 비밀감옥으로 가득 차 있는데, 그 가운데서 특히 소름끼치는 감옥에는 가족에게서 강제로 빼앗아 와서 쇠사슬에 묶여 있는 탐욕과 포악한 행위에 희생된 불쌍한 사람들로 발 디딜 틈조차 없이 가득 차 있다."

말라카를 제 것으로 만들기 위해 홀란드 사람들은 포르투갈 총독을 매수했다. 1641년 총독은 그들을 시내로 들어오게 해 주었다. 그러자 그들은 곧바로 총독의 집으로 달려가서 그를 암살했는데, 매수자금으로 치른

---

584) 윌리엄 호위트, 《식민지 건설과 그리스도교, 식민지에서 유럽인들의 원주민에 대한 취급에 관한 잘 알려진 역사》, 런던, 1838, 9쪽. 노예에 대한 취급에 관해서는 샤를 콩트의 《입법론》, (3판, 브뤼셀, 1837)에 좋은 자료가 있다. 부르주아 계급이 세상을 거리낌 없이 자신이 생각한 모습에 따라 개조할 수 있는 곳에서, 자기 자신과 노동자에게 어떤 태도를 취하게 하는가를 보기 위해서는 이러한 것들을 상세하게 연구해야 한다.

585) 자바의 전 부총독 토머스 스탬포드 라플즈, 《자바의 역사》, 런던, 1817, 2권, 190-191쪽.

21,875£을 '절제'하기 위해서였다. 그들이 발을 디디는 모든 곳은 황폐화되었으며 인구는 감소했다. 자바의 한 지방인 바뉴왕기Banjuwangi에는 1750년 주민 수가 8만 명이 넘었는데, 1811년에는 겨우 8천 명에 불과했다. 이것이야말로 평화로운 거래였다!

잘 알려진 바와 같이 잉글랜드 동인도회사는 동인도(인도의 동부 즉 현재의 동남아시아 일대 -옮긴이)에 대한 정치적 지배권 말고도 차茶 무역과 중국과의 무역 전반 그리고 유럽으로 오가는 화물 수송에 대한 배타적 독점권을 가지고 있었다. 그리고 인도의 연안 항로와 섬을 연결하는 뱃길, 인도 내륙에서는 상업은 회사의 고위직에 의해 독점되었다. 소금, 아편, 후추와 다른 상품에 대한 독점은 고갈되지 않는 부를 캐내는 광산이었다. 이들은 가격을 마음대로 책정하고 불행한 인도인을 제멋대로 능욕했다. 총독도 이러한 사적 거래에 참여했다. 그의 총애를 받는 사람들은 연금술사보다 더 재주 좋게 무無에서 황금을 만들어 내는 계약을 체결했다. 거대한 재산이 하루 사이에 우후죽순처럼 솟아났으며, 본원적 축적은 단 한 푼의 투자도 없이 진행되었다. 워런 헤이스팅스Warren Hastings(잉글랜드의 초대 인도 총독 -옮긴이)의 재판은 이러한 예들로 가득 차 있다. 하나의 사건을 들어보자. 공무로 아편 지역에서 멀리 떨어진 인도의 한 지방으로 이제 막 여행을 떠나려던 설리번이라는 어떤 남자에게 아편계약권이 부여되었다. 그는 이 계약을 빈이라는 자에게 4만£에 팔았으며, 빈은 이 계약을 같은 날 다시 6만£에 팔았는데, 최종 구매자이자 이 계약의 수행자는 그가 나중에 엄청난 이익을 보았다고 밝히고 있다. 의회에 제출된 한 목록에 따르면 동인도회사와 그 직원들은 1757년부터 1766년까지 인도사람에게 6백만£을 바치게 했다! 1769년부터 1770년 사이에 잉글랜드 사람들은 쌀을 모두 매점하고는 말도 안 되는 가격 이하의 가격으로 다시 파는 것을 거부함으로써 기근을 일으키는 짓을 하기도 했다.[586]

원주민을 가장 잔인하게 다루던 곳은 말할 것도 없이 서인도와 같이 수출될 작물만을 재배하던 대규모 농장과 멕시코나 동인도처럼 살인강도의 손에 맡겨진 부유하고 인구가 조밀한 나라였다. 그러나 진정한 식민지에서도 본원적 축적의 그리스도교적 성격이 드러나지 않을 수 없었다. 프로테스탄티즘의 대가인 공정한 뉴잉글랜드의 청교도들은 1703년 그들 의회의 결정에 따라 인디언의 머리가죽 1개와 인디언 포로 1명당 40£의 보상금을 내걸었는데, 1720년에는 보상금이 머리가죽 1개당 100£이 되었으며, 1744년 매사추세츠만의 한 인디언 부족을 폭도라고 선언한 다음에는 다음과 가격이 매겨졌다. 즉 12세가 넘은 남자의 머리가죽에는 새 통화 100£, 남자포로는 105£, 여자와 어린이 포로는 50£, 여자와 어린이의 머리가죽은 50£! 수십 년 후 이 식민제도는 그 사이에 잉글랜드 본국에 반기를 든 필그림 파더즈pilgrim fathers(1620년 메이플라워를 타고 미국으로 건너와 뉴잉글랜드의 플리머스에 정착한 영국 청교도단 -옮긴이)의 후손들에게 앙갚음을 했다. 그들은 잉글랜드인에게 매수되어 사주를 받은 인디언에게 도끼로 찍혀 살해되었다. 영국의회는 이러한 살육과 머리가죽 벗기기를 '신과 자연이 그들에게 부여한 수단'이라고 선언했다.

식민제도는 무역과 항해술을 빠르게 육성했다. '독점회사'(루터)는 자본을 집적시키는 강력한 수단이었다. 식민지는 빠르게 성장하고 있는 매

---

586) 1866년에 오릿사 지방에서만 100만 명 이상의 인도인이 굶어 죽었다. 그런데도 이 굶어 죽어가는 사람들에게 말도 안 되는 가격으로 식량을 팔아서 인도국고를 채우려 했다.

뉴팩처에 판매 시장을 보장해 주었으며, 시장을 독점하게 함으로써 축적을 강화했다. 유럽 밖에서 약탈, 노예화 그리고 살인강도를 통해 직접 노획된 금은보화는 본국으로 흘러들어와 자본이 되었다. 처음으로 식민제도를 완벽하게 발전시킨 홀란드는 이미 1648년에 무역규모가 최고조에 달했다. 홀란드는,

"동인도 무역과 유럽의 남서부와 북동부 사이의 교역을 거의 독차지하고 있었다. 홀란드의 어업과 해운 그리고 매뉴팩처는 다른 모든 나라를 능가했다. 이 공화국의 자본은 나머지 유럽을 전부 합친 것보다 더 많았을 것이다."(폰 귈리히, 《현대 주요 상업국가의 상업, 공업 및 농업에 관한 역사적 서술》, 예나, 1830, 317쪽 편집자)

귈리히는 홀란드의 인민대중이 이미 1648년에 나머지 유럽의 인민대중보다 더 과도한 노동을 하고 있으며, 더 가난했으며, 더 잔인한 억압을 받고 있었다는 사실을 추가하는 것을 잊어버렸다.

오늘날에는 산업에서의 패권이 상업패권을 가져온다. 그 반대로 매뉴팩처의 전성기에는 상업에서의 패권이 산업에서의 우위를 가져다준다. 당시에 식민제도가 주요한 역할을 했던 까닭은 바로 이 때문이었다. 식민제도는 유럽의 다른 옛 신들과 나란히 재단에 서 있다가 어느 아름다운 날 다른 신들을 한 방에 몽땅 때려 눕혀버리고, 이윤을 증식하는 것이 인류의 유일한 최종목적이라고 선언했던 '다른 나라의 신'이었다.

이미 중세의 제노아와 베니스에서 그 기원을 찾을 수 있는 공공신용제도, 즉 국채제도는 매뉴팩처 시대 동안에 전 유럽을 점령해버렸다. 식민

제도와 그로 인한 해상무역과 무역전쟁은 이 국채제도를 빠르게 성장시킨 온실 역할을 했다. 이와 같이 이 제도는 홀란드에서 맨 처음 확립되었다. 전제국가이든 입헌국가이든 또는 공화제국가이든 간에 국채, 즉 국가에 의한 부의 양도는 자본주의 시대를 특징짓는다. 소위 국가의 부 가운데 근대적 국민 전체가 실제로 소유하는 유일한 부분이 바로 그들의 국채이다.[587] 이로부터 어떤 국민이 빚을 많이 지면 질수록, 그만큼 더 부유해진다는 근대적 학설은 전적으로 앞뒤가 맞는 이야기가 된다. 공공신용은 자본의 신조가 되었다. 그리고 국채가 만들어짐으로써 성령에 대한 모독이 아니라 국채에 대한 불신이 절대로 용서받을 수 없는 죄가 되었다.

공채는 본원적 축적의 가장 강력한 수단의 하나가 된다. 마법의 지팡이처럼 공채는 단번에 비생산적인 화폐에 생식력을 불어넣어 화폐를 자본으로 만들어버린다. 또한 이 화폐는 산업투자나 심지어 고리대 투자에도 반드시 따라다니는 수고와 위험에 내맡겨질 필요가 없다. 국채소유자는 한 푼도 실제로 지불할 필요가 없다. 그들이 국가에 빌려준 금액은 쉽게 양도할 수 있는 공채증서로 바뀌는데, 이것은 같은 액수의 현금과 똑같이 그들의 수중에서 계속 기능하기 때문이다. 그러나 이렇게 만들어진 놀고먹는 금리생활자 계급과 정부와 국민 사이에서 중개역할을 하는 금융업자의 순식간의 돈벌이와 또 국채의 상당한 부분을 하늘에서 떨어진 자본으로 이용하는 조세징수 청부업자, 상인, 사적 공장주의 일확천금은 무시하더라도, 국채는 주식회사, 일체의 양도 가능한 유가증권 거래와 주식 매매, 한 마디로 주식투기를 조장하고 정부에 대한 은행의 근대적 지배moderne Bankokratie를

---

587) 윌리엄 코벳은 잉글랜드에서 모든 공공시설은 '왕립의'라고 불리지만, 그에 대한 보상으로 '국민의' 부채가 있었다고 지적한다.

만들어내었다.

국립이라는 칭호가 떠받치고 있는 거대한 은행은 설립된 날부터 개
인투기꾼의 회사에 불과했는데, 이들은 정부와 어깨를 나란히 하고, 그에
게 부여된 특권 덕분에 정부에 돈을 빌려줄 수 있었다. 따라서 이 은행주식
의 지속적인 증가는 국채가 얼마나 누적되었는가를 측정하는 가장 확실한
방법인데, 이러한 은행의 완벽한 발전은 잉글랜드은행의 창립(1694년)에
서 시작되었다. 잉글랜드은행은 정부에 8%의 이자율로 자기의 화폐를 빌
려주는 것으로 시작했다. 동시에 같은 자본으로 화폐를 주조하여 대중에
게 은행권의 형태로 다시 한번 빌려 줄 수 있는 권한을 의회로부터 부여받
았다. 이 은행권을 가지고 어음을 할인하고, 상품을 담보로 잡고, 귀금속을
구매할 수 있었다. 은행 자체에서 만든 신용화폐가 주화로 통용되는 데는
그리 오래 걸리지 않았다. 잉글랜드은행은 이 주화로 국가에 대부했으며,
국가가 계산하는 것으로 하여 국채이자를 지불했다. 은행은 한 손으로 퍼
주고 다른 손으로 더 많이 퍼오는 것으로 만족하지 않았다. 은행은 퍼오는
동안에도 빌려준 최후의 한푼에 이르기까지 국민에 대한 영원한 채권자로
남아있었다. 잉글랜드은행은 점차 국내에 비축된 금속의 없어서는 안 될
저장소가 되었으며 모든 상업신용의 중심이 되었다. 잉글랜드에서는 마녀
를 불에 태워 죽이는 것을 중지한 바로 그 시기에 은행권 위조자의 목에 밧
줄을 걸기 시작했다. 이러한 은행귀족, 금융업자, 금리생활자, 중개인, 주
식투기꾼과 주식사냥꾼과 같은 패거리의 갑작스러운 등장이 당시의 사람
들에게 어떤 영향을 주었는지는 그 당시의 여러 저서들, 예컨대 볼링브룩

H.Bolingbroke, 1678-1751(잉글랜드의 정치가)의 저서가 증명하고 있다.[588]

국채와 더불어 국제신용제도가 생겨났는데, 이 제도는 흔히 이런저런 국가의 본원적 축적의 원천 하나를 은폐하고 있다. 망해가던 베니스가 홀란드에 거액의 돈을 빌려주었는데, 베니스의 약탈제도에서나 가능한 이러한 비열한 행위가 홀란드의 풍부한 자본을 형성하게 한 하나의 비밀스러운 토대였다. 마찬가지로 홀란드와 잉글랜드 사이에도 이런 관계가 존재한다. 이미 18세기 초반에 홀란드의 매뉴팩처는 완전히 추월당했으며, 홀란드는 더이상 지배적인 상업국도 공업국도 아니었다. 이러한 이유로 1701-1776년에 홀란드의 주요 사업 가운데 하나는 엄청난 자본대출, 특히 강력한 경쟁국인 잉글랜드에 대한 자본대출이었다. 이와 유사한 관계는 오늘날 잉글랜드와 미국 사이에도 해당된다. 오늘날 미국에서 출처도 없이 나타나고 있는 많은 자본은 바로 어제 잉글랜드에서 자본화된 아이들의 피다.

국채는 매년 이자 등의 지불금을 메워야 하는 국가수입이 뒤를 받쳐야하기 때문에, 근대적 조세제도는 국채제도의 필연적 보완책이 되었다. 국채는 납세자가 당장 알아차리지 못한 채 정부가 임시지출을 조달할 수 있게 하지만, 그 결과 세금을 더 징수할 수밖에 없게 만든다. 다른 한편, 잇달아 체결된 부채의 누적에 의해 야기된 세금인상은 정부가 새로운 임시지출을 해야 하는 경우에 언제나 새로운 차입을 하지 않을 수 없게 만든다. 따라서 가장 중요한 생필품에 대한 과세(따라서 그것의 가격상승)가 그 회전

---

588) "오늘날 타타르인이 유럽에 쳐들어온다면, 그들에게 우리에게 금융업자가 어떤 사람인지 이해시키는 것은 매우 어려운 일일 것이다."(몽테스키외, 《법의 정신》, 4권, 33쪽, 런던판, 1769)

축을 이루고 있는 근대적 재정은 그 자체에 자동적인 누진과세의 맹아를 품고 있다. 과다한 세금은 돌발적으로 부과되는 것이 아니라, 오히려 과세의 원칙이다. 따라서 이 제도를 처음 실시한 홀란드에서 위대한 애국자인 드 비트Andries de Witt, 1573-1637(홀란드의 정치가 -옮긴이)는 그의 잠언에서, 이 제도가 임금노동자를 순종하고, 검소하고, 근면하게 만들며, … 과도한 노동을 하도록 짐을 지우는 가장 좋은 제도라고 찬양했다. 그러나 여기에서 우리와 관련되는 것은, 이 제도가 임금노동자의 상태에 미치는 파괴적인 영향이 아니라, 이 제도에 의해 야기되는 농민, 수공업자, 간단히 말해 하층 중간계급을 구성하는 모든 부분에 대한 폭력적 수탈이다. 이 점에 관해서는 부르주아 경제학자들 사이에도 이견이 없다. 이 제도의 수탈적 효력은 이 제도를 완전하게 하는 데 없어서는 안 될 보호무역제도에 의해 더욱 강화된다.

공채와 이에 상응하는 근대적 재정제도가 부의 자본화와 대중의 수탈에 미친 커다란 역할은 코벳Cobbet, 더블데이Thomas Doubleday, 1790-1870(잉글랜드의 정치가이자 작가, 윌리엄 코벳에게 많은 영향을 받음 -옮긴이) 등 많은 저술가에게 근대국민의 빈궁의 주요 원인을 부당하게도 바로 보호무역제도에서 찾게 했다.

보호무역제도는 공장주를 만들어내고, 독립노동자를 수탈하고, 국민의 생산수단과 생활수단을 자본화하고, 낡은 생산방식에서 근대적 생산방식으로의 이행을 폭력적으로 단축시키기 위한 인위적인 수단이었다. 유럽국가들은 이 발명품의 특허를 먼저 차지하려고 아귀다툼을 벌였는데, 일단 간접적으로는 보호관세, 직접적으로는 수출장려금 등을 통해 이윤 증식가에게 봉사하게 되자, 이 목적을 위해 자신의 국민을 약탈했다. 그뿐만 아니라 예를 들어 잉글랜드가 아일랜드의 양모 매뉴팩처를 뿌리째 뽑아버린 것처럼, 주변 종속국의 산업을 폭력적으로 전멸시켰다. 유럽 대륙에서는 콜베르Colbert의 선례에 따라 이 과정이 훨씬 단순화되었다. 이곳에서는 산업가의 초기자본의 일부는 국고로부터 흘러나왔다. 미라보는 다음과 같이 외친다.

"도대체 어떤 이유로, 작센의 매뉴팩처가 번영한 이유를 7년 전쟁 이전까지 거슬러 올라가 찾으려고 하는가? 그것은 1억 8천만의 국채이다!"[589]

매뉴팩처의 전성기에는 새싹에 불과했던 식민제도, 국채, 과중한 세금, 보호무역, 무역전쟁 등은 대공업의 유아기에 거대하게 성장했다. 대공업의 탄생은 헤롯 왕이 한 것 같은 대규모 아동 약탈을 통해 축복받았다. 왕의 함대와 같이 공장도 강제징집을 통해 신병을 보충한다. 이든은 15세기 마지막 ⅓기로부터 그가 살던 시대인 18세기 후반까지의 농촌주민으로부터의 토지수탈의 잔혹성에 대해서는 전혀 관심을 보이지 않았다. 그는 자본주의적 농업을 확립하고, '경작지와 목장 사이의 올바른 비율을 설정'하기 위해 '필수적인' 토지수탈 과정을 매우 뽐내면서 축하했다. 그러나 그는 매뉴팩처 생산을 공장생산으로 바꾸고 자본과 노동력 사이의 올바른 비율을 설정하기 위한 아동 약탈과 아동 노예제의 필요성에 대해서는 아무런 경제학적 견해도 표명하지 않았다. 그는 다음과 같이 말한다.

---

589) "Pourquoi aller chercher si loin la cause de l'éclat manufacturier de la Saxe avant la guerre? Cent quatre-vingt millions de deites faites par les souverains!"(미라보, 앞의 책, 6권, 101쪽)

"사업을 성공적으로 수행하기 위해 오두막과 구빈원에서 가난한 아이들을 모두 빼앗아와 몇 개 조로 나누어 교대시키면서 거의 밤새도록 혹사하고 그들의 휴식시간도 빼앗을 수밖에 없는 매뉴팩처, 더구나 다양한 성향을 가진 온갖 연령층의 남녀를 한군데에 무더기로 몰아넣음으로써, 그들이 방탕하고 음란한 행위에 전염되어 함께 빈둥거리게 만들 수밖에 없는 매뉴팩처, 바로 이와 같은 매뉴팩처가 국민과 국민 개개인의 행복의 총액을 증가시킬 수 있을까 하는 문제는 아마 대중도 고려해 볼 가치가 있을 것이다."[590]

필든John Fielden, 1784-1849(영국의 산업자본가, 휘그당의 급진주의 하원의원-옮긴이)은 다음과 같이 말한다.

"더비셔, 노팅엄셔, 그리고 특히 랭커셔에서는 최근에 발명된 기계장치가 수차를 돌릴 수 있는 커다란 하천에 인접해 있는 대공장에서 사용되었다. 도시에서 멀리 떨어진 이곳에 갑자기 수천의 일손이 필요하게 되었다. 특히 이때까지 비교적 인구가 희박하고 출산율이 낮았던 랭커셔는 이제 무엇보다도 일단의 주민이 필요했다. 특히 작고 민첩한 손가락이 필요했다. 즉시 런던, 버밍엄 그리고 다른 지역 교구의 구빈원에서 도제(!)를 데려오는 것이 유행했다. 그리하여 7세에서 13-14세까지의 의지할 곳 없는 수천 명의 어린이가 북부로 이송되었다. 공장주(어린이 도적)가 자신의 도제에게 입을 것을 주고, 공장 가까이에 있는 합숙소에서 먹이고 재우는 것

---

590) 이든, 앞의 책, 2권, 1장, 421쪽.

이 관례가 되었다. 이 아이들의 일을 감시하기 위해 감독관이 임명되었다. 이 노예몰이꾼의 급료는 아이로부터 짜낼 수 있는 생산량에 달려있기 때문에, 아이들을 극도로 혹사시키는 것이 그에게는 이익이 되었다. 그 당연한 결과는 아이들에 대한 잔인한 행위이다. … 수많은 공장지역에서, 특히 랭카셔에서 공장주에게 맡겨진 천진난만하고 의지할 데 없는 아이들에게 가슴을 찢는 듯한 학대가 자행되었다. 그들은 과도한 노동에 죽도록 시달렸다. … 채찍질 당하고, 쇠사슬에 묶여 가장 교활한 방식으로 고문당했다. 그들은 대개 피골이 상접하도록 굶주렸으며, 채찍이 그들을 계속 일하게 했다. … 때로는 그들은 자살로 내몰렸다! … 이 아름답고 낭만적인 더비셔, 노팅엄셔, 랭카셔의 계곡은 대중의 주목을 받지 못한 채, 고문뿐만 아니라 살인도 흔히 벌어지는 잔인한 황무지가 되어버렸다! … 공장주들의 이윤은 엄청났다. 그러나 그것은 그들의 늑대같은 탐욕을 자극했을 뿐이다. 그들은 야간노동을 실시하기 시작했다. 한 무리의 노동자들이 주간작업으로 완전히 녹초가 된 다음, 야간작업을 위해 다른 무리를 준비했다. 주간조는 야간조가 방금 전에 떠난 침대로 기어들어갔다. 거꾸로 주간 조가 떠난 침대로 야간 조가 기어들어간다. 침대가 결코 식지 않았다는 이야기가 랭커셔에서 전해온다."[591]

591) 존 필든, 앞의 책, 5-6쪽. 공장제 초기의 파렴치한 행위에 관해서는 에이킨, 앞의 책, 219쪽과 기스본(Thomas Gisborne, Thomas Gisborne, 1758-1846, 잉글랜드 성공회 신부이며 시인. 노예무역 폐지를 위해 활동함 -옮긴이), 《인간의 의무에 관한 연구》, 1795, 2권을 참조하라. 증기기관이 공장을 농촌의 폭포로부터 도시 한가운데로 이동시켰기 때문에, '절제를 즐기는' 자본가들은 이제 아동재료를 구빈원으로부터 노예를 강제로 공급하지 않고 주변에서 쉽게 구할 수 있었다. 로버트 필('설득력 있는 장관'의 원조)이 1815년 아동보호를 위한 법안을 제출했을 때, 프란시스 호너('지금(地金)위원회의 권위자'이자 리카도의 친우)는 하원에서 다음과 같이 말했다. "한 파산자의 재산과 함께 한 패거리의 아이들이 - 이런 표현을 사용하는 것이 허락된다면- 그의 재산의 일부로 공공연하게 광고되고 경매에 붙여진다는 것은 잘 알려진 악명 높은 이야기이다. 2년 전(1813) 끔찍한 사건이 고등법원

매뉴팩처 시대에 자본주의적 생산이 발전함에 따라 유럽의 여론은 마지막 남은 수치심과 양심조차 내팽개쳤다. 여러 나라들은 그 어떤 추잡한 행위라도 자본축적의 수단이 되면 부끄러워할 줄도 모르고 자랑했다. 예를 들어 우직한 사람인 앤더슨Adam Andernson, 1692-1765(스코틀랜드의 경제학자 -옮긴이)의 소박한 《상업의 역사》을 읽어보라. 이 저서에서 그는 지금까지는 잉글랜드가 흑인무역을 아프리카와 잉글랜드령領 서인도 사이에서만 했지만, 이제부터는 아프리카와 스페인령 아메리카 사이에서도 할 수 있다는 특권을 위트레흐트Utrecht 평화조약을 체결할 당시의 아시엔토Asiento 협약을 통해 스페인으로부터 강탈한 것을 잉글랜드 국가 정책의 승리라고 떠들어대고 있다. 잉글랜드는 1743년까지 스페인령 아메리카에 매년 4,800명의 흑인을 공급할 권리를 얻었다. 이것은 동시에 영국의 밀무역에 대한 공식적인 핑곗거리를 가져다주었다. 리버풀은 노예무역을 토대로 크게 성장했다. 노예무역은 리버풀의 본원적 축적방식이 되었다. 그리고 노예무역의 찬미자로서 리버풀의 '명성'은 오늘날에 이르기까지 여전하다. 이 노예무역은 -이에 대해서는 앞에서 인용한 1795년 에이킨 박사의 저서를 참조하라- '돈을 벌려는 모험심을 광란의 상태로 끌어올렸으며, 훌륭한 선원을 양성하고 엄청난 돈을 벌게 해주었다.' 리버풀은 1730년에 노예무역에 15척의 선박을 사용했으며, 1751년에는 53척, 1760년에는 74척, 1770년에는

재판에 회부되었다. 그것은 소년 몇 명에 대한 사건이었다. 런던의 한 교구가 그들을 한 공장주에게 도제로 넘겼는데, 그가 다른 공장주에게 다시 넘겨버렸다. 그들은 최종적으로 휴머니스트 몇 명에 의해 절대적인 기아 상태에서 발견되었다. 이보다 더 끔찍한 사건이 의회조사위원회의 성원인 나에게까지 알려졌다. 몇 년 전에 런던의 한 교구와 랭커셔의 공장주 사이에 계약이 체결되었는데, 그 계약에 따르면 20명의 건강한 아이들 당 1명의 발달장애 아이를 끼워서 사들이기로 약정되어 있었다."

96척 그리고 1792년에는 132척을 사용했다.

면공업은 잉글랜드에서 아동 노예제도를 도입했을 뿐만 아니라, 미국
에서는 대체로 가부장적이었던 이전의 노예경제를 상업적 착취제도로 변화
시키는 데 자극을 주었다. 적어도 유럽에서 임금노동자로 은폐된 노예제도
가 신대륙에서는 노골적인 노예제도를 그 발판으로 삼을 필요가 있었다.[592]

자본주의적 생산방식을 '영원한 자연법칙'의 속박에서 구해내고, 노
동자와 생산수단의 분리과정을 완수하고, 한쪽에 사회적 생산수단과 생활
수단을 자본으로 변화시키고, 그 반대쪽에 인민대중을 근대사의 인위적인
산물인 임금노동자, 즉 자유로운 '노동빈민'으로 변화시키기 위해 이런 수
고가 필요했다.[593] 오지에 Marie Augier가 말하는 것처럼, 화폐가 '태생적으로 한

---

592) 1790년 잉글랜드령 서인도에는 자유민 1명당 노예가 10명, 프랑스령에서는 1명당 14
명, 그리고 홀란드령에서는 1명당 23명이었다. (헨리 부룸, 《유럽열강의 식민정책 연구》,
에든버러, 1803, 2권, 74쪽).

593) '노동빈민'이라는 표현은 임금노동자 계급이 주목을 받을 만한 가치가 있게 된 순간부
터 잉글랜드 법률에 보이기 시작한다. 이 '노동빈민'은 한편으로는 '게으른 빈민'인 거지 등
과 대비된 용어이고, 다른 한편으로 아직 털을 몽땅 다 뽑히지 않은 닭 신세 정도의 노동수
단을 가지고 있는 노동자에 대비된 용어이다. 이 '노동빈민'이라는 표현은 법률에서 정치
경제학으로 옮겨졌는데, 컬페퍼(Culpeper), 차일드(J. Child) 등에서 아담 스미스와 이든
에 이르기까지 이 표현을 사용하고 있다. '노동빈민'을 '구역질나는 정치적 위선'이라고 선
언한 '구역질나는 정치적 위선가'인 에드먼드 버크의 선의를 판단해 봐라. 배반을 밥 먹듯
이 하는 이 인간은 아메리카의 정치적 혼란이 시작되자 북아메리카 식민지에 고용되어 잉
글랜드 과두정부에 맞서는 자유주의자의 역할을 맡았던 것과 똑같이 잉글랜드 과두정부
에 고용되어 프랑스혁명에 맞서는 낭만주의자의 역할을 한 말 그대로 평범한 부르주아였
다. "상업의 법칙은 자연의 법칙이며 따라서 신의 법칙이다."(버크, 앞의 책, 31-32쪽) 신과
자연의 법칙에 충실한 그가 언제나 자신을 가장 좋은 시장에서 팔았다는 것은 놀라운 일이
아니다! 터커 목사의 저서에서 -터커는 목사이자 토리당원이었지만, 그 밖의 점에 있어서
는 행실이 바른 사람이었으며 유능한 정치경제학자였다- 이 에드먼드 버크가 자유주의자
였을 당시의 그에 대한 탁월한 성격묘사를 볼 수 있다. 줏대도 없는 비열한 인간이 설치고

쪽 뺨에 핏자국을 가지고 태어난다면'[594] 자본은 머리에서 발끝까지의 땀구 멍에 피와 오물을 흘리면서 태어난다.[595]

있으며 '상업의 법칙'이 가장 경건하다고 믿고 있는 오늘날, 그의 후계자들과 '재주!'라는 단 한 가지 차이점을 가지고 있는 버크 같은 사람을 거듭 낙인찍는 것은 우리의 의무이다.

594) 마리 오지에, 《공공신용》, 파리, 1842, 265쪽.

595) 《쿼털리 리뷰(Quarterly Review)》의 기고자는 다음과 같이 말했다. "자본은 혼란과 싸움을 피하며 소심하다. 이것은 사실이지만 절대적인 진실은 아니다. 자연이 진공을 싫어 하듯이(스피노자 - 옮긴이) 자본은 이윤이 없거나 매우 작은 것을 싫어한다. 충분한 이윤만 있으며 자본은 매우 대담해진다. 10%의 이윤이 확실하다면 어디에든 자본을 사용할 수 있 다. 20%의 이윤이 확실하다면 자본은 활기를 띠며, 50%의 이윤이 확실하다면 자본은 확실 히 대담해지며, 100%의 경우에는 인간이 만든 모든 법을 짓밟으며, 300%라면 단두대로 끌 려갈 위험이 있더라도 그 어떤 범죄라도 저지를 것이다. 이윤을 가져다준다면 자본은 그 어떤 혼란과 싸움도 부추길 것이다. 이에 대한 증거는 밀무역과 노예무역이다."(더닝, 앞의 책, 35-36) (쿼털리 리뷰는 존 머레이가 휘그당의 기관지인 에든버러 리뷰(The Edinburgh Review)에 대항하여 1809년 창간한 토리당의 기관지이다. -옮긴이)

7절
자본주의적 축적의 역사적 경향

자본의 본원적 축적, 즉 자본의 역사적 발생은 어떤 결과에 이르게 될까? 그것이 노예와 농노를 직접적으로 임금노동자로 변화시키는 것이 아닌 한, 즉 단순한 형태변화가 아닌 한, 그것은 그저 직접적 생산자의 수탈, 즉 자신의 노동에 근거한 사적소유의 해체를 의미할 뿐이다.

사회적, 집단적 소유에 대립되는 개념으로서의 사적소유는 노동수단과 노동의 외적조건들이 개인에게 속하는 곳에서만 존재한다. 그러나 이 개인이 '노동자'냐 아니면, '비非노동자냐'에 따라 사적소유는 다른 성격을 갖는다. 얼핏 보아도 드러나는 끝도 없는 온갖 종류의 사적소유는 '노동자냐 아니면 비非노동자냐'라는 양 극단 사이에 놓여있는 중간상태를 반영하고 있을 뿐이다.

생산수단에 대한 노동자의 사적소유는 소규모 경영의 토대이며, 소규모 경영은 사회적 생산의 발전과 노동자 자신의 자유로운 개성의 발전을 위한 필요조건이다. 물론 이러한 생산방식이 노예제, 농노제 그리고 기타 종속관계 내에서도 존재한다. 그러나 노동자가 자신이 사용하는 노동조건, 농부가 그가 경작하는 경작지, 그리고 수공업자가 그가 능숙하게 다루는 도구의 자유로운 소유자인 경우에 한하여 이 생산방식은 번영하고 전력을 다하여 솟아올라 적절한 전형적인 형태를 획득한다.

이 생산방식은 토지와 그 밖의 생산수단의 분산을 전제로 한다. 이 생산방식은 생산수단의 집적을 배제하는 것처럼, 동일한 생산과정 내에서의 협업과 분업, 자연에 대한 사회적 지배와 규제, 사회적 생산력의 자유로운 발전도 배제한다. 이것은 자연적으로 주어진 생산과 사회의 협소한 테두리 안에서만 조화를 이룰 뿐이다. 이 생산방식을 영구화하려는 것은, 페쾨르Constantin Pecqueur, 1801-1887(프랑스의 초기 사회주의자 - 옮긴이)가 올바르게 말하고 있는 것처럼, '모든 사람에게 평범한 인간이 되라고 명령하는' 것을 말한다. 일정한 수준에 이르면 이 생산방식은 자신을 파괴할 물적 수단을 만들어낸다. 이 순간부터 사회의 품속에서는 이 생산방식에 의해 속박되어 있다고 느끼는 힘과 열정이 싹트기 시작한다. 이 생산방식은 파괴되어야 하며, 파괴된다. 이 생산방식의 파괴, 즉 각기 따로 분산되어 있던 생산수단이 사회적으로 집적된 생산수단으로 변하고, 이에 따라 다수의 매우 작은 소유가 소수의 거대한 소유로 변하며, 따라서 대다수 인민대중으로부터 토지와 생활수단 그리고 노동도구가 수탈되는, 이 끔찍하고 고통스러운 인민대중의 수탈은 자본의 전사前史를 이룬다. 이 자본의 전사에는 일련의 폭력적인 방법이 포함되어 있는데, 우리는 자본의 본원적 축적방법 가운데 획기적인 것만을 차례로 살펴보았을 뿐이다. 직접적 생산자에 대한 수탈은 가장 무자비한 파괴행위를 통해, 가장 파렴치하고, 가장 추접하고, 가장 비열하고도 가증스러운 욕정의 충동에 따라 수행되었다. 자신의 노동으로 획득된 사적소유, 말하자면 개별화되고 독립된 노동개체(노동자)와 그 노동조건들의 결합에 토대를 둔 사적소유는 형식적으로 자유로운 노동인 타인노동의 착취에 토대를 둔 자본주의적 사적소유에 의해 축출된다.[596]

---

596) "우리는 완전히 새로운 상태의 사회에 있다. … 우리는 모든 종류의 소유를 모든 종류의 노동으로부터 분리시키려 한다."(시스몽디,《신정치경제학 원리》, 2권, 434쪽)

이 변화 과정이 그 깊이나 범위에서 낡은 사회를 충분히 분해하자마자, 노동자가 프롤레타리아로 그의 노동조건이 자본으로 변하자마자, 자본주의적 생산방식이 제 발로 서자마자, 노동의 사회화는 진전되며 토지와 다른 생산수단은 더욱 더 사회적으로 이용되는 생산수단, 즉 공동생산수단으로 변하며, 이에 따라 더 심화되는 사적소유자에 대한 수탈은 새로운 형태를 획득한다. 이제 수탈의 대상은 더이상 자영노동자가 아닌 수많은 노동자들을 착취하고 있는 자본가이다.

이 수탈은 자본주의적 생산 자체의 내재적 법칙들의 작용, 즉 자본의 집중에 의해 진행된다. 언제나 한 자본가가 수많은 자본가들을 몰락시킨다. 이러한 집중 또는 소수 자본가에 의한 수많은 자본가들의 수탈과 함께 노동과정의 협업 형태는 갈수록 그 규모가 커지며, 과학의 의도적인 기술적 응용, 토지의 계획적 이용, 공동으로만 사용될 수 있는 노동수단의 변화, 일체의 생산수단이 결합된 사회적 노동의 생산수단으로 사용됨에 따라 발생하는 생산수단의 절약, 세계시장이라는 그물망 속으로의 모든 국민의 편입과 이에 따른 자본주의 체제의 국제적 성격이 발전한다. 이 변화 과정에서 모든 이익을 강탈하여 독점하는 거대한 자본가의 수가 끊임없이 감소됨에 따라 빈곤, 억압, 예속, 퇴화, 착취의 정도가 증가하지만, 끊임없이 팽창하면서 자본주의적 생산과정 자체의 메커니즘에 의해 훈련되고, 결합되고 조직된 노동자계급의 반항도 증가한다. 자본의 독점은 이 독점과 함께 그리고 이 독점하에서 번창한 생산방식의 굴레가 되어 버린다. 생산수단의 집중과 노동의 사회화는 그 자본주의적 껍데기와는 조화될 수 없는 시점에 도달하게 된다. 껍데기는 부서진다. 자본주의적 사적소유는 종말을 고한다. 수탈자들이 수탈당한다.

자본주의적 생산방식에서 생겨나는 자본주의적 취득방식, 즉 자본주의적 사적소유는 자기노동에 기초한 사적소유, 즉 사유재산에 대한 제1의 부정이다. 자본주의적 생산은 본질상 그 진행과정에서 어쩔 수 없이 자신을 부정하게 된다. 부정의 부정이다. 이 부정은 사적소유를 다시 만들어 내지는 않지만, 자본주의시대의 성과인 협업과 토지의 공유 그리고 노동 자체에 의해 생산된 생산수단의 공유를 토대로 하는 개인소유individuelle Eigentum를 만들어낸다.

개인의 자기노동에 기반을 둔 분산된 사적소유가 사회적 소유로 변하는 것은, 사실상 이미 사회적 생산경영에 토대를 둔 자본주의적 소유가 사회적 소유로 변하는 것보다 비교도 할 수 없을 정도로 더 오래 걸리고 힘들고 어려운 과정이다. 전자에서는 소수의 횡탈자가 인민대중을 수탈하는 것이 문제이지만, 후자에서는 인민대중이 한 줌의 횡탈자를 수탈하는 것이 문제가 된다.[597]

---

[597] "부르주아 계급이 어쩔 수 없이 무조건 짊어지고 가야하는 산업 발전은 경쟁을 통해 노동자를 고립시키는 대신에 결사체를 통한 혁명적 단결을 가져온다. 따라서 대공업이 발전함에 따라 부르주아 계급은 그들이 생산하고 생산물을 취득하는 토대 자체를 스스로 무너뜨린다. 즉 부르주아 계급은 누구보다도 자신의 무덤을 팔 사람을 생산한다. 부르주아 계급의 몰락과 프롤레타리아 계급의 승리는 둘 다 불가피하다. … 오늘날 부르주아 계급과 대립하고 있는 모든 계급 가운데 프롤레타리아 계급만이 진짜 혁명적인 계급이다. 나머지 계급은 대공업이 발달함에 따라 쇠퇴하여 몰락하지만, 프롤레타리아 계급은 대공업의 고유한 산물이다. 중간계층들, 즉 소생산자, 소상인, 수공업자와 농민은 몰락하지 않기 위해 부르주아 계급과 투쟁한다. … 그들은 반동적이다. 그들은 역사의 바퀴를 뒤로 돌리려 하기 때문이다."(맑스와 엥엘스, 《코뮌주의자 선언》, 런던, 1848, 11, 9쪽)

25장 | 근대식민이론⁵⁹⁸

정치경제학은 원칙상 두 가지 서로 다른 종류의 사적소유를 혼동하고 있다. 그 가운데 하나는 생산자 자신의 노동에 토대를 둔 사적소유이며, 또 다른 하나는 다른 사람의 착취에 토대를 둔 사적소유이다. 정치경제학은 후자가 전자의 정반대일 뿐만 아니라 전자의 무덤 위에서만 성장한다는 사실을 잊고 있다.

경치경제학의 고향인 서유럽에서 본원적 축적 과정은 대체로 완성되었다. 이곳에서는 자본주의적 지배가 국민생산 전체를 직접 관리하고 있거나, 또는 그럴 상황이 아직 충분히 발달되지 않은 곳에서는 이 자본주의적 지배와 나란히 존속하면서 쇠퇴하고 있는 낡은 생산방식에 속하는 사회계층을 적어도 간접적으로 통제하고 있다. 정치경제학자는 실제로 일어나는 일들이 그의 이데올로기를 신랄하게 비난할수록, 이렇게 이미 완성된 자본의 세계에 더욱 기를 쓰고 더 어정쩡한 말투로 전자본주의적 세계의 법률

---

598) 이 장에서는 진정한 식민지, 즉 자발적인 이주자에 의해 개척된 천연지를 다룬다. 경제적으로 말하면 미국은 여전히 유럽의 식민지이다. 그 이외에도 노예제도의 폐지로 사정이 완전히 달라진 오래된 플랜테이션도 이에 속한다.

관념이나 소유 관념을 적용한다.

식민지에서는 다르다. 이곳에서 자본주의적 지배는 도처에서 자신의 노동조건의 소유자로서 자신의 노동으로 자본가가 아닌 자신을 부유하게 만드는 생산자라는 장애에 부딪힌다. 이 두 가지 서로 정반대되는 경제체제 사이의 모순은 그들 간의 투쟁에서 실제로 나타나고 있다. 본국의 권력이 자본가의 배후를 받치고 있는 곳에서는, 그는 자신의 노동에 토대를 둔 생산방식과 취득방식을 폭력적으로 제거하고자 한다. 자본의 아첨꾼인 정치경제학자로 하여금 본국에서는 자본주의적 생산방식이 이론적으로 그것에 대립하고 있는 방식과 동일하다고 확실하게 설명하게 하는 바로 그 이해관계가 식민지에서는 이 두 생산방식이 서로 대립된다고 '사실을 다 털어놓고' 소리 높여 선언하게끔 한다. 이런 목적을 위해 정치경제학자는 왜 노동의 사회적 생산력의 발전, 즉 협업, 분업, 대규모로 사용되는 기계장치 등이 노동자의 수탈과 이에 상응하여 노동자들의 생산수단을 자본으로 바꾸지 않을 수 없는가를 증명하고자 한다. 소위 국부를 위해 정치경제학자는 인민을 가난하게 만드는 인위적 수단을 찾아 나선다. 그를 보호하고 있는 갑옷은 이곳 식민지에서는 다 타버린 부싯깃처럼 와르르 무너져 내린다.

식민지에 대해[599] 어떤 새로운 것을 발견하지는 않았지만, 식민지에서 본국의 자본주의적 관계에 대한 진리를 발견한 것은 웨이크필드의 위대한

---

599) 식민지 자체의 본질에 관한 웨이크필드의 보잘것없는 통찰력은 중농주의자인 미라보(아버지)와 그보다 훨씬 이전에 잉글랜드 경제학자에 의해 완벽하게 예견되었다.

공적이다. 초창기의 보호무역제도[600]가 본국에서 자본가를 만들어내는 데 중요한 역할을 한 것처럼, 잉글랜드가 한동안 법적으로 시행하고자 했던 웨이크필드의 식민이론은 식민지에서 임금노동자를 만들어내는 데 같은 역할을 했다. 이것을 그는 '체계적 식민systematische Kolonialsation'이라고 불렀다.

웨이크필드가 식민지에서 맨 먼저 발견한 것은, 화폐, 생활수단, 기계와 다른 생산수단을 소유한 어떤 사람이, 자신을 자발적으로 팔아야만 하는 다른 사람, 즉 임금노동자가 보완되지 않는다면, 자본가로 될 수 없다는 사실이었다. 그는 자본은 물건이 아니라, 물건을 통해 매개되는 사람들 사이의 사회적 관계라는 사실을 발견했다.[601] 그는 필Peel이 잉글랜드로부터 5만£에 달하는 생활수단과 생산수단을 오스트레일리아의 스완 강으로 가지고 갔다고 하소연하고 있다. 필은 용의주도하게도 남성과 여성 그리고 어린이를 포함하는 3,000명의 노동자계급도 함께 데리고 갔다. 그러나 정작 목적지에 도착하자, "필에게는 잠자리를 마련해주거나 강에서 물을 길어다 줄 한 명의 하인도 남지 않았다."[602] 모든 것을 미리 챙겼던 불쌍한 필은 잉글랜드의 생산관계를 스완 강으로 수출하는 것만은 대비하지 못했다!

지금부터 논할 웨이크필드의 발견을 이해하기 위해 미리 말해 둘 점

---

600) 보호무역제도는 이후에 국제 경쟁에서 일시적으로 필수적인 제도가 되었다. 동기가 무엇이든 간에 결과는 여전히 동일하다.

601) "흑인은 흑인이다. 일정한 관계에서야 비로소 그는 노예가 된다. 면 방적기는 면화로 실을 잣는 기계이다. 일정한 관계에서만 이 기계는 자본이 된다. 이 관계에서 벗어나면 그것은 자본이 아니다. 이는 마치 금이 그 자체로는 화폐가 아니며 또 설탕이 그 자체로는 설탕 가격이 아닌 것과 마찬가지이다. … 자본은 하나의 사회적 생산관계이다. 그것은 하나의 역사적 생산관계이다."(맑스, 《임금노동과 자본》, 1849년 4월 7일자 《신라인신문》, 266호)

602) 웨이크필드, 《잉글랜드와 아메리카》, 2권, 33쪽.

이 두 가지 있다. 첫째, 우리가 알고 있는 것처럼, 직접적 생산자가 소유한 생산수단과 생활수단은 자본이 아니다. 그것은 노동자의 지배수단인 동시에 착취수단으로 사용되는 경우에만 자본이 된다. 그러나 생활수단과 생산수단의 이러한 자본주의적 영혼은 정치경제학자의 머릿속에는 그것의 재료가 되는 물적 실체stoffliche Substanz와 매우 밀접하게 결합되어 있기 때문에, 그는 그 어떤 경우에든, 또 자본과 정반대인 경우에조차 그것에게 자본이라는 이름을 부여한다. 웨이크필드도 그러하다. 둘째, 웨이크필드는 더 나아가 생산수단이 서로 독립된 수많은 자영노동자의 사유재산으로 분산되어 있는 것을 자본의 평등한 분할이라고 부르고 있다. 이 점에 있어서는 정치경제학자와 봉건적 법학자가 똑같다. 후자는 순수한 화폐관계에까지 봉건법적인 꼬리표를 붙였다. 웨이크필드는 다음과 같이 말한다.

"자본이 사회구성원 모두에게 같은 분량으로 분배된다면, 자신의 손으로 사용할 수 있는 것보다 더 많은 자본을 축적하는 것에 관심을 가질 사람은 아무도 없다. 이러한 상황은 토지소유에 대한 열망이 임금노동자 계급의 존재를 방해하고 있는 새로운 아메리카 식민지의 경우에 어느 정도 해당된다."[603]

따라서 노동자가 자기 자신을 위해 축적할 수 있는 한, 그는 그렇게 할 수 있으며, 그리고 그가 자신의 생산수단의 소유자로 남아 있는 한, 자본주의적 축적과 자본주의적 생산방식은 불가능하다. 이를 위해 없어서는 안 될 임금노동자 계급이 없기 때문이다. 그렇다면 과거 유럽에서는 노동

---

603) 같은 책, 4권, 17쪽.

자에게서의 노동조건의 수탈, 따라서 자본과 임금노동이 어떻게 생겨났는가? 매우 독특한 방식의 사회계약에 의해서이다.

"인류는 … 물론 까마득한 옛날부터 인류라는 존재의 궁극적이고 유일한 목적으로 염두에 두었던 자본의 축적을 촉진하기 위한 간단한 방법을 채택했다. 인류는 자본의 소유자와 노동의 소유자로 갈라졌다. 이러한 분할은 자발적인 합의와 결합의 결과였다."[604]

한 마디로, 인류의 대다수는 '자본축적'의 영광을 위해 자기 스스로를 수탈했다. 이제 사람들은 자신까지 버리는 광신의 본능이, 사회계약을 꿈의 제국에서 현실로 옮겨 놓을 수 있는 식민지에서 제멋대로 날뛰게 놔두어야 한다는 것을 믿어야만 했다. 그렇다면 도대체 무엇 때문에 자연발생적 식민에 반대되는 '체계적 식민'이란 말인가? 아무튼,

"아메리카 연방의 북부 주州에서는 인구의 10분의 1이라도 임금노동자 부류에 속하는지 의심스럽다. … 잉글랜드에서는 … 대부분의 인민대중이 임금노동자로 구성되어 있다."[605]

그렇다. 자본의 영광을 위해 자기를 수탈하려는 노동하는 인류의 충동은 거의 존재하지 않기 때문에, 웨이크필드에 의하더라도 노예제도는 식민지 부의 유일한 자연적 토대이다. 여하튼 그의 상대는 노예가 아니라 자

---

604) 같은 책, 18쪽.
605) 같은 책, 42-44쪽.

유민이기 때문에, 그의 체계적 식민은 미봉책에 불과할 뿐이다.

"맨 처음 산토도밍고에 정착한 스페인 사람들은 스페인 출신의 노동자를 단 한 명도 얻지 못했다. 그러나 노동자가 없으면(즉, 노예제도 없이는) 자본은 거덜나거나 기껏해야 각자가 자신의 손으로 사용할 수 있을 정도의 작은 양으로 축소될 것이다. 이러한 일이 잉글랜드 사람에 의해 건설된 식민지 가운데 최후의 식민지에서 실제로 일어났다. 그곳에서는 임금노동자가 없어서 거대한 자본이 종자, 가축 그리고 도구로 사라져 갔으며, 그 어떤 정착민도 자기 손으로 사용할 수 있는 것보다 훨씬 많은 자본을 소유하지 않았다."[606]

이미 본 것처럼, 인민대중으로부터의 토지 수탈은 자본주의적 생산방식의 토대이다. 이와 반대로 자유로운 식민지의 본질은 거대한 토지가 아직 공유 재산이며 따라서 정착민은 누구든지 그 가운데 일부를 자신의 사유지로 만들어 개인소유의 생산수단으로 바꿀 수 있으며, 나중에 정착하는 이주자가 그렇게 하는 것을 방해하지 않는다는 데 있다.[607] 이것은 식민지가 번영한 비밀인 동시에 그 적폐, 즉 자본의 이주에 대한 식민지의 저항의 비밀이기도 하다.

"토지의 가격이 매우 저렴하고 모든 사람이 자유로운 곳, 원하는 사람은 누구나 한 뙈기의 땅을 자신을 위해 얻을 수 있는 곳에서는, 노동자가

---

606) 같은 책, 2권, 5쪽.

607) "식민의 요소가 되기 위해서는 토지는 개간되어 있지 않아야 했을 뿐만 아니라, 사적 소유로 바꿀 수 있는 공공재산이어야 한다."(같은 책, 1권, 247쪽)

자신의 생산물 가운데 가져가는 몫으로 따져보면, 노동이 매우 비쌀 뿐만 아니라, 그 어떤 가격을 치르더라도 결합된 노동을 얻기가 힘들다."[608]

식민지에서는 노동조건과 그 조건의 뿌리인 토지로부터의 노동자의 분리가 아직 이루지지 않았거나, 드물게 또는 매우 제한적인 공간에서만 이루어졌기 때문에, 농업이 공업에서 아직 분리되지 않았으며, 농촌 가내 공업도 아직 없어지지 않았다. 그렇다면 식민지에서 자본을 위한 내부시장은 어디로부터 생겨야 하는가?

"거대한 작업을 위해 자본과 노동을 결합하는 노예와 노예사용자를 제외하면 전적으로 농업에만 종사하는 아메리카 주민은 없다. 토지를 자작하는 아메리카의 자유민은 동시에 다른 일도 많이 한다. 그들이 사용하는 가구와 도구의 일부는 보통 그들에 의해 만들어진다. 그들은 집을 스스로 짓는 경우가 흔하며, 자신의 노동의 생산물을 아주 멀리 떨어진 시장까지 가져간다. 그들은 방적공이자 방직공이며, 자신이 사용할 비누와 양초, 신발과 옷을 만든다. 아메리카에서는 토지경작이 대장장이, 방앗간주인 또는 소매상인의 부업인 경우가 흔하다."[609]

이러한 괴짜들 사이에서 자본가를 위한 '절제의 분야'가 어디에 남아 있겠는가?

---

608) 같은 책, 1권, 247쪽.
609) 같은 책, 21-22쪽.

자본주의적 생산이 임금노동자를 임금노동자로 끊임없이 재생산할 뿐만 아니라, 자본의 축적에 비해 언제나 상대적으로 과잉된 임금노동자들을 생산한다는 점은 자본주의적 생산의 커다란 장점이다. 이로 인해 노동의 수요공급의 법칙은 올바른 궤도에서 유지되고, 임금은 자본주의적 착취에 적합한 한계 내에서 변동하며, 그리하여 자본가에 대한 노동자의 필수 불가결한 사회적 종속이 보장된다. 그리고 본국에 있는 정치경제학자는 이 절대적인 종속관계를 구매자와 판매자, 즉 상품으로서의 자본의 소유자와 상품으로서의 노동의 소유자라는 대등하게 독립된 상품소유자들 간의 자발적인 계약관계로 알랑거리듯 둘러댈 수 있다. 그러나 식민지에서는 이러한 아름다운 환상이 사라진다. 이곳에서는 많은 노동자가 이미 다 자라서 이주해오기 때문에 절대적 인구는 본국보다 더 빠르게 증가한다. 그럼에도 노동시장은 늘 공급 부족이다. 노동의 수요공급 법칙은 파기된다. 한편으로 유럽 대륙은 착취에 굶주리고 절제가 필요한 자본을 끊임없이 투입하며, 다른 한편으로 임금노동자로서의 임금노동자의 규칙적인 재생산이 매우 번거로우며 부분적으로는 극복할 수 없는 장애에 부딪힌다. 하물며 자본의 축적에 비해 과잉된 임금노동자에 대해 말한들 무엇하겠는가! 오늘날의 임금노동자는 내일 독립된 자영농이나 수공업자가 된다. 그는 노동시장에서 사라지지만, 구빈원으로 들어가지는 않는다. 자본이 아니라 자신을 위해 일하며, 주인인 자본가가 아니라 자신을 위해 치부하는 독립된 생산자로의 임금노동자의 지속적인 변화는 그 자체가 노동시장의 상황에 다시 매우 해로운 영향을 미친다. 임금노동자에 대한 착취 정도가 만족스럽지 못할 정도로 낮을 뿐만 아니라, 더 나아가 임금노동자의 절제하는 자본가에 대한 종속관계와 함께 그에게 의존하려는 마음까지도 사라진다. 우리의 웨이크필드가 그렇게 씩씩하고, 그렇게 당당하게 그리고 그렇게 감동적으로 묘사한 폐단은 이러한 사실에서 유래한다.

그는 임금노동의 공급이 지속적이지도 규칙적이지도 않으며, 충분하지도 않다는 불만을 늘어놓는다. 임금노동의 공급은 '언제나 지나치게 적을 뿐만 아니라 불확실하다.'[610]

"노동자와 자본가 사이에 분배되어야 할 생산물이 크다고 해도, 노동자가 지나치게 많은 몫을 차지하여 그가 머지않아 자본가가 될 정도이다. … 그에 반하여 보기 드물게 오래 산다고 해도 많은 양의 부를 축적하는 자는 매우 드물다."[611]

노동자는 그가 한 노동의 최대치를 지불하려 하지 않는 자본가를 절대로 용서하지 않는다. 자본가가 약아빠져 자본뿐만 아니라 자신의 임금노동자까지도 유럽에서 수입해 온다 해도 아무런 소용이 없다.

"얼마 안 가서 그들은 임금노동자이길 그만두고 자영농이 되거나 임금노동 시장에서 옛 주인의 경쟁자가 되기도 한다."[612]

이 얼마나 몸서리칠 일인가! 이 용감한 자본가는 상당히 많은 돈을 들여 자신의 진짜 경쟁자를 스스로 유럽에서 수입하였다! 도대체 이런 낭패가 어디 있는가! 웨이크필드가 식민지에는 임금노동자의 종속관계도 의

---

610) 같은 책, 2권, 116쪽
611) 같은 책, 1권, 131쪽.
612) 같은 책, 2권, 5쪽.

존심도 없다는 사실에 대해 불만을 늘어놓은 것은 놀라운 일이 아니다. 그의 제자 메리베일Merivale은 다음과 같이 말하고 있다. 임금이 높기 때문에 식민지에서는 더 싸고 말도 더 잘 듣는 노동에 대한 갈망, 즉 자본가가 조건을 제시받는 것이 아닌 그가 조건을 제시할 수 있는 계급에 대한 열렬한 갈망이 존재한다. … 이미 문명화된 국가에서는 노동자는 자유롭긴 하지만 자연법칙처럼 필연적으로 자본가에게 종속되어 있는데, 식민지에서는 이러한 종속성이 인위적인 수단을 통해 만들어져야 한다.[613]

그러면 웨이크필드에 의하면 식민지에서의 이러한 폐단의 결과는 무엇인가? 그것은 생산자와 국민재산의 "야만적인 분산제도"[614]이다. 무수한 자영 소유자들 사이의 생산수단의 분산은 자본의 집중과 더불어 결합노동의 토대를 모두 파괴한다. 수년에 걸쳐 고정자본이 투자될 필요가 있는 지

---

613) 메리베일, 《식민지와 식민지 개척에 관한 강의》, 2권, 235-314쪽 이곳저곳. 온건한 자유무역주의자 이며 통속경제학자 몰리나리조차 다음과 같이 말하고 있다. "강제노동이 그만큼의 자유노동으로 대체되지 않은 채 노예제도가 폐지된 식민지에서는 우리의 눈앞에서 일상적으로 일어나는 것과 반대되는 일이 벌어지고 있다. 고지식한 노동자는 생산물 가운데 그들의 수중에 들어올 정당한 몫과는 비교도 안 될 만큼의 높은 임금을 요구함으로써 산업기업가를 착취하는 것을 보았다. 농장주는 임금상승분을 메울 수 있을 만큼의 충분한 가격을 받고 그들의 설탕을 팔 수 없었기 때문에, 그 초과액을 처음에는 그들의 이윤으로, 그 다음에는 그들의 자본자체로 메울 수밖에 없었다. 이렇게 하여 많은 농장주가 몰락했으며, 다른 농장주들은 임박한 몰락을 피하고자 농장을 폐쇄했다. … 수 세대에 달하는 인간들의 파멸보다는 자본축적의 파멸을 보는 것이 확실히 더 낫다.(얼마나 관대한 몰리나리인가!) 그러나 둘 다 파멸되지 않는 것이 더 낫다."(몰리나리, 《경제학 원리》, 51-52쪽). 몰리나리 씨! 이 양반아! 유럽에서는 기업가가 노동자의 정당한 몫을 식민지에서는 노동자가 기업가의 정당한 몫을 줄인다면, 수요공급의 법칙, 모세와 예언자들, 십계명은 도대체 어떻게 되겠지요? 그리고 미안하지만, 당신이 고백하고 있듯이, 유럽의 자본가가 매일 지불하지 않는 정당한 몫은 무엇인가요? 자본가를 '착취'할 정도로 노동자들이 '고지식한' 저 건너편의 식민지가 몰리나리 씨에게 못마땅한 점은 다른 곳에서는 자동적으로 작용하는 수요공급의 법칙이 경찰력을 동원해 제대로 작동시켜야 한다는 것이다.

614) 웨이크필드, 같은 책, 2권, 52쪽.

나치게 오래 걸리는 사업은 그것을 완수하는 데 다양한 장애에 부딪힌다. 유럽에서 자본은 머뭇거리지 않는다. 노동자계급은 자본의 살아 있는 부속물이며, 항상 과잉되어 존재하며 언제나 이용할 수 있기 때문이다. 그러나 식민지에서는! 웨이크필드는 매우 가슴 아픈 일화 하나를 애기해 준다. 그는 캐나다와 뉴욕 주의 몇몇 자본가들과 이야기를 나눴는데, 그 곳에서는 설상가상으로 이민 오는 인파가 자주 정체되고 남아 있던 '과잉' 노동자의 찌꺼기마저 없어졌다고 한다. 이 멜로드라마에 등장하는 인물 하나는 다음과 같이 탄식하고 있다.

"우리의 자본은 완수하기까지 상당한 기간이 필요한 많은 사업을 위해 준비되어 있었다. 그러나 머지않아 우리에게 등을 돌릴 것을 알고 있는 그런 노동자와 이런 사업을 시작할 수 있겠는가? 이들 이주자들의 노동을 붙잡을 수 있다는 것이 확실했다면, 우리는 기꺼이 그들을 높은 가격으로 고용했을 것이다. 그뿐만이 아니다. 그들이 떠나는 것이 분명하다고 할지라도, 우리가 필요할 때마다 새로운 노동공급을 확보할 수 있다면, 우리는 그들을 고용했을 것이다."[615]

웨이크필드는 잉글랜드의 자본주의적 농업과 그 '결합' 노동을 분산된 아메리카의 농민경제와 현란하게 비교한 다음, 무심코 해서는 안 될 이야기를 들췄다. 그는 아메리카 인민대중이 부유하고 독립적이며 진취적이며 그리고 비교적 교양이 있다고 묘사하고 있다. 반면에

---

615) 같은 책, 191-192쪽.

"잉글랜드 농업노동자는 불쌍한 녀석이며 극빈자이다. … 북아메리카와 몇몇 식민지를 제외하면 농촌에서 사용되는 자유노동의 임금이 노동자의 생계에 필수적인 수단을 조금이라도 넘는 나라가 또 어디에 있단 말인가? … 그것은 의심할 것도 없이 잉글랜드에서의 경작용 말이다. 그것은 잉글랜드 농업노동자보다 훨씬 더 잘 먹는다."[616]

그러나 신경 쓰지 말자. 원래 국부는 국민의 궁핍과 일치할 수밖에 없다.

그렇다면 식민지의 반자본주의적 적폐는 어떻게 제거할 것인가? 모든 토지를 한꺼번에 국민소유에서 사적소유로 바꾸어 버린다면, 화근은 근절되겠지만 식민지 또한 없어질 것이다. 일석이조 바로 그것이 묘책이다. 정부가 천연지에 대해 수요공급의 법칙과 무관하게, 이주자가 토지를 구매하여[617] 자영농이 되기 위한 돈을 벌 때까지 지금보다 더 오랫동안 임금노동자로 일하지 않으면 안 되게 만드는 인위적인 가격을 매긴다고 해보자. 또는 정부가 노동자에게는 비교적 사기 힘든 가격으로 토지를 판매함으로써 발생하는 기금, 즉 신성한 수요공급의 법칙을 침해함으로써 노동임금에서 짜낸 화폐기금을 가지고, 그것이 증가하는 만큼 유럽에서 식민지로 빈

---

616) 같은 책, 1권, 47, 245쪽.

617) "그대들은 가진 것이라고는 팔밖에 없는 사람이 일자리를 찾고 수입을 얻게 되는 것은 토지와 자본의 취득 덕분이라고 덧붙인다. 그러나 거꾸로 자기의 팔밖에 가진 것이 없는 사람이 있다는 사실은 토지의 사적 취득이 가져온 결과이다. … 그대들이 어떤 사람을 진공 속에 가두어둔다면, 이는 그에게서 공기를 빼앗는 것이다. 그대들이 토지를 장악한다면 같은 짓을 하게 된다. … 말하자면, 아무런 부도 없는 공간에 그들 둠으로써 그는 그대들의 의지에 따라 살아갈 수밖에 없기 때문이다."(꼴랑, 《정치경제학》, 2권, 267-271쪽, 이곳저곳).

민을 수입하여 자본가 양반을 위해 그의 임금노동시장을 꽉 채워주는 데 사용한다고 해보자. 이와 같은 조건에서는 한 마디로 '누워서 떡 먹기'이다. 이것이 '체계적 식민'의 엄청난 비밀이다. 웨이크필드는 의기양양하게 외친다.

"이 계획에 따르면 노동은 지속적이고 규칙적으로 공급될 수밖에 없다. 그 이유는, 첫째, 어떤 노동자도 돈 때문에 일하기 전에는 토지를 장만할 수 없으므로 모든 이주노동자들이 임금 때문에 결합되어 노동하여 자신의 사용자에게 더 많은 노동을 사용할 수 있는 자본을 생산해 줄 것이기 때문이다. 둘째, 노동을 그만두고 토지소유자가 되려는 자는 누구나 토지구매를 통해 식민지로 새로운 노동을 데려오기 위한 기금을 보장할 것이기 때문이다."[618]

국가에 의해 강제된 토지가격은 당연히 '충분한 가격'이어야 한다. 말하자면 '국가가 강제한 토지가격은 임금노동시장에서 노동자를 대체할 다른 사람이 나타날 때까지 노동자가 자영농이 되는 것을 막을 정도로 높아야'[619] 한다. 이러한 '충분한 토지가격'은 노동자가 임금노동 시장에서 농촌으로 돌아가기 위한 허가를 받기 위해 자본가에게 지불하는 몸값을 완곡하게 둘러댄 것에 불과할 뿐이다. 우선 노동자는 자본가가 더 많은 노동자를 착취할 수 있도록 자본가 양반에게 '자본'을 만들어 주어야 하며, 그런 다음 자신의 비용으로 자신의 '보충병'을 노동시장에 세워놓아야 한다. 정부는

---

618) 웨이크필드, 같은 책, 2권, 192쪽.
619) 같은 책, 45쪽.

이 보충병을 노동자의 비용으로 그의 옛 주인인 자본가를 위해 바다를 넘어 수송해온다.

잉글랜드 정부가 웨이크필드에 의해 오로지 식민지에서 사용할 목적으로 제시된 이 '본원적 축적' 방식을 수년에 걸쳐 실시한 것은 매우 독특한 일이다. 물론 그 실패는 필의 은행법의 실패만큼이나 굴욕적이었다. 다만 이민의 흐름이 잉글랜드의 식민지로부터 미국으로 그 방향을 바꾸었을 뿐이었다. 그러는 동안에, 증대하는 정부의 압력과 더불어 유럽에서의 자본주의적 생산의 발전은 웨이크필드의 처방을 불필요하게 만들었다. 한편으로 해마다 아메리카로 몰려가는 엄청나면서 지속적인 인간의 흐름은 미국 동부에 정체된 침전물(이민 온 사람들 가운데 아무 일도 찾지 못한 사람들 -옮긴이)을 남기고 있었다. 그 이유는 유럽으로부터의 이민의 물결은 서부로의 이민의 물결이 씻어낼 수 있는 것보다 더 빠르게 사람들을 동부의 노동시장에 던져 넣었기 때문이다. 다른 한편으로 아메리카 내전은 다음과 같은 결과를 가져왔다. 즉 막대한 국채와 이로 인한 조세부담, 야비하기 짝이 없는 금융귀족의 출현, 철도와 광산 등의 개발을 목적으로 한 투기꾼과 회사에 대한 엄청난 양의 공유지 증여 등 - 간단히 말해 매우 급속한 자본의 집중을 가져왔다- 이리하여 이 거대한 공화국은 더이상 이주하는 노동자에게 있어서 약속의 땅이 아니었다. 그곳에서는 임금이나 임금노동자의 종속이 아직 유럽의 평균 수준까지는 떨어지지 않았지만, 자본주의적 생산은 크게 진척되었다. 웨이크필드조차도 큰소리로 비난하는 바이지만, 잉글랜드 정부 측에서 귀족과 자본가에게 아직 개간되지 않은 식민지의 토지를 헐값에 팔아넘긴 일은, 특히 오스트레일리아[620]에서는 금 채굴지로 흘러들어온 사람들과 잉글랜드 상품의 수입이 영세수공업자에게까지 야기한 경쟁과 결합되어 충분한 '상대적으로 과잉된 노동자인구'를 만들어내었다. 그 결과 거의 모든 우편선이 '오스트레일리아 노동시장의 공급과잉'에 대한 비보를 전하고 있으며, 오스트레일리아에서는 런던의 헤이마켓Haymarket(런던 웨스트엔드의 번화가 -옮긴이)에서처럼 곳곳에서 매춘이 성행하고 있다.

그러나 우리가 여기에서 문제 삼는 것은 식민지의 상태가 아니다. 우리의 유일한 관심사는 유럽 대륙의 정치경제학이 신세계에서 발견하여 소리 높여 선언하고 있는 다음과 같은 비밀이다. 즉, 자본주의적 생산방식과 축적방식, 따라서 자본주의적 사적소유는 자기노동에 토대를 둔 사적소유의 파괴, 곧 노동자의 수탈을 그 전제조건으로 한다는 사실이다.

---

620) 오스트레일리아가 스스로 자기 법을 제정하자마자, 물론 정착민들에게 유리한 법률이 제정되었지만, 잉글랜드 정부가 이미 수행했던 토지 투매에 방해가 되었다. "1862년 새로운 토지법이 추구하는 가장 중요한 첫 번째 목표는 주민의 정착을 더욱 용이하게 하는 데 있다."(공유지 장관 더피,《빅토리아의 토지법》, 런던, 1862, 3쪽)

주요 참고문헌

가닐(Ganilh, Ch.), 《정치경제학 체계》(Des systemes d'economie politique, de la valeur comparative de leurs doctrines, et de celle qui paralt la plus favorable aux progres de la richesse), 2판, 파리, 1821. 《정치경제학 이론》(La theorie de l'economie politique), 파리, 1815.

가르니에(Garnier, G.), 《정치경제학 원리의 개요》(Germain:] Abrege elementaire des principes de l'economie politique), 파리, 1796. 《국부론》프랑스어 번역본 주석 (Recnercnes sur la nature et les causes de la richesse des nations (중략) avec des notes et observations par Germain Garnier. T.5. Paris 1802.

갈리아니(Galiani, F.), 《화폐에 대해》(Deila Moneta), 쿠스토티 엮음, 근대편.

개스켈(Gastkell, P.), 《잉글랜드의 매뉴팩처 인구》(The manufacturing population of England, its moral, social, and physical conditions, and the changes which have arisen from the use of steam machinery; with an examination of infant labour. 런던. 1833.

그레구아르(Gregoir, H.), 《브뤼셀의 치안판사에게 회부된 인쇄공》, (Les typographes devant le Tribunal correctionnel de Bruxelle), 브뤼셀, 1865.

그레그(Greg, R. H.), 《공장문제와 10시간 법안》(The factory question, considered in relation to its effects on the health and morals of those employed in factories. And the "Ten Hours Bill", in relation to its effects upon the manufactures of England, and those of foreign countries), 런던, 1837.

그레이(Gray, J.), 《국부의 주요 원리》(The essential principles of the wealth of nations, illustrated, in Opposition to some false doctrines of Dr. Adam Smith, and others), 런던, 1797.

그로브(Grove, W. R.), 《물리적 힘의 상호관계에 관하여》 (The correlation of physical forces), 런던, 1867.

기스본(Gisborne, Th.), 《그레이트브리튼의 중산계급 사람들의 의무에 관한 연구》 (An enquiry into the duties of men in the higher and middle classes of society in Great Britain), 1795. 런던.

꼴랑(Colins), 《정치경제학, 혁명과 이른바 사회주의적 유토피아의 원천》 (L'Économie Politique, Source des Revolutions et des Utopies pretendues Socialistes), 파리, 1857.

꽁트(Comte, Ch.), 《입법론》 (Traite de legislation ou exposition des Iois generales, suivant lesquelles les peuples prosperent, deperissent, ou restent stationnaires), 3판, 파리, 1847.

꾸르셀-스니뉴(Courcelle-Seneuil, J. G.), 《공업기업의 이론과 실제》 (Traite theorique et pratique des entreprises industrielles), 2판, 1857.

노스(North, D.), 《상업에 대한 담론》, (Discourses upon trade; principally directed to the cases of the interest, coynage, clipping, increase of money) 런던, 1691.

뉴넘(Newnham, G. L.), 《곡물법에 대해 양원합동위원회에서 진술된 증언에 관한 논평》 (A review of the evidence before the committees of the two Houses of Parliament, on the corn laws), 런던, 1815.

뉴먼(Newman, F. W.), 《정치경제학 강의》 (Lectures on political economy), 런던, 1851.

뉴먼(Newman, S. P.), 《정치경제학 요강》 (Elements of political economy), 안도버 및 뉴욕, 1835,

다윈(Darwin, Ch.), 《종의 기원》 (über die Entstehung der Arten im Thier- und Pflanzen-Reich durch natürliche Züchtung, oder Erhaltung der vervollkommneten Rassen im Kampfe um's Dasein. Nach der 3. engl. Ausg. ... aus dem Engl, übers, und mit Anmerkungen vers. von H.G.

Bronn. 2. verb. und sehr verm. Aufl. Stuttgart, 1863.

더닝(Dunning, T. J.), 《노동조합과 파업》(Trades' Unions and strikes: their philosophy and intention), 런던, 1860.

더피(Duffy, C. G.), 《빅토리아의 토지법》(Guide to the land law of Victoria), 런던, 1862.

데카르트(Decartes, R.), 《방법서설》(Discours de la méthode pour bien conduire sa raison, et chereher la vériié dans les sciences) 파리, 1668.

뒤퐁(Dupont, P.), 《노동자들의 노래 》(Le chant des ouvriers), 파리, 1846.

듀크패시오(Ducpétiaux, Ed.), 《벨기에 노동자계급의 가계예산》(Budgets économiqües des classes ouvrieres en Belgique. Subsistances, salaires, population), 브뤼셀, 1855.

드 까르(De Card, R.), 《성체의 위조에 관하여》(De la fdlsification des substanccs sacramentelles), 파리, 1856.

드 퀸시(De Quincey, Th.), 《정치경제학의 논리》(The Logic of Political Economy), 런던, 1844.

드 트레이시(De Tracy, D.), 《정치경제학의 기본원리》(Traité d'Économie politique), 파리, 1823, 《이데올로기의 기본원리》(Elemens d'ideologie. IVe et Ve parties, Traite de la volonte et de ses effets), 파리, 1826.

디포(Defoe, D.), 《공적 신용에 관한 에세이》(An essay upon publick credit), 3판, 런던, 1710.

라마치니(Ramazzini, B.), 《수공업자의 질병에 대해》(De morbis artificum diatriba), 무티나, 1713.

라보르드(Laborde, A.), 《공동체 전체의 이익을 위한 협동정신》(De I'esprit d'association dans tous les intérêts de la communaute, ou essai sur le complément du bien-être et de la richesse en France par le complément des institutions), 파리, 1818.

라쌀레(Lassalle, F.), 《헤라클레이토스의 철학》(Die Philosophie Herakleitos des

Dunklen von Ephesos. Nach einer neuen Sammlung seiner Bruchstücke und der Zeugnisse der Alten dargestellt), 베를린, 1858. 《경제학에서의 율리아누스, 바스티아-슐체 폰 델리치, 또는 자본과 임금》 (Herr Bastiat-Schulze von Delitzsch, der ökonomische Julian, oder: Capital und Arbeit), 베를린, 1864.

라이트(Wright, T.), 《대규모 농장의 독점에 관한 짧은 대중연설》 (A short address to the public on the monopcly of large farms), 런던 1779.

라이히(Reich, Ed.), 《인류의 퇴화에 관하여》, (Über die Entartung des Menschen. Ihre Ursachen und Verhütung), 에어랑엔, 1868.

라플즈(Raffles, T. S.), 《자바의 역사》 (The history of Java. With a map and plates), 런던, 1817.

램지(Ramsay, G.), 《부의 분배에 관한 에세이》 (An Essay on the distribution of wealth), 에든버러, 1836.

랭(Lajng, S.), 《국민의 빈곤, 그 원인과 치료책》 (National distress; its causes and remedies), 런던, 1844.

랭게(Linguet, S. N. H.), 《민법이론》 (Théorie des loix civiles, ou principes fondamentaux de la société), 런던, 1767.

레이번스톤(Ravenstone, P.), 《공채자금조달법과 그 영향에 관한 고찰》 (Thoughts on the funding system, and its effec), 런던, 1824.

로버츠(Roberts, G.), 《지난 수세기 동안 잉글랜드 남부지방에 사는 사람들의 사회사》 (The social history of the people of the southern counties of England in past centuries; illustrated in regard to their habits, municipal bye-laws, civil progress, etc., from the researches), 런던, 1856.

로시(Rossi, P.), 《정치경제학 강의》 (Gours d'économie politique), 브뤼셀, 1843.

로이(Roy, H.), 《환전론, 1844년의 은행조례》 (The theorv of the Exchanges. The bank charter act of 1844), 런던, 1864.

로저스(Rogers, J. E. Th.), 《잉글랜드의 농업과 물가의 역사》 (A History of

Agriculture and Prices in England from the year after the Oxford Parliament (1259) to the commencement of the Continental war (1793). Compiled entirely from original and contemporaneous records), 옥스퍼드, 1866.

로크(Locke, J.), 《이자율 인하의 결과에 대한 몇 가지 고찰》(Some Considerations on the Consequences of the Lowering of Interest), 1691, 《저작집》, 2권, 런던, 1777.

로하취(Rohatzsch, R. H.), 《상이한 계층, 연령 그리고 성별에 특유한 질병들》(Die Krankheiten, welche verschiedenen Ständen, Altern und Geschlechtern eigenthümlich sind), 울름, 1860.

루소(Rousseau, J. J.), 《정치경제학에 관한 담론》(Discours sur l'économie politique), 제네바, 1760.

루터(Luther, M.), 《고리대금업에 반대하는 설교를 할 목사들에게》(An die Pfarrherrn wider den Wucher zu predigen), Vermanung비텐베르크, 1540.

르 트론(Le Trosne, G. F.), 《사회적 이해관계에 대해》(De l'intérêt social par rapport à la valeur, à la circulation, à l'industrie et au commerce intérieur et extérieur). 《중농학파》, 데르 엮음, 파리, 1846.

리드(Read, G), 《제빵업의 역사》(The History of Baking), 런던, 1848.

리비에르(Rivière, Mercier de la), 《정치사회의 자연적 및 본질적 질서》(L'Ordre naturel et essentiel des sociétés politiques), 《중농학파》, 데르 엮음, 2부.

리비히(Liebig, G.), 《농업에서의 이론과 실제》(Über Theorie und Praxis in der Landwirthschft), 브라운슈바이히, 1856. 《농업과 생리학으로의 화학의 응용》(Die Chemie in ihrer Anwendung auf Agricultur und Physiologie), 7판, 브라운슈바이히, 1862.

리처드슨(Richardson, B.), 《노동과 과도노동》(Work and overwork), 1863년 7월 18일자 〈사회과학 평론〉 수록, 런던.

리카도(Ricardo, D.), 《정치경제학과 과세의 원리》(On the principles of political economy, and taxation) 3판, 런던, 1821. 《농업의 보호에 대해》

(On protection to agriculture), 4판, 런던, 1822.《지대의 높은 가격, 은행권 감가의 증거》(The high price of bullion a proof of the depreciation of bank notes), 4판, 런던, 1811.

마우러(Maurer, G. L.),《마르크, 농지, 촌락, 도시제도와 공권력 역사입문》(Einleitung zur Geschichte der Mark-, Hof-, Dorf- und Stadt- Verfassung und der öffentlichen Gewalt), 뮌헨, 1854.《부역농장》(Geschichte der Fronhöfe, der Bauernhöfe und der Hofverfassung in Deutschland 4권, 에어랑엔, 1863.

마이첸(Meitzen, A.),《프로이센 국가의 토지》, (Der Boden des Pr. Staates),

마티노(Martineau, H.)《맨체스터 파업》(A Manchester Strike, A tale), 정치경제학의 실례(Illustrations of political economy), 전9권, 3권, 7호, No런던, 1832.

맑스(Marx, K.),《루이 보나파르트 브뤼메르 18일》(Der Achtzehnte Brumaire des Louis Bonaparte 2판, 함부르크, 1869.《임금노동과 자본》(Lohnarbeiter und kapital), 신라인신문, 266호, 1849년 4월 7일.《정치경제학 비판을 위해》, 베를린, 1859.《철학의 빈곤, 프루동의 빈곤의 철학에 대한 반박》(Misère de la philosophie. Réponse à la philosophie de la misère de M. Proudhon) 파리 및 브뤼셀, 1847.

맑스·엥엘스(Engels, F.),《코뮌주의자 선언》(Manifest der Kommunistischen Partei) 런던, 1848.

매시(Massie, J.),《자연이자율을 지배하는 원인들에 관한 에세이》(A essay on the governing causes of the natural rate of interest; wherein the sentiments of Sir William Petty and Mr. Locke, on that head, are considered), 런던, 1750.

매컬럭(MacCulloch, J. R.),《정치경제학 문헌: 분류목록》(The literature of political economy: a classified catalogue of select publications in the different departments of that science, with historical, critical, and biographical notices) 런던, 1845.《사전, 상업의 실용 등》(A dictionary, practica!,

theoretical, and historical, of commerce and commercial navigation), 런
던, 1847. 《정치경제학 원리》(The principles of political economy: with a
sketch of the rise and progress of the science), 2판, 런던, 1830.

매콜리(Macaulay, T. B.), 《잉글랜드의 역사》(The history of England from the
accession of James the Second), 10판, 런던, 1854.

맥클로드(Macleod, H. D.), 《은행업의 이론과 실제》(The theory and practica
of banking: with the elementary principles of currency; prices; credit; and,
exchanges), 런던, 1855.

맨더빌(Mandeville, B.), 《꿀벌들의 우화, 사적 죄악과 공적 복리》(The fable of
the bees; or, private vices, publick benef), 런던, 1714.

맬서스(Malthus, T. R.), 《정치경제학 원리》(Principles of political economy
considered with a view to their practical application. 2nd ed, with
considerable add. from the author's own manuscript and an original
memoir), 2판, 런던, 1836. 《지대의 성격과 성장에 관한 연구》(An
inquiry into the nature and progress of rent, and the principles by which it
is regulated), 런던, 1815. (익명) 《인구론》, (An essay on the principle of
population, as it affects the future improvement, of society, with remarks
on the speculations of Mr. Godwin, M. Condorcet, and other writers), 런
던, 1815. 《정치경제학에서의 정의들》(Definitions in political economy,
preceded by an inquiry into the rules which ought to guide political
economists in the definition and use of their terms; with remarks on the
deviation from these rules in their writings. Anew ed, with a preface, notes,
and supplementary remarks by John Cazenove), 런던, 1835.

머피(Purphy, J. N.), 《아일랜드, 산업, 정치와 사회》(Ireland industrial,
political, and social), 런던, 1870.

메리베일(Merivale, H.), 《식민지와 식민지 개척에 관한 강의》(Lectures on
colonization and colonies), 런던, 1841과 1842.

멕클레런(Maclaren, J.) 《통화의 역사》 (A sketch of the history of the currency: comprising a brief review of the opinions of the most eminent writers on the subject), 런던, 1858.

모튼(Morton, J. C.), 《농업백과사전》 (A cyclopedia of agriculture, practical and scientific; in which the theory, the art, and the business of farming, are thoroughly and practically treated. By upwards of fifty of the most eminent practical and scientific men of the day), 글래스고, 에든버러, 런던, 1855. 《농업에 사용되고 있는 동력》 (On the forces used in agriculture) 기술협회지, 1859년 12월.

몰리나리(Molinari, G.), 《경제학 연구》 (Éitudes économiques), 파리, 1846.

몸쎈(Mommsen, T.), 《로마사》 (Römische Geschichte), 베를린, 1856.

몽테스키외(Montesquieu, C. L.), 《법의 정신》 (De l'esprit des loix), 런던판, 전집 2-4권,1767-1769.

몽테이유(Monteil, A. A.), 《필사(筆寫)된 자료들의 역사》 (Traité de matériaux manuscrits de divers genres d'histoire), 1권, 파리, 1835.

무어(Moore, T.), 《유토피아》 (Utopia) 로빈슨 역, 아버 엮음, 런던, 1869.

미라보(Mirabeau, G. V. H. R.), 《프로이센 왕국에 대해》 (De la monarchie prussienne, sous Frédéric le Grand; avec un appendice. Contenant des recherches sur la Situation acutelle des principales contrées de l'Allemagne), 2권, 3권, 6권, 런던, 1788.

밀(Mill, James), 《정치경제학 요강》 (Elements of political economy) 런던, 1821. 《정치경제학 요강》 (Élemens d'économie politique), 프랑스어판, 파리소 옮김, 파리, 1823. 《식민지》, 대영 백과사전 부록, (Colony. In: Supplement to the Encyclopaedia Britannica),1831.

밀(Mill, J. S), 《정치경제학 원리》 (Principles of political economy with some of their applications to social philosophy), 런던, 1848. 《정치경제학의 몇 가지 미해결 문제들에 관한 에세이》 (Essays on some unsettled questions of political economy) 런던, 1844. 《논리학》(A system of logic, ratiocinative and inductive, being a connected view of the principles of evidence, and the methods of scientific investigation), 런던, 1843.

바본(Barbon, N.), 《새 화폐를 가볍게 가볍게 주조하는 것에 관한 논술. 로크의 고찰들에 대한 대답》(A Discourse on coining the new money lighter. In answer to Mr. Locke's Considerations etc.), 런던, 1696.

바일즈(Byles, J. B.), 《자유무역의 궤변, 한 법정 변호사 지음》(Sophisms of Free Trade and popular political economy examined. By a Barrister), 7판, 런던, 1850.

바튼(Barton, J.), 《사회의 노동자계급의 상태에 영향을 주는 여러 상황들에 대한 고찰》(Observations on the circumstances which influence the condition of the labouring classes of Society). 런던, 1817.

반더린트(Vanderlint, J.) 《화폐만능론》(Money answers all things or, an essay to make money sufficiently plentiful amongst all ranks of people), 런던, 1734.

배비지(Babbage, Ch.), 《기계의 경제에 관하여》(On the Economy of Machinery) 런던, 1832.

버크(Burke, E.), 《식량난에 관한 의견 및 상세한 논의, 1795년 11월에 피트 각하에게 처음으로 제출》(Thoughts and details on scarcity, originally presented to the Right Hon. William Pitt, in the month of November, 1795), 런던, 1800. 《에드먼드 버크 의원이 한 의원에게 보낸 편지》(A letter from the Right Honourable Edmund Burke to a Noble Lord, on the attacks made upon him and his pension, in the House of Lords, by the Duke of Bedford and the Earl of Lauderdale, early in the present session of Parliament), 런던, 1796.

버클리(Berkeley, G.), 《질문자》(The querist, containing several queries, proposed to the consideration of the public 런던, 1750.

버틀러(Butler, S.), 《휴디브라스》(Hudibras).

베리(Verri, P.), 《정치경제학 고찰》(Meditazioni sulla economia politica. In: Scrittori classici italiani di economia politica. Parte moderna), 밀라노, 1771.

베이컨(Bacon, F.), 《하인리히 3세의 역사》(The reign of Henry VII. Verbatim reprint from Kennet's England, ed. 1719), 런던, 1870. 《수필집, 예의범절 (The Essays or counsels civil and moral)》, 런던, 1625.

베일리(Bailey, S.), (익명)《화폐와 그 가치변동》(Money and its vicissitudes in value; as they affect national industry and pecuniary contracts: with a postscript on joint-stock banks), 런던, 1837년. 《가치의 본질, 척도와 근거에 대한 비판적 논문; 주로 리카도 및 그의 추종자들의 저작들에 관련하여》(A critical dissertation on the nature, measures, and causes of value; chiefly in reference to the writings of Mr. Ricardo and his followers. By the author of essays on the formation and publication of opinions), 런던, 1825.

베카리아(Beccaria, C.),《공공경제학 원리》(Elementi di economia pubblica. In: Scrittori classici italiani di economia politica. Parte moderna), 쿠스토디 엮음, 이탈리아 정치경제학 고전 전집, 근세편, 11권, 28쪽.

벤담(Bentham, J.), 《형벌과 보상에 대한 이론》(Théorie des peines et des récompenses, ouvrage extrait des manuscrits de M.Jerénie Bentham), 듀몽 옮김, 3판, 파리, 1826.

벨러스(Bellers, J), 《공업전문대학의 건립을 위한 제안》(Proposals for raising a colledge of industry of all useful trades and husbandry, with profit for the rich, a plentiful living for the poor, and good education for youth), 런던, 1696. 《빈곤, 매뉴팩춰, 상업, 대규모 농장 그리고 부도덕에 대한 에세이》(Essays about the poor, manufactures, trade, plantations, and immorality) 런던, 1699.

복스호른(Boxhorn, M. Z.), 《정치제도》(Zuerius: Marci Zuerii Boxhornii institutionum politicarum liber primus. In: Marci Zuerii Boxhornii: Varii tractatus politici), 암스텔로다미, 1663.

부르크너(Bruckner, J.), 《동물계통론》(Théorie du systéme animal), 라이데, 1967.

부아기유베르(Boisguillebert, P.), 《부, 화폐 그리고 조세의 본질에 관한 논고》 (Dissertation sur la nature des richesses, de l'argent et des tributs où l'on découvrelafausse idée qui règne dans le monde à l'égard de ces trois articles) 에벤도르트. 《프랑스에 대한 상론》(Le détail de la Franc), 《18세기의 재정학자》파리, 1843.

부알로(Boileau, E.), 《직업서》(Règlemens sur les arts et métiers de Paris), 파리, 1837.

뷰세(Buchez, P.) · 루(Roux, P.), 《프랑스 혁명 의회사》(Histoire parlementaire de la révolution française), 10권, 파리, 1843.

뷰캐넌(Buchanan, D.), 《아담 스미스의 국부론에 대한 고찰》(Observations on the subjects treated of in Dr. Smith inquiry into the nature and causes of the wealth of nation), 4권, 에든버러, 1814. 《그레이트브리튼의 조세와 상업정책 연구》(Inquiry into the taxation and commercial policy of Great Britain; with observations on the principles of currency, and of exchangeable Value), 에든버러, 1844.

브로드허스트(Broadhurst, J.), 《정치경제학》(Political Economy), 런던, 1842.

브룸(Brougham, H.), 《유럽열강의 식민정책 연구》(An inquiry into the colonial policy of the European powers), 에든버러, 1803.

블랑키(Blanque, J. A.), 《1848년의 프랑스의 노동자계급에 관하여》(Des classes ouvrières en France, pendant l'année 1848), 파리, 1849. 《산업경제학 강의》(Cours d'économie industrielle) 블레즈 엮음, 파리, 1838-1839.

블레이키(Blakey, R.), 《아주 옛날부터의 정치문헌의 역사》(The history of political literature from the earliest times), 런던, 1885.

비도(Bidaut, J. N.), 《공업기술과 상업에서 발생하는 독점에 관하여》(Du

Monopole qui s'établit dans les arts industriels et le commerce), 파리, 1828.

비세링(Vissering, S.), 《실물 국가경제학 개론》(Handboek van praktische staathuishoudkunde), 암스테르담, 1860-1862.

비제(Biese, F.), 《아리스토텔레스의 철학》(Die Philosophie des Aristoteles, in ihrem inneren Zusammenhange, mit besonderer Berücksichtigung des philosophischen Sprachgebrauchs, aus dessen Schriften entwickelt. Die besonderen Wissenschaften, 2판, 베를린, 1842.

생틸레르(Saint-Hilaire, G), 《자연철학입문》(Notions synthétiques, historiques et physiologiques de philosophie naturelle) 파리, 1838.

새들러(Sadler, M. T.), 《아일랜드, 그 재앙과 구제책》(Ireland; its evils, and their remedies: being a refutation of the errors of the emigration committee and others, touching that country. To which is prefixed, a synopsis of an original treatise about to be ptibiished on the law of population; developing the real principle on which it is universally regulated), 2판, 런던, 1829. 《인구법칙》(Law of population), fjsejs, 1830.

서머스(Somers, R.), 《고지로부터의 편지. 또는 1847년의 기근》(Letters from the Highlands; or, the famine of 1847), 런던, 1848.

세(Say, J. S.), 《맬서스 씨에게 보내는 편지》(Lettres à M. Malthus, sur différens sujets d'éonomie politique, notamment sur les causes de la Stagnation générale du commerce), 파리, 1820. 《정치경제학 개론》(Traite d'économie politique, ou simple exposition de la manière dont se forment, se distribuent et se consomment les richesses), 3판, 파리, 1817.

셰르불리에(Cherbuliez, A. E.), 《부유냐 빈곤이냐》(Richesse ou pauvreté. Exposition des causes et des effets de la distribution actuelle des richesses sociales), 파리, 1841.

셰익스피어(Shakespeare, W.), 《베니스의 상인》(Der Kaufmann von Venedig). 《아테네의 타이몬》(Timon von Athen). 《하인리히 4세》(König Heinrich der Vierte). 《한여름 밤의 꿈》(Ein Sommernachtstraum). 《헛소동》(Viel Lärm um nichts).

소포클레스(Sophokles), 《안티고네》(Antigone).

손턴(Thornton, W. T.), 《과잉인구와 그 해결책》(Overpopulation and its remedy), 런던.

쇼를레머(Schorlemmer, C.), 《유기화학의 발흥과 발전》(The rise and development of organic chemistry), 런던, 1879.

쇼우(Schouw, J. F.), 《토지, 식물과 인간》(Freden: Die Erde, die Pflanzen und der Mensch. Naturschilderungen), 2판, 라이프치히, 1854.

슈토르흐(Storch, H.), 《정치경제학 강의》(Cours d'économie politique, ou exposition des principes qui déterminent la prospérité des nations), 파리판, 페테르부르크판, 1815.

슈톨베르크(Stolberg, C.), 《그리스 시집》(Gedichte. Aus dem Griech), 함부르크, 1782.

슐츠(Schulz, W.), 《생산의 운동》(Die Bewegung der Produktion), 취리히, 1843.

스미스(Smith, A.), 《국부론》(An inquiry into the nature and causes of the wealth of nations), 런던, 1776. 《도덕감정론》(The theory of moral sentiments), 런던, 1759.

스카르벡(Skarbek, F.), 《사회적 부의 이론》(Théorie des richesses sociales)2판, 파리, 1839.

스크로프(Scrope, G. P.), 《정치경제학》(Political Economy), 포터 엮음, 뉴욕, 1841.

스태포드(Stafford, W.), 《오늘날 우리나라 각계각층이 가지고 있는 평범한 불평에 관한 간단한 고찰》(A compendious or briefe examination of certayne ordinary complaints of divers of our country men in these our dayes), 런던, 1581.

스튜어트(Steuart, J.), 《정치경제학 원리 연구》(An inquiry into the principles of political economy), 더블린, 1770. 《저작집》(Works, etc), 런던, 1805. 《정치경제학 원리》(Principles of Political Economy), 더블린, 1770.

스트라이프(Strype, J.), 《엘리자베스 여왕의 행복한 치세하의 종교개혁과 국교의 확립 그리고 잉글랜드 교회에서의 다양한 사건들의 연대기》(Annais of the reformation and establishment of religion, and other various occurrences in the Church of England, during Queen Elizabeth's happy reign), 2판, 런던, 1725.

시니어(Senior, N. W.), 《정치경제학의 근본원리》(Principes fondamentaux de l'éonomie politique, tirés de legons édites et inédites de Mr. Senior, 아리바베느(Arrivabene, J.) 옮김, 파리, 1836. 《공장법에 관한 편지들》(Letters on the factory act, as it affects the cotton manufacture... To which are appended, a letter to Mr. Senior from Leonard Horner, and minutes of a conversation between Mr. Edmund Ashworth, Mr. Thompson and Mr. Senior), 런던, 1837. 《사회과학대회》, '사회과학진흥협회' 제7차 회의에서 행한 시니어의 강연. 《아일랜드에 관한 일기, 대화 및 에세이》(Journals, conversations and essays relating to Ireland), 런던, 1868. 《정치경제학 개론》(An outline of the science of political economy), 런던, 1836.

시스몽디(Sismondi, J. C. L.), 《신정치경제학 원리》(Nouveaux principes d'économie politique, ou de la richesse dans ses rapports avec la population), 파리, 1819. 《정치경제학 연구》(Études sur l'économie politique), 브뤼셀, 1837. 《상업의 부에 관하여》(De la richesse commerciale, ou principes d'économie politique, appliqués a la législation du commerce), 제네바, 1803.

시쿨러스(Siculus, D.), 《역사 총서》(Historische Bibliothek), 3권.

실리(Seeley, R. B.), 《국민의 위험》(The Perils of the Nation), 2판, 런던, 1848.

아리스토텔레스(Aristoteles), 《니코마쿠스 윤리학》(Ethica Nicomachea). 《국가론》(De Republica), 베를린, 1831.

아버스닛(Arbuthnot, J.), 《식량의 현재가격과 농장규모 사이의 관계에 대한 연구》, 한 농장주의 저서 (An inquiry into the connection between the present price of provisions, and the size of farms. With remarks on population as affected thereby. To which are added, proposals for preventing future scarcity. By a farmer), 런던, 1773,

아테나이오스(Athenaeu), 《학자의 향연》 (Deipnosophistarum libri quindeci), 아르젠토라티 1802.

아피안(Appian von Alexandra), 《로마의 내전》 (Römische Bürgerkriege), 슈투트가르트, 1830.

애딩턴(Addington, S), 《개방지 인클로저의 찬성과 반대에 관한 연구》 (An inquiry into the reasons for and against inclosing open-fields), 2판, 런던, 1772.

애슐리(Ashley, L.), 《10시간 공장법안》(Ten hours' factory bill. The speech in the House of Commons, on Friday, March 15th, 1844), 런던, 1844.

앤더슨(Andernson, A.), 《상업의 역사》 (An historical and chronological deduction of the origin of commerce, from the earliest accounts to the present time. Containing, an history of the great commercial interests of the British Empire), 런던, 1764.

앤더슨(Anderson, J), 《국민산업의 정신을 고무하기 위한 수단에 대한 고찰》 (Observations on the means of exciting a spirit of national industry; chiefly intended to promote the agriculture, commerce, manufactures, and fisheries of Scotland. In a series of letters to a friend), 에든버러, 1777. 《꿀벌》 (The bee, or literary weekly intelligencer), 전18권, 에든버러, 1791-1793.

앤서(Ensor, G), 《국가들의 인구에 관한 연구》 (An inquiry concerning the population of nations: containing a refutation of Mr. Malthus's essay on population) 런던, 1818.

어커트(Urquhart, D.), 《친숙한 단어들》 (Familiar words as affecting England

and the English), 런던, 1855.

에반스(Evans, N. H.), 《우리나라의 구(舊)귀족》(Our old nobility), 런던, 1879.

에이킨(Aikin, J.), 《맨체스터 주변 30-40마일에 있는 지방에 관한 묘사》(A description of the country from thirty to forty miles round Manchester), 런던, 1975.

엥엘스(Engels, F.), 《잉글랜드 노동자계급의 상태》(Die Lage der arbeitenden Klasse in England. Nach eigner Anschauung und authentischen Quellen), 라이프치히, 1845. 《잉글랜드의 10시간 법안》(Die englische Zehnstundenbill. In: Neue Rheinische Zeitung. Politischökonomische Revue, red. von Karl Marx), 런던, 함부르크, 뉴욕, 1850. 《정치경제학 비판을 위한 개요》(Umrisse zu einer Kritik der Nationaloekonomie. In: Deutsch-Französische Jahrbücher), 파리, 1844.

영(Young, A), 《정치 산술 등》(Arthur: Political arithmetic. Containing observations on the present State of Great Britain; and the principles of her policy in the encouragement of agriculture), 런던, 1774. 《아일랜드 여행기》(A tour in Ireland: with general observations on the present State of that kingdom), 런던, 1780.

오르테스(Ortes, G.), 《국민경제학에 관하여》(Deila economia nazionale), 《이탈리아 정치경제학 고전전집》, 쿠스토디 엮음, 근대편, 밀라노, 1803.

오언(Owen, R.), 《공장제의 영향에 관한 고찰》(Observations on the effect of the manufacturing system: with hints for the improvement of those parts of it which are most injurious to health and morals), 2판, 런던, 1817.

오지에(Augier, M.), 《공공신용》(Du crédit public et de son histoire depuis les temps anciens jusqu'a nos jours), 파리, 1842.

옴스테드(Olmsted, F. L), 《연안 노예주들》(A journey in the seaboard slave states, with remarks on their economy), 뉴욕, 1856.

와츠(Watts, J.), 《노동조합과 파업, 기계장치와 협동조합》 (Trade societies and
strikes: their good and evil infiuences on the members of Trades Unions,
and on society at large. Machinery; its infiuences on work and wages, and
cooperative societies, productive and distributive, past, present, and future),
맨체스터, 1865. 《정치경제학의 사실과 허구》 (The facts and fictions
of political economists: being a review of the principles of the science,
separating the true from the false), 맨체스터, 1842.

워드(Ward, J.), 《스토크-어폰-트렌트市 등의 역사》 (The borough of Stoke-
upon-Trent, in the commencement of the reign of Her Most Gracious
Majesty Queen Victoria), 런던, 1843.

웨이드(Wade, J.), 《중간계급과 노동계급의 역사》 (History of the middle and
working classes), 3판, 런던, 1835.

웨이크필드(Wakefield, E. G.), 《잉글랜드와 아메리카》 (England and America.
A comparison of the social and political State of both nations), 런던, 1833.
《식민지화 하는 방식에 관한 견해》 (A view of the art of colonization, with
present reference to the British Empire; in letters between a statesman and a
colonist), 런던, 1849.

웨일랜드(Wayland, F.), 《정치경제학 요강》 (The elements of political economy),
보스턴, 1843.

웨스트(West, E.), 《곡식가격과 임금》 (Price of corn and wages of labour, with
observations upon Dr. Smith's, Mr. Ricardo's, and Mr. Malthus's doctrines
upon those subjects; and an attempt at an exposition of the causes of the
fluctuation of the price of corn during the last thirty years), 런던, 1826. 《토
지에 대한 자본적용에 관한 에세이, 옥스퍼드 대학의 선임연구원에 의
해》 (Essay on the application of capital to land, with observations shewing
the impolicy of any great restriction of the importation of corn, and that
the bounty of 1688 did not lower the price of it. By a fellow of university

College, Oxford), 런던, 1815.

윌크스(Wilks, M.),《인도 남부의 역사적 개관》(Historical sketches of the South of India, in an attempt to trace the history of Mysoor; from the Hindoo Government of that State, to the extinction of the Mohammedan Dynasty in 1799), 런던, 1810-1817.

윌슨(Wilson, J.) 외,《영국령 인도에 역사적 기술적 해석》(Historical and descriptive account of British India, from the most remote period to the present time), 에든버러, 1832.

유어(Ure, A.),《매뉴팩처 철학》(Philosophie des manufactures ou économie industrielle de la fabrication du coton, de la laine, du lin et la soie. Trad. sous les yeux de l'auteur), 파리, 1836.

이든(Eden, F. M.),《빈민의 상태, 또는 잉글랜드 노동자계급의 역사》(The State of the poor: or, an history of the labouring classes in England, from the conquest to the present period), 런던, 1797,

이소크라테스(Isokrates),《부시리스》(Busiris), 파리, 1846.

제노베시(Genovesi, A.)《시민경제학 강의》(Lezioni di economia civile), 밀라노, 1803.

제이콥(Jacob, W.),《귀금속의 생산과 소비에 관한 역사적 연구》(An historical inquiry into the production and consumption of the precious metals), 런던, 1831.

젠틀맨(Gentleman, W. S.),《오늘날 우리나라 각계각층의 일상적인 불평에 관한 내용 및 이에 대한 간단한 고찰》(A Compendious or Briefe Examination of Certayne Ordinary complaints of Diverse of our Countrymen in these our Days), 런던, 1581.

존스(Johns, R.),《부의 분배에 관한 에세이》(An essay on the distribution of wealth, and on the sources of taxation), 런던, 1831.《국민의 정치경제학 교본》(Text-book of lectures on the political economy of nations), 허트포

드, 1852. 《정치경제학 입문 강의》(An introductory lecture on political economy), 런던, 1833.

찰머스(Chalmers, Th.), 《정치경제학에 대해》, (On political economy in connexion with the moral State and moral prospects of society), 2판, 글래스고우, 1832.

체르니셰브스키(Tschernyschewski, N.), 《밀의 입장에서 본 정치경제학 요강》 (Umrisse der politischen Ökonomie nach Mill),

카제노브(Cazenove, J.), 《정치경제학 요강》(Outlines of political economy), 런던, 1832,

칼라일(Carlisle), 《공공경제학개론》(Public Economy Concentrated), 1833.

칼라일(Carlyle, T.), 《간결한 아메리카 서사시》(Ilias Americana in nuce)》, 맥밀런 1863년 8월호.

캉티용(Cantillon, P.) 《무역, 상업 등에 관한 분석》(The analysis of trade, commerce, coin, bullion, banks and foreign exchanges), 런던, 1759.

캉티용(Cantillon, R), 《상업 일반의 본질에 관한 에세이》(Essai sur la nature du commerce en général. Trad. de l'Anglois), 암스테르담, 1756.

캠벨(Campbell, G.), 《근대인도》(Modern India: a sketch of the system of civil government), 런던, 1852.

커레이(Carey, H.), 《임금율에 관한 에세이》(Essay on the rate of wages: with an examination of the causes of the differences in the condition of the labouring population throughout the world), 필라델피아, 런던, 1835. 《노예무역》(The slave trade, domestic and foreign: why it exists, and how it may be extinguished), 필라델피아, 1853.

컬럼버스(Columbus, Ch.), 《자메이카에서 보낸 편지》(Brief aus Jamaica), 1503년.

케네(Quesna, F.) 《상업 및 수공업자의 노동에 대한 대화》(Dialogues sur le commerce et sur les travaux des artisans), 에벤도르트. 《경제표의 분석》 (Analyse du tableau économique). 《중농학파》, 테르 엮음, 1부, 파리

1846. 《경제표》 (Tableau économique. Remarques sur les variations de la distribution des revenus annuels d'une nation), 베르사이유, 1758.

케언즈(Cairnes, J. E.), 《노예의 힘》 (The slave power: its character, career and probable designs: being an attempt to explain the real issues involved in the American contest), 런던, 1862.

코르봉(Corbon, C. A.), 《직업교육에 관하여》 (De l'enseignement professionnel), 2판, 파리, 1860.

코벳(Cobet, T.), 《개인의 부의 원천과 본보기에 대한 연구, 또는 상업과 투기의 원리의 설명》 (An inquiry into the causes and modes of the wealth of individuals; or the principles cf trade and speculation explained), 런던, 1841.

코벳(Cobett, W.), 《프로테스탄트 종교개혁의 역사》 (William: A history of the Protestant Reformation in England and Ireland. Showing how that event has impoverished and degraded the main body of the people in those countries. In a series of letters, addressed to all sensible and just Englishmen), 런던, 1824.

코프(Kopp, H.), 《화학의 발전》 (Entwicklung der Chemie), 뮌헨, 1873.

콩디악(Condillac, E. B.), 《상업과 정부》 (Le commerce et le gouvernement), 1776. 데르와 몰리아니 엮음. 《정치경제학 논문집》, 파리, 1847.

쿠비에(Cuvier, C.), 《지표의 변천에 대한 담론》 (Discours sur les révolutions du globe), 파리, 1863.

크세노폰(Xenophon), 《키루스의 교육》 (Cyropaedia).

타운센드(Townsend, J). 《구빈법에 관한 논문, 인류의 행복을 원하는 사람 지음》 (A dissertation on the poor laws. By a well-wisher to mankind 1786), 런던 재출간, 1817.

터케트(Tukett, J. D.), 《노동자인구의 과거와 현재 상태에 관한 역사》 (A history of the past and present state of the labouring population, including the progress of agriculture, manufactures, and commerce), 런던, 1846.

토렌스(Torrens, R.), 《곡식의 해외무역에 관한 에세이》(An essay on the external corn trade), 런던, 1815. 《부의 생산에 관한 에세이》(An essay on the production of wealth; with an appendix, in which the principles of political economy are applied to the actual circumstances of this country), 런던, 1821. 《임금과 단결에 관하여》(On wages and combination), 런던, 1834.

톰슨(Thompson, W.), 《부의 분배원리에 관한 연구》(William: An inquiry into the principles of the distribution of wealth most conducive to human happiness; applied to the newly proposed system of voluntary equality of wealth), 런던, 1824.

톰슨(Thompson, B.), 《정치, 경제, 철학 에세이 모음집》(Rumford: Essays, political, economical, and philosophical), 런던, 1796-1802.

튀넨(Thünen, J. H.), 《고립된 국가》(Der isolirte Staat in Beziehung auf Landwirthschaft und Nationalökonomie), 로스톡, 1863.

튀르고(Turgot, A. R. J.), 《부의 형성과 분배에 관한 고찰》(Réflexions sur la formation et la distribution des richesses), 데르 엮음, 《작품집》, 파리, 1844.

티에르(Thiers, A.), 《소유권으로부터》(De la propriété), 파리, 1848.

파니니(Pagnini, G. F.), 《물건들의 정당한 가격에 대한 에세이》(Saggio sopra il giusto pregio delle cose, la giusta Valuta della moneta e sopra il commercio dei romani), 쿠스토디 엮음. 《이탈리아 정치경제학 고전 전집》, 근세편, 밀라노, 1803.

파필론(Papillon, Th.), 《동인도 무역, 가장 수익성이 있는 무역》(The East-India-trade a most profitable trade to the Kingdom), 런던, 1677.

퍼거슨(Ferguson, A.), 《시민사회의 역사》(An essay on the history of civil society), 에든버러, 1767.

페리(Parry, C. H.), 《현행 곡물법의 필요성에 관한 문제점》(The question of the necessity of the existing corn laws, considered, in their relation to the agricultural labourer, the tenantry, the landholder, and the country), 런던, 1816.

페리에(Ferrier, F. L.), 《상업과의 관계에서의 정부에 관한 고찰》(Du gouvernement considéré dans ses rapports avec le commerce), 파리, 1805.

페티(Petty, W.), (익명), 《조세 및 공납에 관한 논고》(A treatise of taxes and contributions), 런던, 1667. 《아일랜드의 정치적 해부 1672년》(The political anatomy of Ireland), 런던판, 1672. 《화폐소론》(Quantulumcunque concerning money), 런던, 1695.

포세트(Fawcett, H.), 《영국 노동자의 경제적 처지》(The economic position of the British Labourer), 케임브리지, 런던, 1865.

포스터(Foster, N.), 《현재 식량의 높은 가격에 대한 연구》(An enquiry into the causes of the present high price of provisions), 런던, 1767.

포스렛와이트(Postlethwayt, M), 《그레이트브리튼의 상업적 이익의 해명과 개선》(Great-Britain's commercial interest explained and improved), 2판, 런던, 1759. 《상업대사전》(The universal dictionary of trade and commerce: with large add. and improvements, adapting the same to the present State of British affaires in America, sinec the last treaty of peace made in the year 1763), 런던, 1774.

포테스큐(Fortescue, J.), 《잉글랜드법의 찬미》(De laudibus legum Angliae), 런던, 1537.

퐁트레(Fonteret, A. L.), 《모든 대도시, 특히 리옹에서의 노동자들의 육체적 정신적 위생》(Hygiène physique et morale de l'ouvrier dans les grandes villes en général et dans la ville de Lyon en particulier), 파리, 1858.

푸라이타크(Freytag, G.), 《독일인의 새로운 생활 모습》(Neue Bilder aus dem Leben des deutschen Volkes), 라이프치히, 1862.

풀라톤(Fullarton, J.), 《통화의 조절》(On the regulation of currencies; being an examination of the principles, on which it is proposed to restrict, within certain fixed limits, the future issues on credit of the Bank of England, and of the other banking establishments throughout the country), 2판, 런던, 1845.

프라이스(Price, R.), 《후불제에 관한 고찰》(Observations on reversionary payments; on schemes for providing annuities forwidows, and for persons in old age; on the method of calculating the values of assurances on lives; and on the national debt), 제6판, 모건(W. Mogan) 편집, 런던, 1803.

플라톤(Plato), 《공화국》(De republica), 2부, 2판, 베이터, 오델리 엮음, 1840.

플리트우드(Fleetwood, W.), 《물가연표》(Chronicon preciosum: or, an account of English money, the price of corn, and other commodities, for the last 600 years), 1판, 런던, 1707.

핀토(Pinto, I.), 《유통과 신용에 대한 이론》(Traité de la circulation et du crédit 암스테르담, 1771.

필든(Fielden, J.), 《공장제의 저주》(The curse of the factory system; or, a short account of the origin of factory cruelties), 런던, 1836.

하셀(Hassall, A. H.) 《적발된 불량제품》(Adulterations detected or piain Instructions for the discovery of frauds in food and medicine), 2판, 런던, 1861.

한센(Hanssen, G.), 《슐레스비히-홀슈타인의 농노제도》(Georg: Die Aufhebung der Leibeigenschaft und die Umgestaltung der gutsherrlichbäuerlichen Verhältnisse überhaupt in den Herzogthümern Schleswig und Holstein), 상트페테르부르크, 1861.

할러(Haller, L.), 《국가학의 부흥》(Restauration der Staats-Wissenschaft oder Theorie des natürlich-geselligen Zustands; der Chimäre des künstlich-bürgerlichen entgegengesetzt), 빈터투어, 1816-1820.

함(Hamm, W.), 《잉글랜드의 농업기구와 농업기계》(Die landwirthschaftlichen Geräthe und Maschinen Englands. Ein Handbuch der landwirthschaftlichen Mechanik und Maschinenkunde, mit einer Schilderung der britischen Agricultur), 2판, 브라운슈바이히, 1856.

해리스(Harries, J.), 《행복과 관련된 대화》(Dialogue concerning happiness), 런던, 1772.

해리슨(Harrison, W.), 《잉글랜드에 관한 서술. 홀린셰드 연대기의 서문》 (The description of England. In: The first and second volumes of chronicles), 런던, 1578.

허튼(Hutton, C.), 《수학강의》 (A course of mathematics), 런던, 1841-1843.

헤겔(Hegel, G. W. F.), 《법철학》 (Grundlinien der Philosophie des Rechts, oder Naturrecht und Staatswissenschaft im Grundrisse), 베를린, 1840. 《백과사전》 (Encyclopädie der philosophischen Wissenschaften im Grundrisse), 1부. 《논리학》, 베를린, 1840. 《논리학》 (Wissenschaft der Logik), 베를린, 1833-1834.

호너(Honer, L.), 《시니어에게 보내는 편지》 (Letter to Mr. Senior), 런던, 1837. 《감독관들이 현재 널리 만연되어 있는 불법 작업을 방지하게 할 수 있는 공장법 개정안》 (Suggestions for amending the factory acts to enable the inspectors to prevent illegal working, now become very prevalent), 《공장규제법》, 1859년 8월 9일.

호른(Horne, G.), 《법학 박사 스미스에게 보내는 편지. 그의 친구 흄의 생애, 죽음 및 철학에 관하여. 그리스도교인이라고 불리는 사람 지음》 (A letter to Adam Smith on the life, death, and philosophy of his friend David Hume. By one of the people called Christians), 4판, 옥스퍼드, 1784.

호위트(Howitt, W.), 《식민지건설과 그리스도교, 식민지에서 유럽인들의 원주민에 대한 취급에 관한 잘 알려진 역사》 (Colonization and christianity: a popular history of the treatment of the natives by the Europeans in all their colonies), 런던, 1838.

호지스킨(Hodgskin, T.), (익명), 《자연적 소유권과 인위적 소유권의 비교》 (The natural and artificial right of property contrasted), 런던, 1832. 《민중정치경제학》 (Popular political economy. Four lectures delivered at the London Mechanics' Institution), 런던, 1827. 《자본의 요구에 대항하여 노동을 방어하다》 ([Thomas] Labour defended against the claims of capital;

or, the unproductiveness of capital proved), 런던, 1825.

홀린쉐드(Holinshed, R.), 해리슨의 《잉글랜드에 관한 서술》(The description of England)

홉스(Hobbes, T.), 《리바이어던》(Leviathan, or the matter, from, and power of a common wealth, ecclesiastical and civil), 런던, 1839.

홉킨스(Hopkins, T.), 《지대 등에 관하여》(On rent of land, and its influence on subsistence and population: with observations on the operating causes of the condition of the labouring classes in various countries), 런던, 1828.

휴튼(Houghton, J.), 《개선된 농업과 무역》, (Husbandry and trade improved: being a collection of many valuable materials relating to corn, cattle, coals, hops, wool etc), 런던, 1727-1728.

흄(Hume, D.), 《여러 주제에 대한 에세이 및 논문집》(Essays and treatises on several subjects), 런던, 1770.

흐노(Regnault, E.), 《도나우 지역의 제후국의 정치, 사회사》(Histoire politique et sociale des principautés Danubiennes), 파리, 1855.

자본 I -하

발행일	2019년 2월 25일(초판 1쇄 발행)
	2022년 6월 30일(초판 2쇄 발행)
지은이	칼 맑스
옮긴이	황선길
펴낸이	김수영 외
원문대조·검토	오승민
윤문·편집	한광주
표지 디자인	송기훈
내지 디자인	박현주
펴낸곳	라움
등록	2018년 11년 1일 제2018-000092호
주소	서울시 용산구 청파로85길 27, 308호(서계동)
전화	02 706 5275
이메일	raum5275@gmail.com
ISBN	979-11-966229-2-3(04300)
	979-11-966229-0-9(전2권)

이 도서의 국립중앙도서관 출판예정도서목록(CIP)은
서지정보유통지원시스템 홈페이지 (http://seoji.nl.go.kr)와
국가자료공동목록시스템(http://www.nl.go.kr/kolisnet)에서 이용하실 수 있습니다.
CIP제어번호: CIP2019006532

라움은 독일어로 '공간' '가능성'을 의미합니다.
라움에서는, 함께 읽고 토론함으로써 우리 사회를 변화시켜 나갈 힘이 담긴 책을 만듭니다.